《文史大连》丛书

张本义 主编

百年大圖

大连图书馆百年实纪

1907～2007

上卷

GUANGXI NORMAL UNIVERSITY PRESS
广西师范大学出版社
·桂林·

图书在版编目（CIP）数据

百年大图/张本义主编．—桂林：广西师范大学出版社，2009.11

（文史大连丛书）

ISBN 978-7-5633-8351-1

Ⅰ．百…　Ⅱ．张…　Ⅲ．市级图书馆—大连市—纪念文集　Ⅳ．G259.273.13-53

中国版本图书馆 CIP 数据核字（2009）第208911号

广西师范大学出版社出版发行

（广西桂林市中华路22号　邮政编码：541001
网址：http://www.bbtpress.com）

出版人：何林夏

全国新华书店经销

大连海大印刷有限公司印制

（大连高新技术产业园区七贤岭高能街11号　邮政编码：116023）

开本：720mm×960mm　1/16

印张：44.5　字数：536千字

2009年11月第1版　　2009年11月第1次印刷

印数：0001～1000册　定价：178.00元

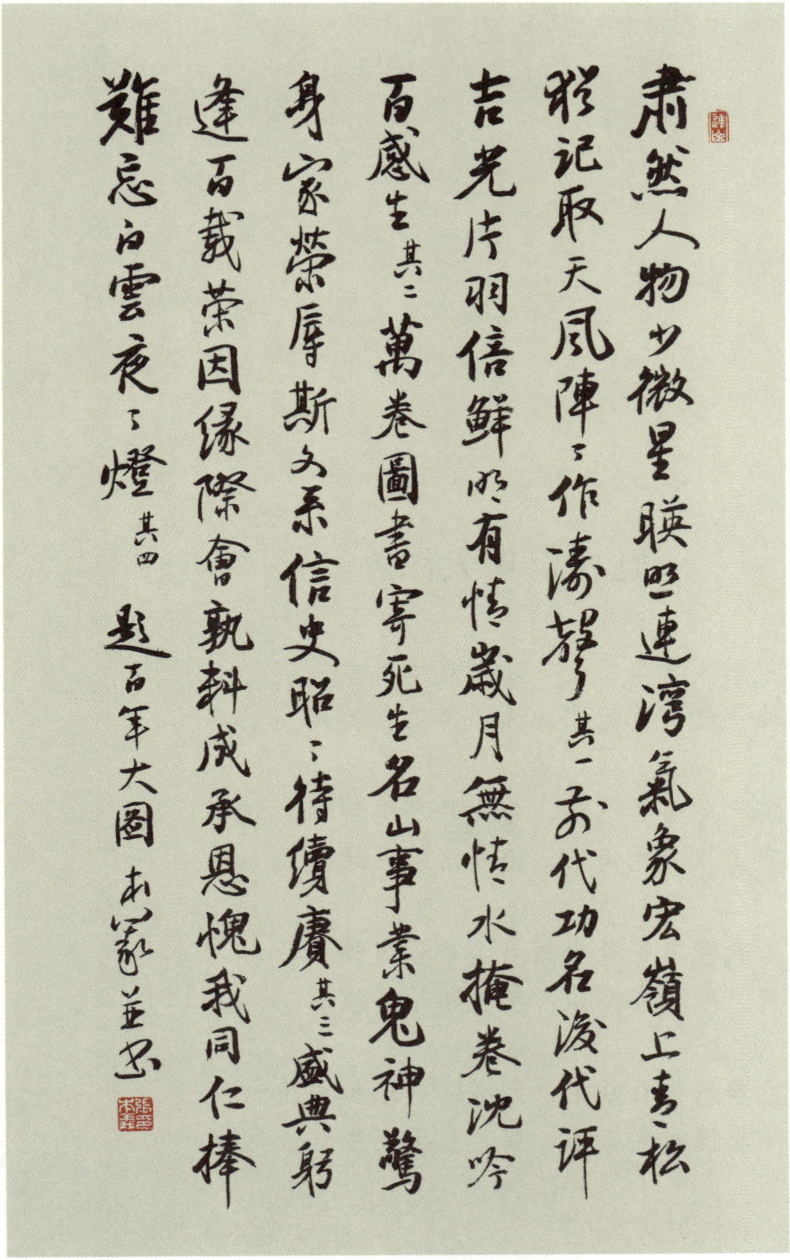

张本义馆长为本书题诗（代序）

题《百年大图》

肃然人物少微星，映照连湾气象宏。
岭上青松犹记取，天风阵阵作涛声。（其一）

前代功名后代评，吉光片羽倍鲜明。
有情岁月无情水，掩卷沉吟百感生。（其二）

万卷图书寄死生，名山事业鬼神惊。
身家荣辱斯文系，信史昭昭待续赓。（其三）

盛典躬逢百载荣，因缘际会孰料成。
承恩愧我同仁捧，难忘白云夜夜灯。（其四）

张本义并书

目　录

上卷

世纪回眸

大连图书馆百年沿革/馆志组 ———3

满铁大连图书馆/杨力生 ———32

中长铁路中央图书馆/馆志组 ———40

旅大解放区的图书馆事业/馆志组———44

大连市少年儿童图书馆的创立/由智仁———49

创业履历·业务总汇

大连图书馆及其馆藏/张本义 ———53

三十五年藏书建设之回顾/孙克力———66

馆藏新籍藏书整顿记事/高月起 ——— 74

举一纲而万目张/孔庆德 ———80

地方文献收集点描/王宏伟 ———86

图书分类编目工作综述/吕　健 ———90

社科参考工作回顾/杨力生　周有德 ———94

博观约取 厚积薄发/陈艳军 ———101

文苑奇葩 破土绽放/董　皓 ———108

舆图整理浅谈/朱玲球 ———116

古籍修复的实践与探索/于海英 ———120

任重而道远/曹树新 ———129

白云书院创办纪实/辛　欣 ———133

大连市图书馆学会工作二十年/孙世菁 ———144

地区图书馆业务辅导与图书馆学会工作简述/赵喜红 ———156

创业履历·读者服务

旅大文化宫图书室的读者服务工作/林端正 ———168

中苏友协旅大俱乐部图书室/林　家 ———174

一九五八年的《图书馆与读者》/谷　明　王连君　范丽君 ———178

加强馆藏古旧籍整理 深化读者服务工作/王小川　袁德才 ———183

读者第一 服务至上/林红宣 ———186

在繁杂之中享受工作的快乐/宋培发 ———195

献给未成年人的礼物/陈渊斐 ———197

鲁迅路分馆的特色服务/田丽华 ———202

创业履历·薪火相传

书院和“学为己”的书院精神/张本义 ———206

白云无语自化成/辛　欣 ———226

十个不眠夜挥毫泼墨成大赋/宋　京 ———238

古典诗词在滨城咏唱/萧文立 ———245

白云 · 青鸟/王充闾 ——249

华夏正声振东瀛/辛　欣 ——254

吟边紊语/张本义 ——262

创业履历・党政管理

开辟财源 治穷致富/赵廷璧 ——289

大连图书馆新馆建设简述/赵廷璧 ——295

改扩建后新图书馆的十大变化 ——302

图书馆需要你的爱/周立民 ——305

适应改革 开拓进取/王翠霞　史霄男 ——308

强化安防意识 做好保卫工作/刘占江 ——311

加强党建 提高素质/由智仁 ——316

总结经验 再创佳绩/于　春 ——325

大连图书馆的共青团工作/孙　甜 ——334

下卷

瑰宝珍藏

稀世珍本 国之瑰宝/王多闻 ——341

大连图书馆藏国家善本概述/王雨霖 ——351

大连图书馆“大谷文库”藏书初探/王　若 ——373

罗振玉藏书在大连图书馆/范旭仑 ——388

千古巨制 文化渊数/辛　欣 ———400

馆藏满语满学图书撮要/薛　莲 ———410

馆藏类书管窥/王连君 ———427

另一种目光的回望/翟艳芳 ———432

《古今图书集成》之古今/辛　欣　薛　莲 ———441

馆报《书香》刊行始末/蔚　文 ———454

《永乐大典》与大连图书馆/蔚　文 ———457

馆藏革命进步书刊介绍/叶　勇 ———461

白云追思

怀念我们第一任馆长杨东昉同志/乔　良 ———471

难以忘却的纪念/茅　恒 ———474

回忆孙效章同志/乔世国 ———480

年轮——忆王士修先生/王多闻 ———482

回忆周之风先生工作片段/乔　良 ———485

罗鲠庵先生与大连图书馆/萧文立 ———487

一瓣心花祭故人/董　皓 ———499

回忆杨力生/董　皓　孙克力　乔世国 ———504

静水流深/靳明春　高月起 ———507

缅怀蔡作民同志/王向忱 ———512

流年忆往

回忆满铁图书馆事业的奠基人佐竹先生/衛藤利夫 ———517

图书馆的创设/岛村孝三郎 ———524

流年忆往/神田城太郎 ———526

追忆满铁图书馆/法贵庆次郎 ———537

回忆购书二三事/柿沼介 ———543

历任大连图书馆馆长众生相/桥本八五郎 ———547

柿沼介与大连图书馆/青木实 ———552

回顾/松崎鹤雄 ———556

满铁大连图书馆的终结及其以后/大谷武男 ———558

我在大连图书馆工作五年的回顾/罗继祖 ———562

回忆我在图书馆工作的三十六年/孙克力 ———566

我们的馆员和读者心连心/乔世国 ———579

记忆拾零/丁在香 ———583

民盟大连图书馆支部工作五十年/冷绣锦 ———586

往事随笔/赵香兰 ———593

藏书搬迁记事/蒋　明 ———598

百年抒怀

常想一二　感悟人生/雷　云 ———603

我在大连图书馆工作三十年/王淑兰 ———611

谢谢你——无言的老师/谷　明 ———616

亲历有感/王秀珍 ———619

岁月如歌　青春无悔/林　波 ———625

由此上路/王　雪 ———631

与电脑同行十年间/于晓凌 ———634

生命依恋之地/马石利 ———637

图书馆是文化的殿堂/邓　刚 ———643

我与图书馆的情缘/赵增江 ———646

锦程华章

在建馆百年纪念大会上的致辞/张本义 ———653

在建馆百年纪念大会上的致辞/夏德仁 ———656

在建馆百年纪念大会上的致辞/詹福瑞 ———659

弘一法师墨迹展开幕式致辞/张本义 ———661

百年盛会 共襄成功/孙　甜 ———663

在全国十五城市公共图书馆工作研讨会上的讲话/张本义 ———673

在全国十五城市公共图书馆工作研讨会上的讲话/王星航 ———675

在全国十五城市公共图书馆工作研讨会上的讲话/詹福瑞 ———678

附录 ———686

编辑后记 ———696

1907～2007

世纪回眸

满铁大连图书馆

大连图书馆百年沿革

馆志组

满铁大连图书馆时期（1907.4～1945.8）

1907年4月1日，南满洲铁道株式会社（简称满铁）落户大连。4月23日，满铁在调查部机构设置中设立图书系和图书室，特从东京聘请帝国大学教授、法学博士冈松参太郎担任理事，分管这项工作。经过筹办，调查部图书室于10月1日在儿玉町（今烟台街3号）满铁本部办公楼（原俄治时期的达里尼市政厅，后改为满蒙资源馆，新中国成立后改为大连自然博物馆）三楼的一间不足三十平方米的房间内正式向满铁社员开放。时有普通图书2968册、专业图书1476册，管理人员3人；负责人初为冈松参太郎，后为佐竹义继。

1908年2月，该室随满铁本部搬迁到东公园町（今鲁迅路）办公新址、满铁本社（今大连铁道有限责任公司）人事课的一个房间内，后又搬到一楼一间临门的既阴暗又潮湿的房间内。

1912年8月，满铁决定在本社对面东公园町29号（今鲁迅路20号）地段建筑图书馆馆舍。该工程占地5872.6平方米，总建筑面积3203.34平方米，工程总投资288900日元。整个建设工程分三期进行。其建筑设计仿照美国国会图书馆的巴洛克建筑风格，目标是要建成一座“东亚一流、具有近代建筑美的理想图书馆”。10月，图书馆馆舍建设的第一期工程正式开工，建造以六层书库（附带地下室）为中心向两翼延伸的二层（附带地下室）办公楼的馆舍，占地面积390.09平方米，造价70900日元。书库配备了由美国尼斯特会社特制的全钢新式书架。1914年1月15日，图书馆馆舍建设第一期工程竣工，调查部图书室搬进新址。

1918年1月满铁本社决定将图书室脱离调查部，由总裁室直接领导，命名为“南满洲铁道株式会社图书馆”（简称“满铁图书馆”），其职能被定为“参考图书馆”，由前调查课课长岛村孝三郎任首任馆长，时有藏书4.5万册，馆员14人。

1918年11月，图书馆馆舍建设第二期工程动工，在书库前面增建阅览室，占地面积238.02平方米。1919年9月第二期工程竣工，总造价5万余日元。

1922年6月，满铁图书馆更名为“南满洲铁道株式会社大连图书馆”（简称“满铁大连图书馆”），划归地方部领导，正式成为满铁的中心图书馆，兼管大连市区和铁路沿线已建立的21座简易图书馆和6座分馆的图书采购、分编和经费使用等项业务。

1925年4月1日，“满铁大连图书馆报”《书香》创刊。1926年3月，《书香》出版至第12号，因资金不足等问题停刊。三年后的1929年4月，《书香》以“满铁各图书馆报”名义再度出版，1937年12月出版至第101号终刊。1938年1月，《书香》又以“满铁大连图书馆报”名义继续出版，1944年12月出版至第158号停刊。前后共出版171号（期）。

1925年，大谷光瑞因无力偿还满铁借款，以其“寄存”在满铁大连图书馆的5000册中文古籍和300册西文图书抵债，该批文献遂归该馆所有，后被辟为特藏《大谷文库》。

1926年6月，柿沼介留学美国归来，出任满铁大连图书馆第五任馆长。

1926年9月，图书馆馆舍建设第三期工程动工。在已建书库后方，新建一座形状与面积与原书库相同的六层书库，占地面积为116.23平方米。1928年12月竣工，造价16.8万余日元。新建书库配备了日本钢铁会社制造的全钢贯通式整体书架。1928年12月，图书馆馆舍第三期工程完工，至此，一座东亚一流的满铁大连图书馆馆舍已全部建成。馆内设有普通阅览室、特别阅览室、妇人阅览室、报刊阅览室和事务室、巡回书库室、编制室以及可藏书20万册的两栋六层藏书楼等设施。

1929年春，满铁大连图书馆收购了意大利驻华公使员劳斯（Ros）在华三十年所搜集的中国舆图六百余幅、中国回教相关图书三百六十余册和一批中国古医书等。5月，满铁图书馆业务研究会成立。

1931年8月5日至8日，满铁图书馆举办的第一届“短期图书馆员讲习会”（又称“夏季讲习会”）开课。12月，由奉天图书馆发起的“阵中文库”开始募集图书，以慰问侵华日军、警察及满铁社员。

1934年8月，历时三年编制的《满铁大连图书馆和汉图书分类目录》正编9册出版。1936年3月末，《满铁大连图书馆和汉图书分类目录》续编8册和《书名总索引》、《著者名总索引》出版。

满铁图书馆（1918年第一期工程竣工）

1937年12月1日，满铁决定：铁路沿线除大连图书馆、奉天图书馆、哈尔滨图书馆和大连市区的几座图书馆外，满铁所属的其他图书馆相继移交给伪满洲国地方政府管理；大连市区内的沙河口图书馆、埠头图书馆改为满铁大连图书馆分馆，日本桥图书馆、小村侯图书馆、近江町图书馆、日出町图书馆、南沙河口图书馆等移交给关东州厅管理。

1937年7月7日，日本发动全面侵华战争。为了适应侵华战争的需要，日本当局于1938年4月对满铁进行了一次大改组，把满铁大连图书馆纳入新组建的满铁大调查部管理，调查部资料室并入图书馆；企图彻底改变其办馆方针，把图书馆打造成为日本帝国主义侵华战争的情报和图书资料基地。他们的这些做法，与以柿沼介为代表的历任馆长要把满铁大连图书馆建设成为以收藏中国古籍文献为主体的东亚学术图书馆的办馆宗旨相对立，致使图书馆与调查部的矛盾日趋激化。1940年3月，柿沼介据理力争受挫，被迫辞职。9月，书目系主任大佐三四五又因与当局抗争被满铁开除。

原日共党员、左派进步人士石堂清伦兼任书目系主任后，逐渐掌控了满铁大连图书馆的实权，他以建立本馆所属的“东亚经济研究所”为名，招揽自由主义者和左派进步人士，以搞学术研究来抵制侵华情报资料的搜集工作。因此，在1943年6月4日发生的第二次“满铁调查部事件”中，石堂清伦作为主犯被捕入狱，直至1944年12月被保释。前后两起“满铁调查部事件”被日本当局定为“日本共产党在满洲的活动”，致使大调查部解体，满铁大连图书馆也因此处于瘫痪状态，只能应付一般的借阅活动，直至1945年8月22日闭馆。

满铁经营图书馆三十八年间，在历任九位馆长中柿沼介任期最长，达十四年之久。日本投降前，馆藏图书约四十万册（不含调查部资料室的十万册藏书），其中中文古籍约二十五万册，为满铁大连图书馆的主体馆藏。

中长铁路中央图书馆时期（1945.9～1950.12）

1945年8月15日，日本投降，第二次世界大战结束。8月22日，苏联红军解放旅大。8月末，苏军进驻满铁大连图书馆，对其实行军管。9月初，中苏合营的中国长春铁路公司（简称中长铁路）成立，满铁大连图书馆归中长铁路管理，更名为中长铁路中央图书馆，由中长铁路科学研究所（原满铁中央实验所，今大连化物所）代管。当时图书馆藏书约四十万册，资料室藏书（含资料）约十万册，合计约五十万册。初由白俄地质学家耶果罗夫任馆长，10月后改由柿沼介任馆长。当时有馆员八人，其中留用日籍馆员四人、中国馆员三人、白俄馆员一人。大连、旅顺两地日本经营的其他图书馆均已解体，唯有小村侯图书馆保留，改称为中长铁路中央图书馆分馆。

11月，苏联派出由经济学家波波夫率领的调查团来中长铁路中央

满铁大连图书馆（1919年第二期工程竣工）

图书馆调查图书的保护和利用状况。波波夫指出："这样贵重的书，没有必要放在殖民地。"经过三个月的调查，以"运到安全地方保管"为名，该调查团从馆内运走馆藏珍贵图书37箱，其中有中文古籍801种、4960册，多为宋、元、明、清代古籍，包括55册明代的《永乐大典》、西文图书140种、457册，共运走六七卡车。这批图书被运往苏联，藏于列宁格勒大学（今圣彼得堡大学）东方系图书馆。

1946年春，为了加强对满铁大连图书馆珍贵藏书的保护，廖华受党组织委派以视察员的身份进驻中长铁路大连科学研究所担任副所长，主要负责对图书馆、博物馆的保护。廖华同志以科研所副所长身份亲自深入了中央图书馆，指示必须对馆藏珍贵图书严加保管，以防丢失。罗振玉为著名考古学家和金石学家，同时又是近代典籍收藏大家，其私家藏书约三十万卷之多，另有甲骨文等文物数千件，其中不乏稀世之珍。1928年后罗振玉移居旅顺，并在该地新建一座私家藏书楼，名为"大云书库"，以庋藏其全部藏书。1946年春，苏军征用罗家大云书库作招待所。因藏书和文物一时无处移藏，又遭到苏军的搜查以及外人的哄抢，罗家藏书损失惨重。廖华分管文化工作后，亲自主持了对罗家藏书的保护整理工作。此后，大连科学研究所派王修出任中长铁路中央图书馆馆长。

10月23日，旅大行政联合办事处成立，廖华任党团组织成员，分管文化工作。1947年4月，关东行政公署成立，廖华任委员，出任关东公署文化古物保管委员会首任主任。

1948年5月，旅大市政府派市文教局从苏军手中接管了中长铁路中央图书馆分馆，改称为"鲁迅公园图书室"，主要服务对象是小学生和小学教师。同年，苏军又秘密地从中长铁路中央图书馆调走一批珍贵图书。据日本学者称，这批藏书为本馆特藏"奥佐文库"，有俄文图书一二万册。

中长铁路管辖期间，本馆仅向铁路职工和家属开放一个普通阅览室，并特别开设一个内部阅览室，为逗留大连的专家、学者服务。常来借阅图书的有田汉、阿英、李一氓、赵慧深、翦伯赞、菱野、戴华正、廖华、岳钊等人。馆员的主要工作是清理与保护馆藏图书，同时将日文、中文、西文藏书卡片翻译制作成俄文卡片。1947年底，藏书清查整理工作完成，实际藏书量为379896册。

1949年，已从大连调任东北文物保管委员会委员、东北文物处处长的王修同志来大连视察，提议将罗家捐献图书之善本（16010册）及家刊本4万余册拨交东北图书馆（今辽宁省图书馆）。余下的9万余册图书和4万余册家刊本合计13万多册及一批金石拓片、字画等，于1951年由旅大市文物保管委员会移交给旅大图书馆。

1949年4月，大连大学成立，借用中长铁路科学研究所作学校的科学研究所，其代管的中长铁路中央图书馆改由中长铁路大连铁路局（后改为中长铁路第五分局）代管，更名为中长铁路大连图书馆。同月，鲁迅公园图书室改称“旅大市儿童文化馆”，主要开展儿童

旅大市第一届公共图书馆馆员训练班合影（1955年11月）

文化教育活动。9月2日，中国长春铁路公司理事会将大连铁路局代管的大连工业大学、大连科学研究所、大连地志博物馆、大连图书馆等移交中国政府，由旅大行政公署主席韩光受东北人民政府委托接收。

1950年12月7日，根据中苏两国政府达成的协定，旅大市长韩光与中长铁路第五分局局长阿·波·柯老雷代表两国政府签署交接书，大连市政府派出文教局副局长方冰、文艺科长傅春和与中长铁路第五分局副局长张琰等人办理了中长铁路大连图书馆的移交手续。经清点，接收的藏书为316493册。接收后，市文教局将中长铁路图书馆交由旅大文化宫领导。

大连图书馆时期（1950.5～2007.12）

一、探索发展时期（1950.5～1978.11）

1950年“五一”国际劳动节，旅大文化宫图书室正式对外开放，这是新中国成立后旅大地区第一所公共图书馆。室内设借阅组、采购组、群众工作组，工作人员7人，负责人为林端正、王泯虬。图书室通过组织读书小组和建立读者流动站等方式，开展图书的借阅活动。主要读者为大连市的12万厂矿工人。

1951年5月，旅大市文教局决定将旅大文化宫图书室与接收的中长铁路大连图书馆合并，组建旅大图书馆，馆址设在原满铁大连图书馆旧址。6月15日，旅大图书馆正式挂牌；8月15日，正式对外开放，并在劳动公园设图书阅览室，在沙河口区设外借处，时有藏书330612册。馆内设有采购组、分编组、阅览组、研究组和总务室，编制为18人，杨东昉为馆长，林端正为副馆长。10月，旅大图书馆改由旅大市文教局直接领导，编制增至31人。

1952年，因书库紧张，市政府将坐落于南山北麓的日本东本愿寺拨给旅大图书馆作藏书楼，称昆明街南山藏书楼，又称南山大庙书库。

1953年4月15日，旅大市文教局撤销，分别成立市教育局和文化局，旅大图书馆划归旅大市文化局领导。

1954年9月，根据文化部颁布的《图书馆工作条例草案》规定，旅大图书馆机构进行调整，设有采编部、阅览部、参考研究部、推广部和秘书处。原研究组改称为参考研究部。10月，根据文化部指示，旅大图书馆改称为旅大市图书馆，编制为60人。时有藏书734695册。

1955年7月，随着第一个五年计划的实施，文化部颁布了《关于加强与改进公共图书馆工作的指示》，强调各级公共图书馆要积极为国家的社会主义建设和社会主义改造事业服务，服务对象面向各阶层广大人民群众。

1956年3月，经旅大市人民政府批准，大连市儿童文化馆从市教育局划归市文化局领导，正式成立“旅大市少年儿童图书馆”，在行政、业务上隶属旅大市图书馆管理，经济上独立。3月，中共旅大市图书馆党支部建立，乔世国任书记。7月，为贯彻党中央发出的“向科学进军”的号召，文化部召开了全国图书馆工作会议，提出了图书馆要“为科学研究服务，为人民大众服务”的方针。9月，辽宁省文化局召开贯彻全国图书馆工作会议精神的省图书馆工作会议。10月，旅大市图书馆提出了“贯彻省图书馆工作会议方案”，工作方针由过去的为人民大众服务转为“为人民大众服务、为科研服务”两项任务并重，开设了为科研服务的参考研究室，配备了专职人员，加大对科技图书的采购。同时撤消推广部，建立业务辅导部和典藏部。

1957年3月，旅大地区中心图书馆委员会成立，这是市科协、市文化局共同领导的旅大地区图书馆界文献、信息协调协作组织，有成员馆28个。旅大市图书馆发挥了中心图书馆作用，更好地为科研服务。4月，宗小薇任馆长。8月以后，旅大市图书馆制定了《旅大市图书馆性质及藏书发展方向》、《旅大市图书馆贯彻两项任务的具体措施》、《旅大市图书馆书库管理规则》和《旅大市图书馆搜集地方文献的范围与方法》等规章制度。

1958年4月，辽宁地区中心图书馆委员会成立。同月，辽宁省文化局召开了全省图书馆跃进大会，开展了省、市公共图书馆之间的“比武打擂活动”。旅大市图书馆为加强对馆员的培训，成立了业务学习委员会，统筹安排馆员的业务学习与进修。

1959年2月，旅大市图书馆提出了“开门办馆”、“一切为了读者”的服务口号，并大胆地进行了一次开架借阅的改革尝试，引起全国图书馆界的关注。后因条件不成熟，图书损失较重，1961年3月改回闭架借阅。

1961年，旅大市图书馆贯彻中共八届七中全会提出的“整顿、巩固、充实、提高”和“以农业为基础，以工业为主导”的方针，全面清理整顿了馆藏图书，修订了部分规章制度，整顿、充实了读者队伍，加大了为工农业生产服务的力度。

1963年至1965年，旅大市图书馆进入新的巩固、发展时期，各项工作都稳步、扎实地进行，藏书结构与读者需求更加趋向协调统一，馆员的业务素质和工作能力也有明显提高。

1965年4月，根据市里统一部署，旅大市图书馆在新金县同益公社（今普兰店市同益乡）建设三线战备书库。

1966年5月下旬，“文化大革命”开始后，旅大市图书馆的正常业务工作遭到巨大冲击。11月28日，旅大市图书馆大部分馆员去北京串联，工作滞于停顿，被迫闭馆。

1967年7月22日，馆长宗小薇被打成“叛徒”、“特务”、“阶级异己分子”和“走资本主义道路的当权派”后，遭迫害致死。

1968年8月，旅大市图书馆各派实现了革命大联合。9月25日，

“工人毛泽东思想宣传队”进驻文艺界，本馆编为文艺八连，集中到大工北院参加为期四个月的“斗、批、改”学习班。

1969年3月8日，旅大市图书馆革命委员会成立，馆内设立政工组、采编组、阅览组和办事组，编制为44人。12月下旬，本馆30多人下农村插队落户。下放干部占实有人数的76.3%，留用馆员14人。

旅大市图书馆南山藏书楼

大连市图书馆

1970年，旅大市图书馆试开馆。不久因条件不善闭馆。

1971年9月，根据中共中央转发国务院召开的《关于出版工作座谈会的报告》精神，旅大市图书馆正式恢复开馆，并派出馆员参加旅大市图书馆社会调查组，协助市文化局革委会召开“旅大市图书馆工作会议”，推动了全市基层图书馆的全面恢复开放。

从1972年春开始，下放农村的馆员陆续回馆，重新开始工作。7月，恢复“马列、毛主席著作阅览室”。8月，恢复科技阅览室和所属市少年儿童图书馆的借阅工作。

1973年6月，旅大市革委会决定旅大市图书馆所属市少年儿童图书馆移交给旅大市青少年教育委员会管理；12月，又将其划归旅大市青少年宫领导，改称为“旅大市青少年宫图书馆”。

1976年1月，旅大市图书馆的新书分类由《东北图书馆图书分类法》改为全国统一的《中国图书馆图书分类法》。同时，本馆建立科技服务效果资料档案。

1976年10月，党中央一举粉碎“四人帮”反党集团，历时十年的“文化大革命”结束。在“文化大革命”中，旅大市图书馆的业务秩序遭到了严重破坏，但在全体馆员的努力下，馆藏图书得到了妥善的保护，一些重要的中外文刊物也保持了连续订阅。

1977年10月，为贯彻国家文物局和省文化厅召开的文物、博物馆、图书馆工作学大庆座谈会精神，旅大市图书馆协助市文化局革委会召开了“旅大市各系统图书馆工作学大庆座谈会”，组织了各县、区图书馆工作“拉练会”，检查评比基层图书馆工作。

1978年3月29日，根据周恩来总理在病中提出的“要尽快地把全国善本书目编出来”的指示，中国古籍善本书目编辑工作会议在北京召开。会后，旅大市图书馆向全市相关系统进行传达，并组成了领导小组和古籍善本书目编辑小组，开始启动这项文化工程。同月，旅大市市区内的中等技校、中学、工会系统图书馆协作组恢复工作。夏天，根据国务院［81］号文件和国家文物局召开的“扩大借阅图书范围座谈会”精神，“图书开放工作小组”成立，对“文化大革命”中被禁锢的图书进行了全面审查，陆续向读者开放。10月，根据中央的指示，旅大市图书馆召开馆员大会，认真落实干部政策和知识分子政策，拨乱反正，对在历次政治运动和“文化大革命”中被定为冤、假、错案的13人给予彻底平反，恢复名誉。同时，将下放到农村和强制提前退休的同志全部调回并安排工作。11月，宗小薇的冤案得到彻底平反。

二、改革开放时期（1978.12～2007.12）

1978年12月召开的中国共产党第十一届三中全会，揭开了我国改革开放的序幕，旅大市的图书馆事业迎来了春天，逐渐地步入发展繁荣的新时期。

1979年1月5日，经旅大市革命委员会批准，旅大地区中心图书馆委员会恢复，各协作组的工作和采购协调、联合目录编制等业务全面展开。

1979年3月，旅大市图书馆保管部成立。从5月开始，全馆集中力量，对日本战败后一直未清理的馆藏中、外文古旧籍图书进行一次大清库、大清点、大整理。截至1985年11月，共清理百余万册旧藏，整理出古旧籍图书139303种479038册（其中善本书1726种20480册）。在这次清理中，发现许多有价值的珍贵史料，如两千余件清代内务库档案资料等；并将积压二三十年的日文旧籍、罗振玉和王永江家藏图书以及接受各机关、学校收缴和捐赠的图书进行分编登记，制作卡片二十余万张，使尘封几十年的图书重见天日。

1979年11月9日，辽宁省图书馆学会旅大分会成立；次年改称为旅大市图书馆学会，加入旅大市哲学社会科学联合会；1981年改称为大连市图书馆学会；1984年12月11日加入大连市科学技术协会。学会设在大连市图书馆，日常工作由本馆业务辅导部承担。多年来，学会已初步形成一套比较完善的工作制度，至今已召开七届会员代表大会，有市级会员447人、省级会员352人、国家级会员84人、团体会员30个；通过开展各种学术活动，团结了全市图书馆工作者，为促进大连市图书馆事业发展和两个文明建设做出了贡献。

1981年2月，旅大市改称为大连市，旅大市图书馆随之改称为大连市图书馆。8月6日，中共大连市委批准大连市图书馆为局属县团级单位，由智仁任党支部书记，乔世国任馆长。

1982年初，本馆图书分编开始采用《中国图书馆图书分类法》第二版。3月，经大连市政府批准，恢复“大连市少年儿童图书馆”名称，重新隶属市文化局领导。从9月起，本馆在整理古旧籍图书的同时，建立了新籍图书整理小组。在人员紧张的情况下，从社会上聘用临时工27名。工作采用了定额承包的办法，加快了清点进度，到1985年底这项工作得以圆满完成，共清点图书242145种705116册。

文化部和辽宁省文化厅对大连市图书馆的古旧籍和新籍图书的清典整理工作十分重视，先后四次共拨款14.5万元，予以资助。大连市人民政府于1982年拨款12万元，帮助图书馆在南山大庙书库南侧新建一座648平方米、可容纳30万册书的4层书库，1983年5月投入使用。虽未从根本上解决库房拥挤问题，但起到了缓解作用。

根据上级指示，从1984年开始，大连市图书馆率先进行改革，试行馆长负责制。同时，改革人事制度，实行中层干部“任期制”和工作人员“聘任制”。

1985年2月，赵廷璧任本馆馆长。

1986年1月7日，大连市图书馆馆务委员会成立，委员会在馆长的主持下讨论决定重大业务问题。10月6日，市文化局批准大连市图书

大连市图书馆新馆舍(1989年)

馆实行馆长负责制，并指出：实行馆长负责制，要建立馆长责任制和职工大会制度，贯彻民主集中制，实行民主管理。

20世纪80年代中期以来，大连市图书馆在兴办文化产业工作方面，进行了多种形式的探索，相继成立了嘉能电器服务公司、嘉能商行、经营服务公司、印刷厂、翰林图书服务部等一些实体，既取得了较大的社会效益，也取得了一定的经济效益，从1980年到1986年的七年间共创收141万元，为图书馆事业的发展提供了有力保障。1985年，时逢全国编史修志高潮期，本馆自筹资金28万元，在南山大庙书库东侧建起了一座552平方米的文献查阅楼，内设招待所，供全国各地来馆查阅历史文献的读者使用，既方便了读者，又增加了收入。

1987年9月7日，经上级党委批准，中共大连市图书馆党支部改建为党总支委员会，赵廷璧任总支书记。10月，王福生任总支书记。

从1985年至1989年，大连市政府投资2100万元，兴建了大连市图书馆新馆舍。新馆舍选址在大连市西岗区白云山北麓，占地3万多平方米，建筑面积2.5万平方米，1986年8月2日动工，历时三年多，1989年新馆舍竣工。新馆舍建筑呈几何体构造，主楼4层，书库10层，可容纳150万册藏书。有30个开放、半开放阅览室，一个容纳300人的多功能报告厅，700个自习座位。新馆舍配备了美国惠普公司生产的小型机，开通6个子系统，建立起馆内局域网并配备视听系统、静电复制、缩微阅读、缩微复制、闭路监控系统等，实现了自动化管理。同时，大连市政府将大连市图书馆的旧馆舍移交给大连市少年儿童图书馆使用。

1988年6月，根据改革开放与图书馆业务工作发展的需要，本馆的机构调整为采编部、典藏部、流通部、历史文献部、社会科学部、自然科学部、业务辅导部、办公室、行政科、保卫科、计算机中心、技术服务公司等12个科级部门。9月24日，辽宁省文化厅评估检查团对本馆的工作进行评估检查，本馆获辽宁地区市级公共图书馆评估总分第一名。

1988年，在市文化局的统一领导下，由本馆人员为主组成的评估委员会，按照省文化厅颁发的评估指标体系要求，对全市各县（市）、区公共图书馆工作进行了一次全面系统的评估，历时一年。之后，于1991年、1994年和1996年，先后对县（市）、区公共图书馆进行三次评估。1996年10月至1997年3月的第四次评估的主要内容是图书馆的基本工作条件和服务质量，重点是强化内部管理、开展读者服务、加强基础业务建设以及加大购书经费等项工作。

1996年初，本馆在市文化局领导下，对全市的乡镇、街道图书馆进行了首次评估。参加这次评估的乡镇、街道图书馆共有140个，占全市乡镇、街道馆总数的74%；其中乡镇馆107个，街道馆33个。这次评估对全市基层图书馆的工作起到积极的推动作用，促进了基层图书馆办馆条件的改善和服务水平的提高。

在1989年4月1日至6月20日的全国文献资源调查中，本馆上报的明清小说、地方文献、东北问题研究、蒙古问题研究、日本问题研究、化学化工等六个学科被列为国家级研究学科。

根据文化部指示，自1989年起，全国公共图书馆每年5月末的最后一周为图书馆服务宣传周。本年5月31日，本馆举办了为期一周的“首届图书馆服务宣传周”活动。7月15日至18日，文化部在北京召开全国创建文明图书馆活动经验交流会，本馆被授予“文明图书馆”牌匾和证书。会上，文化部还向从事公共图书馆工作三十年以上的人员颁发荣誉证书，本馆27名同志获此殊荣。

1992年，本馆进行机构改革，首先改革现行干部体制，实行馆长负责制，中层领导实行责任制；不论资历、学历，大胆使用具有真才实学的人才充实领导岗位并建立新型的竞争机制。同年，本馆建立信息部，后改为信息中心，开展了信息剪报服务，为开展阵地服务、深化读者服务探索出一条有益的路子。7月，刘镇伟任本馆馆长。

1993年，全市公共图书馆的“中国图书馆分类法三版改编”工作全部完成，并顺利通过国家文化部、省文化厅验收。

1994年，在文化部组织的第一次全国公共图书馆评估检查中，本馆取得总分第一名的优异成绩，获得“国家一级图书馆”、“全国文明图书馆”称号。

1994年至1997年期间，在开展信息服务的基础上，本馆建立大连地区公共图书馆信息服务网络，联合全市各公共图书馆组成网络服务系统，共同为全市企事业用户服务；以《借鉴与参考》为信息载体，联合各市、区、县图书馆参与到信息服务网络中来，推动全市公共图书馆信息事业的发展。

1995年5月14日，本馆“残疾人视听资料中心”成立，为广大残疾人营造精神乐园，这在全国图书馆界也属创举。5月25日至6月25日，本馆开展了图书馆优质服务月评比活动，邀请广大读者参与，有两名馆员被评为最佳优质服务馆员，社科部被评为优质服务单位。5月份，本馆读者俱乐部成立，使广大读者在学习之余有了娱乐活动场所。本年，本馆在原有二期工程建筑地基的基础上，与外单位投资合作，建起了一座面积为5000平方米的综合楼。其产权归大连市图书馆，合作方获得2500平方米房舍的50年使用权，本馆增加2500平方米馆舍面积。同年，本馆向上级争取经费50余万元，对原有的计算机软、硬件进行更新。同年，历史文献研究所成立，制定了五年开发计划。

1996年，本馆引进深圳ILAS系统，开通了ILAS系统下的采访、编目、流通、连续出版物管理、联机书目检索和参考咨询六个子系统，同时，还自己开发了单机还书、退证系统，实现了办公自动化、图书馆业务流程现代化。

1997年3月，李永昌任本馆党总支部书记，张超任代理馆长。8月28日至29日，市文化局和市图书馆学会在金石滩召开“大连市乡、街图书馆经验交流会暨学术研讨会”，庄河市栗子房镇、沙河口区民权街道代表在会上介绍支持图书馆开展工作的经验。11月，张本义任本馆馆长。

1997年，本馆建立了大连市公共图书馆第一家电子阅览室，并向读者开放，为读者提供光盘检索咨询服务、阅览服务；建立了中国学术期刊（光盘版）一级咨询检索站和ILAS系统推广站；收藏各类电子文献、数据库，为广大读者提供检索服务；在一楼大厅开设计算机网络查询系统，开展馆内OPAC服务，并设多媒体导读系统，为读者提供多媒体查询服务。同年，本馆积极探索联合办馆之路，与大连大学签订了联合办学的协议书，努力把大连市图书馆办成大连地区的信息中心、教育中心。

1997年，由文化部发起，中共中央宣传部、文化部等九个部委、团体联合主办了以倡导读书、传播知识、推动社会文明与进步为目的的文化工程。本馆发挥馆藏文献资源丰富的特点，先后开辟了生活百花园书屋、大连地方文献阅览室、社科外文港澳台文献阅览室、畅销书借阅室、产品样本阅览室、残疾人听读资料中心、电子阅览室、旅游文献阅览室、图书馆学文献阅览室等；成立了汽车图书馆，设立服务点11个；并在本市城乡、机关、工厂、部队、学校、劳教院、福利院等处建立图书流通站31个。

1998年，在市委、市政府的关怀下，大连市邮电局数字通讯局免费为本馆开通DDN专线，实现了与国内、国际联网。同时，为满足读者利用图书馆的需求，建立了大连市图书馆主页，大连市图书馆网络建设初具规模。

1998年，大连市少年儿童图书馆新馆建成，大连市政府将大连市少年儿童图书馆馆舍（鲁迅路20号，原满铁大连图书馆旧址）重新划归本馆，并拨给资金500万元。本馆按照“保持原有建筑风格，实现设备现代化”的原则，将其修复一新，建立了我国第一个以日本文献为主要内容的专业性图书馆——大连市图书馆日本文献资料分馆，由历史文献研究所承担本馆业务工作。同年，本馆设置“院士之廊”，将18位长期在大连市工作并获得中国科学院院士和中国工程院院士的科学家、工程技术专家的肖像庄重地悬挂在大连市图书馆正厅，使读者一进图书馆就立即感受到知识和科学的力量。同年，在文化部举办的第二次全国公共图书馆评估检查中，本馆再次获得总分第一名，荣获“国家一级图书馆”、“全国文明图书馆”称号。

1999年5月25日，本馆与大连市青少年宫联合创办的大连市图书馆青少年宫分馆试开放。6月6日，该分馆更名为大连新世纪图书馆正式对外开放。随后本馆又在大连监狱、财政局、营城子镇、石河镇建立了分馆，并在西岗区13个街道的69个社区建立了图书流通站。

1999年7月，“中国图书馆学会成立二十周年纪念暨1999年年会”在大连召开，本馆独自承担大会的组织接待工作。这次会议的代表为一千余人，我国台湾、澳门以及日本图书馆界的代表团也参加了大会。会议取得圆满成功，受到文化部和中国图书馆学会的表彰。

9月3日，为纪念大连建市百年、迎接第十一届国际服装节，本馆建立服装信息资料中心并正式对外开放。

10月，大连市政府投资5000万元，对本馆馆舍进行改扩建，2000年6月竣工。改扩建后，馆舍面积达4万多平方米，其中新增面积为7000平方米，改造装修部分面积为3.3万平方米；采用综合布线系统，设立无障碍通道并完善了各种设施；阅览室采用国际流行的大格局、大开间，集借、阅、藏为一体，高效便捷；向社会开放展厅、多功能厅、学术报告厅、自学室、教室等，可举办各种培训班、学术讲座、展览展示、贸易展示、贸易洽谈及研讨会等活动。改扩建后的大连图书馆，引进了国际最新通讯技术，主干网为千兆以太网，全部采用光纤，800多个信息接点、200多台微机，在馆内形成局域网，并通过专线与互联网链接，加强数据库建设，建立电子阅览室，更新升级了ILAS系统及微机配置；同时配备了防盗报警系统、火灾报警系统。

2000年，本馆对机构和人员进行了临时调整。设立党办，党政工团工作一起抓；将财务科改为计划财务科；将辅导部改为辅导培训部，扩大了部门工作的内涵；设总服务台，提供办证、还书和咨询服务；撤消流通部，将借阅工作纳入各部；计算机中心与视听部合并成信息网络中心，既利于本馆多媒体阅览区的建立，又满足读者阅览方式多样化的需求；重新设立历史文献研究所；增设物业公司、大图文化服务公司，向管理要效益；完成150万册文献资源大调整。同时，依据“大连市图书馆深化改革方案”进行人事制度改革和分配制度改革，对部分人员作了调整。

从“九五”末期开始，在中共大连市委提出的创建学习型城市活动中，本馆在全市选择有代表性的单位、街道和社区进行试点，建立分馆和流通站，逐渐摸索出依靠社会各方面的力量，实行“总馆+分馆+流通站”的发展模式，在全市城乡建立了124个分馆、流通站，形成了多层次、立体交叉的服务系统，力争使全市没有图书借阅盲点。

日本文献分馆外观

为进一步发挥图书馆的社会教育和文化传播功能，2000年8月经市教委批准，我馆创办的社会教育机构——白云书院正式成立。它的办学宗旨是借助“书院”这种传统教育形式，弘扬和传承优秀的中华传统文化，丰富市民文化生活，提高城市的文化品位，为促进城市精神文明建设服务。书院开设了“国学义塾”和书法、诗词、围棋、古筝、篆刻等培训班；举办了一系列的“传统文化系列讲座”等。2002年，书院被市教育局评为一级办学单位。

2001年5月30日，全国第一家昼夜图书馆——大连图书馆鲁迅路分馆（即大连图书馆日本文献资料分馆）正式对外开放，实行24小时对外服务。6月28日，本馆建立青少部。8月，本馆白云吟唱团成立，这是以吟唱中国古典诗词为主的业余文艺团体，共有成员40人，均为本馆馆员。从本年开始，本馆开展了“白云系列活动”，以弘扬中华优秀传统文化，陶冶人们情操，提高市民素质，促进城市的精神文明建设。

2000年以后，本馆信息中心开发建成“网上大连”数据库，为党政机关、企事业单位和科研单位提供信息服务，取得显著成效，受到市委、市政府等有关部门的好评。2002年11月22日，在大连市委办公厅召开的“信息工作暨计算机信息联网会议”上，本馆以470分的成绩位居13个群团组织之首，被评为大连市党委系统信息先进单位。

2002年，本馆再次进行了机构、人事、分配制度的改革，将原有的21个部门精简重组为15个：采访部与编目中心合并，成立采访编目中心；期刊部、社科部、科技部合并，成立读者服务中心；馆长办公室、业务办公室、党办合署办公，组成综合办公室；信息部与计算机中心合并，成立信息网络中心；典藏部与历史文献研究所合并，成立古籍部（历史文献研究所）。各部门中层干部按照竞聘原则上岗。最终有13人被聘为正职，19人被聘为副职。各部门馆员实行双向选择、竞聘上岗，人员进行了新一轮的优化组合。12月，本馆作为省级分中心加入“全国文化信息资源共享工程”，从此担负起推广建设基层中心的重任，并于2003年12月31日前完成大连市5个基层中心的建设。2004年8月初，大连地区12个公共图书馆全部完成了“共享工程”的设备安装和调试工作。

2002年，在辽宁省公共图书馆自动化评估中，本馆获得第一名。同年，本馆设立1200平方米白云美术馆，迄今已举办各种大型美术、书法、摄影、图片、篆刻等展览百余场。

2003年，本馆争取到古籍保护专项资金，制作函布套3万个、樟木盒2000个，对馆藏古籍线装书、善本、舆图予以保护，极大地改善了本馆古籍保存状况。

2004年，本馆与韩国春川市立图书馆、日本龙谷大学图书馆就图书、人员交流工作双边合作达成了协议。本馆主办的“首届大连市美罗杯书春大赛”、大连图书馆“白云吟唱团”赴日本交流演出和大连原创歌曲系列演唱会三件大事，荣获“2004年大连市文艺界十项有影响的文艺活动”称号。同年，在文化部第三次全国公共图书馆评估检查中，本馆取得三连冠，再次以总分第一名的好成绩，获得“国家一级图书馆”、“全国文明图书馆”的殊荣。

2005年4月，大连数字图书馆建设方案完成。5月12日，方案通过大连市信息产业局、发改委组织的专家论证会论证，被申请立项，确定为大连市“十一五”规划建设的重要内容。5月13日，大连市第七届图书馆理事会在大连市图书馆举行。大会选举产生35位理事、19位常务理事，张本义馆长当选为新一届理事会理事长。5月23日至25日，由中国传媒大学、《学术月刊》编辑部、本馆联合主办的“全国第二届中国文学研究发展方向学术研讨会”在大连理工大学国际会议中心举行。从8月开始，本馆筹资依照明清书院的风格对白云书院近千平方米的院舍进行装修和改造。

清史编纂工程是新中国成立以来最大的文化工程。2004至2005年是清史编纂的立项阶段，本馆申报的《图录·大连图书馆藏清代图录集》、《大连图书馆藏清代内务府档案集》、《大连图书馆珍稀文献整理》三个项目已获准立项，并投入编纂工作。

2005年10月，本馆从实际情况及发展需要出发，做出了实行物业管理社会化的重大决定，将全馆的保洁、绿化、保安、采暖、空调、供电、小维修等工作交由专业公司来做。此次改革提高了工作效率，向一线岗位补充7名同志，辞退临时工作人员20名，节省了人员经费开支。10月11日，本馆承办了中国历史文献研究会第二十六届年会。

改扩建后的大连图书馆(2000年)

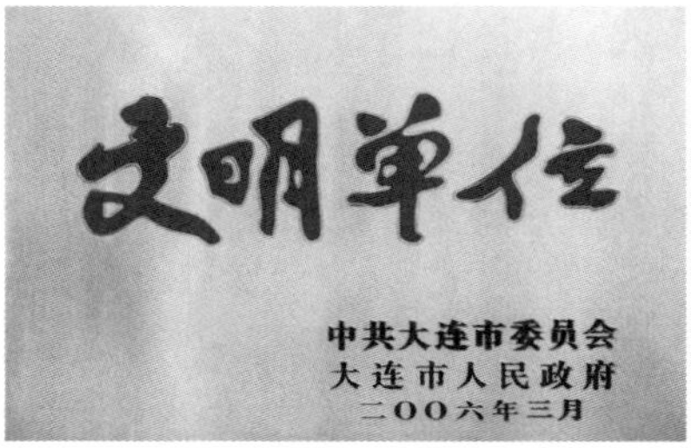

本馆获得的荣誉

本年度，本馆获全市党委系统信息工作先进单位称号。

2006年2月11日，由市文联、市文化局主办，本馆承办的“书院杯”第三届大连书春大赛在本馆举行。这项活动已成为我市的一项重大节庆文化活动。为了迎接本馆建馆百年和全国第四次图书馆评估、保障服务质量、提高业务水平，年初本馆成立了学术委员会。3月16日，业务办公室（即业务部）成立，组织专门力量抓基层业务建设。同时，古籍修复中心成立，制定了古旧籍保护计划，准备分期分批对馆藏的近六十万册（件）古籍进行修复。为配合纪念红军长征胜利70周年和宣传“八荣八耻”、建设和谐社会活动，本馆有针对性地增加图书采购的种类和数量，特别是采购相关文献资料，以满足读者需求，并成立了“藏书委员会”。在三个清史课题的科研项目中，图录课题第一阶段工作已完成，档案课题工作已告竣。9月21日，本馆与国家图书馆培训中心联合举办了“中文连续出版物的编目与管理”培训班，来自全国各地图书馆的65位相关人员参加了培训。

2006年大连市图书馆学会工作取得长足发展，有10个单位99人加入学会。10月10日，学会成功地承办了“辽南四市第十四届图书馆学学术研讨会”。

2006年，本馆荣获国家文化部“公共文化设施管理先进单位”称号。

2007年，适逢大连图书馆建馆一百周年。在这具有特殊意义的一年里，全馆上下以建馆百年为契机，本着“一切为读者服务”的宗旨，围绕优化服务、科学发展的核心，进一步拓展图书馆社会教育功能，各项工作均取得全面发展。

在基础业务建设上，本年度入藏文献近3万种6万册，接待读者达160万人次，举办各种读者活动200余次，极大地开发利用了馆藏资源，使之服务于社会大众。

大连数字图书馆一期工程正式开始实施，从3月起进行机房改造和网络建设项目施工，并通过政府公开招标的方式，采购了一系列计算机网络设备和图书馆管理系统，同时进行了相关培训。本年度收集加工全文信息10万余条，完成图片类数据库160G。

古籍保护与开发年内取得了阶段性成果。8月，国家古籍保护中心在全国范围内开展古籍普查和古籍保护试点工作，大连图书馆被国家文化部确定为全国首批古籍保护试点单位之一。为此，本馆全面、系统而真实地做好馆藏古籍普查，向国家古籍保护中心提供国家珍贵古籍目录，对珍贵古籍进行申报和定级。历史文献部承担的清史工程图录课题完成了二、三阶段任务，分别进入审稿和出版阶段。古籍修复中心于本年度首次联合采用“金镶玉”、“单双衬纸”、“书页除酸”等新工艺对古籍进行修复，成果显著，全年共完成数十种百余册线装古籍及四百余件清代拓片的修复工作。

白云书院“国学义塾”全年招收学员160人次，举办传统文化和市民文化讲座31场，邀请国内著名专家学者30位来馆讲学，听众近万人次。本馆还承办了“大连书法百年回顾展”、“第四届大连市书春大赛”、“第八届全国水彩·粉画展”等展事和文化活动，观众逾8万人。

本馆业务辅导部举办了五期培训班，培训学员108人；新建两个分馆流通站，至此分馆和流通站总数达105个。同时，图书馆学会荣获大连市科协、市社科联、辽宁省图书馆学会授予的“先进学会”称号。全年共成功举办、承办各类研讨会10次，征集论文327篇。

4月，张本义馆长荣获2005～2006年度大连市“五一奖章”。5月，张本义馆长荣获“大连市优秀专家”称号。6月4日《光明日报》、《大连日报》、《大连晚报》刊发张本义馆长应《光明日报·百城赋》专栏之约而作的《大连赋》。9月，《大连赋》由中华书局出版，并作为大连市政府的礼品馈赠给大连首届夏季达沃斯新领军者年会的来宾。

2007年11月17日，大连图书馆举办了一系列建馆百年纪念活动。这是本馆历史上规模最大、规格最高、影响最大的纪念活动。社会各界的精诚相助、全体馆员的共同努力，使百年庆典活动取得了圆

大连市市长夏德仁与国家图书馆馆长詹福瑞为百年林刻石揭碑

满成功。来自海内外近百名嘉宾和大连市民一道见证了大连图书馆一百年的历史时刻。文化部社图司副司长刘小琴、辽宁省文化厅副厅长刘文艳、大连市市长夏德仁、国家图书馆馆长詹福瑞先后在纪念大会上致辞。会后举行了“百年纪念林”揭碑仪式和“无上清凉——弘一法师墨迹展”。

本馆建馆一百周年受到各界关注。《光明日报》于2007年11月15日发表“纪念大连图书馆建馆一百周年”专版，有中共大连市委办公厅、大连市人民政府办公厅、中国孙子兵法研究会等26家单位同贺大连图书馆建馆百年。《光明日报》、《中国文化报》、大连电视台、《大连日报》、《大连晚报》、《半岛晨报》、《新商报》等多家媒体争相报道本馆庆典活动。国内外80余家图书馆发来贺信或馈赠贺仪，以示祝贺。

11月17日至18日，第十九届全国十五城市公共图书馆工作研讨会在大连图书馆召开。

11月24日为庆祝大连·伊万里缔结友好城市20周年，以伊万里市长部芳和为团长的伊万里市民代表团一行77人来本馆举行文化交流大会。

12月，本馆荣获大连市精神文明建设指导委员会颁发的“未成年人思想道德建设工作示范点”称号。

年内，本馆编辑出版了《公共图书馆教育职能研究——第十九届全国十五城市公共图书馆研讨会论文集》、《典籍文化研究》、《大连图书馆藏少数民族古籍图书综录》、《大连图书馆百年纪念学术论文集》、《白云论坛》第四卷等。

（2007年12月）

满铁大连图书馆

杨力生

南满洲铁道株式会社大连图书馆，是日本对华进行文化侵略的重要工具，是日本设置在大连的侵略机构——南满洲铁道株式会社的图书、情报基地，它既是文献资料的储存中心，也是领导铁路沿线24所图书馆的中心图书馆。它初创于1907年，为当时的满铁调查部图书室。1911年8月于大连东公园町（今中山区鲁迅路）始建新馆。1918年1月15日改由“满铁会社”直接领导，定名南满洲铁道株式会社图书馆。1922年6月19日，又改称南满洲铁道株式会社大连图书馆。

满铁大连图书馆，被明确规定要“广泛搜集古今内外的图书资料，供给‘会社’业务的参考”，被特定为满铁的“参考图书馆”。“图书馆的主要任务就是用所藏图书配合当时的形势，发挥其作用”（《满洲教育史·满铁图书馆》）。

满铁大连图书馆的性质，决定了它的藏书内容和成分。为此，他们采取多样手段，通过各种渠道，或巧取豪夺，或重金收买，或传播转录，先后多次拨专款、派专人到关内和国外搜索收集我国的地方志、地图、图绘、稿册以及政治、经济、地质资源、风土人情等有关资料，对政府、学会、社团等出版的一般不公开发售的业务调查资料尤为重视，至于可供研究中国近代史的公文电稿、历史档案、手抄名札，则更不放过。中国古籍中的精抄名刊、珍善版本以及满文、蒙文图籍，也全在搜寻收取范围之内。

1917年，满铁会社为纪念建社十周年，拨发图书专款3万日元。

1922年1月，除另拨专款派人外出采购外，并于同年6月接收了哈尔滨的俄国后黑龙军管图书馆所藏的有关东北、蒙古、西伯利亚地方的俄文图书资料3万册。

1923年2月，又拨专款进行了一次大范围的特点明显的搜购。从内容看，是有意识地网罗地方志、稿册、不公开发售的内部资料。单是收集的我国各省、府、县地方志，就不下千种，从我国编纂年代较早的《长安志》（1068年）到近代的辽、吉、黑等省的《辽海志略》稿本（清咸丰二年纂修），《全辽志》、《盛京通志》等抄本，以至县、村志的油印本，全在搜购的范围之内。1940年左右，又接收了奉天图书馆的部分方志。这时的满铁大连图书馆已收藏了我国30个省市、1162个地县的地方志2300余部（不包括复本），并有百部左右够得上善本。其中清顺治朝纂修的陕西《蓝田县志》，江西《德兴县志》、《新淦县志》，现在仅见藏大连市图书馆和北京图书馆。而康熙朝陶耀纂修的《弋阳县志》竟是孤本。蔡荫、陈一揆纂修的湖南《龙阳县志》，迄今为止，除大连馆外，并未发现第二本。这些地方志书，都是20年代初至30年代末，满铁大连图书馆不择手段巧取豪夺而来的。

1925年，满铁大连图书馆又将当时驻在长春的苏联领事拉布罗夫所搜集的有关中国边疆问题的西方图书500余册如数收买。同年，把在北京留任的意大利公使馆馆员劳斯（Ros）利用工作之便于三十年间戢藏的600余幅中国舆图全部购得。这些舆图多是稀世珍品。其中明清两朝的写图、满文中国地图、满汉合璧战迹图、海口要隘水陆远近形胜图，最为珍贵。如明嘉靖《中国古地图》（写图）、清康熙十三年（1674）南怀仁编《坤舆全图》、乾隆四十一年（1776）铜版《盛京吉林黑龙江等处标注战迹舆图》、道光至同治年间《皇舆全图稿本》（二十册）以及《奉天各海口大小炮台图说》、《八省沿海全图》、《中国海道图说》、《海口要隘水陆远近形胜全图》等都可谓舆图、图绘中之上品。1930年10月，该馆曾以这部分地图举办过专题展览。1935年7月，日本青山定雄以《古地志地图等之调查》为题，在《东方学报》（第5册续篇）上就介绍过绢地彩绘、有杨子器跋、年款为嘉靖五岁次丙戌春二月的明嘉靖《中国古地图》，并载有该图的照片。劳斯所搜藏的40余种西域地方图和有关回教的图书360余册，也被同时购进。

1925年11月，大谷光瑞收藏的中国古籍5000余册、西文图书300册也移入该馆。这些古籍，不乏珍稀版本。其中的150部明清小说，多是从《金瓶梅》问世到《红楼梦》刊行这一百四十年间所刊刻，有数十种是国内外孤本、稀见本，受到中外学者瞩目。该馆以“大谷本”小说为基础，又经过十几年的搜购网罗，不断补充，到1940年左右收藏的明清小说已有500余种，形成了馆藏图书的一大特色。其中明刻本、明抄本24种，清初刻本40种，日本刻本、抄本22种，满文和满汉合璧的3种，朝鲜刻本1种，被书志学家称为善中之善。如明刻本《警世阴阳梦》、清初刻本《后水浒传》、日本抄本《珍珠舶》以及存卷较多的《连城璧》，已被公认为稀世之珍；还有《云仙啸》、《惊梦啼》、《合浦珠》、《赛花铃》、《飞花艳想》也多不为人所知；至于《凤凰池》、《醒风流》、《醒名花》、《金兰筏》等也都较为稀见。如《醒名花》一书，除美国哈佛大学有一残本外，其全本只大连馆入藏。满文抄本《金瓶梅》（题名为《世态炎凉》）和满文本《三国演义》，也是存世极少、极具研究价值的珍贵文献。

1927年，满铁成立20周年时，拨购书专款29000日元。1928年，拨50000日元，用来购书。1929年1月，又专拨10万日元巨款，派专人到京津、山东、南京、上海等地区搜买大量中国古籍。所购图书中珍贵的精抄名刊甚多，计有宋版8种，元版10余种。8种宋版是：《淮南鸿烈解》21卷12册，海源阁旧藏；《管子》10卷10册，海源阁旧藏；《荀子》20卷10册，大字本，海源阁旧藏；《说苑》20卷10册，海源阁旧藏；《三谢诗》1卷1册蝴蝶装，海源阁旧藏；《康节先生击壤集》15卷6册，渊源阁旧藏；《通鉴记事本末》42卷96册，大字本，肃亲王旧藏；《二十一史》2561卷603册，宋、元、明刊。元版10余种，有：《翰墨大全》（残本）、《齐东野语》、《尚书》、《晏子春秋》、《六子》（老、庄、列、荀、杨、文中）、《老子道德经》、《吕氏春秋》、《古清凉传》、《唐三体诗》、《昌黎先生文集》等。清版大本的《古今图书集成》、初刻本《芥子园画传》、以及引人注目的4000多册中国医学古籍，也是这次弄到手的。

九一八事变后，他们在书刊搜刮手段上又加添了好几手：一是以学术面貌出现，派出所谓的“科学调查团”，到各处进行掠夺、骗窃；一是公开地调动宪兵、警察到各书店、各图书馆进行搜查、

满铁图书馆开馆场景

劫取；同时又进行了大量的“转抄”和所谓的“捐赠”。德永重康首先组织了一个“满蒙学术调查团”，到北票、朝阳、凌源、承德、兴隆、赤峰等地，以学术调查名义，掠夺了大量的文献资料，窃取了许多珍贵的历史文物。1932年，日本宪兵、警察查封了沈阳的一家书店，他们把进步的书刊完全烧毁，将贵重的资料全部掠走，并将经理投入监狱。当时东北的一些原国立、省立图书馆，都存藏着一些珍贵的历史文献和乡土资料。对这部分资料，他们挖空心思地想搞到手。满铁大连图书馆嘱托岛田好和满铁辽阳图书馆主事柳田季四郎，通过满铁辽阳地方事务所，骗窃了大量的辽阳历代文献资料、考古资料和名胜古迹照片。沈阳八幡町图书馆主任植野武雄也曾多次到原奉天省立图书馆为大连馆抄录缺少的县志、乡志，《鞍山驿》、《鞍山驿堡》、《鞍山石洞》等就是这样转抄得来的。

满铁大连图书馆通过满铁调查部驻世界各地的机构，代为搜集了大量研究中国特别是研究满蒙的西文图书，如1824年巴黎出版的《蒙古历史》、1854年伦敦出版的《元清两度征服中国史》、1880年伦敦出版的《九至十九世纪的蒙古史》、1870年伦敦出版的《在华北、满洲和东蒙之旅行及朝鲜记事》等。对关于中日、日俄战争的西文史籍也有收购，包括1896年伦敦出版的《中日战争》以及柏林1910年出版的《日俄战争》、1905年伦敦出版的《一个英国人在日俄战争中的经历》等二十余种。《满铁会社史》记载：“到昭和十一年（1936年）为止，当时所收藏的从世界各地寄来的报纸、杂志剪辑以及图书，总计有十多万部。”他们对外文工具书的收购也下了很大的气力，购进被公认为最有权威的大型综合性百科全书，包括《不列颠百科全书》、《意大利百科全书》、《法国大百科全书》、《世纪百科全书》、《犹太百科全书》等十余种。在收购的西文书中有两部值得特别一提。一是1735年巴黎初版本和1738年伦敦版的

馆藏《警世阴阳梦》，明崇祯元年刻本

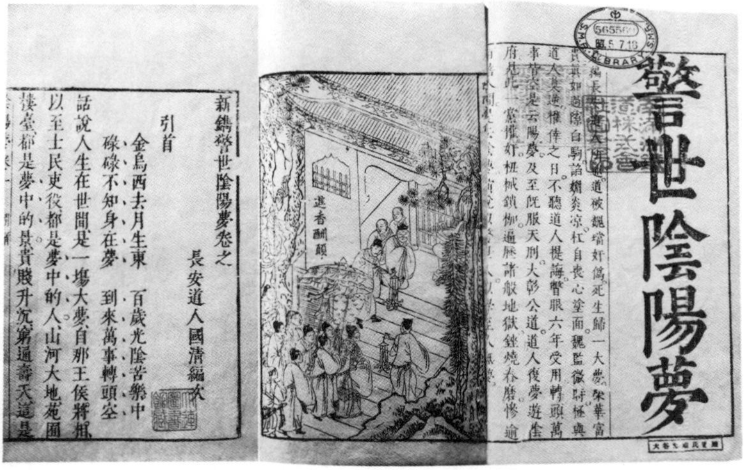

《中华全志》（Desenipton dele china），是生活在法国的耶稣会士杜赫德（Du Hal de）利用在华耶稣会士书简和他们有关中国地理、历史、年代、政治、制度、文物、民族的报道编纂成的一部研究中国的巨著，收有大量有关中国的文献资料，元曲《赵氏孤儿》的最早译本，就被收在第三册中；二是《北京教士报告》（Missionaires de peking），巴黎1776～1791年出版，共15卷，系清朝中期在中国传教的洋教士所写，详细介绍了中国的时局、历史、文化、民俗等情况，当为研究中西文化交流史的重要参考资料。在西文图书搜购中，他们还得到了英国斯坦因（原籍匈牙利）、法国伯希和在20世纪初期深入我国甘肃、新疆一带盗窃敦煌大量写经、古写本、佛教绘画等珍贵文物回国后编写的所谓“西域考古研究成果”方面的种种著述。（从斯坦因和伯希和“著作”中也直接反映出西方殖民主义者对我国文物的掠夺）对马克思主义的经典著作，如《马恩通信集》、《马克思传》（孤本）、共产国际杂志等书刊，唯心主义哲学著作如《黑格尔全集》、《尼采全集》、《康德全集》等书，也是尽量搜寻。正如草柳大藏在《满铁调查部内幕》一书中所说的："想读的书图书馆里简直是汗牛充栋，应有尽有。从《马克思恩格斯全集》到伏尔加《经济年报》、《列宁著作集》、《一九二七年提纲》等等"，"五分钟以内，即可提供"。

满铁大连图书馆最后一次较大规模的接收西文图书是在1943年。据《书香》记载，太平洋战争爆发后，国际形势发生重大变化，满铁所属的三大图书馆进一步作了分工，规定大连图书馆是"东西关系，学术综合专门图书馆"，奉天图书馆是"交通工学，工业社业图书馆"，哈尔滨图书馆是"北满及苏联关系专门图书馆"。因此，奉天图书馆将有关"东西关系"的贵重西文图书和中文古书移交到大连图书馆。从1907年调查部图书室始，到1937年3月末，满铁大连图书馆搜购的藏书总量已达270024册。1937年之后，直到1945年大连解放，这期间的搜购情况，因缺少确切依据，数字不详，但藏书总数已近四十万册。他们把所搜罗的书刊资料，不分文种，不论书型，按内容、分地区进行了编排、组合，因而形成了比较完整、系统的关于我国东北、蒙古和远东、东南亚等地区性、专题性的文献资料体系，为日本侵略者全面了解我国东北和远东等地区的自然地理、历史演变、特产资源、民族宗教、风土人情等方面，提供了较详尽的资料。

满铁大连图书馆的工作人员，"除完成专业性本职工作外，还要接触当地的人，了解每个读者的个别问题和共同问题，使图书馆工作能更好地配合当前形势"（《书香》第26号，《满铁图书馆的使命》）。为此，他们经常举办一些地区性的学术会、业务会、学习会等社会活动和一些综合性、专题性的书刊资料展览会。从1924年到1937年间，仅书刊展览就有：满洲蒙古图书展览（300种）、拓片陈列展览（212种）、满蒙研究资料展览（700种）、中日文化研究资料展览（200种）、中国民族研究资料展览、中国地图展览（451幅）、明末清初来华宣教者著书展览（200余种）、染色工艺图书展览、热河照片展览（400幅）、华北文献展览（500种）、宋元版名贵书稿展览（219种）等16次；每次展出，都编有专题或综合目录。1920年和1937年，日本图书馆协会与“满铁会社”还在大连共同举办了日本国第15次和第31次全国图书馆大会。

九一八事变前后，满铁大连图书馆对社会活动尤为注意。1931年至1932年间，他们联合了“全满”24个图书馆，编纂了《满洲关系和汉书标题目录》正编、续编两巨册，提供了大量的满蒙资料。这个《目录》的编纂，显然是为侵略者发动九一八事变和成立伪满洲国作“参考”的。1933年至1935年的三年间，田口稔还以“满蒙文献研究”为专题、结合大连馆藏连续编写、出版了《法国对满洲的研究》、《明治初中叶的满洲文献》、《了解满洲的必读物》等三个小册子，从历史上阐述、介绍了满蒙研究情况，提示、提供了对侵略者有使用价值的一部分文献资料。1940年7月他们以满铁资料室所收资料和满铁大连图书馆所藏、参照所编的《特殊文献目录》编辑而成的《佛领（即法国占领）印度支那文献目录》，收录了古今中外资料922种，是研究东南亚地区的地理环境、政治经济、交通运输、民族宗教、文化历史等的重要资料。当时日本已占领印度支那，正酝酿、准备发动大规模的太平洋战争，这份目录的编印，显然是为其侵略战争服务的。

（1999年）

中长铁路中央图书馆

馆志组

历史沿革

1945年8月15日，日本天皇裕仁发布诏书，宣布日本无条件投降，中国抗日战争暨世界反法西斯战争胜利结束。8月22日，苏联红军伊万诺夫中将和雅曼诺夫少将各率250名空降兵，分别在旅顺土城子机场和大连周水子机场着陆，军事接管了旅大地区，分别在旅顺和大连建立苏军警备司令部，解除日军武装，对旅大地区实行军事管制。被日本殖民统治者奴役四十年的旅大人民获得了解放。

日本投降的消息传来后的一周间，旅大地区处于无政府状态，满铁大连图书馆被迫闭馆，停止开放。在苏军进驻之前，满铁总裁室文书室将五万余册图书和文书档案全部烧毁，连社员的服务章程也不保留。满铁大连调查局烧毁了一批机密档案资料，并指示满铁大连图书馆在地下室烧毁了一批机要图书资料，其中有日本皇室照片资料和有关中国东北的极秘地图等。

8月末，满载苏军的军车开进满铁大院，接管了满铁会社和所属的满铁大连图书馆和小村侯纪念图书馆等机构，对其实行军事管制。苏军接管时，满铁大连图书馆的藏书为四十余万册，满铁调查部资料室藏书（含资料）约为十万册，小村侯纪念图书馆藏书约为十万册。

进驻满铁的苏军查缴了满铁各课室的资料，将满铁的出版物和文书档案等装了六十多麻袋，用六七辆卡车运走，其余的被付之一炬。而满铁大连图书馆和调查部所属资料室的图书资料，未予毁坏，仅被拿走六十多册地理、历史类图书。

9月初，中苏合营的中国长春铁路管理局和中国长春铁路公司（简称中长铁路）成立，满铁大连图书馆和小村侯纪念图书馆被苏军移交给中长铁路管理，前者被命名为“中国长春铁路公司中央图书馆”（简称“中长铁路中央图书馆”），为中长铁路的中心图书馆；后者改为分馆，由中长铁路科学研究所（原满铁中央实验所，今中科院大连化学物理研究所）代管。

9月22日，中长铁路苏方代表加尔金中将到长春赴任，以中苏协定名义将铁路置于自己的指挥之下，随后解除满铁最后一任总裁山崎元干的法人资格，剥夺其管理权，并解除满铁全体理事职务。至此，侵略机构——满铁在中国的大地上彻底消失了。11月9日，苏方向满铁理事团提出财产交接要求，并启动财产接收工作。

中长铁路中央图书馆首任馆长为白俄地质学家耶果罗夫。他上任后，召回留用了原满铁大连图书馆的柿沼介、大谷武男等四名日本馆员和两名中国馆员。他们的主要工作首先是将存放在营城子高尔夫球场的35箱珍贵图书运回馆内，存放到地下室珍藏书库里；其次是保护馆藏图书和清查整理堆放在地上的尚未登记上架的图书报刊。

10月，原满铁大连图书馆馆长柿沼介被任命为馆长，接替耶果罗夫的工作。

11月间，苏联派出由经济专家波波夫率领的40人调查团来大连，调查所谓的如何保护和利用满铁调查部的图书资料问题。调查团中有两名图书专家和一名汉语专家。波波夫公然宣称：“这样贵重的书，没有必要放在殖民地。”经过三个月的“调查”，1946年初春，调查团以“保护”的名义从馆藏图书中挑选出珍贵图书35箱，外加两箱“四书五经”，装满两卡车运到周水子机场，后用两架军用飞机运往苏联，藏于列宁格勒大学（今彼得堡大学）东方系图书馆。据说，那35箱图书就是从营城子拉回馆的35箱珍贵图书，原封未动。后来经大谷武男核查，苏军运走的这批图书分为三类，共有801种4960册。第一类为中文珍贵古籍199种2781册，其中有汉代写本1种、唐代写本1种、宋代刻本（含写本）10种、元代刻本（含写本）13种、明代刻本（含写本）76种、清代刻本（含写本、舆图）105种；第二类为西文珍贵图书140种457册，其中最早版本为1574年，多为17、18世纪版本；第三类为中文哲学古籍462种1722册，内含明刊本12种。

1946年6月，柿沼介被解除职务，由王修接替馆长工作。是年秋，改由苏联人斯克利普卡（女）任馆长。

1948年5月，大连市教育局从中长铁路科学研究所手中接收了其代管的中长铁路中央图书馆分馆（原小村侯纪念图书馆），建立鲁迅公园图书室，主要服务对象为小学教师和学生。

藏书印

1948年，苏军又一次从本馆秘密挑选一批珍贵图书运往苏联国内。关于这批图书的种类和数量，没有文字记载。据当年的馆员回忆，装满图书的箱子堆放在大阅览室里，占据了大半个房间。有日本学者披露，这批图书就是原满铁大连图书馆的特藏《奥佐文库》，即馆藏的俄文文献，有一二万册。

1949年4月，大连大学成立，租用了中长铁路科学研究所，改名为大连大学科学研究所。中长铁路中央图书馆改由中长铁路大连铁路局（1946年2月成立）代管，苏联人布罗尼任馆长。

主要业务活动

原满铁大连图书馆移交中长铁路管理期间正值全国解放战争时期，中长铁路中央图书馆作为企业管理的图书馆，工作人员较少，业务范围也很狭小，除向其管内的铁路员工开放外，主要的任务是保管和整理馆藏图书。具体工作如下：

1．接收苏军进驻旅大后查缴的日伪机关，如地理研究所等部门的图书。

2．清点1938年以来尚未装订成册的报刊和1942年以来从北京、上海等关内城市搜购来的中西文古籍图书，整理后装订、建卡、上架。到1947年底，清点整理工作完成。据统计，本馆时有藏书总册数为379896册。

3．为适应苏联方面查阅馆藏图书资料的需要，把原有的日文、中文卡片目录译制成俄文卡片目录。

4．柿沼介担任馆长时，面向铁路职工和家属开放一个规模较小的图书报刊阅览室，向读者提供旅大等解放区出版的《人民呼声》（后改称《大连日报》）、《实话报》、《新生时报》、《民主青年》、《友谊》等报刊十余种以及新文化图书万余册，原满铁大连图书馆的藏书不向一般读者开放。同时为适应当时逗留在大连的专家、学者读书与研究之需要，特开辟一间内部阅览室，可查阅中文、日文和西文的珍贵藏书。常来内部阅览室借阅图书的有田汉、阿英、李一氓、赵慧深、翦伯赞、菱野、戴华正、廖华、岳剑等人。

（2007年12月）

藏书印

旅大解放区的图书馆事业

馆志组

解放战争时期，旅大地区是全国解放最早的由苏军实行军管、中国共产党领导的特殊解放区。由于中长铁路中央图书馆的服务范围很狭窄，为适应本地区文化的发展和群众对文化的迫切需求，在中共旅大地委的领导下，各级群团组织和机关、学校、厂矿在普遍建立文化娱乐场所的同时设立图书馆（室）、阅读室，使旅大城乡的群众性图书馆事业得以迅速发展，成为旅大解放区文化建设的一个重要组成部分。

1945年12月建立的关东中苏友好协会（后改名为旅大市中苏友好协会）于1946年9月成立了大连中苏友好协会俱乐部，内设图书室。这是旅大解放以来，由群团组织建立的第一个公共图书室。该图书室建立后，通过建立读书会、研究小组、学习小组和举办读者座谈会、时事问题解答晚会、星期讲坛、苏联常识问题解答晚会、黑板报、图片展览等各种形式开展读书与辅导活动。读书会根据读者的爱好分为文学、社会科学等组，提供相应图书供阅读，请专人进行讲解辅导，经常参加活动的有93人。研究小组活动每月举办一次，结合阅读图书、写读后感、进行专题讨论，提高读者的阅读能力和理论水平。学习小组活动主要是配合重大节假日举办，先由该室编好参考书目录，按不同文化程度分编成学习小组，进行阅读和讨论。该室还利用重大节假日，深入公园、广场和基层支会，建立图书流动服务站，开展图书的流动阅览活动。旅顺市、金县和大连县支会也建有中苏友协俱乐部，内设图书室。1948年6月，俱乐部组织了宣传工作队，深入基层支会开展宣传教育工作。工作队配备了流动图书馆和流动图片展览，吸收流动图书读者6000余人。据1948年9月统计，该图书室有藏书1941种7373册；借阅人数3588人次，阅览人数5909人次，发放读者证1319人。每月平均阅览人数为370人次，借阅图书225人次；主要读者为学生，占三分之二，还有工人、职员、警察、店员等。各支会也设有图书阅览室，据1948年9月统计，共有图书374种3415册。

1946年10月7日，大连市民主青年联合会（简称“青联”）建立了青年俱乐部，内设图书室，仅限室内阅读，向青年学生、工人和职员开放。后因规模小，藏书少，该图书室并入中苏友协俱乐部图书室。

为了促进医学科学的发展和培养造就医学人才，大连医学会暨医生公会于1946年10月21日在原“日本赤十字诊病所”（位于今花园广场）内建立了大连医学图书馆，由中日医士协会与市政府卫生局组成图书馆管理委员会，委托王义心、西岸（日本人）、杨凤鸣等起草图书管理章程。该馆广泛搜集医学书籍，为全市医学界人士服务。

为团结教育青年，金县民主联合会于1946年6月创立金县人民教育馆，内设图书室，地址设在金州城内天后宫（山东会馆）东院（今城内中学），面积约80平方米，藏书300余种600余册。1948年6月该馆迁至金县中苏友好协会二楼（后为金县人民法院审判厅）楼上，面积约100平方米，编制为3人，藏书增至2000余册，每日内阅读者约100人次，外借图书50～60册次。1949年10月该馆移交给金县新民主义青年团，馆址迁至财神庙大殿，同年11月闭馆，藏书移交给金县文化馆。1949年12月，金县文化馆图书室正式开放。

1946年12月，旅大职工总会建立后开展了图书馆（室）的建设工作，把图书馆（室）作为向职工传播科学文化知识的阵地和陶冶职工情操的学校；积极发动各厂矿、企业的基层工会建立工人俱乐部，内设图书（馆），以丰富职工的文化生活。到1949年初，全市工会系统已建立了远电（远东电业）工人的毛泽东俱乐部、中长铁路工人的火车头俱乐部、交通公司工人的“工人之家”、船渠工人的火轮船俱乐部。后来又建立了码头（海港）工人俱乐部、建新公司工人俱乐部和西岗区工人俱乐部等。这些俱乐部内都设有图书馆（室）及阅览室。各厂矿的基层工会也普遍建立了图书室、阅读室，共72处。

旅顺市作为旅大地区的一个行政区，其图书馆事业发展很快。1946年2月，市民主政府成立不久便建立“旅顺民众教育馆”，内设图书阅览室，向市民开放。1949年4月，民众教育馆撤消，成立旅顺文化馆，内设图书部，有藏书3351册，向旅顺市政府工作人员开放；翌年向市民开放，藏书增至2万余册。旅顺市的173个村（坊）建立农民俱乐部56处、简易图书室76处，5个区建有典型图书室。各图书室均有专人负责，并制定了借阅制度。除借给本村（坊）的群众阅读外，还向外村流动。另外，在工厂、街坊和农村建有5个活动图书站。

1947年2月，关东医学院成立并建立图书馆，藏书以接收日本学校和卫生试验所的科技图书及当时出版的新文化图书为主。相继建立的大连电专、大连工专和大连外专设立了图书馆。1947年5月成立的中共旅大地委党校设立了图书资料室。1949年4月，关东医学院与电专、工专、外专合并成立大连大学时，特从上海聘请毕业于武汉文华图书馆学专科学校、精通图书馆业务及外文的唐月萱主持图书馆的筹建工作。

1949年1月18日，中共旅大地区地委扩大会议通过《关于建立文化组织机构，加强思想政治教育的意见》，决定筹建全区文化组织体系，制定了《旅大地区文化馆组织及工作大纲》，规定地区建文化宫、各县（市）设文化馆、各区设文化俱乐部、各村（坊）设文化站，文化宫与各文化馆、文化俱乐部内设立图书室和阅读室，各文化站设立阅读室。

4月1日，中共旅大地委书记欧阳钦在党的公开大会上提出“发展生产，改善民生；普及文化，培养干部”的两大中心任务，促进了旅大地区文化事业的快速发展，尤其是图书馆事业取得了可喜的进步，当年6月底，已基本完成了全区文化组织的体系建设，全地区设文化宫1处、文化馆8处、文化俱乐部9处、文化站922处；相应建立了图书室18处、阅读室940处。这些数字不包含工会、中苏友好协会等群团组织所建的俱乐部所设的图书室、阅读室。

旅大地区群众性图书馆事业的发展得益于本地区图书出版事业

旅大文化宫图书室工作人员合影

的蓬勃发展。1945年解放以后，东北、华北、华东等解放区的编辑、记者、出版人云集大连，旅大地区相继建立了大众书店、光华书店、友谊书店三大出版机构。1949年出版机构已发展到14家，出版了《新生时报》(大连市政府机关报)、《民众报》(旅顺市政府机关报)、《人民呼声报》(后改为《大连日报》，为旅大地委机关报)、《关东日报》(关东公署机关报，由《新生时报》与《民众报》合刊)、《实话报》等报纸10余种，出版了《民主青年》、《友谊》、《友谊画报》、《学习生活》、《经济生活》、《医务生活》等刊物8种；还出版了各类新文化图书2500余种约850万册，在本地发行的有280余万册，发行到全国各解放区的占三分之二，约有570万。三大书店还从华北、华东、东北等解放区和港（香港）沪（上海）等地区调进革命图书和进步书刊，有2000余种60余万册。这些丰富多彩的新文化书刊和进步读物，为本地区的各图书馆（室）、阅览室与广大读者提供了丰富的文化食粮。

（2007年12月）

大连市少年儿童图书馆的创立

由智仁

大连市少年儿童图书馆的前身是创建于全国解放战争时期的鲁迅公园图书室，它是我国建立较早的一座专门为少年儿童提供图书阅览服务的人民公共图书馆。回忆起它的创办历史，就得说说满铁（南满洲铁道株式会社）经办的“小村侯纪念图书馆”。

1913年6月3日，满铁在其经营的电气公园（原大连动物园）内建立了报纸、杂志阅览场。1914年7月，改称为“电气公园图书阅览场”。1917年6月又更名为“电气公园简易图书馆”。1928年扩大，在电气公园南侧建造了建筑面积为794.47平方米的新馆，改称为“伏见台图书馆”。1933年6月又改称为“伏见台儿童图书馆”，专为日本籍少年儿童和妇女服务。1938年8月，该馆由满铁移交给“关东州”地方管理，改称“小村侯纪念图书馆”，变成以搜集有关小村寿太郎和日俄战争的文献资料的专业性纪念图书馆。

1945年8月22日旅大解放后，苏联红军接管了满铁大连图书馆和小村侯纪念图书馆，之后移交给中长铁路管理，分别改称为中长铁路中央图书馆和中长铁路中央图书馆分馆，由中长铁路科学研究所（今中科院化物所）代管。

1948年5月，为加强对全市少年儿童和小学教师的文化教育，拟开设一处阅览图书和开展读书活动的场所，关东公署委派教育厅（后改称文教局）社会教育科科长王七贤和由智仁与中长铁路科学研究所苏联代表协商，并得到苏军司令部的批准，接收了坐落在鲁迅公园（原小村侯纪念公园）内的中长铁路中央图书馆分馆，建立了鲁迅公园图书室，负责人为由智仁，工作人员有两人，接收时该馆藏书约有10万册。

1949年4月4日儿童节（旧中国儿童节），中国第一座少年儿童文化活动阵地——旅大市儿童文化馆在鲁迅公园图书室原址成立，林基洲任馆长，图书室变为市儿童文化馆的一部分，儿童图书阅览活动占有很大的比例。后来教师文化馆图书室建立，市儿童图书馆图书室的一部分图书调入教师文化馆图书室。

鲁迅公园图书室建立的宗旨就是为旅大市的小学生和小学教师服务。建立后，在市文教局的领导下，广泛地组织开展少年儿童的图书阅览和读书活动。市区内普遍建立读书小组，开展读书活动，三个人以上就可以组成一个读书小组到图书室来借书；利用本室地处公园内的条件，春夏秋本室建立树下阅览室；夏季还举办“一日夏令营”，组织入营儿童读书、猜谜语、做游戏等。郊区和农村在各小学校里建立巡回图书流动站，定期把图书送到各小学校，定期更换。图书室还通过举办读书报告会、征文比赛、油印新书介绍等形式，向小读者推介新书，激发他们的读书兴趣和热情。市儿童文化馆建立后，林基洲同志又把由他担任主编的《新少年》报编辑部搬进文化馆，这样就更便于推介图书和及时刊登小读者的读书心得了。《新少年》报编辑部直到1951年3月旅大人民出版社成立，才搬出并入出版社。

1953年4月，经东北行政委员会批准，旅大市文教局解体，分别成立旅大市教育局和文化局，旅大市儿童文化馆划归市文化局领导。

1956年3月31日，经旅大市人民政府批准，旅大市儿童文化馆搬迁到劳动公园内“劳动人民古物陈列所”（今市少年宫）处办公，改由团市委领导。原市儿童文化馆图书室留在原处，成立“旅大市少年儿童图书馆”，由市文化局领导。

1959年11月，市文化局决定少年儿童图书馆隶属旅大市图书馆领导，经济上独立。

1973年6月，市少年儿童图书馆移交给旅大市青少年教育委员会管理。12月15日，旅大市革命委员会决定，将市少年儿童图书馆划归市少年宫领导，改称为“旅大市少年宫图书馆”。

1981年2月，旅大市改称大连市。1982年3月2日，经市政府批准，市少年宫图书馆划归市文化局领导，称为大连市少年儿童图书馆。

（2007年12月）

1998年建成的大连市少年儿童图书馆新馆舍

创业履历

白云书院古道长廊

大连图书馆及其馆藏

张本义

大连图书馆是中国历史最悠久的图书馆之一，已有近百年的历史。其前身为日本占领中国东北时期于1907年创建的满铁大连图书馆。1945年由苏联红军接管，后移交给中苏合营的中长铁路局管理，更名为中长铁路中央图书馆。1950年交由旅大市地方政府管理，组建旅大市图书馆。1981年，由于旅大市改称大连市，遂改称“大连图书馆”至今。

大连图书馆新馆坐落于幽雅恬静、空气清新的大连市白云山北麓，建于1986年。1999年大连市政府拨款五千万元人民币对其进行了改建和扩建，建筑总面积近四万平方米。位于市中心鲁迅路的原满铁大连图书馆旧址，也进行了修复和装修，建成了大连图书馆鲁迅路分馆。

改扩建后的大连图书馆主馆的外观设计追求庄重大气，展示了公共文化建筑的理念。内部装修尽量体现现代与古典美的人文结合，为读者提供了舒适、幽雅、宽松的阅览环境。馆舍内部以两个室内天井为中心，分为东西两个区域。西区主要为读者使用的公共阅览区和办公区域，东区则集中了读者借阅服务部门、美术馆和多功能厅。西部的阅览区共有四层，每层面积为一千五百余平方米，均采用国际流行的大开间，实行借、阅、藏一体的新格局，书架、阅览桌和沙发散布其间。

本馆配备了现代化的计算机系统，网络采用综合布线集成系统，局域网为千兆主干光纤，百兆连接到桌面，10兆宽带连接到互联网。配备有SUN小型机2台，应用服务器10台，微机近300台。业务软件采用ILASⅡ2.0自动化集成系统，包括采访、编目、流通、联机书目检索、连续出版物管理和参考咨询6个子系统。自主开发了办公自动化软件。

我馆近年来注重馆藏文献的数字化开发，现已着手建立并完善《大连图书馆藏满铁资料数据库》以及《大连旧影》、《大连新貌》、《远东文库》、《犹太文库》、《地方出版物》、《大连作家文库》等30余个独具特色的数据库，数据总量达到182GB。

大连图书馆网站于1997年正式开通，经过四次改版，日臻完善。增加了网络搜索引擎、数据库检索、新闻快递、大连黄页导航等内容以及高速缓存技术、多种语言混合检索的功能，解决了自动标引、由图片识别纯文本、书签定义连接、图层显示、在电子书上批注、对象数据封装等问题，较好地满足了网上读者的要求。

作为副省级分中心，大连图书馆加入了中国“全国信息资源共享工程”，已完成本市三个基层中心的建设。现在，具有超大规模和先进水平的大连数字图书馆工程正在策划过程中，目前方案已通过前期论证，近期将要启动。

大连图书馆拥有丰富的馆藏资源，其中的古旧籍藏书系统而完善又独具特色。现存馆藏古旧籍图书为55万余册，其主要来源为：原满铁大连图书馆藏书40多万册；著名学者罗振玉藏书9万册；著名学者王永江藏书3万余册；本馆从各地购进3万余册。其中，有中文古籍线装27万册。古籍中，有国家级善本2150种2万余册，地方志书2491种，明清舆图5000余幅，历代碑刻拓本1500余种和清代内务府档案2000余件，各类日本文献18万册，西文旧籍3万余册。

大连图书馆馆藏明清小说以其质量高、系统完善和珍本稀见本数量多而海内外闻名，被称为世界上存藏明清小说最丰富的图书馆之一。其中有120余种被列为中国国家级善本。以大谷光瑞先生赠书为基础，共收藏了明清时代所刊中国通俗小说150种（不包括戏曲）。大谷光瑞于1925年将委托满铁大连图书馆代管的5000余册中国古籍及西文图书300余册全部捐赠给满铁大连图书馆。这5000余册中以明清小说最为重要。正是这些小说珍品，形成了今天大连图书馆明清小说的特色馆藏。这中间有明刻本、明抄本，清初刻本、清抄本，满文本、满汉合璧本，日本刻本、日本抄本，朝鲜刻本。这些刻本大部分刻印精良，抄本也抄写工整细致。由于这部分明清小说很多是海内外孤本、稀见本，所以极为珍贵。如明刻本《警世阴阳梦》、清初刻本《后水浒传》、日本抄本《珍珠舶》、《连城璧》已被公认为稀世之珍。此外《云仙啸》、《惊梦啼》、《合浦珠》、《赛花铃》、《飞花艳想》，也世所稀见。满文《金瓶梅》，中国国内虽然有的图书馆也存有，但大都是残本，且抄本极少。大连图书馆藏满文《金瓶梅》题为《世态炎凉》，抄写得极为工整，字体极为

馆长张本义

清丽，而且保存得极为完好，所以，也就极为难得。另外还有一种清初刻本《张竹坡评本金瓶梅》（又称《张评甲种本》），亦由于特殊的学术研究价值而被学界所重。

由于当年满铁大连图书馆十分重视对中国各地方志的搜集，因此大连图书馆存藏有我国30个省市自治区的1162个县的地方志书2491种。其中很多也是孤稀珍本，此次在龙谷大学展出的康熙年间江西《弋阳县志》即是孤本。

清代内阁大库的档案资料，是大连图书馆馆藏又一大特色。这部分奏折、各库月折、官员呈文、银物清册、殿试试卷等共有2051件，皆系原件正本而非抄本副件。清代内阁大库档案，在清代均属“内府秘籍”，所以其中内容一向不为人知。直至宣统元年（1909）内阁大库由于墙体渗漏，使其中的200多万件档案流向社会，大连图书馆所藏档案即是其中的一部分。这些档案涉及清代宫廷生活、经济活动、有关规章制度，也涉及社会生活、生产、社会矛盾等多方面内容，是研究清代宫廷史的弥足珍贵的第一手资料。在其中发现了雍正年间关于曹頫骚扰驿站获罪的题本。它的发现，不仅对史学、而且对红学研究也有重要意义。还有几种题本由于反映了清朝一代名后，曾在清代入关前参与军国大计、辅佐皇太极，入关后辅佐顺治帝、呕心沥血鞠养教诲康熙帝的孝庄文皇后的晚年生活，因此也为学界注目。

大连图书馆还藏有舆图822种3449幅。其中有关明清两朝的写图，满文与满汉合璧的地图、战迹图、海口要隘图等均为世所罕见。其最早者为明嘉靖年间的写图《中国古地图》，有杨子器的跋，年款署嘉靖五年（现被旅顺博物馆借去），亦堪称古舆图之珍。

本馆还藏有1500余种碑帖拓片。其中属于大连地区碑刻的有40余通，满汉合璧的70余通，其余均为东北各地碑刻。尽管大部分是清代

馆藏《皇明典礼》，明建文二年刻本

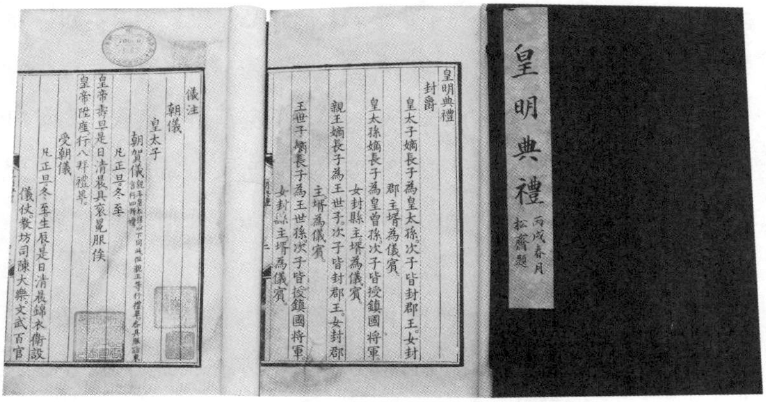

中期以后的拓本，但由于战乱等各种原因，这中间很多碑刻原石已毁坏，故显得异常珍贵。其中的辽阳《大金喇嘛清师宝记》碑，是后金天聪四年（1630）的刻石。由于其是迄今为止发现的清代最早的碑文，且是清代唯一以无圈点的满文写成的碑文，又加上是清代最早的喇嘛教碑文，故对研究清代历史、民族、宗教、语言都有极为重要的意义。此外，如《好太王碑》早期的完整四面拓本等也都很珍贵。

在大连馆藏的史部类图书中，孤本《皇明典礼》和明抄本《诸家谥文类编》等尤为宝贵。《皇明典礼》是明初建文二年（1400）的刻本。建文刻本在中国国内极为罕见。属于公牍档册的，有稿本《奉使公函稿》，为清末驻德国公使吕海寰在庚子（1900）、辛丑（1901）间出使德国写给奕劻等人的公函，是研究清末外交活动极有价值的第一手资料。还有写本《朝鲜国王来书稿》，是朝鲜仁宗皇帝于后金天聪元年（1627）致清太宗国书的副本，它是研究清朝入关前后金与朝鲜的关系的重要文献，尤其书稿所附的《礼单》极为难得。

用德、法、英、俄等29种文字书写的西文古籍图书，亦是稀世之宝。其中“远东文库”中一批17、18世纪西方传教士关于中国的著述，如四卷本豪华装巨册《中华全志》的1735年巴黎初版本和1738年伦敦版本，是生活在法国的耶稣会士杜赫德利用当时教会能收集到的中国资料编纂成的一部研究中国问题的空前巨著，收有大量中国文献资料。“犹太文库”中有一些由希伯来文写成的著作，至今有待于深入研究。还有如《犹太百科全书》，皇皇巨册，豪华精美，更显珍贵。

由于历史原因，满铁大连图书馆收藏了大量的满铁资料和图书，其总数占今天中国国内所收藏的满铁资料的80%左右。其中，中国东北地方文献资料达12052种，日文资料8756种，这部分资料主要为满铁、关东州（今大连地区）、伪满洲国的各种出版物，对日本统治东北时期的政治、经济、文化和社会等方面做了全面翔实的记录，是研究这一时期东北历史的宝贵资料。

由于拥有丰富的馆藏资源，大连图书馆一直相当重视学术研究、文献开发和利用，并为此建立了学术委员会、成立了历史文献研究所。大连图书馆现有研究馆员3人，副研究馆员14人，馆员66人，助理馆员21人。研究的课题主要为明清小说研究、满铁资料研究、清朝内府档案研究、罗振玉学术研究、王永江资料整理和研究、东北地方史研究、中国儒学文献研究、和刻本古籍研究、古籍整理和修复研究等。经过不懈努力，近年来取得了一大批研究成果，有的在海内外学术界产生了较大的影响。其主要者为：以大连图书馆为主，完成了3500万字的《全国满铁资料联合目录》，这是中国国家“九五”社科重大科研项目；2002年由辽宁人民出版社出版了180万字的《大连图书馆藏满铁资料目录》；1999年编辑出版了《大连图书馆藏明清小说丛刊》计55种55函，该套丛刊受到海内外学界瞩目，由大连出版社发行；主编了近代中国著名学术大师罗振玉先生的学术全集——《罗雪堂合集》，该合集共收有罗氏全部的学术论著、信札、书作等计193种39函，已由西泠印社正式出版发行。这套合集是迄今为止罗氏学术著作搜罗最全、选择最精、版本最佳、印刷最优者。它的出版，必将在学术界造成很大的影响。此外，还编辑出版了《大连图书馆藏少数民族古籍图书综录》等，正在编制的有《大连图书馆古籍目录》、《大连图书馆古籍善本目录》等。

近年来，大连图书馆还影印了一批珍稀古籍，如《沈向斋稿本旧事重提》、《明本文选纂注评林》、《小方壶斋舆地丛钞三补编》等。特别是《小方壶斋舆地丛钞》，是清代王锡祺编辑的清代中外地理汇抄，内容十分丰富，从清末出版以来，受到学界重视。其《三补编》为大连图书馆藏稿本，从未出版，这部书的影印出版也是惠及学林的一件盛事。

大连图书馆十分重视对馆藏古籍文献的保护，近年来先后投入了二百余万元为大部分古籍文献、碑刻拓本和报纸资料制作樟木盒、函布套近四万个。今年又成立了古籍修复中心，计划在五年内投入大批资金，使大连图书馆的古籍文献保护工作上了一个新的台阶。

与此同时，大连图书馆还正在抓紧利用计算机技术进行古籍文献的数字化工作，现已取得初步成果。计划五年内对全馆大部分重点古籍文献资料实现全文数字化。

学术乃天下之公器。近年来，大连图书馆还依托丰富的馆藏，加强了海内外文化和学术交流，每年接待各国各地区的专家学者上百人。由于历史的原因，特别是因为馆藏“大谷文库”与大谷光瑞的原因，大连图书馆与龙谷大学图书馆结下了很深的机缘，并先后与日本龙谷大学、韩国春川市立图书馆等结成了友好馆校。我们期望与海内外同仁们在学术研究、古籍文献保护等方面的进一步合作。

（2006年）

[摘自张本义馆长在日本龙谷大学学术论坛的专题演讲]

馆外一景

馆舍西部

馆内一隅

馆舍东部

多功能厅

会议室

东大厅

报告厅

西大厅

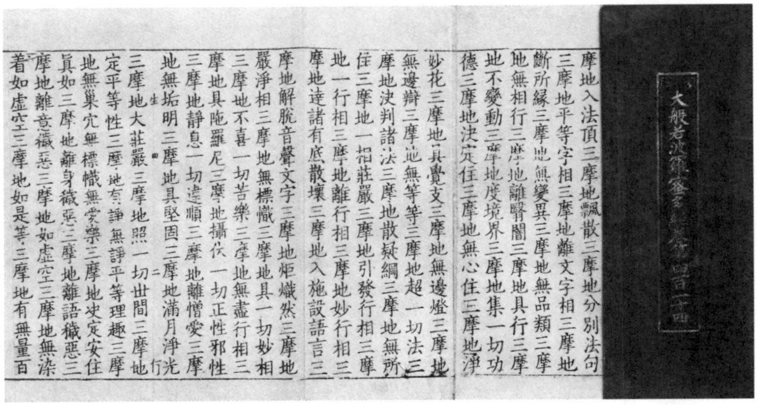
摩地入法頂三摩地飄散三摩地分別法句
三摩地平等字相三摩地離文字相三摩地
斷所緣三摩地無變異三摩地無品類三摩
地無相行三摩地離瞖闇三摩地具行三摩
地不變動三摩地度境界三摩地集一切功
德三摩地決定住三摩地無心住三摩地淨
妙花三摩地具覺支三摩地無邊燈三摩地
無邊辯三摩地無等等三摩地超一切法三
摩地決判諸法三摩地散疑網三摩地無所
住三摩地一相莊嚴三摩地引發行相三摩
地一行相三摩地離行相三摩地妙行相三
摩地達諸有底散壞三摩地入施設語言三
摩地解脫音聲文字三摩地炬熾然三摩地
嚴淨相三摩地無標幟三摩地具一切妙相
三摩地不喜一切苦樂三摩地無盡行相三
摩地具陀羅尼三摩地攝伏一切正性邪性
三摩地靜息一切違順三摩地離憎愛三摩
地無垢明三摩地具堅固三摩地滿月淨光
三摩地大莊嚴三摩地照一切世間三摩地
定平等性三摩地無諍有諍平等理趣三摩
地無巢穴無標幟無愛樂三摩地決定安住
真如三摩地離身穢惡三摩地離語穢惡三
摩地離意穢惡三摩地如虛空三摩地無染
着如虛空三摩地如是等三摩地有無量百

馆藏《大般若波罗蜜多经》，南宋刻本

馆藏远东文库和犹太文库的部分珍本

馆藏清代《琼郡地舆全图》

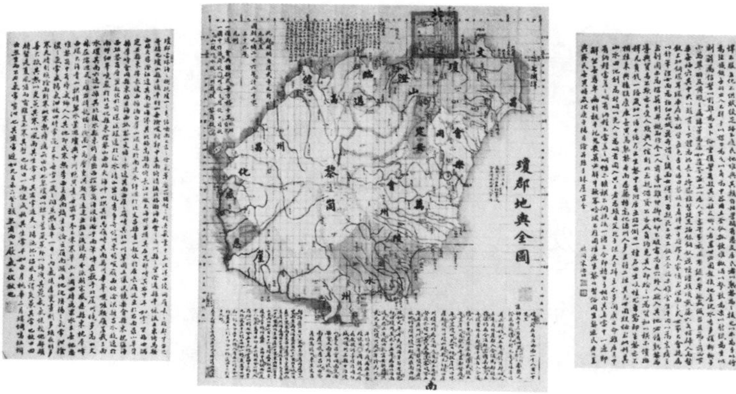

馆藏《皇明名臣经济录》，嘉靖刻本

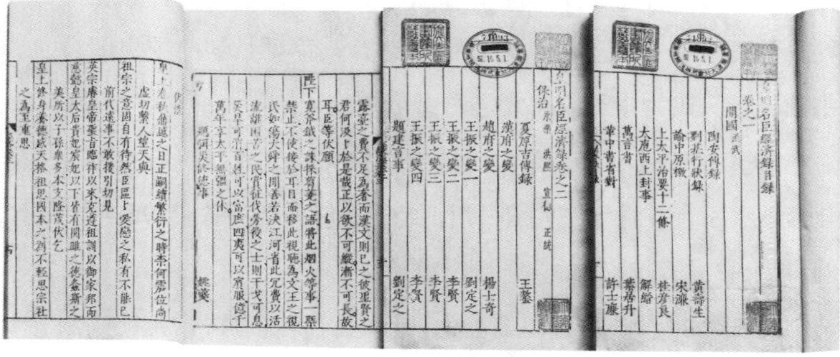

馆藏清乾隆帝游医巫闾山诗御笔碑刻拓本

三十五年藏书建设之回顾

孙克力

藏书构成及其发展

自20世纪50年代起，我馆藏书建设终始按照党的路线和方针政策、配合各时期中心任务、伴随着我馆的发展而发展。

一、初创时期（1950～1955年）

1945年苏军解放旅大后，接管了日本南满洲铁道株式会社大连图书馆（简称满铁大连图书馆），称中长铁路中央图书馆，后又改为中长铁路大连图书馆。

1950年12月中长铁路大连图书馆移交地方政府，后与文化宫图书室合并组建旅大图书馆，经过短时间的筹备于1951年8月15日正式开馆。

古旧籍是满铁大连图书馆为日本南满洲铁道株式会社业务参考提供资料而收集的。他们明文规定要“重点收集交通、产业、经济、政治、法律、工学方面的参考书及有关中国、沙俄（包括苏联）方面的图书，各所属图书馆由于经费关系难以购置的比较贵重的大部头参考书，不公开发行的有关政府、学会方面业务上的重要调查资料及各种专门的定期刊物等”。根据上述收藏方针，满铁大连图书馆通过各种渠道，采取各种手段，不惜重金进行搜集，并且多次从预算外增拨专款、派专人或委托学者到外国和我国关内收集。从1907年创办图书馆开始到1945年“八一五”战败投降为止，三十八年间满铁大连图书馆收集了古今中外涉及17种文字的珍本、善本以及有关中国、蒙古、沙俄（包括苏联）的历史、地理、政治、经济、军事、民俗、文化、自然科学等方面极有价值的图书资料，形成了一个以社会科学为主的专藏丰富、系统完整又有特色的藏书体系，为学术团体、专家学者所瞩目。这部分藏书除旅大解放当时被苏联运走近5000册善本和贵重资料以及1960年以前由上级领导机关指令调拨给有关部门25000多册外，其余基本保存完好。组建旅大图书馆后又接收了罗振玉家藏图书9万余册、王永江家藏3万余册及各机关团体交来的旧书。1961年与1962年本馆相继派人去天津、北京、南京、上海等地补充了古旧籍38000多册。这一大批图书资料在为国内党政机关、学术团体和专家学者提供参考资料，配合国家和各时期政治任务、经济建设和学术研究方面，都起到了重要作用。

我馆的旧馆藏虽有特点，但是对配合我市现实的思想政治教育、工农业建设和对工农兵群众进行科学文化普及来说显然是不适应的。为此，开馆以来，我馆集中精力和经费收集马列主义、毛泽东著作，党和政府的政策法令、决议指示，配合政治运动和思想政治教育读物，中国及苏联优秀的文艺作品以及我市工农业生产需要的科学技术读物。为配合开展城乡图书流动站工作，还补充了大量小册子、连环画等。由于当时的国内外政治形势的需要，我馆执行“为工农兵大众服务”的方针，藏书建设以中文新书中的通俗、普及读物为主，对学术性、高深的专门论著基本不收或极少收藏。因当时强调向苏联学习，政治上一边倒，所以外文也只收藏少量俄文书，其他文种基本不收藏。

二、建设时期（1956～1965年）

1956年党中央号召“向科学进军”以后，根据国家和省图书馆工作会议精神，我馆提出要执行“为工农兵大众服务、为科研生产服务”两项任务并重的方针，修订了“藏书补充原则”，制定了“藏书建设发展方向”，中文书刊根据地区需要尽可能全面收集，外文书刊由收集俄文单一语种逐渐向俄、日、英多语种发展，科技书刊以机械、造船、化工、电工、水产、园艺、国防工程等方面为主，并重视各类工具书、地方文献和各学科专著的收集。

当时我馆新藏书籍已达26万余册，尽管主观上也想大量发展知识分子读者，但是由于藏书内容和质量问题，科研读者到馆很少，可借的书刊资料不多。

1958年大跃进，主观唯心主义思潮泛滥，大刮浮夸风，片面追求高指标的流通数字，强调图书上山下乡遍地开花，我馆的两项任务并重的方针，受到冲击。大量的通俗读物、小册子、连环画无论在品种和复本方面均为骤增。配合政治运动的政治读物、粗制滥造的“小土群”科技读物以及脱离实际的“敢想敢干”的文艺读物占用了大量经费，造成了图书压架和丢失，影响了有价值的学术著作、科技书刊和外文书刊的收藏。1959年实行的开架借阅，由于时机不成熟、条件不具备，加之放松管理，至1960年，仅不到两年时间，就以丢、破、乱告终，给藏书基础又造成了不小的损失。1961年初，根据“调整、巩固、充实、提高”的八字方针，全馆突击清点了两个半月，恢复了藏书管理秩序，将借阅方式由开架改回闭架，建立与健全了“基藏书库”和“工具书、参考书库”。据清点整顿数据显示，当时馆藏中文新书200843册、基藏书78866册，注销丢、破、乱书31012册，借出未还书16354册，下落不明书28476册。同年为了解决书源困难和经费紧缺，除在本市订购外，还通过邮购和到外地采集，以馆藏古旧籍复本兑换缺藏书的办法补充了中文新书18751册、外文书4693册、古旧书25105册，订阅中外文期刊961种1025份、中外文报纸51种70份。

1963年，为贯彻全党大办农业、大办粮食的指示和农业“八字

20世纪50年代的采编部

宪法”而强调图书馆为农业服务，我馆又进一步加强了农业书刊的采集，重点补充了农机、化肥、果蔬园艺、植物保护、畜牧兽医、土壤改良、水稻花生、水产养殖、家禽饲养等中外文书刊，使馆藏中文农业科技书达到16357册、外文书1107册，占馆藏科技书15.1%；农业科技期刊139种，其中中文25种、外文114种，占订阅科技期刊13.3%；农业科技藏书有了较大幅度的增长。

在“以阶级斗争为纲”的政治路线影响和接连不断的政治运动的冲击下，藏书开始被大规模地禁锢，不断扩大了提存、销毁、不公开的范围。1964年，根据有关指示，馆内不加分析地以书店停售书目及出版社临时通知为依据，对新中国成立以来出版入藏的图书进行了大批“清洗”，仅半年时间就剔除封存图书3358种。同年8月，馆内成立古旧籍整理小组，组织部分社会力量开始馆藏古旧籍的整理，因为“文化大革命”的到来，此项工作不得不半途而废、前功尽弃。

这一时期，我馆的藏书建设由于办馆方针在“为大众服务”与“为科研服务”的“为主”、“为副”上摇摆不定以及受到各种政治运动的冲击、“左”的思潮干扰，藏书建设的重点若明若暗，藏书的品种时宽时严，藏书的复本忽多忽少。尽管如此，我馆还是极力按照地区综合性公共图书馆的标准，注意藏书的综合性、地方性、系统性和实用性，在地区各系统图书馆藏书协调中，力争在满足地区读者共同需求的同时，注意发展自己的藏书特点。

三、动乱时期（1966～1976年）

十年动乱是我国历史发展过程中的一场灾难，也是图书馆事业发展过程中的一场灾难。和其他战线一样，“文化大革命”前藏书建设的成果被全盘否定，一概被斥之为“封、资、修”、“古、旧、黄”。藏书遭到全面禁锢，藏书结构受到严重破坏，“阴谋文艺”、“影射史学”、“评法批儒”、“批林批孔”等小册子，以高复本率充斥图书馆。图书馆工作人员大批下放，业务活动停顿，藏书管理陷入混乱，藏书收集亦陷入困境。值得庆幸的是，我馆在十年动乱时期由于图书采访人员顶着压力大胆坚持和多方争取，不仅外文书刊订购没有中断，而且还多次进行了各系统图书馆间的协调，保持了基本书刊的连续性。在混乱时期，图书采访人员还坚守岗位，冒着风险收集“文化大革命”中的传单、小报，留下了“四人帮”罪行的记录。“四人帮”垮台后，这部分资料根据上级指示完整地交给了市档案馆收藏。1973年恢复开馆后，图书采访人员又不顾“回潮”、“复旧”的压力，补充了被无理压缩的外文书刊。

四、发展时期（1977年以来）

粉碎“四人帮”后，我馆迅速解放了被禁锢的图书，全面进行了藏书整顿。从1980年开始，组织大批人力包括吸收社会力量，对馆藏进行清查整理、登记造册、分编上架、建立目录。1982年又根据省文化厅“关于藏书整顿”的指示，开始了馆藏新籍的清点。经过六年多的努力，终于在1985年底全部完成了开馆以来几起几落未能完成的大工程，并在藏书整顿过程中调整了藏书布局，建立了以古旧籍为主体的社科资料查阅中心和以科技新书刊为主体的科技资料查阅中心，对近年来全国各地到馆查阅有关建设规划、资源勘察、编史修志、学术研究等方面资料的读者提供了大量的有价值的参考资料，在科学研究、培养人才以及为工农业生产服务等方面发挥了积极的作用。经过藏书整顿和清点，截至1985年底，共有馆藏书刊1170277册，其中新书刊694611册，古旧书刊475666册。另有剔除书刊24万册。

我市是一个多功能的以港口为特色的综合型城市，老企业较多，产业门类较齐全，适合发展旅游业。根据这些特点，党的十二大以来，我馆除满足一般读者常规需要外，还特别注重收集适应我市对外开放、对外贸易出口需要的外贸、外经、外事及企业经营管理、外国语言学等方面书刊资料，收集有关利用东北地区特有资源发展加工工业、改造老企业、开发新产品、扩大出口商品需要的电子、仪表、精密机械、精细化工、新型材料及高档的轻纺、服装、食品、饮料等有关书刊资料，收集适合我市发展乡镇企业、专业户开展多种经营、发展农村商品生产需要的以“三水一花”（水果、水产、水稻和花生）为主要农业构成的果树、蔬菜、食用菌栽培、渔业捕捞、海产品养殖与加工、禽畜毛皮兽饲养业需要的农牧渔业科技书刊，收集美化城市、园林设计、饮服业、工艺美术装饰品生产及发展旅游事业需要的第三产业方面的书刊，进一步调整藏书结构，突出藏书重点，使我馆藏书能在为本地区服务中形成我省南部地区藏书中心，发挥馆藏优势，起到连接和补充作用。这一时期是我馆藏书建设稳定发展的最好时期，购书经费逐年增加，藏书重点更加明确，藏书数量增长较快，藏书质量明显提高，为我馆今后的发展奠定了良好的基础。

藏书建设中的主要经验教训

三十五年的经验表明：藏书建设既要充分考虑地区的新情况及

其需求的新变化，又要同事业发展的长远规划结合起来统筹安排藏书结构。其要点归纳如下：

一、图书馆的藏书建设严格地受着国家的政治经济形势和图书馆方针任务的制约，书刊采访工作缺乏明确的方向，藏书建设缺乏长远目标，就必然要受到外界的干扰和各种思潮的冲击，陷于零打碎敲、随风倒的境地。

二、“立足本馆，着眼全区，立足现实，着眼未来”应当是公共图书馆藏书发展的战略思想。那种关起门来一家一户追求“小而全”、“大而全”的闭关自守的思想，单纯尾随读者“要什么就买什么”的做法，简单地认为一时无人借用，就是采集不当的片面观点，对藏书建设是有害的。必须在做好调查研究和分工协调的基础上，形成具有既能满足大多数读者经常性需要的独立服务能力，又具有共享本地区文献资源并在满足少数读者的个别需要中起到连接和补充作用的能力；既要对现实需要提供必要的书刊资料，又要对地区未来发展的需要做好准备。这一历史任务是其他系统图书馆无法承担的。公共图书馆的地区藏书中心作用并不等于“一家包揽、独挡天下”、“样样俱全、多多益善”，而在于根据地区的藏书布局的需要和各系统图书馆藏书分工协调，确定本馆藏书重点，形成既有自己的特色又能在地区发挥藏书连接和补充作用。

三、图书采访工作是图书馆与读者之间供需矛盾的焦点，难免众说纷纭、意见较多。公共图书馆读者群的广泛性，对文献资源需求的多样性，决定了图书馆藏书的综合性、地区性和通用性，并在此基础上达到系统性、完整性。公共图书馆读者群这种多学科、多层次、多目的又处于不断变化中的需要与书刊采访人员的知识（文化知识、业务知识与各学科专业知识）的广度和深度的局限性，形成了尖锐的矛盾。解决这一矛盾的正确途径应该是，既要走群众路线、广开言路、广收信息，通过各种渠道多方听取读者与服务部门的意见与要求，建立图书审选组织，集思广益鉴选书刊，又要不断提高采访人员的素质，发挥主观能动作用，在调查研究，分析预测，反复验证中做出最佳抉择。主观主义随心所欲不行，尾巴主义也不行。

四、保证购书经费的稳定增长是保持藏书稳定发展的重要条件。公共图书馆是为全社会服务的，读者要求的广泛性与有限的购书经费之间也极不协调。我馆三十五年来的藏书建设一直受着购书经费的制约，发展不快，常年处于供需紧张状态，与我市经济文化建设发展和读者的需求特别是开放城市图书馆对国外科技文献的引进不相适应。在这一矛盾面前，我馆一方面加强藏书建设的分工协调，优先保证期刊、中文新书刊、藏书品种、基本藏书的需要，合理使用经费；另一方面，通过各种渠道和方式，不断以自已的服务成果向有关方面积极宣传，争取领导重视和支持，增拨购书经费，使购书经费逐年增加。“观望等待”的态度、“怨天尤人”的情绪和“削足适履”的做法均是不可取的。

五、藏书建设的目的全在于应用，惟有通过广泛利用才能创造社会价值，变成精神财富和物质财富。不被利用的藏书，将在时间的流逝中失去存在的意义。三十五年来，我馆在藏书组织方法和管理制度上的左右摇摆，如开架与闭架，藏书的“管用分家”、“管用合一”的反复更迭，藏书整顿的几起几落，藏书管理机构的忽存忽亡等，都对藏书建设产生了不良影响，应当吸取教训，引以为戒。

(1986年)

馆藏新籍藏书整顿记事

高月起

大连图书馆新籍藏书整顿工作是从1982年10月23日开始的。经过馆长、党支部、共青团几次组织动员，先后从阅览部、保管部调出五名同志组成新籍整顿小组。一年后由于各部门工作需要，大部分同志又先后从整顿小组内调出。因此，到1983年底只剩下两名同志工作，处于维持局面。

1983年3月初，馆领导根据省文化厅关于加强藏书整顿工作的意见，在馆员编制少、工作任务重的情况下，先后从社会闲散人员、退休人员、待业青年中聘请了27名临时工，又从采编部、阅览部抽出4名馆员，充实清点小组。经过几年努力，到1985年底，新籍整顿工作除中文图书读者目录、公务目录财产账尚未进行核对外，其他主要工作已经基本结束。

整理、剔除、倒库工作

建馆多年来，由于藏书逐年增长，加上业务基础建设指导思想方面存在着“重使用、轻管理”的倾向，因此书库恶性膨胀，地下室、走廊、书库四周堆满了下架书。从1982年10月到1983年，整顿小组主要是整顿这部分图书。

开始整理时，只有一个空库，工作时只能是先将几个类整顿上架，经过整理剔除，然后再下架，倒来倒去。到1983年5月南山大庙新建了一座书库，领导批准一楼可以做清点书库，这样将20多万册次下架书集中运到大庙，那种零打碎敲的工作局面，才有了一点改变。

清点小组除整理下架书外，还结合清点工作将所有在架新籍书刊进行顺架。对日文原版期刊、西文期刊、中文期刊的排架，还进行了改排，为及时索取资料创造了良好条件。

剔除工作是在整理基础上进行的。开始只是用原来根据出版社通知的剔除目录，进行不绝种剔除，藏书体系中仍然有大量内容陈旧过时、复本过多、质量不高的图书。因此，在调查研究的基础上，制定了剔除原则。根据这个原则，先由一般同志对图书逐种精审，再由有经验的同志把关，确定取舍。1984年剔除工作又吸收了几位有一定文化水平的临时工参加。为了保证工作质量，事先请馆长、组长逐条讲原则、提要求，进库做示范，再由他们进库进行逐种书的内容审查，最后馆员同志把关。在剔除工作中，由于诸种原因，有的图书应剔除的复本没有下架，针对这种情况，清点小组在收尾工作中用剔除目录核对了所有排架目录，对漏剔的及时剔掉，因已完成清点而被打捆垛起来无法及时剔出来的，单独组织了漏剔目录，同时对于个别应剔图书，在这个环节中予以纠正。

在剔除工作中，无论是馆员还是临时工都表现出高度的责任心和严谨认真的工作态度，使这项技术性较强的工作做得比较好。在整个藏书整顿中，共剔除下架181582册（中图法中文书破损2639册，自提9902册，复本25131册；东北法中文书破损12302册，自提34557册，复本38136册；期刊13590册），占整个新籍藏书的五分之一。这样既缓和了书库恶性膨胀的问题，又相对提高了馆藏质量。

我馆由于书堆、书垛太多，加上书库做了一些大的调整，因而需要倒运的图书共有55万余册。在这项艰苦的工作中，工作人员都表现出吃苦耐劳的精神，有人经常是胳膊、腿让书捆撞得青一块紫一块的。

清点工作

1983年，整顿小组利用整理剔除的间隙清点了中外文工具书26587册，由于组内同志都未搞过清点工作，因此处于摸索阶段，工作没有程序要求。

1984年3月，由于整理剔除工作大部分已告一段落，于是开始集中对书刊进行清点。针对临时人员不熟悉业务无法开展工作的实际困难，先后组织他们学习了分类法、著录格式、清点工作方法和程序等。在实际工作中坚持做到每开展一项新工作，都由馆员做示范、再三讲解。

为了加快清点速度，同年5月，清点工作实行了定额管理制度，各项任务指标是：

小组形式 质量要求 分类法、指标(日)	老年组（2名50岁以上）	青年组	老年、青年组	差错率
东北法	650册	800册	750册	5/100
中图法	1000册	1200册	1100册	3/100

清点工作实行定额管理，容易造成个别同志追求数量、工作质量不高的情况，为此，我们增加了复查环节，也规定了指标及质量要求。同时要求改错记错在统一如下的表格内，以作为对清点与复查工作和效率进行奖惩的依据。

复查指标 分类法	每位定额/日	差错率
东北法	860册	2/1000
中图法	1050册	2/1000

奖惩办法：清点、复查，每超过日定额平均一小时工作量，发奖金二角，反之扣二角，如果没有超额奖则从平均奖及工资中扣除，上不封顶下不保底。清点时，差错超过要求一册者扣五分，经个别

抽查、复查，超过要求一册扣五角。每清点一个库要总结工作情况，奖金当众公布。清点工作实行严格检查，奖罚分明，不仅按量而且按质付给奖金的办法极大地调动了积极性，出现了工作人员比完成工作数量、比质量、加班加点的好局面，从根本上改变了清点工作干与不干一个样、干好干坏一个样的状况。

清点小组在工作，还注意尊重同志们的合理化建议，不断完善管理方法。如改变清点工人二人一组传统方法，实行二人一组、一人一组自愿选择的方法，纠正二人一组责任不清、互相依赖、出力不少但数量质量不高的弊病，使工作效率又有了显著提高。据统计，一人清点法普遍高于二人清点法，是1983年没有实行定额管理日平均清点数量的三倍（1983年两人一组日清点东北法图书280册，1984年后平均清点944册），工作质量也有很大提高。如清点俄文社科书2432种2573册，在超额实行4小时工作时间情况下，只查出二册漏盖清点印的差错。

在近两年的清点工作中，共发奖金1692元，个人一次得（21天）奖金最多的为43元，最少的一次仅得4角（6天），扣奖金一次最多的7元5角，最少的1角，有5名同志，因为工作没完成任务或差错太多先后被扣了平均奖5元。

从1983年5月份，我们开始整理和清点外借库图书。为了处理好清点和外借照常进行的矛盾，采取了如下措施：

1．改闭库清点为闭部分类清点，社科类和科技类交叉清点。办法是工作前大都事先挑选一批流通频率高的书放在外借处，再集中人力打歼灭战。

2．改变八小时工作日为弹性工作日，鼓励同志们延长工作时间，早晨可以六点上班，下午可以干到六点三十分，星期天统一加班加点。

3．收回的未清点书不上架，统一集中在地下室清点库，整理上

鲁迅路分馆二楼环廊

架后清点。

由于清点时方法措施比较得当，同志们的工作热情较高，因此平均每个库只用10天就清点结束了，相对减少了清点给外借工作带来拒借率高的问题。

清点收尾工作

清点收尾工作是一项复杂细致的工作，本馆这项工作是从1985年10月开始的。在总结我馆前二次清点工作经验教训的基础上，提出了收尾方案，先后组织两次讨论，并广泛征求了老同志的意见。采取了对所有未清点的图书统一清点书后卡，等到书还回来核实后，再加盖清点印的方法。在整个收尾工作中主要做了如下几项工作：

1．统计和清点了所有未还回来待清点图书的书后卡，做了标记，以示区别入库清点和只清点了书后卡的图书。

2．汇总了馆藏书刊准确数字及剔除书数字。

3．汇总了清点后入库的新书刊。

4．准确统计了工具书、内部书、大库重要图书和流通率高的图书丢失和盲目下架造成书库无书的情况。

5．组织了所有绝种书的目录。

6．统计了“文化大革命”前部分用介绍信借书的情况，从中掌握了一批贵重书的下落。

7．彻底清理馆员借书长期不还、丢书不赔的问题，馆员共赔书计46人、397册，对调离本单位的同志采取了催书措施。

此次馆藏新籍藏书整顿工作收获如下：

一、准确掌握了藏书数量。馆藏数字长期众说纷纭，经过几年的努力，终于准确地统计出了新籍馆藏书刊的数量，为以后进一步加强科学管理创造了良好的条件。

二、几年来，共剔除书刊近19万册，提高了藏书质量，缓和了书库膨胀的矛盾。

三、改变了藏书多年来头绪多的混乱局面，加强了科学管理。比如：过去工具书、内部参考、特藏到处都是，乱写书皮、乱上架的问题也相当严重，通过这次藏书的整顿，这些问题都得到了彻底纠正。

四、建立健全了目录体系。随着保管部几次成立和解散，典藏目录很不健全。据统计东北法目录缺近万种，读者目录也由于受政治形势影响和人员的经常更替而残缺不全。比如：中图法西文书675种，俄文东北法2448种，而社科书读者目录却没有反映；有的书在工具书专库，卡却在一般书目录中；有的工具书，目录没有标记，等等。这些问题通过这次藏书整顿基本上都得到纠正。

五、准确地掌握了建馆以来工具书、参考图书及一般图书丢失的情况，为今后改进工作建立必要的规章制度，提供了反面的参考依据。

（1986年）

举一纲而万目张

——采访工作的实践与体会

孔庆德

采访工作是大连图书馆藏书建设工作的重要组成部分，它对提高藏书质量、合理使用采访经费、建设具有大连图书馆馆藏图书特色体系有着极为重要的意义。

突出“访”字，是我馆采访工作的重点保证。大连图书馆不同于高等院校图书馆，也不同于科技专业图书馆，它既是向社会公众提供图书借阅的公共图书馆，又是提供知识咨询服务的学术性机构，是本地区的藏书、图书目录和图书馆间协作、协调及业务研究、交流的中心。由于在采访工作中突出“访”字，获得了真凭实据，掌握了第一手读者需求信息，做到既能花最少的经费最大限度地满足不同读者的需求，又要使藏书具有本馆特色。我馆读者队伍的类型和层次有着很大的差别，有特殊读者与普通读者之分，又有高等院校、科研人员等高学历、高职称的读者与娱乐性、消遣性的读者之分。这些差别决定了读者在学科、水平等方面有着不同的藏书级别的需求。另外，不同的藏书级别、不同的藏书结构代表着不同的藏书类型。这一范围、重点和层次的差异决定了我馆对藏书类型与级别的定位。与此同时，我们千方百计地了解书源，保证本馆藏书的系统性和完整性。当今出版发行机构浩如烟海，形式多样。因此，必须根据本馆的方针、任务选择适当的出版社。长期以来我馆一直将人民出版社、人民文学出版社、作家出版社、中华书局、三联书店、上海古籍出版社等上百家出版社作为我馆的核心采访对象和重要书源。而我馆外文原版图书的采访则始终注重实用性、连续性、完整性，延续了大连图书馆作为地区中心图书馆在外文原版图书采购上挑大梁的光荣传统。坚持和突出了一个“访”字，使我们的工作能够做到有的放矢、有条不紊。在此基础上，为了更加合理地、有针对性地、有计划地安排使用购书经费，我们常年坚持不懈地做到摸清馆藏基础、采购心中有数，既要保证我馆馆藏图书各学科门类设置的合理性，又要保证藏书的数量和质量，还要兼顾到本馆的藏书特色。能特别是在当前经费短缺、书价暴涨的情况下，认真摸清馆藏图书基础以及读者不断增长的需要，已成为我馆采访工作的重中之重。

坚持“快”字，是我馆采访工作的效益保证。随着计算机、多媒体、现代通信等技术的迅猛发展，大连图书馆作为大连地区的图书资料情报中心，正面临着新技术革命的严峻挑战。要想不被时代所淘汰，我们就要迅速而准确地进行信息处理，通过各种现代化手段把广泛收集到的各种出版物信息及时传送到各种类型读者手中，加快信息传递速度，提高信息的价值。为了使新书能尽快与读者见面、提高图书利用率，每当新书到馆后，我们验收人员立即拆包验收，分编人员及时编目上架。如遇特殊情况，我们就特事特办，特殊处理，为读者雪中送炭、解燃眉之急。为此，在人员少、任务重的情况下，平时加班加点已成家常便饭。但因此而提高了我馆采访工作的社会效益和经济效益，保证了服务质量。

注重“严”字，是我馆采访工作的质量保证。我馆是公共图书馆，事业经费一直不宽裕，能用于购置图书资料的经费更是少得可怜。过去大连理工大学图书馆购书经费同我馆相同，但现在已是我馆的三倍。经费不足给采访工作带来了实际困难，同时也提出了更高的要求。为了能少花钱多办事，我馆注重“严”字的管理，采取集体把关的组织措施和严格“查重”的技术措施。我馆的组织形式是在图书采访委员会的指导下，实行部主任负责制：即图书采购员在广泛了解信息的基础上，参考各种征订目录上预订的信息，根据我馆图书采购原则和采购标准，在保证重点、照顾一般、注意现实、兼顾长远、查缺补漏的原则立场上提出初步的预订方案，然后交业务馆长审核；最后由采访员检查核实无误，填写图书预订单，并统计各种文种、门类与种数、册数和金额，做好记录，送达有关出版发行部门。昂贵的图书则要专门请示业务馆长，审核批复后方可订购。在大连图书馆图书采访委员会指导下订购图书能相互协调、扩大视野、共同把关，是行之有效的组织措施。严格审查预订图书的目的，是我馆采访工作的质量保证，能把有限的经费花在刀刃上，提高了我馆藏图书的利用率。

加强“管”字，是我馆采访工作的基础保证。加强“管”字，就是加强对我馆采访工作的基础管理，即预订目录管理和采购工作统计的管理。

1．预订目录管理

预订目录是出版发行部门宣传书刊的工具，是我馆藏书建设的信息资源，是采访人员进行图书选择、评价及审定的依据。广泛搜集和管理目录是我们采访工作的经常性工作。出版社目录有多种类型，按文种分有中文和外文图书出版目录；按学科分有社科新书目和科技新书目；按用途分有征订目录和参考目录；按载体形式分有印刷型和机读型目录；按文献类型分有图书目录和期刊报纸目录。多年来我馆十分注重对目录的管理，采访人员换了一茬又一茬，但各科目录都完整地保存了下来，并坚持把搜集到的目录分别按年代顺号装订成册。对重点征订目录如科技新书目、社科新书目，还建立了管理档案，供图书订购查重配套使用。

2．采访工作统计管理

统计管理对图书采访工作具有分析、指导和决策的重要意义。制订图书采访工作计划，合理使用采购经费，分析馆藏图书特色，都离不开统计资料。因此，我馆在藏书建设工作中，历来重视采访工作中的数字统计管理，坚持以数据说话。

3．预订图书统计

预订图书统计是对日常经过选订的图书文种、门类，分别按种数、册数、金额进行记录，月底合计填入预订图书统计表，年底总计。预订图书统计不仅能控制经费，计划目标，掌握各类预订图书比例情况，而且能够预测出图书的涨价情况，为下年制定经费计划打下基础。

4．到馆图书编目统计

到馆图书编目统计比预订图书统计更具有实际意义。到馆图书编目除按文种、门类统计种类、册数、金额以外，还要按图书动态账规定类别。统计分析表明，它能掌握图书的实际价格，确切计算图书价格的增长率，能确切分析馆藏图书的特点，明确馆藏特色。

以往，在我馆的采访工作中尚存在某些薄弱环节，如采访人员往往忽视采访规章制度，过多地随自己的主观意愿选择藏书，从而使采访规章制度名存实亡；有时规章制度得不到及时的修改、增删，落后于馆藏建设的要求。其结果是在某种程度上导致藏书体系发展的紊乱，使我馆藏书方针随着采访人员的变换而左右摇摆，偏离其宏观发展目标，给工作带来困难。

为了对采访工作进行规范化管理，为了使我馆馆藏图书体系能有章可循，多年来我馆对藏书采访规章制度进行了多次修改和完善。目前，大连图书馆已制定了较为详细、完备的藏书采访规章制度，对入藏新书从学科范围到复本的指数加以定性、定量的管理。当然，这些规章制度在实际运用中还需要采访人员根据学科发展和我馆图书的使用情况以及资金等随机因素加以灵活变动，这种变动当然要围绕采访规章制度这个轴心展开。

我们在工作中遵循这么一条原则：用最合理的资金建立最佳的馆藏体系，亦即用最少的钱买最好的书。如果采访人员缺少对馆藏利用情况的了解，不知道读者的阅读心理，需求何在，要做到这一点就有些困难了。读者急需的书得不到及时的补充，而读者不需要的书却源源不断，这本身就意味着采访工作的失败。而资金浪费、不合理馆藏积重难返则是它的直接后果。目前资金少、书价贵，从而对入藏图书命中率提出更高的要求。在此形势下，“花少钱买好书”的原则显得尤为重要。同时，我们把了解藏书体系、研究读者的阅读心理，作为采访人员日常工作一项重要的内容；把藏书的利用情况作为评判藏书体系是否合理的重要标志和校准选择新书方向的一个重要依据；把及时获取藏书利用信息、深入细致地了解馆藏、熟悉读者需求作为藏书采访工作的前提条件。

为了准确地掌握馆藏利用情况，我们与直接从事读者工作的各部门保持着较密切的关系，建立了畅通的反馈渠道，保证采访人员能了解到馆藏利用情况的第一手资料。采访人员对一些图书的利用进行了追踪调查，对图书的一般使用情况作出了粗略的统计，以调整入藏图书的范围、数量。对于一些高价文献和大部头的连续出版物等则直接听取读者的意见，避免了采访中的盲目性。

我国长期以来遵循的单一的出版发行渠道，致使以往我馆采访工作把获取图书的方式局限于单一的领域。视野不宽、渠道单一、囿于传统已成为藏书采访工作的一大积弊。而今随着科技、文化事业的发展，各种正式、非正式出版物层出不穷，过去藏书采访的呆滞、被动局面已被改变，我馆已建立起多渠道、多层次的采访系统。

我们在以正式渠道为主的基础上，对非正式渠道的图书也积极关注；作为藏书补充的手段，对于以非购买方式获取图书资料也予以足够的重视。尤其是在地方文献收集方面，我们采取了多种形式，收效显著。工作实践告诉我们：一个科学合理的藏书体系必将是一个层次级别多样、结构复杂的整体，而建立这样的藏书体系单靠传统的藏书补充方式是达不到目的的。

打造一座图书馆需要很多人的奉献，而大连图书馆更是凝聚着几代人的心血。在百年馆庆之际，我们为自己的采访工作而自豪，为自己能在馆藏建设中添砖加瓦而骄傲。相信通过我们的努力，大连图书馆的馆藏会更加丰富多彩。

（2007年12月）

地方文献阅览室

地方文献收集点描

王宏伟

大连图书馆的地方文献搜集工作，自1950年旅大图书馆组建时，就纳入了工作日程。1957年宗小薇担任馆长后，就主持制订了《旅大市图书馆搜集地方文献的范围与方法》，并设专人负责这项工作。经过几代人的努力，地方文献的收集已成我馆藏书的重要组成部分。

地方文献是指某地区的自然和社会各个方面的文献，包括图书、报纸、杂志、碑志、手稿、方志、谱牒、档案、薄录、票据、传单、拓片、图片、影片、唱片及声像带等。一般来说凡有历史价值的，如“断简残篇”、“片纸只字”也在收集之列。

地方文献是图书馆整个文献中较具特色的组成部分，它具有明显的地方性和资料性，是研究本地区历史、现状和发展战略的重要资料，是本地域内的自然现象、社会现象、人文群体活动方式的记录，是地方文化的沉淀，更是认识本地域的百科全书。

地方文献工作是公共图书馆业务工作的特色部分，它以其概念的界定和征集、整理、开发、利用等系列链环，构成一个特殊的学科，而它只有同地方的精神文明和物质文明相融合，并服务于社会，才能具有激活枯燥文献，使之成为社会文化绿洲的能量。

征集范围

我馆地方文献征集的重点是：地方资料、地方出版物、地方著述三个方面的内容。

1．地方资料：指本地区新旧县志、方志、厂志及其他志书；有关本地区的革命历史文献、出土文物记录、有影响的人物或重大事件，民族风土人情资料；各种铅印统计资料；土地、矿产资料调查和地图、图片、图表；科技方面侧重本地区科研成果汇编、论文集、科技史料等。

2．地方出版物：本地区编辑出版的专著、内部出版物、报纸及杂志。

3．地方名人及其著述：本地区或相关的知名人士的著述。包括革命烈士、作家、学者、科学家、艺术家的传记、墨迹、手稿、著述等资料。

4．外省市或外国友人对本地区的研究论著。

5．铅印的供领导决策机构研究、参考的“机密”、“绝密”资料。

征集方法

1．从馆藏古旧籍中整理筛选。我馆从满铁时期的出版物中选出了《大连图书馆馆藏清内阁大库档案史料》、《满铁》、《满蒙》、《满洲经济日报》等几十种，使尘封已久的地方文献为大众了解和利用。

2．建立地方文献呈缴制，利用Inter网，提倡无偿捐赠。

（1）文件制约

辽宁省文化厅在1989年10月，下发了《辽文办［1989］180号》文件《关于批转辽宁省公共图书馆地方文献协调方案的通知》，以此督促各界配合，在实际工作中起到了积极的推动作用。1997年大连市委宣传部、市文化局、市新闻出版局联合下发了《大连学术评委发[1997] 6号》文件，文件阐述样本呈缴大连市图书馆的重要性及接收方法。在实际工作中，我们借助文件的帮助取得了事半功倍的效果。

（2）出版界支持

多年来，我馆与本地区的六大出版社（大连理工大学出版社、东北财经大学出版社、大连海事大学出版社、辽宁师范大学出版社、大连音像出版社、大连出版社）及多家报刊社建立了良好的工作关系，大家给予我馆地方文献征集工作以大力的支持。多年来，我们都保证了很高的样本收藏率。

（3）加强地方文献网上征集与宣传

（4）重视内部资料

（5）民间征集

为避免民间个人著述的自行流失，我馆积极倡导地方作者无偿捐赠。我馆各相关部门在日常工作中针对有关单位、个人编纂文献的需要，热情提供信息服务，同时鼓励著者将编写成册的文献反馈到馆藏中。个性化的优质服务，使著者的捐赠自觉自愿。

（6）发放“收藏证书”

我们精心设计了“收藏证书”。儒雅清香的证书成为我馆与捐赠者之间的友谊纽带。

3．举办大型活动，面向社会广泛征集

我馆结合大连地区的地方性活动或意义重大的纪念日，举行大型活动，并借助新闻媒体加强宣传力度，让读者了解大连市图书馆具有征集、保存地方文献资料的职能，促进自觉捐赠。1995年，我馆利用大连市解放五十年这一契机，与市委宣传部、市文化局、市文联等相关部门联合举办了“纪念大连解放五十周年文化艺术成就展”、“大连地方文献库”建立剪彩仪式、大连知名作家签名售书等活动，收到了良好的社会效益。当年就征集地方文献三千余种、字画及艺术作品数百件。

收藏现状

经过几代同仁的共同努力，我馆现存古籍地方文献数千种，现代地方文献一万五千余种，地方报刊近百种。

随着现代化信息技术、网络技术在文献领域的广泛应用，在馆领导的支持下，经过采编部专业人员和计算机中心同仁几年来的努力，我馆在地方文献数字化建设方面，取得了可喜的成绩。

1．我们首先建设的是大连地方文献书目数据库，本着“辨章学术，考镜源流”的文献目录学传统，在完整保留著录信息的前提下，我们提供了完全检索，为读者提供友好界面，使之能直观地了解大连图书馆地方文献资料的整体概况，并更加快捷地完成检索。

2．2002年下半年起，我们又成功地建立了大连地方文献全文数据库、大连地方文献多媒体数据库、大连地方文献文摘数据库，并在全国图书馆评估中，得到了专家和领导的好评。

3．我馆注重特色数据库的建设，先后建立了受到辽宁省数字化评估专家肯定的大连作家文库，个性化的大连文艺、大连辞典、大连新貌、大连旧影、网上大连、大连园林，正在建设中的有大连市文史资料数据库。

综上所述，随着地方文献数据库的开发建设与利用，我们有信心为读者提供更广泛的信息平台，并继续努力完善地方文献工作，为我市的经济发展和人文进步做出更大的贡献。

（2007年8月）

图书分类编目工作综述

吕健

建馆百年来，我馆采编业务经历了百年岁月的洗礼，凝聚着几代编目人员的心血。尤其是建国以来，从“十进位分类法”到“中国图书馆分类法第四版”，从手刻蜡版到现在的联机编目，采编工作已脱胎换骨，进入了一个崭新的时代。

图书分类

大连最早的公共图书馆是旅大文化宫图书室，图书分类采用的是根据美国杜威十进分类法自行编制的“十进位分类法”。1951年5月该图书室与旅大市政府接管的中长铁路大连图书馆合并，组建旅大图书馆以后，沿用了文化宫使用的“十进位分类法”。10月起，新文化图书改用《东北图书馆分类法》（简称“东北法”，是我国编的第一部分类法）。1975年1月我馆终止“东北法”的使用，改用全国统一的《中国图书馆图书分类法》（简称“中图法”），但对原满铁大连图书馆的藏书仍沿用日本“和汉图书十进分类法”，对古籍线装仍采用“中国四部分类法”。“中图法”第一版一直使用至1982年。1982年以后本馆开始使用“中图法”第二版。1990年2月“中图法”第三版出版，1991年底本馆开始使用“中图法”第三版，由于这次类号改动比较大，因此国家图书馆要求对馆藏1981～1991年期间使用“中图法”第二版分类的图书按三版进行改号，按照标准，有的图书只修改目录，有的图书既要修改目录，又要修改图书分类号。1999年“中图法”第四版出版，我馆于当年开始过渡性使用第四版，即三、四版对照使用。2000年以后，我馆正式使用“中图法”第四版，同时确立了“大连图书馆图书分类使用本”，对青少年图书使用《中国图书馆图书分类法·中小学图书版第二版》。

图书编目

图书编目工作是图书馆业务工作的核心，大连图书馆分编工作经历了几个阶段的发展。本馆组建初期，款目、书标均由很原始的手抄办法来完成，后来改用手刻蜡纸、油印制作款目。1953年以后，改用四通打字机打印到蜡纸上，然后油印制作款目，这种方式一直持续到1990年。

1991年我馆引进了上海交大的MINISIS软件，彻底结束了手工操作的工作方式，这是我馆图书馆编目的一场革命。1996年我馆正式引进了深圳ILAS图书馆自动集成系统。我馆ILAS的使用从开始的1.0版本不断进行版本升级，到现在的ILASⅡ2.0版本。ILAS系统所采用的数据记录格式是国家书目著录标准格式，即中国机读目录格式CNMARC，同时提供LCMARC的书目数据接口，并具有与ISO2709格式及一般定长格式的转换能力，其书目著录规则均采用国家公布的有关标准。为了提高编目质量，我馆从1998年开始从国家图书馆数据中心下载书目数据，到目前为止，下载数据占分编图书总数的90%。随着我馆编目水平的提高，我馆于2005年4月获得了上传数据的资格，这标志着我馆编目中心的业务水准已达到国家标准，也说明了本馆编目水平又上了一个新台阶。随着计算机编目的使用，我馆除对普通图书进行计算机编目外，同时还对电子资源、视听资料、图片、盲文图书进行计算机编目，建立了电子资源数据库、图片数据库、盲文数据库、地方文献数据库。2005年我馆还对计算机编目以前的数据进行回溯，回溯“东北法”图书104876种，1976年以前的图书16690种。2005年我馆对西文图书进行回溯，共回溯西文图书30268种。另外，我馆自2001年建立了“青少图书数据库”，2005年回溯图片670种。2006年我馆为了提高规范化程度，建立了个人名称规范库，为编目数据的规范打下了基础。

目录设置及工作流程

2003年以前采编部目录设置有：中文图书分类目录、中文图书题名目录、中文图书传记目录、日文图书分类目录、日文图书题名目录、西文图书分类目录、西文图书题名目录、俄文图书分类目录、俄文图书题名目录、中文工具书目录、中文标准目录、外文工具书目录、外文标准目录。2001年取消了工具书目录、标准目录。2003年取消了中文分类目录。

在目录的编排上，我馆1984年以前公务题名目录采用笔划顺序，

目录编制

1984年以后改用汉语拼音字母顺序编排。1991年实现计算机编目后，公务款目的业务注记全部取消，实现计算机管理。

1999年我馆采编部对工作方式进行了改革，工作流程由“流水作业制”改为“一条龙工作法”，全部编目流程如下：查重、贴条码、盖馆藏印、下载、分类、标引、著录、上传数据、生成种次号、入藏验收、款目输出、图书加工(贴书标、加保护膜、贴色标)、总检查、插目录卡片、图书审校、入藏统计、移交。新的工作流程节省了人力，使每个工作环节人员结构合理，流程畅通，有助于编目员业务水平的全面发展，有助于编目质量与效率的提高。2005年我馆编目中心为了加大数据上传工作的力度，进行了业务流程的优化和数据流的优化。新书到馆后，先查联编中心有无数据，如果没有分编，我们加快分编速度，在最短的时间内上传数据。通过联机编目，实现书目实时交换，资源共享。这样降低了我们的编目成本，提高了工作效率。同时我们加强书目数据控制，保证上传数据的规范化、标准化。另外，我馆建立严密的数据质量审校制度，不在任何环节留下影响质量的空隙，书目数据制作和每一环节都经过严格的审校。特设的检查环节有著录审校、标引审校、输出款目审校、图书入藏前总检查。网络环境下联想机编目的书目数据质量控制使每名编目员面临更严格的挑战，而提高编目员业务水平是保证数据库质量的关键。2007年为了数字图书馆的建设，采编部对鲁迅路分馆的数据进行了整合，为一卡通的实现打下了基础。

总之，面临网络环境下的新趋势，采编工作应从战略高度把握形势，在资源建设中要突出多元化、数字化、网络化、特色化，优化馆藏结构，把重点放到深化资源提示、组织、发布和整合上，为网络化信息服务奠定基础。

（2007年12月）

社科参考工作回顾

杨力生　周有德

我馆的社科参考工作，主要是通过编制各种文献书目，开展多种多样的书目服务活动来体现的。文献书目，是随着社会发展的各个时期，在积累了一定数量的文献资料后编制产生的。它必然地要受到当时的政治形势、经济情况的制约，不免打上时代的烙印。因此，我馆书目工作中出现过的成绩和失误、起落和曲折，正是不同历史时期的不同折射反映。

20世纪50年代初，我馆刚建时，在业务机构上就设有研究组。当时有五名工作人员，文化素质较好，有的擅长文史，有的精通外语。其中王士修（已故）、罗继祖（现吉林大学教授）、周之风（已故）都是研究员。由于建馆伊始，当时的主要工作是对旧籍图书的整理和善本图书进行鉴选。

1954年2月，我馆的业务机构由组改部，研究组改为参考研究部，业务范围是编制书目索引，解答读者咨询，开展参考借阅，但主要的、经常的工作是编制各种类型的文献书目，开展多种多样的书目服务活动。这一时期的书目编制工作，无论在编制数量上、质量上，还是在反映文献的广度和深度上，都有很大的发展和提高，为我馆的书目参考工作打下了良好的基础。

由于“左”的影响，1963年下半年，书目工作人员被分散到其他业务部门去了，致使书目工作延滞不前，以至中断。及至“史无前例的文化大革命”，参考研究部的机构被撤销。

经过十年动乱，积累的资料几乎散失殆尽，多年来书目工作发展的局面，遭到了彻底的破坏，造成了令人痛心的历史倒退。

粉碎“四人帮”以后，图书馆事业得到新的生机，中断了的文献书目工作受到了应有的重视。1980年，我馆重建了社科参考部，短短的五年中，相继编辑、出版了多种具有学术性、资料性的大型文献书目，在20世纪80年代新的历史时期，展现了新的面貌。

书目，是应读者的特定需要，把分散的某一方面的一次文献集中起来加以浓缩和简明揭示的二次文献。它既是图书馆对读者的服务方式，又是为读者服务的工具。是图书馆贯彻方针、任务，开展咨询的重要方法，也是为生产、科研服务的主要途径。

我馆建馆后的书目索引工作始于1952年。从开始到现在，除1963年、1964年断断续续和十年浩劫期间彻底中断外，一直在坚持。现据可以查见的记载统计，迄今共编辑印发书目索引272种（数量远不止此）。可以说已经初具规模，基本上形成了体系。

编写数量

《苏联主要文艺作品目录》，是建馆后于1952年编印的第一个书目。此时，刚刚开展图书外借，编写数量少是符合实际的。随着业务机构的扩大，外借读者的增多，特别是自1956年党中央发出“向科学进军”的号召到1957年的两年间，编印书目42种。其中配合政治学习的占29%，为技术工人（电工、铸工、车工、铣工、钳工、钻工）提供的系列《机械工人学习参考书目》占24%，反映馆藏旧籍的机械、化工、造船、航运、农业、水利等科技专题参考书目占19%，文史书目占9.5%，其他占17%。然而就是这样一个比例却被批判为“脱离政治、脱离生产、脱离广大工农兵读者”和“厚古薄今”。

在重点批判了参考部门的“三脱”之后的1958年和1959年，书目工作来了个“大跃进”，记不清是否放过“书目卫星”。1958年第五期《图书馆学通讯》发表过我馆书目工作专题总结，《书目工作的新面貌》就是对前一时期书目工作的批判和批判后出现的新面貌。1960第一期的《图书馆学通讯》又发表了我馆的《书目工作如何为政治、为生产、为工农兵、为科学研究服务》的论文。内云：“1958年年初到1959年9月，我们总共编了173个书目，等于1954年到1957年四年总和的4.5倍。其中结合政治运动和中心任务的占50%，结合生产和科学研究的占40%，其他占10%”。这个比例被称为“书目工作政治挂了帅，基本上做到了紧密结合政治运动和中心任务”。自此，好像立下了一个标杆，结合运动的政治书目若达不到50%，就视为“脱离政治”，就是错误。

1960年完成了26种书目，其中有小型书目17种。1961年至1964年，书目工作时断时续，延滞不前。据记载1961年编有3种，1962年13种，1963年5种，1964年编了两种之后就中断了，直到粉碎“四人帮”之后，才得到恢复。

纵观编写数字，有明显的起落、曲折。立下政治书目占50%的标杆，也不见得合适妥当。还是从实际出发，按客观需要和主观可能，

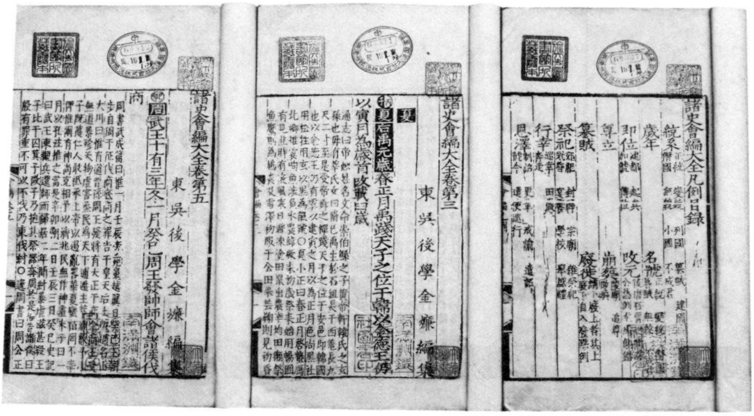
諸史會編大全卷第五
東吳後學金燫編集
諸史會編大全卷第三
東吳後學金燫編集
諸史會編大全凡例目錄

馆藏《诸史会编大全》，明嘉靖四年刻本

编写一些能够推荐好书、辅导阅读、提供资料的切实适应读者需要的多样性和特定性的文献书目为是。强令性的编写，不免会流于形式，为编而编。

编写类型

1．大力编写推荐书目。这些书目围绕着党的方针政策、社会主义建设成就、思想政治教育、政治文化学习、英雄模范事迹、优秀文学作品等，选题多样，面广材多，编制迅速，指导性强，有满足读者多种需要的特点。不仅为读者广泛利用，许多县、区图书馆还根据这些书目组织图书展览，进行各种图书宣传活动。所编《革命烈士传记目录》、《树立共产主义风格》和连续编发的《建国以来长篇小说推荐书目》，在推荐图书、指导阅读、组织座谈中，都曾起过良好作用。

这部分书目的比重较大，是和当时必须“政治挂帅”、“突出政治”有关。由此，也就免不了会出现不是为“需要”而是为“配合”而编的现象了。

2．重视编写专题文献书目。我馆藏书基础比较雄厚，又具特点。我们根据馆藏的古农书、中外文农业图书、农田水利、农业气象以及农机具和中外文的农业参考工具书，较系统地编成了专题文献书目。所藏的化工、机械、造船、水产等书刊文献，也以专题书目的形式，做了揭示反映。

这些专题书目，都是咨询人员将分散性的馆藏资料，经过筛选，组织到读者需要的专指性的专题上来的。一般收录文献量大，取材时间较长，使用对象多而广，是解答科技咨询、提供科研资料的重要工具，为读者广泛利用。所编《馆藏中国古典文学参考书目》（第一辑诗文、第二辑词曲戏曲、第三辑小说），由于内容丰富，资料翔实，普遍反映是一部较好的大型参考工具书。其中“第三辑小说”，做过第二次印刷，国外学者曾来函求索。

在专题文献书目中，一个值得深思的问题是，有的被批判的书，在读者的使用中，反而显示了它的资料性、科学性、实用性，因而也表现了它的生命力。

3．着手编写地方文献书目。地方文献是地区性的图书馆不同于科研、高校或其他专业图书馆的特色馆藏。我馆在读者对地方文献需要日益增长的推动下，编辑了些地方资料目录。比如1958年以来编印的《馆藏东北文献及有关东北资料目录》、《馆藏旧籍有关东北地方科技书目》和《旅大解放前（1923～1945）革命斗争资料索引》。这些书目索引收录的文献资料，反映了东北地区的一个时代、一定历史条件下的政治、经济情况。它不仅对了解地区历史、编写地方史志、进行爱国主义的乡土教育来说大有可取之材，而且对开发地方资源、发展地区优势、发掘地方特色也富有很大的参考意义。《旅大解放前（1923～1945）革命斗争资料索引》编发后曾被两个单位翻印。《馆藏东北文献及有关东北资料目录》被两所大学编写出版的图书馆专业教材作为例证引录。我馆主编的《东北地方文献联合目录（日文图书部分）》也于1984年出版。

编排方法

选材，是决定书目质量的基础；编排，是决定书目质量的关键。我馆编写的书目，都是根据不同读者对象的不同需要而进行选材，努力做到在同一类文献中的一定数量基础上，进行有主次、有选择的收录，提供足资参考而又比较确切的文献资料。对入录资料的组织，基本上是分类编排，结构比较完整，有说明（或前言）、体例、目次、正文、辅助索引（中小型书目除外）。推荐书目大多撰有评介结合的提要，个别书目的编排还有创新。

1963年3月，为纪念曹雪芹逝世二百周年编印的《关于曹雪芹及其红楼梦——附馆藏目录提要》，全篇按“关于红楼梦的版本、译本”、“关于红楼梦的续书及仿作”、“关于红楼梦的图咏”、“关于红楼梦的传奇”、“关于曹雪芹的家世、生平”、“关于红楼梦的评论”等六个专题，吸收了国内专家的研究成果，结合自己的见解，先进行较长篇幅的论述（实际是篇论文），而后，再附以书目提要。这样，使书目收辑范围较广，编排形式独特。通过论述报道和所收作品的深刻揭示，一般读者可由此扩大对有关《红楼梦》知识的领域；专门研究者则可以了解已有的成果和不同的论点，以便进一步研究。

编写的《学习中国近代史书目及近代史研究的争鸣摘引》，兼备了书目索引和资料摘编二者的特点和长处，在提要的编写上将同一主题内容、性质相同或相近的图书做了集中概括介绍。这样，不仅节省篇幅，加强了相关图书的联系，还方便了读者查检。

我馆主编的《东北地方文献联合目录（日文图书部分）》是一个多学科、多主题的大型联合目录，由12个大类类分资料，大类的下位类目共171个。为提高检索效率，方便读者，对一些与主题相关或所涉及的其他领域资料，在不影响分类结构的原则下，适当地于类目中予以专题性的集中。如“甲午战争、日俄战争照片集”，本应入“艺术类”，而我们却归入“历史类”的“专史类”，使“分类—专题”相联结，通过集中组合的方式，形成了一个相对的专题，这样，就使类目富有族性和特性检索的特点了。

出版形式

我馆书目索引的出版形式，是以刻写、油印单行本，内部交流为主。1982年后，始有铅字印刷出版本，并酌收成本费。

1964年前，我们有一个四五个人的刻写、油印、装订加工厂。馆内的书目索引的刻写、油印，图书报刊的修补装订，完全由它承担，既方便又及时。后来还能干点馆外的活儿，收取点加工费，做到了自己开支稍有盈余（盈余归馆）。后来，这个小厂成了“资本主义尾巴”，生生被割掉了。

参考书目部门，除根据两个文明建设的需要，做好书目的编制工作，还应注意书目的积累和整理。对所编制的书目，应该立案存档，登记积累。至于书目编制过程中所产生的文件，如长期规划、年度计划、专题编纂计划、审阅意见、专题总结、调查材料、读者反映信件等也应妥为保存，建立书目专题档案，并应做出《本馆所编书目资料目录》。同时，还要像“文化大革命”前一样和兄弟馆建立密切的书目交换关系，广泛地收集书目资料，建立书目专藏。

（1986年）

博观约取 厚积薄发

陈艳军

2000年8月，大连图书馆完成馆舍扩建改造，以研究开发馆藏文献为重任的历史文献研究所重新挂牌。两年后，图书馆机构改革，历史文献研究所和典藏部合并成古籍部。七年来，我们以开发与开放相结合、整理与抢救相结合、传统与现代相结合为工作方针，开展古旧籍文献整理研究和开发工作。

建馆藏特色数据库，实现古籍数字化

古籍数字化是现代信息技术高度发达时代古籍保护开发利用的最有效途径。几年来，我们依托得天独厚的馆藏资源，建立了“大连图书馆藏善本数据库”、“大连图书馆藏旧报刊数据库”、“大连图书馆藏西文旧籍数据库”、“大连图书馆藏满铁资料数据库”、“大连图书馆藏少数民族古籍提要书影数据库”、“大连图书馆藏远东文库书影数据库”、“大连图书馆藏犹太文库书影数据库”、“大连图书馆古籍线装书数据库”、“小方壶斋舆地丛钞全文数据库”、“大连图书馆藏清代内务府档案数据库”、“大连图书馆藏清代图录数据库”等。

编制馆藏特色书目，培养馆员专业化

编制书目是古籍整理开发的基础工作，需要具备扎实的基本功，掌握丰富的知识，还必须具备刻苦钻研的精神，板凳坐得十年冷的耐力。同时，编制书目也是一项繁琐而枯燥的工作。而真正出成果、出人才，也必须从编制书目做起，这是培养古籍整理人才的必由之路。因此，我们始终把这项工作放在首位。通过参加编制联合目录和自主开发馆藏特色书目相结合的形式，实现古籍整理人才质的飞跃。几年来，我们参加、主持编制了数种馆藏特色书目。

2001年3月至6月，我们参加了《中国家谱总目》的编纂。根据辽宁地区家谱编纂会议精神，对大连地区的藏谱进行了调查摸底。通过电话、通信、走访等形式对全市的图书馆、档案馆、博物馆藏谱进行了筛网式调查，摸清了大连地区公藏家谱收藏情况，并对这些家谱进行整理著录，为《中国家谱总目》提供了完整的大连地区公藏家谱条目。

2001年7月至2002年3月，我们参加了《东北三省古籍线装书联合目录》的编纂，承担集部的校核。为了保证质量、避免失误，全体参加人员查阅了大量的工具书，特别是最后的审核、排序阶段，更

《典籍文化研究》与《大连图书馆藏少数民族古籍图书综录》

可谓一丝不苟、精益求精，仔细审校修订每一张卡片。此目录是由辽宁省图书馆牵头、东北三省51家单位参加的联合目录，汇集了东北三省图 书馆各家所藏，是东北三省古籍目录的集大成之作，此书2003年12月由辽海出版社出版，2004年3月荣获辽宁省文化厅“辽宁省图书馆应 用科研成果一等奖”。

2002年10月至2003年12月，我们参加编纂《中国少数民族古籍总目提要·辽宁卷》。这是国家民委项目，各地民委负责落实。完成本馆满族、蒙古族、回族等少数民族古籍图书的校勘、著录、总结归纳提要。并在此基础上，建立《大连图书馆藏少数民族古籍提要书影数据库》，编纂了《大连图书馆藏少数民族古籍图书综录》，此书2006年1月由辽宁民族出版社出版。

2004年1月至2007年8月，编纂《大连图书馆藏古籍目录》。全书汇集了大连图书馆藏所有古籍线装书，收书万余种，一百余万字，填补了多年来我馆一直没有一部完整反映馆藏古籍线装书书目的空白。

2001年至2004年，编目整理西文旧籍。馆藏3万余册的西文旧籍是我馆尚待开发的宝藏，涉及文种29个，几经变迁，一直没能完整地整理出来。自2001年始，我们登记造册，对这些珍贵的典籍进行分类、著录、目录组织，已经完成了关于远东问题的远东文库、关于犹太问题的犹太文库的整理编目，书本式目录亦在编辑中，不日将与读者见面。

此外，在实际工作中，根据工作和读者查询、课题咨询的需要，我们还编辑了《罗振玉著述书目》、《关于日俄战争书目》、《馆藏密宗书目》、《大连图书馆旧报刊书目》、《实话报馆藏一览》、《馆藏四书》等方便实用的小型书目。

落实责任，业务管理制度化

历史文献研究所和典藏部合并后，接管了原典藏部负责的五层书库。我们的工作任务由原来单一的古籍整理开发，变成了开发与管理并重。这五层书库的馆藏是我们馆的精髓，保护、保管好这些具有文物价值的书籍，任重道远。

第一，进一步完善各种业务管理规章制度，加强管理，使馆员各司其职，各负其责。起草制定了《大连图书馆古籍书库管理规定》、《古籍部岗位工作责任书》、《古籍部岗位安全责任书》、《古籍部岗位工作细则》、《历史文献查询阅览规则》；完善书库管理制度，对进出书库、图书出库、防火、防水、防盗、防虫、防尘等提出具体要求；重新设计印制带有编号的古籍图书出库单，建立进出书库档案、投放防虫剂档案、书库温湿度档案、修复图书出库档案、古籍整理档案；为了保护文献的所有权、保护国家利益不受损害，有效地开发利用文献资源，对一些敏感问题、热点问题，实行文献预警制度。

第二，定期清点古籍。定期清点馆藏是书库管理的基本需要。接管书库后，我们组织工作人员对五层书库进行了一次全面的清点。这次清点是继我馆1983年清点以来首次大规模清点古旧籍，经过近四个月的艰辛劳动，我们克服了人手新、人员少、灰尘大、任务重等困难，完成了清点任务，摸清了家底。虽然辛苦劳累，甚至加班加点，但在工作中熟悉了馆藏，并写出四万余字的清点总结报告，为以后的工作奠定了扎实的基础。同时对古籍保管现状进行调查，对破损图书登记造册，提出古籍修缮的建议。

第三，组织人力更换函套。2003年8月我馆争取到财政古籍保护专项基金，用于制作函布套、樟木盒、地图盒。我们组织人力对馆藏所有需要制作函布套、樟木盒、地图盒的馆藏进行了尺寸测量，提供了约五万个函布套、樟木盒、地图盒的测量尺寸。

加强交流与沟通，对外联系网络化

建立完善的对外联系网络，一直是我们追求的目标。这种网络是发散的，包含了三个方面：第一，和读者建立联系，实现文献开发与开放相结合的目标。历史文献的阅览咨询服务是部门的基础业务工作。因为馆藏资料的特点，大连图书馆吸引着大批海内外的专家、学者。这些读者文化层次高，查询的问题较普通读者系统而有深度，为他们提供服务，就不是简单的借借还还，必须在“深”字上下工夫，提供资料必须举一反三。所以，服务质量是衡量我们工作水平的唯一尺度，保证读者满意关系着图书馆的整体形象。

几年来，古籍部共接待来自我国大陆及香港、台湾、日本、韩国、美国等不同国家和地区的专家学者千余人次，检索课题三百余项。由于读者层次高，完成的代检索课题的质量好、数量多，2004年3月我们荣获了辽宁省文化厅颁发的辽宁省公共图书馆优秀服务成果二等奖。

第二，和专业机构建立联系，成为学者之间沟通的平台与桥梁。2005年10月10日至10月14日，大连图书馆承办的中国历史文献研究会第二十六届年会召开，来自韩国、中国大陆27个省市区的一百多名专家学者，齐聚大连，围绕着辽宁地区的历史文献与研究、典籍与文化、历史文献学科理论、古籍数字化四个主题开展热烈讨论。会议从规划的制定、会议的筹备到成功举办，倾注了我们大量的心血，受到了与会代表的一致好评。本次会议不但加深了历史文献的理论研讨、密切了会员之间的交流，更为重要的是，确立了我们与科研机构的合作与交流，确立了大连图书馆在学者心目中的相关的学术资料中心的地位。

第三，和专家学者及同行建立联系，实现课题开发的指导与合作。几年来，我们和省内外、大连地区的同行及相关领域的专家学者建立起了互助共赢的合作关系，互相支持，保持良好的沟通和交流。

开发馆藏，专题研究课题层次化

开展学术研究、进行馆藏资源的深度开发是我们工作的重要组成部分。在这方面，我们围绕馆藏确定专题，根据不同的需要，分层次进行课题开发。目前，我们合作完成的省级课题有一项，参加完成的国家级课题有两项。而独立立项完成的国家级课题有三项，即清史编纂委员会的《图录·大连图书馆藏清代图录集》、《大连图书馆藏清代内务府档案集》、《大连图书馆藏珍稀文献整理》。

清史编纂工程是建国以来最大的文化工程，2002年12月中央批准立项，经过2003年一年的论证，确立了清史编纂体例、形式、组织机构，成立了清史编纂委员会，并以项目制方式开展工作。分为主体工程、辅助工程、基础工程三大工程以及若干个项目展开。2004至

善本书库

2005年是清史编纂的立项阶段。在这个阶段，我们围绕馆藏申报了《图录·大连图书馆藏清代图录集》、《大连图书馆藏清代内务府档案集》、《大连图书馆藏珍稀文献整理》三项课题，全部获得通过。其中《图录·大连图书馆藏清代图录集》分属清史主体工程，《大连图书馆藏珍稀文献整理》、《大连图书馆藏清代内务府档案》分属基础工程。三项课题的申报成功，除了自身具备的馆藏资源优势以外，我们也做了大量的前期准备工作，进行了立项前馆藏资源的全面调查，整理出了一系列的馆藏资源目录，并根据这些目录，写出了言简意赅的申报书。在申报过程中，申报书又几易其稿，不断修改提高，最终三项课题才得以在不同的二级组申报成功。课题合同签订后，三个项目启动，进入全面实施阶段。从2006年开始，我们把全部精力投入到项目的实施中。

三项清史纂修工程课题同时申报成功，我们很欣慰，但时间紧，任务重，也带给我们压力。而参加项目的工作人员不畏困难、任劳任怨的工作作风和工作态度，更值得我们骄傲。

多年来，我们踏实地走过，付出了辛勤的汗水，收获了甜蜜的成果。

（2007年12月）

文苑奇葩 破土绽放

董皓

从《金瓶梅》到《红楼梦》问世，其间刊行过大量的明清小说。据有关部门统计，现存于世的1911年前出版的通俗小说一千一百六十余种。而建国后出版的明清小说，除《三国演义》、《水浒传》、《西游记》、《红楼梦》四大名著外，只有《儒林外史》、《聊斋志异》等几种，使明清小说的出版成了一片尘封已久的“僵土”。大连图书馆是收藏明清小说较多的图书馆，呼吁开垦明末清初小说这片“僵土”，是我们的责任与义务。为此，本馆于1980年率先向辽宁省出版局提出出版选刊明末清初小说的倡议。1981年春风文艺出版社出版了以我馆藏书为主的《明末清初小说选刊》，一时间在全国掀起一场出版和研究古本小说的热潮。

馆藏明末清初小说驰名中外

著名版本学家孙楷第先生赴日本东京考察中国古代通俗小说，归国途经大连，以一周时间查阅了满铁大连图书馆所藏的古代小说，1932年整理出版《日本东京所见小说书目》和《大连图书馆所见小说书目》，后者收入了大连图书馆独有或与别处不同的版本。虽然著录满铁大连图书馆藏书仅有27种，但颇具影响，为中外学者瞩目。大连图书馆于1958年3月由王多闻主持编写的《馆藏中国古典文学参考书目》（第三辑小说）收入馆藏小说书目888种，选入善本的有笔记小说39

种、短篇小说31种、长篇小说82种。

大连图书馆藏古代通俗小说是以日本著名汉学家、西本愿寺第二十二代住持大谷光瑞的旧藏为核心、后又进一步充实而形成的，具有很高的文学价值。馆藏《云仙啸》为海内外孤本。《珍珠舶》、《后水浒传》为该版本的仅存者。明崇祯元年所刻的《警世阴阳梦》更是稀世孤本。《引凤箫》虽系坊间刻本，但为大连图书馆仅存。皋鹤堂批评第一奇书《金瓶梅》是张竹坡评本的初刻本，甚为少见，较其他刻本多出二百七十余字，在“寓意说”中介绍其本人的经历、评点金瓶梅的时间及背景，从而解决了学界多年来争论的一些问题，具有十分重要的史料价值。大连图书馆还藏有大量清代初期日本手抄本，如《连城璧》等。满文抄本《三国演义》和满文抄本《世态炎凉》（即《金瓶梅》）都是全国仅有的两部（另一部分别由国家图书馆和故宫博物院收藏）之一。

由于大连图书馆收藏明末清初小说数量颇丰、系统完整、版本精良，所以海内外专家学者来馆参观阅览者、来函咨询者为数众多。1982年至1995年为接待查阅明清小说读者的高峰期。仅1986年至1988年，就接待读者七百余人，查阅册数达六千四百余册。这些读者有著名红学家冯其庸、周汝昌、张国光、朱眉叔、欧阳健和台湾艺术学院金瓶梅学家魏子云、中国文化大学博士陈益源等，有北京大学、南开大学、复旦大学、吉林大学、辽宁大学、辽宁师范大学、中国社科院、江苏社科院的教授、研究员，亦有韩国、日本、俄国、越南、法国、加拿大、澳大利亚等国的学者。其中，日本著名汉学家伊藤漱平、大塚秀高教授和美国汉学家魏爱莲教授都先后三次来馆。美国哈佛大学燕京图书馆馆长吴文津先生委托魏爱莲与大连图书馆协商交换多部孤本、稀有本明清小说复制件，美国奥克兰市图书馆馆长李怀特女士曾来馆参观并欲交换善本小说复制件。

出版明末清初小说的认识

董晧（左）[illegible]

明清小说的查阅状况，引起典 藏部主任朱玲球等人的担心，因为纸张已经脆化，如烤烟叶似的，寿命岌岌可危。为此，她向馆领导提出，建议采取有效措施对馆藏的善本书进行妥善保护。于是我们考虑，可否从馆藏明清小说中选一批内容有益无害的优秀小说，倡议出版社出版发行。但这是一片封尘已久的“僵土”，能否开垦？馆领导和参考部的同志们商量，得到他们的支持。我们首倡出版明清小说的主导思想：一是弘扬祖国优秀的文学遗产，既符合“双百”方针，又贯彻“古为今用”的原则，出版明清小说，能填补从《金瓶梅》到《红楼梦》一百四十年间古本小说整理出版的空白。二是为抢救和保护善本小说提供有效措施，有了铅印本和影印本，研究版本者和读者就不必翻阅善本书了，使原本书能得到最大限度的保护。三是为学术界研究中国文学史、中国小说史提供丰富的资源，证实了小说创作达到顶峰的《红楼梦》是有历史渊源的。正因为有大批的才子佳人小说，让曹雪芹有比较、有借鉴，才会有突破和提高，这是文化继承与发展的关系。

倡议出版明末清初小说选刊

大连图书馆把拟向辽宁省出版局倡议选择优秀的明清小说出版的意见向大连市文化局和市委宣传部汇报后，得到领导机关的积极支持。

1980年春，大连图书馆与辽宁省出版局洽谈合作出版事宜。数月后，明确出版意向。当年10月初，省出版局副局长张帆和春风文艺出版社老编辑（编审）林辰来馆商定出版明清小说的具体事宜。同时，林先生留在大连图书馆选书，筹划出版工作。丛书定名为《明末清初小说选刊》，计划出版3～4辑，每辑10种书。

1985年夏初，我馆向上海古籍出版社社长魏同贤建议该社影印一套珍稀本古本小说集成。后魏社长和编辑室主任李梦生专程来我馆考查。经多方筹措，于1987年7月起步，第一批出书100种，1990年底出齐。计划全集530种，3年全部出齐。书名定为《古本小说集成》，收揽元明清三代小说，以白话小说为主，兼及文言小说。各书前均由专家及本馆部分研究人员撰有简明前言，分析源流，考证作者、版本，体现了最新的研究成果。其中，选用大连图书馆善本小说35种。

大连图书馆还向大连出版社推荐影印馆藏明清小说。该社精心策划，推出了《大连图书馆藏孤稀本明清小说丛刊》，收《警世阴阳梦》、《金瓶梅》等55种。由于版本珍贵、制作精良，颇受海内外图书馆界和收藏者欢迎。

为出版明清小说工作处处开绿灯

按照大连图书馆《善本书管理规则》，明清小说中的善本只能在馆内指定的阅览室阅读，不得携带出馆。春风文艺出版社的林辰先生觉得局限在8小时内阅览，速度太慢，为了加快进度，必须充分利用业余时间，每天晚上可读一部长篇小说。林先生提出的是一个难题。分管业务的副馆长陪同馆长到位于市图书馆西侧马路对面的军人浴池认真检查其二楼仓储房间腾出的临时客舍，认为安全可靠。在馆领导班子会上讨论时，有人提出：把善本书拿到旅社去看，是违犯规章制度的，如果上级检查或出现问题时，谁承担责任？分管业务的同志毫不犹豫地说：“我认为林辰的要求是正确的，为了确保明清小说早日出版，执行制度也可机动灵活，我是分管业务副馆长，当然由我承担责任。”这样，每天闭馆前由典藏部两名工作人员用旅行袋装上善本小说送到临时旅社交给林先生，次日上班时工作人员再从临时旅社将善本小说取回入库，白天在阅览室阅览。这种做法被人反映到市文化局。这位馆负责人向局领导表示：“我以党性保证，如果出问题，我全部承担责任，愿意接受开除党籍、行政撤职处分。”这样，仍按馆内的决定执行，星期天也不间断，典藏部人员加班加点，坚持到林先生阅完五十多部书。

明清小说出版前要进行整理校点工作，大连图书馆协助林辰先生邀请大连的于植元教授等参加。我馆参考部的同志，暂停手头的工作，把主要精力投入到整理校点工作上，全力以赴地为早日出版明清小说服务。他们为林辰先生提供谭正璧的《中国小说述考》等26种有关明清小说的参考资料，还代为抄录一批明清小说序跋、回目和内容概要等。

不仅是春风文艺出版社，凡是采用大连图书馆藏书的出版单位，

《大连图书馆藏孤稀本明清小说丛刊》（五十五种）

如浙江文艺出版社、上海古籍出版社、中华书局、大连出版社等，大连图书馆都给予积极支持，密切协作。

对《明末清初选刊》的评价

国务院古籍整理出版规划领导小组组长李一氓于1982年7月15日在北京召开会议，决定把《明末清初小说选刊》纳入报请国务院批准的《一九八二～一九九〇年古籍整理出版规划》。1983年5月10日，李一氓在《三论古籍和古籍整理》一文中指出：《明末清初小说选刊》“对研究清代小说史和社会思想史，有很大的用处。”这对学术研究有深远的指导意义。

明清小说选刊的出版带来了研究热潮

一石击起千层浪。在春风文艺出版社的影响下，全国出现了出版和研究明清小说的热潮。

一、古本小说出版花团锦簇

国内出版界争相出版明清小说。许多省、市从人民或文艺出版社中分出古籍出版社。如浙江古籍、中州古籍、辽宁古籍、吉林文史等出版社。大陆五百多家出版社，就有百余家出过古本小说。

中华书局在上海古籍出版社影印古本小说的同期，影印《古本小说丛刊》，至1996年已出160余种。其中，采用大连图书馆馆藏善本小说多种。

1983年5月，大连图书馆参考部编辑的《明清小说提要序跋选》，由春风文艺出版社出版，为读者和研究者提供了有价值的资料。

1994年，春风文艺出版社整理出版《中国古代珍稀本小说丛书》100种。

1995年，大连明清小说研究中心主编、春风文艺出版社出版《孤本小说》十种。

二、古代小说研究呈现新高峰期

1983年春风文艺出版社在大连召开第一次明清小说研讨会，以后在大连或沈阳每年都召开一次学术讨论会，专门研讨明清小说的相关课题。1996年7月，为纪念大连明清小说研究中心创办十周年，在政协大连市委员会的赞助下，在大连华夏文化促进会、大连海外联谊会、辽宁师范大学的大力支持下召开了大连第三届明清小说国际研讨会。

春风文艺出版社于1983年还创办了国内第一个专门研究明清小说的刊物——《明清小说论丛》，为研究者提供学术交流的园地，陆续办了五辑。

对《三国演义》等四大名著和《金瓶梅》、《儒林外史》、《聊斋志异》等书的研究也取得了新的进展，发表学术论文和出版专著均超出我国各个历史时期。中国小说史研究也空前繁荣。如侯忠义等主编《古代小说评介丛书》9辑80册。安平秋等主编《中国小说史丛书》4个单元18种。中国古代小说理论研究也硕果累累。如《中国小说理论史》、《明清小说批评史》、《明清小说艺术世界》等多种著作问世。这些研究，继承和弘扬了民族文化遗产，随着时代的发展、社会的进步，出现一个成熟、繁荣和稳定的时期，为将来形成一部系统、完整、崭新的中国文学史奠定了坚实的基础。

三、学术研究组织的发展如雨后春笋

1981年至1990年各种学术组织纷纷成立。许多省市先后成立明清小说研究会，包括“红楼梦学会”、“三国演义学会”、“水浒传学会”、“西游记学会”、“聊斋志异学会”、“儒林外史学会”和“金瓶梅学会”以及“冯梦龙学会”等。

在大连，明清小说的出版与研究把图书馆、出版社和学术研究界紧密地联系起来，造就一支明清小说研究的骨干队伍。为了凝聚各方面的力量，有利于进一步开展工作，发挥团队作用，春风文艺出版社、大连图书馆和大连高校的有关同志发起成立大连明清小说研究中心，并得到上级机关的支持。经多次协商酝酿，1986年5月10日在大连市委宣传部召开会议，研究章程，大连明清小说研究中心第一届理事会正式成立。董志正（时任市委宣传部副部长）任理事长，余定华（时任大连市文化局长）任顾问，于植元（大连师范学院院长、教授）等四人任理事，董晧（大连图书馆副馆长）兼秘书长。中心成立后，不定期编印《大连明清小说研究中心信息》，每期100至120份，发至有联系的各界研究人员。中心在全国有较大的影响，不仅聘任本市本省研究员22人，而且特邀外地研究员30人。中心第二、三、四届理事会由于植元任理事长，第五届由朱诚如（时任辽师大校长）任理事长，副理事长分别由辽大、吉大的教授，大连图书馆馆长担任。第六届理事会理事长曲庆彪（时任辽师大校长、教授）；副理事长王文波（时任大连大学副校长、教授）、张本义（大连图书馆馆长、研究员）；理事若干名（略）；苗壮（辽师大中文系原总支书记、教授）兼秘书长。

在大连明清小说研究中心成立不久，江苏省社科院由该院相关部门成立了江苏省社科院明清小说研究中心，尔后，又主办了《明清小说研究》杂志。

综上所述，足以证明，大连图书馆领导统一思想，首倡选刊明末清初小说，是正确的、有远见卓识的，对推动古代小说的出版与研究起到了重要作用，对弘扬祖国文化遗产做出了贡献。

（2007年12月）

舆图整理浅谈

朱玲球

舆图，现称地图，在我国产生很早。据古文献记载，地图的历史源于四千多年前的“九州图”，传说是夏禹铸“九鼎”时制作的。至于有文可查则应以《尚书·洛诰》中周公经营洛邑、制洛邑图献成王的记载为最早。它之所以能用其独特的形式在漫长的历史长河中得以流传发展，是因为当时的统治者已经知道地图的重要作用，它浓缩了地面上的山川河流、关隘通道、都邑道里、历史变迁，形象地反映了不同历史时期的政治、经济、军事、历史地理的面貌，比书籍更简明、更直观，然而地图的描绘比古籍传抄要困难得多，因此古地图流传存世的机会远比古籍少。

大连图书馆藏建国前地图共1225种、5053幅，主要来源于满铁大连图书馆和奉天图书馆。其中有一部分是满铁大连图书馆以高价从意大利驻北平公使馆搜集来的。这些舆图内容丰富多样，反映的区域广阔，几乎全国各省均有。有描绘城市街坊的《浙江省垣坊巷全图》，有专记山川河流的《湖南六十八峰》等。更有意义的是还有各种专题图，标注详赅，资料性强，如《鄂省厘金局卡全图》就是研究清代税务的宝贵资料。此外，一批江防图、海防图、军事图，都很有史料价值。这些舆图以前曾做过初步整理，最近又进行了进一步整理。在整理过程中，我摸索到了一些方法。在这里谈出来，求正于方家。

一、考证年代

1．从地名变化进行考证。几千年来自然地理变化不大，但行政区域的分合废置、城市变迁时有发生，从这一变化进行考证是较好的方法。因为地图是为了特定需要绘制的，除历史图外，图上地名必然都是当时的确切称谓，只要图中有的地名曾有过变化，就可以利用历代地理沿革表等工具书，确定其成图时代。如我馆的《里塘附近图》未署绘制年代，经查光绪三十二年里塘分为里化、定乡、稻成等县，故知此图绘制于清光绪三十二年前，可定为清绘本。再如《福建沿海图》亦未署绘制年代，但图上标有“福宁府”和“诸罗县”，福宁府是雍正十二年设立的，而诸罗县在乾隆二十五年改为嘉义县，据此判断该图绘制年代应在雍正十二年至乾隆二十五年间，因雍正朝总共才13年，所以订为乾隆前期较合适。如若再利用历代正史地理志、方志、档案等材料，地图年代的考证就会更确切些。中国科学院图书馆就曾利用《雍正实录》考出一幅未署年代却能证明其具体绘制时间为雍正三至四年的古地图。

2．利用图象考证。地图是反映社会某一现象的，而社会现象是有时代特征的，所以利用图象也是考证年代的方法。当然，对早期的作品很难用此法考证，但对绘制年代较晚的作品则是可资依据的。一幅图往往有许多图象，有时真不知从何抓起，这就要求著录者具有一定的历史、地理知识，善于发现线索，深入查证。如我馆原藏《实测北京内外城地图》，原著录为“光绪三十二年印刷本”。复核此图所见：左上角有题识，未署年月，左侧贴有毛笔题署“光绪三十二年四月制定”。稍加分析，即可发现纸签题署，乃出自后人之手，不足为凭。由于清末和民初的社会风情很难区别，所以图上描绘的风貌不能排除民国初期绘制。虽然清末和民初相距不远，但终属两个不同的时期。认真查看后发现：该图天安门西侧城墙绘有新华门。而新华门建于民初，由此判定该图为民国年间绘制。另有《山海关图》原著咸丰五年手绘本，同时该图的风格确似清后期所绘，图上又署有“乙卯年”，正好是咸丰五年，似乎断年无误，但图上绘有火车在铁道上奔驰。据故宫博物院学刊报导：我国的第一条铁路是同治四年修的“宣外铁路”。该图绘制时间肯定不会早于同治四年，那么所署的“乙卯年”只能是民国四年的“乙卯”。还有许多图象如电线架设、码台的建毁等，都是考证的线索，兹不一一例举。

二、考证图名

图名既能反映内容又能决定其类别，如取录不当就会影响使用。但许多古地图并无图名，需著录者自拟。古今地名中，同名异地、同地异名不乏其例，容易出错。我们在复查中遇到了不少这样的问题，大致有两种情况：

1．图的内容和图名完全不符。如我馆的《广东省英德县地图》不知何故图皮题为《陕西省两乡县地图》，整理者也就照录不疑，分入中国北部类目中。经复查，一开卷就察觉到所绘境内河流纵横贯通，与陕西的地情全然不符。再看图上只画了县署地，并未标具体地名；而图皮题署又和图上标注字体不一，著录为西乡县疑点很多。棘手的是该图既无该县县名，又无邻近县名，本县境内所标又均为小地名，不易查对。经过认真考证，查到的几个小地名均在广东省境内。再利用广东省地图判断其地理位置，初步确定为英德县所在地。而后再据这一线索核对方志图，终于证明确是《广东省英德县地图》，并相应归到中国南部类目中。另有一幅原著《浙江省昌化县地图》图上方有“昌化县图”朱文大方印，图内也标有“昌化县署”，昌化县是再清楚不过了，只要弄清所属省份即可。同时图中标注很详，邻县均标有县名，稍有一点地理知识一看便知该县属海南岛。然而却误著为《浙江省昌化县地图》。究其原因，或是忽视了异地同名，或是只查现代地名索引所致。

2．地名不确切。在复查中发现不少图上的地名和内容虽相关，但图名却不准确的现象。其一是大题小作，如图皮题《新疆图》，图上仅绘伊犁附近山水，所以改为《伊犁图》就更为确切。另有题名为《江南全图》错认为是长江以南中国内部图。经查证为《崇明岛全图》。纯属望名生义之误。其二是方位有误。如原著录为《新疆省西南舆地图》，所绘内容东至哈密，西至伊犁以北地区，应是《新疆东北部地图》；另有一幅原题《新疆东部图》，实际为绘制伊犁河两岸卡伦分布情况，当属《新疆西部图》。以上两图出错原因是未注意古地图的方位，往往上为南，下为北，左为东，右为西所致。图名失误的最大原因是拟名时未和该地区的地图核对。

三、关于版本

正确著录版本可资判断年代和使用价值。目前所见，木刻和手绘图流传不多，但绘制时间有早有晚，著录时应注意考证年代。铜版印刷因其雕刻精细，制版不多，常被人们重视。石印和胶印都是近现代印刷品，最早也在光绪初，流传较多，而珍品少，但绘制较准确，有使用价值。这次复查纠正的不少错误，大都是误认石印本为木刻本。究其原因可能有的图已用机器绘制，该纸吸水强，印刷效果和印书用纸有差别，或因地图背面另托纸，所以有的色泽酷似木刻，细辨才能看出油印的痕迹。

地图和古籍的整理，同样是学术性工作。倘若经验不足，主观臆断，少有不错的。这就要求我们努力学习，认真工作，严密思考，不断总结并积累经验，力求减少错误，适应工作。

（1986年）

古籍修复的实践与探索

于海英

明代叶盛说："夫天地间物，以余观之，难聚而易散者，莫书若也。"作为具有百年历史的图书馆，我馆收藏了各种饮誉海内外的珍贵古旧籍文献。如：明清小说、清朝内务府档案、碑刻拓片、舆图方志等。这些古籍忠实地记载着中华文明的历史，延续着民族文化的根脉。作为不可再生的文化资源，除历史上的兵燹火厄的无情破坏之外，鼠啮、水浸、近年来的环境污染和人为原因，也在使古籍不断酸化、脆化、霉变，走向消逝。因为年代久远，几经变迁，我馆普通古籍和善本图书传历至今亦存在着程度不同的破损，多有残脱者。因此，多年来古籍保护一直是我馆古籍工作的重点。

建立专门古籍修复机构

由于历史原因，我馆大量珍贵馆藏因受损而无法翻阅及利用，修复人员严重匮乏，古籍保护科研环境与世界先进水平相差甚远。对此，馆长张本义强烈意识到：要保护和利用我馆珍贵文献典籍，一方面需要提高国人对保护古籍的认识；另一方面要扩大修复人员的队伍，提高现有从业人员的素质和水平，改善古籍修复条件。2005年，由于馆领导的远见卓识、奔走呼吁，各相关部门投入了一定的财力、物力、人力，在原先古籍修复工作室的基础上，建成了国内屈指可数的古籍修复中心。

资金保障与设备的投入

中国有句古语："工欲善其事，必先利其器。"成立古籍修复中心所要涉及的配套设施和优良的设备条件是必不可少的。按照古籍修复室建立的国家标准，我馆自行设计了修复室。古籍修复中心现有工作室面积达五百多平方米，室内恒湿恒温，通风良好，既有足够的光线照射，又能避免阳光直射造成对古籍的伤害。照明灯具安装适宜，能够保证在特殊需要时的灯光照明。室内有上下水设备，方便修补用具的冲洗。自古籍修复中心成立以来，我们除投入资金自行设计完成带有照明系统的工作台及活动修复大墙外（单面3m×6m、两面2.2m×1.2m×7m），还先后引进了除湿机、书画装裱机、手动压力机、裁纸机、显微镜（650倍）、高精度电动厚度仪、数码照像机（1200万像素）、电脑（内存2G、硬盘240G）、打印机、扫描仪、传真机、冷光静电复印机、温控调节电热水器等高中档设备，保障了古籍修复工作的正常运作，使古籍修复工作收到了事半功倍的效果。

古籍修复人才的培养

做好古籍保护、修复工作，不但要有一流的设施、设备，更要有优秀的修复技术人员。为此，我馆对古籍修复中心人员队伍建设也尤为重视。中心共有十名专业古籍修复技术人员，在年龄结构、人员性别上分布合理，形成老中青三结合的战略格局，注重于修复技术的传承性。古籍修复人员全部为大学本科学历，且均已通过国家古籍修复方面的专业培训。此外，大连图书馆还非常重视知识的连贯性、延续性以及知识更新，故非常重视技术人员的培养、深造。每年都派修复人员外出，到有丰富修复经验的日本、韩国及国家图

古籍修复工作现场

书馆研修学习以及进行同行业间的专业、学术交流。

制定相应的古籍修复管理制度

为了确保古籍修复的质量，我们制定了相应的管理制度，进行严格管理。

首先对接受修复的馆藏古籍，按照国家行业标准WH/T22-2006《古籍特藏破损定级标准》进行破损定级，然后严格按照中华人民共和国文化行业标准WH/T23-2006的《古籍修复技术规范与质量要求》执行。

书库管理人员提供需要修复的书目后，修复技术人员要依据古籍级别制定修复方案。凡善本、孤本、珍稀本及其他有价值的资料，均应遵照“整旧如旧，保护为主，抢救第一，最少干预，过程可逆”的原则进行修复，保留原有风格。破损严重或书品过小的可采用“金镶玉”或接书背的修复方法。普通版本则以保存资料为原则，对虫蛀、断线等现象均采用简易法修复。

建立健全修复交接手续和修复档案。交接双方应当面点清函册、页码，详细注明书名、古籍级别、修复内容，修复完成后，经双方验收签字方可入库。

古籍修复人员须完整保存破损残片，不得丢失、乱扔有字迹的破损残片。

有文物价值的原有书皮应保留，更换书皮应保留原书签，如必需更换应做好登记档案，将原有面貌拍照存档，再请专门的书法家按传统的字体题写，严禁随意题写古籍书签。

古籍修复后，按照质量标准验收，不合格者必须返修。

运用新技术、研制新设备、取得新成果

“不遇良工，宁存故物。”为进一步贯彻落实对珍贵古籍“保护为主，抢救第一”的指导方针，本中心自2005年成立以来，为防止破损性修复，在各方面条件都成熟之后，阶段性修复了包括国善、孤本、碑帖、拓片等文献资料。本着“以防为主，防治结合”的方针，力求在修复工作中有所突破，有所创新。在此值得一提的是，我们结合传统制做浆糊工艺的方法，在专家的指导下自主研发了碱性浆糊。用新技术、新设备、新理念在保留原有技艺的基础上，小范围地在修复民国报纸的领域试用，初见成效。依据安全性、真实性、最少干预、可逆性等修复原则，修复线装古籍三百余种、二千九百余册；拍摄修复档案照片共计近二千余张；并对修复过的古籍创建图文并茂的修复档案共计上百册，使其形成修复前后的对比档案，以便留存。

在修复过程中，我们采用了“金镶玉”，“单、双衬纸”，“书页除酸”等工艺对所藏古籍进行修复。兹例举如下：

一、运用自主研发的碱性浆糊对《四子谱》的修复

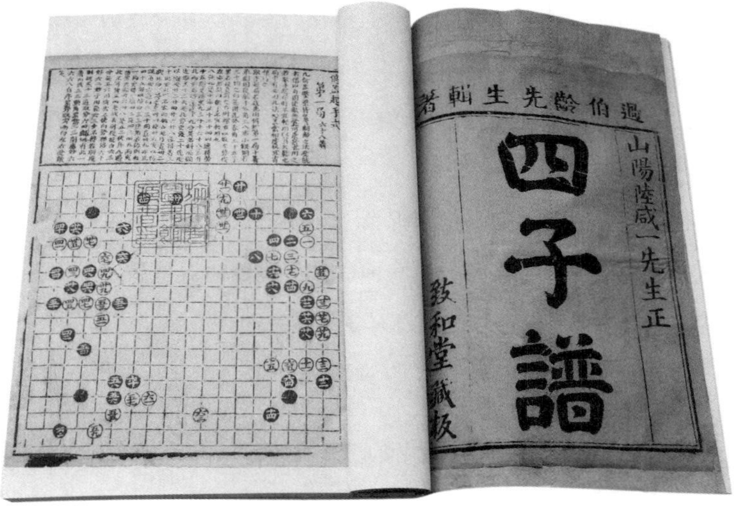

修复后的《四子谱》

《四子谱》就是采用“金镶玉”方法进行修复的。

自然状况：刻印本，黄色、皮纸，原书蕊规格261mm×195mm，书皮、书蕊均有大面积虫蚀现象，有被修复过的痕迹，书口开裂，装订线被虫蚀，均全部断裂，破损程度中度，书皮后附有书名页，印有书名四子谱，过伯龄先生辑著，山阳陆咸一先生正，致和堂藏板。书皮右下角有两枚印章，一枚10mm×10mm，篆字刻两字，一枚17mm×17mm，篆字刻四字，书口处无边框无鱼尾，书头书角最宽四毫米，书脊最窄处四毫米，最宽处八毫米，一函两册，上册76页，下册55页。

修复方案：1．清洗书皮、书蕊污染处（物理方法），采用温白开水，不加任何酸碱试剂，揭裱原修复处不尽合理处，去除虫蚀腐蚀处留下的痕迹；2．去除书蕊中残存表面的杂质，过程中保留原有字迹部分，不影响原书原貌，为下一步衬纸做准备；3．修复虫蚀部分溜口，修补时使用原有一张护页纸，选用纸质相近的纸修补，尽量做到“整旧如旧”；4．衬纸使用张力相对较弱的宣纸；5．染纸做护页；6．墩齐、包角、上新旧书皮；7．订好的纸捻呈倒八字形；8．订线。

二、对《西陲总统事略目录》的修复

清代第一部私家研究新疆史地的著作——《西陲总统事略目录》也是采用“金镶玉”的方法进行修复的。此书作者松筠，乾隆手抄本，全一册，内有墨笔批校十余处，竹纸，29.5cm × 18cm，58页。

自然状况：书皮呈旧黄色，上有水渍、油渍，下角糟烂，无护页，页面纸质发黄，严重焦脆、酸化、大面积油污、霉化，书口全部断裂并缺损，书根严重缺损，书根呈圆形，天、地、边呈酥状。

修复方案：1．去酸、去污、去霉，用碱性洗剂进行清洗；2．染同色溜口皮纸进行全部溜口；3．染同色书皮纸，补全书皮缺损处；4．天头、地角、书脊缺损，酥脆，需补缺损、溜边、补全；5．备裁衬纸；6．墩齐、包角、上新旧书皮；7．订好的纸捻呈倒八字形；8．订线。

三、对《濯缨先生文集》的修复

《濯缨先生文集》则是采用书面除霉、除酸工艺进行修复的。

自然状况：此书一函三册，明末清初朝鲜李朝皇家书集，皮纸。第1册53页、第2册48页、第3册72页。该书虫蛀非常严重，整书书叶虫蛀面积达到80%；书叶粘连面积占全书的20%；书叶卷首絮化严重，且伴有轻度霉蚀现象，书皮为明黄色，褪色破损严重，书皮残余20%；书口断裂，角圆。

修复方案：1．去污、去霉，用碱性洗剂进行清洗；2．染同色溜口皮纸进行全部溜口；3．用滕黄、赭石、墨、花青颜料染同色书皮纸，补全书皮缺损处；4．清理、修补絮化虫蛀处；5．做护页、墩齐上书皮；6．订眼、订线。

四、运用合并开发研制的超宽幅自动式书画装裱机对拓片进行修复拓片按年代顺序，共计修复二千八百余张。尤其是首次引进超宽幅自动式书画装裱机后，我们结合在日常工作中所积累的宝贵经验及创新意识，联合生产厂家经过数次升级改造，发展成为现今由传统手工修复拓片、碑帖到半自动修复手段的改良设备，大大提高了修复的时间及效率，为顺利完成修复任务打下了夯实的基础。如修复《范楠墓碑》拓本，就应用到此设备。

自然状况：清朝康熙二年九月立碑，地点在沈阳城北二十里范家坟，85.5cm×191.7cm，文字为满汉对照，左侧为汉字，上书：皇清诰赠光禄大夫一等精奇尼哈番内秘书院大学士范讳楠之墓。拓片乌黑有光泽，是乌金拓，后面盖有藏书印一枚。此拓片破损多处，且伴有糟朽现象，中间处破损尤为严重，有红色染迹，两处缺失，多处鼠啮，首尾有粘连现象。修复方案：1．将拓片展平，粘连处用少量水揭开；2．局部去污、去霉，用碱性洗剂进行清洗，注意避免印盖及拓片跑色；3．对破损处进行补破，补纸与书叶粘连处小于2mm；4．修复过的地方由于各种原因发生收缩，重新将补纸揭下重新补破，达到修复目的；5．做衬条，上衬纸；6．在设备上操作快速展平压干。

另外，我们还对所修复的拓片进行了全面彻底的清点，克服了

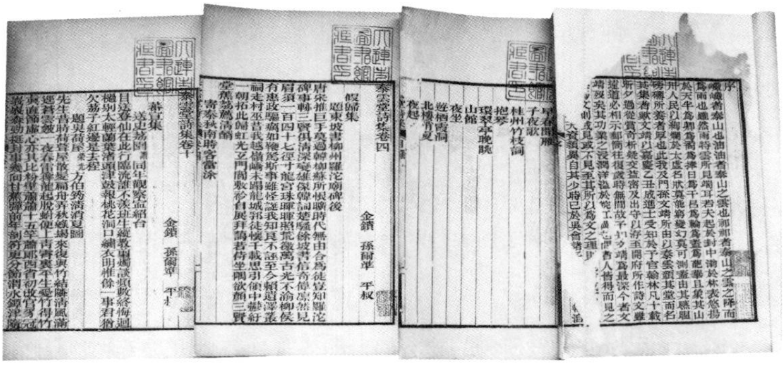

修复后的《泰云堂诗集》

修复后的《好太王碑》

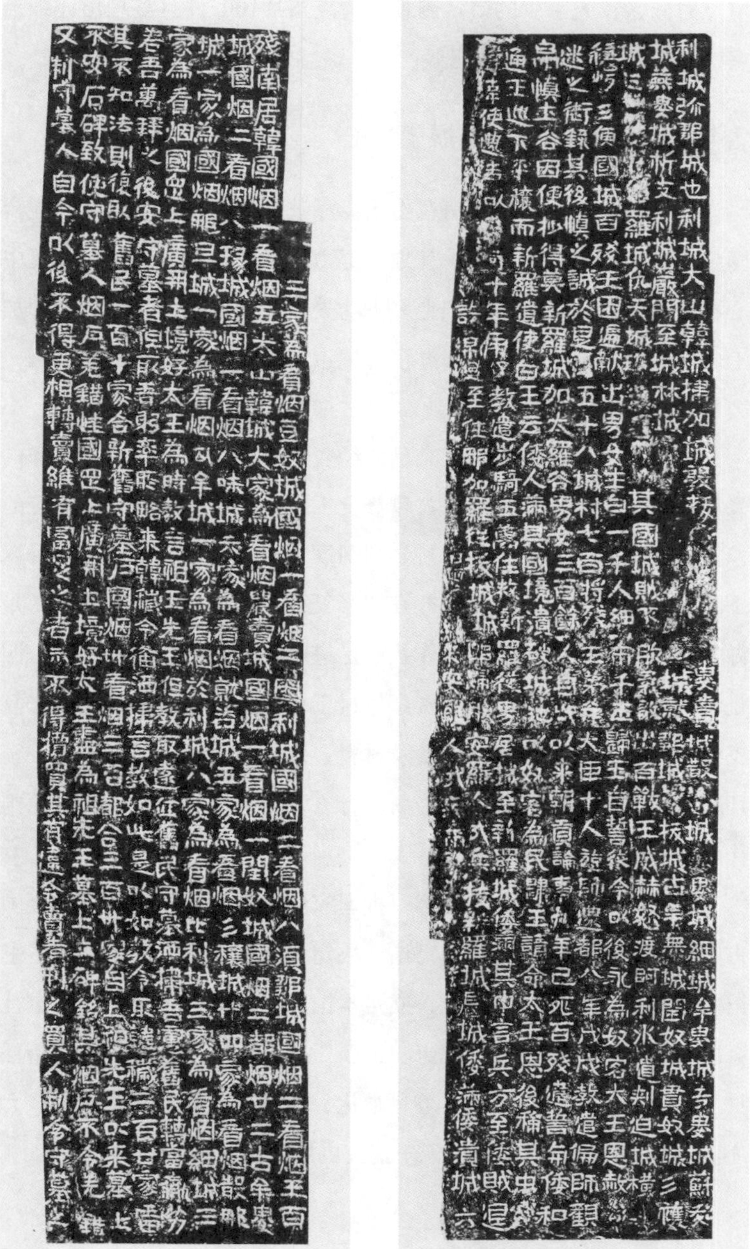

清点时间紧、人手少的诸多困难，清点拓片1007件且整理出详细档案，便于以后拓片图册的出版。

古籍修复工作的发展与展望

古籍修复工作是一项功在当代、泽被千秋的宏伟事业。为配合国家文化部提出的古籍保护计划，努力宏扬民族传统文化，修复中心在普及古籍修复基础知识上多下功夫，外请权威古籍修复老师加上本中心现有人员力量，开办了省、市古籍修复专业知识普及班，力争培养出更多的学员与从业者。

我馆古籍修复中心具有充足的经费保障，这对古籍修复工作的发展具有重大意义。为确保古籍修复工作的质量、建立健全相应的修复工作的操作细则、实行科学的制度化管理，我们将切实做好以下六个方面的工作：一是做好在职修复人员的继续教育工作；二是做好古籍修复人才的培训工作；三是进一步提高经费保障水平；四是切实做好经费预算编制和资金拨付工作；五是及时添加古籍修复工作中所需的配套设施、设备及材料；六是与国家古籍保护中心密切联系，及时掌握古籍保护最新可行方法，切实按照最新修复原则作好古籍修复工作。

作为国务院批准公布的第一批国家珍贵古籍名录和第一批全国古籍重点保护单位的大连图书馆，决定以此为契机，结合大连图书馆古籍修复中心的实际情况，立足本馆，面向社会，带头提高全社会的古籍保护意识。开拓视野，创新工作，形成一套完善的古籍保护工作体系，使古籍修复沿着科学化、规范化的轨道开展起来。大连图书馆古籍修复工作的明天一定会更加美好。

（2007年12月）

任重而道远

——信息网络中心工作综述

曹树新

大连图书馆信息网络中心在2002年成立，由计算机中心、信息中心、多媒体中心三部分组成。现有人员共13人，其中计算机中心8人、信息中心4人、多媒体中心1人。其职责范围是：负责计算机网络系统的硬件维护，保证数据传输畅通，计算机网络的操作系统和应用软件的维护，全馆计算机及其外部设备和办公自动化设备的日常维护和故障排除，全馆新建、改建网络布线工程，INTERNET的接入与管理；图书馆自动化管理系统（ILAS）的日常管理，ILAS数据的安全备份工作，与ILAS有关的数据库建设工作，数据库开发与录入、网站建设、信息服务、读者自习室管理、读者数据库检索管理工作等。

自1998年，伴随着中国互联网时代的到来，软硬件技术的迅猛发展，特别是数据库的普遍应用，馆领导及信息网络中心工作人员业已意识到现代图书馆读者服务的延伸发展是离不开计算机网络的。1998年10月，我馆安装了64KDDN专线，并由此展开了网站建设工作，开通了大连图书馆主页，架起了图书馆与读者间的桥梁，也真正体现了图书馆一贯秉承的“读者至上”的服务宗旨。在1999至2000年的图书馆改扩建中，我馆采购了一批高端服务器、网络设备，如SUN3500小型机、3COM核心交换机、APC UPS不间断电源、HP服务器等，这些设备极大改善了我馆硬件环境，也为以后业务拓展打下了良好的基础。同年，业务自动化管理系统也由原来的ILAS5.0升级到ILASⅡ1.0，实现了C/S架构（客户端/服务器）的运行管理模式。深圳图书馆于2001年下半年推出最新版本ILASII2.0后，为了提高自动化水平，我部门于2002年初对系统进行了升级。在深圳图书馆王野老师的带领下，赵喜红、陈茗、王雪同志经过两天的紧张工作将升级顺利完成，保证新老系统的平稳过渡。

大连图书馆网页

2002年我部门在馆领导的关怀和领导下与兄弟部门密切配合，为8月份的辽宁省公共图书馆自动化评估作了大量的准备工作，最后以975分获得了全省第一名的好成绩。为了迎接这次评估，我们克服了时间紧迫、任务量大的困难，开发建设了大连旧影、大连新貌、世界百部名著等十四个数据库，总量达到140GB。同时针对我馆的情况独立开发了图书馆办公自动化系统，帮助我馆最终实现了信息资源共享和网络无纸化办公。同年，信息中心为党政机关提供决策参考服务，先后为《媒体上的大连》、《网上大连（新闻）》、《网上大连（评论）》及市委理论刊物《领导决策》的“信息扫描”栏目提供相关信息。三个半月以来，共为《媒体上的大连》提供信息218件，为《网上大连（新闻）》提供信息5000多篇，为《网上大连（评论）》提供信息3000多件，为《领导决策》提供信息190件。

2003年，我部门成立了数据加工小组，由8人组成，与相关部门配合做了大量的数据加工工作，完成了古籍线装书数据库、善本数据库、远东书影数据库、犹太书影数据库、外文原版期刊联合目录数据库、中国书法数据库、名画真迹数据库、中国少数民族古籍书影数据库等，总量已达到27个，数据量达到222GB。这些数据库的建设不仅极大地丰富了我馆的数字资源，而且为建设特色馆藏库、地方文献库作了大量基础准备工作。网站建设方面建立了以编程开发、网站美工和信息采集加工为主的人员小组，完成网站的制作、日常维护和内容更新。大连图书馆的网站不仅整合了所有的自建数据库和电子图书资源，并且加入了“在线论坛”等互动栏目，更通过自建的搜索引擎加大了读者对信息的搜索范围。通过一系列的建设，我们利用网站形成了一个统一的管理平台，并由内部网络和互联网将信息资源发布出去，实现读者对资源的最大利用。

2004至2005年，信息网络中心负责为大连市数字图书馆提供整体可行性技术方案及项目预算，为从2006年起开始正式实施的数字图书馆项目具体实施做了充分的准备工作；在此期间还要保证我馆网络设备、自动化系统安全运行。我部门在馆领导的指导下，经过一年半的准备时间，研究了大量的参考资料及现今的计算机数据库、网络技术，并结合我部门近三年来的自动化建设成果，从大连数字图书馆的体系结构、资源加工、标引、光盘镜像管理、办公自动化

多媒体阅览室

管理，到资源服务、读者服务、门户建设、整体管理、标准规范，设计了先进、详细而又符合实际的总体技术解决方案。该方案于2005年4月份顺利地通过了专家组的审查。以此报告为基础的可行性论证也于当年通过了计算机、图书馆界专家组及发改委、财政局领导的审查。专家组对大连数字图书馆的建设方案给予了很高的评价。专家指出：大连市数字图书馆工程采用现有先进数据库技术并采用国内软件、国家标准的最新研究成果，在网络硬件、软件功能设置，平台搭配及资源体系建设上完全符合当今数字图书馆的发展潮流，不仅在国内处于领先地位，同时也会为其他公共图书馆在数字化建设方面提供非常宝贵的实践经验。

经过2006年底数字化图书馆设备和中心机房招标，我们采购了IBMP系列小型机2台、服务器1台、4T存储、核心交换机1台、45KW UPS电源、精密空调1台、核心路由1台和分支路由6台，现在数字图书馆一期工程正在实施过程中，将会使得大连市的读者持有统一的读者证，实现异地借、还书，查阅资料，更好地实现各图书馆之间的资源共享。

大连数字图书馆的建立，将会改变我市广大读者获得多种媒体文献、多种语言、全文检索信息资源的方式，使我市广大市民、企事业、教育部门、科研院所等不同用户获得知识的途径发生极大变化，不受时间与空间的限制，在住宅、实验室、教室、办公室等地点，大连数字化图书馆的数据库平台通过互联网络不断、主动地为读者提供所需的信息资源，由被动式服务模式转变为主动式服务，从根本上改变未来我市文化、教育的模式和方法，数字图书馆将成为大连市科技文化信息的存储中心、加工制作中心。

（2007年12月）

白云书院创办纪实

辛欣

精心策划 设立机构

2000年6月的一天，我正在鲁迅路分馆整理古籍。忽然接到馆办的通知：马上回大馆（大连图书馆简称）面见张本义馆长，有要事相告。

张馆长是个严肃的人，平常见面只是点头打个招呼，从未单独接触过，此次召见会有什么事呢？一路上怀着忐忑的心情回到大馆。

此时的大连图书馆改扩建工程刚刚完成，从外观上看变化很大，好像建了一座新馆。由于内部设施还未完全到位，没有正式对外开放，所以馆里的许多部门（包括馆长办公室）仍然在临时迁入的原综合楼办公。

敲开三楼张馆长的办公室，只见他一脸严肃地坐在办公桌后面。

谈话开门见山。张馆长说馆里新成立了一个部门叫“白云书院”，让我暂时去那里负责工作。

印象中馆里以前有一个“白云轩”，是专门卖字画的。这个“白云书院”会不会也是同一类的部门。

我脱口问道：“是卖画吗？”

张馆长说：“同字画有关系，但不是单纯卖画，主要是搞教育培训。”

原来是办学呀。这时我才如梦方醒。书院嘛，本来就是搞教育的，是中国历史上最著名的教育机构，存在了上千年，上大学时老师就讲过，怎么会和卖画扯上呢，亏我还是学教育的呢。正在我胡思乱想时，馆长打开了话匣子，滔滔不绝地谈起了他对书院的宏伟设想：我们要向市教育部门申请办学执照，面向市民搞大规模的教育培训。我们的培训要有特色，突出传统文化，办国学国艺班，请名家讲座，扩大图书馆的影响。

其实创办书院的想法对于张馆长来说由来已久，在他早年从事文博工作时，就对许多地方只重经济发展而忽视文化建设、专崇异域文明而菲薄民族传统的做法感到忧虑。特别是近几年来西风愈刮愈烈，许多青少年过分眷恋西洋文化，吃洋餐、过洋节、说洋话，对中国传统文化缺乏最基本的认识和了解。“欲灭其国，先亡其文”。在对民族存亡的忧患中，张馆长感受到了自身的责任与使命：欲兴其国，先兴其文。他主张借助图书馆的文化阵地创办书院，以传统教育的方式弘扬传统文化，振奋民族精神，提高市民素养。

第一次面对面地听张馆长讲话，我发现他是个极有社会责任感和工作热情的人，把白云书院的蓝图描绘得神圣而壮美，让人听了不由得心潮澎湃，为之向往和感动。

谈话之后，我走进改扩建后的大连图书馆。在西区的二、三楼上，新增设的六间教室宽敞明亮，里面整齐地摆放着桌椅。那就是白云书院——大连图书馆有史以来的第一个社会教育机构。

首战告捷 招生办学

经过多方努力，白云书院的办学执照很快被批下来了。遗憾的是教育主管部门不同意用“白云书院”的名字，认为这种叫法不明确，不像是学校，所以只好改为“大图文化培训学校”。对此张馆

白云书院大堂的孔子塑像

长倒是很想得开，他说我们对内还称白云书院，只要活动开展得好，将来有名气了，再把名字改过来。

新世纪的第一个冬天，白云书院的第一个培训班正式开课。那是一个非常有意思的培训班，名字叫作“书法专家启蒙班”。顾名思义，用书法专家给书法初学者启蒙。这是张馆长的创意，意在造声势，扩影响，开个好头。为此，他不惜动用自己在书法界的人脉资源，请到了包括德高望重的于植元先生在内的几乎大连书法界的所有大腕，他自己也亲自操刀上了几课。

开课那天的情景令人难忘：宽敞的教室内坐了十几个孩子（最小的只有四岁）和陪同的十几位家长。讲台上于植元先生的鹤发童颜和台下孩子的笤髻墨眸相映成趣，老先生并不在乎孩子们是否听得懂他的“小学”，只管专注地说文解字。倒是孩子的家长不愿错过这难得的学习机会，像是捡了个大钱包似的，抑制不住满脸的兴奋，在下面使劲儿地记着笔记。

第一个培训班办得很成功，名家就是名家，课讲得很好。培训班结束以后，不断有家长询问，什么时候再办这样的班。

头虽然开得不错，但接下来的事情并不好做。由于社会上各种培训学校很多，而白云书院是新成立的教育机构，社会影响不大，再加上许多家长对传统文化教育的认识不足，所以招生比较困难。

为了能既节省广告费用又让孩子们利用假期学些传统文化知识，我和书院的另一名同事（书院成立时只有两个人），经常利用学校放学和开家长会的机会，去周边学校散发宣传材料。

2001年的冬天是大连历史上少有的寒冬，大雪一场一场地下。在凛烈的寒风中，我们手握着招生材料，一遍遍地向家长们宣传白云书院和传统教育。功夫不负有心人，在艰苦的努力之后，白云书院渐渐地有了人气，来上课的人也多了起来，先后开设了国画、诗词、古琴、围棋、茶艺等传统文化课程。另外，根据社会的需求，书院还进行了计算机、外语等专业的培训。

办学的第一年，白云书院就得到了社会的认可，由于社会效益显著，白云书院被市教委评为“一类社会办学单位”。

再谋发展 开设讲座

2001年的夏天，正当我们沉浸于白云书院初战告捷的喜悦时，张馆长又一次找到了我。还是第一次谈话时的一脸严肃和开门见山：白云书院只办培训班不行，还要举办讲座，通过讲座扩大影响，深化读者服务，让更多的人了解和认识传统文化。

办讲座不是一件容易的事情。以往，社会经济、文化不发达，人们获取知识信息的渠道、方式比较单一，办讲座很容易，无论什么内容的讲座都能吸引大量的听众。然而，随着市民文化生活的不断丰富多彩、学习方式的增多，情况发生了变化，讲座不再是人们为了获取知识信息而主要关注的目标，许多机构举办的讲座或是由于选题不好，或是由于主讲人的水平有限而受到大众冷落。

针对这种情况，张馆长认为讲座定位很重要，白云书院办讲座要区别于其他讲座，要以传统文化为主题，以高水准为目标，努力做出特色。他再一次采取先前办培训班的方法，运用“凤头、猪肚”

的策略，主张先制造声势开个好头，然后再不断充实，逐步提高。为此，张馆长特地从国内请来各路名家——于植元、周笃文、方广锠等，举行了隆重的“白云书院传统文化讲座”的揭幕仪式。随着一位位学者、专家的亮相，白云书院的讲坛上刮起了一阵传统文化的旋风。讲诗词，讲宗教，讲历史，一时间白云书院如昔日的岳麓书院般，出现了“环坐聆听”、“座不能容，饮马池水立涸”的盛况。高水平的讲座吸引了大量听众，许多人为了听讲座不惜打车甚至坐火车远道而来。图书馆报告厅内经常出现座无虚席、听众席地而坐的景象。

在策划白云书院讲座时，张馆长还特别注重发挥媒体的宣传优势。在他的倡议下，白云书院与大连晚报社确立合作意向，联合举办文化讲座，由报社发布讲座消息，对主讲人进行人物专访；相约电视台和《大连日报》两大媒体，经常沟通信息，对讲座活动及时

谨记在心

予以报道。

经过几年的不懈努力，白云书院的传统文化讲座在国内愈见影响，先后有来自中国大陆和中国台湾及日本、新加坡的三十多位专家、学者莅临白云讲坛，就传统文化领域的文学、艺术、宗教、哲学、历史、天文等问题进行了深入探讨，受到了市民的热烈欢迎，听众逾万人。2003年，白云书院传统文化系列讲座被评为大连“市民最喜爱的十大活动”之一。

为了扩大讲座影响，满足更多市民不同方面的文化需求，白云书院在传统文化系列讲座的基础上，又增加了“健康”、“科普”、“艺术”、“教育”、“时事政治”等系列。讲座实行会员制，定期组织会员交流会，听取意见，改进工作。目前，登记白云书院讲座的会员已达三百人。

另辟蹊径 吟咏诗词

白云书院成立之前的某一天，张本义馆长应邀去参加一位名人的寿宴。席间，一女子唱诗班演唱了一首古诗，其清丽素雅之气令他大为感动。感动之余，忽生一念，图书馆何不也成立一支演唱队，专门演唱古典诗词，既可陶冶职工情操、提高文化素养，又可打造图书馆行业形象、提高集体凝聚力，还可弘扬传统文化，深化读者服务，真可谓一石三鸟。

张馆长为自己的想法而激动，说干就干。选指挥，选演员，不几天的功夫，一个由几十名馆员组成的合唱团就成立了，命名为“白云合唱团”（后改为“白云吟唱团”）。人虽然有了，但演唱的内容与风格却并不大容易确定。因为吟咏诗词对于大多数人来说是陌生的，别说是唱，就连听都很少听过。然而这难不倒张馆长，他是辽宁省诗词学会的副会长，几百首诗词烂熟于胸，而且从小师从名

白云吟唱团"华夏正声"古典诗词吟咏演唱会

家，耳濡目染辽南书房音，平仄抑扬尽得真传。于是，一首首经张馆长继承传统方法，又加以理解创作的古典诗词吟咏作品不断涌出，团员们在张馆长的引导下，很快掌握了吟诗的基本要领。

2003年5月23日，为纪念毛泽东同志《在延安文艺座谈会上的讲话》发表六十周年，白云吟唱团在大连市文化俱乐部举办了"华夏正声"古典诗词吟咏演唱会。其独特新颖的演唱方式令人耳目一新，受到社会的广泛关注，得到了各界专家的充分肯定。五个月之后，在同一地点，白云吟唱团再次以吟咏演唱的方式，为市委、市政府领导和近千名机关干部演绎古典诗词，获得了领导的高度赞扬。大连市委书记孙春兰在看过白云吟唱团的演出后指出：吟唱古典诗词是"继承、弘扬中华民族传统文化的好形式，是大连图书馆在建设学习型城市过程中，从另一个层面来体现学习型组织的实践活动，值得很好地向全市宣传。”

随后，白云吟唱团带着自己的节目深入学校、军营、机关，为社会各界观众演出了几十场，受到了热烈欢迎。2004年9月，吟唱团应日本枥木县那须野日中友好促进会的邀请，东渡扶桑，参加当地文化节的演出，让辽南诗词吟咏跨出国门，走向世界，让中国传统文化在世界大放异彩。吟唱团的此次活动，被市民评为2004年“大连最有影响的十大活动”之一。白云吟唱团的成功丰富了白云书院传统文化系列的内涵。

打造品牌 兴办义塾

诵读古籍经典是传统教育中的一项重要内容。早在成立之初，白云书院就开设了《弟子规》、《千字文》、《论语》等诵读课程。张馆长结合自己的经历特别强调读经的重要性，认为传统蒙学教育的精华在于根据儿童学习的特点，充分发挥记忆优势，让孩子们从小浸润古籍经典，打下良好的国学功底。在教学方法上他主张只诵不讲，只重记忆不求理解，其理由有二：第一，如牛吃草，先吃进去然后再慢慢反刍。儿童的理解力有限，可先知经之所言，然后再知所以言，待长大后随着阅历的增长，慢慢体会经典所述的为人处事的道理和智慧，从而受用终身。第二，充分发挥学生的想象力，在经典中见仁见智。所谓真理都是简单的，说得越多离真理越远，不应该因囿于一家之说而误人子弟。2003年初，张本义馆长随文化部组织的考察团去台湾考察，在那里他看到了到处红红火火的读经活动，从而更加坚定了在白云书院弘扬传统文化的决心。回来后，他创办了“国学义塾”—— 一所免费为青少年提供传统文化教育的公益学堂，目的是让更多的人接受传统文化的熏陶。国学义塾从社会招募志愿者作教师，开设四书五经的诵读课程，选用繁体不带注释的学习课本，临摹练习书法，采用认、读、写相结合的学习方式，为孩子们打下良好的国学基础。国学义塾新颖的教育内容和教学方式，吸引了周边许多学校和学生及家长的加盟，目前学生已达近千人。

增加亮点 组织比赛

为了配合国学义塾的教学、促进传统文化教育的普及与发展，白云书院还组织了各项比赛活动，其中最有代表性的是每年一次的“书春大赛”和每月举办的“古籍经典和诗词诵读日”。

“书春大赛”始于2004年春节，目的是增加传统节日的喜庆气氛，烘托民族文化的氛围。在张馆长的倡导下，白云书院与大连市书法家协会联合，于正月十五元宵节举办了“美罗杯”首届“书春大赛”，来自全市各地的数百名书法爱好者参加了比赛。比赛当天，现场的气氛非常热烈，选手们身着传统服装，在图书馆大厅内挥毫泼墨，笔书春意，竞显风流；书法名家现场点评，颁发奖品，激发了市民特别是孩子们学习书法的热情，增加了对传统文化的了解与喜爱。此次活动受到广大市民的热烈欢迎，被评为2004年“大连市最有影响的十大活动”之一。随后，2005年的“大艺杯”第二届书春大赛也于元宵节在大连图书馆举行。

国学义塾的学童在诵读经典

“古籍经典和诗词诵读日”是白云书院的常规活动，每到月末，参加国学义塾的小学员和来自全市各学校的小选手们，自愿报名参加诵读比赛。比赛的内容有时是古典诗词，有时是古籍经典，有时两者兼而有之。小选手们抽签背诵，专家（本馆的学者）评比打分，最后决出各项名次。为了鼓励孩子们的热情，无论胜负，只要参赛都有奖品。孩子们在活动中学习国学的积极性和自信心有了很大提高。

追求辉煌 革新院貌

成功者与常人的区别在于不断追求，永不满足。经过多年的努力，白云书院的工作取得了一定的成绩，受到了来自社会各方面的赞扬，经常被作为城市的一张文化名片吸引外地的客人参观学习。然而，张本义馆长对此并不满足。在白云书院创办五周年之际，在

白云美术馆画廊内景

赞誉声不绝于耳之时，他又提出了新的想法。他认为，教育环境和教育形式本身也是教育，对受教育者起着潜移默化的作用。传统书院在装修和设置方面体现着传统教育的理念，承载着中国丰富的传统文化信息，在这样的环境和氛围中学习，必定能加强对民族传统文化的认同感和崇敬心理。因此，他决定改造白云书院的面貌，按照传统书院的方式进行全面装修。

2005年8月改建工程开始，历时一个多月，近千平方米的白云书院焕然一新。庄重、古朴的大堂中，设有先圣孔子的塑像，四周墙壁刻有院规和“整齐、严肃”几个大字，体现着书院严谨的治学方针。孟轲、荀况、朱熹、顾炎武等人的石刻像排列在走廊的两侧，代表书院追求的教育精神。以“崇正堂”、“博文堂”、“仰山堂”、“立雪堂”、“依仁堂”命名的经室，寓意着书院尊师重教、修身养性的办学方向。

阳光透过素雅的木棂花窗，照在身着藏青色传统中国服装的学子身上。“为天地立心，为生民立命，为往圣继绝学，为万世开太平”，琅琅的读书声中，白云书院又迎来了崭新的一天。

（2005年10月）

大连市图书馆学会工作二十年

孙世菁

大连市图书馆学会成立于1979年11月19日。大连市图书馆学会从创建的第一天起，就在团结图书馆工作者、开展图书馆学术交流活动、繁荣图书馆学术研究的宗旨下，进行着努力的探索。

开展学术活动 促进学术交流

开展学术研究和学术交流是大连市图书馆学会的基本任务，也是学会在图书馆系统确立学术地位，产生凝聚力的依托和源泉。我会结合大连地区图书事业的发展实际，开展多种形式的受会员欢迎的活动。如专题论文研讨会、专题学术报告会、论文评选、学术年会等丰富多彩的学术活动，繁荣了学术园地，提高了图书馆工作者研究水平和业务水平。据初步统计，迄今，学会先后举办研讨会、报告会62次，参加者达7345人次；全市性业务竞赛两次，参加者390人次；各系统业务竞赛三次，参加者206人次、230项次；举办各种培训班39期，培训学员1638人。发表市级论文982篇，省级论文1426篇，国家级论文194篇，专著92部。

大连市图书馆学会学术研究、学术交流工作具有以下几个明显特点：

一、有计划，抓落实

我们的学术活动是按计划进行的，并在执行计划中，不断地修订，也有一定的灵活性。多年来，已初步形成一套比较完善的工作制度，比如会议方面，一年一次理事会，两次常委会，一次学委会，一次年会；学术活动方面，一年两次专题研讨会，一次学术报告会，一次论文评选，一次表奖优秀论文；培训干部方面，每年一期基础业务培训班，定期举办业务知识与技能竞赛，从中发现与培养人才。此外，每两年搞一次先进会员组、优秀会员小组长评选活动。

计划性还体现在学会每年年初，都将一年所举办的活动落实到具体学术工作分委员会，由分委员会副主任委员负责整个活动的开展。学术工作委员会还做出特别规定，每次专题研讨会，所有的学术委员都要到场，并发表自己的见解，以此提高专题研讨会的质量。

二、理论与实践相结合

我们注重从实践中选择论题，针对实践中普遍存在的问题进行研究，使理论与实践紧密结合起来，相互促进。如：1986年召开的“图书涨价与图书馆对策”、1987年召开的“文献资源布局”研讨会、1996年“图书馆自动化、网络化及数字图书馆”等专题研讨会，都结合图书馆面临的亟待解决的问题进行了广泛的探讨，使每一个会员都能了解图书馆的发展状况，从而更加关心图书馆的工作。

1997年，我们根据图书馆员职业道德建设的情况，组织全体会员展开了“图书馆如何加强职业道德建设”讨论，分别召开了不同层次的专题研讨会，制定了“大连市图书馆员职业道德准则”。大家从不同侧面，对职业道德的建设进行了研讨，通过研讨，会员的研究能力和学术水平有了一定的提高，图书馆自身队伍建设有了进一步的增强。

我们还紧紧围绕我国经济体制改革的热点问题，探讨新时期的图书馆工作。1993年至1994年召开了“图书馆与经济建设”系列研究会，探讨各级各系统图书馆如何在新的经济形势下走出困境，谋求发展。

三、民主性与公正性

我们提倡在学术问题上人人平等，不论资排辈，不搞人为意志的限制。坚持以科学的态度对待一切人的劳动成果。从1990年起，我们改革论文评选办法，收到了明显的效果。以前，每次评选论文后，总会听到一些这样或那样的意见。为使论文评选更客观、更公正、更合理，同时避嫌、避亲、避尊，学会全面改革了论文评选办法。即凡参评文章经过技术加工，不带有任何表明作者身份的标记，评委分成几个专业组，分头审阅文章，然后向评委会介绍文章主旨及小组意见，各小组互换审阅文章，进行复议，最后评委以无记名投票方式各自画出所有论文的排序号，依最后得数多少来确定论文

中国图书馆学会1999年会暨成立20周年纪念大会会场

的名次。这样既达到公正合理，又具有避嫌、避亲、避尊的作用。通过采用这种方法评选论文，不但提高了论文评选质量，还发现了新秀，提高了会员参与的积极性。

四、扩大影响，广泛交流

我们不仅注意本学会的学术交流，而且还加强了与国内和国外图书馆界的学术交流活动。1985年11月发起并筹办了“沿海开放城市图书馆事业研讨会”，国内沿海城市的90余名代表参加了研讨会。这次研讨会对如何加强沿海开放城市图书馆工作，从宏观和微观上提出了很好的建议和设想。1990年11月在大连召开了“全国第三届图书馆自动化学术研讨会”，来自全国三大系统的75个单位的97名专家学者出席会议；1991年5月承办了中国图书馆学会在大连召开的“读者工作为科研、为生产服务的理论与实践”研讨会，与会者108人；1981年承办东北三省“县区图书馆馆长学术讨论会”；1995年10月召开了由辽南四市图书馆参加的“资源共享：地区、全国及国际性问题”研讨会。

受中国图书馆学会的委托，1999年1月开始筹备承办“中国图书馆学会1999年会暨成立20周年纪念大会”。大会邀请了国内外图书馆界的同仁参会，探讨与交流了世纪之交图书馆面临的共性问题，促进了中国与世界图书馆事业的发展，展望与探索了新世纪图书馆的发展战略。此次会议，对图书馆事业的发展有着重要的意义。中国图书馆学会在京的常务理事曾两次研究会址问题，常务理事们两次一致要求会址选在大连。这次大会是中国图书馆学会恢复活动20周年后，第一次大型学术研讨会，能够承办此次大会，是我们学会的光荣。

我会积极参加东北三省科学讨论会，每年向省级刊物推荐本会会员撰写的论文。邀请国内外知名人士来大连做报告，如兰州铁道学院图书馆馆长陈和平教授的“图书馆定量管理”、“中图法”编委会主任韩承铎的“‘中图法’修订问题”、中国科学院博士生导师沈英的“图书馆数据库建设”及文化部社会文化司副司长周小璞所做的学术报告等。

面对图书馆学的发展，提高学术质量，就必须扩大与国外图书馆界的交流。近年来，在改革开放的形势推动下，我们加强了与国外图书馆界的学术交流活动。1987年3月，市学会副理事长孙克力赴非欧四国考察，并向市会员做了考察报告；1988年6月，辽宁师范大学图书馆副馆长赵云生做了“美国杨伯翰大学夏威夷分校及其他大学图书馆科学管理”、“美国夏威夷图书馆概况”的报告；1996年应马来西亚等国图书馆的邀请，市学会组织部分理事对上述国家图书馆进行了考察学习。

五、配合中心工作，开展多种形式的交流活动

1989年，为“纪念五四运动七十周年”，我会参与了大连市科协举办的以“科学、民主与改革”为主题的大型学术研讨会。在大连市科协举办的历届“科技之光”活动中，结合主题，举办各种活动。如1987年举办了“科学技术新发展、新动态”讲座和“我和图书馆”征文、演讲比赛活动；1995年举办了“信息高速公路与图书馆”的学术报告会和“计算机在图书馆的应用”专题研讨会等。在市社科联“可持续发展战略”献计献策活动中，积极组织会员撰写论文。

1996年8月，第62届国际图联大会在北京召开，为推动我市广大图书馆学会会员参加大会选题的研究，争取我市有较多的学术论文入选大会，1994年4月安排了“第62届国际图联北京大会选题研究会”，邀请学会理事介绍了国际图联概况，并做了“关于第62届IFLA北京大会的选题研究介绍”，对大会主题、副主题进行了剖析，析出128个题目。学会要求每位学委必选一题。通过广泛发动，我市有

3篇论文入围。

我国政府对IFLA大会在北京召开十分重视。为了进一步促进图书馆事业的建设发展，增强全社会的图书馆意识，提高图书馆的优质服务水平，各级图书馆纷纷行动起来，以各种形式迎接大会的召开。大连市图书馆学会也不例外，1996年5月起，与大连市文化局联合举办了“迎接第62届国际图联大会召开”的系列活动。（1）举办了“图书馆伴我成长”演讲比赛，各会员组进行了初赛，市学会组织了预赛，于7月11日举行了决赛；（2）“迎接96北京国际图联大会知识竞赛”，印发答卷1万份，发往社会各阶层；（3）搜集、整理百余幅图片，宣传图书馆；（4）组织会员听取“国际图联”大会盛况汇报会。系列活动得到了党、政各方面的高度重视，新闻单位做了报道。

加强组织建设 壮大会员队伍

健全的组织机构是学会顺利开展学术活动的保证。我会始终坚持集体领导和民主办会的原则，按时换届。自学会成立以来，已换届五次，保持了理事常换常新，保证了理事会年轻化、有活力、有干劲。每年召开一次理事会，及时召开常务理事会，已形成规律。由于会员数量多，分布单位广，学术活动涉及方方面面，常务理事会仅仅通过学会办公室来开展工作，感到力不胜任。因此，在理事会下设立了学术工作委员会，学术工作委员会由4个专业分委员会组成。每年的学术工作计划都由学术工作委员会提出，经理事会讨论后，学会办公室组织落实。为了便于对会员会籍的管理，设立了48个学会小组，对小型馆不能单独设组的，本着性质、地域相邻的原则，组成会员组；对于中型馆，凡能独立建组的，尽量建立会员组，便于直接联系，减少中间环节；大型馆可分建几个组。我会本着在整

日本舞鹤市〞赠书角〞开放剪彩仪式

顿中发展，在发展中整顿的原则，凡退、离、调走并提出退会者，当即办理手续，凡符合条件上报的新会员，及时审批发展。会员经整顿后达到四有：即有登记表，有登记卡，有会员名录，有会员证。同时，建立了一整套付费管理制度，做到心中有“数”，辅助我们准确管理会员会籍。

我们已经团结和组织起来一支很好的学会会员队伍。这支队伍是具备图书馆学、情报学专业理论知识，有科研能力和水平、有干劲、有作为的队伍，是老、中、青相结合的学术研究队伍。

1979年学会成立时，有市级学会会员115人，现在已达594人；到目前为止，我市已有省级会员280人，国家级会员71人。我市图书馆工作者队伍主要由两部分人构成，一是全日制大学本、专科图书馆学、信息学教育部门的教师，他们虽然人数不算多，但精力集中，专业集中，是科研活动中很重要的力量之一；二是全市各级系统、各类型图书馆中的实际工作者，包括公共、高校两大系统和科研、工会、中专、中小学和企业部门图书馆的工作者。图书馆学会的活动，兼顾了各种人员的需要，如提倡具有高级职称的会员以及图书馆学教学人员多进行基础理论的研究、宏观方面的研究；具有中、初级职称人员以及有条件的在职的大学生多进行应用方面的研究（包括工作经验的总结）、微观方面的研究；对于公共系统、工会系统的图书馆工作者，鼓励他们多进行读者调查工作，进行广义的文献学方面的研究；理工科院校、科研系统的图书馆情报部门工作者，鼓励其多进行科技文献资源布局和利用方面的研究；有条件的馆尤其应重视对现代化技术在工作中的应用方面的研究等。

应当指出，在我市各系统、各类型图书馆长期工作实践过程中，已经形成了一批中、高层次的图书馆学研究骨干群。据初步统计，我市会员有正高级专业职称者15名，副高级专业职称者130名，其他人员都具有中、初级职称。我市有在全国及省内知名度较高的学术研究骨干，他们是带动我市各系统图书馆工作者进行科学研究活动的中坚力量。我会会员中，有3名中国图书馆学会学术工作委员会委员，有6名辽宁省图书馆学会学术工作委员会委员。

健全的组织机构，使学会工作形成了一呼即应的局面，大大地活跃了学术活动，使各种学术研究更加深入地向不同专业方面开展。

坚持三个依靠，加强协作协调

学会是图书馆工作者根据自身需要自愿组织起来的群众组织，是党联系广大图书馆工作者的桥梁和纽带，是党领导图书馆工作者的助手，因而它具有群众性的特点。学会不同于行政组织，更不是政府的职能机构。根据当前社会主义初级阶段的国情，学会要生存、求发展，离不开各方面的支持。因此，必须坚持三个依靠——依靠上级组织、依靠各馆领导、依靠广大会员。

一、依靠上级组织

多年来，我会积极向上级有关部门汇报工作，参与上级部门组织的各项活动。在党政有关部门、市科协、社科联和省学会的具体指导下，我会每年都获得表彰和奖励，极大地鼓舞了工作干劲。在学术研究上，及时把握上级学会组织的学术研究动向，结合大连地区图书馆事业发展状况，确定我会的研究主题。我会始终保持与上级有关部门及兄弟省市学会组织的经常联系，每年出四期学会通讯，发往各地。在组织建设上，积极配合省学会和国家学会发展会员，代收会费，缴纳团体会费，把学会工作融于整个图书馆发展的大环境中。

二、依靠各馆领导

学会工作的群众性，要求理事会成员关心图书馆事业，热心于学会工作，具有一定的研究能力和团结协作的风格。根据学会工作的特点，我市大部分图书馆的领导是学会理事会成员。二十年来，我会工作之所以正常运转，离不开各馆领导的大力支持，特别是协作单位图书馆，在人力、物力、财力等方面给予了无偿的帮助，为学会配备专职工作人员，提供活动场所，给予优惠政策，通过创收补贴学会经费不足。各理事单位的领导积极组织本单位会员参与市学会组织的各项活动，及时缴纳会费，解决了学会部分活动经费。当学会遇到具体困难时，得到了各馆领导的无私援助。值得一提的是，我们有一批热心于学会工作的学会小组长，他们是学会和各馆馆长的助手，是学会与广大会员联系的纽带，通过他们的辛勤努力，学会工作才能顺利展开。

三、依靠广大会员

会员是学会基础，学会是会员之家。密切同广大会员的关系对学会工作至关重要。学会从建立那天起，就树立为会员服务的宗旨，努力维护会员的正当权益，力求积极反映会员和图书馆工作者的意见和要求。多年来，市学会在这方面进行了一些尝试。如组织多种形式的学术活动，向省级刊物推荐论文。为了培养年轻人，在研讨会上，尽量让年轻的会员发言，组织学委会成员对其论文提出修改意见，并向上级学会刊物推荐，1997年推荐11篇，1998年推荐4篇，为会员发表科研成果创造机会和条件，组织科研成果的评估。1993年，大连市教育学院图书馆张润光馆长主编了《〈中国图书馆图书法〉中小学校图书馆使用本》，学会组织部分学委对该书进行了评审，在中小学图书馆中得到了广泛应用。解决会员职称评定中的政

大连图书馆营城子镇分馆

策及成果认定等。会员在这些方面遇到困难首先想到的是找市学会，学会对会员的要求、问题能及时、认真地帮助解决或解答，使会员把学会当作自己的家。

学会组织的所有学术活动都是在会员的积极参与下完成的，众多的科研成果也都是在各个会员单位推广和应用的，学会与会员的所在单位有着难以分割的联系。因此，在工作实践中，我们尽量协调好会员与所在单位之间的关系，形成和谐、宽松的气氛。为了活跃会员的文娱生活，加深相互了解，1996年1月19日组织了一场联谊

会，各会员组做了认真准备，推出了丰富多彩的文艺节目，大大激发了广大会员的热情。

开展业务培训　提高干部素质

大连市图书馆学会一向重视对在职干部的业务培训。多年来，在培养和提高本地区各类型图书馆专业人员的专业知识水平和专业技术能力等方面做了大量工作，其主要做法：一是学历教育；二是长、短期业务培训；三是以竞赛形式代培训。

一、学历教育

北京大学图书馆学情报学系与大连市图书馆学会合作，开展图书馆学函授教育工作，有着悠久的历史。1959年建立了北京大学图书馆专业函授辅导站，从1961年到1996年，共培养三届大专程度的函授毕业生70余人、三届本科程度的函授毕业生70人；1981年建立了辽宁大学图书馆专业（大专）函授站，有108人获得毕业证书；1985年在市电大统一管理和指导下，组织了电大班教学，有100名学员毕业。1988年建立辽宁省职工大学图书馆专业（中专）函授辅导站，先后培养中专生42名。

通过学历教育，为图书馆事业提供了急需的专业人才，充实了专业队伍，改善了人员结构，提高了图书馆干部队伍素质。在这些毕业生中，有的提任了政府部门的领导工作，有的成为基层图书馆的负责人，有的成为我市学术界的骨干。在我市图书馆界工作并具有副高级职称的人员中，有相当一部分人，毕业于学会举办的学历班。

二、举办长、短期业务培训班

多年来，学会本着为发展图书馆事业培养专业人才的宗旨，坚持“少收费，多培养”的原则，充分调动学会会员中的师资人才力量，举办各种长、短期学习班，既培养出一大批专业力量，保证了事业发展的需要，又增加了学会的收入，使学会在无国拨经费的条件下，坚持了常年活动。1984至1985年间，培训学员126人；1995至1997年间先后举办短训班8期，培训干部168人。此外，还邀请专家学者讲学指导，1995年邀请深圳图书馆专家来连举办了“ILAS集成系统应用”学习班，1996年6月邀请《中国图书馆分类法》主编来连讲学。

三、开展业务竞赛活动

1990年9月，学会与中心图书馆委员会联合举办了“大连地区图书馆业务知识、专业技能竞赛”活动，各系统、各级图书馆共240余人参加了350余项次的竞赛。1995年举办了“大连地区图书馆青年工作者图书馆业务知识、专业技能竞赛”活动，有24个单位的127名青年选手参加了竞赛活动。1996年中小学系统图书馆举办图书馆知识与技能竞赛。

这种培训方法，优点在于促使干部积极自觉地学习，培养面大，学得深透。实践证明，这种方法培训干部效果显著，对全市图书馆工作者的基础理论学习、基本技能应用，起到了推动、交流和提高作用。

总之，大连市图书馆学会在过去的二十年里，团结广大图书馆工作者，为繁荣我市图书馆学术研究、学术交流工作作出了贡献。回顾过去，展望未来，我们信心满怀。

（1999年）

地区图书馆业务辅导与图书馆学会工作简述

赵喜红

业务辅导与培训工作

作为大连地区中心图书馆，大连图书馆担负着对本地区或本系统所属的各基层图书馆在贯彻方针任务、改进业务技术方法、培训专业干部等方面的辅导和帮助的任务。本馆业务辅导培训部负责全市11个区（市）县公共图书馆的业务辅导工作。具体体现在以下几个方面：

一、深入基层，开展业务辅导工作

几十年来，我们辅导部一代又一代的辅导干部，深入到基层县区、乡镇街道图书馆，每年有三分之一的时间在基层图书馆开展工作。我们要将上级部门的方针政策传达到每个基层图书馆，既要耐心解释说明，又要关注、了解各图书馆的各方面情况，诸如藏书、读者、基础业务、乡镇街道图书馆发展状况等，遇到难题要想方设法解决。

全市的藏书整顿工作开始于20世纪80年代，当时各区市县图书馆在经历了“文化大革命”以后，刚刚开始恢复工作。各馆普遍存在人员素质低、采购书刊不对路、供需脱节、藏书组织不合理、大量陈旧过时图书压架占库以及缺乏科学管理、账目混乱等问题。基于这种情况，辽宁省文化厅下达《关于改进公共图书馆藏书建设意见》的文件。我部根据省文化厅的要求，对工作人员重新调整分工，包干到馆，并与县区馆逐项研究省文化厅的意见要求，结合每个馆的实际情况，确立了各馆藏书整顿步骤、方法和人员分工。这是一项又苦又累又麻烦的工作，辅导部的同志在此项工作中，经常到区市县图书馆进行业务辅导。遇到问题及时解决，发现了好的做法立即组织横向交流。这样，通过近一年时间的努力，除一个馆因搬迁无法整顿外，其余九个馆按时完成了藏书整顿工作，并顺利地通过了辽宁省文化厅的验收。

基础业务辅导是我部对县区辅导的重要内容之一，我部工作人员对县区开展辅导工作采取分片包干、远近结合的办法，并要求每年要有三分之一的时间到县区馆开展工作。我们同志结合标准化著录的推行，先后到六个县区馆进行实地调查，发现了很多具有普遍性的问题，为此我们结合辽宁省文化厅的蓝皮书，制定了《大连市县区图书馆分类、编目规范》，该规范由大连市文化局以文件形式下发到各县区图书馆，具有一定的指导性效用。这个规范中很多指标高于省里蓝皮书（这是大连地区特点决定的）。结合规范的推行，我们先后多次举办业务人员培训班，理论结合实际，系统讲述藏书建设、读者工作、分类、编目、图书馆学概论等，促进了各区市县图书馆基础业务的规范化、标准化，也使各县区馆工作人员的业务素质有了很大提高。

我市各县区图书馆自《中国图书馆图书分类法》（简称《中图法》）问世后，全部改用《中图法》进行图书的分类标引。1990年《中图法》三版发行后，较二版有很大的变动。各县区图书馆都面临一个如何改编类目的问题。辅导部走访了几个藏书量较大的县区馆，结合《中图法》三版类目调整情况，制定了《大连市县区图书馆书目改编方案》。这个方案在各区市县图书馆馆长例会上逐条传达下去，得到各馆认可。辅导部的所有工作人员在各县区馆的大力配合下，用了不到一年的时间顺利地完成了所有区市县图书馆书目改编工作。这样，避免了各县区馆藏书、目录多头状况，提高了各馆的编目质量，为以后的发展奠定了良好的基础。

改革开放以来，随着经济的发展，我市的社区乡镇图书馆事业也迅速发展起来。但各社区乡镇图书馆建设的规模、标准不尽一致。对此我们非常重视，并加大了对社区乡镇图书馆建设的辅导力度。

多年来，我们积极开展调查研究，及时总结经验，推广先进、弘扬典型。经各区市县图书馆的推荐，我们先后在金州区石河镇、瓦房店市复州城等地建立了具有特色、具有典型意义的乡镇街道图书馆，我们协同职能部门召开现场会，以便推广先进典型，推进乡镇、街道图书馆建设。20世纪90年代初，10%的乡镇、部分村委也有了图书室。通过多年的努力，我市乡镇街道图书馆建馆率已达91%以上，村委、社区图书室建馆率也达到了72%以上。

为了使乡镇图书馆发展得更顺利、更有章可循，辅导部通过调查研究，制定了《大连市乡镇图书馆工作条例》。此条例由文化局以文件形式下发，规范了乡镇街道图书馆建设，保证了乡镇、街道图书馆可持续发展。实现了乡镇图书馆工作的制度化、业务规范化，

大连图书馆市财政局分馆

大连图书馆石河镇分馆

并经常检查督促，狠抓落实。

我们多次与县区图书馆联合举办乡镇、街道图书馆管理员培训班，大大提高了乡镇街道管理员的业务水平，为乡镇、街道图书馆发展打下了良好的基础，增强了后劲。

图书馆的服务理念、服务内容、服务方式由于现代化技术的介入而发生了革命性的变革，辅导部面临新技术的挑战。我们及时调整人员，加强了自动化建设的辅导力度，从软件的安装、操作到数据库维护、系统的维护以及人员的培训到网络化建设等方面都能及时地提供方案、信息，积极地出谋划策、想办法，使各馆的自动化建设得以顺利进行。至2003年，我市共十个区（市）县级图书馆，全部实现了图书馆业务自动化管理，均采用文化部推广使用的软件，由深圳图书馆研发的图书馆自动化集成管理系统（ILAS系统），标志着我市图书馆正从传统图书馆向现代图书馆迈进。

二、开展培训工作，提高人员素质

业务培训工作是业务辅导培训部的另一个重要内容。我们的主要做法是：一、学历教育；二、各类短期业务培训；三、组织各类业务竞赛。

我馆于1959年建立了北京大学图书馆专业函授辅导站，从1961年至1996年，共培养三届大专函授毕业生、三届本科毕业生140余人；1981年，建立辽宁大学图书馆专业函授辅导站，108人获得毕业证书；1985年建立大连电大教学班，有100多名学生毕业；1988年建立辽宁省职工大学图书馆专业中专函授辅导站，培养40多名学员。通过学历教育，为图书馆事业提供了急需的专业人才，充实了专业队伍，改善了人员结构，提高了图书馆人员队伍的素质。这些毕业生中有的成为基层图书馆负责人，有的成为我市学术界的骨干。

多年来，我们本着发展图书馆事业、培养专业人才的宗旨，举办了各种长短期业务培训班，培养出一大批专业力量，保证了事业发展的需要。如1984年至1985年间，培训学员126人；1995年至1997年先后举办8期短训班，培训干部168人；2002年至2006年间举办35个培训班，培训人员1000余人。

1990年9月我馆举办了“大连地区图书馆业务知识、专业技能竞赛”活动，各系统、各级图书馆共240余人参加了350余项次的竞赛。1995年举办了“大连地区图书馆青年工作者图书馆业务知识专业技能竞赛”活动，有24个单位的127名青年选手参加了竞赛活动。1996年中小学系统图书馆举办了一次别开生面的图书馆知识与技能竞赛。2002年举办了“大连地区图书馆业务知识竞赛”，来自公共系统、高校系统的21个单位的172名选手参加了竞赛，进行了中文图书分类、编目、读者工作、计算机基础、综合知识五个项目比赛。

三、兴建分馆流通站，做好延伸服务

近年来，为扩大服务范围，提高社会效益，大连图书馆积极开展面向社区、面向农村、面向基层的延伸服务。2001年，经馆领导决定，将流通站管理工作交业务辅导培训部负责完成。

为能更好地大力推进总分馆制，构建完善的图书馆公共服务网络，开展流通站服务，我们根据调查研究和设点试验，在全市选择有代表性的单位、街道、社区建立分馆和流通站，实行“总馆+分馆+流通站”三级网络发展模式。至2006年底，我馆先后在我市机关、驻军部队、县区乡镇、农村、街道社区及特殊群体建立大连图书馆分馆、流通站110多个，逐步形成以大连图书馆为核心，覆盖各街道、乡镇、机关、企事业单位的完善的图书馆服务网络。

各分馆、流通站建立以来，服务工作开展得井然有序，深受读者的喜爱，吸引了众多读者。为了增强流通站服务辐射能力、扩大服务覆盖面，至2006年，我馆为各分馆、流通站流通图书123146册。同时各分馆、流通站均有专门人员进行日常的业务管理，他们负责更换图书、期刊，进行日常的图书流通管理，以满足读者的需求，他们的服务深受广大读者的好评。

在做好阵地服务、传统服务的同时，我们还积极拓展图书馆社会教育功能、增强服务辐射能力、扩大服务覆盖面，在各分馆流通站举办讲座、培训、展览等活动，提供多样化、个性化服务，使图书馆的服务广度与深度都得到延伸。我们举办了面向广大农民的“大樱桃种植专题讲座”；为特殊人群举办“学雷锋树新风、积极改造奔新生”报告会；在部队举办“九一八”事变专题报告；有面向中小学生的“能源危机”、“手拉手迎奥运”知识竞赛；还有面向外来务工人员的“庆国庆·情系外来务工人员”文化系列活动等。

随着各分馆、图书流通站文化活动的蓬勃开展，涌现出很多好的经验、好的事迹。为促进各分馆、流通站的相互交流，我们于2002年特创办了《社区图书馆通讯》，刊登报道分馆及图书流通站开展的文化学习动态、新书通报、读书心得、百科知识、读者活动及我馆的文化系列讲座等信息，并以此作为我们与各分馆及图书流通站之间沟通的桥梁和联接的纽带，促进各分馆及图书流通站工作的迅猛发展。至2006年我们共编辑出版了26期《社区图书馆通讯》。

图书馆学会工作

大连市图书馆学会在市社科联、市科协的关怀指导下，努力发挥学会自身优势，充分整合社会各方资源，不断夯实基础，积极推进学会改革与发展，在学会自身建设、学术活动、业务培训和阅读活动等各方面都取得了新的进展，几年来多次被评为市级、省级先进学会。

一、加强学会组织建设，会员队伍不断壮大

完善学会组织工作是更好地为广大会员服务的基础。学会坚持确立以人为本、以会员和图书馆工作者为主体的办会观念，努力做好组织建设工作。随着现代化技术的广泛运用，学会于2006年开始尝试采取电子化管理方式，如信息发布、会籍管理等。我们陆续整理、核对了中国图书馆学会会员、省图书馆学会会员和市级图书馆学会会员的变化情况，初步更新了在籍会员数据库信息。截至2006年11月，我市共有市级会员548人、省级会员450人、国家级会员125人。

在加强会籍管理的同时，学会还努力做好会员发展和会员服务工作，对自愿要求入会的工作人员提供方便，扩大会员队伍。几年来，学会每年都发展一批新会员，尤其是吸收了一大批德才兼备、具有学科带头作用的年轻会员，为学会注入了活力。2000年至2006年累计发展国家级会员55人、省级会员170人。

健全的组织机构是学会顺利开展工作的基本保证。学会始终坚持原则，坚持每年召开1次理事会，按时换届；注重全面、均衡、协调发展的原则，在理事任免方面既突出公共馆和高校馆的点，也顾及其他系统和单位的面，力求在今后的工作中客观、全面地反映大连地区图书馆的状况，制定出科学合理的政策与方针。在学术委员会的组建方面，积极吸纳来自全市各图书馆的多名具有专业知识、研究水平和工作经验的优秀年轻会员担任委员，以此推动学会业务水平的提高。

2000年至2006年期间，学会召开理事会八次，换届改选两次，保持了理事常换常新，保证了理事会年轻化、有活力。

2000年10月16日召开了第六次会员代表大会，到会代表60人，大会通过了第五届理事会工作报告，产生了第六届理事会。

2005年5月13日我们成功地完成了学会的换届选举，组建了新一届的领导机构。90名会员出席了会议。会议选举产生了由35人组成的学会第七届理事会。大连图书馆馆长张本义被推选为学会第七届理事会理事长。

二、组织学术活动 提升科研水平

为推动大连地区图书馆事业的发展，扩大图书馆的社会知名度，促进图书馆学科的理论建设，学会把学术研究和交流放在学会工作

图书馆宣传周

2004年全国公共图书馆评估培训班开班仪式

的重要位置，通过举办学术年会、学术讲座等一系列的学术活动，积极开展内容丰富、形式多样的多层次学术交流与研讨活动，繁荣了学术研究，促进了图书馆工作水平的提高。

2000年至2006年，学会每年开展一次学术年会，还主办“图书馆现代化建设和网络化服务”、“入世后的图书馆”、“图书馆服务与资源建设”等专题研讨会7次，收到论文480多篇。承办大型研讨会3次：2001年7月承办“图书馆网络化数字化建设馆长研讨会”，60多名图书馆馆长参加会议；2002年10月承办“第二届中国社区乡镇图书馆发展战略研讨会”，150多人参加了本次会议；2004年承办“2004海峡两岸图书信息学暨教育学研讨会”。

几年来，我们一直把学会办成学习理论和交流经验、了解信息和掌握动态的场所，为会员提高专业水平创造条件，受到广大会员的欢迎。几年来学会就大家比较关心的热点问题，如：如何提高写作水平、数字化图书馆发展、数字化图书馆相关技术、网络知识等十几个热点问题，邀请有关专家作专题讲座，使广大会员开扩了视野，更新了观念。

近来年，学会还加强了与国外图书馆界的学术交流活动，学习国外图书馆界的先进经验和管理理念，拓展与国外图书馆界同行的交流合作，进一步促进我市图书馆事业的发展。

2002年8月31日至9月5日学会组织部分理事到日本国立国会图书馆、大阪市立图书馆、东洋文库、龙谷大学图书馆进行了学术交流和考察。这些图书馆丰富的馆藏、先进的管理手段、一流的管理设备、完美的建筑给大家留下了深刻的印象。大家纷纷反映，国际交流活动不仅开阔了视野，增长了见识，而且从中受到很多启示，收获很大。

此外，学会积极组织会员参加中国图书馆学会年会、辽宁省图书馆学会年会以及专业委员会的学术研讨会，对于提高会员的学术研究水平起到了积极的作用。

三、注重教育培训　提高会员素养

为了适应新形势发展的需要，学会注重教育培训工作，通过举办培训班，让会员了解新信息、学习新知识，全面提升会员的业务素养。

2000年至2006年，举办“图书馆基础业务培训班”三次，为基层图书馆培养图书馆专业人员60人；与国家图书馆培训中心联合办班三次，内容包括中国机读目录、文献标引、连续出版物著录等，共培训500多人；举办乡镇图书馆管理员培训班三次，为乡镇图书馆培养专业人员近90人；其他各类培训班100余人。

2002年12月9日，学会举办了“图书馆业务知识竞赛”，吸引了全市各系统图书馆的172名选手参加，进行了中文图书分类、编目、读者工作、计算机基础、综合知识五个项目的比赛。这次竞赛是大连地区历史上规模最大、参加人数最多的一次，从策划、组织、赛程安排到实际效果我们都做了认真、仔细、周密的安排，并且得到了辽宁省图书馆专家们的全力支持。整个竞赛过程充分体现了公平、团结、拼搏、进取的精神，赛出了成绩、赛出了风格，集中展示了我市图书馆工作者的专业水准、业务技能及良好的精神风貌，达到了预期的效果。

2003年10月24日学会举办了“加强职业道德，树立正确职业理念”演讲大赛。来自大连地区图书馆界的17个单位、27名选手参加了本次大赛，共评选出一等奖两名、二等奖四名、三等奖六名。通过本次大赛加强了图书馆员的思想道德素质建设，优化了图书馆队伍结构，提高了图书馆的服务质量和服务水平。

四、积极开展阅读活动

学会每年参加市社科联举办的“社会科学普及周”和市科协举办的“科普日”活动。在活动中，学会围绕主题开展了“节约型社会”、“八荣八耻”、“建党八十周年”等大型图片巡回展、讲座、科普展览、发放科普知识小册子等。这些科普讲座和展览活动深入工厂、农村、社区乡镇、部队、学校，受到了广大读者的普遍欢迎，

第四届社会科学普及周会场

产生了很好的社会效果。

根据全国知识工程领导小组办公室的文件精神，每年5月底至6月初的一个星期为“全国公共图书馆服务宣传周”。学会每年根据文件精神，组织所有会员单位认真贯彻落实，结合主题，精心准备策划，在宣传周期间为广大市民现场办理读书证、组织科普讲座，为青少年读者免费播放经典电影、动画片等，开展形式多样、内容丰富的活动。

根据文化部社图司的要求，从2003年开始，每年12月份举办的“全民读书月”活动交由中国图书馆学会组织实施。此后，大连市图书馆学会每年都在接到通知后认真组织实施，组织全市各基层单位，利用“4·23世界读书日”、“图书馆服务宣传周”、“六一”国际儿童节，围绕“建设社会主义新农村”、“创新型国家”等主题，举办了讲座、荐书、咨询、展览等丰富多彩、形式多样的读书宣传活动并及时将活动内容汇总上报。

实践证明，学会要有作为才能有位置；要与时俱进，才能充满活力；要坚持科学发展观，才能为改革和发展图书馆事业作出新贡献。今后我们学会要进一步团结广大会员，继续努力，立足新起点，再创新业绩。

（2007年8月）

旅大文化宫图书室的读者服务工作

林端正

我们旅大文化宫图书室，只有一年四个月的历史，过去可分为两个阶段，1950年是整理阶段，1951年是组织读者、辅导读者的阶段。旅大地区有好的条件，能在苏联同志的直接帮助下来工作。现在我介绍我们的读者服务工作，希望提意见以资改进。

一、读者小组

1．组织的原则——我们是读者小组，而不是读书小组。根据文化程度，自愿组成，每组5人到10人，超过10人即再分组。读者的学习时间、爱好、性质，都不一样，小组是为适应各种不同条件而组成的。组员百分之百是工厂中的工人同志，其他机关工作人员虽也要求，但我们没有许多的经验与能力，所以都未组织。准备六七月间，开始组织机关与学校小组，加强辅导工作。

2．读者小组是怎么组织的

组织工作首先要了解读者，大连有工人12万人，休息时间不同，文化水平不同。所以我们要了解各厂有多少读者，同时也要了解各车间中有多少读者，然后再去了解他们的性质、文化程度，这才进行组织。了解文化水平的办法，是与友协图书室一样，整个了解后，再通过群众工作组同志下厂中去了解，与行政部门联系，取得帮助，争取积极分子，拟定成立小组。

3．怎样辅导小组

制订小组的学习计划，配备图书，帮助学习，以后让读者订出个人学习计划，再交给我们修改，他们同意后，便来阅览组借书，但必须通过群众工作组。小组中的问题，如我们能解答的，即赶快解答；但我们的能力有限，不能全部解答，那就要聘请专家顾问来解答，我们是充分利用社会力量的。例如远东电业公司王学林小组有7个人，学习有关蓄电池的知识。有的同志是大连技术学校学生，在厂中当练习生，参加小组学习，经过我们的帮助，我们又时常聘该厂的老工友或工程师来帮助他们学习，仅三个月，王学林考试第二名，被评为“五级工”。他说，这是文化宫图书室的帮助。此后，他对别的同志的帮助也更好起来了。

4．怎样利用读者小组来推动读者学习

按借书证来算，我馆已组织起来的读者现有3829名，此中有2570名基本读者起着骨干作用。小组集体借书，相对来说连环画最受文化水平低的读者欢迎。他们不但看画识字，并要从中学习道理，提高政治水平，自己好好进步，也帮助别人进步，这样就博得厂方欢迎。有的工厂给一间房子，摆好借来的连环书。小组更相互约定不仅看书，还必须识字，不然下次不借给书看，这就推动了识字运动。

5．读者小组的经验教训

（1）由于了解情况不够，组织不合适，因之有的小组垮了。

（2）小组不应单纯是借阅图书，应加强读者辅导。

（3）小组学习计划应及早送交图书室，以便辅导员有充分准备、适当支配时间，参加他们的学习。

读者小组仅做如上介绍，其次谈谈流动站。

二、读者流动站

旅大地区基本上消灭了文盲，1952年对识800字以上的人展开工作。图书室应利用图书，在普及提高中，发挥应有的效果，所以1951年要扩大图书流动，介绍通俗读物，使广大人民都能利用图书。流动站的形式有两种，一种是经常性流动站，一种是配合各个节日的街头流动站。经常性的有四个：中山、沙河口、西岗、岭前每区各一个。将来拟大量建立以组成流动网，分布在工厂区、市区、市郊区、金县、旅顺等5个地带，要开办100个流动站。今年先在市区做，由自己领导，金县的将来由金县文化馆领导，旅顺的由旅顺文化馆领导，工厂由工会领导，市区由自己领导，这些是经常性的。另外是街头站，将每星期组织一回，在热闹街头搞一、二个。

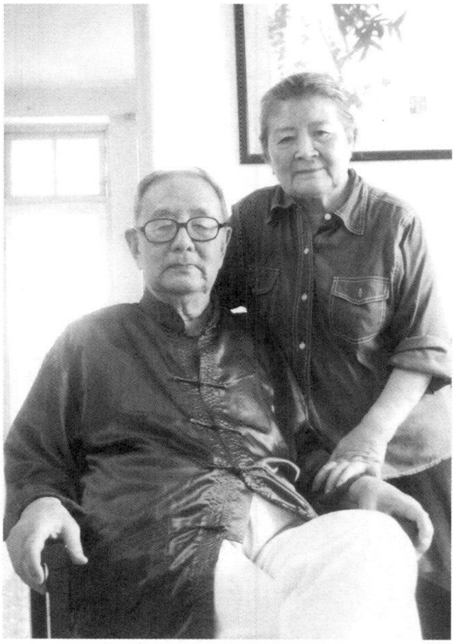

林端正（右）、朱鸣冈夫妇

其次谈一谈流动站的作法：须先深入了解各区人口密度情况以及特殊情况，要根据具体对象及目前情况来配书，内容是围绕抗美援朝运动的。对市民的配书可以范围宽广一些，工厂主要是技术书，农村是以农民为主的，照这样把文库整理后，送到各区文化馆。馆中的管理员，由我们经常召集学习，书送去后，由管理员代管理。文化馆中亦有读者小组，他们互相借阅，看完后收回。最初发现来看的小学生多，太乱，管理员不耐烦，后来小孩子组织起来了，于是收到了效果。书需要的很多，只沙河口一站就要9套文库，每套由250册到300册组成。目前我们要大量买书，各站间的情况除由各站的管理员经常报告之外，我们自己也经常到现场了解。流动站除了这个方式以外，文化馆又把书摆在街头成立了街头站。先找适合地点，布置好后，在节日挂起红布，配合照片，介绍新书，预备意见薄，以满足大连人民的读书要求。此外，我们也搞流动站，是发动读者来搞的。在西岗搞了一个，在东站前搞了一个，劳动公园搞了一个。有宣传板，钉上图片附有说明，布置在图书的周围，以吸引读者。有的读者自早九点看至晚四点，但孩子多，因此大人就不爱进来看。于是发动读者把小孩组织起来分成6人一小组，每组发给一

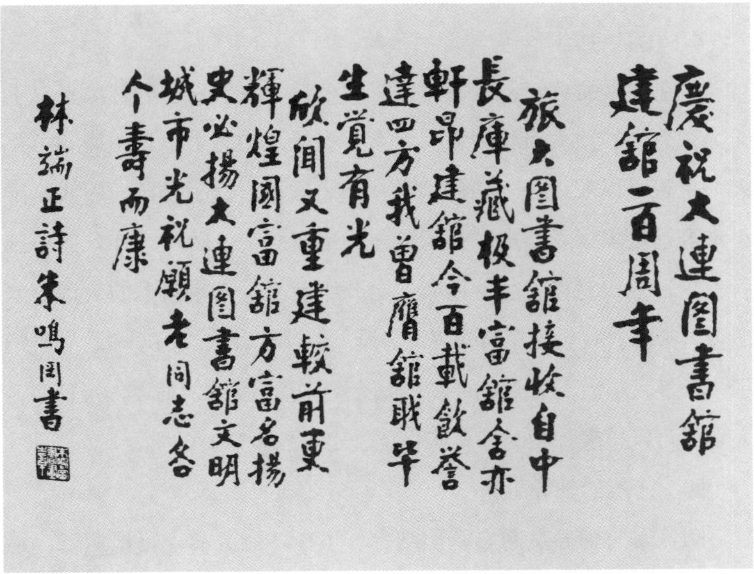

林端正诗　朱鸣冈书

旅大图书馆，　接收自中长；库藏极丰富，　馆舍亦轩昂。
建馆今百载，　馆誉达四方；我曾膺馆职，　毕生觉有光。
欣闻又重建，　较前更辉煌；国富馆方富，　名扬史必扬；
大连图书馆，　文明城市光；祝愿老同志，　各个寿而康。

本书，看完再换，大人在里边看。那天统计，一小时有700多读者。这种形式很受群众欢迎，反映很好，说可以不花钱就能看书。有的看过刘胡兰的故事，说要向她学习，参加了输血队。我们还有一个下乡流动队，去了14个村，受农民欢迎，说人民政府来给送书看了。

三、存在问题

1．有的图书是读者方面很急需的，可是出版得很慢，赶不上需要，希望今后能快些。

2．对群众宣传鼓动工作，做得还少。

3．流动站范围因受人力限制不能扩大，满足不了读者要求。

4．我们的集体外借与图书预约。

现在外借的数字，是室内阅览的七倍。我们以往的对象是以工人为重点，在旅大市代表大会上有人提议说：图书馆只是照顾了工人，是否可以兼顾一下别的读者？于是我们研究了办法，因阅览室小难容纳更多读者，所以搞了集体外借。等于流动库一样，但不进行辅导，他们写读后感，由我们给介绍新书。来借新书的有远自旅顺金县来的。我们现在馆藏书2100册。但读者喜欢读的不多，有时跑了一个多月还借不到要看的书，所以我们搞了预约，编定一定日期，人多时可以排表，到时间就能保证一定得到所欲看的书。

四、一般的辅导工作

阅览组与辅导员同志密切结合，工作才能灵活，每星期三、星期日读者多，规定在这两天发借书证。有读者主动来帮助我们搞过小型的座谈会，是由组员主动报名组成的，由杨东昉同志做报告。有时读者自己报名，一两个星期能搞一次。我们的新书介绍，是一方面由读者小组介绍，一方面由采编组介绍。介绍的形式是通过广告、壁报、电台来进行，最近又建了一个新书介绍栏。此外我们对学习材料，也经常供给。公安部某同志文化程度不高，担当文化教员工作，馆员同志就帮助了他，他文化提高了，工作受到表扬。

旅大地区的图书馆工作者是紧紧团结在一起的，去年组织了三次参观，到旅顺参观了苏联海军、陆军图书室，这大大地帮助了我们改进工作。

五、工作中的体会

1．走群众路线。我们的阅览规则是根据读者的意见规定的，借书的期限、规定等问题，亦是读者提出的。我们设置有经常的意见簿，在上面可以见到读者对图书室的意见，也有读者相互间的意见，有时我们对读者的意见也写在上面。这样就帮助了我们馆员树立良好的工作作风，也在使读者保护图书和遵守阅览秩序方面收到了好的效果。

2．要靠社会力量。

3．不墨守成规，发挥积极性、创造性。我们现在的排架号，就是用著者号，用新文字，将来拟印出并分发各处研究。

4．图书排架：先是按分类，次按著者号，后按册数号，我们是学习新的，批判地接受旧的。

5．做好宣传鼓动工作。

6．建立通信网，已建立了两百多个通信单位。

[摘自《东北文物参考》1951年10月号]

中苏友协旅大俱乐部图书室

林家

中苏友好协会旅大分会俱乐部图书室的工作性质是交流中苏文化和帮助友协会员读书学习，所以凡是友协会员都有参加图书室各项活动和利用各种设备的权利。目前只有两个人工作，半年中搞出纳工作的换了三名。干部流动性很大，限制了工作的开展。因为对象是会员，而友协会员又遍于城市乡村，所以是非常广泛的。

图书室从1946年成立以来，摸索到一些经验。今天主要谈谈室内读书活动。关于这项工作，几年来是运用各种各样的形式来做的：有读书会、研究小组、时事问题解答晚会、苏联常识问题解答晚会、读者座谈会、展览会、黑板报等。

举办读书会时，主要是做好计划与组织工作，事前深入了解各单位学习和生产情况、读者学习上所要求解决的具体问题；根据这些订出计划后，依之进行组织；并把章程在报上发表，公开征求读者意见。另一方面自己也下去进行组织。我们的读者会分成文学、社会科学、文化等三组，读者可依自己的爱好来报名参加其中的任何一组，然后我们根据报名情况和读者文化程度来分组。文化组以讲授为主，依所定计划中的学习材料来讲，讲过后进行讨论；社会科学和文学组以自修为主，我们供给他们材料，其次是讲解，有时请苏军同志们来讲。此外还按各阶段不同情况在室内整理出一些有关材料，如剪报，配合他们学习。

第一次组织的有工人、学生、干部、失业青年；第二次是商人。因为当时大连市场的商人很多，思想也很落后，而且又没有学习组织，我们取得了行政部门的同意后，把他们组织起来学习了九个月，学习新人生观、社会发展史和共同纲领，使他们具体地解决了思想问题。开始时他们嘴上一套，行动上又是一套，以后利用个别谈话来解决他们的具体问题。但由于主观条件所限，不能普遍进行。一个月后许多人都自动来要求参加学习，这是由于向参加人宣传的结果。这两次学习的结果，读者反映对他们的帮助很大，在结业时集体赠我们一面锦旗。之后由于他们的力量，将大连市场的学习制度建立起来，其中许多人都成为学委。

对于这项工作我们认为这几点是重要的：做好准备工作，依具体情况订计划，正确选择学习材料，在读者中组织群众力量选出主席和小组长，掌握这些积极分子，每天开会汇报并总结当天情况及时解决问题。另外一个是读书会不能单纯读书，要结合文娱活动，提高其学习热情。另外还应主动介绍书籍，引起学习的兴趣。

其次再介绍一下研究小组。这是根据读者小组的要求而搞起来的，搞过文学、苏联研究小组。一切由读者自己搞，我们供给学习材料和进行原则指导。他们每天学习都要做记录，因为他们下班以后时间很少，再来学习汇报的时间就没有了，只在一个月时间开一次会总结一下。关于文学资料的选择，要根据读者阅读能力，最好是不选翻译作品，因为读者一般都消化不了。同时不能太多，要经常了解情况和进行个别谈话帮助他们。

第三，学习小组主要是配合重大节日举办。在节日前编好参考书目，准备好材料，然后进行组织。要按文化程度来编小组，把小组分成甲乙两组，甲组是大学以上的，乙组是中学程度的。学习时间最多不超过十天，但一定要在节日前一天结束。在学习材料时将它分成几个段落，组员分头准备然后到会上谈，这样可以节省时间。会上可提出问题讨论。他们学习完了以后，可以回到学校或工厂机关中去取得行政方面的同意，召开小型座谈会或报告会。在学习时，学习方法要灵活运用，如请人在小组会上作报告或指定专人来读某一些材料，这样可在学习上引起兴趣。这样的小组组织起来后，不仅帮助和便利读者阅读，也补救了图书室书籍不足的缺陷。搞这种工作应注意不能每年同一个节日学习同一本书，要有所变化，灵活运用；其次要注意严守时间，不能有一点拖拉，到时间一定要学完。

第四，是时事问题问答晚会。这种形式是我们创造的，主要是配合形势来搞。方法是会前把问题准备好，要准备许多小问题，这些问题要有系统，集合起来之后还要成为一个大问题。一般是解答题为多、讨论题较少为适。开会前要读者依自愿原则分成小组，做好名单，编成号码次序，选出评委会和主委。开会时主席（组长）将问题念两遍，根据问题大小给予酝酿时间。各组中只由一人举手发言，依其最早的给发言权。如果解答不正确时再由第二人解答或补充，但不能重复，如重复时评委会扣分。会后评委会主委将所有问题集中起来一次解答，并根据记分总结对最好的发给一定的奖品，奖品也要结合当前形势，发给一些书籍。

我们的这种工作从读者反映上看，证明对工人、中学生、干部较为适合。

第五，是苏联问题解答晚会。组织这种晚会的对象有大学教授、大中小学生、干部、工人。先发下去问题，每人可自由发言，不对时别人来补充。这种形式的好处是可以吸收各阶层人参加互相学习。会上不仅我们自己参加，也请苏联人参加，在会上他们给了很多具体的帮助。

第六，是座谈会。配合节日来搞这项工作也可以，或每月定期一次也可以。在会前发出通知，在通知上附上参考书目，动员读者参加，并便于他们写发言提纲。对象则依不同节日与不同情况来决定。这样会上可以报告图书室工作计划、总结，听取读者对图书室的意见。

第七，是照片展览会。利用阅览室的墙来搞，在过去我们搞的都是大型的，挂满了墙。后来参观苏联图书馆，他们是把书报的照片和报纸上的新闻剪下来配在一起，每一次规模不太大，但一次有一个题目，每次都互相联系，有系统并结合当前政府中心任务。

第八，是黑板报。我们的经验是每条消息要短小及时，标题要明确。

概括起来我们有这样几条经验：

1．任何活动都要把准备工作做好，订出周密的计划，深入了解具体情况。

2．不同时间运用不同形式，要机动灵活，并经常注意总结哪种形式适合哪一些人。

3．培养积极读者，组织群众力量，像我们只两个人，不这样更不行。

4．各种活动最好是利用读者休息时间。

5．开会和闭会严守时间。

（1951年）

一九五八年的《图书馆与读者》

谷明　王连君　范丽君

1958年“大跃进”中，本馆创办了一份《图书馆与读者》小报。目前已发现该报的创刊号（1958年8月1日）、第二期（1958年9月1日）、第五期（1958年12月1日）。该报四开四版，全部手工刻制蜡版油印，其中创刊号头版用红色油墨印刷，其余版面用黑色油墨印刷。该报诞生于“大跃进”时期，不可避免地烙上时代印记。《创刊词》也带有鲜明的时代特征。“鼓足干劲，力争上游，多快好省地建设社会主义总路线，发出万丈光芒，照耀着六亿人民的心，他们以无比英勇的气概，掀起技术革命和文化革命的高潮，本刊——《图书馆与读者》在这样的时期里诞生，这是有它重要的意义和使命的。”

1958年距今已近半个世纪，留存下来的文献十分有限，该报遂成为研究当时馆情、馆史的十分珍贵的文献资料。

1958年全国在搞“大跃进”，本馆也在搞“大跃进”，“城市的读者要比去年增加两倍”（见创刊号头版《倡议书》），“全年跃进规划120万册”（见第五期头版头条《元旦向党献礼》）。围绕“大跃进”，本馆做了大量工作。“大跃进”时期的热门词、流行词在该报屡屡出现，比如“总路线”（见《创刊词》）、“大跃进”（见创刊号头版、第二期头版、第五期头版）、“向技术革命、文化革命进军！”（见创刊号头版正文部分通栏大字）、“大炼钢铁”（见第五期头版《高炉工人出铁忙　图书馆员送书忙》，本馆“抽调百分之四十多的干部参加市人委高炉工地的建设”）、“人民公社”（见第五期第四版《报告会真不错　模糊认识得解决》，本馆曾举办“人民公社”报告会，解决了某些人的模糊认识）、“清查有毒的书”（三期刊登书目三批共37种）、“学习理论运动、学习文化科学运动、群众文艺运动”（见第二期第二版“哲学学习书目”）、“插红旗　拔白旗　开展翻身运动”（见第五期第三版“‘插红旗　拔白旗　开展翻身运动’部分资料介绍”）、“一定要解放台湾”（见创刊号第四版《化悲痛为力量　端正学习态度》，本馆展出了“一定要解放台湾”的图片）、“巴金作品讨论”（11月28日本馆召开了“如何对待巴金同志作品的座谈会”，到会读者50人。第五期多出半张共六版，用一半多的篇幅刊登“巴金作品讨论”的文章）等热门词多次出现。不仅有国内大事，也有国际大事，比如1958年7月14日，伊拉克爆发革命，推翻费萨尔王朝，成立伊拉克共和国，并宣布退出“巴格达条约”组织，沉重打击了西方势力。7月15日美军进入黎巴嫩，7月17日英军进入约旦，企图武装干涉伊拉克。中国于7月16日宣布承认伊拉克共和国，并在全国举行大规模声援和抗议活动，一亿多人参加，持续一周之久。创刊号第四版刊登《英美侵略军从中东滚出去！报刊重要资料索引》、第二期第二版刊登《不能袖手旁观！关于中东局势问题书刊介绍》。

“大跃进”运动，由于在指导思想上一味追求高速度，在实际工作中产生了一些激进的、过激的乃至“放卫星”的提法和做法。这类问题在该报也有所反映（但是在当时完全是从正面表述的）。比如实行“无保借书”（“取消借书前要找保人和单位盖公章的清规戒律”，“凭工作证便可登记借书”，见创刊号第二版），无限量“发展读者”（“持身份证和工会会员证到本馆办理读者登记手续，登记后立即可以借书”，见创刊号第二版），必然导致“书源不足”，本馆遂召开了“讨论研究有关图书馆图书流通问题”的座谈会，到会的全体同志提出了动员读者捐书的《倡议书》，“向全体读者同志倡议，来一个以图书抗旱为中心的献书运动，把死书变为活书，把无用的书变为有用的书。”并建议图书馆“为补偿图书在流动中由于自然损耗而减少藏书的现象，在发展读者时除了收取读者证的成本费外再收二角钱，以补购被损坏了的图书。”（以上所引内容见创刊号头版）该建议被图书馆采纳，“决定在1958年内向每个读者收取图书折损费二角。”（见创刊号第二版《答读者问》专栏《为什么要交图书折损费呢？》）但效果并不明显，因为创刊号第三版的《小统计》记载“读者捐来的图书四百三十余册”，在座谈会上即有两位读者捐书一百多册（见创刊号头版），第二期头版“迄今为止已收到捐来图书五百余册”，一个月时间，仅仅增加六七十册，平均一天也就能收二三册捐书，而“一般的每位读者一次都捐十本二十本甚至有的三四十本”（见第二期头版），这说明实际上好多天收不到一本捐书。“如果每个读者献出三册图书，图书馆就会增加三万多册的藏书量”（见创刊号头版），可知当时的持证读者是一万人。即便按一人交一本，五百本也只有五百个人，只占持证读者的5%，如有人多交，这个比例就更小了。“还仅限于少数人的行为，更多的读者还没行动起来”（见第二期头版）。“图书折损费已收到九百余元”，“这些钱能买约一万册的通俗读物”（见第二期头版），平均到一万个读者头上，每人只有一册而已，并没有从根本上解决问题。“放卫星”的提法也已出现，第五期头版头条《元

创刊号

图书馆与读者
TUSHUGUAN-YU-DUZHE
创刊号
旅大市图书馆编印
向技术革命、文化革命大进军！
解决书源不足
读者、馆员热烈掀起图书抗旱运动
创刊词
倡议书

旦向党献礼》，“全体馆员决心要在十一月份完成全年跃进规划120万册的基础上再完成20万册，为全年完成140万册的流动任务，做为元旦向党的献礼。”在11个月完成12个月工作量的基础上，12月份一个月要完成两个月的工作量20万，这就是典型的“放卫星”的提法（因未见到第六期，不知这一计划是否完成）。

“大跃进”时期本馆的工作紧紧围绕党和国家的中心工作展开工作。开馆时间长（上午九点到晚上九点达12个小时），工作任务重（一年120万册，一个月10万册），除了馆内的“阵地服务”，还开展多种形式的服务（按第五期头版头条《元旦向党献礼》“要使外借读者每天到馆450人次，出借900册图书”，全年馆内借阅不过30万册，只占全年流通量的1/4，其余3/4约100万册要在馆外完成），比如到高炉工地建立流动站（见第五期头版《高炉工人出铁忙　图书馆员送书忙》，“共建立18个站，流通各种图书4600多册”），发展参考外借读者（见第二期第四版），开展机关团体长期借书（见第二期第四版）等，并且紧跟形势，编制了大量实用书目（据《1958年编印的目录一览表》统计，1958年共编书目140种，平均两三天就出一个书目。三期该报也是因为登载书目，作为样张，收入《1958年书目样本》留存至今）。在高强度、超负荷的情况下工作，没有人有怨言。在注重服务数量“大跃进”的同时，还注意了服务态度的改进。8月5日专门召开了有关馆员服务态度问题的读者座谈会，9月1日第二期头版正文的通栏大字即为“鼓干劲，争上游，改进服务态度！”头版头条为《学先进，比先进，服务态度赶新华》，并刊登了阅览部全体同志的《服务公约》，“亲切和蔼，主动热情，有问必答，取书迅

第五期

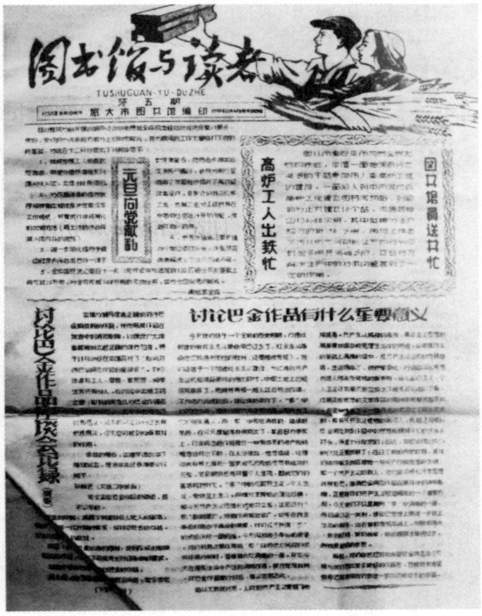
图书馆与读者
TUSHUGUAN-YU-DUZHE
第五期
旅大市图书馆编印
元旦向党献礼
高炉工人出铁忙
图书馆员送书忙
讨论巴金作品有什么重要意义

速，消灭差错，主动推荐图书，积极联系读者，全心全意为读者服务，使读者高兴而来满意而去”，受到读者的欢迎和好评（第五期第四版刊登有读者的表扬信）。服务态度一直是图书馆工作的重要问题，当时的做法，至今仍有参考价值。根据“群众路线”、“民办精神”，本馆针对读者，开展了大量活动，包括“读者座谈会”、“读书报告会”、“成立诗歌朗诵小组、黑板报小组”，使读者到图书馆除了借书、还书之外，还可以学习、交流、提高。出版由当时的馆长宗小薇主持编写的《旅大市图书馆简介》小册子也是针对读者的，“介绍我馆藏书情况及贯彻各种制度”，“帮助读者利用本馆”（见创刊号第二版）。在制度改革中，也更多地从方便读者的角度考虑，“将二个月不到馆借书取消借书权现改为半年”、“同一工作单位的读者之间可以代借代还”（见创刊号第二版）。该报这一形式本身也是应该肯定的，它确实完成了“本刊的主要任务，就是辅导读者学习，向读者介绍优秀的图书，并且交流学习方法和经验，使读者能通过本馆图书，更多更好更快地提高政治觉悟和科学、文化知识，为社会主义建设事业服务。同时加强图书馆与读者的联系，使图书馆与读者之间相互的意见和要求得到及时解决，使我们与读者携起手来，一道来办好社会主义图书馆”（见创刊词）。这些针对读者的、有助于扩大图书馆影响、提高图书馆知名度的做法，至今仍有借鉴意义。

据查，该报由韩明武同志负责编印，共出八期。1958年出了5期，1959年应该还出3期，但目前第三、四、六、七、八期尚未见到实物。另据《1958年编印的目录一览表》，创刊号印刷800份，第五期印刷700份。

（2007年12月）

加强馆藏古旧籍整理 深化读者服务工作

王小川 袁德才

大连图书馆藏古旧籍（包括中、日、西、俄文古籍线装书、旧版图书、期刊、报纸、地图、档案及其他文字材料等）是日本满铁大连图书馆在近四十年间收集存藏的。1950年我们接管该藏成立新馆时又补充了一批古籍，总数达15万种50余万册、件。这批古旧书刊是在特定历史时期、由特殊机构收集、很有特色的一批专藏，有相当的学术参考价值。在建国后的四十多年里，其真正价值逐渐为人们所认识，其开发利用也经过了漫长的过程。

早在日本统治时期，大连图书馆作为满铁会社“参考图书馆”，所藏书刊资料直接为其侵略掠夺服务，使用者受严格限制，来馆读者主要是满铁会社社员、关东州厅等官员及其附属学校学生，对于普通中国人来说图书馆为禁地，只能望而却步。

1945年至1951年，苏联接管大连图书馆期间，图书馆仅开放一阅览室，那时真正熟悉图书馆、了解它的藏书价值、能利用图书馆的人并不多，读者寥寥无几。在此期间，李一氓同志曾在大连工作，闲暇时他常从早到晚翻阅馆藏古籍。

1951年新图书馆成立后，随着新中国文化事业和出版事业的发展，图书馆补充了大量新籍，借阅新版书的读者猛增。相比之下，因为馆藏古旧籍数量大，情况复杂，一直没有全面整理，加上内容不完全适合一般读者借阅，所以基本上封闭库中。20世纪60年代初开始，为缓解压库，又陆续将古旧籍移入南山大庙书库，堆放库里，客观上更增添了一层不便。由此至“文革”期间，偶尔也有单位派人查阅古旧籍，但主要是运动中“清理队伍”、核查史实等，读者多是公安机关和专案外调人员，查阅时需持党委介绍信。

《中国馆藏满铁资料联合目录》

“文化大革命”结束后，1978年国务院下发文件，开放禁锢图书。同时全国工作中心转向大规模经济建设，各行各业都开展国情研究、国情教育。按中央统一布置，又提出编史修志任务。编纂地名志、交通史、地方志、党史、行业史等相继作为全国统一项目层层落实，从中央到省市地县、到部委厅局，直至各大厂矿企事业单位都成立专设机构，抽调专职人员负责编史修志。如此深广的国情调查工程是前所未有的。也正是这一工程为开发利用大连图书馆藏提供了难得的机会。在收集资料过程中，读者一步步发现、了解、熟悉大连馆旧藏的价值，利用它为当地经济建设和文化繁荣服务。

20世纪80年代初，从地名普查开始，查阅古旧籍读者逐年增加，很快成为大连图书馆对外服务的重要方面。1981年9月，大连图书馆正式在南山大庙书库开设查阅室，接待查阅古旧籍的读者。当年即接待220多个单位的读者，1986年增加了三倍。从1981年到1991年间共接待读者人次达四千之多。在编史修志者眼里北京第一历史档案馆（清）、南京第二历史档案馆（民国）、大连图书馆（日伪）是他们必访之地，舍其一收集资料就难说完整。不论这种说法是否恰当，这四千多个单位的绝大多数史志书或研究课题项目里，几乎都利用了大连馆藏古籍资料。完成这三四千种志书、课题、项目，其意义、价值无论从经济上、文化上讲都是难以估量的。同时，大连图书馆古旧籍藏书得到了相当的开发利用，发挥了应有的作用。

综合起来看，自古旧籍开放以来大连图书馆接待的古旧籍读者中编史修志类最多，共3356个单位，约占总数86%；而政府机关为现实政策服务的最少，为66个单位，仅占1.6%。编史修志到馆数也有较大变化，从1986年的600多个，又回落至1991年的100多个。这种变化是与编史修志进程相符合的，随着新志书的完工，到馆读者数还会继续下降。

目前，我们面临着改革开放的新局面，形势要求我们尽快转变服务重点，从编史修志转向科研服务和政府决策服务，我们还有大量工作要做，要建立完整适用的目录体系，要对文献资料作深一步加工整理，要与国内外相关单位、相关学者建立紧密联系，同时要通过各种方式提高自身的能力，只有这样才能完成新形势下我们面临的新任务，才能将我们的服务工作推向深入。

（1990年）

《大连图书馆藏满铁资料目录》

读者第一 服务至上

林红宣

读者服务中心是由社会科学部、自然科学部和期刊部合并成立的，承担我馆主要的对读者接待服务工作。

2000年，我馆改扩建工程结束后，本馆进行机构改革，撤消流通部，成立总服务台，流通部的还书职能由总服务台履行；流通部社会科学外借业务与社会科学部参考咨询合并，外借、阅览为一体，集中为读者服务；自然科学外借业务与自然科学部参考咨询合并，外借、阅览为一体，集中为读者服务。同时，实行大开架服务，极大地方便了读者。

原流通部的主要职能是：负责我馆图书外借、馆际互借、流通站管理、图书宣传、解答读者咨询。其服务载体有：外借处、社会科学文献借阅室、自然科学文献借阅室、文学类文献借阅室、外文图书借阅室、办证处。随着新馆的启用，我馆的外借服务由传统的闭架服务跃升为流行的开架服务，社会科学文献借阅室、自然科学文献借阅室、外文图书借阅室、文学类文献借阅室全部实行开架管理，总开架量在20万册左右，提高了文献使用率。敞开发放图书证也是新馆落成后面向社会的一项新举措。初步统计，1988年底我馆持证读者约5.3万人，到1998年底持证读者人数达到7.3万人，增长了2万人。在做好常规服务的同时，流通部还大力拓展服务空间，在全市城乡、企事业单位和部队建立了20余个图书流通站。主要有：大连市劳动教养院流通站、周水子空军某部流通站、驻军某部夏家河通讯团流通站、驻军某部星海三站通讯处流通站等，施行定期、不定期地为读者提供上门服务。为了给读者提供一个休闲场所，1993年2月，流通部全体同志集资兴办了“读者之家”。次年夏，开办了“热门图书外借室”，满足了部分读者对时尚图书借阅的需求，丰富了读者服务的内容。

原社会科学部的主要职能是：负责馆藏社会科学图书、期刊、报纸的管理、阅览、咨询服务。其服务载体有：社科报纸阅览室、社科期刊阅览室、中文社科图书阅览室、外文社科图书阅览室、社科工具书咨询室、旅游文献阅览室、大连地方文献阅览室、残疾人视听资料中心。努力挖掘文献资源、开展参考咨询、为我市党政领导机关、企事业单位服务，是社科部的主要工作内容之一。

我馆社会科学藏书独具特色，每年接待许多国内外的专家学者来馆查阅，也有不少海内外学者来函、来电，要求为其提供某专题的文献。比如大连舰艇学院教授陈明福通过我馆的三年定向服务，撰写出第一次为邓世昌立传并对甲午海战中多个争论不休的问题有独创见解、记甲午海战中的邓世昌和致远舰的37万字著作——《海疆魂》（2003年已由人民文学出版社出版），34万字的著作《伐谋者戒》（由河南出版社出版）和《古今海战》（2002年由中国少年儿童出版社出版），被中宣部评为全国优秀科普读物三等奖。

我馆社科部编辑出版的“决策参考”是服务于我市党政领导机关的刊物，每月一期，其主题围绕我市中心工作，每期配发一定量的综述。其主要主题有：“海洋产业”、“东北亚经济圈研究”、“城市再就业”、“俄罗斯政治、经济动态”、“国外城建经验”、“如何搞好国营大中型企业”…… 由于立意新、前瞻性思维强、开掘深、资料详实，屡次受到市委市政府领导机关的赞扬。其间，市领导委托秘书亲自打电话对“东北亚经济圈研究”专题表示感谢，

“波黑局势的发展与展望”专题的负责人罗本固同志还被大连人民广播电台邀请到直播间作专访。由于“决策参考”质量高、效果好，1995获省文化厅“公共图书馆信息报刊展评”一等奖。1993至1998年，为了给我市经济建设提供信息服务，社科部还与本馆“信息公司”一道开展剪报服务。同志们不畏三九严寒、烈日酷暑，深入全市城乡，搜寻服务客户，累计发展用户近百个，取得较好的经济效益和社会效益。为了帮助来馆借书有困难的读者更好地迎接知识经济的挑战、超越自我、知识充电，社科部还主动挑起了“汽车图书馆”的重任，先后在全市建立了服务点11个，累计服务近百次，受到了读者的欢迎。

为弱势群体提供尽善尽美的服务，帮助他（她）们自强自立，一直是社科部的中心工作。1995年5月，在馆领导支持下，社科部设立了残疾人视听读资料中心，阅览室面积80平方米，有各种文献6000余件。其间，本馆依托各阅览室，把服务触角伸向全市各行各业，广泛开展送书上门服务，在全市设立了多个服务站点。在驻军某部船运大队设立的“大连图书馆军营巡回书库”是我馆与驻军的军民共建项目，解决了部队读书难问题，受到了部队官兵的欢迎。

原自然科学部的主要职能是：负责馆藏自然科学图书期刊报纸的管理、阅览、咨询服务。其服务载体有：自然科学报刊阅览室、中文自然科学图书阅览室、外文自然科学图书阅览室、自然科学工具书阅览室、服装资料中心。开展课题服务，编制专题数据库是自然科学部的主要工作，近年来已编制了“电路图数据库”、“国家标准数据库”。

为科研和经济建设服务，是我馆科技服务工作的一个中心工作。“关于大连市投融资体制改革研究及大连港发展制约因素和对策研究”课题是大连市科技计划项目之一，承担课题的馆员为了保证该项目的如期完成，多次电话联系，登门服务，加班加点，通过馆藏、网上检索到大量的全国各地投融资体制改革的政策、具体做法及理论研究文章，经筛选最终选出47篇，编辑成3个专辑《投融资体制改革之政策篇》、《投融资体制改革之动态篇》、《投融资体制改革论坛》，所提供的信息资料主题突出、内容详实、参考借鉴作用大，为制定《建设“大大连”规划纲要》和深化投融资体制改革决策提供了可靠的文献保证。2002年自然科学部承担市委、市政府有关的大型经济课题近十项，提供文献225篇、850条次、118.1万字。同时还开展了为科研型读者的定题、跟踪服务，其中辽宁海洋水产研究所的《文蛤工厂化育苗研究》、《杂色蛤苗种规模化生产技术研究》分获辽宁省科技进步二等奖和三等奖；大连市环境科学设计研究院的《外长山岛海珍品自然资源保护开发研究》、《大型生物气化工程关键技术研究》均获辽宁省环境保护科学进步三等奖；三十九军

报纸阅览区

高炮旅王先发的《光化学降解环境污染物及其装置研究》获军队科技进步三等奖等。

早在1998年，我馆就成立了期刊部，即将社会科学部和自然科学部的报纸和期刊（包括过刊、过报），迁至一楼阅览大厅，统一由期刊部管理，承担对读者服务的职能。期刊部成立后，由于集中管理，极大地方便了读者。特别在参考咨询方面，使读者在最短的时间里很快地查到自己所需的文章资料，并就地复制，方便携带，深受读者欢迎。

2002年8月，在我馆机构改革中，为更好地落实“读者第一，服务至上”的原则，更优质、更高效、更便捷地为读者提供“一站式”服务，强化读者服务功能，期刊部、社科部、自然科学部合并为“读者服务中心”，定编28人。服务范围是：一楼为报刊阅览区，二楼为社会科学图书借阅区，三楼为科技图书借阅区。三楼设置了重点读者阅览区及过刊过报查阅室，四楼设置了地方文献阅览室。中心基本职能初步界定为：为全市党政领导机关、企事业单位、市民提供文献外借、阅览、参考咨询、专题服务、数据库查询、网上联机检索、馆际互借等服务；负责本馆非古籍中外文书、刊、报文献的管理；负责部分馆藏数据的开发。围绕着“开放、规范、数字化”这三个工作目标，服务中心工作人员进行了不懈的努力。首先，确定了馆藏核心报刊体系。核心报刊的确立，在市一级图书馆一直是个待定之疑。经过近一年的调研，参照兄弟馆和我馆的服务对象、文献使用效绩及相关理论，摸索出比较符合我馆馆情、我市市情的“大连市图书馆核心期刊确立原则”，确定我馆核心报刊1800余种，使我馆报刊馆藏质量，从量到质有了一个飞跃。在此基础上，为了达到文献最优化的服务效绩，又对这些核心报刊实行了规范的半开架管理，方便了读者，提高了文献使用率，受到了读者的欢迎。其次，

专题图书推荐

对搬迁改造遗留下来的150余万册书刊全部进行了清点、补片、整序工作。全中心同志克服了库房无照明、夏天闷热、冬天寒冷、人手不足、尘螨、霉菌等困难，顽强拼搏，无私奉献，挥汗如雨，锲而不舍，经过一年多的努力，达到了库房管理规范化。同时，对开架半开架书刊也进行了彻底整序，步入了规范管理的良性轨道，使我馆的文献管理上了一个档次。为了实现我馆开放最大化，服务中心还调整了保存本、期刊的服务形式，代之以明亮的半开架期刊柜，期刊文献全部按类排列，方便了读者使用。实现书库开放是研究型读者呼声最高的事，为此，服务中心舍自己顾读者，腾出办公室，筹划成立了两个“研究型读者阅览室”和“地方文献阅览室”，提高了文献使用率。针对原来各部室读者服务各行其道、无章无序的状况，服务中心出台了一批规章制度，先后对读者阅览、课题服务、参考咨询进行系统规范，为读者服务规范化奠定了良好的基础。为了加快我馆数字化步伐，服务中心积极努力，孜孜以求，先后建设了“大连市地方法规数据库”、“媒体上的大连数据库”、“馆藏标准数据库”、“馆藏家用电器电路图数据库”、“核心期刊篇名数据库”，总数据量达到5万条次。尤其是“大连地方法规数据库”、“媒体上的大连数据库”在辽宁省文化厅组织的全省数字化评估中，获得专家的一致好评。我馆也荣膺“全省数字化评估第一名”的称号。为了强化参考咨询功能，服务中心成立伊始，紧紧抓住服务领导机关、服务企事业单位、服务大众等三个环节，采取定题服务、跟踪服务、二三次文献服务、上门服务等多种形式，取得市以上服务成果200余个，并且多次荣获市委办公厅“大连市党委系统信息工作先进单位”称号，得到全市企事业单位及读者的赞誉。

在为读者提供代借代还、电话预约、馆际互借等服务的基础上，我们还设立了“还书箱”、“饮水处”、“借书袋”、“雨伞架”、“婴儿床”等；在东大厅二楼休闲区内设立了小卖部，可以满足读者饮食、休息和购物的需要。我馆食堂也对读者开放。在为弱势人群服务中，我馆制定了为弱势人群服务的措施，如凡65岁以上的老年人、下岗职工、特困家庭子女免证阅览，免收自习费，对残疾人、孕妇、老年人及行动不方便的读者实行电话预约、送书上门服务。本馆改扩建后，又设置了残疾人无障碍通道，馆内备有轮椅，并有专人服务，并设有盲人阅览专席，为盲人提供盲文图书及听读资料。另外，我馆与大连市残联签署了服务协议，并在残联建立了图书流通站，随时满足特殊读者的特殊需求。

2005年，在创建文明城市活动准备工作中，读者服务中心几次召开各楼层馆员会议，认真研究如何提高服务质量。大家对本岗位工作做了重新定位，对读者服务工作的性质进行了再认识，部分馆员还能做到换位思考，想读者之所想，急读者之所急。在全体馆员的共同努力下，我们不仅顺利通过了创建文明城市检察团的明察暗访，并以此为契机使我们的服务质量上了一个新的台阶。同年，根据本馆将对读者服务中心进行改革试点的要求，重新制定了《读者服务中心岗位设置、岗位要求》及《读者服务中心工作人员考核办法》。

2006年4月，根据馆里指示，本馆辞退了所有临时工作人员，其工作由馆员承担。我们就向馆员提出要求，虽然人员紧张，劳动强度加大，但我们一定要体现出馆员的业务素质，各项工作都要做得更好，更具专业水准。为此我们根据读者需要对部分岗位的工作责任做了调整，如排架既要整洁有序又要准确，严格按照我们制定的排架标准，不论色标管理、还是按索取号细排都要尽量保持准确，至少两个月顺一次架。

为了方便读者查阅文献，减少不必要的交叉环节，我们将辅助库提阅书刊的工作程序作了调整。原来工作程序是由读者向阅览区工作人员提出索书号，再由工作人员通过电话通知书库管理员提书，书库管理员查到书后电话通知阅览区工作人员到书库取书，非常繁琐而且浪费时间，有时还会出现互相扯皮的现象，读者意见很大，馆员之间也容易产生不必要的矛盾。经过研究我们将工作程序改为读者向阅览区工作人员提出索书号，工作人员通过电话通知书库管理员，然后由书库管理员提出书刊，直接送到借阅台，这既简化了手续，又节省时间，还不容易产生矛盾。

为加强“不外借”图书和“保存”图书的管理，真正弄清我们

服装信息中心一角

的家底，我们克服人员紧张的困难，挤时间对“不外借”图书和“保存”图书进行书卡核对工作，并完成自然科学“不外借”图书和“保存”图书、社会科学“不外借”图书、地方文献查阅室现存资料的核查工作。

本着方便读者便于管理的原则，我们对二楼、三楼开架借阅区进行调整。由于开架面积有限，而每年要有大量新书入库，开架借阅区又因辅助库拥挤无法下架回库，造成书架拥挤不堪、读者取阅图书困难。经请示馆领导后，决定下架打捆暂时存放，共计下架图书4万册左右，并将社科、文学按新书上架比例及读者借阅规律做了细微调整，倒架近600延长米。

在创建最佳旅游城市活动中，读者中心多次召开各楼层工作会议，认真研究如何提高服务质量。在此期间，我们特别加强了对新馆员服务意识和技能的培训，同时又采取以老带新的办法，使我们的服务质量有了新的改观。

2007年，根据馆里统一部署，我们对本馆新籍图书进行一次大普查。本次普查任务重、责任大，我们的馆员付出了大量的心血。同时，我们又对书库和借阅区的书架进行了调整，极大地方便了读者查阅。

（2007年12月）

在繁杂之中享受工作的快乐

宋培发

2000年改扩建工程结束后，我馆服务设施、服务功能等都发生了很大的变化。而以前的机构设置已不能适应新形势下的需求和图书馆事业的发展，机构改革和调整势在必行。

改扩建前，总服务台的主要职能如还书、续借、办证、退证、统一收取各项费用等均在前流通部的业务范围之内。改扩建后，由于设施的进一步完善、功能的进一步拓宽，继续由流通部包揽所有对外服务业务就会对读者造成极大不便，如在青少部、二楼社会科学类书库、三楼自然科学类书库各借一册书，读者就必须到三处地方还书，即从一楼到二楼再到三楼，而且还需要在各个楼层设置服务台。为了方便读者，真正体现“读者第一、服务至上”的原则，我馆成立了总服务台。

总服务台的工作职责为：接待读者还书业务，即读者所借的图书统一到总服务台归还；接待读者续借业务（含电话续借），即读者借书后如在一个月以内没有看完，或到期没时间归还可续借一次；接待读者办理“借书证”、“临时阅览证”及退证业务；统一收取复制费、保存本图书阅览费、资料查阅费、刻盘费、拍照费、租碟押金、租碟费、自学费、读者借书超期滞纳金；为读者开据收费凭据、解答读者咨询（含电话咨询）、将读者归还的所有图书分门别类送到青少部、二楼社会科学书库、三楼自然科学书库等等。

总服务台身处全馆最前沿，虽只有“三尺柜台”，但却“热闹”非凡，还书读者、咨询读者、缴费读者每天络绎不绝。高峰时，日读者近两千人，日还书量近三千册，一天工作下来，累得头昏脑涨、浑身乏力。且读者群中上至八旬老翁，下至弱冠儿童，弱势群体占多，他们的表现、言行各不相同。接待各阶层的读者、与形形色色的读者沟通成为考验总服务台每个工作人员的一道关口。同时总服务台的工作性质决定了我们没有节假日和周末。越是社会上的放假时间，我们越是要坚守在岗位上，无法与家人团聚。由于上述原因，总服务台的工作十分辛苦，人员更迭相对频繁。但是，总服务台是图书馆与读者接触的第一道窗口，是图书馆与读者沟通的第一条渠道，是馆员向社会亮相的排头兵。因此，总服务台的工作代表着图书馆的形象，承担着馆领导的信任和重托。目前总服务台的现有馆员都能够克服困难，加强修养，想读者之所想，急读者之所急，特殊读者特殊对待。虽然工作很辛苦，很繁杂，同时还要忍受来自其他方面的一些压力和烦恼，但是馆员们用辛苦和付出赢得了馆领导和绝大多读者的认可，我们还是感觉到无比的欣慰和快乐。

(2007年12月)

目录区

献给未成年人的礼物

陈渊斐

很多现代人发出这样的感叹：“社会，如果我今天给你一个孩子，多年以后你会还我怎样一个呢？”每一个身为人父、人母的成年人都免不了会有这样的担心。孩子，总有一天会长大，会进入学校、社会，家庭并不是他们永远的庇护所。可是怎样才能更好地融入社会，使他们在身体、智力、品德、人格等诸多方面都得到全面的发展呢？这就需要全社会的成年人都行动起来，以身作则，为未成年人的健康成长创造一个良好的成长环境。

几年来，我馆青少部在这方面进行了一些尝试，组织了一些活动，试着将无形的爱转化为有形的服务，将有形的书本转化为无形的教育，回报全社会成年人对我们的信任、未成年人对我们的期望。我们不敢说自己是教育者，只是小心翼翼地对孩子们以润物无声的方式加以引导，如果能使孩子们善良、丰富、有尊严，那么我们就感到欣慰了。

为此，我们邀请了被誉为“冬泳之王”的王刚义教授，给孩子们做了一场“挑战极限，挑战人生”的讲座。为了让孩子们学会用自己的眼睛仔细观察周围的世界、用自己的心体味大千世界的精彩，从而热爱生活、热爱自己的家园，2004年“六一”前，我们举办了“我看大连”儿童即兴美术创作。那一天，青少部装扮得格外喜庆，“我看大连”四个美术大字在各色剪花的衬托下，精神抖擞地列在青少部大门两旁迎接小客人们；桌子上摆放好了各色画笔、水彩等用具。上午9时，22名“小画家”们陆续到达，经过紧张思考，他们纷纷拿起了画笔，有的画大连美丽的海滩，鱼儿们“手”拉“手”地游过来；有的画大连的绿地、白云、阳光、花朵；很多小朋友画起了大连的高楼大厦，许多幅画中还不约而同地画有足球……这些充满童趣的画，一方面让人感受到大连的美，一方面也陶冶了观者的心灵。来参加活动的孩子，最大的是六年级学生，最小的只有5岁．其中不乏“专业高手”。我们也衷心希望他们能用自己的双手描绘出灿烂的前景。

2004年8月3日，我们邀请了当年辽宁省高考状元耿原同学来到我们“学会学习”沙龙。

2004年暑假，我们组织了以“读书”为主题的手抄报（电脑设计）征集活动，并提供参考书和活动场地，以激发广大青少年多读书、读好书的热情。此次活动中，我们欣喜地看到，一批爱自然、爱人生、爱科学、有才华的新人正显示出蓬勃的朝气和惊人的实力。

近几年，素质教育和应试教育的矛盾令万千学生、家长和教育工作者苦恼。但魏娜却走出了一条成功之路：2004年魏娜参加了清华大学、北京大学的自主招生考试，以优异的文化课成绩、优美的提琴曲，同时叩开了两所名校的大门，被清华、北大提前录取。最终她选择了北京大学。2005年2月17日，我们举办了“艺术特长助你高考成功”讲座，邀请魏娜同学现身说法。

小读者诗词歌咏比赛

2005年暑假、2006年暑

假期新书专架

假和2007年寒假，我们分别举办了“读书有感悟”、“带给你快乐的一本书”、“最感动你的一本书”征文活动，众多青少年读者送来了自己的参赛作品。评读着这一篇篇佳作，从心中感叹“后生可畏”。

几乎每个假期、“六一”，我们都会为孩子们免费放电影。2005年寒假播放了“红色经典”系列片《闪闪的红星》、《小八路》、《小兵张嘎》、《烽火少年》、《鸡毛信》，并征集了观后感；为纪念世界反法西斯战争胜利60周年，我们放映了反映二战的法国喜剧经典影片《虎口脱险》。

在2006年寒假的老片回放活动中，《半岛晨报》记者现场对观众进行了采访，并进行了报道。这些影片是大连市图书馆为全市中小学生准备的寒假礼物。我们从中宣部与中国文明办为少年儿童推荐的百部爱国主义教育影片中，精心选取了四部不同题材、不同风格的老电影，分别为《地道战》、《惊涛骇浪》、《宝葫芦的秘密》、《没头脑和不高兴》，在每周二下午为大家免费放映，几乎场场观众爆满。首场《地道战》放映时，场内200个位置座无虚席，仍有孩子和家长陆续入场，甚至站着观看。这些影片曾经伴随了整整一代人的成长，每一部都蕴涵着丰富深刻的教育意义，现在依旧魅力十足，堪称经典。爱国主义教育是经久不衰的主题，激励了无数人奋发图强。这次寒假期间的系列放映，不仅让青少年了解历史，也让家长们重温过去，广受不同年龄层次观众的好评。我们还收到了孩子们的观后感三十多篇，《半岛晨报》进行了选登。

2006年4月23日，是全世界爱书人的节日——世界读书日。上午9:30，大连图书馆东大厅响起了舒缓的乐曲，许多小朋友穿梭于此，原来这里即将举办有奖知识抢答活动。随着主持人宣布抢答开始，大家争先恐后，纷纷热情参与，有的甚至冲上台去。在现场每一位回答正确的孩子都得到一本精美图书，活动紧张刺激又精彩。上午10:00，大家又在少儿阅览室聚集，共同朗读和讨论自己喜欢的图书作品，“读书小沙龙”在集体背诵《将进酒》的热烈气氛中结束。上午11:00，青少部提供平台，组织小读者“互换图书，传递美好”。当天下午1:00，工作人员带领小读者参观了图书馆，并让孩子们做了一回“小馆员”，体验图书分类、上架、整理等多个流程的实践工作，让小读者们不仅从小爱读书，更要爱惜书。孩子们都非常兴奋。

2006年7月12日，在大连图书馆一楼报告厅，我们邀请了大连市计算机教育界知名人士、大连理工大学“电子与信息工程学院”副教授孙效里老师举办讲座“信息社会与信息技术”。我们经常搞一些贴近实际、贴近生活、贴近未成年人的活动。为纪念中国红军长征70周年，结合党中央提出的“八荣八耻”，我们特邀大连市委党校政治与统战教研部副主任、副教授徐晓暖同志做了题为“知荣辱，树新风，做健康文明的小公民”的报告；为纪念世界反法西斯战争胜利60周年、抗日战争胜利60周年、大连解放60周年，我们特邀辽宁师范大学历史文化旅游学院教授、历史学博士喻大华做了“抗战胜利——中华民族重振雄风的新起点”的讲座。为解决青少年的心理问题，我们举办了“我是谁？——解读你的人格”的讲座和“面对压力，我们要做些什么——情绪的认知与调节”的沙龙。我们还组织了手语讲座、举办了“动手又动脑，看谁做得好”小制作活动，并多次设立接待日，为小读者提供一个平台、一个社会实践的场所，让志愿者做一日义务小馆员，自己动手，体验劳动和为人服务的快乐与辛苦。

我们为青少部这个集体骄傲。组织活动，是一项非常繁琐的工作，决定活动主题、场地洽询勘查布置（音响、横幅等）、人员联系协商、准备物品和奖品、发布通知、联系媒体、受理报名、活动现场组织（接待、摄影、录音、主持等）、单据整理、结费、总结、归档……我们从一开始的没有经验、手忙脚乱，到后来的从容有序、互相配合。身处这样的集体，我们其乐融融。在这样一个发展空间，我们和孩子们一起成长。

（2007年12月）

小读者阅览室

鲁迅路分馆的特色服务

田丽华

大连图书馆鲁迅路分馆创建于2000年7月，2001年5月30日正式对外开放。该分馆是我国第一个以收集和借阅日本文献为主、面向海内外读者开放的特色图书馆，是大连图书馆为社会服务、对外开展文化交流的窗口，也是大连图书馆在市中心地带设立的面向全市读者的文化服务窗口。分馆的宗旨是：拓展服务领域，服务社会大众；开展文化交流，加强交流与合作；开发特色文献，创办具有大连图书馆特色的分馆模式。

分馆位于大连市中山区鲁迅路20号（原满铁大连图书馆旧址）。1998年，市政府投资500万元，在保持原有建筑风格的基础上对其进行了全面装修改造，馆舍面貌焕然一新。本馆还配备了各种现代化设施，采用ILAS系统，实现馆内局域网，并与国际互联网连网。可以为读者提供多媒体阅览查询和网络服务，实行了现代化管理。

目前，鲁迅路分馆藏书12万余册。其中，中文报纸200多种、中文期刊2000多种、中文图书6万余册、各类文史工具书及日文新籍1万余册、日文古旧籍5.7万多册。

分馆有日本文献资料库，收藏日文古旧籍5.7万余册、日文新籍1万余册及各类工具书等；设置日本文献查阅室，向海内外从事日本问题研究及中日关系问题研究的专家、学者提供文献查询、代查、代译等服务；报刊资料查阅室设有座席

100多个，收藏中文报纸200多种、中文期刊2000种，向本市读者提供全国主要报刊资料的阅览、文献检索及参考咨询服务；并及时收集读者需求的信息，开展论文指导、代查代译等服务；畅销书刊借阅室收藏中文畅销书刊5万多册，向读者提供中文畅销书借阅服务；电子阅览室向读者提供电子文献阅览、光盘数据库检索和网络查询服务；与国内外各有关学术单位联网，进行文献检索与开发，为读者提供网上服务；总服务处负责为读者办证及各项收费等。该馆还开展文献复制、打字、扫描、翻拍等服务。自学室设有座席100多个，为到馆自学的读者提供服务。

开馆几年来，鲁迅路分馆积极拓展服务领域，开展文化交流，开发特色文献，加强学术和文化交流与合作，为创办具有大连图书馆特色的分馆模式，做出了积极的努力。

一、为读者服务概况

分馆于2001年5月30 日正式对外开放。开馆初期，分馆始终坚持实行24小时昼夜开放，给广大读者创造了极有利的条件，受到社会各界欢迎。直到“非典”期间，为广大读者利益着想，才取消夜间开馆服务。

主要服务措施：

1．为更好地提高服务质量，分馆实施了一系列方便读者的服务措施：为70岁以上老人免费办理阅览证；设立读者还书箱、读者意见簿。针对读者提出的宝贵建议我们认真检查，并及时改进。

2．每天义务为读者提供饮用水，并设读者生活服务处，为到馆读者提供各种学习、生活服务。

3．大力开展深化服务。报刊组利用下架报刊进行专题剪报服务，无偿向读者提供查阅。电子阅览室针对读者学习中提出的实际问题，开展了网络信息查询服务，对一些大课题进行专题服务。

5．深入社区为读者服务建立了四个图书流通站。一是利用过刊在甘井子棋盘村建立了图书流通站，形成了以村中心户为单位的书刊借阅网点，丰富了村民的娱乐生活；二是在辽宁外运建立了流通站，从有关物流书刊到我们编印提供的二次文献《物流在线》，开展了以物流为专题的深层次定向服务；三是在大连女子骑警大队建立图书流通站；四是在沙河口公安分局建立图书流通站。

6．几年来，先后开展十余次内容生动，形式活泼的读者活动，读者参加人数达数万人。

自2001年5月30日开馆以来，到现在共接待读者45万多人次，流通图书30万多册次，拥有持证读者6004个（借书证2008个、阅览证3996个）。

二、日本文献服务情况

分馆设置日本文献查阅室，向海内外从事日本问题研究及中日关系问题研究的专家、学者提供文献查询、代查、代译等服务。

分馆5.7万多册日文古旧籍向为海内外专家学者所瞩目。这些资料有原日本南满洲铁道株式会社各直属机关、关系会社编辑出版的公文、档案、机关刊物、调查资料，各种营业报告和统计资料等；有原日本在华的政治、经济、军事、文化、新闻等各种机构的情报部门对中国各地的调查资料；有日本驻世界各地的情报部门对当时各国和世界各种热点问题的调查和研究资料；也有很多当时正式出版的日文书籍。这些图书资料内容丰富、收藏系统，形成了很多专题性的文献资料。如日本问题研究、满铁问题研究、中国东北问题研究、中日关系研究等，这些资料存世极少，甚至已成为孤本，其中尤以“满蒙文库”独具特色，是从事历史研究的十分珍贵的资料。

（2007年12月）

满铁资料库

鲁迅路分馆夜景

书院和『学为己』的书院精神

张本义

记得，五年前白云书院开课的时候，我们请来了著名学者于植元先生。他在给我们开第一次讲座时曾谦虚地说：“好角都在后边，京戏开演时，前面总有垫场子的。这个垫戏的，可以使迟到的听众等到大名角出场。”今天“白云书院国学义塾”志愿者培训班上第一课，我却当真的属于随着开场锣鼓上场的第一个人。抛砖引玉，以后陆续再请大方之家到这里做高层次的讲座吧。这不是谦恭之词，确是肺腑之言。

今天，我结合我们白云书院，讲一讲书院和“学为己”的书院精神。我想根据我个人对书院精神的学习谈点体会。首先，介绍一下我国书院的大致历史、白云书院的缘起；其次结合朱子的白鹿洞《揭示》，探讨一下“学为己”的书院精神。不当之处，欢迎批评。

我国书院的大致发展情况

《辞海》将书院定义为“中国古代的一种学校类型，始创于唐代”。这是因为安史之乱以后，重视诗赋文学的进士科考地位上升，出现了隐居于山林寺院读书的风尚，于是兴起了私家办书院之风。清人袁枚在《随园随笔》中说：“书院之名起于唐玄宗时，丽正书院、集贤书院皆建于朝省，为修书之地。”唐代民间办的张九宗书院（在今四川遂宁）、邺侯书院（在今湖南衡阳）等，都是私学性质。有资料表明，私家书院早于官办的书院，而且这些私家书院已具备了教书、念书、藏书、著书、刻书等后来书院的基本功能。所以，唐代中后期是我国书院的发端时期。

宋代国初，因为国力有限，朝廷尚无法投入大量资金兴办教育，特别是由于印刷术的发明和发展，文化典籍得到了极大的传播，教育也得到了较大的普及，因此私人办的书院数量也大幅度增加。宋人吕祖谦在《白鹿洞书院记》中说："国初，斯民新脱五季锋镝之厄，学者尚寡，海内向平，文风日起，儒生往往依山林即闲旷以讲授，大率多数十百人。嵩阳、岳麓、睢阳及是洞为尤著，天下所谓四书院者也。"特别是宋真宗赵恒对私人办的书院采取了扶持和鼓励的政策，曾先后为岳麓、嵩阳书院赐书、赐额。宋廷南渡之后，大批读书人流落江南，这样就使南方的书院兴盛了起来。一些名儒如晦庵朱熹先生、南轩张栻先生、东莱吕祖谦先生、象山陆九渊先生等等，为创办和主持书院而付出了极大的努力。朱熹先生在知南康军（在今江西）之后，重建白鹿洞书院，购置学田、招收生徒、延请名师、制订学规，并邀请陆九渊先生前来讲学。其后，各地争相仿效白鹿洞做法，纷建书院。逐步形成了一整套完整、严密的办学宗旨、教学方式、教学内容、经费来源、组织机构、山长遴选等制度，从而使我国的书院进入了发展时期。

元代的国祚虽然不及百年，但却较为重视教育。20世纪80年代，我在金州博物馆工作时，在金州城南门外修路工地发现了一通元代至正十年（1350）的金州儒学残碑。这是辽宁乃至东北地区的"教育第一碑"。地处辽东半岛的金州，当时属于边陲之地，尚建有儒学，说明元代后期教育发展的程度。元代中期，世祖至元二十八年（1291），在建立地方州县儒学的同时，下令"其他先儒过化之地，名贤行径之所，与好事之家出钱粟赡学者，并立为书院"。各地书院也纷纷得到了恢复和发展。但由于元朝的统治者加强了思想控制，使书院里的学术自由和创新氛围大大削弱，其办学规模和水平都远逊于宋代。此为我国书院的恢复时期。

中国古代的教育主要是两个系统。一是官学系统，包括中央的国学（太学）、地方的府、州、县学等。比方说，明代县试中，考取了生员（即秀才）资格才能参加院考，生员在院考中取得了资格才能参加乡试，乡试及格（中式）称举人，举人参加会试，中式者称贡士，贡士参加殿试之后成进士。各级官员大部分就从这些举人、进士等中间选拔，读书的士子们要做官，也大都沿着这条干禄之阶往上爬。另一个系统就是私学，主要指民办的书院。

明代，以提倡官学为主，但是士子们更是喜欢相对自由的书院。到了明代中期，王湛心学大盛。王是指王守仁（阳明）先生，湛是

白云书院

指湛若水（甘泉）先生。他们为了推行自己的学说，而到各地讲学，不仅推动了书院的发展，而且使书院成为学术思潮的摇篮和学术创新的基地。到了明代的后期，书院内的思想非常活跃，因此，朝廷开始加以压制，首辅张居正就曾奏请废书院。而遭受最大劫难的书院，则要属无锡东林书院了。当时是魏忠贤的阉党专权，政治非常黑暗。天启五年（1625），魏忠贤下令“刊党籍，尽毁天下书院”，首及东林。当时东林士子受迫害者达三百多人，这是明代迫害知识分子最为惨烈的事件之一。尽管如此，纵观有明一代，由于学术思想的活跃、教育的进一步普及，书院得到了更大的普及和发展，此为我国书院的鼎盛时期。

清代，书院得到了国家的支持，尤其在乾嘉时期，各地书院的数量和规模也都达到了全盛。但清代对思想控制得很严格，这样就直接导致了书院的官学化。这时的书院，已经和官办的儒学所差无几了，有的甚至和官学一样，很少组织会讲，只是负责月考、季考等事。特别是失去了宋明以来的文化和思想方面的创新精神，学术空气也相当沉闷。到19世纪末20世纪初，尤其是鸦片战争以后，洋人的利舰大炮打破了中国的国门，国艰日亟。人们纷纷把批判矛头对准了传统文化。作为传播传统国学的书院受到了最严厉的批判，甚至认为国家贫弱的原因就是因为书院等教育制度落后所致，一时间“争毁书院”之风四起。到1910年清廷实行“新政”之后，历时千年的书院被废止。此为我国书院的官化期和末落期。

有资料表明，我们大连地区有可能在明代已出现了书院。清代乾隆三十八年（1773），在金州文庙内创建了南金书院。“南金”为南方出产的一种高品质的铜，古时所谓的金，多指铜。《诗经·鲁颂》有“元龟象齿，大赂南金”的句子，说的是淮夷将大龟板、长象牙、整块大玉和上等金子作为礼品献给鲁僖公。后常以“南金”

比喻人才。由于清代金州城至今甘井子一带属金州厅内的“南金社”管辖，故书院也以“南金”名之。后来，道光二十四年（1844），在今瓦房店市的复州城内又建立了横山书院。横山是瓦房店市内的一座名山，横山书院的遗址现仍大部分保留下来了。这两个书院在清代为国家培养出了一大批人才。

1894年甲午战争之后，大连沦为日本殖民统治地区。日本把南金书院改为“金州公学堂南金书院”，主要以办学教育为主。当时的贡生王永江先生就作过监院，他也是著名学者、诗人、哲学家、政治家、经济家和书法家，后来当了奉天省长。当然，这时期的南金书院也是徒有其名了。

有一句话，叫“痛定思痛”。在沙泥俱下、鱼龙混杂之时，很难看清事物的真面目，也难以判断事物正确与否。现在看，清末的“新政”就是存在着许多问题。中国封建社会延续了两千多年的时间，为什么到清朝后期几十年间就訇然垮掉了？除了政治、社会、经济等方面存在着深刻危机之外，士子们也助了革命党人一臂之力。为什么这样说？因“新政”废了科举、废了官学、又废了书院，成千上万的读书人没有出路了，对前途丧失信心的时候，怎么能指望他们对当时的社会制度热爱和献身呢？所以清朝很快就垮掉了。然而，仅仅在书院废了二十年之后，当年新文化运动的健将胡适先生，就曾感慨地说：“书院之废，实在吾中国之大不幸事。”今天我们看得更清楚了，中国书院的传统实在不应丢掉。

白云书院的缘起

我们大连图书馆为什么要兴办书院呢？大家知道，文化传统是一个民族赖以生存的基础。可从19世纪以后“西学东渐”，特别是上个世纪初引进西方教育理念、推行西式教育、推动所谓“新文化”

运动以来，我们的传统文化，受到了极为不公平的待遇，一时间甚至视传统文化为仇敌，必欲破除而后快。从而近百年来，特别是近几十年来，我们的文化传统受到了严重的摧残。大家都看到，今天崇洋之风愈演愈烈。思想界、理论界、学术界、教育界、文化界、舆论界等对我们的传统文化继承和弘扬不够。仅以现实生活为例，今天的年轻人，吃的是麦当劳，听的是西方的音乐，跳的是西方的舞蹈，看的是西方大片，学的是西方语言，穿的是西方服装，过的是西方的节日，住的是西式洋楼等等。不知不觉中我们的一些人俨然将自己视作了西方人，对本民族的文化不屑一顾，从而丢掉了我们固有的文化传统和传统价值观，乃至文化认同发生了转变，民族自信心和自豪感也丧失殆尽。这是一种西方几十年来梦寐以求的状况，也是我们值得深刻思考、深刻重视和深刻忧虑的事情。

中国传统文化特别重视人文教化。《周易》中说："观乎人文，以化成天下。""圣人久于其道而天下化成。"我认为，所谓文化，"文"是指人文精神，只是个手段，而"化"是变化，是改变，才是目的。直到近代，"教化"不仅是我国各级地方官吏任职时的一项极为重要的工作，而且是考核地方官吏政绩的一项重要内容。

而作为学习和传播儒家思想文化的重要阵地，书院历来重视对民俗民风教化功能的发挥。如书院会讲时，受众一般比较宽泛，有的几乎直接对社会的所有成员开放。吕祖谦先生曾说过："士大夫善言风俗不好，风俗是谁做来？身便是风俗，不知去做，如何会得好？"（吕乔年辑《丽泽论说集录》卷十）在今江苏的虞山书院就曾规定："虞山会讲，来者不拒。"在今安徽的明万历年间的赤麓书院《会约》中说："独计地方风俗，寖失其初，及今不返，后何底止？今将一应遵事宜，胪列如左，期与诸友共以此意劝勉各家。挽浇靡而归之淳质，此会不为无益。成己成物，原非虚语，维风范俗，吾儒实学。”该《会约》中所列的事条，如“睚族”、“节俭”、“正分”、“广仁”、“积德”、“劝业”、“止讼”、“禁赌”、“备赈”、“防盗”、“黜邪”等，皆关系到民风之教化。

“国际图联”指出，公共图书馆的一个重要功能是社会教育功能。我国文化部也已将社会教育纳入图书馆的核心业务范畴。应该说，社会教育中，“教化”风俗是一项重要内容。根据我们的文化

白云书院内厅

传统，我们利用书院这种古老的教育形式，对广大市民用优秀的传统文化进行教育和化成。这是根据当前的实际情况，我们兴办书院的一个原因。

书院是一个地区历史和文化的标志之一。“理一分殊”，由于各地的情况不同，书院的举办也各不相同。因此，书院也都彰显了一个地区的文化和文化特色。一些历史悠久和文化昌明的地区，如

今天江苏、浙江、安徽、福建、江西、湖南、四川、陕西、河北、山东等都是由于历史上书院众多，才使民风文雅、人才辈出的。有人，甚至有的大连文化人，说我们大连没有历史，没有文化。对这话，我一直持批评意见。如果是一个对大连历史无知或者外地人说这种话，尚情有可原；但若是作为一个生于斯、长于斯、聚族于斯、歌哭于斯的大连人，特别是大连的文化人，不能不说是一个遗憾。

文化是什么？文化是人类与生俱来的，人类一切活动的总和就叫文化。可考古证明，大连地区早在一万多年前就已有了人类的活动呀！能说我们没文化么？我曾参加过田野考古，亲手在金州城内原始地层中发掘出距今六千多年前的小珠山文化时期的陶罐，而后商周遗址遍布大连。市内烈士山上就有距今三千多年前的积石墓，汉代曾在此建过沓氏县。日本人当年在建设大连城市时，在现今的劳动公园内，也曾发现过汉代的遗迹。因此，说大连地区没有文化是无知或错误的。

从汉代一直到明清以来，大连地区的历史发展也赓绵有绪，从未间断。如营城子汉墓、大李家汉城、董家沟汉城、张店汉城、陈屯汉城等都可以证明，汉代这里人烟麇集。有人说，晋至唐代总章年（668）前这里曾被高句丽占据过二百多年，我对此表示怀疑。因为直到现在，在大连地区还没见到过一件准确的、典型的高句丽时期的出土器物。还有人说金州大黑山城是《唐书》上所说的高句丽时期的卑沙城，我曾也持有这个观点。史书上说卑沙城“四面悬绝，唯西门可上”，但我经过实地考察后发现，大黑山城西边有两个门，从而对其是否是卑沙城发生了怀疑。相反，我们曾经在大黑山城附近发现过两处战国刀币窖藏。我们还在金州北屏山发现了北齐天保二年（551）的纪年菩萨像。这个造像非常精美，与中原同期石刻造像相比，毫不逊色。辽金元明清时代的遗址和文物可以说遍布大连地区。到近代，很多著名的学者如章太炎先生、罗振玉先生和康有为先生等都在此居住和讲学，他们都是一流的国学大师。民国初年的一批反袁志士，很多是大学问家、大诗人，都在此居住过，因此，当时大连的文化影响力在全国也是很大的。

只是在日本占领时期实行奴化教育之后，中华传统文化的发展受了严重的阻碍。解放至今，因为各种历史原因，大连地区的传统文化应该说比较薄弱了，这样说，才是符合实际的客观公正的评价。作为一个大连人，特别是大连的文化人，决不应妄自菲薄，应该为脚下这块土地的传统文化事业的发展努力做事才是，因为无论从哪儿讲，这是我们的根啊。这是我们之所以兴办白云书院的另一个原因。

第三个原因在教育方面。现今的教育思想和教学体系完全是照搬西方的模式。结果与中国传统的教育思想和教学体系发生了严重龃龉或悖离。种种弊端在新式教育实行不久就暴露出来了，所以，1938年竺可祯先生在浙江大学宜山开学式上就曾指出："现在的大学教育，注重各种专门知识之传授，而忽略品性德行之陶冶，积重难返，流弊甚深。社会道德与政治风气之败坏，此为要因。"

今天，在教育全面西化的潮流中，我们将传统教育的对人的本体教育忽略了，只注重了成材成器的工具价值，人役于物，工具理性凌驾于价值理性之上。用传统教育思想的语言说，即重外在事功，轻内在的安身立命。

现在，我们的教育体制，仍以应试教育为主，某种程度上可与科举年代的应试相比。尽管我们一直在提倡进行素质教育，但学生们为了应试，累死累活，死啃书本，根本无暇顾及其他。仅以书法教学为例，虽然教学大纲有规定，但因与考试无关，大多数学校根本不进行写字课基础教学。现在我们的孩子，很多已写不好汉字，甚至不会写，也不屑写汉字。别忘了汉字是我们的母文，它承载了

张本义馆长笔书宋代张载语句

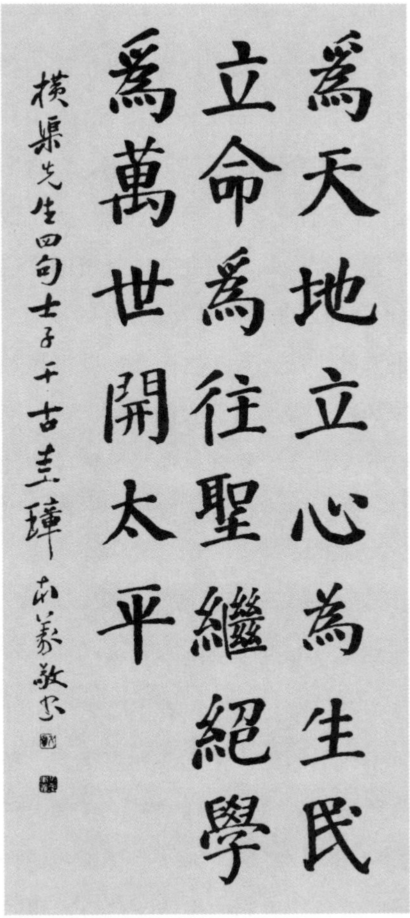

中华文明的全部信息，是中华文化的核心和精粹之一啊！古人说，“尺牍书疏，千里面目”，书法是一个人的脸面，也是谋事的资本，它可以磨练人的性情、人的抽象能力、人对美的感知力，所以传统教育中对汉字都是怀着一种敬畏的心情来对待的。有资料说，现在日本，师范学院的学生能否毕业，要看板书。板书写不好，就没资格当教师，因为教师的字写得好与否对学生影响极大。可我们现在的小学中学老师，有几个能写一手漂亮的板书呢？我们的教育只看升学率，只看分数，其结果和科举时代官学的应试教育几乎毫无二致，窒息了思想和创造力，白白浪费了青少年许许多多的大好光阴。

而与此相反，我国传统书院中宽松的讲学环境、自学精神和灵活的办学方法，确实值得我们现在认真总结继承和发扬。我们的教育照现在这样发展下去肯定不行。有感于此，我们也想通过摸索一条现代书院教育新路子，就像当年书院和官学互补一样，我们现今的书院也能和现行的教育制度互为补充，以求为改变现今僵化的教育思想和体制贡献我们的心智。

我们兴办书院的第四个原因，是因为我们有良好的办书院的条件。书院，顾名思义，与书分不开。书院从一开始就是藏书、刻书、校书、教书的地方。而如今的大连图书馆藏书多达270万册，仅古旧籍就有60多万册，我们有一批历史文献研究学者，而且还有一大批像在座诸位这样的志愿者。特别值得一提的是，现在我国经济的飞速发展，传统文化的迅速回归，也为我们创办书院创造了良好的氛围。而且大连历史上有南金、横山书院的学统，百年之前，亦曾群星灿烂、光被桑梓，很多学子为国家和民族做出了很大的贡献。这一支文脉我们不能让它断了。尽管这一文脉几十年来已命悬一线，但几十年时间，在历史长河中也仅是一瞬。以上，都是我们创办白云书院的基础。

白云书院从2001年创办以来，在各级领导和社会各界的支持下，我们举办了“传统文化系列讲座”，又开办了“国学义塾”。六年来，可以说是筚路蓝缕，一步步走了下来。至今已有上千名学生在我们书院肄业，几万名市民聆听了我们的传统文化系列讲座。已经编辑出版了《白云论坛》两卷，还编印了《四书读本》，在学术研究上还将陆续出一批成果。当然，十年树木，百年树人，前人栽树，后人乘凉，传统文化教育决不是一件急功近利的事情，但只要我们持之以恒，相信用不了多少年，我们大连也可能培养出一大批我们自己的国学人才，甚至于栋梁之材。那时，人们会记住我们的，会记住白云书院的。

为了改善我们的教学环境和水平，我们去年又筹集资金对白云书院近千平方米的院舍，依照明清书院的风格进行装修和改造。总体来看，可以说是成功的。那么为什么要按照传统书院风格进行装修呢？这是因为书院建筑是中国传统文人的精神家园，是中华传统文化精神的象征之一。《论语·泰伯》章说：“笃信好学，守死善道，危邦不入，乱邦不居。天下有道则见，无道则隐。”就是说，要坚定相信道并努力学习它，誓死保全它。不进入动乱的国家，不居住于动乱地区。天下太平则出仕，不太平就隐居。由于从孔子时代起，隐逸就成为文人士子的一种时尚的文化行为，就连孔子在曲阜讲学的地方，后来也被广种杏树，称之为“杏坛”，再后来发展成隐逸于山林传道的文化风范。西晋名士张华《招隐诗》中有“隐士托山林，遁世以保真”的句子。后来的私学大师们，多依照这个传统，将书院建到山林幽谷之中，依赖于优美静谧的环境以陶冶师生性灵，潜心传道授业和著述，实现其即使不能“立功立德”也须“立言”的理想。书院建筑摒弃繁复、夸张和奢华，多取平淡、简朴、方正、雅致的风格。由于这种风格与儒家的中庸平和的理念相附和，所以，千百年来已成为书院建筑的一种标准和定式。而反过来，这种高尚雅致的建筑本身，又进一步陶冶了士子们高尚雅致的情怀，这也是中国古代文人建筑的魅力所在。

我们此次对白云书院进行装修，不仅装修风格追求古朴，而且连所有的家具也都采用了明式书房家具的做法，加之参加学习的学生清一色的蓝布国服，与窗外的竹影与青山交相辉映，着力营造了一种传统文化氛围。其目的，还是借以“化成”学子们的精神和气质，造就倾心于传统文化的人才。

有人问白云书院名称的由来。“白云”一词由我们书院地处白云山麓而得名，“白云”本身就很有诗意。我给书院拟了一幅嵌名联“白云无语；书院有声”，表达了对白云书院的热爱和祝愿。

至于我们的书院里为什么要立孔子铜像和孟子、荀子、董仲舒、朱熹、顾炎武等先生的刻石呢？我国书院都设有祭祀孔子等圣贤的场所，这也是传统书院的一种教育手段。因为我们白云书院场地有限，所以只在大厅供奉孔子铜像、在走廊两厢树立儒家各时期具有代表性的人物的碑石线刻造像，以纪念先圣先贤，激励后学后进，这也是对书院功能的一种完善吧！

“学为己”的书院精神

什么是中国书院精神，是近些年来学术界较为关注的一个话题。有的说，书院精神就是一种“独立个性和姿态”精神，有的说是学术上“创新精神”，有的说是“自由的学术精神”，有的说是“兼容并蓄”的精神等等。当然立论者所提出的论据和概括的结论都是有一定道理的。但是上述的概括，都无法历史地、全面地、准确地概括中国书院的精神实质。

我认为，中国书院的核心精神，就是“学为己”或称“为己之学”的精神。

“学为己”的思想最早由孔子提出。《论语·宪问》章说：“古之学者为己，今之学者为人”，就是说，古代学者的学习目的，在于整治和涵养自己的学问和德性，达到圣人、君子的境界，而今日学者的学习目的，则只是为了表现自己，取悦于人，以达到功利的目的。按照孔子一贯的崇古思想来看，“学为己”是应该推崇和提倡的，而“学为人”是应该反对和鄙弃的。

儒家主张积极入世，希望行道于天下，实现治国平天下的政治理想。而实现这个政治理想必须循序渐进，由基础做起。《礼记·大学》中开列了八个条目，即格物、致知、诚意、正心、修身、齐家、治国、平天下。此“八目”为由学习知识和道德、再到政治的培养和造就的过程。也就是说，成就政治理想必须通过穷追事物的原理（格物）、获得知识（致知）、诚实意念（诚意）、端正思想（正心）、修养己身（修身）才能实现。也只有做好了如上的五条，才可能实现齐家和治国平天下的理想。八个条目中的前五条讲的都是"修身"的内容和步骤。而最重要的、最根本的也在于"修身"。"修身"是能否实现齐家、治国、平天下的前提，不能"修身"，遑论治国平天下！所以《大学》中还说："自天子以至于庶人，壹是皆以修身为本。""修身"一词，也就是孔子所讲的"学为己"。"修"与"学"、"身"与"己"互训，都是一个意思。《经典释文》训"学"为"治也，习也"，《礼记·礼运》里有"讲信修睦"的话。《广韵》训"己"为"身"。而《释文》所训"学"为"治"和"习"，包含了学习和整治的过程。由此可见"修身"一词，也就是通过学习以涵养自己的学问和德行来整治自己。

在孔子的思想中，"学为己"要达到怎样的修身境界呢？《论

文化部副部长周和平视察白云书院

语·述而》章中说："圣人，吾不得见之矣，得见君子者，斯可矣"、"善人，吾不得而见之矣，得见有恒者，斯可矣"。这里面，孔子提出的圣人、君子、善人、有恒者，就是人们通过"修身"而达到的四个不同层次：其最高者，称为"圣人"，其次是"君子"，再其次是"善人"，最后是"有恒者"。

按照孔子的说法，"圣人"只有极少数如尧、舜、周公等才是，而"君子"，则是指有道德有修养的人。孔子在《论语·述而》中还曾谦虚地说："躬行君子，则吾未之有得。"可见成为君子也是孔子自身的理想。一部《论语》中，有87章论君子，仅"君子"一词就出现过107次。而且以"君子"开端：即《学而》中的"人不知而不愠，不亦君子乎"；以"君子"结尾：即《尧曰》中的最后一章："不知命，无以为君子也。"所以，尽管"圣人"是儒家人格的最理想境界，但由于达到者少之又少，不如"君子"这种虽未尽完美的境界，经过为己之学"修身"，士子都可以达到；因此"君子"对读书人来说，是一个具有普遍意义的人格目标。在某种意义上是否可以说，一部《论语》即是君子之论，而儒家思想也可称为君子思想？

至于"善人"，心地善良，但学问和道德都还没到相当高度，故比君子低一个层次。"有恒者"，仅是向善而有操守，坚持走自己路的有恒心者。在孔子看来，不管是"圣人"、"君子"、"善人"、"有恒者"都须经过 "修身" 即"为己之学"这个过程才能达到。"学为己"的关键，是要追求自我完善，通过自我内省、达到自我内在价值。

"学为己"的思想是一种人本主义思想，也可以说是对自我灵魂的一种终极关怀。对此，我想多说两句。

历史上士子能实现"治国平天下"抱负的，毕竟少数，故儒家提倡“达则兼济天下，穷则独善其身”，特别是在天下无道时，士子为了独善其身，甚至采取隐逸的办法，安贫乐道，以追求自我的人生价值。正像《礼记·学记》所说的，“君子之于学也，藏焉、修焉、息焉、游焉”。如孔子的弟子颜回，“一箪食，一瓢饮，在陋巷。人不堪其忧，回也不改其乐”（《论语·雍也》）。总之，通过学习，完全可以在寻求自我价值中实现自我精神满足。

比如，如何使身避辱？有各种各样的方法。孟子曾教我们一种通过自反内省以在遇到横逆之时的一种精神慰藉方法。《孟子·离娄下》说：“有人于此，其待我以横逆，则君子必自反也：‘我必不仁也，必无礼也，此物奚宜至哉？’其自反而仁矣，自反而有礼矣，其横逆犹是也。君子必自反也：‘我必不忠’。自反而忠矣，其横逆犹是也。君子曰：‘此亦妄人也已矣！如此则与禽兽奚择哉？于禽兽又何难焉？’”孟子的这句话，闪耀着智慧的光辉。若只是从实用主义角度上来说，也是“学为己”的一个好注脚。

下面，我们探讨一下，为什么说“学为己”是中国书院的核心精神。

我国书院的源头应该追溯到孔子的杏坛，由于春秋战国礼崩乐坏，官学废弛，私学兴起，以致学术勃兴，余风延及汉晋，促进了唐宋私学走向正规，并催生了书院。

从汉武帝“罢黜百家，独尊儒术”到清末，这两千多年来，儒家思想就处在我国传统学术的中心地位。而书院自唐宋兴起之后，即成为学习、研究、弘扬和光大儒家思想的大本营。前面我们讲过，儒家主张“学为己”，注重人文关怀。一部《论语》，某种程度上可以说用“学为己”三个字即可概括，因为讲的都是君子“修身”做人的根本道理。“君子务本，本立而道生”嘛！尤其奠定了书院学术思想基础的宋代儒学大师们，由于反对士子专以科举为务，损害了修养自身希贤希圣的内在追求，所以竭力提倡“为己之学”，反对“为人之学”，遂成气势，波至明清。如程颐说：“学也者，使人求于内，不求于内而求于外，非圣人之学也。”（《宋元学案·伊川学案》）内，就是内省、修身，说“人皆可以至圣人，而君子之学必至于圣人而后已。不至于圣人而后已者，皆自弃也”（二程《遗书》卷二十五）。所谓“圣人”就是有最高的内在成就之人，而“为己之学”正是“圣人之学”。陆九渊说：“古之学者为己，所以昭明昭德，己之德已昭，然后推其明以及天下。”（《陆九渊集·语录下》）朱熹告诫说：“士人先要分别科举与读书两件孰轻孰重。若读书有七分志，科举上有三分，犹自可；若科举上有七分，读书三分，将来必被它胜却，况此志全是科举！所以，到老全使不着，盖不关己也。圣人教人，只是为己。”（《宋子语类·学上·力行》）这里说的意思，如果不为己学，只是为了科举应试的话，必然学的是一些没有实际用处的虚学问。在宋儒看来，“学为己”才是真读书。而后，宋明理学大师们在书院中也都是讲修身为己之学。明代李梦阳在《白鹿洞书院新志》卷五中说：“夫道可修乎？修其人之身，即修道也”，“肇自文公（即朱熹），大兴洞学，条例古训，佑启后人。于是白鹿洞有规焉，实夫天下通规也。然今之学者，穷年而守一说，皓首而不能行，安其所习，毁所不见，其为斯道之蠹，大矣！”

大家知道，我国历史上几乎所有的书院都有院规（或称揭示、洞规、学规、章程等），而其中最著名的、影响最大的，要属被李梦阳称为“天下通规”的朱熹手订的《白鹿洞书院揭示》了。它摘取了儒家圣贤有关修身、做人、治学的主要论述，是我国书院较早的、也较为全面的学规。从而成为我国近千年来书院教育的总纲。尔后几乎所有的书院在制订章程时，都设有“修身”和“治学”这

馆藏《百泉书院志》，明嘉靖十二年刻本

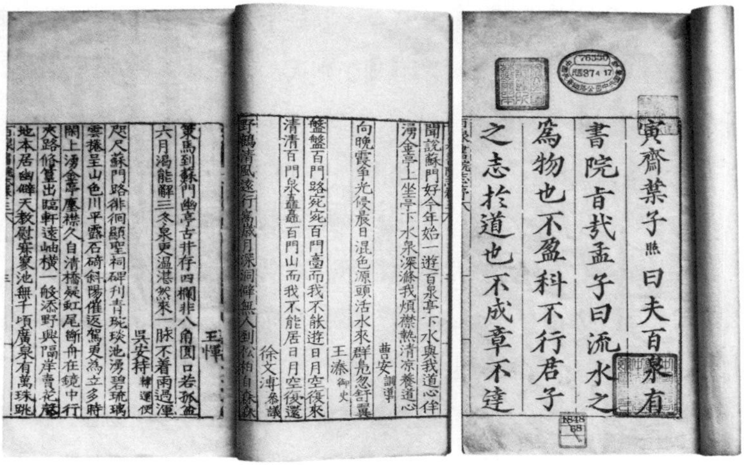

两个中心。不管各书院的《学规》是繁是简，大都仿照白鹿洞朱熹手订的《学规》，而将思想品质和道德修养放在首要地位。

朱熹《白鹿洞书院揭示》第一条：“父子有亲，君臣有义，夫妇有别，长幼有序，朋友有信。”这就是“五常”，也叫“五伦”。即父子间要有亲情，君臣间要有忠义，夫妇间要有区别，年长年幼的要有尊卑次序，朋友之间要讲信用，这是要人学习处好五种关键的人际关系。第二条：“博学之，审问之，慎思之，明辨之，笃行之。”这是《中庸》里的话。朱子批注说：“学、问、思、辨四者，所以穷理也。”这也是《大学》里所谓“格物”“致知”之要。第三条：“言忠信，行笃敬，惩忿窒欲，迁善改过。”“言忠信，行笃敬”出自《孟子·卫灵公》，“惩忿窒欲”，出自《易·损卦》，意思是君子要制止忿怒，阻塞嗜欲。“迁善改过”出自王弼《周易注》，朱子批注说，这是“修身之要”。第四条“正其谊，不谋其利；明其道，不计其功”，出自《汉书·董仲舒传》。“谊”通“义”，以义为主，以道为正。君子要讲究“义”和“道”。朱子批注说，这是“处事之要”。第五条：“己所不欲，勿施于人，行有不得，反求诸己。”“己所不欲，勿施于人”，出自《论语·颜渊》，即自己不喜欢的，不要强加于别人。这句话，现在已被联合国定为处理国家关系的一个准则。“行有不得，反求诸己”，出自《孟子·离娄上》，意思是凡事多做自我批评，多做反省，事情有自己达不成目标的，不要去怪别人。朱子批注“此为接物之要”。

以上五条，就是朱熹手订《揭示》的全部，大家可以看得到，引经据典所讲的都是如何“修身”，如何做人，从而成为我国书院史上的一个纲领性文件，也完全体现了“学为己”的精神。

至此，我国书院精神应该比较明确了，这就是“学为己”的人文主义精神。

顺便说一下，我们也根据传统的书院精神，结合现今的实际，制订了《白云书院学规》。其内容为：

一、延续国学薪火，弘扬传统文化。

二、入院均须尊师，向学更要重道。

三、学为己身立本，砥砺志气品节。

四、研读圣贤经典，为学经世致用。

五、举止整齐严肃，立身明礼敬人。

六、读书务必四到，疑误即时明析。

其中仍是着力于修身。前后两条我要略加解说一下。

关于“国学”，指我国固有的学术文化。“固有的”，就是代代相传的、原有的。这与近代传进来的“西学”相对，又称“中学”，包括经、史、子、集，上自儒家经典，下至中医、天文、地理、音乐、美术、书法、工程、技术等等。“薪火”，是指代代相传的学术。庄子说：“指穷为薪，火传也，不知其尽也。”意思是说，柴烧光了，火种却保留下来了，后来就用薪尽火传，比喻道术学业师弟相传的学统。国学的很重要的传授方法是口耳相授，如所谓“家学”，就是在家族中潜移默化、耳濡目染所形成的独特学问。如同匠人带徒弟，国学的学习研究也特别重视师承。弘扬传统文化的重要性，前面我已说过。面对今天全盘西化之风，国学的继承和弘扬显得尤为重要，我们要挺身而出，肩负起这一历史的责任。

关于“四到”。这是讲读书方法。过去古人读书提倡“三到”，即眼到、心到、口到。后来胡适又加上手到。这是传统教学上一个行之有效的方法，不应丢掉。蔡元培先生在《二戴书院学约》中规定“学自即定，乃次学课，写读书笔记是也。日记读其书几叶，有新知有物义，皆记也。积一月，随课卷而缴焉”。“手到”，即是勤于动笔，有疑惑或心得应及时记下，以供及时解析和查阅、温习、研究之用。清光绪年间湖南龙潭书院《学约》也说：“古人读书皆有抄本，以浏览之书随看随忘，非经手抄则漫无省忆。今拟定为句读、抄录二门。句读之功，不可旷日，抄录则随其心得，无庸按日定课。”

（2005年12月）

[录自张本义馆长在白云书院的演讲]

白云无语自化成

辛欣

上世纪末本世纪初，随着科学技术的不断进步，社会知识信息量迅猛增加，传播手段日益丰富完善，由此给图书馆发展带来冲击并产生巨大影响。从社会角度来看，一方面人们从适应社会发展和提高生活质量出发，对知识、信息、技能的需求越来越大，希望图书馆能够充分发挥其在学习、生活中的重要作用。而另一方面，由于获取知识信息渠道的增多，单纯来图书馆读书看报查信息资料的读者，较以往却有减少的趋势，图书馆的利用效率相对降低。在这种形势下，图书馆如何适应新时期社会的变化，充分发挥其应有的作用，吸引更多的读者并为其提供良好的服务，成为摆在图书馆面前的一个重要课题。

定位：突出图书馆社会教育职能，广泛开展读者活动，改善文化氛围，提高人文素养

众所周知，图书馆是传播科学文化知识、提高人民科学文化水平的社会教育中心，是实行终身教育的理想场所。很早以前就曾有人说过：理想之社会，可无学校，而不可无图书馆。1975年，国际图书馆协会和机构联合会在法国里昂召开的图书馆职能科学讨论会得出的结论是："现代图书馆具有保存人类文化遗产，进行社会教育，传递科学情报，开发智力资源等主要社会职能。"社会教育被作为图书馆的四大社

会职能之一而备受重视。随着社会的进一步发展，社会行业分工的不断细化，图书馆不再被看成是唯一的或少数的能够获取知识信息的场所，人们也不再仅仅满足于其所能提供的文献方面的单纯服务。有鉴于此，我们将图书馆的发展定位于：扩大服务内容，改进服务方式，由单纯的“文献服务”提升为综合性的“文化服务”，由过去传统意义上的“文献中心”，转变为适应当代需求的“文化中心”、“教育中心”，充分发挥其社会教育的功能。

对于如何开展社会教育，我们在总结和学习别人经验的基础上，将社会教育的目标定在两个方面：一是培育人的心性，提高人的素养。《论语·宪问》章说：“古之学者为己，今之学者为人。”我们的教育不强调授人谋事之能，注重的是教人做人之道，学习如何整治和涵养自己的学问和德性。当然做人和做事并不相互矛盾，人做好了，做事自然也会成功。二是提高城市文化品位，改善社会风气。何谓文化？《周易》中说：“观乎人文，以化成天下。”即通过“文”以达到“化”，其中的“文”是指人文精神，是手段；“化”指的是改变和变化，是目的。做文化工作就是要通过知识的传播，全面提升人的文明素养，从而实现改善社会风气、促进社会和谐发展的目标。春风化雨，润物无声，这是教育的最终目的，也是图书馆神圣的职责和义不容辞的使命。

实践：以传统文化为核心，开展“白云系列”活动，探索图书馆社会教育新模式

关于社会教育，目前国内外许多图书馆都做过有益的尝试，并积累了丰富的经验，通过举办讲座、培训、展览、沙龙等丰富多彩的文化活动，寓教于乐，潜移默化地对市民进行教育，希望把图书馆建成“市民的第二起居室”、“终身教育的课堂”，以达到吸引

读者、凝聚人气、深化服务的目的。在大连图书馆的社会教育活动中，我们的做法是：突出传统文化的特点，创造性地运用传统的教育形式，传承中华民族优秀的传统文化。

文化传统是一个民族赖以生存的基础，作为世界上历史最为悠久的文明古国之一，我们有着几千年的文化积淀。然而，自从上个世纪初我国引进西方教育理念、推行西式教育、推动“新文化”运动以来，近百年的时间里，我们的传统文化受到了西方文化的严重冲击。 特别是在我们大连这样的一座城市里，过去有着近五十年的殖民统治历史，近来又是北方最为开放的沿海地域，将要建成为东北亚航运的中心城市，其受域外文化的影响尤深，民族传统文化的积淀不够深厚，城市缺少文化底蕴，缺少发展后劲。为了给美丽的城市增添一份文化的厚重，积蓄日后经济和文化发展的能量，我们将弘扬传统文化作为主要内容，全面开展图书馆的社会教育活动。

（一）创办白云书院

书院是我国传统的教育形式，兴于唐末五代，止于清末，有一千多年的历史，其独特的教育形式曾对中国教育历史的发展产生过

副馆长辛欣陪同龙谷大学校长上山大峻先生参观白云书院

深远的影响。新时期我们大连图书馆的社会教育以继承传统教育方式为突破口，通过创办书院来实现社会教育目的。我们做出这样的选择是基于以下几个方面的考虑：

第一，作为学习和传播儒家思想文化的重要阵地，书院历来重视发挥民俗民风教化功能。书院有一种讲会制度。讲会时，四方宿学硕儒齐集，“草野之芥民”、“总角之童子”、“环以听技”，社会教化的作用非常显著。吕祖谦先生曾说过：“士大夫善言风俗不好，风俗是谁做来？身便是风俗，不知去做，如何会得好？”（吕乔年辑《丽泽论说集录》卷十）在社会教育中，提高民众素养，“教化”风俗是一项重要内容，我们希望利用书院这种古老的教育模式，对广大市民进行优秀传统文化的教育和化成。

第二，书院是一个地区的历史和文化的标志，能够彰显本地区的文化传承和地方文化特色。作为大连地区的文化中心，大连图书馆有责任传承大连书院文化，更好地为社会大众服务。有资料表明，大连地区在明代就出现了书院。清乾隆三十八年（1773），在金州文庙内创建了南金书院。到近代，很多一流的国学大师如章太炎、罗振玉、康有为、王季烈等都曾在此居住和讲学。民国初年的一批反袁志士，他们是诗人、学者，也曾在此居住，从而扩大了大连在全国的文化影响力。后来，日本占领大连，实行奴化教育，中华传统文化的发展受到了严重的阻碍。解放以后，由于各种历史原因，大连地区的传统文化一直未得以很好地继承与发展。因而大连图书馆有责任为家乡传统文化事业的发展做出贡献。

第三，书院的宗旨是素质教育，能够弥补现行教育体制的不足。由于多种原因，我国现行的教育虽然在提倡以人为本，提倡素质教育，但应试教育的阴影还无法摆脱，教育的功利性过重，只强调教育成材成器的工具价值，而忽略了教育的本体价值。人役于物，工具理性凌驾于价值理性之上。这些不足恰恰是传统书院教育可以改变的。我国传统书院教育追求宽松的讲学环境、自学精神和灵活的办学方法。因此，我们希望通过探索一条现代书院的教育新路，作为当今学校教育的补充，如同当年书院和官学一样，两车共进，双轨并存，真正地使人获得全面的发展。

第四，图书馆具有办书院得天独厚的条件。书院，顾名思义，与书分不开。书院从一开始就是藏书、刻书、校书、教书的地方。目前大连图书馆藏书多达270万册，仅古旧籍就有60多万册，有一批历史文献研究学者和热衷于弘扬传统文化的志愿者，为我们创办书院提供了物力和人力方面的保障。与此同时，由于我国当代经济的飞速发展，传统文化的迅速回归，也为创办书院创造了良好的氛围。另外，在大连的历史上有过南金书院、横山书院的学统，百年之前，众多学子曾群星灿烂、光被桑梓，为国家和民族做出了很大的贡献。良好的文化传统为我们创办书院提供了雄厚基础。

因此，我们于2000年6月创办了白云书院。之所以取“白云”二字，是因为我馆地处大连美丽的风景区白云山麓。我们以后的系列文化活动也都以此命名。

白云书院的宗旨是以传承传统文化教育为主导，以培养少年儿童的国学基础为重点，开办“国学义塾”，免费向社会开放。孩子们在这里学习经古籍经典、书法、古琴、诗词等传统文化。为了改善白云书院的教学环境，我们在2005年又筹集资金对白云书院近千平方米的院舍，依照明清书院的风格进行装修和改造。

环境也是一种教育。白云书院在装修风格上追求古朴、庄重、典雅。在大厅供奉孔子铜像，在走廊两厢树立儒家各时期具有代表性的孟子、荀子、董仲舒、朱熹、顾炎武等人物的碑石线刻造像，以纪念先圣先贤，激励后学后进。所有家具采用明式书房家具的样式，完全由榆木做成。学子们着清一色的蓝布国服，在立雪堂、博文堂、依仁堂、仰山堂、依礼斋中诵读儒家经典。窗外摇曳的竹影与葱郁的青山交相辉映，琅琅读书声在堂中廊外回响。我们着力营造的这种传统文化氛围，使民族优秀的传统文化的内生力不断向外漫伸，“化成”了学子们的精神和气质，造就了倾心传统文化的人才。

目前我们开设的“国学义塾”，由亲子班、基础班、提高班、成人班四种班型组成，实行全免费的教育，从呀呀学语的孩童到白发苍苍的老者，最小的四周岁，最大的七十岁，所有学员都能够熟练地背诵《论语》、《大学》、《中庸》等书中的经典名篇。

每到双月末，书院还举办中小学生“古典诗词日”，来自全市各地的数十名孩子齐聚白云书院，吟诗诵词，参加比赛。有专家现

书春大赛

场指导并对表现好的同学给以鼓励，激发了孩子们学习传统文化的兴趣和热情。据统计每年有近三百名孩子参加诗词比赛，每人能记忆背诵百余首古典诗词。

每逢农历正月十五，白云书院还同大连书法家协会共同举办“书春大赛”。百余名身着中国传统服装的青少年在图书馆大厅挥毫书春，写春字写春联，为城市的节日增添喜庆气氛。书法家当场为参赛的选手评比打分、颁发奖品。比赛之后，白云书院将成绩优异者的名单在大连的新闻媒体上刊登和播出。目前书春大赛已成功举办三届，全市有三百多名中小学生参加了比赛。我们计划明年扩大比赛的范围，将有来自日本的十几名小书法爱好者加入比赛的行列。

（二）开设“白云讲坛”，举办“传统文化系列讲座”、“市民系列文化讲座”、“大连历史文化系列讲座”。

2001年8月开始，白云书院推出了“白云讲坛——传统文化系列讲座”，邀请国内外知名专家、学者莅临白云讲坛，就传统文化领域中的历史、文学、艺术、宗教、哲学以及大连本地的历史文化等问题进行了精辟论述。为了扩大讲座影响，满足更多市民不同方面的文化需求，白云书院在传统文化系列讲座的基础上，又增加了“健康”、“科普”、“艺术”、“教育”、“时事政治”等系列。讲座实行会员制，目前有三百多名听众办理了免费会员证。书院定期组织会员就讲座的问题进行交流，听取意见，改进工作。

截至今年7月22日，有李学勤、周笃文、卞孝萱、乌丙安、钱逊、杨新、葛建雄、上山大峻、木田知生等98位国内外的著名学者莅临白云讲坛，其高屋建瓴的观点和妙趣横生的演讲赢得了广大听众的热烈欢迎。许多听众为了听讲座，从很远的县区坐火车赶往图书馆，风雨不误，常年坚持不懈。有的听众是举家来现场听讲座，目的是让孩子也受到传统文化的熏陶。更多的听众在讲座之后写信或打电话，赞扬我们为城市文化事业做了一件好事，促进了城市文化事业的发展。由于我们的讲座立意新，层次高，被听众誉为是大连弘扬传统文化的一面奔跑的旗帜。

（三）组建白云吟唱团

历史是在激荡中得到发展，文化是在传承中得到升华。古典诗词是我国传统文化中的一块瑰宝，然而由于本世纪初新文化运动的冲击，诗词吟咏成为现代社会少有人知的“绝学”。正如李白诗之所言“秀丽空绝世，馨香谁为传”。为了使人们更好地认识、了解、学习、创作古典诗词，继承和发扬诗词吟咏艺术，我们建立了全部由馆员组成的“白云吟唱团”，专门吟唱中国古典诗词。演员们利用业余时间进行排练和演出。我们这样做，一方面是希望能够通过对古诗词的吟诵来感受民族优秀文化的魅力；另一方面，更希望通过这样的一种学习形式来提高我们馆员的文化素养，形成团队精神，打造大连图书馆的文化形象。另外，为城市增加文化积淀，提升文化品位，也是我们追求的目标。我们演出的曲目，是在学习清代以来大连地区吟咏方法的基础上，融合、吸收了西洋声乐的技巧，别开生面，令人耳目一新，使观众在对濒临失传的“绝学”诗词吟咏有了一个全新认识的同时，对诗词歌赋的艺术美也有了更深刻的理解。

（四）成立白云美术馆

为了丰富图书馆的社会教育内容，完善文化传播形式和教育功能，2002年我们专门成立了美术馆，负责各种展览。我们的展厅具有专业水准，占地近两千平方米，适合举办各种大型的展览。在展览中我们也注重突出传统文化的特点，书法、国画、陶瓷、雕塑成为观众喜爱的内容。曾经成功举办了“‘大连江鑫杯’全国第二届扇面书法展览”和“‘大连文路杯’全国第五届篆刻艺术展览”等国家级展览。展览备受海内外瞩目，为大连的城市文化建设锦上添花，

历史学家施丁在白云书院

注入了更丰富的内涵，进一步提高了大连城市的文化品位。

另外除了办展览，美术馆还作为平台，为来自国内外的各界艺术家提供交流的机会，从而扩大了图书馆的影响和知名度。

成果：确立了图书馆在社会的教育地位，扩大了图书馆的社会影响，带动了图书馆工作的全面发展

自2000年白云书院成立始，六年来我馆开展的“白云系列”社会教育活动取得了丰硕的成果。

白云书院共举办各种国学班105期，培养学员1000余人；传统文化系列讲座138场，听众38000余人。

白云吟唱团为大中学校、部队、企事业机关单位和海内外来宾做专场演出达44场，观众5万人次。2004年，白云吟唱团还应日本方面的邀请，东渡扶桑，出国演出三场，受到了当地媒体的广泛关注和观众的热烈欢迎。

白云美术馆共举办“国展”两次，其他各种级别展览46次，接待

国学大家卞孝萱在白云书院

观众40余万人次。

经过多年的努力，大连图书馆的社会教育活动得到了广大市民的认可，在社会上产生了良好的反响。在2003年至2005年大连市委宣传部、文联、《大连晚报》联合举办的市民评选“全市十大最有影响的文化活动”中，大连图书馆的白云书院讲座、书春大赛、白云吟唱团演出等活动，连续三年榜上有名。图书馆的社会教育地位逐渐确立。

由于大连图书馆白云系列活动良好的教育效果，引起了社会的极大关注，省市的多家媒体对活动进行了专题报道，把大连图书馆比作是城市的一张亮丽名片。辽宁省电视台的“辽宁卫视频道”还将我馆活动的部分内容做成专题片，向海内外播放。特别是白云书院装修以后，其古色古香的教育环境，作为大连文化的一道亮丽风景，吸引了国内外络绎不绝的参观者。图书馆因此而声名鹊起。

另外，社会教育活动也推动了图书馆其他工作的发展。由于大连图书馆丰富的、高品质的社会教育活动内容，及其营造的良好文

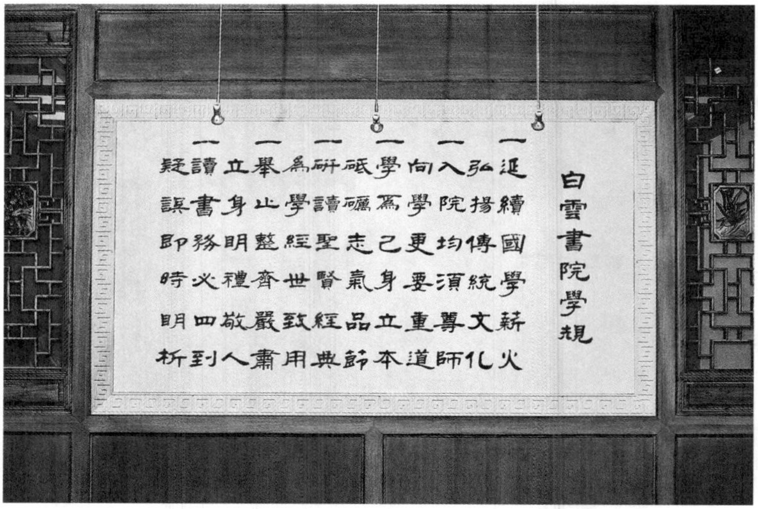

白云书院学规

化氛围，吸引了大批市民到图书馆参观学习，读者的到馆率有很大提高。仅去年一年的到馆人次就达到160万，是2000年以前年度的一倍。几年来，白云书院根据讲座内容编辑出版了学术论文集《白云论坛》一、二、三卷，四、五两卷正在编辑之中；白云吟唱团出版了《含英咀华》论文集；白云美术馆出版了《全国第二届扇面书法展获奖作品集》、《全国第五届篆刻艺术展获奖作品集》、《“书院杯”第三届书春大赛获奖作品集》。

在2004年文化部的评估中，大连图书馆以其具有特色的社会教育活动赢得了专家的高度评价。

体会：突出特色，注重规模，社会协作，持续发展

总结我馆多年的社会教育工作，可以归纳出以下几条体会：

第一，发挥优势，突出特色。图书馆不是唯一的社会教育机构，所从事的教育活动也不具有强制性。所以要想扩大影响，吸引读者参加，必须要有特色。我们发挥馆藏古籍多，有一批专门从事传统

文化研究和教学的学者的优势，以书院为切入点，确立了传统文化的社会教育特色。

第二，注重规模，打造品牌。我馆的社会教育工作，围绕传统文化这条主线，在不同的领域以不同的形式开展活动，使活动形成系列，相互承接和呼应，增强了教育的连贯性和整体性，壮大了社会教育的声势与规模，扩大了教育的影响。

第三，加强宣传，寻求协作。我馆的社会教育活动，从开始时就把宣传放在首位，与媒体合作办讲座，请名家讲学，旨在扩大活动的知名度和影响力。另外，我们坚持社会教育社会办的原则，以多种形式寻求社会各方面的支持和赞助。白云书院的装修就是靠社会捐助来完成的。这种来自社会的支持不单是指财力还有人力，例如志愿者，我们所从事的白云系列教育活动，有许多都是由志愿者完成的。

第四，长远规划，持续发展。社会教育是个系统工程，具有整体性和连贯性，我们在实施的过程中尽力做到立意高、规划远，不急功近利，追求持续发展。“十年树木，百年树人”，教育是百年大计，从娃娃抓起，从根本抓起，我们决心下功夫坚持做上几十年，以此培养一代新人，传承我中华民族传统文化的根脉薪火。

“圣人久于其道而天下化成。”我们坚信，经过不懈的努力，图书馆事业必将会迎来更加美好的明天！

（2006年）

十个不眠夜挥毫泼墨成大赋

宋京

今年，《光明日报》面向全国征集100个城市辞赋，6月4日，刊登了第15篇都市赋——《大连赋》，大连晚报也于同一时间发表。洋洋两千言，写尽大连百年历程、经济社会、物产形胜。此赋一出，立刻吸引了全国的目光，诗词名家为之惊叹，其文之美堪称大连历史罕见。

如此美文出自大连文化大家张本义之手。

张本义乃大连文化名流，集书法、文学、古文物鉴赏于一身，负大连图书馆馆长一职长达十年之久，为弘扬中国传统文化、传承五千年文明古国之瑰宝呕心沥血。在刚刚结束的第七届大连文代会上，他当选为大连市文联副主席。

6月12日，记者采访了他。

十个不眠之夜，《大连赋》诞生

6月4日，本报刊登了署名张本义的《大连赋》，作者用汉唐流行文体——赋的写法，写出了大连百年历史变迁、经济社会、人文物产、地理形胜，辞藻华丽，气象万千，纵横捭阖，极度铺张，气势恢弘，读来令人荡气回肠；让人感觉这不是出自现代作者之手笔，甚至产生错觉，恍如古人再世。

作者张本义是大连市图书馆馆长。《大连赋》并不是张本义为附庸风雅而写的文学作品，这是为参加在文化界引起重大影响的《光明日报》“百城赋”活动而做的“命题作文”。《光明日报》6月4日刊登了《大连赋》，顿时引起了全国读者的关注。这是该报“百城赋”征集的第15个城市的作品。此赋一出，国内一些研究辞赋散文的文学大家十分惊讶：“没想到大连会出这么好的作品。”长期以来，国内很多学者认为大连历史短，文化根基不深，得出大连没有文化的结论。这篇大赋着实让人对大连刮目相看。

一个城市就是一本历史。盛世谱写华章，古人有“盛世作赋”之说。这是一件对城市来说功德无量的事情，这篇辞赋将会载入史册，供后人鉴赏。“接到任务时，时间很紧。”身为大连文化界名人、书法家、文物鉴赏家，这个任务落到了张本义的肩上并不奇怪。

题目要求以1500字为宜，不超过2000字。用这么短的文字写尽一个城市的历史与现在的方方面面，而且要用最难驾驭的文体——赋来表达，难度实在是太大了。之所以把这样一件难事落到张本义头上，因为大家都知道，作为大连市图书馆的馆长，张本义简直就是大连的一部百科全书，他通晓大连的历史与今天，了解大连的人文与经济，无论从文学的把握上还是大连的客观历史上，他都是最合适的人选。

“尽管在头脑中存储了不少的中国古代辞赋华章，但是写这样的大赋，还是第一次。”张本义本人也没想到这次会获得如此好的反响，“从接到任务起，我每天晚上只睡两三个小时觉，有时甚至是通宵达旦”。对于一个年近六旬的人，这样熬夜是难以承受的，但是张本义十分兴奋，“每当夜深人静时，才思泉涌，我就进入了最佳的创作状态”。五天后，他拿出了第一稿，后经过了几次讨论，由于篇幅所限，忍痛割掉了一些血肉，又增加了一些内容，但是整篇文章显得更加宏伟大气。搞创作的这段时间，张本义每天晚上到11点时才能渐入状态，写到早晨两三点钟，打个盹儿，就上班了。

"有一天一直写到早晨6点，天已经大亮，毫无困意，写得兴奋了。"

他没有把它当成一般的命题作文，而是看成历史交给他的任务。他写得认真、投入。他说，这篇文章不仅要对大连人民负责，对领导负责，更要对大连历史负责，不能有丝毫的马虎。他犹如指挥一场气势磅礴的大型交响乐，挥洒自如，浑然天成。十个夜晚过后，天性追求完美的张本义果然交出了一张令人振奋的完美无缺的答卷。

年轻时下乡，只带《康熙字典》和《黄帝内经》

张本义有着十分深厚的古文基础。记者采访开始前，他说："我先读一遍给你听听吧。"他用那种古人吟诗的语调朗读了《大连赋》。其实，这篇赋他已经烂熟于心，熟读成诵了。"不歌而诵为之赋。"他解释说，赋产生于汉代，成熟于唐宋，这种文体非常难于掌握。《文心雕龙》里说："赋兼才学。"历史上流传千古的大赋无一不是经过较长的时间打造而成文，班固写《两都赋》用了三年，左思写《三都赋》也花费了长年累月的心血，写这种地方赋不仅要了解

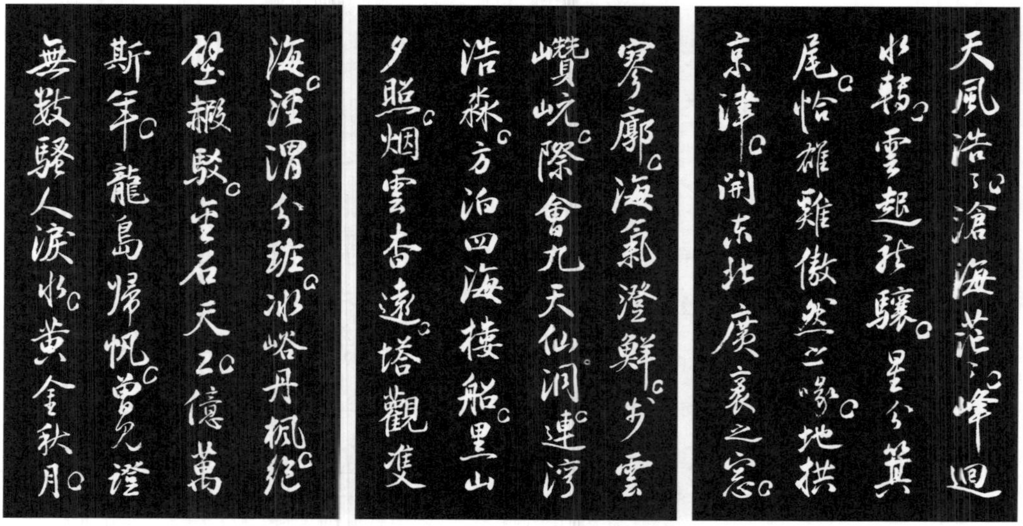

《大连赋》部分墨迹

地方历史、地理、人文，还要有深厚的古文学古文字基础。《大连赋》的最大成功在于文学上的成功。赋，诗辞之流也。这里的“诗”指的是《诗经》，“辞”指的是《楚辞》。《大连赋》中，即使对现代大连经济文化生活的描写，读起来也朗朗上口，如诗如歌。语言上的铺陈夸张，韵律上的优美激荡，完全没有读白话文的感觉，如果没有深厚的古汉语和文学的底子是无法完成的。整篇赋绝大多数用韵。张本义说：“我这是自讨其难。”

“我的古汉语底子是从中医典籍里学来的。”出生于吉林的张本义祖上世代中医。他很小的时候，跟随父亲来到金州，父亲是当地知名的医生。“小时候家里最多的书就是中医的经典。”张本义从小就在这些中医典籍中徜徉，加上老先生们的口耳相传，可以说体会了中国古文化的精华。在这篇《大连赋》中，一些生僻的汉字是今天的人们可能从来没有接触过的。

张本义在18岁那年下乡当知青时，只带了两本书：《康熙字典》和一本医书《黄帝内经》。当别的年轻人业余时间都在打扑克、谈恋爱时，张本义却捧着他的两本别人看也看不懂的书在死读，他乐在其中。

每天都能临帖，是孩童时的快乐

在大连，张本义可谓大家，琴棋书画，诗词歌赋，还有中医，可以说无所不通。尤其是在书法方面的造诣，更是众所周知。网上，张本义的书法作品叫价颇高。

谈完了《大连赋》与古文学，记者把话题转到了书法方面，很多人认识张本义都是从他的书法作品上。张本义说他很幸运自己是在金州长大，金州是古城，文风很盛。很小的时候，张本义就同金州的老先生们在一起学习中国传统文学和艺术，特别是学习书法。

“书法我是‘童子功’，这些年，没下什么功夫，基本上是在吃老本。”

那一年，张本义8岁，他开始学习拿毛笔写仿、学习临摹。夏季里的一天，大人们吃完晚饭、关上门窗、屋子里点上艾草薰蚊子、在屋外乘凉时，张本义独自在屋里趴在桌前，一笔一画练习书法，那一招一式，惹人喜爱。窗外是同龄的孩子们嬉笑的声音，追逐的声音，这一切都属于外界，童年的张本义完全沉浸在他的快乐书法中。屋子里很闷热，他写得汗流浃背。两个小时过去了，汗水从背上流下来像有小虫子在后背爬行，短裤全湿透了，他也浑然不觉，炕席上留下了一个被汗水泡过的坐痕，每天如此。窗上好像有人影在晃动，那是好奇的大人趴着窗看热闹。大人们的好奇在童年的张本义心里种下了一颗骄傲的种子，他们的啧啧称赞给了他莫大的鼓舞，以至于如今57岁的他回忆起8岁那年的那一天依然历历在目。

“我们那时比现在的孩子们幸福。我从来没感觉到作业的压力，从未感觉学习累，更别说痛苦。”14岁时，张本义获得了大连市少年儿童书法展一等奖。成年后，他师从著名学者、书法家于植元老先生长达22年之久，留下了一段广为书法界传颂的师徒情深佳话。

书法是文人的副业，书法家应胸怀社会

张本义有很多头衔：大连市书法家协会主席、中国书法家协会理事、中国书协书法培训中心教授、中华诗词学会理事、中国古代文献研究会理事等等。他长于行草，尤其精于小字。他的书法作品被很多机构收藏。记者以为，书法是张本义的本行，而张本义却说：“书法其实只是文人的副业，一位书法家首先应该是一个传统意义上的文人，文人应该胸怀社会。”

他在刚刚于河南郑州结束的中国书法家协会理事年会上发言时

张本义馆长为大连市政府办公厅作《大连赋》专题报告

还表示了自己对书法界的担忧，他说："如今会写字都叫书法家，是对书法家的讽刺。"在这个浮躁的社会，书法界出现了一些因浮躁产生的问题，让这位书法家感到焦急。"书法家首先要有中国古代'士'的情怀，为天地立心，为生民立命，为往圣继绝学，为万世开太平。"这是张本义的标准，也是他心中书法家的标准。他认为，"士"的责任使得书法家应该为子孙后代的幸福着想，为社会做事，为子孙后代做事。"如果书法家只会写字，那是很可怜的。"此言掷地有声。

历尽十年艰辛，馈赠大连一份文化厚礼

在大连，有一个文化人的殿堂——白云书院。每到周末，琅琅的读书声从书院传出，那里读的是《中庸》、《大学》、《论语》、《诗经》、《千字文》，读书的有小到4岁的孩子、老到70岁的老人，他们身着中国古代读书人穿的兰士林布制成的服装，在孔子的塑像前，虔诚地吸取传统文化的养料。而这一切，都是张本义历经八年艰辛送给大连人的一份馈赠，所有来读书的人都是免学费的，所以称为"国学义塾"。

定期或不定期的，张本义还会通过自己在业界的影响请来全国国学研究大家，为大连人讲中国传统文化与国学。为此，张本义付出了大量的精力与时间。他所有的努力只为了一个目的——让我们优秀的传统文化得以传承。

曾经，书院请来了一位国内知名的研究禅学的学者讲禅学，其深奥是一般听众难以接受的。张本义说："这里只要有两个人听懂了，我就知足了，这就等于我们在大连这片土地上播下了星星之火，很难说这里是否会出国学大师，他们可以继续传承传统文化瑰宝。"

在大连，乃至在中国，像张本义这样对文化传承有着如此深厚的感情、兴趣与责任感的人也是不多见的，他对改变大连的文化土壤所做的努力可谓功莫大焉。他说："我们的后代穿着洋装，吃着洋快餐，说着洋话，过着洋节，住着洋楼，将传统的东西丢得所剩无几，让人担忧。"文化是一个民族的根，一个没有了文化传统的民族也就不可能自立于世界民族之林。他担心，中国灿烂的五千年文化的很多精华在全球化浪潮中，会在西方强势文化的压力下遭到破坏，以至于丢失殆尽。

今年是大连图书馆建馆百年。在图书馆百年的历史中，已做了十年馆长的张本义占有十分之一的时间，而这十分之一的时间里，也正是大连市图书馆发展最快的十年。这十年中，他见证了大连从一个传统文化根基不深的城市变成了一个有高度文化品位的城市。

坐在记者对面的张本义上身着中式服装，十足书卷气，这不是他刻意追求的一种味道，而是一个一生追求"士"的境界并将其传承的大家内在的自然流露。记者问他是否考虑过退休以后的事情，他说："那时我将一心一意为弘扬中国传统文化做些事情。"记者仿佛看到一个执着的老人，一个宽仁的老者，呕心沥血地给年轻的人们讲授孔孟经典、诸子百家词章，吟诗作赋，挥毫泼墨，直到头发花白……

（《大连晚报》2007年6月16日）

古典诗词在滨城咏唱

萧文立

“大江东去，浪淘尽，千古风流人物”，苏东坡的这首《赤壁怀古》，有谁不是耳熟能详呢？可是我们现代人，都只是随口念来，诗词的内在音乐美几乎体会不到了，深入体味诗词的神韵，更是无从谈起。而青少年对古典诗词的冷漠，实在情有可原。但是最近，大连白云合唱团的两场传统的诗词吟咏吟唱却倾倒了大连观众，引起一阵吟诵诗词的中国风。

两场演出

这两场吟咏吟唱会分别是在人民文化俱乐部、大连理工大学图书馆报告厅演出的。高亢悲怆，羽声铿锵，大幕没有拉开，《赤壁怀古》的旋律却一下子就把全场观众带入辽远的古战场，仿佛千军万马的厮杀浮现在眼前，冲锋陷阵的呐喊回荡在耳畔。而接下来的女声吟唱《雨霖铃》，是那么的如泣如诉，如怨如慕，淋漓尽致地再现出古代游子怨妇那一腔悲愁与无限惆怅。整台吟咏演唱会历时一个小时，采用整体吟唱、男女声分别吟唱、男女声吟唱吟咏等多种表现形式，时而金戈铁马，时而小桥流水，时而哀怨凄切，时而欢愉悠扬，豪放与柔媚，悲愤与苍凉，世事变幻的沉郁，国破家亡的哀伤，游子思乡，闺中怀远，真是刚柔相济、异彩纷呈，恰如其分地再现出李白、杜甫、苏轼、李煜、柳永、柳宗元等我国伟大诗人的18首名篇的精神风貌。结尾的集体咏唱《将进酒》，更是准确把握了李白那种沉郁而出以激昂，悲凉而饰以旷达的复杂情怀。听罢这一场吟咏吟唱会，不由得使人发出“此曲只应天上有，人间能得几回闻”的感慨。

专家赞誉

周笃文教授是我国知名的宋词专家、宋词研究大师夏承焘先生的关门弟子，现在担任中华诗词学会副会长，兼吟诵委员会主任。他对古典诗词的吟诵有极深造诣，去年曾在我市的白云书院传统文化讲座上专门讲解了这个专题，当时他对大连的美丽风光赞不绝口。

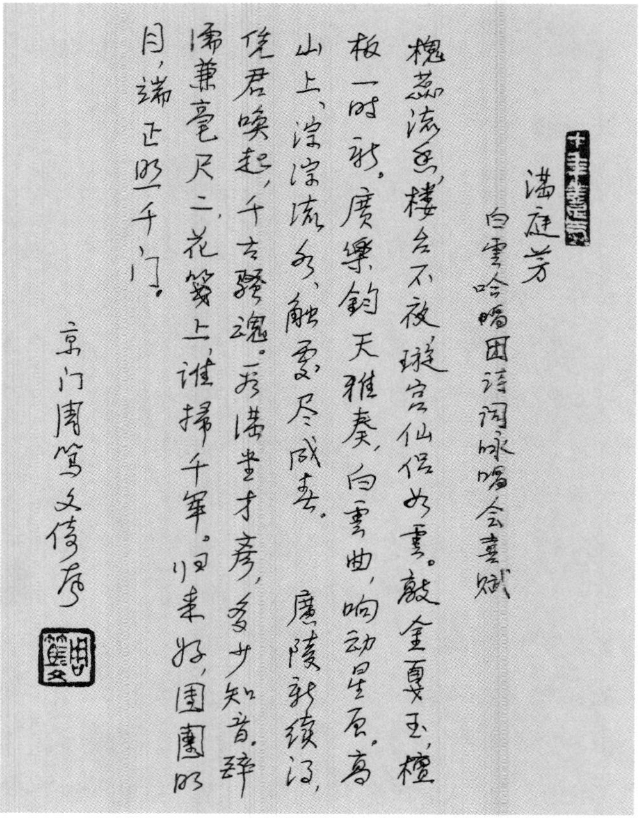

周笃文先生手迹

这次他专程从北京赶来，听完演唱会，兴奋异常，连连称赞：太好了，太好了，这台演唱会最独到的地方，就是采用了我国传统教育中的诗词吟咏吟唱的方法，把传统与现代比较完美地结合在一起。对已失去入声字的北方人来说，把古代诗词的韵律咬得这样准，实在太难了。他说，作为中华诗词学会吟诵委员会的主任，他参加了国内外许多诗词演唱会，这场演出是最标准的，近乎完美地展示了中华古典诗词的神韵，水平丝毫不亚于北京曾举办的、有孙道临等名家出演的诗词演唱会。他说，想不到大连这个年轻的城市，能把古典传统继承发扬得这样好，这也表明大连整体文化氛围正在不断提高。讲到古典诗词，周先生的话匣子就收不住了。他说，他接待过数不清的日本汉诗吟咏团体，看到中国的传统文化在异国他乡能保存得那么好，他当然高兴，但同时也总是有一种淡淡的伤感，难道真是“礼失而求诸野”吗？今天，终于能开怀大笑，我们中国特别是北方，有了真正的经得起推敲的诗词吟咏吟唱。最后他满怀信心，用诗人的语言表达了对古典诗词吟咏吟唱事业发展前景的信心，“我相信，这只是报春的第一只燕子，我相信，不久就会出现百花齐放、万马奔腾的局面。”

远道而来的台湾名画家陈正雄也是赞不绝口，他说，台湾虽然也经常举办诗词吟咏会，但是这么大的规模，他还是第一次经历，而且是座无虚席，太难得了。大连的知名学者于植元教授认为，用传统的吟咏吟唱的形式传播古典诗词，是继承发扬优秀民族传统文化的重要途径，这是一次典范之作。这三位学者同时都表示对这台演唱会组织者和表演者的敬意。

发起缘由

大连白云合唱团的策划组织者是大连图书馆馆长张本义研究员，

除了小乐队以外，全部表演者都是大连图书馆的馆员，去年8月刚刚组建。练习、排练都是在业余时间。作曲者张本义先生出身儒医世家，自幼师从多名耆宿，曾受过较为严格的传统文化训练。他认真学习和研究过辽南地区清代以来的吟诗调式，并借鉴了民歌、戏曲等音乐因素，加工整理，结合西洋合唱手段，创作了这台吟咏节目。既保持了传统风韵，又有所丰富和发展。长篇古诗《木兰辞》还特意采用辽南地区旧时书房中流行的调式吟诵，男声女声，一吟一诵，独吟合咏，结合得天衣无缝，更给家乡观众一种亲切的感受。

谈到作为图书馆馆长，怎么会想到组织这么一支合唱团，去从事不少人认为是不务正业的事情时，张本义先生有些激动。原来，大连图书馆前身是日本侵占大连时期的满铁图书馆，收藏的相关资料很丰富，现在和日本学术界来往也很密切。在交往中，张先生发现，吟诗在日本现在仍然很盛行，有的日本人流露出此艺惟有日本有、中华早已无传人的意思。其中隐隐的嘲笑深深刺痛了他。于是去年8月他就组织了这个业余合唱团。他希望有一天，白云合唱团能东渡扶桑，让日本人知道“薪尽火传”、吟诗之道在中国并未灭绝，让日本人听听地道的中国的诗词吟咏。谈到正业，张先生表示，图书馆不仅仅是藏书看书的地方，还是重要的社会教育机构，普及优秀的传统文化，提高市民文化素养，正是图书馆的正经事儿。出于同样的考虑，从去年开始，大连图书馆组织了白云书院，举办一系列高水平的中国传统学术普及讲座，并结集出版了《白云论坛》一书，在大连文化界产生一定影响。

张先生还透露一个秘密，他现在正在着手写一本专著，详细阐述诗词吟咏问题。并拟举办诗词吟咏培训班，让中华艺坛上的这支国色奇葩，发扬光大。

（《大连日报》2002年6月15日）

白云·青鸟

王充闾

十多年前，出访日本富山县冰见市，我和其他几位来自中国的客人，在东道主的精心安排下，有幸在宴会上欣赏了一台吟唱《阳关三叠》的精彩节目。唐代诗人王维寥寥28个字的古典名诗，在我们是早已谙熟于心、耳熟能详的了，从少年时代开始，那蕴藉、苍凉的情调就已深深地印在脑海里。可是，在异国他乡听起来，却仍然感到分外的亲切，无比的新鲜和异常的欣慰。特别是那种睽违已久的曼声吟唱所产生的韵味，回旋反复、纡曲跌宕的旋律，真像庄子所说的，有如空谷足音，不禁“跫然而喜”矣。

当然，在获得一种满足的同时，心头也漾起了丝丝缕缕的怅惋与缺憾，喜悦之余，更是不无感慨：这样的名诗吟赏，为什么不能出现在我们的中华大地上？或者说，在我们这素有“诗国”之誉的华夏名邦，还有没有人能够力挽濒临失传的“绝学”，重翻阳关古调 ，像这样一循旧律，古色古香、有板有眼地加以吟唱呢？难道真的如孔老圣人所慨叹的，到了“礼失而求诸野”的地步了？

古典诗词是我国悠久的文化历史中的一块瑰宝。几千年来，它以优美的词藻、和谐的韵律、丰富的情感、精深的蕴涵，超越了时空，倾倒了世界。在我们祖国，地无分南北，人不分男女，只要粗通文墨，都能记诵几句古典名诗。对于古典诗词的爱好，可说是日益浓烈、有增无减的，这有波涌风兴于全国各地的传统诗写作热潮为证，有雨后春笋般的古典诗社的创立和诗集的出版为证。那些传统名诗不时地出现在书法家、艺术家、作家的作品之中，从小学、中学直到大学，任何一本语文教材，都有大量的诗词入选。本来，自古以来，吟咏就是欣赏、学习与创作古典诗词的有效途径，古人有“动声曰吟，长言曰咏，作诗必歌”的说法，也就是根据诗词字句的平仄、节奏和韵律的要求，结合作品的内容，按照一定的调式，以人声的形式，还原诗词所表现的固有情感。可是，近百年来，由于多种原因，这种吟咏艺术已经日渐式微，以至濒临失传的绝境。诗词朗诵活动（更不要说吟咏了）颇为罕见。前几年，听说北京举行过“唐宋诗词名篇朗诵会”，尽管只是朗诵，而并非吟咏，我仍然以未能亲预其盛而引为憾事。

今年秋天，应邀到大连图书馆白云书院讲学，课余之暇，意外欣赏到白云吟唱团“华夏正声”古典诗词吟咏演唱会的精彩节目。他们首次在国内以传统的吟咏形式，把四十余首经典性的“毛诗”和唐宋诗词名篇做了令今人耳目一新的演绎，使观众真正领略到古人所说的“诗为乐心、声为乐体”的诗词的最高境界。在古筝、二胡、琵琶、笙、阮、箫、埙等民族乐器的伴奏下，一曲《念奴娇·赤壁怀古》的昂扬激越、声如裂帛的旋律刚刚从耳边掠过，“寒蝉凄切，对长亭晚，骤雨初歇”的如怨如慕、如泣如诉、哀婉惆怅的曲调又悠悠响起。随着男声吟唱、女声吟唱、集体吟唱和无伴奏吟唱的进行，清丽流转的《蒹葭》，余韵悠然的《枫桥夜泊》，亲情灼灼的《游子吟》，急管繁弦般的《将进酒》依次地在大厅里回旋荡漾，一种难以言表的音韵之美和诗性光华，如同古人所形容的“洋洋乎盈耳”。它像一掬甘洌的清泉，滋润着现代人焦渴、龟裂的心田；它像一阵薰风，吹散了演艺界媚俗、趋时的浮尘，令人心旷神怡，沉浸在清纯、宁静、迥绝凡俗的境界之中，饱享一餐美妙的艺术佳肴。

我原以为，能够演唱出这样高水平、高境界的“艺苑奇葩”的“白云吟唱团”，一定是由外地请来的一些研究古典诗词积学有年的专家、学者组成的。可是往台上一看，竟然全是一些熟悉的面孔。其中22名男女高音、14名男女中音，都是大连图书馆的馆员或部主任，相当一部分是三十岁上下的孩子妈妈。著名书法家、学者张本义馆长兼任艺术总监，而且负责全部曲谱的创作、整理工作；指挥和撰稿者、主持人也都是本馆的中层领导。他们经过较长一段时间的刻苦学习、探索、研磨，包括向国内诗词名家请教，在继承清代大连地区南金书院、横山书院诗词吟咏方法的基础上，融合、吸收了西洋声乐的一些技巧和规律，创作出了一套声情并茂、特色鲜明、别开生面的节目。

坐在大厅里，伴和着抑扬顿挫、隽雅和谐的优美旋律，我的思绪的翅膀也翩然展开，起伏振荡，空前活跃起来。我联想到了一部获得过诺贝尔文学奖的西方名剧——象征派戏剧的代表作家梅特林

白云吟唱团为日本友人演出

克的《青鸟》。剧中的情节是，樵夫的两个小孩子在圣诞节前夕梦见仙女委托他们为病重的女儿寻找象征着幸福的青鸟。于是，这对小兄妹就用一块赋有魔法的钻石，召来了面包、糖果、水、火、猫、狗等各种物事的灵魂，在光的灵波的引导之下，穿过丛林，跨越坟场，开始了长途跋涉。可是，他们走遍了记忆之乡、暗夜之宫、幸福之园、未来之国，历经千辛万苦，那幸福的象征——青鸟却仍然没能到手，最后只好怅然而返。失望伴着焦急，他们也就从梦中醒来了。就在这个当儿，一位貌似梦中仙女的邻家阿姨走进了屋里，是为她的正在患病的女孩来讨圣诞节礼物的，小哥哥决定把自己心爱的鸽子赠送给她。出人意料的是，这只白鸽顷刻间忽然变作青色，竟成了一只地地道道的青鸟。真是："踏破铁鞋无觅处，得来全不费功夫。"那跋山涉水、历险犯难所要寻找的青鸟，那上天入地寻之遍、四处茫茫皆不见的青鸟，原来就在自己家里！

我不也正是如此吗？当日漂洋过海，远涉东瀛，去赏鉴古典诗词的吟唱，其实，这只"青鸟"就在身边，就在大连的"白云"里。

（2002年12月）

张本义馆长诗作

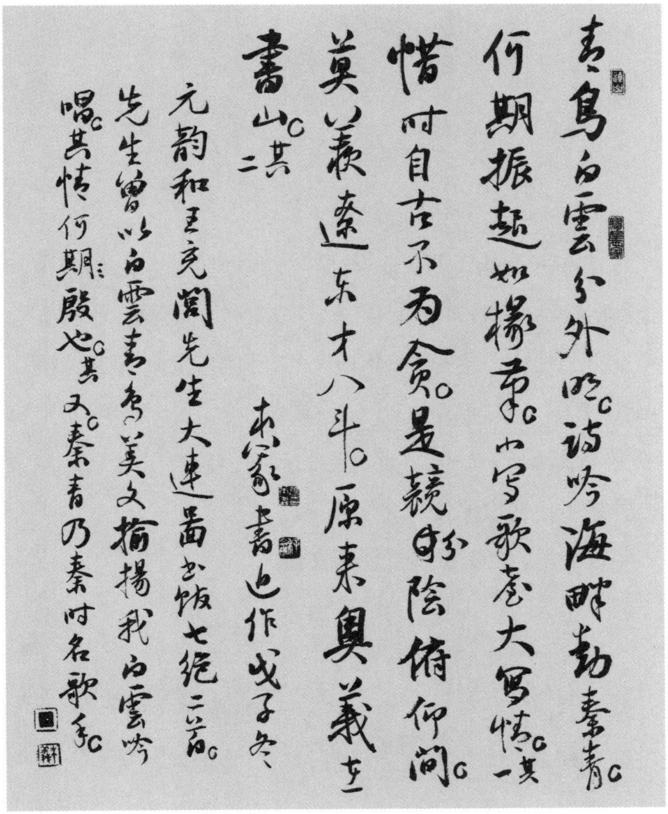

青鸟白云分外明，诗吟海畔动秦青。

何期振起如椽笔，小写歌台大写情。

（其一）

惜时自古不为贪，是竞分阴俯仰间。

莫羡辽东才八斗，原来奥义在书山。

（其二）

本义书近作。戊子冬元韵和王充闾先生大连图书馆七绝二首。先生曾以《白云青鸟》美方揄扬我白云吟唱，其情何其殷也。又，秦青乃秦时名歌手。

华夏正声振东瀛

辛欣

几日前在家查找资料，忽从书中发现一纸片，上写“24 SEP 2004,ANA NH904,NARITA,JAPAN”。这是一张日本全日空航空公司从大连飞往日本航班的登机牌，时间是2004年9月24日。那是一个难忘的日子，就在那一天，白云吟唱团受日本枥木县那须野日中友好促进会的邀请，跨出国门赴日本演出，开始了传播中国传统文化之旅。

三年过去了，当时的情景历历在目。

缘起

大连图书馆馆长张本义先生是一个很有意思的人，外表看来沉默、严肃、不苟言笑，而内心却温暖灿烂，又如七月骄阳，热情似火。他多才多艺，很有学问，国学功底尤为深厚，擅长诗词歌赋，又写得一手好字。一日，张先生受邀在一位名人寿诞贺席上观看唱诗班的演出，回来后大受启发，组建白云合唱团（后改为吟唱团），专门演唱中国古典诗词，以此弘扬传统文化。诗词是现成的，老祖宗们留下来的，要多少有多少；曲子是张先生结合清代辽南吟诗的书房调试创作的，古朴，优美，很有味道。唱诗本不是个新鲜事，有诗那会儿就有，算起来也有几千年的历史了，但由于近些年不唱了，很多人不了解诗词吟咏，所以吟唱团起初也不太被看好。然而，终究是中华文化的精华，其魅力无与伦比，随着演出次数的增加，白云吟唱团的名气也越来越大，被越来越多的人接受和欣赏，有了越来越多的知音，日本老人藤田辉雄就是其中的一位。

藤田辉雄先生是日本栃木县那须野日中友好促进会的会长，喜好吟咏汉诗，2003年6月率那须地区的吟咏剑诗舞道交流团来大连访问时，曾与白云吟唱团同台演出，被中国诗词的吟咏深深打动。在此之前，他只会用日本人的方式理解汉诗、吟咏汉诗，看了白云吟唱团的表演后，才知道中国的诗词原来是可以这样演绎的。于是，藤田先生决定邀请白云吟唱团赴日，参加他们每年一度的那须文化节演出，让日本人也见识一下真正的中国文化。

接到日方的邀请后，白云吟唱团在大连市文化局副局长张超的带领下，组成了30人的代表团飞往日本，进行了为期一周的访问演出。

声振东瀛

常说日本是中国一衣带水的邻邦，此话不假。飞越“一衣带水”，只花去了一个多小时的时间，白云吟唱团就站到了东瀛的土地上。在机场迎接我们的是那须野日中友好促进会的事务局长田中和夫先生，一位敦厚、和蔼的日本人，话不多，但热情、周到。在他的带领下，我们趋车四个小时来到了位于日本北部的那须地区的首府黑矶市。黑矶是个不大的小城，人不多，很干净。在大街拐角处的一个代售食杂品的日本料理店里，我们吃了第一顿日本饭。那里的酱汤味道很地道，老板娘也很热情。来自礼仪之邦的吟唱团员彬彬有礼的举止感染了老板娘，她说我们是她见过的最儒雅的中国人，出门时还塞给每个人一张打折卡。

9月25日早晨，在潇潇的秋雨中，我们来到黑矶市文化会馆。只见会馆大门上方挂着“第58回那须地区艺术祭 · 中国大连市白云吟唱

白云吟唱团纪念文集《含英咀华》

团特别演出”的醒目横幅。那须地区是日本汉诗研究的中心，在每年举行的地区艺术节演出中，汉诗吟咏都是重要内容。但日本人吟咏汉诗用的都是日语，在他们当中有许多人还从来没听过原版的汉诗吟咏，所以对白云吟唱团原汁原味的演出非常期待。

下午2时，吟唱团的演出正式开始。当舞台大幕拉开，穿着民族服装的白云吟唱团演员在台上亮相时，全场响起了热烈的掌声。作为舞台监督，我站在台口的大幕旁，目光紧张地在台上演员和台下观众间穿梭。演员表演得认真、投入，观众观看得仔细、热情，一个多小时过去了，在《春望》、《虞美人》、《渔歌子》、《木兰辞》、《钱塘湖春行》等十几首古诗动人的韵律中，在阮、琵琶、埙等民族乐器美妙的弦律中，日本观众与中国演员融为一体，为精彩的演出而陶醉。“床前明月光，疑是地上霜。举头望明月，低头思故乡。”舞台背景幕布上升起一轮明月，月光照到了台上台下所有人的脸上、心上……最后一曲结束后，现场观众起立，长时间鼓掌致意。许多观众跑到后台，与演员合影留念。有位观众对着中国媒体记者激动地连声说：“中国的汉诗很有震撼力！太好了！太好了！”

吟唱团首场演出的成功，引起日本社会的广泛关注，NHK电视台专门为白云吟唱团录制了专题节目在电视中播放，下野新闻社、枥木放送等媒体对此事都也予以了详细报道。演出当晚，日方举行答谢宴会，许多日本官员和诗吟爱好者出席。日本自由民主党国会众议员连实进发来贺信对吟唱团演出的成功表示祝贺。日本众议院议员渡边喜美在宴会致辞中说："民间的文化交流是日中友好的传统，大连白云吟唱团正夯实着这个基础"。宴会上，全日本汉诗联盟会员中臣正之先生赋诗《赞白云吟唱团》，"访日白云风雅朋，那须山麓玉歌腾。和声吟唱心魂爽，古典诗词始复兴"，表达他对中国文化及吟唱团演出的敬佩心情。

离开那须地区后，白云吟唱团来到东京进行节目录制，准备制成光碟发行。大概是上个世纪末经济危机的影响还没有完全过去，

演唱会节目单

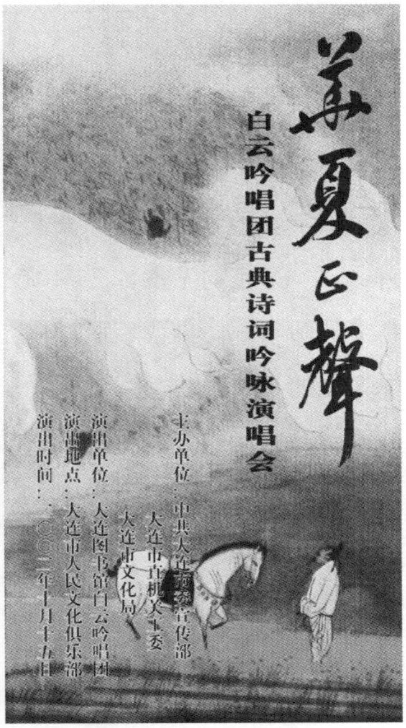

著名的东京银座大街并不像意想中的那样繁华和热闹，相反倒有些冷清。望着林立街头的一块块大大小小的掺杂着汉字的日文招牌，不由得缅怀历史，涌起文明传播的自豪。

九十九里老人园是位于横滨地区的一所老人院，9月28日吟唱团来到这里进行慰问演出。日本是一个长寿国家，老年人口比例很大，无论是在商场、车站、旅游景点，到处都能看到成群结队、背着背包的老人。与那些健康的老年人不同，九十九里老人园的老人大多行动不便、坐着轮椅。为了照顾老人们的视觉、听觉，保障演出效果，吟唱团特地挑选了带有长袖舞、扇子舞的诗词吟唱和民族器乐联奏、中日民歌等节目表演，张本义馆长还表演了书法，受到老人们的热烈欢迎。

从老人园出来，已是夜幕降临，一弯如水的月亮挂在天空。这一天恰是我们中国的传统节日中秋节。在异国他乡的公路上，一辆载着圆满完成出访任务的白云吟唱团团员的旅行车在飞速的奔驰。车上欢歌笑语，大家兴奋异常，纷纷跑到车前借着导游的话筒唱歌、吟诗、谈感受，表达激动的心情。这时，大连电视台的记者金惟走到车前，念了一首自作的四句诗，前三句忘记了，只记得最后一句是“一字雅韵万古传”。张本义馆长听后也诗兴大发，即兴和了一首：“一字雅韵万古传，……三百年后亦此天。”后来问起张馆长中间的两句，他也说忘了，总之是为中华文明而骄傲，表达立志传承文化的豪迈心情。记得那天我也顶着张馆长的诗和了一首，但没有读给大家，因为那是写给自己的，“三百年后亦此天，……但有今夕万足矣”。

白云吟唱团里个个都是诗人，中国的诗学焉能不盛！

友谊长存

文化是友谊的桥梁与纽带，白云吟唱团赴日演出既传播了中国

于植元先生手迹

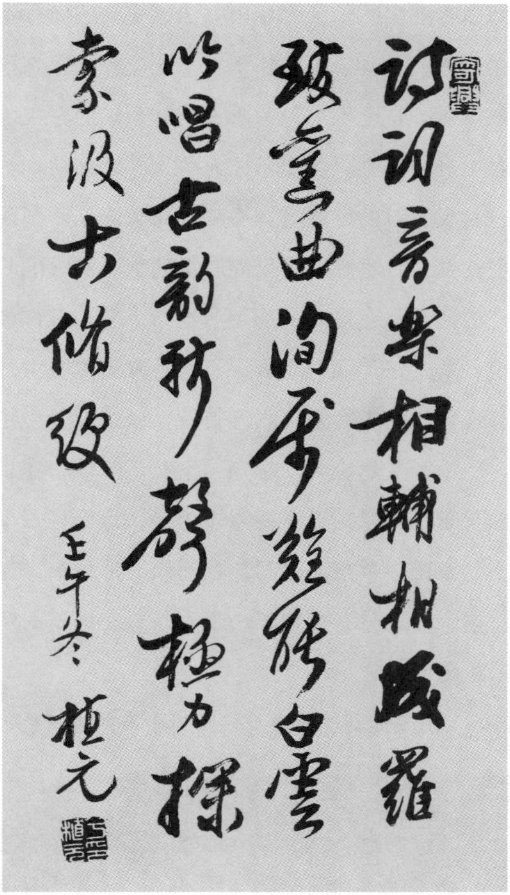

诗词音乐，相辅相成。罗致旧曲，洵属难能。

白云吟唱，古韵新声。极力探索，汲古修绠。

文化，也与日本人民结下了深厚的友谊。有几段小故事至今令人记忆犹新，难以忘怀。

黑矾纸贵 白云吟唱团在日本演出时，为了展现中华文化的灿烂辉煌、博大精深，专门设置了一个集诗词吟咏与书法表演与一体的综合节目，即由吟唱团团长、大连市书法家协会主席张本义先生表演唐诗《阳关三叠》。音乐响起，张本义先生登台，在事先准备好的宣纸上挥豪泼墨、奋笔疾书，写下“渭城朝雨浥轻尘，客舍青青柳色新。劝君更进一杯酒，西出阳关无故人”。然后，他又用叠唱的形式将这首脍炙人口的诗歌演绎得字正而腔圆、一倡而三叹。这个节目非常受欢迎，日本观众不仅能欣赏到纯正的古韵吟唱，还领略到中国书法的风采。在黑矶的那场演出结束后，有许多人跑到后台，围在张馆长的书法作品旁观看，不时地发出赞叹声。一位中年女士对张馆长说，她丈夫特别喜欢这首诗，张馆长能否将这幅字题上款送给她。张馆长慨然应允。谁知这下惹了麻烦，在场的许多人都纷纷向张馆长求字。张馆长不好意思拒绝，只好将每个人的名字记下，答应回到宾馆后再给大家写。在黑矶的那一夜，当大家轻松地外出散步、聊天时，只有张馆长一个人，躲在旅馆的房间里，一张又一张地“践诺”。

我爱中国人 前文提到的日本那须野日中友好促进会的田中和夫

白云吟唱团与日本友人合影

局长，在白云吟唱团赴日演出过程中负责连络、接待等任务，工作非常辛苦。吟唱团三十几人，申请出国的材料很多，需要多次核对，每当出现问题向他表示抱歉时，他总是笑着说："没关系，我爱中国人。"张馆长出国前在国内办了手机漫游业务，谁知到了日本却无效，非常着急。田中先生得知后，拿出自己的手机给张馆长用。张馆长过意不去，表示回国后要将话费寄给他。田中先生听后笑着说："没关系，中日友好，我爱中国人。"

一列兄弟　藤田辉雄是一位七十多岁的老人，把吟唱团员看成自己的孩子。在黑矶演出，参加完官方举办的晚宴后，藤田老人又再三邀请大家去他家里坐客。老人及老伴、儿子、儿媳一家人不停地忙碌，热情地招待来自中国大连的客人。老人指着院子里的房子说，你们以后每年都要来，住在我的家里，我想念你们。

第二天，吟唱团离开黑矶市在枥木县参观访问，藤田先生嘱咐儿子一路陪同照顾，下雨时为每位团员送上一把雨伞。

9月29日，白云吟唱团完成了出访演出任务，准备乘机回国。当大家在成田机场排队准备检票时，一位熟悉的身影出现在眼前，是藤田老人。他为了给吟唱团送行，赶了几个小时的路，提前一天在机场住下。

老人站在检票口旁与团员们依依握手话别，为每人送上一幅装帧精美的字板，上面是老人工整的字迹——"一列兄弟"。

（2007年12月）

吟边紊语

张本义

引　言

云者，乃“山川之气也”（《说文解字》）。从形态上看，尽管有排孤停行卷五态之名，然“行”是其本性；从色彩上看，尽管有青黄赤白黑五彩之称，然“白”是其本色。这种千变不改其性、万化不改其色的氤氲之气，曾寄托了多少百代过客无尽的情怀！

《列子·汤问》说，秦代的歌手秦青为阻止爱徒薛谭归去，“抚节悲歌，声振林木，响遏行云”。《文选》载，汉武帝巡行河东，由于乐极哀来，歌《秋风辞》曰：“秋风起兮白云飞，草木黄落兮雁南归”，因此而被后代称为“秋风客”。从洪荒年代飘来的朵朵白色行云，带走了多少悲欢余韵，留下了多少无限遐思！

以“白云”命名我们的吟唱团，正是由于其绵绵的诗意。

不仅如此，还因为，大连图书馆卧白云山麓，钟灵毓秀，百载绵延，自当彰显其名。已创“白云书院”、“白云论坛”、“白云美术馆”于前，再创“白云吟唱团”于后，则相信“白云”之名，必然彰显我们弘扬民族文化的诚心。

感谢乡先贤，为我们门前这道青翠山脉，留下了如此美好的名字。

《庄子·天地》说，尧来到华这个地方时，当地的人曾对尧提出欲“乘彼白云，至于帝乡”。关于“帝乡”有的说是指天宫，有的说是指京城，但都是人们向往之地。在这里，“白云”不就是祥云么？愿我们的吟唱团，驾起这白色的祥云，跨沧海，度关山，以致名播华夏；越今古，超时空，又见诗教中兴！

一

诗教被重视，是中国之所以被称为“诗国”的重要原因之一。孔子曰：“小子何莫学夫诗？诗可以兴，可以观，可以群，可以怨。”（《论语·阳货》）此乃中华数千年诗教的根本。何谓“兴”、“观”、“群”、“怨”呢？即：诗有振奋民族精神、激发昂扬向上的作用，有帮助官员体察民情、使之密切百姓的作用，有增强凝聚力、使人们团结一心的作用，有让百姓抒发心声，以化解民怨的作用。

以艺术感染人民、教化人民，最大限度地向各阶层人民普及诗词文化，是我国诗教传统的指归，也是历史上儒家思想在现实生活实践的成功之处。汉代董仲舒在《春秋繁露》中说：“乐者，所以变民风，化民俗也。其变民也易，其化人也著。”明人徐祯卿在《谈艺录》中说，“夫情能动物，故诗足以感人”，“诗者风也，风之所至，草必偃焉”。

正如《周易·恒卦》所指出的：“圣人久于其道而天下化成。”我们民族的人本精神、爱国精神、责任精神、中和精神、勇武精神、进取精神和亲情意识、乡土意识、忧患意识等，一言以蔽之，曰民族精神。

诗教是传承民族精神的重要手段。唐人孔颖达在《毛诗正义序》中说，“感天地，动鬼神，莫近乎诗”，此真乃破的之言。君不见，一阕岳飞的《满江红》，造就了多少中华儿女为祖国抛头洒血、前仆后继的英雄气概。一首孟郊的《游子吟》，培养了多少中华儿女孝敬父母、慈爱子女的高尚情操。“床前明月光，疑是地上霜，举头望明月，低头思故乡”，短短二十字，平淡如口语，对不深刻了解汉语的外国人，不会有所触动；但，是否可以这样讲，自李白之后的国人，谁都知道它对我们自己情感上的重要影响。这二十个字，胜过多少堂爱国主义教育课！

二

孔子曾说过，“不学诗，无以言”（《论语·季氏》），即如果不学诗，说话也将无有文采。后人的“腹有诗书气自华”说的也是这个意思。他老人家办学，就以《诗三百》（后被称为《诗经》）作为教材。后来又有楚辞、汉赋、唐诗、宋词等流传至今，形成了华夏文化诗教的传统。

馆长张本义与馆藏古籍

旧时儿童启蒙，所学的《三字经》、《百家姓》、《千字文》、《弟子规》、《名贤集》、《龙文鞭影》等，大都是用韵语即诗体写成，既简洁明了，又琅琅上口。短短的文字，包涵了中华文化德育、智育、美育诸方面广博的内容，学之，使人终生受益无穷。而《诗经》、《楚辞》、《千家诗》、《唐诗三百首》等，则汇集了中华精髓的诗章，便于培养民族精神，成为青衿士子的必修之课。尔后，不论庙堂取士，还是乡野讴歌，华夏大地到处都充满着诗歌的情怀。

孔子说：“入其国，其教可知也。其为人也，温柔敦厚，《诗》

教也。”又说：“其为人也，温柔敦厚而不愚，则深于《诗》者也。”（《礼记·经解》）这都说明了一个地区的民风如何，可以反映出该地区教育发展，尤其是诗教发展的状况。

在中华文明几千年的历史长河中，诗教的传统一脉相承。人们（不仅是知识分子，还包括平民百姓）在无处不在的诗歌创作和欣赏活动中，不仅分享了审美的快乐和满足，还提高了美的感悟力、理想的思考力、个性的健全力、社会的创造力，“化成”并展示了我们伟大的民族，“化成”并展示了我们伟大民族的共同体认，“化成”并展示了我们伟大的民族精神。

这些，是我们永远不应舍弃的宝贵遗产。

三

上个世纪初年开始，由于欧风渐、新学兴、科举废、仕途更，加之国家积贫积弱，很多人将“诗体革命”看作是救国的良方，遂使传统诗词遭到厄运。写旧体诗就意味保守、落后，甚至是反动。一时间，似乎旧体诗已无容身之地了。新诗的提倡是从破坏传统诗词的形式开始的。在一片“诗体解放”、“诗界革命”的口号声中，传统诗词被当作革命的对象而扫地出门。鼎鼎大名的梁启超，只因为说了句对传统诗词“当革其精神，而非革其形式”，就受到了疯狂的围攻。许多人为了赶“时髦”，纷纷写一些用毛主席年轻时说的“给一百块大洋也不读”的、不讲韵律、莫名其妙的“新诗”。

迄于“文化大革命”，传统诗词几逮万劫不复的灭顶之灾。以至于读传统诗词有罪，写传统诗词有罪。除了个别政治人物，几乎无人敢公开写作和发表传统诗词，诗教传统几近中断。

虽然焚琴煮鹤的噩梦都已成为过去，改革开放带来了政通人和、百废俱兴的局面，但是近百年来，诗教传统所遭受的厄运，对我们民族精神摧残的恶果，却也已渐显现。

四

古人云，“欲灭其国，先亡其文”，足见民族精神和民族文化的重要性。反观当前域中，华夏文化、传统和民族精神，受到了西方各种文化观念的强烈冲击，正在经受着严峻的考验。

由于教育（不仅是学校教育，更包括社会教育，特别是传媒教育）的失误，现在部分青少年（当然也有好的），不仅沉溺于浅薄浮躁、低俗的流行歌曲，嗤笑学习和创作传统诗词为“不合时宜”，不屑一顾，甚至于盲目地追求西方流行文化与生活方式。

君不见，吃麦当劳，喝可口可乐，看西方大片，玩西方电脑游戏，唱麦当娜歌曲，听爵士乐，跳摇摆舞，过五花八门的洋节，说“洋泾浜”中文和外文，写不中不洋的“汉字”，已经成为一些年

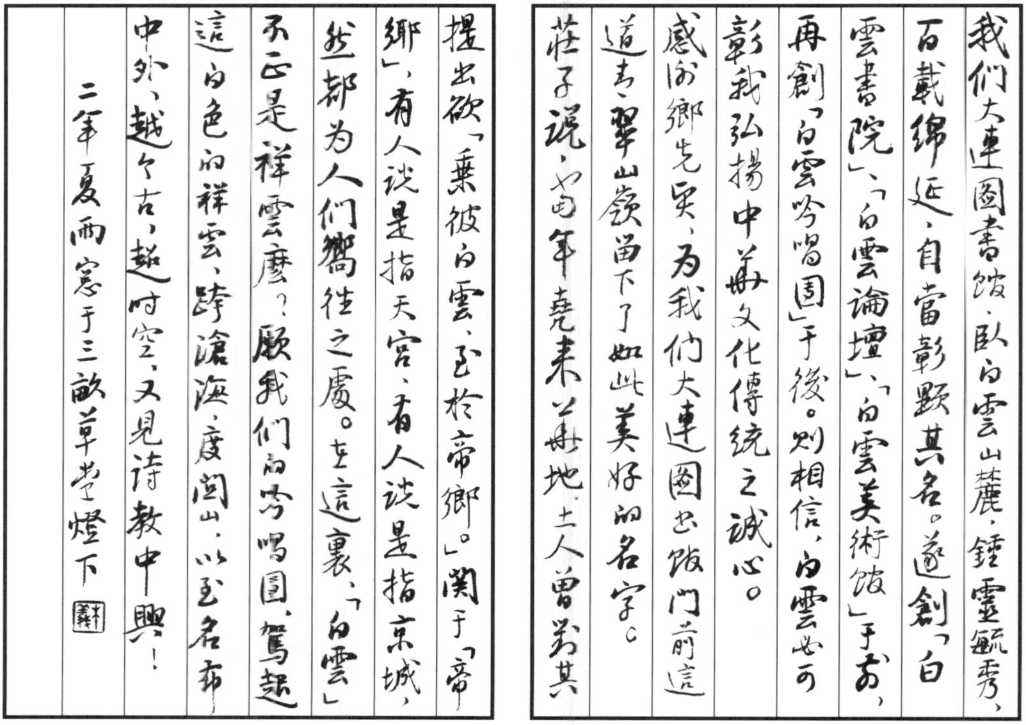
我們大連圖書館，卧白雲山麓，鍾靈毓秀，百載綿延，自當彰顯其名。遂創「白雲書院」、「白雲論壇」、「白雲美術館」于前，再創「白雲吟唱園」于後。則相信，白雲必可彰我弘揚中華文化傳統之誠心。感謝鄉先賢，為我們大連圖書館門前這道青翠山嶺留下了如此美好的名字。莊子說：當年堯來華地，士人曾為其提出欲「乘彼白雲，至於帝鄉」。關于「帝鄉」，有人說是指天宮，有人說是指京城，然都為人們嚮往之處。在這裏，「白雲」不正是祥雲麼？願我們白雲吟唱園，駕起這白色的祥雲，跨滄海，度關山，以至名布中外，越今古，超時空，又見詩教中興！

二年夏雨窓于三畝草堂燈下

轻人的时尚。由于这些年轻人对自己祖国的历史（特别是近代遭受列强侵略的屈辱史）和文化传统的无知，以至于有的人善恶莫辨、美丑不分。一个人的人生观、世界观和文化认同感的形成，是一个耳濡目染、潜移默化、触及灵魂的系统工程。很难想象，生活在上述情景中的年轻人，有朝一日面对国家和民族的呼唤，他们能是个什么样子？看一看大街上那些染成洋人发色、狂呼乱叫地跳着西方“街舞”的年轻人，就知道我们现今多么需要诗教。

当然，我们不赞成文化排外主义。一个兴旺发达的民族，无不是在兼收并蓄其他民族优秀的精神和物质成果的基础上发展起来的。我们对西方先进的文化科学技术，应该认真学习，但对于西方和平演变式的文化渗透和文化霸权主义，必须保持清醒的头脑，从各方

张本义馆长手迹

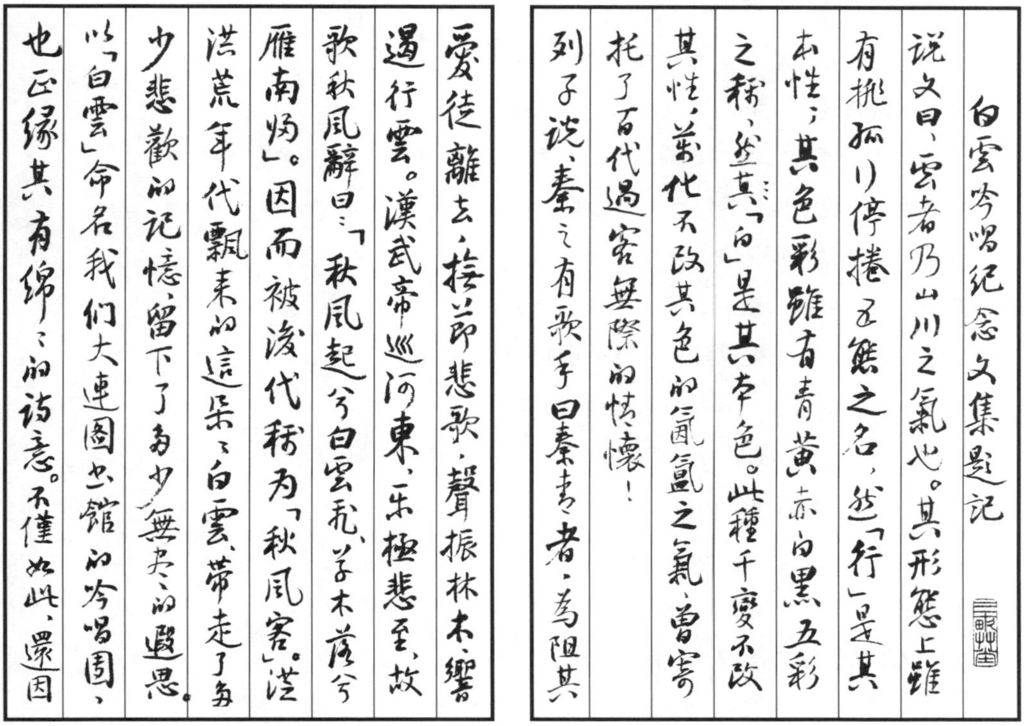

面认真自觉地加以抵制。对于华夏传统文化中的精华，要认真地加以继承和弘扬，决不能像列宁所形容的，把“洗澡水和孩子一起泼掉”。新加坡国会议员吴俊刚先生曾经说过：“新加坡之所以能在短短的几十年中发展起来，其经验是，我们伸出右手向西方学习科学技术，左手向中国学习东方文化。学习中国文化而不学习中华诗词，就像打猎的人到深山老林空手而归一样。”这真是经验之谈。

江泽民主席语重心长地指出，“必须立足中国现实，继承民族文化优秀传统”，“要坚持弘扬和培育民族精神。民族精神，是一个民族赖以生存和发展的精神支柱”。早在1999年春节，他观看了中国唐宋诗词名篇音乐朗诵会后，充分肯定了中国诗词的博大精深，号召大家学点古典诗词，以弘扬祖国优秀的传统文化，增强民族自信心和自豪感。这些都为我们传统诗教的振兴和发展指明了方向。

五

中国传统诗词，是我们民族在长期生活斗争中创造的、最具民族特色的艺术形式。它的主要特点是语言凝练、内容广博、情感蕴藉、音节美妙，也可概括为语言美、意境美和音乐美三个方面。

音乐美是体现诗词形式之美的主要方面。由于汉字一字一音，音分四声，抑扬顿挫，波澜万千，形成了极为丰富的音乐之美。这在世界各民族语言中，据说只有汉语才可能做得到。

其实，古时的诗歌，就是今人所谓的“歌词”。换句话说，古时所有的诗歌都是可以而且必须加以吟唱的（后来的词更是如此）。近人王季烈在《螾庐曲谈》中说：“《诗》三百篇，三代之歌曲也。降及唐人之诗，宋人之词，其为一代之歌曲，尤昭然世所共知。”

《尚书·舜典》精辟地指出：“诗言志，歌永言，声依永，律和声。”这里所说的“言志”，指歌词表达人的心态，“永”即“延长”，将所歌之诗以抑扬顿挫、缓急有度的节奏唱出来。而“声”

（即乐调）则依照歌词本身字句的节奏发出，根据“律”（即音律）的规则谱出声调和谐的歌曲。这里指明了歌与词即诗与音乐的关系。《史记 · 孔子世家》载：《诗》“三百五篇，孔子皆弦歌之”。而后的两千多年里，诗词与音乐的关系，一直如同鱼与水、刀与刃、皮与毛一般密不可分。

按照余冠英先生的说法，《诗经》里的风、雅、颂之名，都是缘于音乐。风即声调，雅即正的意思，周人将正声称为“雅乐”；而颂则是用于宗庙祭祀的乐歌。（见《诗经选 · 前言》）

中古以来，随着文人诗歌作品的大量产生，诗与音乐的关系才渐为淡化。然而，作为歌诗的流风，诗歌吟咏的传统在文人中一直没有中断，并且成为人们学习、创作、欣赏诗词的必不可少的手段。

六

关于吟咏的定义，自古以来，众说纷纭，莫衷一是。论者大都援引唐代孔颖达《诗 · 关雎 · 序》的解释：“动声曰吟，长言曰咏，作诗必歌。”所谓“动声”者，就是指高低、强弱、快慢、变化着的声调。“吟”，指吟哦，呻吟。《庄子 · 列御寇》中有“郑人缓也，呻吟裘氏之地，只三年而缓为儒”之语。释曰：“呻，吟也，谓吟咏学问之声也。”在这里，呻与吟为互文同义。所谓“长言”者，就是将字词（言）的读音拉长。至于“歌”的定义，大约是有着强烈旋律，并有器乐伴奏的“乐歌”。

综上所述，吟咏的本义应该是将诗的字句拉长了声音，按照文字固有的音节加进感情色彩小声地哼读。由于属自由发挥，故吟咏一般旋律性不强，无谱可依。这有别于旋律性强的“歌唱”。

晋代的谢氏大都擅长吟咏，谢安就曾创造了“拥鼻吟”。《晋书 · 谢安传》载：“安本能为洛下书生咏，有鼻疾，故其音浊。名流爱其咏而弗能及，或手掩鼻以效之。”由此可见，鼻音哼鸣在吟咏中的作用。

除了吟咏之外，古人展示诗词（也包括散文和韵文）的音韵和意境之美的方法，还有“诵”。

孔颖达疏《礼记·文王世子》曰：“诵谓歌乐者。”而《周礼·大司乐》曰：“以声节之曰诵。”《汉书·艺文志》在给“赋”这种韵文下定义时说，赋乃“不歌而诵”者。所谓“以声节之”，就是要念出字与字、词与词之间的抑扬顿挫，体现出节奏徐缓之美。

尽管孔颖达对“诵”的解释比较切合“诵”的本义，但后来的人们却都愿意采用后两种定义。简言之，“诵”口语比较强，突出语调因素和节奏，类似我们今天念白话文和新诗。诵分为“默诵”（不出声）和“朗诵”（大声）。一般我们所说的“诵”，大多指的是后者。诵比吟要简单多了。

七

诗词要加以吟诵的理由很多，择其要者有以下五点：

第一，开展诗教的需要。

朱自清先生在《论朗读》一文中说：“现在多数学生不能欣赏古文和旧诗词，又不能写作文言，不会吟，也不屑吟，恐怕是主要的原因之一。”（《朱自清全集》卷二）“不会吟，也不屑吟”的结果，使部分青年对传统诗词知之甚少，却热衷于唱一些浮浅萎靡的流行歌曲，其实这些歌词，很多是无病呻吟，胡编乱造，甚或宣传没落的消极思想，从而加重了浮躁颓废的风气。还有的低俗歌唱者“有口无字”，不知所云，徒留听觉和视觉的刺激而已。

而今的新诗呢？大部分不讲押韵，节奏性很差，故很难付诸听觉，因此也很难使人对它产生兴趣。据说，现在读新诗的人比写新诗的人还少。新诗不仅起不到教化的功能，而且如不尽快向传统诗词汲取营养，其迅速没落指日可待。

唐代有个“旗亭赌唱”的故事。名诗人王之涣、高适、王昌龄在“旗亭”会饮，无意中听到邻座歌妓吟唱多首他们三人所写的绝句。宋代陈师道《后山诗话》说，柳永词“天下咏之”。叶梦得《避暑录话》云，西夏归来的使者说，“凡有井水处，即能歌柳词”。足见柳永的地位，大约像今日的歌星。这些都说明，唐宋两代诗词的兴盛，是有广泛群众基础的，是借助了音乐这个翅膀发展起来的。现在，我们若想利用诗词进行民族精神的教化，也必须大力开展群众性的传统诗词（也可包括当代诗词）吟唱，以此振兴诗教，开张国本。

第二，欣赏传统诗词的需要。

宋代郑樵在《通志·乐略》中说：“古之诗，今之辞曲也。但能诵其文而不说其义，可乎？”显然，诗词如不经过吟诵，根本无法深层次地体会作品的含义和作者细腻的情致及其遣词造句的良苦用心。前人把作文比作“炊米为饭”，而把吟唱比作“酿米为酒”。我认为，不管是饭也好，酒也罢，不去亲自“吃一吃”和“喝一喝”，根本不知道其美在何处。就好比读一部戏剧的剧本和看这部戏的演

白云书院书房

出，读一份菜谱（即使是彩照）和吃这份菜谱上的大菜，是完全不同的感受一样。这些比喻，足可以说明“读”诗和“吟唱”（包括“诵”）诗词之间的不同。

音乐美是传统诗词的生命。清人袁枚在《随园诗话》中提出，好诗的一个极为重要的标准是“其言悦耳”。南宁周密在《齐东野语》中说，曾经有人将自己的诗朗诵给苏东坡听。诵罢问诗可打几分？东坡说，可打十分。那人大喜。然而，东坡又说，诗只给三分，余下七分是因为诵的缘故。尽管有戏谑的成分在内，但在一定程度上反映出吟诵对于古诗词的重要。

清人沈德潜《说诗晬语》云：“诗必有眼，亦必具耳。眼主格，耳主声。诗者以声为用者也，其微妙在抑扬抗坠之间。读者静气按节，密咏恬吟，觉前人声中难写、响外别传之妙，一齐俱出。朱子云：‘讽咏以昌之，涵濡以体之’，真得读诗趣味。”能够吟诵，是欣赏传统诗词的要务。据说，西方人对诗词的朗诵也十分重视。而现在我们只在作诗时讲究音律，而吟诵时却不考虑如何充分发挥这些音律之美，以至于现在流行的歌词很难被人记住。

朱光潜先生说，诗“写在纸上的只是一种符号，要懂得这种符号，只是识字还不够，要在字外见出意象来，听出音乐来，领略出情趣来。诵诗就是要把这种意象、音乐和情趣在声调中传出。这种功夫实在是创造的。读者如果不能做到这步天地，便不算欣赏”，也绝对享受不到诗词的真正的“美”。

第三，学习传统诗词的需要。

宋代大儒朱熹指导学生读书，强调要做到“三到”，即“心到、眼到、口到”。这中间，“口到”即是要大声地诵、读、吟唱出来，总之，要“动口”。清代曾国藩在家书中说，学习诗文，要“先之以高声朗读，以昌其气；继之以密咏恬吟，以玩其味，二者并进”

馆藏《御选唐诗》，清圣祖玄烨辑，康熙五十二年刻朱墨套印本

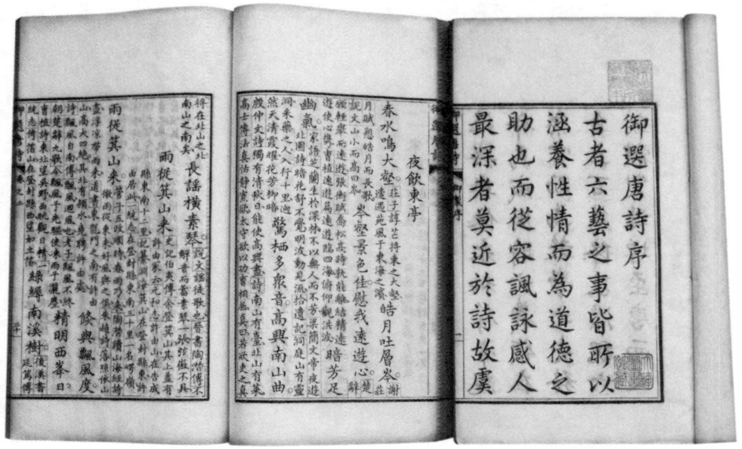

（《曾文正公全集》卷六）。这些从切身体验中得出的经验，确乎不诬。

时下，街上流行的《李阳疯狂英语》之所以大受欢迎的原因，我想，大约是因为它充分调动了“口”和“耳”的作用，从而使英语的学习不仅不枯燥而且变得容易多了。其实，这正是我国传统教育中一直强调的方法。所谓“熟读唐诗三百首，不会作诗也会吟”，说的也是这个方法。

本人体会，再长的诗词（包括长篇古韵文和散文），只要放声吟诵，不仅不觉其长，不觉其累，还很容易记住，且其义不假注释也可大都知晓。夜读时尚可以治睏。谓不信，可试之。

第四，创作传统诗词的需要。

近体诗和词的形式，不仅字的多寡有定数，句的长短有定式，而且字的平仄也有定声，所以，即使今人用这种文学体裁创作，也必须严格遵守这三项要求，这是源于近体诗和词是音乐母体的产物，是因为歌唱的需要。

近体诗格律，至唐代已臻完备，而词的格律至宋代已经形成，

当时的诗词都是配乐歌唱的。由于历史条件所限，其声调难以留传下来。虽然至宋代时开始，一些人，如姜夔，曾尝试在作品旁加注工尺声谱，但后人仍难以照谱歌出，宋代词人张炎就曾发出“旧谱零落”的嗟叹。

直到明清之际，张綖创造了《诗馀图谱》之后，诗词才出现了平仄谱，并且一直沿用至今。平仄谱的出现，使后来的人们即使在“古声尽失”的情况下，也能依谱创作出名副其实的格律诗词。这是诗词格律载体上的一大飞跃和贡献。

但是，反观自宋代至平仄谱出现的明清之际，数百年间，利用诗词这两种文学体裁所写的作品，大都合于矩矱，音节大部分整齐划一。

词之所以如此，或许由于歌唱声调硕果尚存，可以“依声填词”所致，而近体诗作的平仄，能做到整齐划一，就令人惊异了。

我认为，这个现象也是由于保留了吟唱传统的结果。这也正如张炎在《词源》中所指出的：“词以协音为先。音何者？谱是也。古人按律制谱，以词定声。此正‘声依永，律和声’之遗意。”清人翁方纲《石洲诗话》记载，《东坡集》中所载的《赠张继愿》、《答李公择》和《中秋月》三首作于不同时期的绝句，都用了唐代王维的《送元二使安西》（即《渭城曲》）的音节。与王维的原诗相比较，三首诗在用字平仄和韵脚以及平仄的互换方面几乎无任何差别，浑如今人依平仄谱填词（见《石洲诗话》卷三）。这说明，苏东坡在写这三首诗时，一定是用同一个声调，按照王维原诗的平仄字句，吟唱着写出的。

本人年轻时，曾向辽南金州和复州多位夙儒学习欣赏、吟诵和写作诗词。当问到如何才能掌握其音律时，他们都强调只要“哼哼（即“吟诵”）着写，不用死记什么“平平仄仄”口诀，写出的句子就不会“拗口”，即不会出现平仄音节错误。

郑樵《通志·乐略》曾指出“作诗未有不歌声也”。这说明了，吟诵对于诗词创作的重要性。杜甫有句云：“陶冶性灵存底物，新诗改罢自长吟。”杜诗音律森严，世所公认，之所以令人折服，奥妙恐怕也在于一个“吟”字。谢榛在《四溟诗话》中说，写诗“凡用韵审其可否，句法浏亮，可以咏歌矣”，这真是极中肯綮的经验之谈。清人袁枚在《随园诗话》中指出：“文曰作，诗曰吟，可知音节之不可不讲。”这也是写诗为什么又称为“吟诗”的原因。

第五，弘扬中华传统文化的需要。

中华文化，博大精深。浩如烟海的诗词作品，是其中的精华之一。而诗词吟诵，自古以来是诗词飞遍华夏大地以至海外瀛洲的神翼。至今，在受中华文化影响较大的韩国和日本，仍保留着对汉诗吟诵的传统。在韩国，有的大学还设置了唐宋诗词吟诵课。在日本，汉诗吟咏团体遍布各地，吟咏爱好者成千上万，不仅内部经常进行交流和比赛，而且社团之间、全国范围内也经常举行交流大会。著名学者、诗人王充闾先生十多年前出访日本时，曾欣赏了一台由东道主精心安排的《阳关三叠》吟唱节目。他在获得满足的同时，心头不由荡漾起了丝丝缕缕的怅惋与缺憾，即，我们这个素有“诗国”之称的华夏名邦，为什么不能够像人家那样“重翻阳关古调”，力挽吟诵这门被称为“绝学”的艺术呢？（《辽宁日报》2002年12月10日）

吴调公先生为《古诗词文吟诵》一书作序时写道，他在看了日本大井清先生领导的唐诗吟诵演出后，发出感慨：一是赞赏日本善于接受中国的文化遗产加以发扬光大；另一是数典不可忘宗，我们有必要有理由把继承传统吟诵理论经验的担子挑起来。

本人多次东渡，对上述情况不陌生，也常常发出同样的感慨。

我们应该意识到，随着我国经济的发展，中华文化必将再一次发出耀眼的光芒。而文化的复兴，恰是中华民族伟大复兴的重要指标。我们不光要憧憬这一时刻，更要通过我们振兴诗教的努力，促使这一伟大时刻的早日到来。

八

关于诗词吟诵的要点，是一个相当繁杂的问题，囿于篇幅，这里只能结合旧时大连地区书房中吟诵诗词时特别注意的问题，择其要者，作以解说如下：

甲、识字

识字为写作和吟诵传统诗词的第一要务。它不同蒙童的“初识文字”。而是要从音节上认识诗词句子中的每一个字的音乐属性，即识别平仄字，特别是要掌握好平仄二声与诗词格律的关系。识别平仄字最重要的是识别入声字。由于汉字古今语音的变迁，尤其是古诗词中的入声字，在普通话中分别派入阴平、阳平、上声、去声中，故普通话已没有了入声。有的本来应该音节非常和谐的古典诗词，现在用普通话吟读，就非常不和谐并且变味，有的连韵都不押了。如孟浩然的《春晓》诗中的“春眠不觉晓”的“觉”字；王之

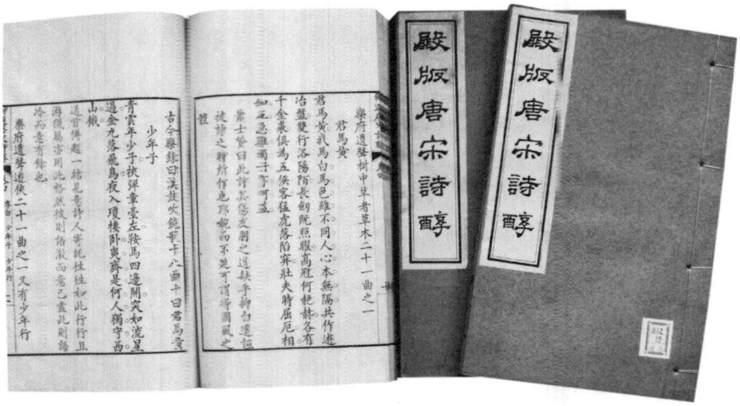

馆藏《御选唐宋诗醇》，清高宗弘历辑，乾隆十六年刻四色套印本

涣的《登鹳雀楼》诗中的“更上一层楼”的“一”字；李白的《忆秦娥》一词的“别”、“节”、“绝”；苏轼的《念奴娇·赤壁怀古》中的“国”、“石”、“如”、“一”、“杰”、“了”、“发”，这些入声字，如用普通话吟唱，则由于音节变化，不仅意境迥异，还破坏了原有的诗词格律。大连地区清代中期以来，以南金书院和横山书院为代表的“书房音”吟诵法，处理这类字时，一般都将其读成去声。再如，白居易的《赋得古原草送别》中的“接”字，王维《山居秋暝》中的“竹”字，杜甫《春望》和《八阵图》中的“国”字等，辽南方言中读上声，因上声和入声同属仄声，读如上声亦可。

旧有“叶韵”一说。清人刘坡公在《学诗百法》中说：“诗即由乐出，则诗中之平仄，必审音而后叶。”叶者，协也。即诗词中韵脚字，由于古今语音的变化而不协调，故改读某相协字音。此种方法虽不科学，但在旧时却较流行。查大连地区的一些老先生所说的很多“叶韵”，其实用的是古音。如杜甫的《春望》中的“簪”，今念“zan”，与韵不协。其实此字古属侵韵，《集韵》、《韵会》、《正韵》都读“zen”。这样，与该诗中的其他韵脚“深”、“心”、“金”字就押韵了。再如《敕勒歌》中第四句，“笼盖四野”的“野”字，今读“ye”，与第二句的韵脚“下”不押韵。其实，此处“野”字，古属马韵，《唐韵》读如“ya”。其他类似的字也一应如此，如旧时的“叶韵”通则处理。

还有些在诗词里经常出现的字，是平仄两念的，要格外注意。如“不教胡马度阴山”中的“教”字，因在节奏点上，且此字两读，故必须读成“jiao（焦）”。“老翁出门看”、“遥看瀑布挂前川”、“草色遥看近却无”、“海色晴看雨”中的“看”字也因在节奏点上必须读“kan（堪）”。其他如“过”、“叹”、“禁”、“论”、

“醒”、“量”等，可以根据句子平仄音节的需要来确定读音。然而，有的字虽有两种读音，但两种意思不同，不能像上面所说的两读字处理，如“胜”、“骑”、“称”、“重”等即是。这些，都要依吟诵古典诗词的惯例认真加以处理。

乙、节奏

节奏是指各种音响有一定规律的长短强弱的交替组合，它是音乐的重要表现手段，也是诗词写作和吟诵时必须十分重视的问题。明代李东阳在《麓堂诗话》中强调指出：“长篇中须有节奏。”其实，无论长篇也好，短篇也罢，都需要强调节奏。李东阳赞扬了杜甫的诗“顿挫起伏，变化不测，可骇可愕，盖音响与格律正相称”。这都是由于重视了节奏的缘故，清人苏璟在《春草堂琴谱·鼓琴八则》中说，“唱曲之妙，全在顿挫”，亦为经验之谈。

汉语多由两个字构成一个节奏单位，诗词的节奏（主要是“平平仄仄”的规律），也多由句中字词平仄交互安排和相互押韵所致。

由于“平平仄仄”音节在诗句中交互使用，故五言诗句的第二、四字，七言诗句的第二、四、六字，都是节奏点，因此有“一、三、五不论，二、四、六分明”之说。如前所述，如在节奏点上的字是入声字，则今天必须读成仄声，才能不改变其原有节奏的规律，才能满足听觉上抑扬顿挫的需要。如杜甫《春望》诗中的“恨别鸟惊心”中的“别”字是个仄声（入声）字，如按普通话念成“biē”，则属平声，破坏了“仄仄仄平平”的节奏感，所以必须念成“biè”方可，以此类推。韵脚，是将若干诗句收揽起来，以回环的音节加强节奏感的重要方法。这在吟诵近体诗时，是要着重强调的。明人陆时雍在《诗镜总论》中说：“有韵则生，无韵则死；有韵则雅，无韵则俗；有韵则响，无韵则沉；有韵则远，无韵则局。”格律诗一般押平声韵，吟诵时一定要用平调。否则，就与出句（上句）的最后一字（多为仄声字）音节相近了，很难造成强烈的节奏感。

由于词的句式长短不一，因此节奏单位不如格律诗那样整齐。吟诵词时，要先做点案头准备，即要规划一下每一字的节奏单位，以突出节奏之美。如辛弃疾词《西江月·夜行黄沙道中》的“七八个星天外，两三点雨山前”两句，尽管《词谱》中这两句没有停逗，然吟唱时处理成“七八个、星天外，两三点、雨山前”，则抑扬顿挫的旋律立刻显现出来。另如，柳永的《八声甘州》中的“对潇潇暮雨洒江天”与“渐霜风凄紧”两句中的“对”和“渐”，毛泽东《沁园春·雪》中的“望长城内外”的“望”，由于是一个关键的“领字”，必须做一个较长的停顿，并加强声调处理才是。

至于古体诗（包括古风、歌行、乐府诗等），由于对音律的要求不太苛刻，故律句不多，吟诵起来多以气势取胜（乐府诗尤其要注意这一点），因此更要强调节奏感。今人用新式标点来标点乐府诗（包括唐人拟作的），往往将句子点得很长，令人无喘息之处。如李白《将进酒》中的“君不见黄河之水天上来，奔流到海不复回。君不见高堂明镜悲白发，朝如青丝暮成雪”，《宣州谢朓楼饯别校书叔云》中的“弃我去者昨日之日不可留，乱我心者今日之日多烦忧”，《蜀道难》中的“蜀道之难难于上青天”、“上有六龙回日之高标，下有冲波逆折之回川。黄鹤之飞尚不得过，猿猱欲度愁攀援”等，动辄十几字，《乐府诗集》中最多的竟达二十多字。不仅长，读起来拗口，有时简直令人莫名其妙（见今人校点本《乐府诗集》）。连现在学校的教科书也是如此断句，结果是读起来很难，很多学生反映“读起来不仅不美，而且感到头痛”。

我认为，之所以出现上述情况，就是诗歌吟唱艺术近百年来被忽略造成的。标点诗歌者由于不是考虑当年的吟唱效果，故自己就莫名其妙地“点”了下来。

赵元任先生在《常州吟诗的乐调十七例》中曾指出："古诗念的快，律诗念的慢。"（陈少松《古诗词文吟诵》所引）这正说明许多古诗的节奏（尤其是乐府诗），不是主要靠平仄交互和韵脚的收揽，而是靠句子的自然停顿完成的。只要留心看一下《乐府诗集》中的《战城南》等军中歌曲，即信此言不妄。

今试将上述几个句子重新标点如下：

君不见，黄河之水、天上来，奔流到海、不复回（读如"怀"）。君不见，高堂明镜、悲白发，朝如青丝、暮成雪。

弃我去者，昨日之日、不可留，乱我心者，今日之日、多烦忧。

蜀道之难、难于上青天。

上有、六龙、回日之高标，下有、冲波、逆折之回川。黄鹤、之飞、尚不得过，猿猱、欲度、愁攀援。

经如此标点之后，冗长、拗口而且大失乐府音律美的句子，顿时活了起来。这个问题，希望能引起有关专家在标点古体诗时予以高度注意。窃以为，自近百年来，新式标点出现以后，所有的类似句子的标点，都应重新改点，否则为害太大。理由是，这种标点不符合原诗的音乐节奏，从而破坏了原诗节奏美。

丙、腔调

腔调一词，在戏曲音乐上是指某一地区的戏曲在广泛流传的基础上，逐渐形成的特定的音乐体系。由于诗词和音乐的紧密关系以及广泛的群众性，自古以来，各地的歌诗唱词，形成了数不清的腔调。现今流行各地的民歌，即是这种流风遗响。它不仅为各地群众所喜爱、为民族音乐的发展奠定了基础，而且，也对文人吟诗唱词产生了无比巨大的影响。

各地吟咏歌唱诗词之所以出现不同的腔调，方言不同是主要原因之一。例如，由于闽语八声俱备，更接近古音，故听闽台一带人吟诗，格外优美。湖南有的地区吟诗调，则有花鼓戏的味道。江苏一带的吟诗调，更接近于昆曲。仅就山东而言，济南地区的吟诗调，则更接近“柳子”腔，青岛一带的吟诗调，则有“茂腔”的味道。这种山东吟诵诗词的腔调，直接影响到了地处辽东半岛南部的大连地区。因为，现在大连地区的居民80%以上为山东移民的后裔，所操的方言也与山东非常相近。辽南（主要指大连）地区的吟诗腔调，特点也就因此较为鲜明。

馆藏《康熙字典》，清康熙刻本

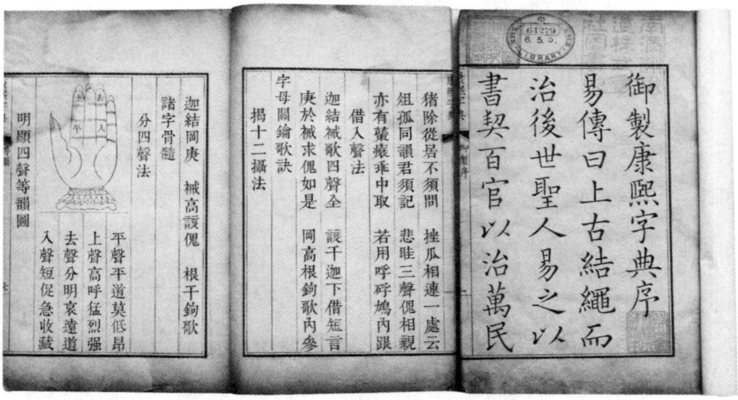

自古以来诗词的吟唱都是“先生施教，弟子施则”，口口相授，故更久远的腔调已很难得知。现今，流传下来的大都为清末以来的吟诗调式。兹就仅知的辽南地区（以金州南金书院和复州横山书院为代表）的吟诗特点，归纳简介如下：

一曰，平长仄短，平抑仄扬。这也是除了少部分地区之外，我国各地吟诵诗词时共同遵循的一个原则。但在辽南地区，尤为强调这一点。应该说，这是很正确的。因为，由于平声字声音开朗，所以在近体诗中，一般都用它做韵脚，也就更适于放声吟哦（可以拖得很长），以充分表达喜悦、豪放等情怀。仄声字，则因为不便放声吟哦（一般不做拖音处理），故适于表现沉郁、哀婉、悲切等情感。平声字的声调处理，一般较平缓，仄声字的声调处理，一般较高昂。诗句中平仄之声高低错落，长短参差，造成听觉上的冲击力，形成了音乐的声律之美。

为什么说强调平长仄短、平抑仄扬的格式是正确的呢？这是因为，它准确地表达了平仄音节在诗句中的位置，从而为有效地记录诗词的音律，为“依声填词”地创作诗（不仅是格律诗，也包括古诗和乐府诗）、词和曲子提供了便利。这也是老先生们为什么反复强调诗“一定要哼哼着写”的原因。

二曰，吟念结合。老先生们在吟诵诗词时，凡遇到感情特别需要强调，或者感觉旋律（当然是最简单的旋律）不顺当，需要调整时，往往做咏叹式的诵念。可以视情况念一个字、二个字、三个字、四个字，甚至更多的字，但有一个原则，所念的字必须是仄声字。如，白云吟唱团在吟咏张继《枫桥夜泊》一诗时，其中“月落乌啼霜满天”中的“月落”、“江枫渔火对愁眠”中的“对”、“夜半钟声到客船”中的“夜半”二字，都用此法。再如，李商隐《夜雨寄北》诗中“君问归期未有期”中的“未”、“何当共剪西窗烛”中的“共剪”、“却话巴山夜雨时”中的“却话”和“夜”，也都用了咏叹式的念字法。由于念诵了这些能表达出强烈情感的仄声字，从而增强了诗句的感染力。

三曰，多用断腔。断腔，是指在吟唱过程中“字断”、“声断”。这种情况，也多在处理仄声时使用。由于仄声字短促，故在处理用仄声字做韵脚或句逗的关键处时，戛然断开（乐谱上表现为休止符号），作一或长或短的休止之后，再以该字的韵母做衬腔，与后面的声调相连接。这里，关键是要做到“声断气不断”，“累累如贯珠”。这与北曲唱腔的处理方法如出一辙。清人徐大椿在《乐府传声》中说，“惟能断，则神情方显，此北曲第一吃紧之处也。……

《礼记》所云：‘曲如折，止于槁木’，正此之谓也。……然断与顿挫不同。顿挫者，曲中之起倒节奏。断者，声音之转折机关也。”这些精细地说明了“断腔”的处理方法。

四曰，强调“有字”。所谓“有字”，是指吟唱诗词时要做到吐字清楚，字正腔圆。正如清人李渔在《闲情偶寄》中所说：“学唱之人，勿论巧拙，只看有口无口；听曲之人，慢讲精粗，先问有字无字。字从口出，有字即有口，如出口不分明，有字若无字。”

在自我玩味时，“有字”方能体会到诗词中字句音节所带来的美感。而在当众吟唱时，“有字”则真正能达到宣讲诗文内容的目的。对长篇叙事诗来说，“有字”更为重要。

“字正”，是指在行腔时，声必须服从字，不能为了行腔的需要，将字的声调随腔调念出（亦即“字将就声”），以至于所记的声谱根本不是如实的音节。而且往往由于字调的改变，而变成了另一个字，使人不知所云。“腔圆”，即必须利用反切（即拼音）的方法，念满每个字的字头（声母）和字尾（韵母）。

五曰，借曲行腔。为了更好地抒发情性和达到美听，老先生们有时候套用当地民歌的曲调来吟唱，往往收到很好的效果。特别是词，由于句子长短不一，旋律性要求强，不便于吟诵，用“借曲行腔”来处理，既简便实用。本人尝听过的曲调有“苏武牧羊”调（此调是在辽南地区书房吟诗调的基础上创作而成。老先生用吟诵腔调唱此歌，由于“咬”住了字的固有音节，故特别感人）、“孟姜女”调（跳太平鼓舞时常用，与现今流行调式有异）、“小白菜”调和“九曲连环”调（与江苏九连环曲调相类似）等。

不管套用什么曲调，关键抓住两点：一是要依字行腔，即“平长仄短”、“平抑仄扬”；一是要因词抒情。如将陕北民歌中一种哭腔的曲调，改编成“东方红”的歌曲，只是因为所抒之情不同，

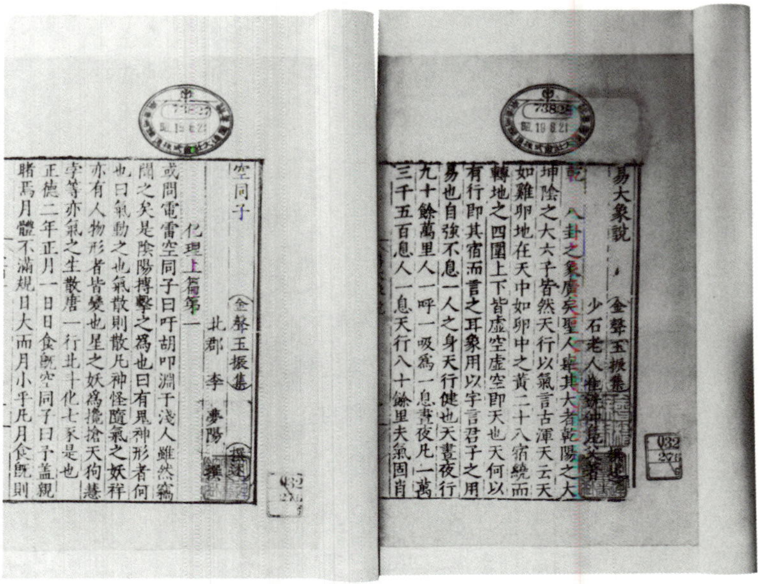
易大象說　金聲玉振集
少石老人[illegible]著
乾　八卦之象廣矣聖人皆其大者乾陽之大
坤陰之大六子皆然天行以氣言古渾天云天
如雞卵地在天中如卵中之黃二十八宿繞而
轉地之四圍上下皆虛空虛空即天也天何以
有行即其宿而言之耳象用以字言君子之用
易也自強不息一人之身天行健也天晝夜行
九十餘萬里人一呼一吸爲一息晝夜凡一萬
三千五百息人一息天行八十餘里夫氣固自

空同子　金聲玉振集
北郡　李夢陽　撰
化理上篇第一
或問電雷空同子曰吁胡叩淵于淺人雖然竊
聞之矣是陰陽搏擊之爲也曰有鬼神形者何
也曰氣動之也氣散則散凡神怪隨氣之妖祥
亦有人物形者皆變也星之妖爲攙搶天狗彗
孛等亦氣之生散唐一行北斗化七豕是也
正德二年正月一日日食既空同子曰予蓋親
睹焉月體不滿規日大而月小乎凡月食既則

馆藏《金声玉振集》
明嘉靖刻本

唱法和节奏发生了变化，则给人的感受迥异。此外，旧时本地医生中流行的背诵《汤头歌诀》、《药性歌括》等医学歌诀时所用的“读书调”，由于一字一音，节奏较快，“诵之行云流水，听之金声玉振”（谢榛《四溟诗话》），也是拿来套唱长诗的一种好的腔调。白云吟唱团表演的《木兰辞》的吟唱曲谱，就是在这种“读书调”的基础上改写而成的。

丁、明意

古人云，“诗者，思也”。作诗写词要动脑思考，吟诗唱词也要动脑思考。吟唱的最高境界是通过人声，“声情并茂”地还原诗词中所表达的幽渺情感和意境。这要来自对诗词内容的充分把握和理解。

清人王德晖、徐沅澄在《顾误录》中，就唱曲之人如何审题，即如何理解作品，发表了如下的议论：“曲有曲性，即曲中之情节也。鲜明情节，知其为何如人，其词为何等语，设身处地，体会精神而发于声，自然悲者黯然销魂，欢者怡然自得，口吻齿颊之间，自有分别矣。观今之度曲者，大抵背诵居多。有一生唱此曲，而不知所言何事，所指何人者，是口中有曲，心内无曲，此谓无情之曲，与童蒙背书无异，纵令字正音和，终未能登峰造极。此题不可以不审也。”

要想用所吟唱的诗词去感动别人，首先要感动自己。而自己对诗词作品所表达的内容（特别是情感）不甚了了，如何能“声情并茂”地去感动别人？

梁代刘勰在《文心雕龙 · 知音》中说：“夫缀文者，情动而辞发，观文者，披文以入情，沿波讨源，虽幽必显。世远莫见其面，觇文辄见其心”。在这里强调了“披文以入情”，即只要带着感情去读所吟唱的歌词，以追求歌词中的幽渺情感，就能够如同和诗人面对面一样实现心灵沟通。

“诗无达诂”。任何优秀的诗词作品，都不可能直白地向你讲述句子后面所隐藏的故事和细微的情感。这主要靠对诗人“设身处地”的理解。

由于人的出身、文化背景、社会阅历等各不相同，所以，一事当前，大家的感受也很难一样。理解今人尚且不易，要真正地理解古人就更难了。

现在，乘飞机一天就可以从地球的另一端飞回来的人们；一敲键盘，虽不见面，却可以通过聊天除去思念之苦的人们；生活在太平盛世，未曾饱经战乱颠沛和人世沧桑的人们；从未离开过故土，没有受过魂萦梦绕、思乡煎熬的人们，如何理解王维的“劝君更尽一杯酒，西出阳关无故人”的留别之情、杜甫的“正是江南好风景，落花时节又逢君”的凄凉之叹、贺知章的“唯有门前镜湖水，春风不改旧时波”的无际伤感呢？

解决这个问题的方法，宋人严羽在《沧浪诗话》中早已指出。他说，“非多读书，多穷理，则不能极其至”。记得当年老先生们也是反复强调这一点。

戊、韵味

韵味（也称作“味”），大约是诗词中可供人咀嚼的神采和风骨。《沧浪诗话》中“曰高，曰古，曰深，曰远，曰长，曰雄浑，曰飘逸，曰悲壮，曰凄婉”的九种境界，大概可以包含韵味的全部内容。其实，这些都是虚无飘渺的高层化境。

而在吟唱诗词作品时，“韵味”大约是指在把握好作品内在情感的基础上，充分发挥诗词文字韵律的作用，从而给人造成一种听觉上的回环往复、余音悠长的感受。这是一种相对比较具体的感受，有如美酒入口回味时出现的醇厚的感觉。若用一个字来表达，当选择“厚”字最为妥当。

清人贺贻孙在《诗筏》中评价杜甫诗时，就曾用了这个“厚”字。他指出，“所谓‘厚’者，以其神厚也，味厚也”。

有无“韵味”，是对传统诗词吟唱水平高低的一种根本性的界定。有“韵味”则高，无“韵味”则低。如何使吟唱诗词时出现“韵味”，前人极少论及。窃以为，关键的一点，是要时刻注意保持中和之象。

夫中和者，乃儒家所极力主张的“致中和”，则无事不达于和谐的境界。“喜怒哀乐之未发谓之中，发而皆中节谓之和。中也者，天下之大本也；和也者，天下之达道也。”（《中庸》）中，就是内心的喜怒哀乐。而喜怒哀乐能以节拍、音律，以和谐的形式表现出来，叫做“和”。“和”指顺而不乖戾。

中和，是几千年来中华文化所着力打造的一种最高境界。朱熹总结为“不偏不倚，不过不及。而平常之理，乃天命所当然。”（《四书集注》）它不仅是一种道德标准，也是几千年来国人的一种审美观念，是包括诗词等一切文学艺术作品所要追求的一种化境。

大凡好的传统诗词，都充分体现了这种化的境界。如何用吟唱这种形式，还原甚至强化这种境界，也是区分吟唱作品和吟唱者水平高下的重要标志。

好的吟唱，中正平和，给人以虚静的感受，一言以蔽之，曰“雅”，曰“正”。坏的吟唱，杂乱多哇，给人以靡乱的感受，一言以蔽之，曰“俗”，曰“淫”。唐代皎然在《诗式》中说，要达到中和的化境，就要做到“气高而不怒，怒则失于风流；力劲而不露，露则伤于斤斧；情多而不暗，暗则蹶于拙钝；才赡而不疏，疏则损于筋脉”，正如沈德潜所说的，只要“心平气和，涵泳浸渍则意味自出”（《说诗晬语》）。反之，若“叫噪怒张，殊乖忠厚之风”（严羽《沧浪诗话》），“如盛气直达，更无余味，则感人也浅”（梁章钜《退庵随笔》）。

在传统诗词吟唱方面，中和之气最具体的舞台榜样，就是京剧中老生的举手投足、一颦一顾。我认为，京剧中的老生是代表中和

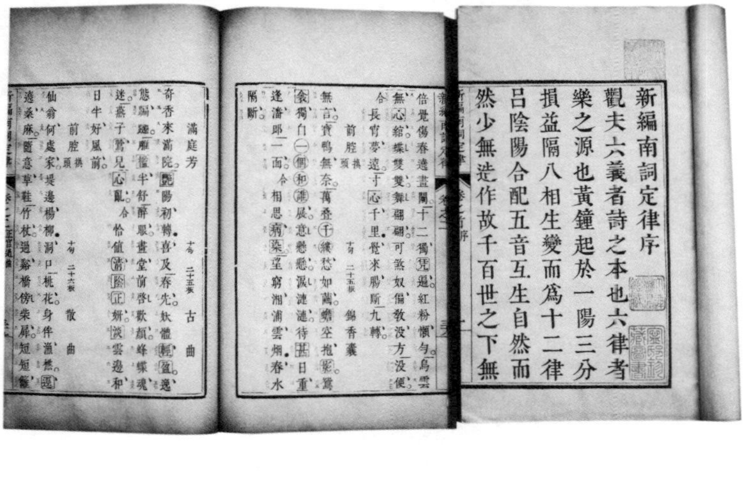

馆藏《新编南词定律》，清康熙五十九年刻朱墨套印本

审美观念的极品，诗词的吟唱欲达到高雅境界，从这个京剧行当身上，应该能得到很大的启发。

吟唱能否做到有韵味，与演唱者能否恰到好处地掌握吐词行腔的速度有关。由中和观点来看，就是要掌握好吐词行腔徐疾的“度”，做到快慢适中。清人徐大椿曾专门为此发表过议论。他说：“徐必有节，神气一贯。疾亦有度，字句分明。倘徐而散漫无收，疾而糊涂一片，皆大谬也。然太徐之害犹小，太疾之害尤大。今之疾唱者，竟随口乱道，较之常人言语更快，不特字句不明，并唱字之义全失之矣。……曲品之高下，大半在徐疾之分。”（《乐府传声》）

前人称吟诵曰“味诗”，“味”就是“品味”的意思。既是品味，就不能唱得太快，因为这里还有个“思”的过程。行腔要慢而不散，并且在归韵时，要徐徐地将字的韵母从口中送出，方能使人感到“如空中之音，相中之色，水中之月，镜中之象，言有尽而意无穷”（《沧浪诗话》）。

（2004年9月）

开辟财源 治穷致富

赵廷璧

大连市图书馆的“增产增收”、“以文补文”是1980年起步的，头几年是探索，还摸不准路子，拿不准政策。大踏步开展“以文补文”是从1984年开始，积累了一点经验，明确了方向，逐步发展起来的。

文化事业单位要不要自己设法治穷致富？

——更新观念，大胆改革，开辟财源，振兴事业。

图书馆作为地区的图书情报基地和现代化科学技术信息中心，要发挥在“四化”建设中的职能作用，就需要充分发挥馆藏资源的作用，为读者提供优质服务。这一切，没有财力保障是不可能实现的。而图书馆的经费不足是多年来一直没有得到解决的问题。大连市图书馆自1951年开馆以来，事业不断发展，但是由于一切都靠国家拨款，经费不足，工作条件很差。从1951年8月到1976年10月这25年间，是利用日本统治时期的满铁大连图书馆馆舍和东本愿寺庙宇作馆舍，总共只有4000多平方米；书架和桌椅、办公用具大多是日本人在1918年建馆前后设置的；建馆初期接收的近万册古旧籍一直堆放在庙里，没有经费去整理，许多珍贵资料不能利用；职工福利待遇除国家规定发给的医疗费、取暖补助、通勤补助之外，没有其他福利待遇和设施，没有职工食堂，没有托儿所，也没有奖金，还有一部分干部住在简易房里。

党的十一届三中全会以后，党和国家对图书馆事业十分关注。1983年，市政府拨款12万元，建了一座682平方米的小型书库，可容30万册书。书库拥挤的状况虽未从根本上解决，但有所缓和。文化部和省文化厅四次拨款14.5万元，用以资助整理60万册古旧籍。此项工作由30多人经过5年的整理，已基本结束。1985年，大连市委、市政府决定新建25000平方米新馆舍，投资2100万元，1986年8月2日动工，现正进行室内外装修工程。前景越来越令人鼓舞。

即使是这样，由于国家财力有限，历史欠账较多，过去未能、今后也不可能完全满足图书馆事业发展的需要。所以，开展工作仍有很多困难。1976年总经费125811元，购书费50660元，到1980年总经费也只有226218元，购书费70158元。采购人员买书靠自行车驮。在这种形势下，需要积极开辟财源，增产增收，以文补文，改善条件，促进事业发展。可是，人们总以为图书馆是事业单位，却想方设法赚钱，担心搞成不务正业。然而那么多困难摆在我们面前，不抓是根本不行的，日子过不下去，工作只能墨守成规，干部不甚安心，对人才没有吸引力。后来根据辽宁省委（1980年78号）文件“允许学校、文艺、科研、卫生等事业单位，围绕本单位中心任务，开辟财源增收节支建立单位基金”的规定，开展了以文补文活动。

实践证明，开展以文补文活动极大地促进了图书馆事业的发展。这几年馆里有了一点财力保障，能够吸收一批人才，培养一批干部，加强智力投资，使队伍结构发生了新的变化；同时支持了清理整顿藏书、发展基层图书馆网络化建设等项业务建设，使服务工作有了新的变化；在此基础上，事业的发展、工作条件与职工福利的逐步改善，使人的精神面貌有了新的变化。

前不久文化部领导同志指出，办文化事业要改善经营管理。这是六中全会决议为我们文化事业指出的治穷致富、搞活搞好的一条光明之路。在社会主义商品经济条件下，要求我们文化事业开拓两个市场（国际、国内）、获取两个效益（社会、经济）、服务两个文明（物质、精神）、掌握两大本领（懂文艺、善管理）、要求文化事业单位逐步从“福利事业型”转化为“经营管理型”。这就更加坚定了我们治穷致富的决心。

开辟财源走什么途径?

——结合业务，扩大服务，扬长避短，优势经营。

文化人搞经营有很多难处，没有资金，没有经济实体，又没有经验，只能在实践中探索。1980年开始办了图书代销部，因为买书卖书心里有底，连续办了五年，安排了待业青年，也稍有赢利。办图书代销部虽然赚不了多少钱，却给我们以启示：结合业务，扬长避短，既有利于扩大服务，又能使经营建立在稳妥可靠的基础上。1983年试办了复印业务，1984年正式成立了服务部，下设若干经济实体，并经工商局注册。

有了复印室，就能为读者和社会用户复印资料。大连市图书馆馆藏比较丰富，或者为科研生产提供科技情报，或者为编史修志提供文献资料，同时也为社会用户服务，每年都能收入8万元至10万元。既满足了读者需要、扩大了服务内容，又增加了收入。

因为复印需要维修力量做保证，我们就建立了佳能复印机大连技术服务站。在此基础上又扩大服务，在市计委支持下承担了本地区的佳能复印机维修任务，同时经销复印机，销售零备件及消耗材料。开始因为资金不多，主要是代销，今年开始经销，并开始转向国内产品。销售和维修国产佳能复印机，价格便宜，减少进口，对国家有利。维修复印机、销售零备件、经销复印机一年能收入20万元至30万元。

招待所是1985年建筑、1986年投入使用的，用预算外收入28万元建了一座552平方米的文献查阅楼以及设有28个床位的招待所，供全国各地来查阅历史文献的读者使用，既方便了读者，扩大了服务，也增加了收入。

搞经营，在社会主义商品经济条件下，要有竞争观念，要走一步看两步，“你无我有，你有我优，你优我廉，你廉我转”，才能在竞争中取胜。今年，技术服务站鉴于复印机在部分地方趋于饱和，而转向经销与维修传真机。

这就是我们的经营方向和内容。在创收过程中，得到市计划委员会、财政局、税务局、工商局、人事局的指导和帮助。

办企业实行什么方针？

——独立核算、照章纳税，按利计奖，以文补文。

人事局批给技术服务公司15名编制，为全民所有制事业单位，实行企业管理。经财政局、税务局核定，从1986年起纳入财政管理，缴纳工商税、城建维护费、教育税附加，不缴所得税、能源交通基金税。收入的70%上交财政做事业基金，20%为集体福利基金，10%为奖励基金。上交财政部分作为图书馆经费留给单位，其中的60%用于补助图书馆经费不足，30%用于服务部的事业发展基金，10%为后备基金。

从1980年到1986年七年间我馆共收入1410522元，支出1006441元。1985年、1986两年收入较多，分别为45万元和56万元。在支出中，事业基金使用705157元占70.06%，主要是用于购置三台汽车、三台复印机，以及维修书库，建查阅楼，购置期刊柜、目录柜、各种文种的打字机以及补助事业经费，去年用于购书费8万元。福利基金使用76935元，占17.58%，主要用于购七套职工住房以及办食堂、托儿所、书报费、降温费等。奖励基金使用124348元，占12.36%。此外，三年缴纳税金40多万元。

在分配上对服务部的工作人员实行定岗定位、工作计量、按利计奖、多劳多得的原则。对每个工作人员实行计量管理，每年按获纯利提取奖金。如复印按纯收5‰提取奖金，维修按2.5%提取奖金，多劳多奖。

在分配上，要有利于发挥工作人员的积极性，对有贡献的同志给予适当的物质奖励，但在工作中尤要加强政治思想工作。搞经营，人们成天同钱打交道，在社会上存在不正之风的情况下，更要加强思想政治工作，加强管理。支部曾做出决议并下发文件，明确规定在经济活动中不准搞不正之风，不准收受馈赠、回扣，不准用夹带私人用品的办法销售，一切经济往来通过银行办理，靠信誉、靠技术为用户服务。服务部的同志辛勤劳动受到大家的称赞。技术服务站中的六名同志有一人被文化局党委评为优秀党员，一人被文化局评为精神文明积极分子。

这几年，有了一点自筹经费，用以补助文化事业，日子好过多了。1986年市财政拨款589000元，人均5121元，加上文化部拨给古籍保护费7万元，预算外支出30万元，总共花了978435元，人均8508元，使工作有了一定的保证，人也有了活力。但因为底子薄，用钱的地方很多，尚感财力不足。1986年购书费花了342862元，因为书价上涨，还有欠款。特别是新馆投入使用后会遇到许多新的问题，更需加倍努力。

（1986年）

原市委书记毕锡祯、原市长魏富海为新馆奠基剪彩

馆舍环境

大连图书馆新馆建设简述

赵廷璧

大连图书馆新馆工程于1986年8月2日开工兴建。经过四年的建设，一座雄伟的建筑——两万平方米的现代化图书馆主楼及部分附属设备已经竣工，并于1990年10月25日投入试用。这是图书馆工作者多年来的夙愿，是精神文明建设的一朵奇葩。

新馆建设规划

新馆建设的规模和标准是根据大连地区的经济文化发展现状和今后发展的需要确定的。大连是“工业、港口、旅游”城市，也是一座文化城市。全市人口524万。全市国民生产总值1985年末是72亿元，1989年达到200亿元。全市有企业2116个、科研机构105所、学校1921所，其中大专院校14所。随着对外开放和经济技术开发区的建立，对外文化科学技术交流日益增多，外籍读者亦陆续增加。作为大连地区信息交流和传递中心的大连图书馆，馆藏于1980年已达150万册。然而自解放以来，一直利用日本帝国主义统治时期的满铁大连图书馆馆舍，只有3400平方米。由于馆舍狭小，有二分之一以上的藏书只好常年存放在一座庙里，堆放在一些临时建筑的房屋中，不能充分发挥这部分馆藏资源的作用。为了与国民经济和社会发展相适应，与建设现代化国际性城市的目标相适应，大连市需要建设一座现代化的大型公共图书馆。

大连图书馆的建设受到中央和省、市委的亲切关怀。1980年，刘白羽同志就大连图书馆的建设问题向胡耀邦同志汇报。胡耀邦同志随即作了批示。1985年中央书记处杨尚昆、胡乔木、邓力群同志又对大连图书馆的建设作了指示。1985年市委、市政府决定投资2833万元兴建一座25000平方米的新馆舍。

大连图书馆馆址位于白云山麓，新确定的街名叫西岗区长白街7号，离市中心的长春路约1000米。占地28785平方米，西面依山，北与科技馆相邻，南与计划生育培训中心毗邻，地势较高，空气清新，环境安静。

工程设计是航天工业部第七设计院，施工由大连市工程承包公司和大连第四建筑工程公司承担。

新馆工程设计原则

一、图书馆建筑是永久性的文化建筑，从长远考虑馆舍主体一次建成，在一个长时间里不用再增建和改建。

二、在建筑面积安排上考虑了扩大服务效能的需要。首先图书馆发展的总趋势是逐步扩大开架借阅。开架借阅不一定采取把读者引入书库的办法，可以把书刊引向阅览室、借书处。因此，建筑面积的安排上较多地设置了开架阅览，增大了阅览室的面积，以方便读者，减轻工作人员的劳动，提高书刊利用率。其次，新馆设计时安排了计算机房、视听资料室、复制室以及通讯设备的配制和布局。再次，图书馆是个具有社会性、科学性、教育性、服务性的文化服务机构，因此，为开展学术活动、读书辅导、书展等安排了一定面积的用房。

三、在建筑的平面布局上，把藏书、阅览、借阅、办公四个环节做了适中安排。读者进馆后，能按不同对象、不同需要迅速各就各位，各得其所。门厅前设便于残疾人坐轮椅直接进馆借书阅览的通道。其次，把读者、馆员和运送书刊的三种活动路线分开，并使之有机联系起来。如采编、典藏与书库就近，阅览、咨询部门与读者、书库联接。

四、在总体设计上，创造一个雅、静、美的环境。图书馆每天接待几千名读者，公共场所需要宽敞些，阅览环境亦应安静，保证高质量的视觉环境，并尽可能采用自然光。在建筑造型、平面、空间设计上反映图书馆的特点，庄重美观，简朴适用，象征着知识的宝库。

五、建筑工程注意经济效益，建筑标准该高则高，能简则简，结合国情，不脱离实际。在建筑面积的安排上尽可能减少交通面积，增加有效利用面积。建筑材料应既坚固耐用又节省经费。

新馆建筑布局

馆内建筑包括图书馆楼、综合服务楼、传达室、锅炉房及变电所、水泵房及浴室、烟囱及水塔、标志塔、蓄水池，合计建筑面积为22807.55平方米。其余2500平方米职工宿舍另行选址。

一、突出主体。区内的主体建筑图书馆楼（下称主楼）是多角形组合式建筑，置于区内中心地段，正对馆区入口。由于主楼体量大，主楼入口退出红线46米。这样一方面使人流集中主楼入口处、有足够的集散场地，另一方面人们从城市道路路过时可以从最佳视角范围内看到这座体量甚为壮观、形式甚是优美的建筑。图书馆楼建筑面积19980平方米，由基本书库、阅览室、读者服务、行政业务及公共用房组成。

基本书库十层，层高2.4米，面积为5561平方米，可藏书120万册，书库楼面荷载600千克/平方米。阅览室30间，建筑面积5000平方米，设700个读者座席，阅览室二、三层楼面荷载600千克/平方米。图书出纳厅、目录厅分放于四层。办公业务用房1256平方米。另有一座300个座席的讲演厅。各部分采取统一层高4.8米。

建筑布局体现现代图书馆的设计原则，“拿更多的书给更多的读者”，创造高效率服务的条件，分区明确，路线明晰通畅，平面紧凑，传递书刊路程短捷。同时采取藏阅合一的办法、在空间利用上具有充分的灵活性。柱网尺寸为5.7米×5.7米，适应阅览、藏书、设备布置的合理要求，基本书库加大开窗面积，阅览室采取“布架内环带”增设开式书架，为扩大阅览创造条件。

建筑风格适应环境特点，采取了水平自由伸展的不对称形式，以截头菱形的空间构图手法组成现代化建筑，体型活泼自然，富有变化，立面舒展大方，明朗亲切，体现了文化建筑的风姿。建筑物轮廓宽厚，插入几个内院，利用天然采光和自然通风，有利于节约能源，为读者创造美好的读书环境。内院还布置人造绿化环境，消除图书馆的封闭感。内部空间组织以体量对比、明暗变化、收放手法造成动态序列空间，令人精神振奋，入口处多层大厅以高悬的饰灯及展览品突出文化的主题。平面布置使各部分既有分隔又互相沟通，左侧后部是业务、技术、行政办公用房，邻近基本库，库内设有两部提升机以解决竖向运书。前部为计算机室、复印室、外宾接待室，由边门进入，与读者分开。馆中部正门入口处对正门厅，大厅为目录厅，设有电梯供运书及读者使用。馆右侧为阅览区，有单侧通道联系，安静舒适。

内部交通无交叉干扰，主副楼梯均匀布置，并有疏散楼梯备用。

内部装修色泽素雅，质感柔和，大厅以彩色大理石饰面，并适当以建筑小品点景，其余公共用房以素色喷塑墙壁饰面，彩色水磨石地面，轻钢龙骨吊顶。书库及办公室等内部用房为粉刷墙面，顶棚轻钢龙骨吊顶，水磨石地面，铝合金门窗。米色面砖外饰面，主入口处局部磨优花岗石饰面，屋顶铺浅色地砖。

二、相似体型的建筑与主楼呼应布局。综合服务楼的外形与主楼的办公部分相同，置于馆区南侧并与主楼相呼应。收发室的外形与讲演厅外形相似，置于馆内入口处，与讲演厅相对应。相同、相似体型建筑的呼应布局，使整个建筑群在分工的基础上达到风格与造型的统一。

辅助建筑集中布置。锅炉房、变电所、水塔、烟囱、浴室、水泵房集中布置于区内北部，较为隐蔽，方便管理使用，管线量短。

综合服务楼包括食堂、托儿所、招待所、水暖电值班房、车库、装订厂，建筑面积2129.4平方米。锅炉房、变电所建筑面积606平方米，锅炉房架下弦高6.5米。水泵房、浴室合为一幢建筑物，面积193平方米。传达室面积43平方米。烟囱水塔高度45米。标志塔11.4米高。地下蓄水池250立方米。

三、合理布局绿化区、美化环境，给读者创造良好的阅读条件。馆区东北角1300平方米的绿化地段供读者休息使用；两面山坡上布置近5000平方米的花园，可做自学读者的学习场所；道路旁种植花草树木美化环境。

新馆现代化设备

一、小型电子计算机1部，连接18个终端，用于管理和服务。

二、馆内设1台容量为120门的程控交换机，供内部工作联系使用，并同市电话局商定引来6门市内直通电话。

三、设置闭路电视监视系统。采用多头一尾方式，每层设多个可变摄像机，经过12路自动切换控制器接至1台监视器，4层设4台监视器，集中于一室。

四、报告厅采用无线电扩声译音设备。

五、装置火灾自动报警装置，能在最短时间内发出报警讯号，并提出某处起火。根据建筑防火规范要求，室外消防注量按30升/秒，室内消防注量按10升/秒来计，书库内放置121_手提式灭火器，并安装烟雾报警信号装置。

六、为计算机室、缩微复制室集中设置空调系统，供夏季降温，以保证室温不高于27摄氏度。

建设新馆的几点体会

一、建设图书馆是一个系统工程，需要一个强有力的工作班子。在馆长统一领导下成立了基建办公室，负责组织筹建工作，以利于把图书馆的建设与使用功能紧密地结合起来。这支工作班子是建馆所需要的管理人才与技术人才，又是有计划有目的地选调的一批适合今后管理工作与技术工作需要的人才。他们通过参加建设过程，熟悉情况，掌握第一手资料，更利于今后的管理。如工程建设人员、计算机硬件与系统维护人员、动力设备的管理使用人员、视听设备管理使用人员、安全防灾系统与通讯系统的维护与使用人员等。这样的工作班子是建设的里手，又是使用的行家，在整个建设过程中立下了汗马功劳。

二、各项工作都要与新馆建设同步进行。新馆投入使用，馆舍面积由原来的6800平方米，增加到25000平方米；阅览座席由168个增加到700个；每天接待读者由1000人次计划增加到3000人次；持证读者由3万人计划增加到10万人。适应新馆工作需要，不能靠增人，得靠工作效率、靠现代化管理手段获取工作效益。因此，在新馆建设过程中，各方面工作都需要同步建设。第一，同步进行管理手段的自动化、现代化建设。计算机管理是现代化管理手段的核心，一部小型计算机计划用于图书编目、期刊管理、书刊采购、图书流通、公共查询、行政管理6个系统，同时把通讯、防灾、防盗、视听等系统建设起来。第二，同步进行队伍的革命化与专业化建设。这几年，通过培训、吸收人才等途径，人才结构趋于合理，工作人员的学历结构在1985年时，大学学历34人，占32%，1990年78人占50%；专业结构1985年时，图书馆专业与社会科学、自然科学、外语专业的比例是1：2，1990年是1：1。第三，同步进行基础业务工作的标准化、规范化建设。建立了藏书建设、读者服务、业务辅导等项工作规范、工作制度与岗位责任工作细则。第四，同步进行服务工作的网络化、社会化建设，建立了全市统一的“读者证”制度。

三、建设中精打细算、勤俭节约、廉洁从政、一心为公是保证工程质量的重要条件。建设过程中精心组织设计，精心组织施工，配合并指导施工单位精打细算，尽量为国家节省开支，严格管理，杜绝浪费，每一项用料，每一个部件都严格筛选，保证质量。从事建设的工作人员廉洁从政，一心为公，不要回扣，拒绝贿赂，保持了革命者的本色，特别是共产党员率先垂范自觉抵制不正之风，受到人们的称道。

（1989年）

改扩建后新图书馆的十大变化

改扩建的大连图书馆在形式上借鉴了当代优秀建筑经验，正面长达60米的弧形墙体舒展大方，明朗亲切；以红色为基调的三色全瓷玻化砖饰面，反映了庄重深邃的内涵；极具理性的线条感与圆融的屋顶造型，展示了图书馆公共文体建筑的理念；将原阅览室中间的室外天井接平，扩大了开架阅览面积。改扩建后，建筑面积由原来的3.3万平方米增加到4万平方米。从馆舍面积上讲，是迄今为止除了国家图书馆、上海图书馆之外的全国第三大图书馆。

内装修将传统与现代、豪华与典雅、简约与精致、研究与休闲和谐地统于一体，更换阅览家具，突出人文关怀。外环境绿化面积为1.2万平方米，广场面积3600平方米，道路面积1500平方米，与北面的“求知公园”及百米之遥的“文苑广场”相呼应，广场中央的“文字的启示”雕塑、蓝天、绿地、瀑布、喷泉，还有花香、书香，宁静而致远。开设阅览室13个，阅览室采用国际流行的大格局、大开间，除专家阅览室外，其他都不少于500平方米，空间灵活，富于变化，阅览座席由600个增加到1000个，接待读者的能力大大增加，与开放城市相匹配。多媒体阅览室有微机110余台，光盘镜像服务器两台，可为读者提供网上漫游、多媒体资料阅览、数据库检索等服务；各种类型的视听系统、声像资料室可以满足阅览方式多样化的需求。

为帮助读者利用图书馆，新一楼大厅设立总服务台，配有两台图文并茂、内容详细、准确、快捷的触摸式多媒体查阅机，供读者查询本馆简介、服务机构、区域分布等信息；旧一楼大厅设置16台微机，与卡式目录并存，多途径、多渠道检索书目数据。设立“新书”架，向读者推荐、介绍新书；扩大读者书店，让读者在图书馆既能看到书又能买到书。完善了配套公用设施：如新增全部楼宇自控的中央空调系统，并设休息区为读者提供舒适环境；安装四台IC卡电话供读者使用；办读者餐厅；设置电梯、残疾人专用通道等，设身处地为读者着想。

为拓展图书馆的功能，新馆向社会开放3个自学室、1个语音教室、以弘扬中华传统文化为宗旨的“白云书院”的6个教室、1个1200平方米的展厅、一个可容纳400人的多功能厅和能容纳200人的学术报告厅；报告厅和多功能厅配有投影屏幕、实物投影仪、音响设备等设施，可举办各种培训、学术讲座、展览展示及研讨会等活动。

新馆引进国际最新电脑和通讯技术，主干网为千兆以太网，全部采用光纤，大大提高了数据传输速度。全馆拥有800余个信息接点、200余台微机，在馆内形成局域网，所有业务和管理均实行计算机管理，并通过专线与INTERNET互联。同时，引进光盘图文存储系统，建立各种专门数据库和部分善本书全文数据库，并与中国满铁研究会联合开发了满铁资料数据库，建立了“中国学术期刊（光盘版）大连图书馆一级检索咨询站”。综合布线及电脑网络系统具有前瞻性，可以在将来与国家图书馆和县区图书馆联网、与各分馆联网，实现资源共享。此外，设置了200门程控电话、防盗安全监控系统、火灾自动消防喷淋报警系统装置，并特别改善了善本书库的设施，达到防火、防腐、防盗及恒温恒湿的标准，使历史文献得到妥善保存。

（《大连日报》2000年8月31日）

社会科学图书阅览区

自然科学图书阅览区

报纸期刊阅览区

图书馆需要你的爱

周立民

广大读者企盼已久的大连图书馆的改扩建工程已经临近尾声，“新的图书馆会让读者大吃一惊”，这是馆长张本义的一句话。老馆的一切，在头脑中还没有完全消失，带着这种记忆，再走进图书馆，的确立即就可以感受到什么叫变化。

然而，谈起新馆，特别是它的维护和发展，张本义馆长的兴奋之余，还有几分隐忧。这样一个规模的图书馆一年至少需要1200万元经费，而目前却只有这个数字的1/10多一点来维持运转，其捉襟见肘可想而知。在购书经费极其紧张的情况下，最难以容忍的就是某些人不爱惜图书。张馆长痛心地说：我们的新书，时常借出一个回合就不见模样，有的读者拿到书，顺手垫在地上毫不怜惜地坐在上面，有的则在书上乱涂乱画，有的竟整整齐齐地将书中几十页撕走。一本相貌堂堂的书不久就成了衣衫褴褛的乞丐。图书馆中的其他设施人为破坏也很严重，光滑的桌面成了雕刻板、留言册，又刻又画，内容十分“丰富”。有些“以馆为家”者更让图书馆的人瞠目结舌，他们居然能将充电器拿到图书馆来充电。张馆长担心这种不文明的行为如果再延续到新馆，那么市政府出巨资改扩建的图书馆，将会面临新的“劫难”。光靠严格的管理是难以杜绝这类行为的，每个读者的自觉才是最重要的。张馆长非常激动地说：“图书馆不是我们这几个人的，它是大家的，是全市人民的，它需要大家来爱护！”

不当家不知柴米贵，新馆开馆一天的电费就需要一万多元，单靠财政拨款的确难以维持，那么图书馆是否可以探讨自救之路？张馆长说，目前各地的做法不同，意见也不一致，有的地方采取的是“以书养书”的办法，通过信息资料的有偿服务，与国家拨款相补充的办法，来维持图书馆的发展。最典型的例子就是国家图书馆，它每年为社会各界代查资料收入就很可观。而另一种意见是图书馆是公益性事业，不应收费，我们大连即属这种不收费或者低收费的一类。对于读者来说，这当然是好事，但资金不足，又极大地限制了图书馆自身的发展。国家图书馆根据读者的类别将图书证的押金定为1000元、500元、300元三个级别，而我们采取的是低收费的原则，一个证的押金仅为100元，许多外文图书和大部头图书的价格远远高于这个押金额，因此有的人借书干脆不还，权当买了本打折书，每年馆内这样流失的图书都不在少数。另外，像古籍资料的借阅，都是有一定损耗的，不适当地收取一点费用，哪来的钱来维护？对图书馆的利用率不高，也是限制图书馆发展壮大的重要因素，图书资料只有在利用中才能体现出它丰富的信息在经济建设、社会发展所能起到的巨大作用。比如企业可以根据自己需要充分利用图书馆的信息，像房地产业跟图书馆联合，建立网上图书馆，随时调阅和掌握来自世界各地的信息资料，对企业的发展和决策提供权威的信息服务。图书馆，也会因为广为社会利用而走向良性循环发展的路子。

图书馆的发展，除了政府的投入之外，还需要全社会的支持。张馆长认为，一个文明的社会，全社会都应是图书馆的后援会。比如说企业赞助图书馆事业，这在国外很普通，在国内的其他城市也有先例，像厦门图书馆就是一个企业捐资兴建的，这是造福子孙、流芳百世的大好事。我们大连的不少企业很注重文化投入，可以出资举办音乐会，或者进行其他的娱乐演出，但是好像图书馆太安静了，没有那么轰轰烈烈的反响，所以很少有人捐资在图书馆兴建书库、建立文库上。其实图书馆带给这个社会的影响更坚定，时间更久远，理应得到有识之士更多的热情和关注。

目前，图书馆正在紧张地调试设备，改装地面，清书上架，9月10日试开馆。他们想让全社会的人真正走进图书馆、利用图书馆、帮助图书馆、维护图书馆，一句话，用心去爱图书馆！

（《大连日报》2000年8月31日）

原省长薄熙来视察改扩建后的大连图书馆

适应改革　开拓进取

王翠霞　史霄男

在图书馆工作系统中，做好后勤保障工作是行政科的职责和义务。以往，行政科工作主要内容是负责图书馆日常工作用品的采购和保管。2005年10月，为进一步深化改革、加强和充实一线读者服务队伍，我馆将原来由馆物业管理中心负责的工作交由社会物业公司管理。这样一来，行政科不仅肩负着后勤供给与保障工作，同时还承担对外来物业部门的管理工作。面对倏然增加的工作，我们认为，改革是图书馆发展的必然趋势，是更好地服务读者、教育社会的前提，必须尽快进入状态，交出圆满的答卷。几年来我们从同物业协调、相互沟通、制定管理制度、督促检查各项工作的落实情况等方面入手，尽职尽责，做好每一项工作。主要工作如下：

一、后勤保障

自2005年底，我们进一步完善了物品领取的有关规定。本着既节约开支又保证工作的原则，及时为各部门提供办公所需物品，并及时交纳水、电、煤气、排污等各种费用。为加强设备安全运转，将电梯、两台锅炉设备进行了检验与维修并取得了安全许可证。为改善工作和阅览环境，先后为全馆有关部门换置了135副卷叶窗帘。为迎接全国文明城市卫生大检查，我们做了大量的准备工作，如补做标志牌、建立卫生制度等。由于我们准备得比较充分，所以检查中未出现任何问题，维护了我们城市的形象和荣誉。在此期间，我们还清理了馆内所有的消防通道及各楼层书库积压的废旧物品，既美化了环境又消除了不安全隐患。

较大的工程是对楼体的维修。这项工作首先是主楼楼顶做防水，东大门更换防雨棚，粘台阶理石条，楼内墙面补修刮大白；其次是花房楼顶做防水，墙面刷防水胶，花房内下水改造。

与此同时，我们还完成了鲁迅路分馆实行物业化管理，并将分馆的锅炉、上下水道、电气照明进行了大量维修以达到正常使用。

2006年11月底启动电路改造，并逐步对本馆及分馆全部电路系统进行改造。

二、物业管理

物业公司接管本馆物业工作已一年有余，一年来通过图书馆与物业公司的不断磨合与协调，物业工作更加完善。我们同物业部门协作，建立健全了变电所岗位职责、电工岗位职责、水暖、清洁、空调工岗位职责等各项工作制度50余项，使物业人员能够自觉遵守规章制度，规范自己的工作任务，使物业管理工作能够有条不紊地进行。馆领导及馆员都很满意。

主要工作有：

食堂是图书馆物业工作的重点，所以物业公司在食堂方面投入了比较大的精力。主要抓食堂卫生、饭菜质量和服务态度。现在大多数馆员对食堂的工作还是认可的。

经过一年来的不断努力，馆内环境卫生有了一个明显的变化，为馆员及广大读者提供了良好的工作、学习环境。

一年来工程人员也作了大量工作：如变电所完成了绝缘保护试验和对食堂老化电器线路进行改造；楼内照明设施的更换与维修；综合楼改造工程；馆内10千伏变电所继电保护试验；为了夏季空调的正常运行，进行了机组维修，空调线路改造；读者服务区地毯更换；

东大厅二楼阅览休憩区

一楼报告厅大型空调设备的安装及厅内布局改造工作；等等。

在绿化工作中，因聘请的绿化及养花人员对这方面技术不够精通，导致园内绿化不够理想及部分花卉枯萎，后经调整又聘请了新的管理人员。现在的花卉、草木呈现出花繁叶茂的景象，满足了馆内各种会议及绿化环境的需要。

以上是行政科近来完成的主要工作任务。为了保障图书馆工作的顺利进行，我们正不断地总结工作经验，进一步完善各项工作制度，坚持原则，任劳任怨，雷厉风行，应做的工作要及时解决处理，决不拖延推诿，积极做好后勤保障工作。同时要加强对物业部门的管理，使各项工作更上一层楼。

（2007年12月）

强化安防意识　做好保卫工作

刘占江

大连图书馆是我国历史悠久、规模较大、现代化设施齐全的公共图书馆之一。作为市级治安保卫重点单位。2004年以来，大连图书馆认真贯彻落实《企业事业单位内部治安保卫条例》和大连市公安局《关于加强省市级治安保卫重点单位监管工作的意见》的精神，在区、市两级公安、消防部门的指导下，坚持"安全第一、预防为主"的方针和"谁主管、谁负责"的原则，强化职工治安防范意识，切实做到"安全自查、隐患自改、责任自负"的安全防范理念，全馆各部门逐级落实责任，做到领导有力，措施到位，预防有效，内部治安保卫工作形成了良性运行机制。几年来，我馆未发生火灾事故、人事伤亡事故、盗窃案件和治安案件，较好地维护了读者人身、财产安全和公共财产安全，被国家评为一级图书馆，多次被省、市评为先进单位、文明单位，市区社会治安综合治理先进单位和平安单位。

坚持领导挂帅，逐级落实责任

按照《企业事业单位内部治安保卫条例》的要求，图书馆年初与西岗公安分局内保大队签定了落实《企业事业单位内部治安保卫条例》责任状。为了强化领导、进一步落实安全工作责任，馆领导班子坚持把安全保卫工作列入议事日程，明确馆长是安全管理工作的第一责任人，主管安全的副馆长是安全管理工作责任人。每年，馆长都同各部门签定“治安防火责任状”，明确各部门的治安防火工作责任和管理目标；各部门领导同本部门职工签定本部门“治安防火责任状”；做到了主要领导亲自抓，分管领导直接抓，部门领导具体抓。同时，全馆实行安全管理全员责任制的安全保卫工作体系，全面提升了安全防范的管理水平，推动安全保卫工作有序开展；确立了“安全问题想在前，安全工作干在前，隐患解决在事故前”的安全防范理念；实行了保卫干部“主班负责制”、“月例会制度”、“部门钥匙自管制”和馆内维修办理“施工证制”；主动接受公安机关的监督，通过落实领导责任推动保卫科的工作和安全责任逐级落实。

我们首先完善了安全保卫工作组织机构，成立了治安防火委员会，建立了治保组织，发挥了安全工作领导机构在安全工作中的作用；加强安全管理队伍建设，健全安全工作管理职能，推进安全管理全员责任制的落实。其次是坚持安全工作与全年的业务工作同步部署、同步落实、同步考核。馆领导在安排和布置全年业务工作的同时，坚持把安全保卫工作列入计划中，实行“安全事故一票否决”措施，明确了安全保卫管理目标和考核措施。再次是坚持明确职责，全面落实治安防范全员责任制。我馆在治安防范工作中，不断完善以责、权、利相结合的管理制度，实行规范化管理。建立了《图书馆保卫工作全员责任制》、《图书馆消防安全责任制》等40余项规章制度，使全馆从馆长到馆员人人承担安全职责，人人在工作中都有章可循，人人违规都要追究责任。我们把以上这些规章制度贯穿于安全保卫全过程，做到职责明确，任务清楚，环环相连，工作到位，杜绝了防范死角。几年来，不论是馆领导，还是专门负责治安保卫工作的保卫科以及其他部门，都能根据《图书馆保卫工作全员责任制》和《图书馆消防安全责任制》的规定，建立健全了本部门安全管理规章制度，尽心尽力做好职责范围内的治安保卫工作，各个环节的安全保卫工作运转规范，有章可循。在治安保卫工作中，我馆还注重利用奖惩杠杆来推动工作，每年年底召开工作总结表彰大会，对年度内安全保卫工作突出的部门和个人予以表奖；对日常性检查中发现的违规现象不讲情面，按章办事，予以处罚，警示他人。

加强业务建设，健全各种记录和方案，做好安全检查工作

我们不仅设有保卫科值班记录、消防值班记录、保安值班记录、消防安全检查记录、消防设备维修保养记录、火灾隐患及整改记录、防火检查及巡查记录、治安消防安全培训记录、灭火和应急疏散预案的演练记录；而且拟定了消防疏散预定方案、治安消防工作计划、治安消防资金投入和组织保障方案；制定了图书馆事故应急救援预案；规划了消火栓布局表、灭火器布局表、保安馆内外治安检查巡查明细表和工作流程表等。每年四大节前，馆领导亲自带队对各部门进行安全检查，做到了有检查、有记录、有整改。全馆上下形成了人人讲安全、事事保安全，一切为了安全的可喜局面。我们先后充实完善了40余项治安消防规章制度，使保卫工作的效率进一步提高，并针对我馆馆舍面积大、楼型复杂、通道多的特点，形成了东区、西区、外围三套检查巡查流程路线，提高了检查巡查效率，避免了过多重查和漏查现象。

加大投入，从根本上消除不安全隐患

我馆一直把重大隐患的整改放在突出位置，通过申请专款、自筹资金等多种渠道，累计投入几百万元，先后进行了6次大规模的整改。2000年我们安装了火灾报警监控系统。2003年初我们安装了西科姆监控系统。2003年“五一”安全检查时，发现楼内环廊部分扶手

和书库外疏散楼梯扶手松动和腐烂变质，我们利用“五一”长假期间，进行加固和整体更换。2005年初我们为鲁迅路分馆安装了西科姆监控系统。从2000年改扩建至今，我馆针对各种电器照明线路严重老化和一些消防隐患，立即向上级主管部门报告，多方申请专项资金，并先期制定落实应急措施，停止空调使用，禁用用电暖气、电炉子等一切电器设备，实行馆区无烟管理，实行全方位、全时空人工监护，安全地度过了隐患整改前的非常时期。由于馆领导多方争取，在市安监局、财政局的支持下，2007年初投资140万元更换消防火灾自动监控系统、电器照明线路和灭火器药剂。2007年6月我馆又投资4万元，安装西科姆监控系统和窗户栏。目前，我馆重大隐患全部整改完毕，一般隐患发现一处，整改一处，使我馆处于安全状态。

狠抓防范，提高人防、物防、技防的综合效能

推行技防、物防同人防的紧密结合，是单位治安防控体系建设的重要组成部分。我馆目前正在运行的火灾自动报警监控系统和西科姆防盗报警监控系统已经达到了国内领先水平。这两套监控系统覆盖全楼各部位，并设立了治安监控室和消防监控室。如防盗有报警，治安监控室和西科姆公司总监控室同时接到信号，值班人员就能迅速到达我馆对室内外进行全面检查，不留死角，及时准确予以处理。西科姆防盗系统的安装运行，彻底解决了夜间防范上的盲区，极大地提高了我馆的自防能力。如消防报警，消防监控室接到信号后，由消防值班员报治安值班员立即到达消防报警区查看，并回报现场情况，消防值班员及时准确予以处理。两套监控系统的运行，杜绝值班人员监守自盗现象发生。在此基础上，我馆十分注重防范队伍的建设，坚持人机结合，以人为本。从强化整体防范，构建全方位、全时空防范体系出发，重点抓了保卫科专职保卫干部队伍、

保安警卫队伍和治保组织队伍3支保卫力量的建设，配备专职保卫干部2人，保安8人，兼职治安员20人，每天分责任区不间断地巡视检查，将检查情况做好记录备查；从而形成了上下贯通，左右相连的防范网络，实现了全方位、全时空的人防、技防、物防紧密结合的防范体系，确保了图书馆安全。

坚持三项培训，实现群防群治，做好预案演练

为了提高馆员安全意识，我们始终坚持三项安全教育培训。一是消防培训，内容为：1．有关消防法规和消防常识的培训。2．本单位、本岗位的火灾危险性和防火措施。3．各种消防设备的操作方法。4．如何报警、扑救初起火灾及自救逃生的知识和技能。二是治安培训，内容为：1．有关《治安管理处罚法》条款的讲解。2．如何提高安全防范意识（含家庭方面）。3．如何处理突发事件。三是交通培训，内容为：1．有关交通法规的教育。2．如何遵守交通规则等。同时，我馆每年还有针对性地做好突发事故应急救援演练工作。

几年来，我们始终坚持“安全第一、预防为主、综合治理”的方针，紧抓“安全发展”这条主线，克服各种各样的困难，常抓不懈，一抓到底，杜绝了各种重大事故的发生，以此向建馆百年献礼。

（2007年12月）

加强党建 提高素质

由智仁

1981年至1986年期间，大连市图书馆实行的是党支部领导下的馆长负责制。党支部重点抓思想政治和党组织工作，馆长主要抓行政业务工作。

为了坚持为社会主义服务，为人民服务的方向，党支部发挥了领导核心作用，根据情况随时召开支部委员会（书记、馆长、中层干部等五人组成），汇报、研究全馆的政治、业务、群众工作，经过讨论后决定的问题，分工负责去贯彻落实。

党支部要求下设的四个党小组保证贯彻支部工作要求，在各自岗位上处处发挥先锋模范作用。共青团和工会组织负责做好各自的群众工作。

建立一支特别能战斗的领导班子

领导班子建设是一个极为重要的工作。为此，通过抓学习、开好组织生活会、整党教育，使每一位领导干部做到了严于律己，处处起模范带头作用；结合实际，学习、贯彻党的方针政策；互相支持，交流思想；联系群众，关心群众；严格遵守纪律，廉洁奉公；这样就形成了一个特别能战斗的领导集体。

馆领导成员之间，同心同德，互助互谅，从不推诿扯皮、挑剔埋怨，凡重大工作都主动交谈，协商沟通，经过充分酝酿后再做出决定。每位领导除做好个人负责的工作外，都主动深入第一线，和群众打成一片，参加清扫环境劳动，到借书台为读者服务，同馆员一样参加夜间和节假日的值班；每逢年节或暴雨之夜都亲临馆内、藏书楼做好安全防灾工作；在生活上不搞特殊，凡私用公车都按数交费；为节约开支，谢绝了在馆领导干部家中安装电话的安排；还亲自到馆员家逐户走访，了解群众生活情况；每逢重大节日，都走访慰问离退休同志。

为了贯彻好馆长负责制，经请示市文化局党组同意，我馆实行了每周一次党政领寻干部碰头会制度，由党支部领导和馆领导（包括馆各部门主要领寻）同志出席，会议由馆长主持，重点讨论研究全馆的行政业务工作，先由馆长提出安排意见，集体讨论决定。党支部在会上也通报政治思想工作重点。根据碰头会的决定，会后由馆长负责组织落实。碰头会制度使我们有力地支持了馆长抓好业务、搞好改革；在全馆试行干部上岗工作聘任制，业务上变封闭式为开放式；积极指导全市、县、区、学校、工厂的图书馆工作；开展学会活动，总结交流经验，组织学术讨论；做好为大众服务、为科技服务工作；使全馆业务工作获得飞跃发展。同时，也使我馆副业创收发展、职工生活福利改善，都成果显著。

由于党支部积极发挥领导核心作用，全馆努力，政治、业务工作取得了很大的进步，1982年前后，馆党支部获得市先进党支部称号，本馆获得省、市文明单位称号。

1982年馆内共有七个部门，配有六名领导干部，有一个部门空缺领导干部。现有的六名干部大部分偏老，有的有病。这种老、病、弱的状况，影响了工作的开展，必须加以改进。按照革命化、知识化、专业化、年轻化的要求，培养、选拔、充实中层领导干部势在必行。1982年二三月间，经过民意调查、逐个摸底、广泛讨论，群众推荐、支部大会和职工代表会认真研究，以及征求被推荐对象本人意见，最后经党支部委员会讨论决定，报局批准，任命了七个部门的14名干部，其中年轻干部近半数，党员11人。这些人文化水平较高、熟悉专业、有干劲。就这样，一批朝气蓬勃的新干部走上了领导岗位，有力地保证了图书馆事业的发展。

抓好党建，发挥先锋模范作用

党支部的工作重点是做好党的组织建设和思想作风建设，发挥党组织和每个党员的先锋模范作用，提高全馆人员的思想觉悟与文化业务素质，保证贯彻落实好党的路线、方针政策，做好服务群众工作。

按照上级党委要求，我馆党支部坚持了每月“三会一课”制度。每月各党小组召开一次小组生活会，学习党的指示，汇报个人的思想工作情况，开展批评与自我批评；每月召开一次支委会，学习党的知识，讨论研究支部工作和业务工作，分析党员情况，开展批评与自我批评；每月召开一次党员大会，支部书记向全体党员总结报告工作，提出下个月的工作计划，全体党员进行讨论；每月上一次党课，讲授党的基本知识、方针政策、党内外重大事件等。这一制度的实行，提高了党员的思想政治水平，加强了组织纪律性，发挥了党组织的领导作用和全体党员的先锋模范作

由智仁

用。1982年经评选、推荐，我馆的三名同志被市文化局党委评为优秀党员，一个党小组被评为先进党小组。馆办公室主任、党小组长孙顺达同志率领本室干部，在馆长支持下，克服重重困难，为全馆的工作和馆员做了大量有益的工作，如为解决年轻女馆员小孩没人护理的困难，在馆内腾出一间房子办起了托儿所，并办起食堂，解决了职工没地方吃午饭的问题；靠铁路局供暖达不到规定的温度，经争取经费，购置设备，自建锅炉房，大家对供暖效果十分满意，每年还节约90吨煤；为增加购书款，到大连市色织布厂、大连市针织厂购回余料自己动手扎馆用拖布，经多方节支，一年可多购两千多本书；自己动手捡石头，堆假山，修花坛，栽花木，被美化起来的环境受到读者欢迎；创造条件购来一台复印机，为读者服务，还创造了经济效益，改善了职工的生活。此外，办公室还主动调节婚姻家庭矛盾，主持了公车使用、合理分配好福利房等工作，受到领导和群众的好评。办公室连续三年被馆评为先进部室，1982年孙顺达同志被评为辽宁省工会积极分子。

为了壮大党的力量，扭转发展党员工作缓慢的情况，满足申请入党同志的要求，支部把这些同志组织起来学习党的基本知识。在此基础上，支部发动党员，分工对每一个要求入党的同志进行调查，听取群众意见，然后把了解到的情况、问题、意见，又逐个地同要求入党的同志交谈，提出改进意见。在此基础上选拔出基本符合党员条件的对象，再发动党员分头做培养发展工作。这样，经过反复深入细致的工作，把成熟对象交支部大会讨论通过。这期间，先后发展了十名同志入党。从此，打开了发展党员的大门，加快了进度，激发起了群众要求入党的热情。根据上级党委要求，特别注意了在知识分子中做好发展党员工作。我馆参考部主任杨力生同志是一位老知识分子，在退休前申请入党，由于较长时间没得到解决，退休后参加了民盟组织，但其要求入党的愿望始终未减。对此，党支部做了深入考察，经过反复研究，认为杨力生同志爱国爱党，作风正派，勤奋工作，精通业务，善于合作共事，关心青年成长，基本符合党员条件，经支部大会讨论一致通过吸收他入党。杨力生同志退休后出任局史志办副主任一职。入党后，他更加积极工作，写下了大量的史志文章，有力地推动了史志办的工作，为文化志的编纂工作做出重大贡献，多次受到表扬，并被支部评为优秀党员。

支部注重做好统战工作，经常与馆内的民主党派交流情况，研讨问题，主动听取对支部、整党、干部、工作方面的意见，虚心接受监督帮助，进一步做好党的建设；与民主党派同志做到真诚友好和谐相处。我们在生活上也很关心民主党派的同志。馆高级知识分子、民盟负责人王多闻同志在调去北京参加全国善本目录编纂工作期间，他家过冬采暖产生了困难。对此，馆领导就主动给他家送去了柴煤。当其父亲要回到南京大儿子家住，在联系和车费问题上犯难时，馆领导又主动地帮助解决了这一燃眉之急。这些，使其全家深为感动。

努力提高馆员的政治、文化、业务素质

提高全馆人员的政治、文化、业务素质，使之适应实现四个现代化建设的需要，是党支部的一项重要工作。为此，支部加大了工作力度，有计划地、系统地坚持抓好每周三的法定学习日，组织全馆人员都来参加学习，讨论消化学习内容，并举行学习测试，把学习成绩做为年终评选先进工作者的一个条件，对优秀学员给予表奖。先后聘请专家、教授、馆内的部分有知识专长的干部讲授政治经济学、中国古代史、近代史、中共党史、法律、中共十二大、新科技革命、形势政策等方面的理论知识，提高了馆员的素质，对图书馆

业务发展起到积极推动作用。

鉴于我馆的干部文化水平较低（只有少数人具备大专以上文化水平）、业务能力不够强，党支部就积极支持、组织大家参加北大图书馆专业函授及其他科技、外语等专科业余大学学习，当时有57人参加这类进修学习，占全馆人数的50.9%。馆里保证他们的学习时间，表扬学习好的同志，鼓励他们完成学业、拿到毕业（或结业）证书。同时，我们还保送两名同志脱产上大学深造。另外，馆里还从外地、外界聘用我馆急需的、高文化水平的专业人才，充实了干部队伍。

支部紧紧围绕双为方向和四化建设这个中心，更好地为大众、为科研服务，在全馆开展“五讲、四美、三热爱”活动，培养爱岗敬业精神，为读者周到服务，关心读者各种需求，热心解决读者的各种问题，主动为残疾读者和特需读者送书上门，为科研提供资料，答疑解惑，获得读者的好评。

全馆坚持开展创先进评比活动，年终搞个人总结，各部室搞讲评，表奖先进部门和先进工作者，这一工作已形成制度，争创先进蔚然成风，较大地提高了服务水平，受到读者的赞扬。

积极落实平反政策

这期间正处在平反冤假错案，落实政策的末尾阶段。此时，还有七名干部存在政治历史、工资、工龄、住房及“文革”时期遗留问题。对此，支部积极与文化局有关部门通力协作，深入调查，彻底地给以解决，使党的政策得到落实。

我馆一位老干部的一般历史问题过去被错误地定为敌我矛盾后，他被下放到沙河口区一个小工厂当工人。平反期间，我馆派专人对此案进行调查，弄清情况，明确性质，报局研究，批准给予平反，并把其工作关系转回本馆，还给办理了离休手续。

一位在部队被平反后转业来我馆工作的同志，到馆不几天，未经请示报告，也未经领导批准，他就擅自把全家四口人强行搬进馆辅导部的办公室内住下，严重地影响了工作，此事也震动了全馆。事发后，馆领导多次紧急开会研究，认为这位同志这一行动是无组织无纪律错误，必须严肃进行批评教育，坚决纠正，以观后效。鉴于他是一位刚刚被平反的干部，目前不宜急于采取强制迁出和给予组织纪律处分的措施。在馆领导和同志们多次耐心批评教育下，他承认了错误。然后，在全馆大会上，馆长说明情况并给予严肃批评，他本人也诚恳地做了检查。在此基础上，经馆领导研究决定从藏书楼院内挤出一间简易房，为他安了家。此后，他积极工作，还被聘任馆中层领导干部。通过上述活动，给全馆人进行了一次生动的遵纪守法、落实政策的教育。

此外，根据上级指示，我馆销毁了本馆人员档案中存放的“文革”时期的全部不实之词的材料。

东大厅二楼环廊

认真进行整党教育

在革命历史发展转折关键时刻进行整党教育，以总结经验教训，统一思想行动，团结起来，推进党的事业健康发展，争取更大胜利，是党的建设的重大战略举措，也是党的光荣传统。

1985年，我馆党支部参加全市第二批整党教育。市委要求这次整党的重点是：加强党性教育，提高党员的思想政治素质，纠正不正之风，保证改革开放的顺利进行。整党要经过三个阶段：第一阶段系统学习，专题讨论；第二阶段对照检查，深入整顿；第三阶段组织处理和党员登记。同时还要求，在新形势下，又有所侧重，具体有四项：一是认真进行党性、党风、党纪教育，坚决纠正新的不正之风；二是解决好彻底否定“文化大革命”问题，消除派性，肃清左的影响；三是端正业务指导思想，使单位的工作更好服从、服务于党的十二大提出的总任务和总目标。四是彻底清理“三种人”，进一步加强领导班子建设和第三梯队建设。

遵照市委上列指示，我馆党支部做好了充分的准备工作，34名党员和3名预备党员从1985年7月到1986年3月，经过37个学习日，在认真做好动员报告学习的基础上，联系实际，深入学习有关文件，进行专题讨论；认真检查思想，认识总结个人在党性、组织纪律、党风方面的问题以及在改革开放中的不正之风；认真检查总结在“文化大革命”中的缺点错误及经验教训；认真揭批工作中及其指导思想上存在的问题，提出整改意见，做到边整边改。最后，每一个人写出一份书面总结，进行党员登记。此次整党教育活动中我馆支部的党员全体通过（我馆没发现“三种人”和严重违纪问题）。支部对今后的政治、业务工作提出了整改方案，并制定了有关制度，即：1．关于加强和改进政治思想工作的意见；2．关于巩固整党成果的意见；3．关于在领导工作中应注意的几个问题；4．关于建立抓党风责任制的规定。最后，经过上下结合，听取党内外意见进行验收，一致认为达到了这次整党标准，胜利地完成了任务。

1986年4月18日，市文化局党委召开全局整党工作经验交流会。市新华书店、电影公司、市图书馆等单位的党支部书记在会上作了汇报发言。

我代表图书馆党支部在会上作了汇报发言，其要点是：从1985年7月到1986年3月共37个学习日（领导班子还多一些时间）共有34名正式党员、3名预备党员参加了整党学习。这次整党的主要做法和收获是：第一，领导班子带头参加整党。经过整党更加团结，改进了思想作风。领导是整党的重点，是关键。不能整下不整上，要整上带下，不派工作组，靠自己的力量解决问题。这里最重要的是在同党中央保持一致这个基本点上团结起来。第二，认真调查研究，有针对性地进行增强党性教育，提高党员的素质。这里最重要的是在教育上狠下工夫，整党不整人，要求快变，向好的方向发展，抓转化。要搞好教育，就要调查研究本支部的组织和思想情况，从实际出发，加强教育的针对性、思想性。第三，真诚相见，促膝谈心，增强团结。谈心、开展批评，这是解决党内、人民内部矛盾，也是整党的好办法，也是继承发扬我党的优良作风，加强同群众联系的好形式，也是向群众学习，请群众帮助整党的重要办法。第四，安排好整党、工作两条战线，互相促进，边整党边整改，整党推动了工作，促进了改革。整党的一个重要目的是推动工作，促进改革，要在工作与改革上检验整党成果，工作与改革需要整党保证，整党的成果要落实在工作与改革上，干部、工作、改革都要有显著起色。

（2007年12月）

总结经验 再创佳绩

于 春

大连图书馆党务工作其主要任务是贯彻上级党组织和本馆党（总）支部的指示、决议、意见，督促各个支部、各部门贯彻执行；配合中心工作，组织全员职工政治理论学习和形势任务教育；负责党团员因工作变动的组织关系转移、调查；负责新党员发展的技术工作，抓好积极分子培养及档案管理；按时收缴党费，发放党刊等。

回顾我馆党务工作，在文化局党委的亲切关怀下，在馆领导班子的直接领导下，从1956年4月旅大市图书馆独立建立党支部开始，至今已有51年历史。大连图书馆的各项事业也在不断发展，党员队伍不断壮大。2007年10月，正逢大连图书馆建馆百年华诞，喜逢盛事，回顾历史，总结经验，可以让我们更好地迎接新的任务。

组织建设

组织建设是党的建设的基础，也是搞好全馆党群工作的根本保证，没有健全的组织，开展生动活泼的党群工作就是空话。

1956年，旅大市图书馆党支部建立后，在上级党的领导下，进行了一系列的思想改造工作，特别是对旧知识分子的思想改造。坚持每周开一次党的教育会，提高党员的思想认识，响应党中央提出的“向科学进军”的号召，发展科研读者，为科研人员服务。

1957年，开展了整风运动和反右斗争，馆员的政治觉悟普遍有了提高，为谁服务的问题也明确起来。但由于反右斗争扩大化，图书馆党组织的建设受到了很大冲击，“左”倾错误思想不断发展。到1960年以后，大力宣扬“以阶级斗争为纲”，只强调为工农兵服务，知识分子馆员的积极性受到压制，知识分子读者受到排斥。受“左”倾错误思想的影响和干扰，图书馆党组织发展缓慢。

1965年，图书馆党支部结合社会主义教育活动，组织党员和群众认真学习毛主席著作和党中央文件精神，学习雷锋和好八连的高尚的革命品质和模范事迹，发扬不怕苦、不怕累、团结协作的精神，扎实工作，全心全意为人民服务。

1966年～1968年8月，“文化大革命”开始以后，各级党组织陷于瘫痪，旅大市图书馆党支部也停止工作。1972年4月，在中央整党精神的指引下，重新建立中共旅大市图书馆支部。

1978年粉碎“四人帮”后，旅大市图书馆恢复建制，党的建设开始步入正轨，党建工作进入了新的历史时期。

1979年，旅大市图书馆党支部结合党的十一届三中全会提出的“从今年起党的工作重点转移到实现四个现代化的社会主义的建设上来”的方针政策，把为四化服务作为一切工作的中心，坚持四项基本原则，为实现四化更好地发挥了党支部的战斗堡垒作用。

1980年，以学习“三中全会”精神，坚持“四项基本原则”努力为四化服务为指导思想，党支部既充分发扬社会主义民主，又坚持党的集中领导；在业务上和组织建设方面，经常召开老同志座谈会和个别交流征求意见；在整顿机构和调整部室干部时，采取民主选举方式。

1982年，党支部认真贯彻《党内生活准则》，坚持“三会一课”

制度，围绕做一名合格的共产党员问题组织上了四次党课，课后组织党小组讨论，还根据中心工作任务和小组情况召开小组生活会。每月召开支委会讨论研究支部工作及馆内一些问题。根据局党组要求，从8月27日至9月10日，支部通过召开职代会、中层干部和党员座谈会、个别谈话等形式，共征集119条意见。在此基础上，召开领导班子生活会，联系个人实际进行了检查。

1984年，本馆开始试行馆长负责制，馆长全面负责行政业务工作，党总支实行保证监督。党总支作为基层党组织，坚持经常性的教育，不断提高党员干部的政治素质，积极参与行政业务工作。图书馆建立了例会制度，不论是办公会、馆务委员会和其他重要的会议，专职支部副书记都要积极参与讨论重大问题，及时提出各种建议，根据馆长的决策，协助做好思想政治工作。

根据市文化局党委整党的部署，本馆从1984年10月27日开始着手整党的准备工作。我馆从1985年7月13日至1986年4月，历时9个月，共用了37个学习日开展整党教育活动，教育内容和步骤基本是按市委整党办要求进行的，做到了整党和工作两不误，边整边改，推动了工作，促进了改革。

1986年，根据图书馆的工作实际，党支部主持召开思想政治工作会议，分析了群众的思想状况，提出了改进思想政治工作的意见。

1987年至1989年，支部主要抓领导班子建设，首先是加强支部委员会的自身建设，由馆长、副馆长任支部委员会成员。搞好支委会的建设就会带动行政领导班子的建设。实行民主集中制是加强领导班子建设的一个重要原则。办公会议制度是行政工作制度的内容之一，由支部书记参加，成为统一思想、统一行动、加强集体领导的一种好形式，使行政工作有了思想保证，使思想工作紧密结合行政工作一道去做。支委会本身担负起讨论安排各项党的组织建设和思想建设工作，并按照民主集中制的原则，集体领导，分工负责。

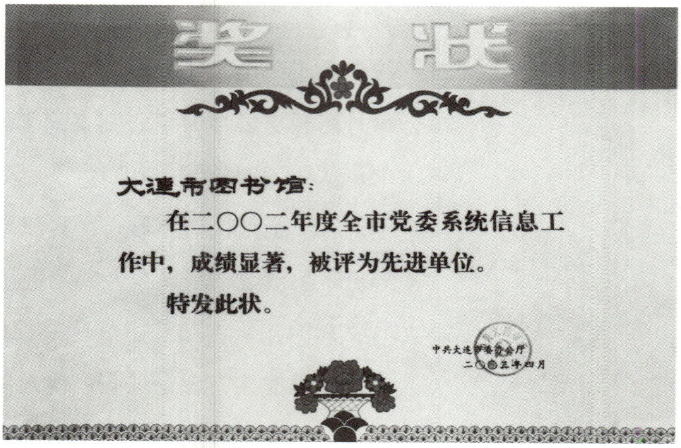

在此期间，党支部把坚持领导班子生活会制度，作为监督领导干部认真执行党的路线政策、不断提高领导水平必不可少的制度执行，每半年开一次，共开了五次，一起谈心、交流思想、开展批评与自我批评，促进领导班子团结，保持旺盛的工作热情和联系群众的工作作风。

与此同时，党支部还把统战工作列入全年工作计划，并进行检查、总结。馆领导和兼职统战工作干部及时学习有关文件，传达和研究统战会议精神。认真宣传贯彻党对新时期统一战线的方针政策，贯彻党与民主党派合作共事政策。团结党外人士一道为统一祖国和文明建设服务。

1990年，党总支为进一步贯彻十三届四中全会、五中全会精神，根据《中共中央关于加强党的建设的通知》要求，联系当前国际、国内的形势，结合图书馆全年工作计划和实际情况，制定了全年工作计划。

1991年是中国共产党诞生70周年、实施“八五”计划的第一年，也是大连图书馆建馆40周年。党支部坚决贯彻“一个中心、两个基本点”的基本路线，带领全馆党员同志牢固树立为经济建设服务的指导思想。把学好马克思主义基本原理、坚定社会主义信念作为学习重点，把全面提高党员的素质作为根本任务，与全馆同志一道圆满完成了本年度的工作任务。

1992年5月23日，党支部制定了《大连市图书馆党支部“双规范双评议”目标管理实施细则》。

1999年7月28日，李永昌书记起草了《关于1999年图书馆党群工作的设想、建议、几点要求及党群系统机构岗位设置方案》。

2001年，配合建党80周年和“七一”活动，支部组织党员参加知识竞赛，党员认真参赛，取得了好成绩，受到上级部门的表扬，获得个人一等奖一名。同时，组织党员到旅顺博物馆参观，使党员上了一次生动的教育课。当年新党员发展工作也取得了成效，培养预备党员三人，定期了解情况，交流思想，三人均通过了考核期，顺利转正。

2003年，党总支为配合当前形势搞好政治思想工作，经常与各支部书记沟通，及时掌握三个支部的工作情况，并根据上级部门要求组织党员学习，特别是十六大以来的相关文件，通过讨论交流提高认识。当年进行了两次捐款捐物工作。年初，捐款1600元，捐物142件；九月份捐款1800元。馆员职工积极响应，献出爱心。

2004年，党总支配合领导班子抓各项规章制度的落实，重点抓了全馆党员的思想教育工作和预备党员的转正工作；认真做好后勤保障与职工福利工作。组织全馆职工参加全市徒步行走活动，年末为全体馆员体检、打流感预防针，这些为馆员切身利益着想的实际举措受到职工的好评。

2005年7月7日，根据文化局党委的统一部署，我馆保持共产党员先进性教育活动正式开始。全馆57名党员，除王源泉、周有德两名同志因病重无法参加外，其余全部党员参加了整个教育活动，并表现出高度的政治热情和自觉性。党总支制订了严谨的工作方案和具体实施计划，组成“保持先进性教育”领导小组及办公室。7月13日，召开保持共产党员先进性教育活动动员大会，张本义馆长主持，总支书记李永昌同志作动员报告。局“保持先进性教育”活动第一督查组组长袁继毅同志作主题发言。会后按局党委的要求分三个阶段认真展开工作，结合本馆的实际情况，坚持一个环节不漏，从政治和全局的高度，把全馆党员的思想统一到中央的重大决策和部署上来。此次活动达到了预期目的。

2006年，在市文化局直接领导下，我馆坚持以邓小平理论和“三个代表”重要思想为指导，认真学习贯彻科学发展观，紧紧围绕中国特色社会主义文化建设，围绕建设“学习型城市”的战略构想，服务服从于构建和谐社会的需要，认真开展图书馆的各项工作，取得了显著成绩。主要是注重基础业务建设，提高服务水平；开展读者活动，深化社会教育职能；提高馆员素质，完善管理制度；加强设施管理，清除安全隐患，多次受到国家、省、市各级政府的表彰和奖励，得到广大读者的肯定。

组织机构

从1950年5月旅大文化宫图书室成立到1951年8月旅大图书馆组建之初，因党员较少，本馆没有建立党组织，馆内党员参加市文化宫党组织活动并接受其直接领导。

1952年7月，旅大图书馆、东北资源馆、工业展览馆和业余艺术学校建立联合党支部。书记黄藻辛（资源馆）、组织委员路曼（艺术学校）、宣传委员乔世国（图书馆）。旅大图书馆建立党小组，李淑英任党小组长。

1956年4月，旅大市图书馆独立建立党支部，党员16名。乔世国任支部书记，支部委员有李淑英、韩明武。7月，由韩明武代理党支部书记。

1966年5月，“文化大革命”开始以后，各级党组织陷于瘫痪，

旅大市图书馆党支部也停止了活动。

1972年4月，重建中共旅大市图书馆支部，唐英俊兼任书记，明富贵、于明书兼任副书记，党支部由5人组成。8月，于桂琴、刘安石分别兼任支部书记和副书记。

1975年11月29日，旅大市图书馆党支部改选，党员14名。王云生、许绍安分别兼任党支部书记和副书记，支部由王云生、许绍安、殷淑珍、朱玲球、罗本固5人组成。到1978年，我馆党员人数为22人。

1979年12月4日，旅大市图书馆党支部改选，党员21名。因许昭安调离，由乔世国代理党支部书记，委员会由乔世国、罗本固、殷淑珍、杜照明4人组成。1980年我馆党员人数为23人。

1981年5月19日，李玉英被任命为大连市图书馆支部副书记。8月6日，由智仁出任支部书记，李玉英继续任副书记。

1982年10月26日，大连市图书馆党支部委员会改选，时有党员21名。由智仁任书记，乔世国任副书记。由智仁、乔世国、董晧、赵廷璧、罗本固、殷淑珍、赵蔚丽7人组成支部委员会。

1984年9月25日，大连市图书馆党支部委员会改选，时有党员33名。由智仁为支部书记，由智仁、赵廷璧、靳明春、殷淑珍、汪孝海5人为支部委员。

1987年9月18日，经文化局党委批准，中共大连市图书馆支部委员会改建为总支部委员会，时有党员43名，由赵廷璧兼任党总支书记、殷淑珍任专职副书记，总支委员由赵廷璧、殷淑珍、汪孝海、孙克力、刘桐才5名同志担任。

1988年1月26日，文化局党委同意大连图书馆总支下设四个支部，时有党员50名。王凤敖同志兼任第一支部书记，姜瑞起同志兼任第二支部书记，刘桐才同志兼任第三支部书记，韩明武同志兼任第四支部书记。

1994年4月25日，文化局党委批准中共大连市图书馆总支委员会改选，王福生任总支书记，支委会由王福生、刘镇伟、汪孝海、朱玲球、李树昌5人组成。

1997年3月，李永昌出任中央大连市图书馆总支书记。

2002年9月4日，文化局党委批准中央大连市图书馆总支换届改选，时有党员55名。改选后李永昌为总支书记，李永昌、张本义、雷云、姜福杰、姜桐华5人为总支委员。

获得荣誉

1986年6月28日，大连图书馆党总支部在文化局党委举办的“二先一优”活动中，被评为优秀党支部。

1987年3月，在大连市统战会议上，本馆党总支部被评为市统战工作先进单位。

1988年7月1日，大连图书馆党总支部荣获大连市文化局1986～1988年度先进党支部。

1989年10月15日，大连图书馆科技与社科部党小组被中共大连市委授予先进党小组称号。

1990年，大连图书馆离退休支部荣获文化局1988～1990年度先进党支部称号。

1991年7月1日，文化局党委授予本馆党总支为先进党总支部。

1994年7月，大连市图书馆业务工作部支部获文化局先进党支部，王福生为优秀党组织书记，王翠霞、侯佩英为优秀党员。

1996年，大连图书馆离退休支部荣获文化局先进党支部，侯佩英、单凤卿被评为优秀共产党员。

1998年7月7日，大连图书馆老干部支部荣获文化局先进党支部，侯佩英、王翠霞被评为优秀共产党员。

2001年10月，丛熹的论文《从大连的文化事业发展看先进文化前进方向》获大连市“代表先进文化前进方向的中国共产党”征文活动三等奖。

2003年，大连图书馆党总支部获文化局先进局直属党组织，刘亚君、陈志英获优秀共产党员。

2004年，大连图书馆获2002年度大连市党委办系统信息工作先进单位，王健、于海英获信息工作先进个人。

2006年5月20日，大连图书馆党总支获文化局先进党总支部，3月12日，大连图书馆工会获2005年度“五好”创建活动升级单位。

2007年6月27日，大连图书馆第二党支部获文化局2006～2007年度全局党内开展的“争先创优”活动先进党支部，第一党小组获文化局先进党小组，张本义、辛欣、王翠霞、丛熹获文化局先进共产党员。

回顾大连图书馆党务工作的历史，我们更加坚信“坚持党的领导，是做好一切工作的根本保证”，也清醒地意识到，在踏入新的百年的征程中，党组织的担子任重道远。但我们相信，大连图书馆党组织能切实加强自身建设，带领全体馆员，以饱满的热情投入到图书馆的各项事业中去，充分发挥组织的战斗堡垒作用和党员的先锋模范作用，为大连文化事业的发展作出应有的贡献。

（2007年12月）

大连图书馆的共青团工作

孙甜

中国共产主义青年团，是中国共产党缔造并领导的一个具有光荣历史和革命传统的先进青年的群众组织，是广大青年在实践中学习共产主义的学校，是中国共产党的助手和后备军。大连图书馆共青团组织自成立起就在馆党组织的领导下，不断发展壮大，通过教育培训和实践锻炼等行之有效的方式，思想政治素质、政策理论水平、创新能力、实践能力不断提高，在图书馆的各项工作，尤其是急、难、险、重等任务中，发挥着突击队的作用，成为图书馆事业的生力军。

共青团大事记

1952年7月旅大图书馆、东北资源馆、工业展览馆、业余艺校的三馆一校联合党支部建立后，三馆一校联合团支部也随即成立。当时图书馆的青年人很少，只有一名共青团员。

1956年4月，旅大市图书馆党支部建立后，随着青年馆员的不断增加，便组建了中国共产主义青年团旅大市图书馆支部委员会，由智仁任书记，孙克力任副书记兼宣传委员。

1972年10月31日，经市文化局党的核心小组批准，恢复因“文化大革命”而一度中止的旅大市图书馆团支部工作；由王源泉、侯佩英、朱玲球等三名同志组成支部委员会，王源泉任支部书记。

1976年2月4日，经市文化局团委讨论，党委同意图书馆团支部改选，由朱玲球、周晓莉、苏盛清三名同志组成支部委员会，朱玲球任书记、周晓莉任组织委员、苏盛清任宣传委员。

1978年10月29日，经文化局团委讨论，党委会批准，新一届旅大市图书馆团支部组成，由杜兆明、苏盛清、杨献忠、贾惠萱、王翠霞等五人组成支部委员会。杜兆明任书记、苏盛清任副书记。

1980年1月21日，改选旅大市图书馆团支部，杜兆明任书记，姜瑞起任副书记，由彬、高月起、贾惠萱为支部委员。

1983年，旅大市图书馆团支部改选，王若任书记、由彬任组织委员、姜波和汪孝海任宣传委员。

1986年5月，大连市图书馆团支部改选，王健任书记、王兰任组织委员、叶勇任宣传委员。

1991年6月19日，大连市文化局团委批准大连市图书馆团支部改建为团总支，下设三个团支部，即第一团支部（流通部）、第二团支部（采编部、社会科学部）、第三团支部（自然科学部、服务部、计算机中心、辅导部、办公室、历史文献部）。由郑权、常冬燕、闫建民、田丽华、林红宣五人组成总支委员会，郑权任总支书记，常冬燕任副书记（均为兼职）。

1994年4月28日，郑权同志被评为大连市图书馆1992～1994年度优秀团干部，杜若同志被评为优秀共青团员。

2007年6月29日，共青团大连图书馆支部改选支部成员。汪淼任书记、吕星星任副书记、孙甜任组织委员、窦硕明任宣传委员。

党组织的关怀

大连图书馆党总支十分重视共青团工作，充分发挥团员的作用，调动团员的积极性，创造机会使青年团员在工作中不断磨砺和提升。

在思想上，党总支非常关心团员成长，重视对年轻人的培养、教育和引导。一方面，多与他们接触、谈心，引导他们树立正确的世界观、人生观、价值观；另一方面，支持和关心团支部围绕馆中心工作开展适合青年特点的活动；坚持以重大节日和时间为契机进行思想教育，如配合五四青年节、国庆节、“七一”等节日，采取专题报告会、座谈会、讲演会等形式进行爱国主义、共产主义理想教育以及职业道德、爱岗敬业教育；注重在团员青年中培养非党积极分子。

在工作上，党总支大胆使用青年团员任馆团支部班子成员，并亲自指导共青团工作，放手让他们工作，培养他们的能力。如重要会议团支部书记可以列席党总支会议，以更好地开展团的工作；党总支组织党员外出参观学习，邀请团干部参加；从制度上为年轻人成长创造条件，鼓励他们积极进取；如中层干部竞聘上岗，馆里对全日制大学本科毕业生适当放宽工作年限；在业务实践中加大对青年团员的培养力度，帮助他们尽快成熟；支持开展团员与青年岗位业务知识竞赛。

在学习上，支持鼓励团员青年学文化、学业务，不断提高自己的知识素养与业务素质，为他们创造良好的学习氛围，选拔业务骨干到高等学院、国家图书馆等部门攻读硕士学位或进修业务知识，鼓励他们撰写学术论文，对表现突出的给予表彰和奖励。

团的工作

大连图书馆党总支始终把牢固树立和全面落实党的中心任务，大力加强团的能力建设为己任，坚持党建带团建。在党总支的统一领导下，我馆共青团组织也充分发挥了共青团组织的作用。

一、深入开展思想学习教育活动。团组织以团干部、青年学生和青年骨干为重点，深入学习党的新思想、新论断，通过座谈会、团例会和共青团网站，掀起学习党的一系列重要思想的新高潮。党组织在组织党员学习有关材料时，也组织团总支委员一起参加学习，用党的重要思想武装青年头脑，引导他们牢固树立正确的世界观、人生观和价值观，坚定永远跟党走中国特色社会主义道路的信心。在广大团员、团干部中开展保持共青团员先进性教育活动，确保团组织的纯洁性和先进性。

二、开展形式多样的文体活动，丰富团员文化生活。团支部利用“五四”、“七一”、“八一”等节庆日，组织开展了丰富多彩的文体活动，激发了广大团员青年热情。如，为庆祝中国人民解放军建军八十周年，我馆团支部到旅顺土城子驻军某部进行慰问演出，以鲜明的主题、独特的创意、高昂的格调、活泼的形式得到了部队官兵的广泛赞誉和一致好评。支部全体团员积极参与到节目的编排演之中，演出获得了圆满成功。此次演出，不仅为我馆团员提供了施展才华的舞台，更增强了团组织的吸引力、凝聚力和战斗力。

三、弘扬文明新风，开展青年突击队行动。今年我馆将迎来建馆百年，而明年的文化部评估又是我馆2008年工作的头等大事，馆里正在认真细致地进行各项准备工作，全馆馆藏的清点和图书的倒库工作首先被提上了日程。团支部最先行动起来，成立青年突击队，配合读者服务中心承担起书库倒架的任务。全体队员利用休息时间，克服工作时间紧、任务重、项目多、环境差等方面的困难，发扬“团结协作”的主人翁精神，全力以赴，认真、迅速地完成馆领导交给的任务，为图书馆建设贡献着自己的微薄之力。团员们严谨的工作作风与认真的工作态度深深地感染了馆里的每一位同志，也得到了馆领导的一致好评。

（2007年12月）

《文史大连》丛书

张本义 主编

百年大圖

大连图书馆百年实纪

1907～2007

下卷

GUANGXI NORMAL UNIVERSITY PRESS
广西师范大学出版社
·桂林·

1907～2007

瑰宝珍藏

馆藏隋代佛像

稀世珍本 国之瑰宝

王多闻

大连图书馆组建时接收了日本满铁大连图书馆的近四十万册藏书，包括从1907年满铁调查部设立图书室到1945年大连解放的三十八年间收集的古今中外的珍本秘籍以及政治、经济、军事、历史、地理、自然科学各个方面的图书资料；还陆续接收各单位交来的中外文图书二十余万册，其中包括罗振玉藏书九万余册、王永江藏书三万余册。

在满铁大连图书馆收藏的近四十万册藏书中，中国古籍占十万余册。兹对这部分古籍的入藏及去向略作介绍。

地方志和丛书，是当年满铁大连图书馆收藏的重点，并把它视为“最大的任务”，因为它在中国古籍图书中，是最能“配合当时的形势发挥其作用”的。从1910年至1940年的三十年间，它收集的我国各省、府、县地方志，连同1940年前后与奉天图书馆交换的在内，共达两千余种。据旅大解放后留用日籍馆员大谷武男回忆，截至1930年左右，它所收藏的地方志其数量之多，可以和当时收藏地方志有名的上海涵芬楼相媲美。在丛书的收集上，也是不遗余力，先后共收藏二百五十余种。

满铁大连图书馆对具有历史文物价值的图书资料，还曾两次不惜重金大批购置。

第一次在1929年1月，专拨十万日元巨款，派人到北京、山东一带搜买大量中国古籍。其中最珍贵的有：

宋版七种：《淮南鸿烈解》二十一卷，《管子》十卷，《荀子》二十卷，《说苑》二十卷，《三谢诗》一卷，《康节先生击壤集》十五卷。以上六种均海源阁旧藏。《通鉴纪事本末》四十二卷，系肃亲王旧藏。

元版九种：《尚书》、《晏子春秋》、《六子》、《老子道德经》、《吕氏春秋》、《齐东野语》、《古清凉传》、《唐三体诗》、《昌黎先生文集》。

另，初刻本《芥子园画传》以及四千多册中国医学古籍，也是这次购入的。

第二次大批搜集是在1943年。当时北平物价高涨，生活困难，一些藏书家特别是穷困潦倒的旗人多廉价出售自己的藏书。各色各样的抄本、满文图书、档案书札等，就是这次买进的，其中颇不乏国内稀有之珍品。

1940年，满铁大连图书馆还曾有一个接收浙江嘉业堂藏书楼的计划。虽未成，但却秘密地从嘉业堂买回了《永乐大典》四十八册。至旅大解放前，这个馆共收藏《永乐大典》五十五册。

1925年，满铁大连图书馆还集中地购得并接收两批重要图书资料。一是把在北京留任的意大利公使馆馆员劳斯（ROS）借工作之便、历三十年藏的中国舆图六百余幅全部购得。二是大谷光端将委托满铁大连图书馆代管的五千余册中国古籍及西文图书三百余册全部捐赠。大谷的这一部分中国古籍珍品，以明清小说最有价值；正是这些小说珍品，形成了今天大连图书馆驰名中外的第一特藏。

1945年旅大解放时，馆藏图书大量失盗。宋版书全部丢失；部分元刊以及稀贵的手稿、舆图、地方文献资料以及被世人叹为观止的宋刻蝴蝶装《三谢诗》和国宝《永乐大典》都是在中长铁路接管时期被苏联运走的。1954年苏联列宁格勒大学图书馆送还我国外交部的五十二册《永乐大典》就是原满铁大连图书馆所藏。其余三册仍不知去向。此外明天启崇祯年间彩色本《十竹斋画谱》、清康熙年间《芥子园画传》、元刻《南村辍耕录》、天聪九年至崇德六年的写本《朝鲜国王来书稿》、顺治十七年折装的《平西王吴三桂密奏》等大批珍贵文献，也都是同期运走的。

大连图书馆现藏中国古籍书二十四万二千余册。1957年编印了《馆藏善本书目录》，收九百三十一种，限于中国古籍。自1978年夏开始，又重新整理、鉴定、著录，几经厘剔，共得善甲八百四十七种，善乙八百七十九种，总两万余册，编成《大连图书馆古籍善本书目》，现已排印出版。

大连图书馆古籍善本有自己的特点，即：一般常见的书，我们往往缺藏，如《汉魏六朝一百三家集》、《元白长庆集》等；而全国罕见的书，我们却多有入藏，如建文刻本《皇明典礼》等。

在近二百种的孤本、稀见本中，以史部和明清小说最多。经部虽有一批较好的明刻本，但除小学类的几部抄本如《苗蛮译语》外，其余均无特点，大多是《乐律全书》、《洪武正韵》之类。

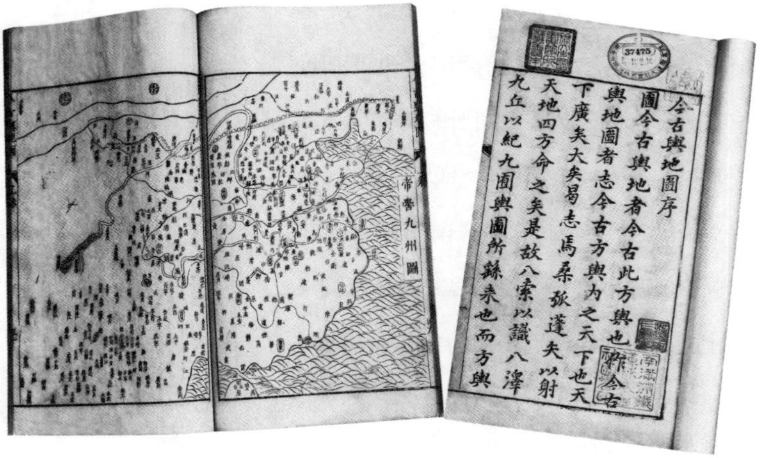

馆藏《今古舆地图》，明崇祯十六年刻朱墨套印本

史部政书类，大连馆颇收藏一批重要古籍。属于“典礼”的有《皇明典礼》和明抄本《诸家谥文类编》等十三种。《皇明典礼》是明建文二年的刻本，建文刻本在国内极为罕见，据我所知，也就是二三部而已，作为历史文物，是极为珍贵的。《皇明典礼》不见各家著录，只是明末刘若愚在他的《酌中志》中提到。上海图书馆似有一抄本。属于“防务”的有《会勘黑龙江省中俄国界案》、《俄界情形》等六种。此两种均属“孤本”。曹廷杰的《俄界情形》对研究中俄东部边防有巨大史料价值。日本曾将它全文翻译，中华人民共和国成立后，某高校曾据此译本又译成中文，殊不知其祖本竟在大连图书馆。《山海关榷政便览》、《苏松浮粮考》、《漠河矿物局稿册》等属于“邦计”方面的稿、抄本，都是极为罕见的重要文献，而《稿册》尤足珍贵，它对研究这里的金矿资源极有价值。还有两部属于公牍档册的稀世珍品。一是稿本《奉使公函稿》（以下简称《函稿》），一是写本《朝鲜国王来书稿》（以下简称书稿）。《函稿》是吕海寰在庚子、辛丑间出使德国写给奕劻等人的公函，是研究八国联军之役以及辛丑条约签定前后外交活动的极有价值的第一手资

馆藏《苏松浮粮考》，清钞本

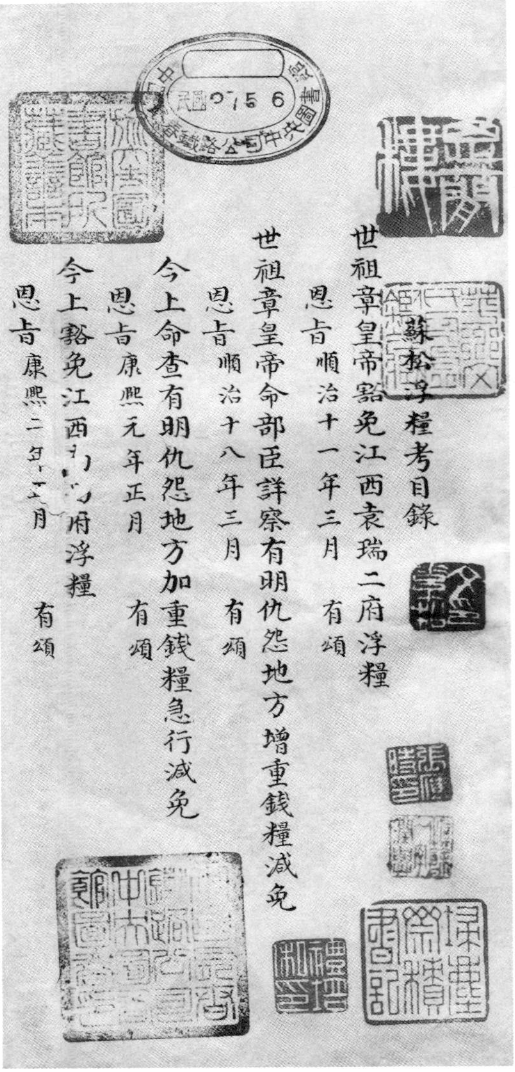
蘇松浮糧考目錄
世祖章皇帝豁免江西袁瑞二府浮糧
恩旨 順治十一年三月 有頌
世祖章皇帝命部臣詳察有明仇怨地方增重錢糧減免
恩旨 順治十八年三月 有頌
今上命查有明仇怨地方加重錢糧急行減免
恩旨 康熙元年正月 有頌
今上豁免江西[illegible]府浮糧
恩旨 康熙二年[illegible]月 有頌

料。《书稿》是朝鲜国王仁祖致清太宗的国书的副本，时间是天聪元年至八年十二月。这份“书稿”，日本学者曾说它已不知下落。《书稿》对研究清入关前与朝鲜的关系，是极为难得的文献，尤其是《书稿》后附的“礼单”。

史部诏令奏议类，也收藏一批有价值的古籍，计明抄本《万历科抄》、清抄本《回疆屯垦奏稿》、清抄本《磨盾偶存草》、清抄本《军务禀稿》等二十余种。上述四种，都是孤本。《回疆屯垦奏稿》，所记均道光年间边防要事和风土人情；清勒保撰的《磨盾偶存草》是他在嘉庆时镇压川楚人民起义的自供；《军务禀稿》是清张兆栋在凤翔知府任内被起义回民围困时的乞援稿。

属于杂史的几种清抄本，也都是稀见的重要资料，如善耆的《查办伊犁蒙古事宜》、《英夷入寇记》和都兴阿著的《军务疏志》。日本抄本《夷匪犯境录》亦是稀见之本。

传记中的《国初贝子传》、《昆山人物传》、《河东令狐氏族谱》、《三韩张氏世系谱》、《开国佐运功臣弘毅公家谱》多是稀见之物，特别是董醇的《随轺载笔》十三卷稿本，更具史料价值。这是他从道光二十六年至光绪三十一年的四十年间办理河道粮运的日记。

地方志中有百种左右够得上善本。其中顺治朝纂修的《盩田县志》（陕西），康熙朝纂修的《宛平县志》（河北）、《延安府志》（陕西）、《西乡县志》（陕西）、《德兴县志》（江西）、《新淦县志》（江西），仅见藏大连图书馆和北京图书馆。而康熙朝陶耀纂修的《弋阳县志》竟是孤本。还有康熙朝蔡荫、陈一揆纂修的《龙阳县志》（湖南），迄今为止，除大连图书馆外，并未发现第二本。

有关水利方面，也不乏珍本秘笈。如清张鹏翮纂辑的抄本《治河上谕》二十四卷，彩色绘制的写本《直隶河淀估濬工程图说》以及清初抄本《苏州府水利纂》，都具有学术资料性和艺术代表性，都是仅见藏在大连图书馆的。

大连图书馆的子部藏书，珍品不多。但术数类和类书类，还是有一些孤本的。

术数类有明抄本《新订六壬总要》、《遁甲句解烟波钓叟歌》，清抄本《五行类事占征验》以及明天启元年三色套印本的《奇门鸿宝》，都属罕见。

类书中的明抄本《古今事类》、明刻本《客窗余录诗林玉屑》均不见国内别家入藏。大连馆还藏《永乐大典》第六八三卷、第六八四卷的明抄本。虽不属永乐本和嘉靖重抄本系统，但也弥足珍贵。这两卷《永乐大典》已被将出版的《中国古籍善本书目》收录。

集部的藏书，主要是明清小说。总集中仅有明正德刻本《会心编》六卷，地方艺文方面有明万历刻本《湖湘校士录》八卷、清顺治刻本《溧诗选初集》八卷以及家集中的明天启刻本《洞庭吴氏集选》十二卷是不多见的。在别集中，只有清代的几个集子算得上珍本，它们是：清李本柱的稿本《十瓯斋诗稿》、清朱筠撰的抄本《乙丑诗编》、清英和撰的抄本《赓扬集》和清海保的稿本《守拙轩诗集》并《军中来稿》。还有：清梅庚撰的康熙刻本《漫与集》、清顾大中撰的顺治刻本《鹤巢诗选》、清阮晋撰的康熙刻本《自吟亭诗稿》。

散曲总集《月露音》在国内极为稀有。完整的只有两部，一在大连，一在北京图书馆。书凡四卷，明李郁尔辑，明杭州丰乐桥三官巷口李衙刻本。这部散曲总集的价值在于七十六幅插图。其人物之工丽，布景之精确，刀法之纤细洁净，令人叹为观止。

大连图书馆收藏在善甲的一百二十多种明清小说，可以说是国之瑰宝。其中明刻、明抄二十四种；清初刻本四十种；日本刻本、抄本二十二种，满文和满汉合璧的三种；朝鲜刻本一种；清抄本二种。这些都可以说是善中之善。另外的三十种清刻本中也有较为稀见的，如《凤凰池》、《醒风流》、《醒名花》、《金兰筏》。据我所知，《醒名花》除美国哈佛大学有一残本外，只大连馆入藏。而《醒风流》一书，仅大连馆和巴黎国家图书馆各藏一部。

在这些善本小说中，明刻《警世阴阳梦》、清初刻本《后水浒传》、日本抄本《珍珠舶》以及存卷较多的日本抄本《连城璧》，已被公认为稀世之珍。此外，《云仙啸》、《惊梦啼》、《合浦珠》、《赛花铃》、《飞花艳想》也多不为人所知，稀有罕见。

满文《金瓶梅》刻本在国内仅存七部，抄本极少，但大连馆却藏有一部完整的，题名《世态炎凉》。封面还题有“莫作宿柳眠花淫情看，当为世态炎凉演义观”两句联对。

顺治七年译毕刊行的满文《三国演义》，存世已极少。这个包背装的二十四册完本，国内仅大连图书馆和北京故宫博物院收藏。北京图书馆残存十六册。

大连馆现藏丛书七百余种。善甲收十八种，善乙收一五种。明刻《唐人百家小说》、《宋人百家小说》，都是罕见；胡文焕编、万历文会堂刻《百名家书》一百种也是上品。大连馆还藏有稀世孤本《小方壶斋舆地丛钞三补编》。清王锡祺于光绪十七年、二十年、二十三年先后编过《小方壶斋舆地丛钞》、《小方壶斋舆地丛钞补编》、《小方壶斋舆地丛钞再补编》，并已由上海著易堂排印出版。但世人均不知“三补编”也已在光绪二十七年以稿本问世。这批清代地理著作的汇钞，有巨大的史料价值。各省形势、少数民族风俗生活、旅行纪程、山水游记……均有著述；而“三补编”尤多边防考略，更是珍贵之至。如“东三省边防答问”、“图们江口宜划归中国议”、“藏印边务录”、“中俄交涉考”、“越南风俗记”、“腾越近边关隘考”、“澎台海道图说”等篇目。王锡祺在光绪二十七年三月的前序中说：

……曩者德据胶澳，俄占旅顺，英租威海，法营广湾……时事阽危，创四千余年之变局，若再因循苟且，势不中瓜分之讳言不止。……舆地丛钞三补编成，纵论如此，嫠媍杞人之诮，所不辞矣。

作者慨叹国事日危，具奋发图强之志，溢于言表。现此书已列入辽宁省古籍整理出版小组“七五”计划，作为整理、出版的重点文献。

大连图书馆现藏舆图八百二十二种、三千九百四十九幅。许多珍品仍是从劳斯那里购得的一批。其中有关明清两朝的写图、满文和满汉合璧的地图、战迹图、海口要隘图等，均世所稀见。收藏年代最早的当属明嘉靖年间的写图，《中国古地图》有杨子器跋，年

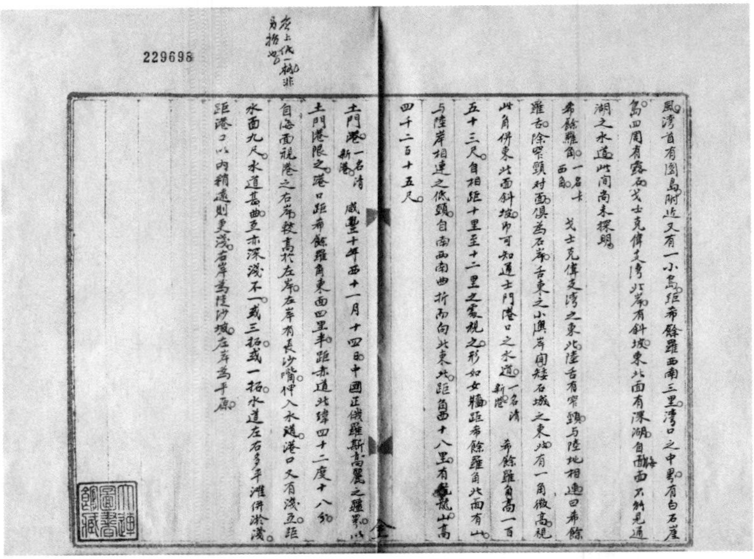

馆藏《小方壶斋舆地丛钞三补编》，清光绪二十七年稿本

款署嘉靖五年，此外，康熙十三年南怀仁编的《坤舆全图》、乾隆四十一年铜版《盛京吉林黑龙江等处标注战迹舆图》，道光至同治间《皇舆全图稿本》（二十册）以及《奉天各海口大小炮台图说》、《八省沿海全图》、《中国海道图说》、《海口要隘水陆远近形胜全图》等，都是珍品。

嘉靖《中国古地图》被旅顺博物馆借去，现仍藏该馆；至于《坤舆全图》、铜版《盛京吉林黑龙江等处标注战迹舆图》、《皇舆全图稿本》、《奉天各海口大小炮台图说》以及乾隆铜版《平定台湾战图》、《平定苗疆战图》、《平定伊犁回部全图》等，也都是苏联运走的。现存的八百余种舆图虽于1984年整理过，但还需作最后鉴定，拟在今年内或最迟不过1987年，将编成《大连图书馆舆图目录》，提供使用。

大连图书馆还收藏了一千五百余种碑帖拓片。其中属于大连地区的有四十余通，满汉合璧七十余通。大部分是清中叶以后的拓本，文物价值不大，在《满洲金石志》中大都有著录。较好的有：《大清皇帝功德碑》（皇太极）、金《完颜希夷碑》、元《张百户碑》。

清代总管内务府档案，是大连图书馆的又一特藏。从顺治到光绪各朝均有，主要是康、雍、乾三朝。据知，北京、沈阳两地均不见藏。这是稀世珍品。大连馆共收藏二千零五十一件。其中满文档案八百六十一件，主要是顺康两朝；满汉合璧档案一千一百九十件，雍乾以下各朝居多。这批档案分七大类：职司铨选，奖惩诉讼，皇庄，宫廷用度，营建，宫苑，进员。皇庄和宫廷用度两类数量最多，史料价值也最大，是研究清代政治、经济、文化各方面的珍贵文献。这批档案，是早年罗振玉散失在大连地区的北京故宫内阁大库零档，大连图书馆文献研究室与辽宁社会科学院历史研究所已于1985年合作，进行初步清理，每件都做了摘要、制卡、装筒、上架。现已在校点研究，编纂《大连市图书馆藏清代内阁大库零档汇编》，争取1987年出版。

三十五年来，我们在整理、研究这批珍贵文献时，深感力量之不足，远不能适应国内外专家学者对其迫切的需求。当务之急是：

一、加速发掘整理，加强科学研究，变单纯的揭示馆藏为文献深化加工提供服务。比如抄本《英夷入寇记》，这是记鸦片战争的杂史，大连馆和南开大学图书馆各收藏一部；还有同书异名的抄本《夷艘入寇记》、《夷艘寇海记》分别收藏在南京图书馆、广东图书馆和北京大学图书馆。然而大连馆藏却多出反映太平天国农民战争的史诗三十首。显然，如能做一比较研究，其作用自不待言。

二、补充馆藏，形成自己的藏书体系。当前主要应在地方志和明清小说这两类中下功夫。我们连本省的地方志尚未收全，而说部中连《雪月梅》以及十几种《红楼梦》续书都缺藏，这是说不过去的。

三、我们的古籍复本很多，缺藏者又买不到，急需互通有无。兹以丛书为例：《知不足斋丛书》、《经训堂丛书》我们各有五部，而《藕香零拾》多达七部，《晨风阁丛书》竟有九部，《房山山房丛书》已达十一部之多。

四、馆藏孤本、罕见本是国之瑰宝。长期以来尘封库中，我们深感内疚。我们将组织力量在两年内一一介绍，使之最大限度地发挥作用。

（1986年）

大连图书馆藏国家善本概述

王雨霖

“国家善本”是指编入《中国古籍善本书目》的古籍，其中有大连图书馆藏书八百四十多种。张之洞《书目答问》云：“善本之义有三：一曰足本（无阙卷、无删削），二曰精本（精校注），三曰旧本（旧刻旧抄）。”当作为“善本”的定论。大连图书馆开办百年，以收藏富有特色的善本著称。

来源

大连图书馆被编入“国家善本”的古籍图书的来源，主要有三方面：

大连图书馆自行采购

大连图书馆历经南满洲铁道株式会社图书馆、中国长春铁路公司中央图书馆、大连图书馆三个时期，“南满洲铁道株式会社图书印”、“中国长春铁路公司中央图书馆图书印”、“旅大市图书馆所藏善本”、“大连图书馆藏”等藏书印记，是大连图书馆百年历程的物证，也是古籍采购的见证。图书馆先后搜罗采购了诸多藏家之精品，如明代昆山叶盛菉竹堂、宁波范钦天一阁、闽县徐兴公红雨楼、海虞毛晋汲古阁、常熟钱谦益绛云楼等，又有清代到民国诸藏家的旧籍，如阮元、朱彝尊、王士祯、孙星衍、吴重熹、盛宣怀、缪荃孙、叶德辉、徐乃昌、丁福保，等等。

大谷光瑞藏书转让

大谷光瑞（1876～1948），日本人，日本佛教真宗派西本愿寺第二十二代掌门，探险家、考古家，通晓汉学。1917年将其藏书寄存于满铁图书馆，其中包括五千册汉文古籍，后来作为借款抵押物转予满铁大连图书馆。其中百余种被列为国家善本，明清小说是其精华所在。现存七十五种国善明清小说中，六十种为大谷光瑞藏书，上钤“大谷光瑞藏记”、“写字台之藏书”等藏书印记，使得大连图书馆以收藏明清小说闻名于世。世已多知，不复赘述。

罗振玉藏书捐赠

罗振玉（1866～1940），字叔蕴，一字叔言，号雪堂，自号贞松老人，浙江上虞人，考古学家。富藏书，约三十万卷，筑大云书库庋之。1945年藏书遭劫，仅存十之三四。1949年，经其孙罗继祖整理后捐赠人民政府，其中九万余册于1951年移交旅大市图书馆。罗家藏书钤章者鲜，“唐风楼”、“大云精舍”、“罗振玉”、“罗叔言印”偶遇，故无从检示其数。

版本

大连图书馆现存国家善本中，包括明清精刻本、钞本、稿本、批校本、四库全书底本。

明刻本

据研究，馆藏最早的刻本是明洪武三十年刊行的明方孝孺（1357～1402）诗文集三十卷本《逊志斋集》。“逊志”取自《尚书·说命下》：“惟学逊志，务时敏，厥修乃来。”该集有五个明版本，一为洪武三十年三十卷刻本；一为天顺七年蜀本；一为成化十六年刻本，此本三十卷，拾遗十卷，称为邑本；一为正德十五年郡本，此本二十四卷；一为嘉靖四十年据蜀本、郡本刻本。此本为三十卷本，又首有洪武三十年林右“逊志斋文集序”，王绅“逊志斋稿序”，据明崇祯十六年所刊《正学先生逊志斋集》，录有林右王绅二序，并标注“俱洪武三十年刻”。此为洪武三十年刊之确证。《中国古籍善本书目》著录为成化十六年刻本，误。

次为《皇明典礼》，明建文二年刻本。函套题“皇明典礼/丙戌春月/松斋题”，版心录有刻工张东、林天福、林阿添、朱阿山等多人。书内有一浮签，云：“是书四库未著录。《明史·艺文志·皇明典礼》一卷注云：‘万历中颁则必非是编，刘若愚《内板经书记略》称《皇明典礼》十本九十五页，又与此不同。’予得于内阁大库残书类中。《内阁旧书目》亦未载。诚海内孤本，至宝也。光绪二十五年正月藏者记。”

馆藏明建文至嘉靖间刻本尚有：

《新刊标题孔子家语句解》六卷，元王广谋撰，建文四年刻本，一册一函。

《新刊素王事纪》一卷，不署撰者，建文四年翻刻元泰定苍岩书院刻本，一册一函。

《性理大全书》七十卷，明胡广等撰，永乐十三年内府刻本，二十七册四函。

《新增格古论要》十三卷，明曹昭撰，胡文焕辑，天顺三年黄正位刻本，六册一函。

《成化丁亥重刊改併五音类聚四声篇海》十五卷，金韩孝彦、韩道昭撰，明释劝缘等订，成化七年金台大隆福寺刻本，四册一函。

《脉经》十卷，晋王叔和撰，成化十年毕玉刻本，二册一函。

《孝肃包公奏议集》十卷，宋包拯撰，弘治五年合肥县刻本，四册一函。

《新编经史正音切韵指南》一卷附《新增篇韵拾遗并藏经字义》一卷，元刘鉴撰，弘治九年释思宜刻本，一册一函。

《新编篇韵贯珠集》八卷，明释真空撰，弘治十一年刻本，一册一函。

《群书集事渊海》四十七卷，不署辑者，弘治十八年刻本，二十六册三函。

《山堂群书考索前集》六十六卷《后集》六十五卷《续集》五十六卷《别集》二一五卷，宋章如愚辑，正德三年刘洪慎独斋刻本，八十册十函。

《大明会典》一百八十卷，李东阳等撰，明正德六年刻本，五十册十函。

《大唐六典》三十卷，唐玄宗李隆基撰，李林甫等注，正德十年席书、李承勋刻本，十册二函。

《东莱先生書书详节》六十卷，宋吕祖谦辑，正德十一年慎独斋刊十七史详节本，八册一函。

《政监》三十二卷，明夏寅撰，正德十六年刻本，四册一函。

《文献通考》三百四十八卷，宋马端临撰，正德十六年刘洪慎独斋刻本，一百七十一册十七函。

《类博稿》十卷，明岳正撰，李东阳辑，正德刻本，四册一函。

《诸史会编大全》一百十二卷，明金燫撰，嘉靖四年金坛县刻本，六十册十函。

《文选》六十卷，梁萧统辑，唐李善注，嘉靖八年朱知烊刻本，三十册六函。

《枫山章先生文集》九卷，明章懋撰，明章沛辑，嘉靖九年毛宪刻本，十册二函。

《南史》八十卷，唐李延寿撰，元刻嘉靖十年递修本，十九册四函。

《雍录》十卷，宋程大昌撰，嘉靖十一年李经刻本，六册一函。

《百泉书院志》四卷，明吕颙撰，嘉靖十二年刻本，二册一函。

《初学记》三十卷，唐徐坚等辑，嘉靖十三年晋府刻本，九册一函。

《秦安志》九卷，明胡缵宗撰，嘉靖十四年亢世英刻本，四册一函。

《集千家注杜工部诗集》二十卷《文集》二卷附录一卷，元高楚芳辑，嘉靖十五年明易山人校刊大字本，二十四册四函。

《分类经进近思录集解》十四卷，宋叶采撰，嘉靖十七年刘仕贤刻本，二册一函。

《交泰录》五卷，明龙大有辑，嘉靖十九年龙氏自刻本，四册一函。

《古今说海》一百三十五种，明陆楫辑，嘉靖二十三年陆氏俨山书院刻本，二十九册三函。

《文翰类选大成》一百六十三卷，明李伯玙辑，嘉靖二十三年刻本，一百二十册二十函。

《史钺》二十卷，明晏璧撰，嘉靖二十七年刻本，四册一函。

《皇明名臣经济录》十八卷，明陈九德辑，嘉靖二十八年罗鸿刻本，二十四册二函。

《重修政和经史证类备用本草》三十卷，宋唐慎微撰，寇宗奭注，嘉靖三十一年刻本，二十四册四函。

《皇明经济文录》四十一卷，明万表辑，嘉靖三十三年刻本，十六册四函。

《毂庵集选附录》二卷，明姚阶辑，嘉靖三十五年刻本，一册一函。

《二史会编》十六卷，明况叔祺辑，嘉靖四十年刻本，三十二册六函。

《西山先生真文忠公文章正宗》二十四卷，宋真德秀辑注，嘉靖四十三年李盘刻本，二十六册六函。

《鸿猷录》十六卷，明高岱辑，嘉靖四十四年高思诚刻本，十二册二函。

《古今游名山记》十七卷，明何镗辑，嘉靖四十四年刻本，十一册一函。

《姑苏志》六十卷，明王鏊等撰，嘉靖刻本，二十册四函。

《妙绝古今》一卷，宋汤汉辑，嘉靖刻本，四册一函。

《金声玉振》五十一种，明袁褧辑，嘉靖袁氏嘉趣堂刻本，二十六册四函。

《小学史断》二卷《续集》一卷，宋南宫靖一、明晏彦文撰，嘉靖刻本，二册一函。

精刻本

精刻本是指校勘严审、字体秀挺、纸墨优良的刻本。

《西陂类稿》五十卷，清宋荦（1634～1713）撰，康熙年间毛扆、宋怀金、高岑刻本，十六册四函。卷端题“吴江门人周龙藻、侄之举编次”，首陈廷敬康熙五十年序，次侯方域、王士祯、汪琬、朱彝尊等序，目录末镌“侄孙怀金、常熟门人毛扆、外孙高岑校梓”。宋荦晚年居西陂，自订文集为《西陂类稿》。钤“曾经御览”、“天官冢宰”、“牧仲”、“荦”、“山水方滋”等印记，均为宋荦藏书印。如此自著自藏者，颇为稀见。“曾经御览”说明此书曾出入皇宫，故宋家视为珍宝。虽经三百年递藏，书品犹佳。

明毛晋汲古阁刻本，以其校勘详明、雕印精美而著称。馆藏毛刻本有：

《剑南诗稿》八十五卷附《放翁逸稿》二卷《家世旧闻》一卷，宋陆游撰，二十册三函。

《啽呓集》一卷，元宋无撰，二册一函。

馆藏《西陂类稿》，
清康熙五十年刻本

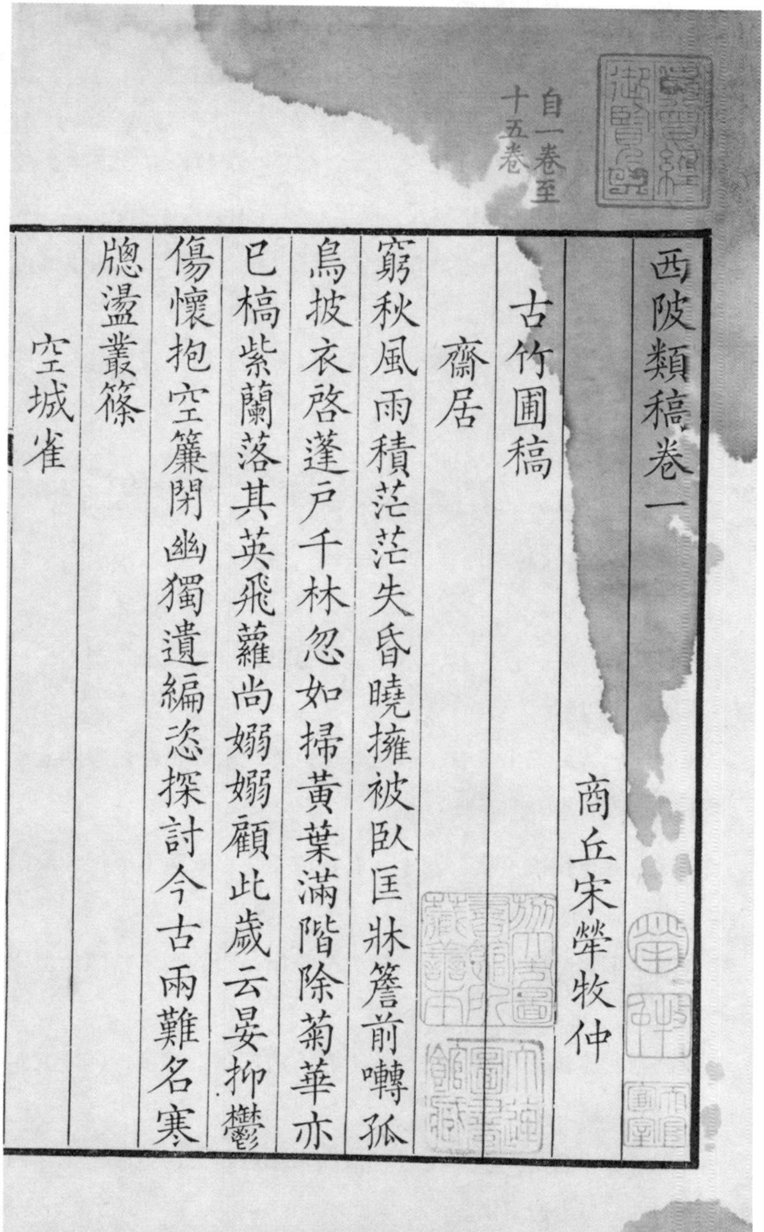
自一卷至十五卷
西陂類稿卷一
商丘宋犖牧仲
古竹圃稿
齋居
窮秋風雨積茫茫失昏曉擁被臥匡牀簷前囀孤
鳥披衣啓蓬戶千林忽如掃黃葉滿階除菊華亦
已槁紫蘭落其英飛蘿尚嫋嫋顧此歲云晏抑鬱
傷懷抱空簾閉幽獨遺編恣探討今古兩難名寒
牕盪叢篠
空城雀

《元四大家诗集》四种，明毛晋辑，十册二函。

《词苑英华》四十卷，明毛晋辑，十六册四函。

《宋名家词》六集六十一种，明毛晋辑，六十册八函。

武英殿刻本，因其以“钦定”、“御纂”等敕修方式产生，故校勘精审、纸墨精良、刻印精致、装潢精雅。馆藏殿本有：

《古文渊鉴》六十四卷，清徐乾学等辑注，康熙二十四年五色套印刻本，二十四册四函。

《皇舆表》十六卷，清揆叙等撰，康熙四十三年刻本，二十四册四函。

《御定历代赋汇》一百四十卷《外集》二十卷《逸句》二卷《补遗》二十二卷，清陈元龙辑，康熙四十五年刻本，六十四册八函。

《御定历代题画诗类》一百二十卷，清陈邦彦辑，康熙四十六年刻本，三十六册六函。

《佩文韵府》一百六卷，清张玉书等辑，康熙五十年刻本，一百一十五册十四函。

《御选唐诗》三十二卷，清玄烨辑，陈廷敬等辑注，康熙五十二年朱墨套印刻本，十五册一函。

《钦定春秋传说汇纂》三十八卷，清王掞、张廷玉等撰，康熙刻本，十二册二函。

《康熙字典》四十二卷，清张玉书等撰，康熙刻本，四十册六函。

《御制八旗满洲氏族通谱》八十卷，清鄂尔泰等撰，乾隆九年刻本，二十六册二函。

《御选唐宋诗醇》四十七卷，清高宗弘历辑评，乾隆十六年四色套印刻本，二十册三函。

《御纂诗义折中》二十卷，清傅恒等撰，乾隆二十年刻本，六册一函。

《皇清开国方略》三十二卷，清阿桂等撰，乾隆五十一年刻本，三十二册四函。

《御制盛京赋》一卷，清高宗弘历撰，鄂尔泰等注，乾隆朱墨套印刻本，一册一函。

钞本

历代学者皆喜钞书，且雠校精审，为后人所珍。大连图书馆藏有明清钞本七十余种，这些钞本或无刻本行世，或可补刻本之衍讹。

《澹生堂藏书目》不分卷，明祁承㸁（1563～1628）撰，明末许元溥钞本，八册一函，无序跋。钤“许元溥印”、“泰峰”等藏书印。澹生堂为祁氏藏书室名。许元溥，生卒年不详，字孟宏，自号千卷生，长洲人，崇祯三年举人，尝与黄宗羲、刘伯宗约为钞书社。

《江汉文集》，清钞本，四册一函，卷端题“商丘周次公著彭城方肇评”，钤“青照庐”、“唐风楼”等藏书印。此书实为侯方域《壮悔堂文集》之改钞。如此改钞名人名作，似为作伪史之仅见。“唐风楼”为罗振玉藏书印，扉页亦有其墨笔题记，中云：“此本乃孔氏岳雪楼所藏，曩游广州得之。”予尝著文考之。

馆藏国善钞本皆录于此：

《集钟鼎古文韵选》五卷，明释道泰撰，明钞本。

《题奏稿簿》不分卷，明督饷部院辑，明天启年间钞本，八册二函。

《万历科钞》不分卷，不署辑者，明钞本，一册一函。

《诸家谥文类编》不分卷，明佚名辑，明钞本，一册一函。

《静斋至正直记》四卷，元孔齐撰，明钞本，四册一函。

《观象玩占》五十卷，明刘基撰，明钞本，二十册二函。

《遁甲句解烟波钓叟歌》十二卷，题宋赵普撰，明钞本，二册一函。

《万历开原图说》二卷，明冯瑗撰，明末钞本，二册一函。

《甘泽谣》一卷，唐袁郊撰，明钞本，一册一函。

《册府元龟》一千卷，宋王钦若等辑，明钞本，一百五十五册十五函。

《永乐大典》二万二千八百七十七卷，明解缙等辑，明钞本，一册一函。

《古今事类》四十九卷，明穆光胤辑，明钞本，二十四册四函。

《喻林》五十卷，明徐元太辑，明钞本，二十四册八函。

《切韵指掌检图之例》一卷，明邵光祖撰，清唐翰题钞本，一册一函。

《续资治通鉴长编》一百八卷，宋李焘撰，清钞本，五十册八函。

《明季甲乙两年汇略》三卷，清许重熙撰，清初钞本，一册一函。

《甲申传信录》十卷订录一卷，明钱士馨撰，清钞本，四册一函。

《同治起居注》不分卷，清孙家鼐撰，清钞本，十册二函。

《山书》十八卷，清孙承泽撰，清钞本，九册一函。

《三朝野纪》七卷，明李逊之撰，清钞本，十册一函。

《皇明四夷考》二卷，明郑晓撰，清钞本，二册一函。

《英夷入寇记》二卷，清佚名撰，清钞本，二册一函。

《海甸野史》十八种，题亭林老人辑，清钞本，六册一函。

《国初贝子传》不分卷，清内府钞本，二册一函。

《三韩张氏世系谱》不分卷，清张翰璘、张朝珍撰，张承恩续修，光绪钞本，三册一函。

《辽阳徐氏家乘》不分卷，清徐葆清撰，同治八年钞本，六十四张。

《秘书志》十一卷，元王士点、商企翁辑，清钞本，六册一函。

《台规》不分卷，清纪昀、徐琪等撰，清内府抄本，六册二函。

《乾隆职官拣选》不分卷，清乾隆内府钞本，一册一函。

《清吏部职官铨选则例》不分卷，清佚名辑，清内府钞本，八册一函。

《苏松浮粮考》不分卷，清佚名辑，清钞本，二册一函。

《琅盐井志》四卷，清赵淳等撰，清钞本，八册一函。

《治河全录》二十四卷，清张鹏翮撰，清钞本，二十四册二函，有彩图。

《苏州府水利纂》不分卷，清宋大业撰，清初钞本，二册一函。

《菩陀峪万年吉地工程辑要》七卷，清铁良等辑，清末钞本，八册一函。

《军务疏志》五卷，清佚名辑，清钞本，五册一函。

《军务禀稿》不分卷，清张兆栋撰，清钞本，六册一函。

《直隶保定治安疏》不分卷，清□伯英撰，清光绪钞本，四册一函。

《回疆屯垦奏稿》不分卷，清佚名辑，清钞本，四册一函。

《谕行旗务奏议》不分卷，清允祥等撰，雍正内府钞本，五册一函。

《宁羌州志》八卷，明卢大谟等撰，清钞本，二册一函。

《酌中志略》三卷，明刘若愚撰，清钞本，三册一函。

《山阴县志》六卷，明刘以守撰，清初钞本，四册一函。

《安州志》十卷，清王朝佐续修，乾隆间钞本，四册一函。

《苍溪县志》四卷，清丁映奎撰，清钞本，四册一函。

《延庆卫志略》不分卷，清李士宣、周硕勳等撰，清钞本，二册一函。

《宾川州志》十二卷，清周钺撰，清钞本，四册一函。

《芦山县志》二卷，清竹全仁等撰，清钞本，二册一函。

《乐会县志》□卷，清程秉慥等撰，清崇文斋钞本，四册一函。

《师宗州志》二卷，清管棆、夏治源等撰，清钞本，二册一函，

《南和县志》十二卷，清周章焕等撰，清钞本，八册一函。

《隆平县志》十卷，清袁文焕撰，清钞本，八册一函。

《黄梅县志》一二卷，清薛乘时、沈元寅撰，清钞本，十三册一函。

《赵州村庄图志稿》不分卷，不署撰者，清末钞本，十六册一函。

《咸宾录》八卷，明罗曰褧撰，清钞本，八册二函。

《金汤借箸》十二筹十二卷，明李盘等撰，清钞本，十册二函。

《新法历书》不分卷，不署撰者，清钞本，六册一函。

《空际格致》二卷，明西洋人高一志撰，清钞本，二册一函。

《骑龙格》不分卷，明蒋平阶撰，清钞本，一册一函。

《奇门原始周易海底眼》不分卷，明屈暹撰，清钞本，一册一函。

《五行类事占征验》九卷，明李淑通撰，清钞本，十二册二函。

《玉函真义》不分卷，明蒋平阶撰，清钞本，一册一函。

《都天寶照经》不分卷，题唐杨筠松撰，明蒋平阶补传，清钞本，一册一函。

《墨林快事》十二卷，明安世凤撰，清雍正三年许尧勋钞本，十二册一函。

《大观录》二十卷，清吴升辑，清陈万章墨缘室钞本，十四册

二函。

《铜仙传》一卷，清徐元润撰，清钞本，一册一函。

《翰林珠玉》六卷，元虞集撰，清钞本，四册一函。

《均藻述》五卷，明杨慎撰，清钞本，五册一函。

《圣宋皇祐广乐图记》八十一卷，宋冯元等撰，清仇承勲钞本，五十二册八函。

馆藏《广金石韵府》，清康熙九年刻朱墨套印本

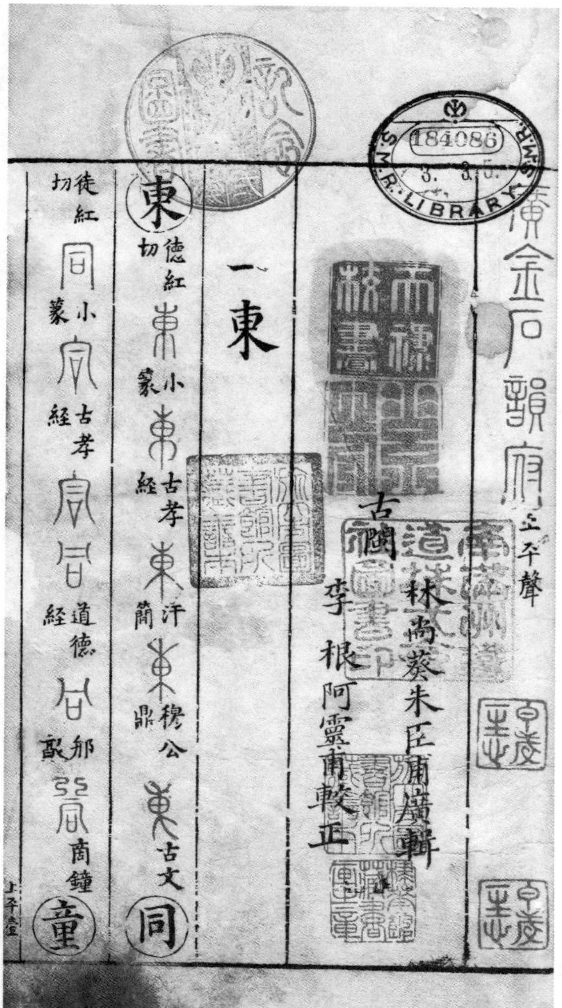

《大藏一览》十卷，明陈实撰，姚舜渔重辑，清钞本，五册一函。

《陈安甫小草》一卷，明陈尧德撰，清钞本，一册一函。

《守拙轩诗集》三卷《守拙轩军中杂稿》一卷，清海保撰，咸丰八年钞本，一册一函。

《使青海草》一卷，清奎照撰，道光十二年钞本，一册一函。

《二妙诗集》二卷，明王沂、王佑撰，清钞本，四册一函。

《苕溪渔隐丛话前集》六十卷《后集》四十卷，宋胡仔撰，清钞本，十三册二函。

《混元盒》三卷，清佚名撰，清钞本，三册一函。

稿本

稿本具有原创性，尤其名家手稿，其笔墨本身，即具有文物价值或兼具艺术价值，其历史文献价值无论

矣。大连图书馆现藏国善稿本二十余种，或手稿本，或清稿本。

《从朔编》不分卷，清沈铭彝（1763～1837）辑，清稿本，一册一函，卷首题“嘉禾竹岑沈铭彝辑”。钤有“半窗松雪”闲章一枚。此书乃名物考订之汇辑，略类宋人高承之《事物纪原》。“从朔”语出《礼记·礼运》，意为追溯事物之本原。今经查证，是编大都取材于陶宗仪、杨慎、顾炎武、赵翼诸人之著述，特稍经裁补统纪耳，自目为“辑”，亦固其宜。《中国古籍善本书目·子部》著录为“沈铭彝撰”，盖未尝细检之过也。详见拙著《从朔编考朔》。

《英和稿本集》不分卷，清英和（1771～1840）撰，清稿本，十四册一函。钤“英和”等印记。书名代拟。含《赓扬集》七册、《恩福堂诗钞》二册、《馆课》一册、《制艺》一册、《条奏底稿》一册、《钦案奏稿》一册、《旗务奏稿》一册。《中国古籍善本书目》著录为《赓扬集》，不切实际。观其批语，知为付梓之清稿。《制艺》颇多删改批评，不知出谁手笔。《赓扬集》中国科学院图书馆有藏，馀皆为孤本。

馆藏国善稿本亦皆录于此：

《直隶河淀古濬工程图说》不分卷，不署撰者，清乾隆初清稿本，二册一函，有彩图。

《直隶治河记》不分卷，清□伯英撰，清光绪间清稿本，二册一函。

《山海关榷政便览》四卷，题萼轩主人辑，清乾隆五十九年清稿本，四册一函。

《漠河矿物总局稿册》，漠河矿物总局辑，清光绪间稿本，一百二十三册十二函。

《元和县志》三十六卷，清许治等撰，清清稿本，十八册二函。

《磨盾偶存草》不分卷，清勒保撰，石韫玉校，清清稿本，二册一函。

《西路边务谕摺汇钞》不分卷，清曹秉章辑，清清稿本，三十册三函。

《奉使公函稿存》不分卷，清吕海寰撰，清手稿本，七册二函。

《会勘黑龙江省中俄国界案》不分卷，不署辑者，清末清稿本，十二册一函。

《调查中俄商约成案》不分卷，不署辑者，清末清稿本，三册一函。

《俄界情形》不分卷，清曹廷杰撰，光绪十一年稿本，一册一函。

《查办伊犁蒙古事宜》不分卷，清善耆撰，清清稿本，六册一函。

《小方壶斋舆地丛钞三补编》九十六种，清王锡祺辑，光绪二十七年稿本，十三册二函。近年已影印问世。

《朝鲜国王来书稿》不分卷，不署辑者，清稿本，一册六十八叶。

《金国汗致朝鲜王书》不分卷，不署辑者，清稿本，一册一函。

《兵家书》不分卷，不署辑者，明稿本，五册一函。

《十瓯斋诗稿》不分卷，清李本柱撰，乾嘉间稿本，四册一函。

《乙丑诗编》一卷，清朱筠撰，清清稿本，一册一函。

批校本

古籍一经名人名家批校题跋，就具有了特别的学术资料性和证史性，可作为版本鉴定依据。我馆所藏古籍中，可以查到的名家批校题识者有周道暹、朱锡玠、吴骞、李鼎元、俞樾、许瀚、吴广霈、罗振玉等，其内容或订误，或释义，或评其人其书，或补其内容之缺漏。

《秘书志》十一卷，元王士点、商企翁辑，清钞本，六册一函。吴骞朱笔批校。吴骞（1733～1813），字槎客，号兔床，浙江海宁人。笃嗜典籍，与黄丕烈、陈鳣交好。批曰：“《曝书亭集》作‘秘书监志’，‘监’字似不可少。此志既用国书，语多鄙俚，而每卷立题，尤荒谬不通。恐并非王、商手笔，或后人妄撰此目，未可知。惜竹垞、竹汀诸公均未论及。”又云：“丙寅五月，仲鱼孝廉为予泛吴中购得此志。其卷数、门类与《十驾斋养新录》所载悉同，惟叶数《养新录》共二百六十五叶，而此计二百六十八叶焉。宫詹所见本尚有阙叶欤？”又：“此本舛错甚多，予虽以意校，终未能释然。复属仲鱼访之三吴藏书家，率与此本无异，仍携以见还。仲鱼亦照录一部，弆于紫薇讲舍。嗟乎，宫詹往矣，谁复能与予辈再订此书邪！嘉庆己巳五月吴骞记。”

《春秋正义》三十六卷，唐孔颖达撰，日本天文年间（明嘉靖间）金泽文库钞本，三册一函。清学者俞樾题记：“岛田君翰言其先德篁邨先生藏书二万

馆藏《历代石经略》，清稿本

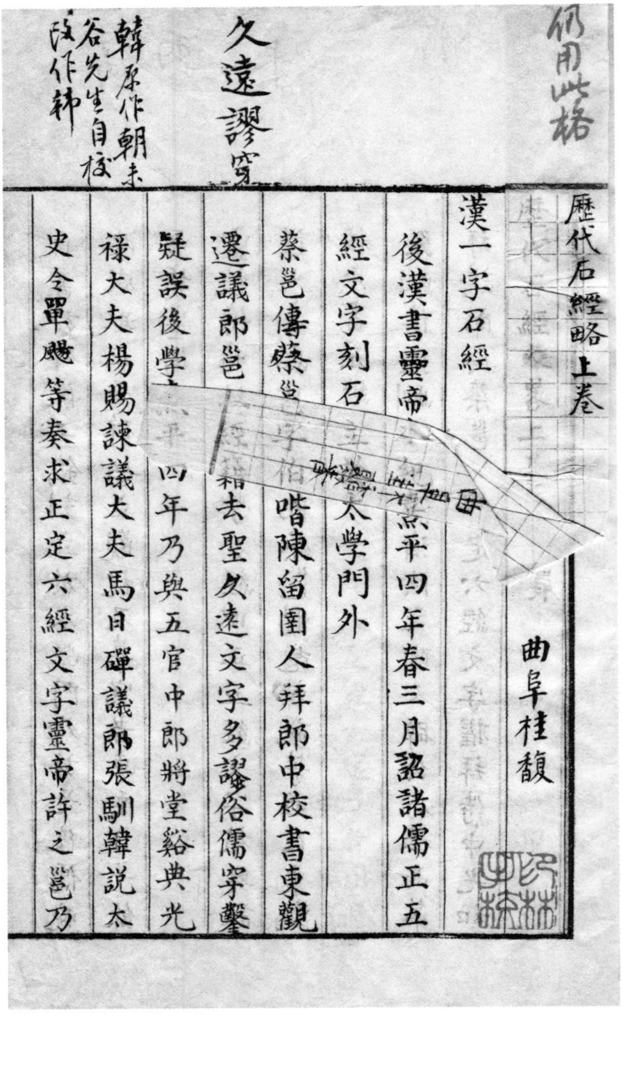
仍用此格

久遠謬穿

韓原作朝未谷先生自校改作韓

歷代石經略上卷 曲阜桂馥

漢一字石經

後漢書靈帝熹平四年春三月詔諸儒正五

經文字刻石立太學門外

蔡邕傳蔡邕字伯喈陳留圉人拜郎中校書東觀

遷議郎邕以經籍去聖久遠文字多謬俗儒穿鑿

疑誤後學熹平四年乃與五官中郎將堂谿典光

祿大夫楊賜諫議大夫馬日磾議郎張馴韓說太

史令單颺等奏求正定六經文字靈帝許之邕乃

卷，唐钞宋椠无所不有，此其一也。密行细字，古色斑斓。《左传正义》单行本世间不可多得，君其宝之。曲园俞樾记。”俞樾（1821～1907），字荫甫，号曲园，浙江德清人，道光进士，历官翰林院编修、河南学政等，晚年讲学杭州诂经精舍，卓为有清一代大师。

大连图书馆藏国善可见名人墨迹者还有：

《历代石经略》二卷，清桂馥撰，稿本，一册一函。有清许瀚朱墨笔批校。

《古史》六十卷，宋苏辙撰，宋刊元明递修本，九册一函。有清李鼎元批校。

《苏松浮粮考》不分卷，清佚名辑，清钞本，二册一函。有清文素松墨笔题识。

《皇明留台奏议》二十卷，明朱吾弼等辑，万历三十三年刻本，二十册二函。卷末有民国李生馨跋。

《管子榷》二十四卷，明朱长春撰，万历四十年张维枢刻本，八册一函。卷末有清吴广霈手记三则。

《困学纪闻》二十卷，宋王应麟撰，清桐乡汪侸刻本，八册一函。卷末有清胡镈朱笔跋。

《订讹杂录》十卷，清胡鸣玉撰，乾隆二十三年刻本，四册一函。有清毕裕曾批识及陶度题识。

《泉币汇考》十六卷，清唐与昆撰，咸丰元年红药山房唐巳藏板刻本，六册一函。有清徐树铭墨笔眉批。

《桐阴论画》三卷《桐阴画诀》二卷，清秦祖永撰，同治五年朱墨套印本，四册一函。有清末陈田墨笔批评。

《新订六壬总要》四十八卷，明陈暹撰，稿本，六册一函。卷末有清周道暹墨笔跋。

《西林全集》二十卷附录一卷，明安绍芳撰，清康熙十一年虚籁堂刻本，四册一函。有清洁园（安璇）、安诗、苍涵、顾梁汾等批注题跋。

《御制盛京赋》一卷，清高宗弘历撰，鄂尔泰等注，乾隆内府朱墨套印刻本，一册一函。书后有清王鸷己未题诗及识语。

《饴山文集》十二卷附录一卷，清赵执信撰，乾隆三十九年因园刻本，六册一函。有清陈其山墨笔圈点、批语。

《乙丑诗编》一卷，清矢筠撰，清稿本，一册一函。有清朱锡玠批语。

《杨升庵先生批点文心雕龙》十卷，梁刘勰撰，明杨慎批点，明梅庆生音注，万历天启二年金陵聚锦堂刻本，四册一函。书衣有清罗振玉题记三行。罗氏批校本颇夥，不一一列举。

除名家批校题跋外，无从考者甚多，其中不乏高论。

《宋大家苏文定公文抄》二十卷，宋苏辙撰，明茅坤辑，万历七年茅一桂刻本。卷六“周论”有批：“近李卓吾有论与此相发，更奇特精彩。”又卷六“晋论”茅坤评语后评曰：“文王舍伯邑考立武王，此文王之不得已也，而周以兴。晋武以惠之不振，诸王吞灭，以至于亡，弱子可以亡国矣。晋武之智不及此者，亦天之恶晋也。秦政死而胡亥亡秦，晋武死而晋惠亡晋。秦政诸子岂无可以延秦者？晋武诸王岂无可以延晋者？皆以弱子亡，故诛灭无馀。天之恶暴甚矣，岂必皆人谋之不臧。”李卓吾即李贽，明人，然则批者殆明末人耶？

有批语者尚有：

《明史列传稿》二百八卷，清王鸿绪撰，雍正间敬慎堂刻本，四十册六函。

《皇明从信录》四十卷，明陈建撰，沈国元补撰，万历四十八年刻本，二十册四函。

《尚白斋镌陈眉公宝颜堂秘笈》十七种，明陈继儒撰，万历三十四年沈氏尚白斋刊本，十二册二函。

《海录碎事》二十二卷，宋叶廷珪辑，明万历二十七年卓显卿刻本，十八册三函。

《翰林珠玉》六卷，元虞集撰，清钞本，四册一函。

《世说新语》八卷，刘宋刘义庆撰，明凌瀛初刻四色套印本，七册二函。

《新镌全像武穆精忠传》八卷，不署撰人，明李贽评，明翠锦堂刻本，八册一函，有绣像。

《新编批评绣像平山冷燕》二十回，清荻岸散人撰，顺治十五年刻本，四册一函。

《金兰筏》四卷二十回，清惜阴堂人撰，清初刻本，四册一函。

《新镌批评绣像飞花咏小传》十六回，不署撰人，清初刻本，四册一函。

《新镌批评绣像合浦珠传》四卷十六回，清烟水散人撰，清初刻本，四册一函。

《楚辞》五卷，明来钦之注，崇祯十一年刻本，二册一函。

《空同子集》六十六卷，明李梦阳撰，万历三十年归隆斋刻本，二十四册四函。

《穀城山馆诗集》二十卷，明于慎行撰，万历三十二年刻本，十册二函。

《邹南皋集选》七卷，明邹元标撰，万历三十五年博古堂刻本，九册二函。

《穀城山馆文集》四十二卷，明于慎行撰，郭应宠辑，万历三十八年刻本，三十二册四函。

《落落斋遗集》十卷，明李应升撰，李逊之辑，清康熙刻本，十二册二函。

《有怀堂文稿》二十二卷《有怀堂诗稿》六卷，清韩菼撰，康熙四十二年刻本，六册一函。

《时用集》一卷《时用集续集》一卷，清陈讦撰，康熙四十八年刻本，一册一函。

《独学庐初稿》十三卷，清石韫玉撰，乾隆六十年许彭年长沙刻本，四册一函。

《十瓯斋诗稿》不分卷，清李本柱撰，乾嘉间稿本，四册一函。

《文选》六十卷，梁萧统辑，唐李善注，明嘉靖八年朱知烊刻本，三十册六函。

《文编》六十四卷，明唐顺之辑评，天启间刻本，四十八册六函。

《增定国朝馆课经世宏辞》十五卷，明王锡爵、沈一贯辑，万历十八年周曰校万卷楼刻本，十六册四函。

《词苑英华》四十卷，明毛晋辑，明毛氏汲古阁刻本，十六册四函。

四库底本

清乾隆年间修《四库全书》，其底本亦具版本价值，后流散各处，我馆藏有五种。

《伐檀斋集》十二卷，明张元凯撰，清康熙间刻本，一册一函。钤“翰林院印”（满汉合璧大方印）、“云间第八峰周氏藏书”、“继祖之印”等印记。此本为钤“分校吕云栋签”校字浮签五条。卷二《安履山房赠舅氏启孙二首》：不苦杨雄喫，吕云栋签曰：不苦扬雄吃。《四库全书》已改。卷二《述怀寄高邮贾生》：执戟杨子居，吕校云：执戟扬子居。《四库全书》未改。卷三《娄水行访曹子念作》：棹歌不断款乃声，吕校云：棹歌不断欸乃声，欸讹款。《四库全书》已改。卷三《塘上行逢友人顾愿作》，吕校云：顾愿甫作，脱甫字，据目录增。《四库全书》未改。卷三《苏生行》：相逢大快共樗蒲，吕校云：相逢大笑共樗蒲。《四库全书》未改。卷四《兹会之盛》：杨家子云老执戟，吕校云：扬家子云老执戟。《四库全书》已改。卷五《部饷至京引见皇极门时戊辰九月五日二首》：杨马执经来，吕云栋签云：扬马执经来。下有双行小字：杨字应照原本，吕签恐非。不知出何人手笔。又王世贞序：万历戊寅岁长至日弇州山人王世贞元美撰，有朱笔勾乙，并有墨笔接写二字，当系校官所为。今检《四库全书》本，校官未署吕云栋。又按题署之虞山云云，为挖却，当为虞山钱谦益受之口口。盖源于钱谦益著述俱遭禁毁也。

《苕溪渔隐丛话前集》六十卷《后集》四十卷，宋胡仔撰，清钞本。予尝作《苕溪渔隐丛话四库底本考》考之。

另三种是：《集钟鼎古文韵选》五卷，明释道泰撰，明钞本；《历代地理指掌图》不分卷，题宋苏轼撰，明刻本；《分门古今事类》二十卷，宋佚名辑，清钞本，一册一函。

印记

遍检大连图书馆藏善本书一千七百余种，得藏书印记千余方，其印主乡籍姓氏、生卒仕履可考者，上自明文献家叶盛，下讫现代史学家罗继祖，纵跨五百年。著名者，有明一代：叶盛、史鑑、文伯仁、范钦、吴岫、项元汴、谢肇淛、钱谦益、毛晋等；有清一代：施闰章、朱彝尊、王士祯、翁方纲、吴骞、陈鳣、孙星衍、阮元、俞樾、张之洞、缪荃孙、叶德辉、罗振玉等；又二十余位近现代名家：徐行可、张其煌、范熙壬、章寿康、王韬、谢国桢、王瀣等。予曾汇集考证馆藏善本藏书印记五百八十余方，得文献家二百三十人，撰成《大连图书馆古籍善本藏书印鉴辑考》，故不赘述。

（2007年12月）

天一阁

叶氏菉竹堂藏书

知不足斋鲍以文藏书

四明卢氏抱经楼藏书印

大连图书馆『大谷文库』藏书初探

王 若

大连图书馆所藏“大谷文库”，由日本著名学者大谷光瑞（1876～1947）的藏书组成。由于它颇具特色和内容丰富而享誉海内外，受到许多专家学者的关注。但是由于各种原因，除了有人对文库中部分内容作过简要的介绍外，尚没有人对其藏书进行全面介绍和系统研究。本文不揣浅陋，试图对大谷文库整个藏书的自然情况作一介绍和初步探讨。

大谷文库设立的时间

大谷光瑞是日本净土真宗本愿寺派第二十一世主持大谷光尊的长子，早年留学英法；明治三十六年（1903）接替主持职位，法名镜如，是日本著名的宗教领袖。据《柯公全集》中《大谷光瑞师》一文介绍，大谷光瑞对动植物学、博物学以及亚洲大陆的地理非常熟悉。他不仅是位宗教学家，同时也是一位政治活动家和学者，尤其对中国文化有着渊博的知识，收藏有大量的中国古书及西文和日文书籍。后来由于种种原因，他把这批藏书转让给了满铁大连图书馆，满铁大连图书馆便把这些书单独建库存放，并命名为“大谷文库”。

关于大谷文库建立的时间问题，学术界有着不同说法。日本著名汉学家伊藤漱平教授认为，大谷文库建于1930年（见日本汲古书院所编《汲古》杂志1986年第九、第十号连载的《大连图书馆藏“大谷本”的来历及其现状》一文）。这个说法的主要根据是文库中所藏明清小说《鼓掌绝尘》中钤有日本昭和五年（1930）七月十八日满铁大连图书馆的藏书印。这枚藏书印的确是大谷文库藏书中所盖的入藏时间最早的藏书印之一。但我们认为，尚不能以这枚藏书印的时间来确定大谷文库的建库时间。因为大谷文库藏书中的藏书印是后来整理时钤印的，而且持续的时间也比较长。例如：文库中所藏明清小说《杜骗新书》中也钤有“南满洲铁道株式会社大连图书馆，昭和五年七月十八日”的藏书印，而同样是清代小说的《遍地金》所钤满铁大连图书馆藏书印的日期是昭和六年（1931）一月二十六日，下端也有“大谷光瑞氏寄赠”的朱文小长方印。再如：《艺文类聚》中所钤满铁大连图书馆的藏书印的日期是昭和十年（1935）八月二十五日，而《大明一统志》所钤藏书印的日期是昭和十三年（1938）十月二十二日，《明季南略》中所钤藏书印的日期是昭和十六年（1941）一月二十八日。我们不可能说，大谷文库从昭和五年七月十八日一直建到昭和十六年一月二十八日才告结束。这因为大谷文库的藏书不是分批存放于满铁大连图书馆，而是分批进行整理的，因而持续的时间比较长。所以，我们认为还是以大谷光瑞把这批书转让给满铁大连图书馆收藏的时间作

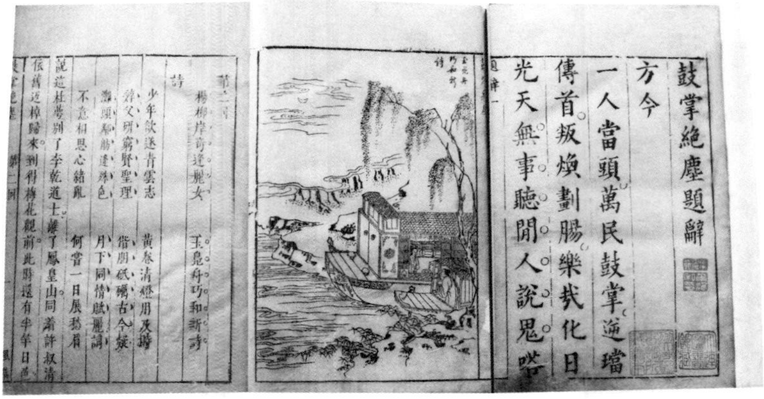

大谷文库藏《鼓掌绝尘》，明刻本

为大谷文库建立的时间较为合适。据文献记载，大谷光瑞把这批藏书转让给满铁大连图书馆的时间是大正十四年（1925）十一月。日本昭和十四年（1939）出版的《满铁附属地经营沿革全史》第一部第十四章介绍："大谷光瑞的藏书，最初是委托满铁大连图书馆保存的，大正十四年十一月赠与大连图书馆收藏。"当时的《满蒙年鉴》在"社会教育"栏内，也作了同样的记载。就是说，在大正十四年十一月，满铁大连图书馆已经对这批藏书拥有所有权。因此，我们把大谷文库建立的时间定在大正十四年十一月，即满铁大连图书馆真正接收了这批藏书的时间，当不致有误。

前引《满铁附属地经营沿革全史》一书中所说的"大谷光瑞的藏书，最初是委托满铁大连图书馆保存的，大正十四年十一月赠与满铁大连图书馆收藏"这段话，自然会使人们提出这样的问题：为什么最初大谷光瑞只委托大连图书馆保存这批藏书，而大正十四年才赠与即转让给满铁大连图书馆收藏呢？《镜如上人年谱》一书，给了我们一个比较清楚的答案。据该书介绍，大正三年（1914），因为西本愿寺在财政上的一些问题，大谷光瑞被迫辞去了教团主持的职位，到南洋及中国等地传教，并经营农场等事务。大谷光瑞是大正四年八月迁到旅顺新市街居住的，后来因为经费不足，向南满洲铁道株式会社借了一笔巨资，于是便用自己的藏书及其他财产作担保，并将其藏书寄放在满铁大连图书馆作抵押。后来由于无力偿还借款，便于大正十四年十一月，正式将这批书转让给了满铁大连图书馆。鉴于这批藏书的特殊性，该馆没有分散上架，而是集中存放，并命名为"大谷文库"。

大谷文库的藏书情况

大谷文库的藏书，体系完备，独具特色。据《满铁附属地经营

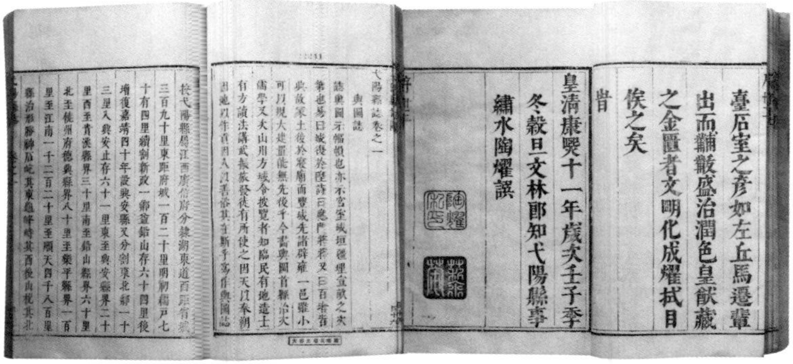

大谷文库藏《弋阳县志》，清康熙刻本

沿革全史》介绍，大谷文库共收藏汉籍五千余册，西文书约三百册。前不久，我们对大谷文库的藏书又作了进一步的考察，藏书的数量与上述介绍基本一致。不过其中还包括日本刻本一百七十余种，汉文和日文抄本二一五种。文库内容十分丰富，从目录学的角度来说，几乎包括了中国古籍分类法中经、史、子、集、丛各部类的书籍。尤其以明末清初通俗小说、方志和子部佛类藏书更为珍贵，由此形成了大谷文库的鲜明特点。这些藏书不仅具有重要的史料价值，也具有很高的版本价值。

从史料方面看，大谷文库所收资料范围相当广泛，上自《史记》、《资治通鉴》这样的正史，下至《啸亭杂录》等野史，都有收藏。既有《周易》、《论语》这样的儒家经典，也收集了历代作家的诗词文集，甚至像民国年间印刷的《劝农歌》这样的小册子也不漏掉。尤其是曾经作为一代宗教领袖和佛教学者，大谷光瑞所收集的关于佛教方面的书，也是相当可观的。如《寂宝录》、《永平寺箴规》、《内证佛法相承血脉谱》、《略述法相义》等佛教著作近百种。而像《大日本史》这样介绍日本文化历史的著作，也为数不少。大谷文库可以称得上是中日文化典籍的宝库。

明清小说是大谷文库藏书的精华所在，共收藏明清时代所刻中国通俗小说一百五十种（不包括戏曲）。许多小说不仅刻书年代早、刻工精良，而且不少是海内外孤本、稀见本。比如明刻本《警世阴阳梦》、清初刻本《后水浒传》、日本抄本《珍珠舶》以及字卷较多的《连城璧》，已被公认为稀世之珍。另外有三十种清刻本小说，也是极为罕见的，如《凤凰池》、《醒风流》、《醒名花》、《金兰笺》等，其中《醒名花》除了大谷文库本外，美国哈佛大学仅存有一部残本。《醒风流》一书，海内外仅法国巴黎国家图书馆和大谷文库各藏一部。还有不少小说，海内外虽有收藏，但版本远不如大谷文库藏书。

大谷文库所藏西文书大多是明末清初来中国传教的西方传教士所写的著作。这些书记述了中国明清时期政治、经济、文化及民生活等各方面的情况，具有很高的史料价值，是研究明清时代历史文化及对外关系史方面的珍贵文献。

从古籍版本的角度看，大谷文库藏书的版本价值也是相当高的。如在大谷文库中收藏中国各地方志近四百种，其中有部分稀见本和刊刻较好的善本。康熙十二年（1673）刻本《重修莱芜县志》、康熙十三年（1674）刻的《沂州志》及康熙二十三年（1684）刻的《宁化县志》，都是刻印精良的早期方志刻本。另外文库中还有许多雍正、乾隆初期刻的方志，如雍正八年（1730）刻的《海阳县志》、乾隆二十五年（1760）刻的《泰安府志》等，这些刻本都可以列入国家级善本。在大谷文库近四百种方志中，清乾隆以前刻本达二百余种。刊刻年代之早，刻工之精良，初刻本之多，是大谷文库藏书的一大特色。

系统收藏一个作者的作品，是大谷文库的又一特色。如清代著名小说家天花藏主人所创作的小说现存十六种，即《人间乐》四卷十八回，《梁武帝西来演义》十卷四十回，《济颠大师醉菩提全传》

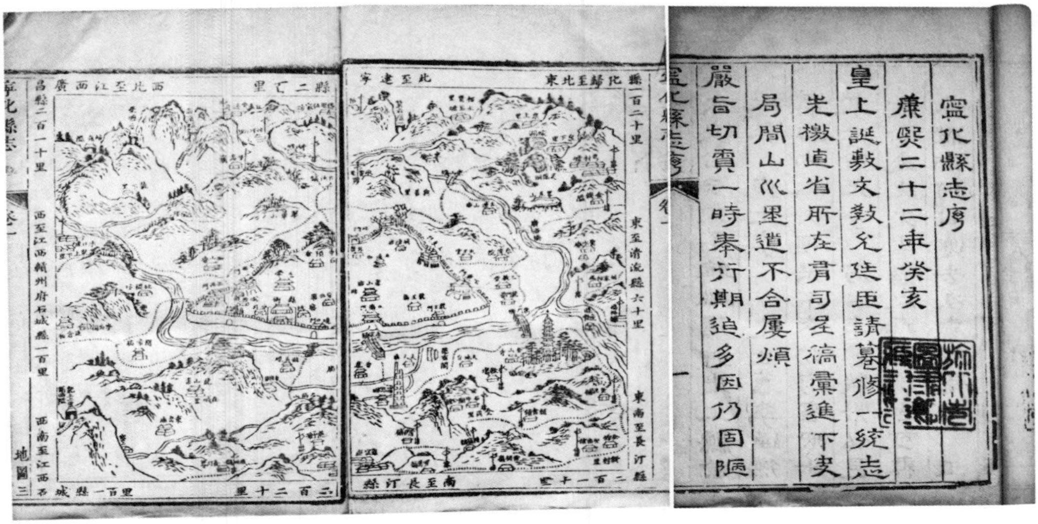

大谷文库藏《宁化县志》，清康熙二十三年刻本

二十回，《王支砚小传》四卷二十回，《锦疑团》十六回，《玉娇梨》四卷二十回，《平山冷燕》二十回，《两交婚小传》四卷十八回，《金云翘传》四卷二十回，《幻中真》十二回，《后水浒传》四十五回，《飞花咏小传》十六回，《麟儿报》四卷十六回，《画图缘》四卷十六回，《赛红丝》十六回，《定情人》十六回等。除《梁武帝西来演义》、《锦疑团》、《幻中真》外，其余该文库中皆有庋藏。可以毫不夸张地说，大连图书馆大谷文库，是收藏天花藏主人作品最多者。

大谷光瑞十分注意对一种书不同版本的收集，这反映了藏书者在古籍版本及校勘方面的学识。如《孔子家语》一书，大谷文库中收有中日不同版本五种。其中有乾隆八年（1743）聚锦堂重刻汲古阁本；有清下半叶刊刻的《鼎锓二翰林校正句解评释孔子家语正印》本，该本是仿刻汲古阁本，但在书的正文上栏增刻了注释。另外，还有宽政四年（1792）日本东都书肆嵩山房刻《冢注孔子家语》本，日本元文元年（1736）嵩山房刻《增注孔子家语》本及日本元文四年（1739）风月堂刻《补注孔子家语》本等。有的书中还有朱笔点校，可以看出藏书者用几个本子互相校勘的情况。

再如，《世说新语》一书很早就传入日本，由于它的艺术性很高，以及在历史、语言、文学上的价值，在日本流传很广，而且出现了各种译本及研究著作。大谷文库中不仅收藏有汉文刻本、日本刻本，且搜集了大量研究著作和注释本。大谷文库中所藏该书的几个版本都是比较早的刻本。其中汉文本《世说新语》是清初刻本，日文本《世说新语补》是元禄七年（1694）林九兵卫刻本。日本刻本《世说逸》是宽延二年（1749）刻本，该刻本可以说是在日本译的《世说新语》中颇有特色的一种。王世贞《世说新语补》传入日本后，刘义庆的古《世说新语》反而被淹没。因此，该书搜集了《世说新语补》所删去的古《世说》中的二百五十二篇文章，对《世说新语》在日本的流传起到了促进作用。大谷光瑞似乎也受了《世说逸》的影响，在元禄七年本《世说新语补》中，用朱笔作的很多校勘，也常常是用古《世说》作依据，同时也参校其他版本。如该书卷一"陈仲举为豫章太守"一句，他校曰："古《世说》'为豫章'上有'言为士则，行为世范，登车揽辔，有澄清天下之志'四句。"又如卷九有"体中佳时，晚复看耳"句，上栏有注曰："一本'佳'上有'不'字。"显然是用几个不同版本比较来读此书的。另外文库对《世说新语》的研究著作也十分重视，不仅收藏有日本刻本《世说笺本》，也有宝历十二年（1762）刻的《世说钞撮》和宝历十三年（1763）浪华书肆刻的《世说新语补国字解》等书。《世说新语补国字解》共五卷，该书是用日语写成的诠释《世说新语补》中词语的著作。该书流传很少，即使在日本也不多见。

大谷文库中的藏书印

从大谷文库的藏书中，我们可以看到大谷光瑞只有四枚藏书印。第一枚是“大谷光瑞藏书”朱文长方印。这枚印章可以说是大谷光瑞藏书的一个标志，凡是他的藏书，都有这枚印。此印通常是盖在书前封皮上，有时也盖在书的后封皮上，偶尔也盖在书内，但后两种情况是很少见的。第二枚是“写字台之藏书”朱文椭圆印。这枚藏书印通常盖在书内第一页的右下角。但是这枚印一般是不轻易盖的，只有书的版本比较早或书的价值比较高时才盖上。第三枚藏书印是“写字台之藏书”朱文单行长方印，这枚印也是书的版本比较好时才盖的。第四枚藏书印是“写字台之藏书”朱文大字双行长方印，这枚印更是很少使用。在大谷文库的全部藏书中，盖过这枚藏书印的大约不过十几种，盖此印之书无论是版本价值还是史料价值都是很高的。

“写字台之藏书”印，当是“写字台文库”的藏书印。写字台文库是西本愿寺的藏书处，已有数百年历史，沿用至今。不同的印章，可以表明是在不同的历史时期钤盖的。如宽文十年（1670）刻本《三国志》钤有长方印，日本抄本《珍珠舶》则钤有椭圆印。所以我们认为大谷文库藏书是多年积累的，可以反映出中国通俗小说东传的历史。据考证，就中国通俗小说而言，大谷文库所藏之数量超过了日本所有藏书机构，而且其质量之高，也远在其他藏书机构之上。尤其文库中的许多日本刻本及抄本小说，足以反映该种小说在日本的传播情况及影响。

大谷文库藏书中的校注和题识

我们在对大谷文库藏书进行考察的过程中，发现很多书中有朱笔及墨笔点校、注释及题识。据初步鉴定（主要是与昭和十年大乘社版《大谷光瑞全集》前面刊印的大谷光瑞手迹相对照），我们认为这些笔记是出自大谷光瑞之手。为了便于大家了解，一边举例加以说明。

如，日本刻本《东莱先生音注唐鉴》一书，书中钤有三枚藏书印。这是大谷文库中少有的情况，足见大谷光瑞对此书的重视。该书的正文上有藏书者的朱文点校，凡是人名、地名、年号等专有名词，都用直线标出。书中用朱笔校正了很多日文的注音错误。凡是遇有正文中的错字，大多把正字标在上栏的外边。如该书第三卷内有“置之百官，便思天下之事”一句，刻书者误将“思”刻成了“同”字，于是大谷光瑞便用朱笔在上栏处标出。又如第四卷有“礼之失也”一句，刻本将“礼”字误刻作“禅”，校勘者便用朱笔将正字书于栏外。对该书中出现的衍文，校勘者则用红方格将该字框上，如卷四“诏皇家宗室至及勋贤之臣”一句中，“至”字系衍文，大谷光瑞即用朱笔将“至”字框上，以示标正。对不同版本中有出入的字，也认真地作了校勘。在该书第二十三卷中有“帝尽可让等咸无罪”一句，在“咸”字旁边，校勘者用朱笔校曰：“《通鉴》作‘或’。”

《孔子家语》清刻本中，不仅有校勘，而且也有藏书者的读书心得，大多书写在上栏外边。如该书卷五“民有十过”一句，大谷光瑞评论说：“民可使由之，不可使知之。故使之由此以自求自得，教之术也。圣王行无为之事，施不言之教，此之谓也。无为不言，岂徒居闭口之谓哉，立此以使由之也。故古言道谓之道术。如诗、书、礼、乐亦为四术，可以见已。及后世诈术兴，儒者言术字，非古也。”真是精妙的阐释。这些读书笔记大都是写在书的空白处，如果空白处写不下，往往还用白宣纸另写，贴在书中。在有关佛教方面的书上，这样的情况较多。

从这些校勘记及读书杂记中，我们可以看到大谷光瑞具有相当渊博的中国历史及文化知识（参见《大谷光瑞全集》，其中引用了大量的中国诗词及文献资料）。可以肯定地说，这些笔记对研究大谷光瑞的学术思想和学术活动，具有重要价值。然而遗憾的是，由于条件的限制，这些珍贵的手迹至今未能与世人见面。

大谷文库藏书来源

大谷文库的藏书，主要是从日本六甲山腹地二乐庄大谷光瑞旧居运到中国来的。关露香在1916年出版的《大谷光瑞》一书中说，大谷光瑞来中国时带了万卷书籍，二乐庄为之一空。可以说大连图书馆所存大谷文库藏书，是大谷光瑞全部藏书的精华所在（据说日本龙谷大学等地也藏有部分大谷光瑞的书）。从我们调查的情况看，大谷文库藏书大多是从日本带来的，也有少部分是朋友赠送的以及

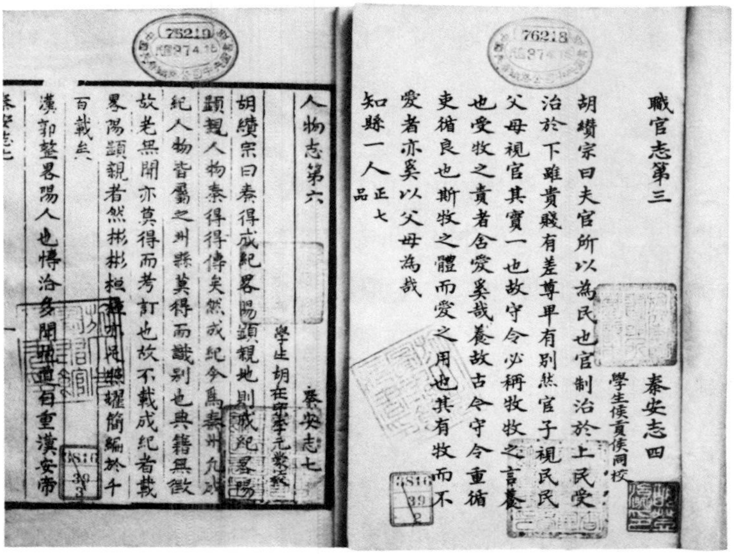
秦安志四
職官志第三
學生侯貢侯同校
胡纘宗曰夫官所以為民也官制治於上民受治於下雖貴賤有差尊卑有別然官子視民民父母視官其實一也故守令少稱牧牧之言養也受牧之責者奚愛奚哉養故古今守令重循吏循良也斯牧之體而愛之用也其有牧而不愛者亦奚以父母為哉
知縣一人 正七品

秦安志七
人物志第六
學生胡在中李元[illegible]校
胡纘宗曰秦得成紀略陽顯親地則成紀略陽顯親人物秦得得傳矣然成紀今爲秦州九成紀人物皆屬之州縣莫得而識別也典籍無徵故老無聞亦莫得而考訂也故不載成紀者載略陽顯親者然彬彬[illegible]州縣擢簡編於千百載矣
漢郭整略陽人也博洽多聞[illegible]自重漢安帝

大谷文库藏《秦安志》，明嘉靖十四年刻本

到中国以后购买的。

这里我们主要谈大谷文库中的一些赠书。在文库中，很多书上除了钤有“大谷光瑞藏书”印外，同时还钤有其他人的藏书印。例如，日本刻本《宿监古本论语集解》，内有“水野梅晓”朱文方印；日刻本《策修要法》，前有“岛田蕃根藏”墨迹；《采风集》内有“橘氏藏书”朱文长方印；《悉昙学记指南钞》，前有“文学寮图书印”朱文方印，等等。据不完全统计，大谷文库藏书中，钤有其他学者藏书印的书达数十种之多，有的还有赠书题识。如日刻本《栎翁稗说》，内有“大谷伯爵阁下请存”，落款是“苏峰”。又有“苏峰学人”朱文小方印，后署年代是“大正二年（1913）七月十七日”。苏峰即德富苏峰，与大谷光瑞关系较密切，《大谷光瑞全集》中曾多次提到他。又如日刻本《寂宝录》，内有题识曰：“弟偶得闲，探囊中检出《寂宝和尚语录》一读，不堪怀旧之情。为欲入空山亦不可得，因又忆无内外，境无真俗，不妨尘中护真。敢奉左右请赏台收，法幸矣。于时癸卯四月二十日，水野梅晓赠。”大谷文库中钤有水野梅晓藏书印的书有二十多种。水野梅晓的藏书印还有“七十二峰僧”、“六休上人”、“梅晓”、“日本吉祥山僧”等。大谷文库中藏有这么多水野梅晓的书，是一次赠送的还是分批赠送的，尚待考证。大谷文库中的这批赠书，大多是刻书年代较早的日刻本，除了这批书自身的版本价值之外，对我们研究大谷光瑞的学术活动及与其他学者的交往，也是十分珍贵的文献。再者，我们说大谷文库中部分藏书是在来中国后购买的，主要根据是文库中藏有一些清光绪末年和民国初年出版的书。如《汉书西域传补注》，光绪二十六年（1900）广雅书局刻本，《江案成卷》、《劝农歌》都是民国年间铅印本。这些书不可能出版后马上传入日本，况且有些书出版时间和大谷光瑞到中国的时间差不多。

大谷文库的影响

“大谷文库”的影响已远远超越了中日两国，具有广泛的世界影响。尤其应该指出的是，大谷文库所藏中国明清时代通俗小说，已经成为国际汉学界研究中国小说史不可缺少的重要资料。其中孤本、善本、稀见本之多，是举世公认的。

从满铁大连图书馆时期直到今天，对大谷文库中所藏明清小说的研究介绍，始终没有间断过。如日本昭和二年（1927）日本学者辛岛骁就在《斯文》杂志第九编上分三次连载了《满铁大连图书馆大谷本小说戏曲目录》。昭和十五年（1940），岛田好在满铁大连图书馆刊《书香》第一百五十七号上撰写的《本馆所藏稀观书题解》中，专门设有“大谷文库支那小说”一章。中国著名学者孙楷第、谭正璧诸先生都曾对大谷文库所藏明清小说作过研究，并给予了高度评价。孙楷第先生在其《中国通俗小说书目》序中说：“我这本书所录的书目，以旧孔德中学图书馆、旧大连图书馆、已故马隅卿先生、日本内阁文库所藏书为主，其他中外图书馆或私人所藏……虽有精品，总不如此处所藏之富。”尤其应当指出的是，近年来日本汉学大师伊藤漱平教授又在《汲古》中以《大连图书馆藏“大谷本”的来历及其现状》为题，着重介绍了大谷文库的历史和文库中所藏明清小说情况。此外，还有很多美国、日本、中国香港及台湾等国家和地区的学者前来查书，或寄信要求为其代查、复制大谷本小说的书影及介绍版本情况。这些都说明大谷文库在国际上的影响是很大的。

从大谷文库看中国古典小说的东传与回流

中国典籍东传日本历史久远，规模较大的有两次。第一次是奈良、平安时期日本派遣唐使及留学生、留学僧将汉籍带回国。如吉备真备带回日本的汉籍就有《唐礼》、《太衍历经》、《乐书要录》等多种。日本宽平年间（889～898）编的《日本国见在目录》著录了日本国藏书处遭祝融之灾后保存下的一千五百七十九部汉籍。可见隋唐时期，中国典籍东传日本数量之大。

中国典籍第二次大规模涌向日本，是在江户时代。德川幕府基本上实行锁国政策，但对中国仍大开门户。宽永十六年（1639）至安政元年（1854）间，将通商口岸限定在长崎港。此时正值我国明清之际，印刷术处于发达时期，这时由中国商船带到日本的汉籍，数量之大，胜过往昔。《文政九年远州漂着得泰船资料》（关西大学出版部，1986年版，第50页）中记载中国商人余柳桥回答日人曰："我邦典籍虽富，迩年来装至长崎，已十之七八。"此语虽为推测，但却真实地反映了中国书籍传入日本的盛况。黄遵宪《日本杂咏》自注中说："长崎与我通商，既三百余年。每岁舶以八九月至近世文集，朝始上木，夕既渡海。东西二京文学之士，每得奇书，则珍重簇衍，夸耀于人。而赝鼎纷来，麻沙争购，亦所不免。修好之后，得之较易也。"黄氏此注中"朝始上木，夕既渡海"一语，虽有夸张，但大致说明这些中国书籍的出版地在江、浙一带。王士祯《居易录》卷十四中说："近则金陵、苏、杭，书坊刻板盛行，建本不复过岭，蜀更兵变，城郭丘墟，都无刻书之事，京师亦鲜佳手。"叶德辉《书林清话》中也认为："吾按文简时，金陵、苏、杭既远过闽蜀。"可以证明从中国运载书籍往日本的船多是从江、浙一带出航的。

江户时代，正是我国明清小说创作和出版的高峰期，而出版明清小说的书坊又大多在江浙一带，那么，通俗小说的大量东传，也是十分自然的事了。正是由于中国通俗小说在日本的传播，大约在享保（1716～1736）初年，激发了日本人对中国白话小说的极大兴趣，很多日本人借此学习汉语会话。当时很多著名的汉学家学习汉

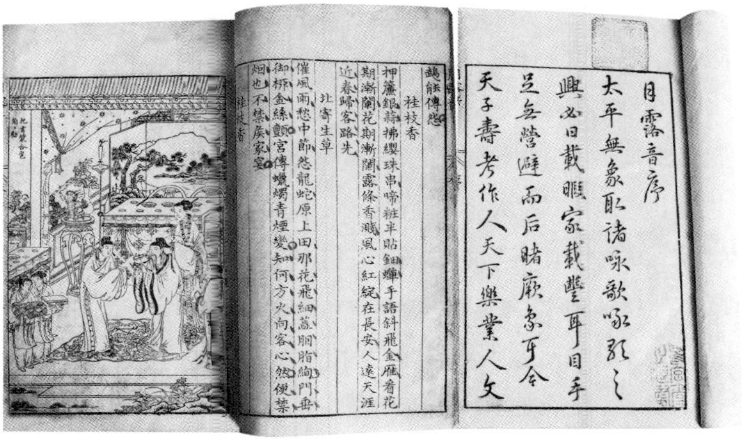

大谷文库藏明代孤本，散曲总集《月露音》

语，都是从读白话小说入手的。1797年皆川淇园在日译本《通俗平妖传》中介绍了中国通俗小说在日本的流传情况：“余与弟章幼时闻家大人说《水浒传》第一回‘魔君出幽将生世之事’，而心愿续闻其后事，而家大人无暇及之，余兄弟请其书，枕籍以读之，经一年后粗得通其大略。乃十八九岁，得一百回《水浒》读之。友人清君锦亦酷好之，每会可举其文奇者以为谈资。后又遂与君锦共读他演奇小说，如《西游》、《西洋》、《金瓶》、《封神》、《女仙》、《禅真》等诸书，无不遍读，此距今四十馀年前事也。”序文中列举了数种通俗小说，可见通俗小说在日本流传之广。江户时期究竟有多少通俗小说传入日本，尚无精确统计。但宽政三年（1791）大阪书林曾编了一部著名的《小说字汇》，是一部俗语辞书，以帮助日本人读懂中国小说。该书共征引了流传日本的中国小说一百五十余种，是研究中国通俗小说东传问题的一部重要参考书。

值得注意的是，《小说字汇》中所征引的一百五十余种小说中，与大谷文库藏本相同的有九十六种。大谷文库藏中国通俗小说共一百五十种，有五十多种《小说字汇》中亦未收入。排除一些刻本较晚的小说，可以断定，1791年以前东传日本的中国通俗小说在二百种以上。

中国通俗小说大量东传日本，对日本文化产生了巨大影响。但是由于历史的原因，很多书籍反而在中国失传。这一文化现象，引起了诸多有识之士的注意。于是，在中国近代史上，不少学者通过各种方式进行寻访，以使其回流中土。如清末学者杨守敬在出使日本期间（1880～1884）便遍访失传珍籍，撰有《日本访书志》，还影印出版了《古佚丛书》。近代著名藏书家李盛铎，也在出使日本期间遍寻佚书，尤其对日刻汉籍进行潜心研究。许多和刻本中保存了大量珍贵的史料，尤其一些日本汉学家对汉籍的校注，记录了汉籍在日本的传播及在日本研究的状况。他们大量购买和刻本，使中国古籍的回流具有了双向交流的意义。《世说新语》古写本也在日本发现。中国学者罗振玉在1915年至1916年前后，多方奔走，从神田、小川、山田、小西四位收藏者手里借到他们分别珍藏的唐写本残卷，加以刻印出版，使这些珍贵的小说文献回归中国人手中。再如，在日本流传最广的《剪灯新话》及李昌祺（1376～1452）所作的《剪灯余话》，反而在我国很早就没有文本流传，1917年，董康搜集了日本庆长年间（1596～1615）的活字本《剪灯新话》和元和年间（1615～1624）版的《剪灯余话》加以翻刻，使中国人重睹二书的芳容。著名小说研究家孙楷第先生，也曾专程赴日访书，撰写了《东京所见通俗小说书目》，为中国通俗小说的回流，做了大量工作。

大谷文库本中国通俗小说，经历了数百年流传日本的历史，最后又传奇般地回到中国，虽然有着特殊的历史原因，或者说纯属偶然，但客观上确为我们保存了很多珍贵的版本，这批书的东传与回流，应该称得上是中日文化交流史上的一件大事。

（2002年）

罗振玉藏书在大连图书馆

范旭仑

1911年冬罗振玉避居日本京都，1913年春建了名为大云书库的藏书楼，中有甲骨等文物数千件、图书三十万卷[1]。罗振玉1928年冬由天津移居旅顺，1932年春筑成一栋占地两亩的藏书楼，仍然叫大云书库[2]。“大云”来自《大云无想经》，出自敦煌的北朝写本佛经，残卷景本见罗振玉所辑《鸣沙石室佚书续编》。1945年夏，“苏军空降，大云书库遭劫，全部古物古书尽受摧残，幸存的不过十之三四，而藏书楼则用为军人招待所矣”[3]。1946年春罗继祖在旅顺整理劫馀的六千麻袋图书，一年后，书籍运往大连市内。1948年整理完毕，罗继祖“用祖母名义捐赠旅大市图书馆，计若干部，九万册”[4]。1950年冬罗继祖参与从苏军手中接收满铁大连图书馆，“遂被留馆工作五年，主要是供应外面来馆查找资料，后二年才稍能抽身整理馆藏善本”。罗继祖后来说：“馆藏善本最精华部分早被苏军掠走，我将馀剩和我家藏书中善本归馆的（家藏善本现大半藏辽宁省图书馆），共得若干部，统统写成详细卡片入藏”[5]。可是，“整理好上架的书还偶被人窃出”[6]。

书有命，人得书也得福分。罗振玉尝自炫“平生文字之福，远过前人”，五福临门——“殷墟文字、一也，西陲简册、二也，敦煌遗书、三也，中州明器、四也，大库史料、五也”[7]。并发愿要和举世学人公享——“不佞夙抱传古之志，凡古人遗著未刊及旧刻罕传者，必欲刊传之”[8]。他的藏书主要靠购买。罗继祖就说："1903年在广州，正好岳雪堂孔氏藏书出售，价甚廉，祖父得尽力购买。大概大云书库所藏善本以得之孔氏为最多。"（《大云书库藏书、搜集、破坏、整理、归宿记略》）另外便是得自好友的贻赠；大连图书馆藏书中有史虚白之子《钓矶立谈》抄本，上有罗振玉题记："此本乃亡友章君硕卿手写。言据粤中梁氏所藏潜采堂钞本迻录，以鲍刻校之，乃曹刻祖本。颇不足贵，以亡友所诒，存之箧衍。"

罗振玉藏书特点是"专为治学服务"，而他的学问广博得很，只要看《贞松老人遗稿》附录的一百六七十种的著述总目。近日翻检出两册大云书库书目稿本，经史子集各类都有，最多的是别集[9]，藏弃在大连图书馆里的罗家旧藏亦然。罗振玉现存藏书的菁萃不在大连图书馆，可也往往见宝。

《殷礼在斯堂丛书》辑入朱筠《乙丑集》稿本，罗振玉1928年秋跋云："往岁在京师得先生藏书百馀种、手稿数册，是集在焉……虽早岁之作，已卓然可观可传如是也"。但罗振玉编印时删略了原书的眉批[10]，诗编前的两首律赋《重学楼赋》、《金鱼池赋》也遭弃置。《重学楼赋》有数处朱锡玠的批语，如"脱思眺远，不愧山林；若欲登高，可当台榭"，眉批："古色古情，在庾信赋中莫能辨也"；"神灵飙兮升降，童冠进兮周旋。缘拜礼以神往，觉山川其云连。念师友之稽居，已为两地；望涧谷之出没，别有一天"，眉批："《楚辞》：'三公穆穆，登降堂只。'读之有进退揖让其间之思，可谓得其神矣"；赋尾批曰："律赋中气体自然，高古有仙风，不可易也"。朱筠旧藏还有两部抄本在馆：戚继光《纪效新书》十四卷、宫伟镠《春雨草堂集》三十四卷，宫书似不经见。罗继祖中岁编有《朱笥河先生年谱》。

陶弼《邕州小集》抄本有罗振玉跋记："此书从吾乡沈霞西处

士复粲鸣野山房钞本传录。原本借之黄陂陈士可参事。丁未十二月命儿子福苌写录，五日而毕。寒中记，并录沈氏识语于卷末。”观卷中《宜阳》与《寄郁林郡宁姚道口》之间罗振玉的批示“接连”，想雪堂亦欲刊传之。沈复粲《鸣野山房汇刻帖目》四卷也是抄本；《鸣野山房汇刻帖目》似无刻本，抄本却不乏。罗振玉曾为之作序，后收入《贞松老人外集》。孙殿起《贩书偶记》208页提到一个抄本就有罗序，台湾图书馆藏的也有，这儿的倒没有。罗振玉《俑庐日札》追叙道：“吾乡沈霞西处士复粲曾著《鸣野山房帖目》，亦稿本，未刊行。光绪癸巳春，予在越郡，其族裔字锡卿者丐作序，然其书只录所藏类帖之目，颇不详备，殆未成之作也。”[11]沈稿亨集《滋蕙堂墨宝》有罗振玉数处增订，如于“唐集右军书《兰亭》”旁批注：“此褚摹本也，在《兰亭》第一之后。”

大连图书馆有两部沈铭彝的稿本，一种是姚绶的年谱《云东遗史年谱》，罗振玉题记云：“此姚云东年谱手稿，得之嘉兴唐鹪庵家。不著撰人姓氏，中有‘铭彝按’云云，知为沈竹岑先生撰。以予所藏《李英公碑》碑末沈氏跋尾观之，即竹岑先生手书也。编中前为年谱，后为世系表，再后为墓图，而附以《弔云东遗宅》诗一首。云东绘事精妙，为梅道人后一大家。此谱搜讨至详，异日当谋梓行。沈氏字纪鸿，官至教谕，道光十七年卒，年七十五，为张叔未先生姊夫，精于金石之学。《金石学录》曾著其名，而不详其事实。为书其概略于此。光绪戊申正月上虞罗振玉题记。”六年后即将其影印编入《云窗丛刻》中[12]。另一种是一卷杂考《从朔编》。还有一个装订成书样的笔记簿，抄录自作和别人的诗赋占了一多半，再就是抄的杂七杂八的东西，像碑帖目录，像古人字号，而“杭州卢绍弓抱经堂校梓各书目发价”、“镇洋毕秋帆先生新刊经训堂各书目”想为好古者所乐见。这个簿记不特被题名为《竹岑札记》，抑且荣列国家善本宝库（《中国古籍善本书目·子部》657页），毋乃诞妄乎！馆中还珍藏一部竹岑之父沈可培的兔园册子《旧事重提》稿本，也是罗振玉的遗物。

同治三年刊刻的秦祖咏《桐阴论画》有陈田许多增订和批识。如“萧云从”条既录黄钺《壹斋集·画友录》中萧云从小传，复增朱逢泰《画石轩卧游随录》考语：“尺木品高志坚，不肯随人俯仰，故作画亦迥别时流，自有天趣。”“胡节”条批云：“薛辰令亦石谷私淑弟子，画入能品。此册不载，洵属挂漏。辰令名宣。”“蒋廷锡”条秦祖咏考评云：“逸笔写生，颇有南田馀韵，惜赝本甚多，大约妍丽工致者多系门徒代作，非真迹也。”陈田批驳道：“文肃写生用重笔，与南田分道扬镳。此评未允。供奉内廷之作，亦有妍丽者，在具眼别之耳。”又眉批云：“蒋文肃工花卉，每用重墨染，愈觉雅淡。”“王林屋”条“余昔得一小帧，系青绿设色，绰有麓台秀韵，特笔意薄弱，未能浑厚”，陈批：“作画有早年中年晚年、得意不得意，安得以一幅定其生平！”又批云：“余见林屋著色仿云林一幅，秀润浑成，不失家法。”多抄几段，好唤起精明的出版家注意。陈田是罗振玉的亲家，1921年冬贫病而死，罗振玉上书请加褒恤（罗继祖《永丰乡人行年录》81页），并作《掌印给事中贵阳陈公传》（见《辽居稿》），中云：“公博雅好书，久官京师，因贫甚。其两兄各岁致数百金，公悉以购书，以撰《明诗纪事》。”[13]罗振玉《五十日梦痕录》又曰：“予交给谏最晚，每日见谈，必移晷。语及时局，义形于色。贫无以自给，乱后售其所藏明人集数百种，乃其作《明诗纪事》时辛苦搜集。都中无购者，乃归日本文求堂书肆。予亟斥他物购得之[14]。倘给谏闻之，当以得归故人为喜矣。”陈田另一部刊行的著述是《周渔璜先生年谱》，罗记书店卖过，剩下近百部，都搬到大连图书馆了。

丁晏《投壶考原》抄本封面有“光绪癸巳三月口滁上虞罗振玉读一过于毗陵舟次”，下钤“振玉之印”。罗氏藏书盖章钤印者不数数见。丁晏搜辑乡献《枚叔集》、《陈孔璋集》（收入冒广生辑《楚州丛书》）的稿本藏在大连图书馆善本库里。《雪堂丛刻》选编了丁晏两种遗稿。罗振玉在《颐志斋文钞》跋里说：“山阳丁俭卿舍人《颐志斋集》编定而未梓，前年冬得写本于丁氏后人。其说经之文多非精诣，其他酬应之作亦可不存，爰钞其所撰传记，得十七篇——非传其文，传其文中之人也。所为诗亦选刻《感旧诗》一卷，以其略存当时事实，亦犹刊《文钞》之旨尔。”可与前引唐顺之语相映发。足见罗振玉的古籍整理着眼在历史价值，力除那种“以知稀为贵，奇货可居”的骨董家结习，不把文献价值夸大为学术价值，不把文学古董混在古典文学里。

雪堂老友邱崧生有部校藏的《孙校王无功集》稿本，罗振玉篆书题签，并书“陆庵读过时光绪壬辰九月上旬”。罗家写官用“面城精舍校写”稿纸也抄了本《东皋子集》，后附《东皋子集校勘记》，原署“山阳邱崧生”，给罗振玉涂了道杠子，改为“上虞罗振玉”。这也是光绪丙午罗氏唐风楼重梓孙星衍刻《王无功集》的底本。

罗继祖晚年在报上做了篇蛮有味道的文章《在旅大图书馆工作点滴》，为萧文立编入《鲁诗堂谈往录》181页，讲述自己如何剔除混充善本的伪书，曲终转笔：“‘文革’后偶尔问到善本工作如何，他们说给我补了不少。我甚诧异，馆里乏款，未能续购一部善本，很可能将我剔除不属善本的作了补充。”是也，前几天我就发现一部混入善本库里的伪书。

1986年夏印行的《大连图书馆古籍善本书目》有条是“《江汉文集》九卷，侯方域撰，抄本”。我们从前光知道侯方域文集名叫《壮悔堂文集》，现在得提出来看个究竟。是小楷誊录的，署“商丘周次公著，彭城方肇评”。扉页有罗振玉墨笔题记：

此集原题商邱周次公撰，而以《壮悔堂文集》校之，实侯方域撰，不知何以诡周次公之名。集中之文凡百又二篇，今《壮悔堂文集》都一百二十三篇，其实乃一百十三篇，盖《屯田奏》中《官屯》、《军屯》等子目，此乃为十篇故也。统计篇数，则此本少于刻本，然此本有而刻本无者亦三四篇。据宋牧仲撰《侯雪苑传》称文集十卷、遗稿一卷，此九卷不知所谓十一卷本不知是一是二。篇中文字以刻本校之，略有异同。此本乃孔氏岳雪楼所藏，曩游广洲得之。卷端有“青照庐”印。光绪戊申正月上虞罗振玉题记[15]。

下钤“臣玉之印”小印。我找出侯方域编订的贾开宗、徐作肃评选的十一卷本《壮悔堂文集》来对质。此本原为邓之诚藏，今辑入顾廷龙主编《续修四库全书》中。卷首有邓之诚1951年冬的毛笔题识：“此集刻之顺治壬辰，为传世第一刻本，诗文皆方域自订。”《江汉文集》就是这个本子的改头换面。书名改，著者易，评者换，正文也逐处改换——“盖作伪固由胆大，而售伪必须心细也”（《管锥编》511页）。如《送徐吴二子序》将“侯子既放”改成“周子既放”——全书凡遇“侯”必改为“周”，“方域”则易作“某”，而批注则不耐烦改，径直删弃。《宋牧仲诗序》徐作肃批：“一气磅礴，有撼山排岳之势。然中间抑多扬少，却从抑处见幽见迂见风神。偶览艾千子一二文，似朝宗此作。然作者知者恐皆难其人也。”“偶览”云云以后全行删却。原书的夹批都没抄。尚有将作者批语嫁予宋荦，如《赠五子序》。文章题目亦有删改，如易“与方密之书”为“与故人方君书”。对于删无可删的《壮悔堂记》、《二忆堂记》则索性掉头不顾。抄书者并没有造作文章来冒充侯著，全不出《壮

《罗雪堂合集》

悔堂文集》以外。文章次序于原书或循或不。作伪者下功夫抄书，想是要翻印牟利罢。罗振玉比勘的本子不是侯方域自定本（一百三十二篇，遗稿十篇），所以有“此本有而刻本无者亦三四篇”、“不知是一是二”之言——也许是他不小心的失言。这吊诡的“周次公”更害得《中国古籍善本书目·集部》编纂诸公上当受骗（线装本清别集类27页）。

《梅村集外集》也闯入《大连图书馆古籍善本书目》里，引逗我把原物请出来，一翻，不觉哑然。原来，罗家手民用“上虞罗氏唐风楼校写”的稿纸抄录了十来篇吴伟业杂文如《宋子建诗序》之类，却在头一篇儿的上端书“梅村集外文”。到了图书馆竟受郑重包装，封上函套并大书“梅村集外集”。抄的果真是“集外文”吗？赶紧找出《梅村集》核对，吁，无一不在集内！这“梅村集外文”的标目本来就错了，“梅村集外集”则加厉变本了——那压根不是书呀。

必须声张，罗继祖调离的第二年，图书馆参考研究部1957年夏编印了《馆藏善本书目录》——想是以罗继祖做的卡片为依据，并没有把上面的伪书和纸簿列入。不用说，那后出的书目也能把罗继祖鉴定的善本排挤出去，如罗振玉批校的蒋清翊《王子安集注》[16]。

偶然检得一稿本，原题作“家藏金石文字目录”，末尾有龚自珍之子龚橙的短跋：“此梁山舟学士自簿金石文字，同治四年夏得之，以贻朗亭。橙记。”接着是这样的批识：“此张叔未先生手稿。余细验笔迹知之。叔先生蚤年书颇似山舟，与晚年书迥别。龚孝栱习见晚年书，故疑是山舟。为举正之。继祖。”罗先生亲题签为“张叔未先生手写所藏金石文字目录”，颇有意趣，足徵其学力识力。

有一事得提一下。罗振玉自道“为人偏于博爱，近墨”；知交誉之为“传古之热心并世无与比”[17]。他刻书是“志在流通”的，但学者毕竟寥寥，许多读物没能卖光[18]，剩下来的复本常常多达百部。查1957年春旅大市图书馆编印的《馆藏图书复本目录》，所收复本近五百种，大都是罗振玉编印的。如《重校纪元编》的复本多达二百七十部八百一十册，《唐写本文选集注》复本一百三十部二千零八十八册，《殷礼在斯堂丛书》复本九十四部一千一百二十八册，《雪堂丛刻》一百六十六部三千三百二十册。那些复本没有上架，堆放了数十年。其文孙几番告诉世人：“祖父所有印书，限于个人资力，最多恐不能超过五百部[19]。由于这类书不能畅销，直到解放前有的书还有剩馀……古籍及我家印的书，大连市一直滞卖不动，几乎无人过问”，“每种书当日最高印不过五百部……一直到旅大解放后，还从劫灰中拾出不少孑遗，捐赠旅大图书馆了。馆中不需太多副本，又由他们零星售出[20]”。当他知道1990年夏当事者把那些复本转卖给书贾，则反复“惋叹”：“古书经我手整理的一部分藏于辽宁省图书馆、大连市图书馆，当日没能留下目录，数量也无统计。现在从外地听来消息，大连市图书馆所藏已有部分卖归北京古籍书店。现在市场经济占主导，书放在馆里没人看，不如把它投入市场合适。”“又听说，我解放初期在旅顺、大连辛苦收拾于摧毁后之藏书号称九万册者，原赠大连图书馆，现在该馆已觉无用，卖与北京书店。”（《鲁诗堂谈往录》58、59页）要是是传话者捎带一句“复本”就好了。

注 释

⑴ 参看罗振玉《丁戊稿·海宁王忠悫公传》、顾廷龙辑《艺风堂友朋书札》1024页。

⑵ 罗福颐《偻翁七十自述》：“盖了一四方形书库。库房是三层楼，六间大屋，楼梯在中间。亦名为大云书库。我又费了无限的气力将书全部上架。三楼则置宋元善本及金石拓本装裱成册者，更储先人在日本、天津所印新书。经营了数月方完成。”（《中国当代社会科学家》第二辑227页）。参看罗继祖《鲁诗堂谈往录》58页：“我家所藏古物古书，在旅顺时都放在大云书库，后来有一少部分搬到长春”；罗继祖《蜉寄留痕》233页：“我家藏书一部分移往长春寓所。”

⑶《鲁诗堂谈往录》58、59页，《蜉寄留痕》233、236页。参看罗继祖《两启轩韵语》1996年《过旅顺旧宅》：“避地一区宅，藏书十载楼。人亡书不见，瞻望涕难收！”按大连图书馆罗振玉旧藏书品往往欠佳，良有以也。柯劭忞《蓼园诗钞》（卷二有《为罗叔言题攻吴夫差鉴拓本》）卷三深受钉创。

⑷《鲁诗堂谈往录》179、128页。参看176页：“吾家书板被视为弃物，用以爨炉取暖。枣梨木坚韧不易燃，秘书长王某且劈且詈。讫事，书板遂无孑遗。为文化之一劫。”罗继祖《大云书库藏书搜集、破坏、整理、归宿记略》（《社会科学战线》1986年第1期）亦云：“我家书板不少，到整理工作结束时只剩下两块。1951年文物保管委员会向市图书馆交割时，某领导人看到急忙捧在手里说：‘这是宋版啊！’我听了忍俊不禁！”亦见罗继祖《枫窗三录》387页、

《蜉寄留痕》236页。按近日得睹罗振玉《芒洛冢墓遗文》等书板若干，以及十数块吴玉搢《说文引经考》、陆耀遹《双白燕唱诗集》（参看罗氏《贻安堂书目》）书板。

⑸《鲁诗堂谈往录》129页。《大云书库藏书搜集、破坏、整理、归宿记略》：“东北文物处将一部分善本拔归辽宁省图书馆。”辽宁省图书馆2001年自罗振玉旧藏二百余部稿本抄本中选印三十八种《罗氏雪堂藏书遗珍》。

⑹《大云书库藏书、搜集、破坏、整理、归宿记略》。此言非虚。馆藏赵万里过录王国维批注之《湛然堂文集》，罗继祖所作标签为四册，而1957年夏编目即标残缺一册。《湛然堂文集》当是罗振玉、赵万里偕编王国维遗书留遗罗家者。大连图书馆尚有观堂之父迺誉手稿一卷；光绪二十一年王迺誉得萧云从长卷，遂“考识画录，自跋数通”。参看罗继祖《墐户录》92页。

⑺ 罗振玉《集蓼编》、萧文立等辑《罗振玉王国维往来书信》530页。参看王国维《观堂集林·库书楼记》，又《东山杂记》（《盛京时报》1913年7月31日、8月2日、8月8日）。

⑻《增订碑别字·雪堂校刊群书目录》。参看《罗振玉王国维往来书信》489面：“不若为人作嫁，转可将数十年辛苦贮蓄传之当世，否则数十年之闻见为徒然矣。”王国维《观堂集林·雪堂校刊群书叙录序》：“先生独以学术为性命，惟传古之是务。”《鲁诗堂谈往录》160页：“每得秘本，从不自秘，志在流通，不惜花很多钱去印行。”

⑼ 存世古籍亦以别集为夥。盖如唐顺之所谓：“达官贵人与中科第人稍有名目在世间，其死后则必有一部诗文刻集，如生而饭食、死而棺椁之不可缺。”（引自《管锥编增订》121页）

⑽《枣风花》：“风前美人对春语，冷烛飞花红附碧”，其弟朱畦以朱笔密圈，批曰：“写一碧字，幻至苌弘之血、湘妃之泪。野鬼紫魄，冷烛坠红，如许淋漓，江淹《恨赋》令人不知其意之所寄。”《拟古乐府赠徐六》之“兄心宛在胡，弟心宛在水。水深不

可居，日久当何如’，朱眭批：“山高水长，定使随波流上下求而不得归。”《上郑少尹京兆五百字》批：“殷盘周训，秦刻汉书，句句文从字顺，乃天籁，非人哦也。”

⑾ 雪堂门徒容庚《丛帖目序》亦云：“1931年会初钞得《鸣野山房帖目》稿本，喜其草创，然讹误满纸。每有所见，辄校改其上；于《帖目》未收者，成《校补》一卷。”

⑿ 跋文云：“《云东遗史年谱》稿本，光绪戊申得之嘉兴唐氏。不著撰人姓氏，中有‘铭彝按’云云，知为沈竹岑先生撰，以予所藏《李英公碑》册尾竹岑先生手跋校之，知即先生手稿也。编中前为年谱，后为世系表，再后为墓图，而附以《吊云东遗宅》诗。云东绘事精妙，上承仲圭，而与王孟端、夏仲昭雁行，为明中叶以前巨擘。此谱搜讨至详，然似尚为经写定者。竹岑先生字纪鸿，官教谕，以道光十七年卒。为张叔未先生姊夫，精于金石之学，李氏《金石学录》曾著其名，而不详其事实。爰书其概略于此。宣统元年甲寅五月，上虞罗振玉书于东山侨舍之大云书库。”两相比勘，可悟文法。

⒀ 参看《石语》（陈衍说，钱锺书记）：“陈田字松山，贵州人，官御史，家中堆床塞屋皆明人集。《明诗纪事》一书，盖罄一家之财力，聚一生之精神为之。余欲为《文士传》，记交游中学问博通而声名黯淡者，陈其一也。”

⒁ 按观罗振玉1920年11月1日与王国维书，谅不然矣：“松老所藏明人集三百种，已售于颂清兄。其中难得之集十居六七。此松老一生心血所利。分散可惜，何不劝蒋孟翁购之而以重复者归颂？若为售价计，则零售益有利。颂非书贾用心可比，故亦深愿归蒋也”；罗继祖识云：“贵阳陈氏所藏明人集先归金颂清，后始归日本文求堂。”（《罗振玉王国维往来书信》506页）参看1919年1月19日王国维致罗振玉函：“陈松老之《尔雅义疏》稿本，前日探蒋孟苹语气，似不能出重价。盖不知此书在学问上之价值也。”（见前书477页。478页之“郝氏”似为“陈氏”之笔误。又刘寅生等辑《王国维

全集·书信》326、423页。)

⒂ 罗继祖于1943年哀录罗振玉未刊题记成《大云书库藏书题识》一卷，咸略却文末之写作时间，并偶有修润。此处即将前“不知”删却，而改“等子目，此乃为”为“等十目，此以为”则无见其可。“此本乃”以后云云亦删略为“囊游广州得之南海孔氏”。

⒃ 罗振玉于日本访得王勃文古写残本四十五篇，中有佚文二十四篇，见今集之二十一篇亦手校异同，以三夕之力成《王子安集佚文》一卷、《王子安集校记》一卷。《王子安集注》即其工作底本也。作者乃其好友蒋黻之先人，封面罗振玉浓墨题记：“宣统戊午八月以日本正仓院古写本校于海东寓所之云窗。雪堂退余记。”复书淡墨小字三行。参看《罗振玉王国维往来书信》300、414、418页。

⒄《罗振玉王国维往来书信》662、307页。“热心”实犹苦心，固也。参看罗振玉《丙寅稿·蒿里遗文目录序》：“键户索居，如在墟墓，开编散帙，日对陈人。亦何异姜斋所谓活埋？不图于吾亲之！”又与罗振玉书（萧文立辑《永丰乡人家手书简留真》241页：“船山有活埋庵，我则埋忧无地，但有生葬书丛中耳！”）与缪荃孙书（《艺风堂友朋书札》1005页）：“方今甲子道消，动辄得咎，始知古人之乞活埋非无故也。”

⒅《罗振玉王国维往来书信》481页：“近始知中国近来亦但零星售书，绝不能有趸售之望，仍不如海东。如何如何。”487页：“此间售物，更难于东方十倍。”遂乃哀叹（82页）：“或将来但存孤本于他洲，亦未可知！”参看《王国维全集·书信》381页。

⒆ 参看《罗振玉王国维往来书信》373页：“《雪堂校刊群书叙录》用仿宋活字排印五百部，留纸板。”

⒇ 罗继祖《庭闻忆略》61、106、107页，《蜉寄留痕》195页。1975年冬余尝于大连古旧书店以一角之价购得罗振玉《毛郑诗斠议》一部。

（2003年5月）

千古巨制 文化渊薮

——兼文渊阁《四库全书》成书年代考

辛 欣

《四库全书》是我国历史上规模最宏大的一部官修综合性丛书。它汇集了清朝及清以前浩如烟海的古典文献，涵盖了博大精深的中华古代文化，被世人誉为“千古巨制，文化渊薮”。

魏晋南北朝时期，荀勖首创中国图书四部分类法。后经东晋李充修改，正式确立了甲、乙、丙、丁四部排列顺序。及至唐代魏徵修《隋书·经籍志》，将甲、乙、丙、丁四部命名为经、史、子、集，四部分类法由此走向成熟，成为中国古代图书分类的“永制”。《四库全书》中的“四库”之名，即源于四部分类法。《四库全书》修于清朝盛世乾隆年间，共成书七部，分藏于北京皇宫的文渊阁、北京圆明园的文源阁、承德避暑山庄的文津阁、东北盛京（今沈阳）的文溯阁、江苏扬州大观堂的文汇阁、镇江金山寺的文宗阁、杭州西湖圣因寺的文澜阁。经历近两百年的朝代更迭，《四库全书》命运多舛，或毁于战火，或流失他乡。至20世纪中叶，七阁藏书只剩文渊、文津、文溯、文澜四部。其中文渊阁藏书保存最为完整。辛亥革命清政府被推翻时，文渊阁《四库全书》被交至故宫博物院保管，自1933年国民党政府将其先后运到上海、重庆和南京，1948年又辗转至台湾，保存在台北的“故宫博物院”内。

《四库全书》的编纂缘于乾隆三十六年（1771），安徽学政朱筠受山东学者周永年《儒藏说》影响，上奏皇帝征集古书加以整理，妥善收藏。次年，乾隆皇帝采纳朱筠建议，下旨各地官员广泛收集前代遗书和本朝人著作，开设四库全书馆。乾隆三十八年（1773）《四库全书》编纂工作正式开始。编纂工作主要分为三部分：收集民间所藏书籍、金石、图谱，辑录《永乐大典》散篇；奉敕撰写新书。除此之外还对部分内府藏书进行整理誊抄。前两部分工作在四库馆刚开馆时即着手进行，据《大清高宗纯皇帝实录》记载，乾隆三十八年二月，皇帝下旨“军机大臣等议覆安徽学政朱筠条奏，搜集遗书事宜。汉唐遗书已少，辽宋金元之经文集及九流百家，子余史别，若无刊本，请购取官抄等语，应遵奉前旨，如系家藏未刊之书，缮录副本，将原本给还，仍令各省妥协搜采”。起初民间捐书的人数不多，有的顾虑捐出的书收不回来，有的担心所藏之书有悖朝廷，一旦捐出会祸及自身。乾隆皇帝发现这一问题后，多次下旨各地官吏妥善处理收书之事，抄录后要完整归还书主，并再三保证不会因书中有反朝廷的言论而惩治藏书人，同时朝廷还对踊跃捐书的人进行了褒奖。几年后，从民间搜集的书籍数以万计。四库馆的编缮人员根据内容将其整理、分类、誊抄。

在搜集民间藏书的同时，《四库全书》编纂的另一项工作也在进行，即辑录《永乐大典》一书。《永乐大典》是我国古代最大的百科全书，修于明朝永乐六年（1408），内容广泛，上至天文地理，下到医药农工，无所不包。据《大清高宗纯皇帝实录》记载，《永乐大典》原书共有二万二千九百余卷、一万一千零九十五册，其中有许多在当时已不多见的前朝古籍，若不及时辑录，恐怕以后会失传。因此乾隆皇帝下旨“请择其中若干部，分别缮写，以备著录”。对其中不常见的书“应捡派修书翰林，逐一查校。如有实无传本，而各门凑合尚可成书者，摘开书名，伏候训示”。后来乾隆皇帝又

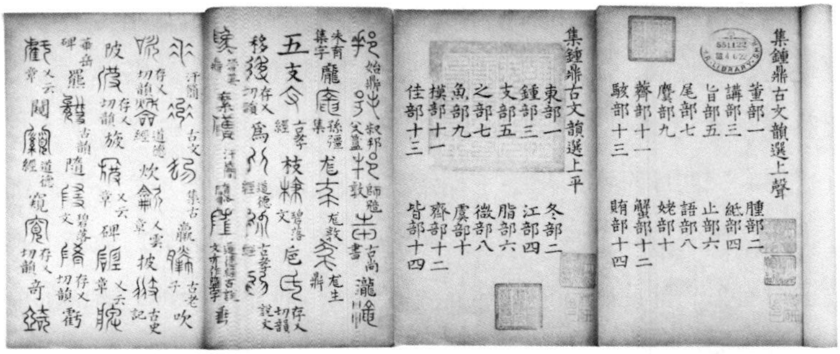

馆藏《集钟鼎古文韵选》，明抄本，四库底本

多次下旨，对《永乐大典》某些书的整理进行了具体批示。

《四库全书》编纂工作开始后的第二年，即乾隆三十九年（1774），乾隆皇帝考虑到全书修成后如何储藏的问题，派人前去江南考察，最后决定在北京皇宫中的文华殿后面，仿照江南范氏藏书楼“天一阁”的样式，建造书楼“文渊阁”，以存放《四库全书》，并亲作“文渊阁记”，以明其宏文之心志。一年后，文渊阁落成。经过八年的努力，乾隆四十六年（1781）十二月“四库馆办理《永乐大典》内散篇全数完竣”。乾隆四十七年（1782）正月，乾隆皇帝轮班设宴召见加封奖赏编纂《四库全书》有功人员。七月，《四库全书》总裁永瑢等人奏表乾隆皇帝，《四库全书》编修全部完成。是时《四库全书总目》和《四库全书简明目录》也告竣工。

由于文渊阁《四库全书》最初藏于宫中专供皇帝御览，其纸张质量和缮写水平较其他几阁藏书略胜一筹，加之后来保存完整，又多次有影印本出版，被研究我国古代文化的中外学者广泛利用，因此很久以来一直受到学术界的极大关注。一些学者根据研究提出，文渊阁《四库全书》是七阁藏书中成书最早的一部，修成于乾隆四十六年。笔者经过反复研究考证发现，这一提法并不确切，乾隆四十六年并非文渊阁《四库全书》的最后成书年代。

文渊阁《四库全书》分为经、史、子、集四部，共收载书籍三千四百余种。根据乾隆的旨意，在每种书籍编纂完成之后，总纂官要“撮举大旨，叙于卷首，以便观览”。这就是为后人所熟悉的四库全书“提要”。提要不仅说明书的内容大意、学术优劣，还要记录作者姓名和编纂时间。从《四库全书》总纂官纪昀等人撰写的附于每册书前的提要中发现，文渊阁《四库全书》所录书籍的编纂时间基本分为三个阶段：乾隆三十八年至四十六年；乾隆四十七年至五十四年（1789）；乾隆五十五年（1790）至嘉庆五年（1800）。

而永瑢等人奏表中提到的《四库全书》编修全部完成，其实是指第一部《四库全书》——文渊阁《四库全书》对民间藏书、内府藏书和《永乐大典》的整理缮写的第一阶段工作初步完成，不包括后来七八年间《四库全书》内容的增加抽改和更换。这一点，从此时告成的《四库全书总目》（又称《四库全书总目提要》，后经过修改于乾隆五十四年由武英殿刻板。以下简称总目）和后来文渊阁实际藏书种数与书目差异中可以证实。有一些书阁中有，《总目》中却没有；而另外一些书《总目》中有，阁中却找不到；还有一些书阁中有，《总目》中也有，但卷数编纂年代等著录却不尽相同。由此可见，永瑢等所谓告成的《四库全书》并非我们今天所见的《四库全书》。

上文提到《四库全书》编纂工作的第三部分是奉敕编写新书。在整理民间藏书和辑录《永乐大典》的同时，乾隆皇帝还不断下旨编纂当朝新书，录入《四库全书》，以垂永久。如《历代名臣奏议》、《钦定大清一统志》等。由于这些书是在四库馆开馆后才着手编纂的，所以成书时间较晚，大多竣工于乾隆四十七年至五十四年，加之民间藏书的进一步收录，据笔者统计，文渊阁这期间修成的书共有一百零三种。其中经部二十一种：乾隆四十七年修的《大戴礼记》、《续吕氏家塾读书记》、《论语意原》；乾隆四十九年（1784）修的

《夏氏尚书详解》、《易原》、《吴园周易解》、《温公易说》、《仪礼图》、《公是七经小传》、《左传杜解补正》、《高氏春秋集注》、《春秋释例》、《春秋考》、《孙氏春秋经解》；乾隆五十年（1785）修的《合订删补大易集义粹言》；乾隆五十一年（1786）修的《乐律全书》；乾隆五十三年（1788）修的《春秋集传释义大成》；乾隆五十四年修的《钦定诗经乐谱全书》、《石鼓论语答问》、《钦定翻译五经四书》、《尚书表注》。史部二十六种：乾隆四十九年修的《钦定河源纪略》、《钦定热河志》、《御选明臣奏议》、《钦定重订契丹国志》、《钦定重订大金国志》、《辽史》、《金史》、《前汉书》《旧五代史》、《日下旧闻考》；乾隆五十年修的《御定资治通鉴纲目三编》；乾隆五十四年修的《平定两金川方略》、《皇清开国方略》、《明史》、《元史》、《钦定辽金元三史国语解》、《钦定兰州纪略》、《钦定石峰堡纪略》、《钦定蒙古源流》、《钦定胜朝殉节诸臣录》、《钦定宗室王公功绩表传》、《钦定大清一统志》、《尚史》、《钦定续通志》、《钦定盛京通志》、《钦定历代职官表》。子部二十五种：乾隆四十七年修的《天经或问前

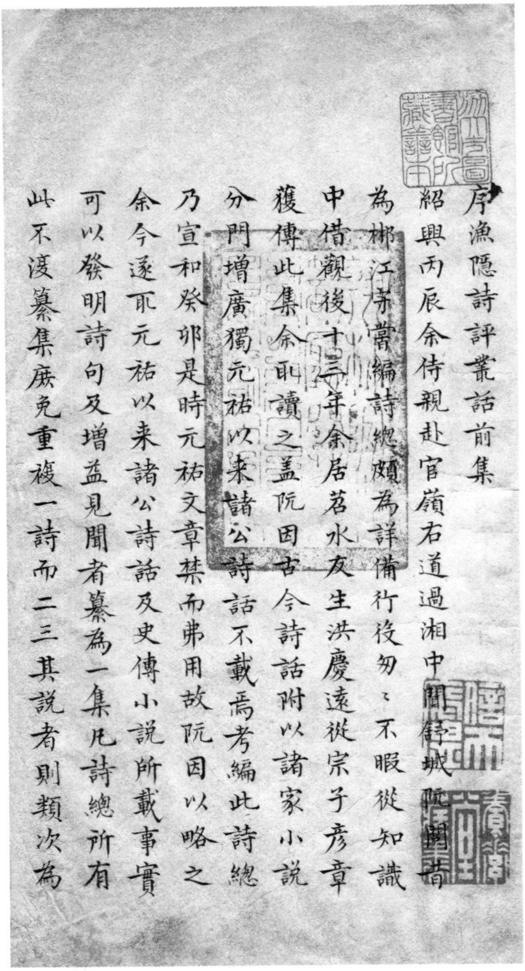
序漁隱詩評叢話前集
紹興丙辰余侍親赴官嶺右道過湘中聞舒城阮閱昔
為郴江守嘗編詩總頗為詳備行役匆匆不暇從知識
中借觀後十三年余居苕水友生洪慶遠從宗子彥章
獲傳此集余取讀之蓋阮因古今詩話附以諸家小說
分門增廣獨元祐以來諸公詩話不載焉考編此詩總
乃宣和癸卯是時元祐文章禁而弗用故阮因以略之
余今遂取元祐以來諸公詩話及史傳小說所載事實
可以發明詩句及增益見聞者纂為一集凡詩總所有
此不復纂集庶免重複一詩而二三其說者則類次為

馆藏《苕溪渔隐丛话》，清抄本，四库底本

集》、《天步真原》、《天学会通》、《海岛算经》、《御定佩文斋广群芳谱》、《刍言》、《公孙龙子》、《关尹子》；乾隆四十九年修的《御制历象考成》上编下编、《九章算术》、《数学九章》、《宝真斋法书赞》、《正杨》、《唐语林》；乾隆五十年修的《宋稗类钞》；乾隆五十一年修的《春斋夜话》、《帝王经世图谱》、《初学记》、《金漳兰谱》、《芦浦笔记》、《秘殿珠林》、《林泉高致集》；乾隆五十二年（1787）修的《钦定钱录》；乾隆五十三年修的《宣德鼎彝谱》；乾隆五十四年修的《琴谱合壁》。集部三十一种：乾隆四十七年修的《少墟集》、《文溪集》、《蒙斋集》、《浮沚集》、《浮溪集》、《陶山集》、《李太白集分类补注》；乾隆四十八年（1783）修的《昌谷集外集附李长吉小传》；乾隆四十九年修的《九家集注杜诗》。《钦定补绘萧云从离骚全图》、《于清端政书》、《祠部集》、《景文集》、《元宪集》、《忠肃集》、《净德集》、《彭城集》、《柯山集》、《止堂集》、《西台集》、《乾道稿淳熙稿章泉稿》、《周髀算经音义》、《南涧甲乙稿》、《牧庵集》、《山谷内集诗注》；乾隆五十四年修的《松泉集》、《公是集》、《象山集目录外集附语录》、《吴文正集》、《钦定千叟宴诗》、《御定千叟宴诗》。

由上面所列书目可以看出，乾隆四十六年并非文渊阁《四库全书》最后成书年代。在此后八年的时间内，文渊阁藏书数量又有很大程度的增加。另外在这期间内乾隆皇帝还多次下令，对文渊阁中乾隆四十六年以前已经编纂完成的书籍进行彻底检查，删除了李清《诸史同异录》、周亮工《读画录》、潘柽章《国史考异》、吴其贞《书画记》等十一种对朝庭“恶毒攻击”的书籍。对其他有抄写错误或触犯忌讳词句的书籍，也进行了不同程度的挖改更换和重订。

然而，乾隆五十四年也不是文渊阁《四库全书》的最后完成时间。在文渊阁《四库全书》所收书籍中，还有一种是《御制诗文集》，书中辑录了乾隆皇帝从乾隆元年（1736）至六十四年即嘉庆四年（1799）所作的诗文。其中最后一首诗为“已未元旦”，是乾隆皇帝八十九岁那年元旦所作。朱珪等人在编辑《御制诗文集》时写道“嘉庆五年夏，上恭辑高宗纯皇帝圣制诗文，自再丙辰暨已未正月之作，敬遵先志编为御制诗文余集，越秋告成”。至此，历经二十七年的文渊阁《四库全书》编纂工作才算全部完成。

两百多年来，为完善《四库全书》，众多文人志士历尽艰辛，努力搜集其未收、禁毁及存目之书。清嘉庆初年，阮元购得《四库》未收之书一百七十五种，并撰成《四库未收书目提要》进呈内府，首开《四库》研究之路，尔后代有学人为之奋斗。围绕《四库全书》及其《总目》，有的搜集禁毁、未收之书，有的探讨其版本，有的订其讹误，有的述其征集而纂修成册，产生了许多关于四库文化研究的专著与辞典：清姚觐元编《清代禁毁书目》，近人孙殿起辑《清代禁书知见录》，吴慰祖校订《四库采进书目》，余嘉锡撰《四库提要辨证》，胡玉缙撰、王欣夫辑《四库全书总目提要补正》，栾贵明辑《四库辑本别集拾遗》，郭伯恭撰《四库全

馆藏《伐檀斋集》，清康熙刻本，四库底本

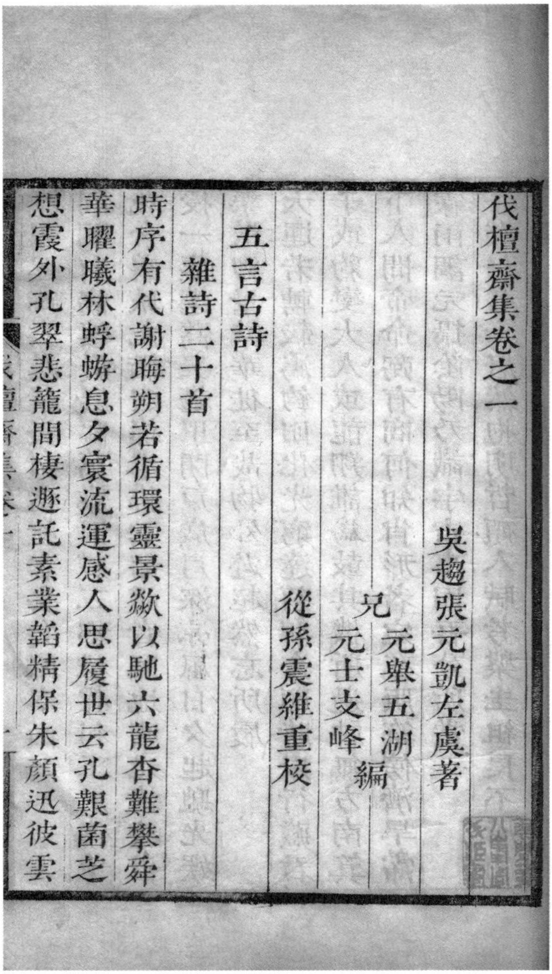
伐檀齋集卷之一
吳趨張元凱左虞著
兄元舉五湖 元士支峰編
從孫震維重校
五言古詩
雜詩二十首
時序有代謝晦朔若循環靈景欻以馳六龍杳難攀舜
華曜曦林蜉蝣息夕寰流運感人思履世云孔艱菌芝
想霞外孔翠悲籠間棲遯託素業韜精保朱顏迅彼雲

书纂修考》，黄爱平、杨家骆编《四库全书纂修研究》和《四库大辞典》，李学勤、吕文郁主编《四库大辞典》等。据《全国报刊索引》统计，新中国成立以来至2000年，在一百二十四种刊物上共发表关于 《四库全书》的研究论文一百九十三篇。

由于《四库全书》对学术研究的重要价值，中华人民共和国成立前，出版机构曾先后四次计划影印，但均未能实现。1983年台湾商务印书馆将文渊阁《四库全书》影印出版，十六开本大小，共有一千五百册，每册平均八百多页，分总目提要五册，简明目录册 经部二百三十六册，史部四百五十二册，集部四百三十五册，《四库全书考证》三册，索引一册。1987年，上海古籍出版社据台湾影印本重新订正影印，精装一千五百册（本文参照版本），并于2003年再版。

馆藏《历代地理指掌图》，明刻本，四库底本

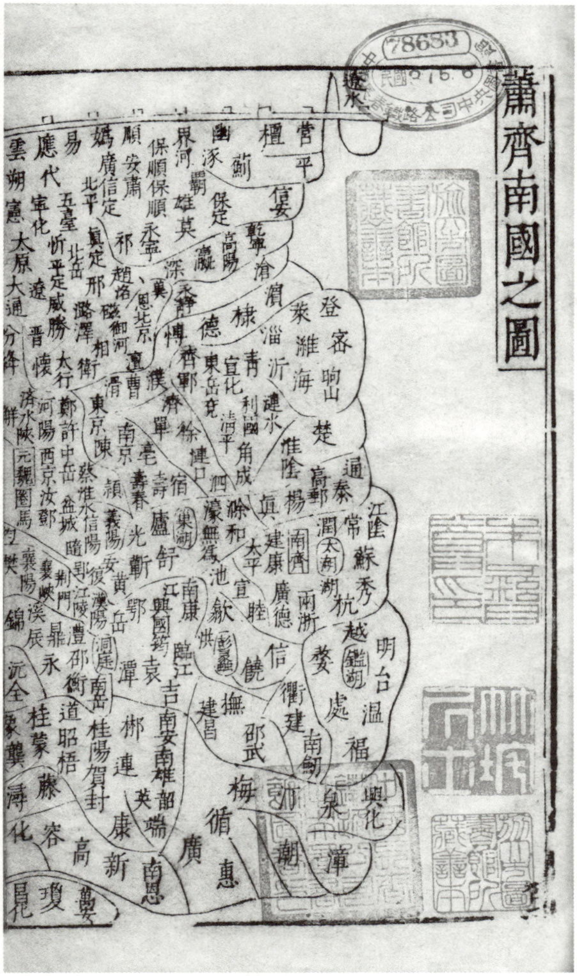

1999年春，《文渊阁四库全书》电子版（原文与标题检索版）由香港迪志文化出版公司与上海人民出版社联合出版，在保持原书真迹的基础上，将书中一切具有检索意义的书名、作者、类目、标题乃至全文中的字、词、句全部数字化，同时还挂接了扩充的《中华古汉语词典》、《四库大辞典》、《四库全书简明目录》等电子工具书。一部

电子《四库全书》只需手提箱大小的机箱（百G硬盘）即进行存储、检索（单项、多项信息组配），极大地扩展了学者研究的广度与深度。

上世纪九十年代以来，随着国家对文化事业投入力度的加大，先后启动了三项以《四库全书》为主题的传统文化建设工程，即《续修四库全书》、《四库全书存目丛书》、《四库禁毁书丛刊》等。1993年12月，海南大学举办了“中国首届四库全书学术研讨会”，同时宣布成立“海南大学《四库全书》研究中心”。1998年6月，天津图书馆成立了“四库文献中心”，同时，该馆主办的《图书馆工作与研究》还专门开辟了“四库学研究”专栏；同年，台湾淡江大学与故宫博物院联合举办了“两岸四库学——第一届中国文献学术研讨会”。这一系列举措，为《四库全书》的研究提供了更广阔的研究领域，众多的《四库全书》研究者以新视角和新理念施之于古老的《四库全书》，突破了传统的研究框架，开辟了研究的新领域。

大连图书馆藏有两套完整的《四库全书》，为上海古籍出版社1987年和2003年影印文渊阁本；并藏有1997年吉林人民出版社影印的《四库全书荟要》一套，1996年上海古籍出版社影印《续修四库全书》一套，1997年齐鲁书社影印的《四库全书存目丛书》一套，1996年齐鲁书社影印《续修四库全书总目提要》一套。

《四库全书荟要》为乾隆三十八年下诏纂修，选择《四库全书》中重要书籍抄录而成，凡四百三十六种，二万零二百二十八卷，一万一千一百七十八册。乾隆四十三年（1778）第一部《荟要》抄成，藏于坤宁宫摛藻堂；四十五年第二部抄成，藏于圆明园的长春园味腴书室。咸丰十年（1860）英法联军攻入北京，味腴书室《荟要》与文渊阁《四库全书》同时罹难。摛藻堂《荟要》现存台湾，由台湾世界书局1985～1988年影印出版。由于《荟要》编成较早，故较《四库全书》别有特色。

《续修四库全书》由顾廷龙担任主编，是中华人民共和国成立以来编纂规模最大的一部丛书，收书五千四百种，一千八百册。此书既收录了乾隆以前有价值的而未被《四库全书》所收的著述，又系统辑集了乾隆以后至民国元年各类有代表性的学术著作，规模种数是《四库全书》的一倍半，所收各书均由当代学者站在当今学术发展水平上撰写提要。

《四库全书存目丛书》由季羡林担任总编纂，是一部规模较大的丛书，共收古代典籍四千余种，六万余卷，计一千二百册。《丛书》是新中国“抢救保存古代典籍，弘扬中华优秀文化”的一次成功典范。由近百位北京大学、中国社会科学院、中华书局与各系统图书馆等单位和港台地区、日、美等国的专家学者协力编纂。所收文献多为宋、元、明、清各级善本，其中三成为孤本。

《续修四库全书总目提要》由中国科学院图书馆整理，收录书籍的范围是：一、《四库全书总目提要》虽已收录，但已被篡改、删削过甚或版本不佳的书籍；二、修改阮元的《四库未收书目提要》；三、《四库全书总目提要》遗漏之书；四、乾隆以后的著作和辑佚书籍；五、禁毁书和佛、道藏中的重要书籍；六、词曲、小说及方志等类书籍；七、敦煌遗书；八、外国人用汉文撰写的书籍。所据之图书来自北京各大图书馆以及国内外其他私人藏书、日本内阁文库及敦煌所藏遗书等。

（2007年12月）

馆藏满语满学图书撮要

薛莲

概况

大连图书馆藏古旧籍满文文献丰富，有图书、内府档案、舆图、碑刻拓片等。其中的满语、满学图书既有1911年前出版的线装古籍，又有1949年以前国内外出版的各种版式的旧籍。这部分藏书为“满铁资料”的一部分，即满铁大连图书馆和满铁奉天图书馆的旧藏，满铁的藏书印清楚地标明每部书的入藏时间。《全国满文图书资料联合目录》收录大连馆藏满文图书280余种，2520余册；《大连图书馆藏少数民族古籍图书综录》收录满文图书411种，3179册。但从目前情况看，以往整理还不够全面，特别是以日文编著的满语、满学图书不包括在内。现在经过整理，统计出满语、满学图书共440余种，3300余册。其中满汉文合璧256种，满文125种，满蒙汉文合璧35种，满蒙文合璧5种，满朝文1种，满藏汉文2种，满蒙藏文1种，梵藏满汉文1种，汉满蒙日文1种，汉女真日文1种，满蒙藏汉文4种，满蒙藏维汉文1种，日汉满文3种，满日2种，日文5种等。从内容上看，涵盖语言文字、历史地理、政治法律、文学、哲学、伦理、文教体育、宗教、军事、天文历法等各方面，而且同一种书往往有多个版本，比较珍稀。

珍稀本满文图书提要与考证

大连图书馆藏孤本满文图书120多种，下面介绍其中几种：

一、《御制五体清文鉴三十二卷附补编四卷》

满汉蒙藏维合璧，三十六册，线装，民国影印本，页面高28厘米，宽14.5厘米，版框高19厘米，宽10.8厘米，白口，四周单边，半叶4行，小字双行，版心依次为满文书名、类目，汉文类目、页码；钤“中国长春铁路公司中央图书馆 民国37.5.17”朱文椭圆印、“中国长春铁路公司中央图书馆图书印”朱文方印和大连图书馆藏书印，每册末页又钤油印字“东洋文库殿寄赠”朱文方印。“中国长春铁路公司中央图书馆”是抗日战争胜利后，苏军接管“满铁大连图书馆”的称谓，直至1950年12月由旅大市人民政府接管，遂名为“旅大图书馆”。二战后期，各种原因致使满铁大连图书馆有大批图书包括相当数量的古籍没有分编，战后仍有个别日籍馆员被留用，整理各种图书资料。椭圆形为满铁藏书印的风格，“东洋文库殿寄赠”是满铁藏书印记，因此可以断定这部书仍为“满铁”藏书的一部分。

《御制清文鉴》始编于康熙十二年（1673），历经三十五年，康熙四十七年（1708）完成并刊印。后来，以此为基础增补成《御制增订清文鉴》，于乾隆三十八年（1773）编定，将原有词汇译为汉文，并附有满文对音，以及满文的汉字切音。《御制满珠蒙古汉字三合切音清文鉴》则是乾隆四十四年（1779）敕撰，乾隆五十七年（1792）校刊发行。《御制四体清文鉴》与《御制五体清文鉴》的编纂时间现在尚无定论，但最晚至乾隆四十二年（1777），《御制四体清文鉴》与《御制五体清文鉴》都已在编纂当中，而后者是在前者的编写过程中，奉旨增加维吾尔文及其满文注音，并在原藏文下添注两种注音而成。《御制满珠蒙古汉字三合切音清文鉴》、《御制四体清文鉴》、《御制五体清文鉴》的增修，使《清文鉴》系列臻于完善，堪称“康乾盛世”之作。

《御制五体清文鉴》的成书时间约为乾隆五十六年（1791），早于《御制四体清文鉴》的乾隆五十九年（1794）。现在看，它是一系列《清文鉴》中最具语言学价值和文物价值的一部：以阿里噶里字（一种蒙文注音系统）和满文字母为藏文注音，并加维吾尔（回）文及其满文注音而成五体，特别是维吾尔文为今日少见之古字。其成书之后并无刊本大量发行，文物价值颇高。从留存至今的清宫档案看，当时只有三部抄本：中国第一历史档案馆藏宫中档簿载，乾隆五十五年（1790）至五十六年（1791）间，懋勤殿收存两部；辽宁省档案馆藏盛京内务府档案载，盛京（今沈阳）故宫收存一部。从《全国满文图书资料联合目录》看，国内现仅存有两部抄本，一部藏故宫博物院，另一部藏雍和宫。《世界满文文献目录初编》载 日本东洋文库藏一套四函三十六册，但无其他版本项著录。日本著名学者、“近代日本汉学第一人”的内藤湖南于1912年曾到沈阳故宫的翔凤阁，在秘密状态下以十天的时间，拍摄了整部《御制五体清文鉴》，共计2600页5300多张照片；内藤湖南还提及，“听说百鸟库吉博士曾经在法国巴黎见过同样的本子，如果果真与我们拍摄的这本相同的话，那么，也许是英法联

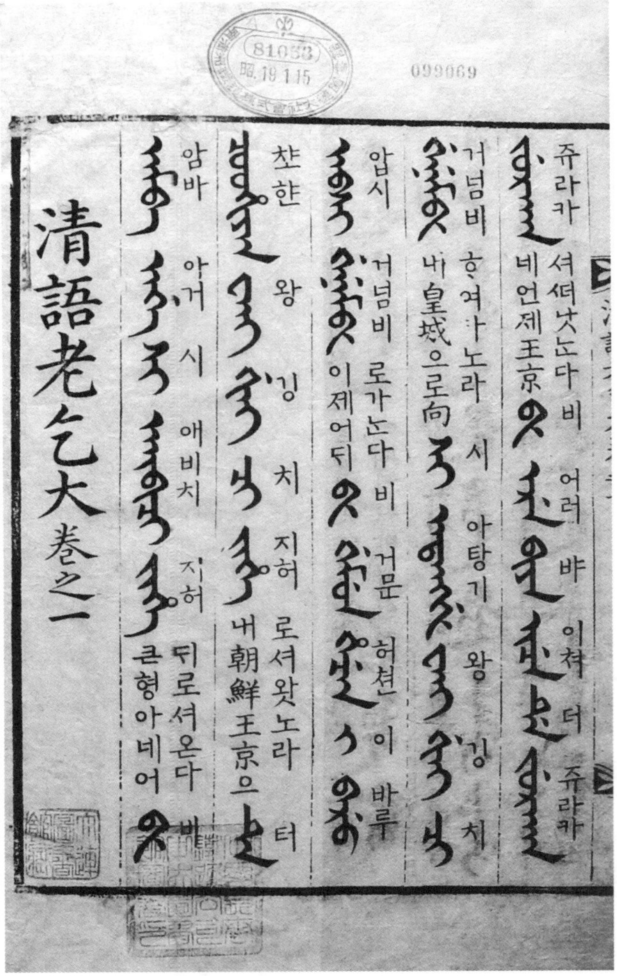

馆藏《清语老乞大》，
乾隆三十年朝鲜刊本

军侵入圆明园时掠得的”。值得一提的是，曾存于沈阳故宫的一部现不知所归。

大连馆藏的这套影印本不见各家书目著录，从印记看，来自日本东洋文库，但底本为三部抄本中的哪一种，底本来源、影印时间等则有待于进一步考证。

二、《清语老乞大》

满朝合璧，存一册（卷一，原书目录卡片著录“七册全”），线装，乾隆三十年（1765）箕营（平壤）刊本。为典型的朝鲜刊本：白口，四周单边，半叶6行，满文单行，朝鲜文双行，行字不等，版心依次为单花纹鱼尾（四片两两相对、向中心倾斜的阴文叶式图形，有别于中国古籍中的花鱼尾），汉文书名、卷次、页码，单花纹鱼尾；开本宽大，页面高33.2厘米，宽21.9厘米，版框高25.5厘米，宽19.3厘米；纸质为高丽皮纸，纸纹清晰，色白而有韧性。钤“南满洲铁道株式会社大连图书馆 昭9.1.15”朱文椭圆印，“中国长春铁路公司中央图书馆图书印”朱文方印及大连图书馆藏书印。卷一末有乙酉年（乾隆三十年）年洪启禧汉文《清语老乞大新释序》。

《清语老乞大》是朝鲜（高丽、朝鲜王朝）编写、刊行的满朝文双语教材，为当时朝鲜人学习满语（时称清语）口语时所用。采用朝文为满文注音、朝文意译的形式刊印，是稀见的朝语、满语合璧本古籍。韩国成百仁等认为，“老乞大”是“老汉儿”的意思。《老乞大》最初用汉文写成，是朝鲜培训官方译员的汉文口语教科书，出版年代及题目不详，但推测是产生于高丽王朝。讲述的是一个朝鲜商人往来北京和韩国王京之间的各种经历，以对话形式出现，内容十分贴近现实。后来在朝鲜被译成《蒙语老乞大》、《清语老乞大》、《倭语老乞大》（但《倭语老乞大》今已不存在）。第一个手写本的《满语老乞大》据说是一个朝鲜人翻译的，他在仁祖十四年（1636）

丙子之役后返回朝鲜。1684年被汇编成《新翻老乞大八卷》，1703年木版刊刻出版。但这两个本子久已失传。目前流传的1765年的本子《新译清语老乞大八卷》是在1703年的基础上修订而成。目前此书仅存英国大英图书馆、巴黎的国立东方语言学校图书馆（Biblioch de I'Ecole Nationale des Langues Orientales Vivantes）、日本的驹泽大学（Komazawa）图书馆，而巴黎的一套为影印本。直到现在《清语老乞大》对满语研究及满语对话教学仍十分重要，因为1684年的新版《新翻老乞大》和1703年现已不存在的木版是现知的最早的满语对话教课书。中国台湾地区庄吉发于1976年曾将其译成汉语，日本津曲敏郎则于1977、1978年将其译成日语。

大连图书馆藏虽为残卷，但仍有版本和史料价值。

三、《仁宗睿皇帝大事档案不分卷》

满汉合璧，二十册，内府朱格精抄本。页面高30厘米，宽26厘米，版框高22.5厘米，宽17.8厘米；半叶10行，汉文行21字，小字双行，满文行字不等；版心有单红鱼尾；有大连图书馆藏书印；封

题为《世态炎凉》的馆藏满文清抄本《金瓶梅》

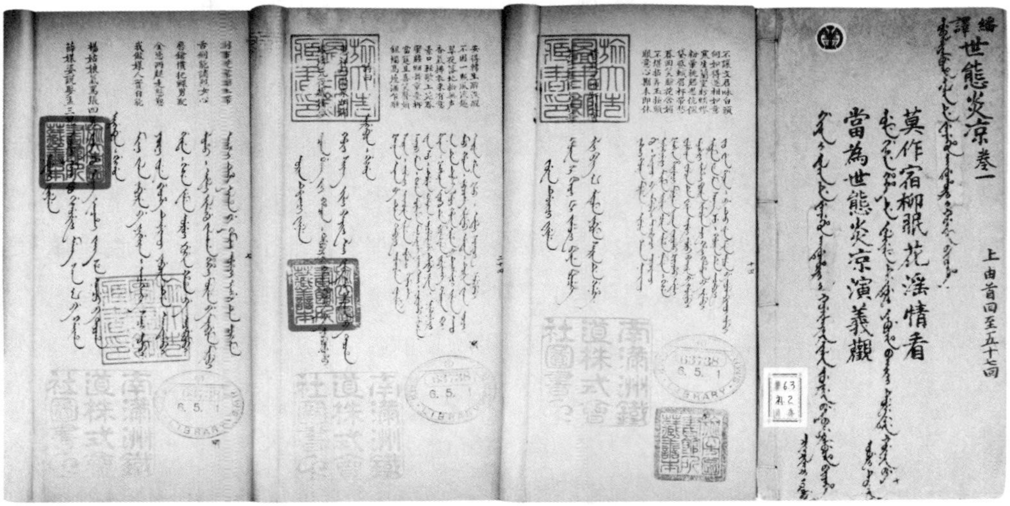

面书签为黄绫墨笔题“仁宗睿皇帝大事档案”。包括堂谕一册，汉文；上传三册，其中满文一册，汉文二册；来文七册，其中汉文六册，满文一册；仪注二册，满汉合璧；奏销四册，其中满汉合璧二册，汉文二册；尊封事宜二册，满汉合璧；杂项一册，满汉合璧。

记事起于嘉庆二十五年（1820）七月二十六日，止于道光元年（1821）七月十一日。这期间正值嘉庆帝七月二十五日驾崩，宫廷内外举办丧事、道光帝继位等重大事件发生，如仪注二册，记载有“礼部奏为大行皇帝大事治丧成服仪注事”、“礼部奏为大行皇帝遗诏到京王大臣等在午门听宣仪注事”、“内府等衙门奏为大行皇帝梓宫由热河奉移一切仪注事”、“礼部为奉移大行皇帝梓宫回京仪注事”、“本府奏为八月二十七日皇上登极是日在皇太后前行礼仪注事”、礼部具奏治丧事宜等，“礼部具奏大行皇帝尊谥颁发诏书仪注事”、“礼部奏为仁宗睿皇帝初周年大祭皇上行礼仪注事”、“礼部奏为仁宗睿皇帝初周年大祭皇太后行礼仪注事”等，对清史研究具有一定的史料价值。此书不见其他书目收录。

四、《新约全书》两部

满文，一册，精装，铅印本，版式为“中西合璧”：页面高23.2厘米，宽15.3厘米，厚度为4.1厘米；版框高16.9厘米，宽13.9厘米；四周双边，半叶13行，行字不等，版心依次为满文“enduringge ewanggelium”（拉丁字转写，下同）和汉文页码；虽非筒子叶而是单页，但按筒子叶计页数（即两面为一页）；全书共分八章节，各章页数分别是63、39、68、53、69、86、72和66页；无版权页。书名页印满文“ice hese”；钤“南满洲铁道株式会社大连图书馆 昭.11.12.11”（另一册钤“南满洲铁道株式会社大连图书馆 昭17.2.18”）朱文椭圆印、“南满洲铁道株式会社图书印”朱文方印和大连图书馆藏书印。从钤印看，其入藏时间是1936年和1942年。

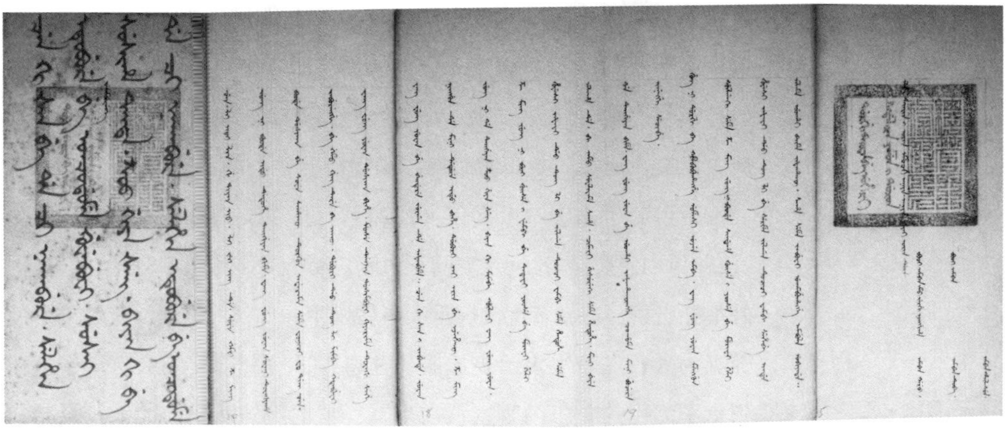

馆藏康熙二十一年满文清内务府档案

满文《新约全书》是历史上第一部铅印的满文图书，传世稀少，大连馆藏不见各种满文书目收录。

日本渡部薰太郎1932年曾对日本“天理图书馆藏”《满洲语新约全书》（著录规格为25×17×9）做了提要：1822年，俄国人**ステファン·リポウゾフ**（即Stepan Lipovtsov——作者注）译完“马太传”的最初七章。1823年，“马太传”印刷五百五十部。1825年《新约》全部译完，俄国没有出版。1833年，**ノールウイチイ**的**ポウロウ**（即George Borrow——作者注）为印刷此《新约》，被聘到俄国首都圣彼得堡。1835年（一说1836年）印刷一千部满文《新约全书》，此满译文《新约全书》的二百部航运上海，途经爪哇，发生海难，二百部《新约全书》一卷未留，全部丢失。现今印刷的任何一种文字的《圣经》，都是章节分列，而满译《新约全书》却有章无节，只分二十七卷为八部，每一部分页数大致相同，推想可能是为了印刷便利。

而据韩国金东昭考证，铅印本满文《新约全书》只一个版本，即上文提到日本“天理图书馆藏”藏《满洲语新约全书》，由S.V. Lipovtsov于1825年翻译成满文，1835年在St. Petersburg出版。目前此书在英国大英图书馆（The British Library）藏五部，“大英圣书公会”（The British and Foreign Bible Society即BFBS）藏三部，伦敦的“印度图书档案局”（India Office Library and Records）藏一部。苏联（原文如此——作者注）科学院亚细亚民族研究所（Instituta Narodov Azii Akademiya Nauk SSSR）收藏1部（1864年被收集），著录为八卷，每卷的页数分别为61页、37页、57页、40页、52页、60页、130页和50页，每页记有12行满文，大小为30×18和24×13两种。

中国学者肖玉秋指出，“最早将东正教书籍译成中华语言的是第八届传教士团学生利波夫措夫，他在1794年至1808年间就完成了《新约》的满文翻译”，“利波夫措夫的满文译本没有得到俄国圣务院的批准，被英国圣经公会拿去出版。天主教传教士在其东北的教会学校中使用利波夫措夫的译本做神学教材，并用它在满人中传教布道”，并指出，其翻译满文《新约》的目的是“维持雅克萨战俘及后代的东正教信仰”。

中国社会科学院文献情报中心编《俄苏中国学手册》对利波夫措夫（1770～1841 Л и п о в ц о в　С т е п а н　В а с и л ь е в и ч）生平和译著有更为详细的介绍：“俄国科学院通讯院士，著名满学家。出生于萨马尔省利波夫卡村。1783年入喀山传教士学校学习，1794～1807年为俄国东正教驻北京第八届传教士团学员，1808年任亚洲司满汉语译员至去世。主要译著：《明史》（译稿）、《科学院图书馆馆藏中日文书目》（与П.卡缅斯基合编，为俄国第三部中国书目）、《关于土尔扈特迁往俄国及从俄国逃回准噶尔的经过》（译自琦善原著）、《新约》（满译本，部分，1822年）、《向中国皇帝进贡的各民族介绍》（手稿）、《中华帝国大事简记》、《拉丁语汉语辞典》（手稿，有三种）、《满汉俄语辞典》（手稿）、

《满文识字课本》（石印，1839年）。”

以上是各国学考对铅印本满文《新约全书》的考证，根据各国藏品现有的版本著录可知，大连馆藏不同于日本和苏联，而日本和苏联的版本也有所不同，其渊源关系如何？现版归何处？有待于今后继续考证。俄国译者有手稿《拉丁语汉语辞典》留存于世，那么满文《新约全书》或译自拉丁文？这些问题也需有关专家、学者进一步深入研究。对铅印本满文《新约全书》的版本源流及其流传过程做深入的探讨，相信对19世纪基督教在中国清朝的传播和影响、对满文的研究都具有一定的现实意义。

五、《新刻清书全集不分卷》

满汉合璧，五册，清康熙三十八年（1699）听松楼刻本。白口，四周双边，书名页镌满汉文“新刻清书全集”、“听松楼藏本”，钤“听松楼”朱文方印和饰以花草图案的朱文圆印。其特殊处在于第二、三、四、五册为两节版，中间以三条细栏线隔开。一部书有两种版式，两节版的三条细栏线设计都比较独特，为中文古籍中所不多见。

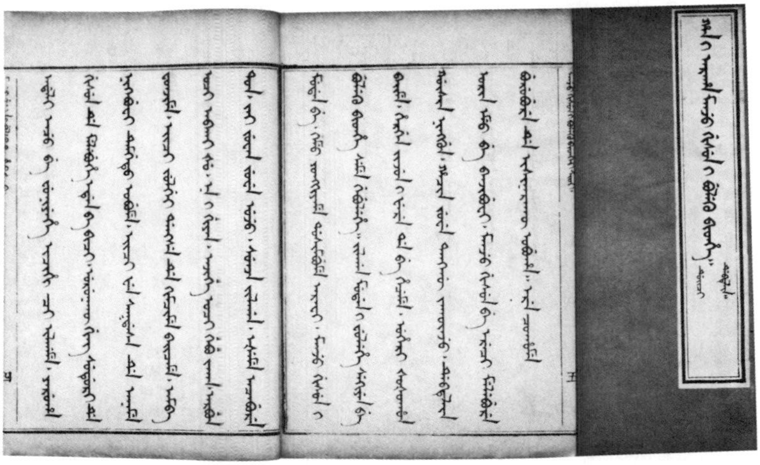

馆藏《御制清文鉴》，康熙四十七年刻本

六、《四书集注十九卷》

满汉合璧，十四册，道光十八年（1838）京都琉璃厂炳蔚堂朱氏刻本。白口，四周双边，半叶12行，行字不等。版心依次为汉文书名，单黑鱼尾，汉文页码。书名页镌“四书集注”、“满汉字合璧”、“京都琉璃厂炳蔚堂朱氏藏板 道光戊戌秋月重刊校对无讹”、“每部纹银肆两整”。十分牌记中直接标明书价的满文古籍图书。

七、《满洲姓氏世居谱不分卷》

满汉合璧，五册，抄本。各册首页钤“纳哈塔氏” 朱文椭圆印，“孤鸿和尚”朱文方印，《高丽姓氏》册封皮钤“吟秋山馆”朱文长方印，函套内侧有“银壹两”印记。此部书为抄本，“银壹两”盖是函套价格。

日文编著的满语、满学图书提要

日文编著的满语、满学图书大连馆藏数量虽然不多，只有十二种，二十一册，但特点鲜明。日本在19世纪末至20世纪30年代，拥有一批老一辈的满学满语研究者，其中的羽田亨和渡部薰太郎的著作，大连馆就有收藏。仅大阪外国语学校讲师渡部薰太郎的论著就有六种十册，几乎涵盖了其一生关于满语、满学的重要著述。这部分图书的装帧形式可谓“中西结合”，一般是油印或铅印本，有筒子叶，有线装，也有洋装、精装。

一、《满语文典》

（日）渡部薰太郎编著，满日合璧，一册，线装，大正七年（1918）间岛满语学丛书发行会油印本。筒子叶，无边栏，半叶行、字不等，版心有汉文页码。封面墨笔题“满语学丛书第一辑 满语文典完”，书名页印满文书名“manjurame kooli”，“满语学丛书发行会”；朱笔题“著者谨呈”。钤“S.M.R. · LIBRARY · S.M.R.

9.4.25”蓝文椭圆印、“南满洲铁道株式会社图书印”朱文方印及大连图书馆藏书印。卷前有大正七年《满语学丛书发刊之辞》，同年薰风《绪言》。卷末版权页印“大正七年六月二十八日发行”，“编辑兼发行者 支那间岛龙井村 渡部薰太郎”。

渡部薰太郎（1861～1936），19世纪末至20世纪30年代日本著名的满学满语研究者。早年学习英语，后来沉湎于满语、女真语的研究，并致力于整理编纂出版这方面的图书资料。这部书是他亲笔题名赠送给满铁大连图书馆的，也是其出版的第一部论著。《绪言》中言及“从编辑、印刷到装订过程，乃自己完成”、“以誊写版印刷本书，作为满语读本之第一卷”。

二、《满洲语图书目录》两部

（日）渡部薰太郎编，汉日合璧，一册，大正十四年（1925）大阪东洋学会铅印本。钤“S.M.R. · LIBRARY · S.M.R. 2.10.11”蓝文椭圆印、“南满洲铁道株式会社图书印”朱文方印及大连图书馆藏书印。封面题“大正十四年三月十五日”、“亚细亚研究第三号”“大阪东洋学会”，书名页题“大阪外国语学校讲师渡部薰太郎编”、“满洲语图书目录”、“大阪东洋学会刊行”。前有《清汉元音字典》和《御制性理精义序文》两部书的书影，大正十四年编者绪言。“目录目次”将所收满文书分为“言语部（二十七种）”、“政治部（六种）”、“道德部（二十种）”、“宗教部（四种）”、“哲学部（三种）”、“历史部（三种）”、“文集部（三种）”、“稗史小说部（六种）”、“兵法部（一种）”、“天文部（一种）”等十类。正文以汉文（少数以日文）列书名，以日文做提要，满文书目以日文标注读音，而不写满文。

三、《（增订）满洲语图书目录》两部

（日）渡部薰太郎编，汉日合璧，一册，昭和七年（1932）大阪

馆藏《御制五体清文鉴》，清乾隆五十六年刻本

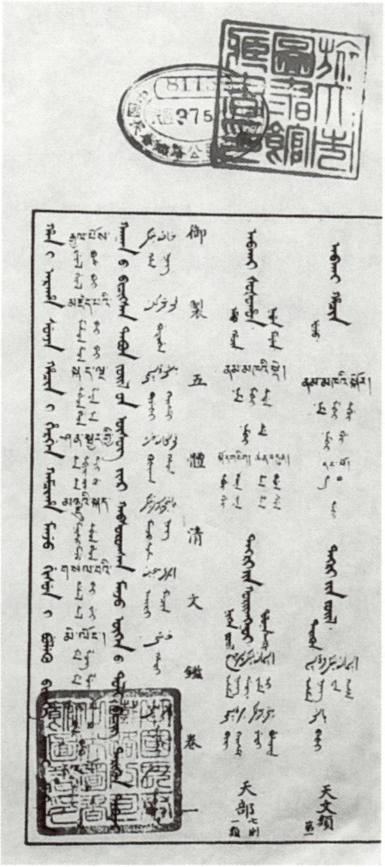

东洋学会铅印本。钤“大连图书馆 7.10.19”蓝文椭圆印、钢笔书写“大阪东洋学会寄赠”蓝文方印及大连图书馆藏书印。封面题“昭和七年十月二十日”、“亚细亚研究第三号”、“大阪东洋学会”，书名页题“大阪外国语学校讲师渡部薰太郎编”、“增订满洲语图书目录”、“大阪东洋学会刊行”。卷前有《御制四体清文鉴·卷十三·人部·四》和《西游记·第十四回·六贼无从心猿归正》的书影，汉文“奉呈文”及编者昭和七年九月“满洲国承认の日”的序。

渡部薰太郎序中称，此目录包含大阪外国语学校的满文图书一百二十八种，满铁奉天医科大学预科教授ダブルユー·フックス氏1931年的满文书目三十六种，ビ·ヅ·フヲン·メーレンドルフ氏1890年的满文书目二百四十九种，アレサンダ·ワイリ氏1855年的满文书目五十九种，合计四百七十二种，除去重复有三百七十种。正文编排体例同上。

需要注意的是卷首的“奉呈文”。该文是1932年大阪东洋学会拜谒“满洲国执政溥仪大人阁下”奉呈的。读其文，则日本帝国主义

扶持溥仪伪满政权、吞并我国东北的野心昭然若揭；其竭力搜集、刊行满文文献的目的，亦溢于言表。

四、《满洲语缀字全书》

（日）渡部薰太郎编，汉日满合璧，一册，精装，昭和五年（1930）大阪东洋学会油印本。筒子叶，版心有汉文页码。钤“S.M.R.·LIBRARY·S.M.R. 5.6.23”蓝文椭圆印、“南满洲铁道株式会社图书印”朱文方印及大连图书馆藏书印；卷端钤“大阪东洋学会（钢笔书写——作者注）寄赠”蓝文方印。卷前有女真人和契丹人画像各一张。卷末题“昭和五年三月十日”、“亚细亚研究第九号”、“大阪外国语学校讲师渡部薰太郎编辑”、“满洲语缀字全书”、“大阪东洋学会”。

五、《新编金史名辞解》两部

（日）渡部薰太郎编，汉满蒙日合璧，一册，昭和五年（1930）大阪东洋学会油印本。筒子叶，半叶13行，行字不等。钤“S.M.R. LIBRARY S.M.R. 昭.7.3.5”蓝文椭圆印、“南满洲铁道株式会社图书印”朱文方印、“渡部薰太郎（钢笔题——作者注）寄赠”蓝文方印和大连图书馆藏书印。封面题“大阪外国语学校讲师渡部薰太郎著”、“新编金史名辞解”、“大阪东洋学会发行”。卷前有女真人画像一张，题字为女真文，背面是日文的女真文字说明，昭和五年“大阪东洋学会长”中目觉序和著者识。正文先列出金史中的汉文词汇、其在原书（《金史》）中的卷次和页码，然后注明其所属类别如“人”、“地”、“姓”等，再说明其来源（蒙语或满语），译出其对应的汉语，以拉丁文标注读音，最后以日文做解释。

六、《女真语ノ新研究》两部

（日）渡部薰太郎编，汉女真日合璧，一册，昭和十年（1935）大阪东洋学会油印本。筒子叶，版心有页码。钤“南满洲铁道株式

会社大连图书馆 假受 昭.11.3.18”朱文椭圆印（另一册钤“南满洲铁道株式会社大连图书馆 假受 昭.10.4.12”蓝文椭圆印），“南满洲铁道株式会社图书印”朱文方印。书名页题“昭和十年一月二十日”、“亚细亚研究第十二号”、“大阪外国语学校讲师渡部薰太郎著”、“女真语ノ新研究”、“大阪东洋学会”。卷前有昭和十年著者序文，“目次”则列出全书的三个部分：类集女真译语、（语头画引）女真语汇和译语丛谈。

“类集女真译语”将所列词汇按“天文部”、“地理部”、“时令部”、“花木部”等十七个部分类，正文先是汉文词汇，女真语的汉文读音，女真语的拉丁字读音，最后以日文解释其意义。在解释中将部分女真语与满语和汉语做比较说明。“女真语汇”部分的女真语词汇是以汉文标注其读音，然后是对应的汉语词汇。“译语丛谈” 阐述了女真族、女真人和女真语的历史，将新旧女真语进行详细比较，又与满语、汉语进行了比较。

这是渡部薰太郎生前出版的最后一部著述，第二年即1936年，渡部薰太郎故去。

七、《（正训）东洋史地人名日汉满同文辞林》

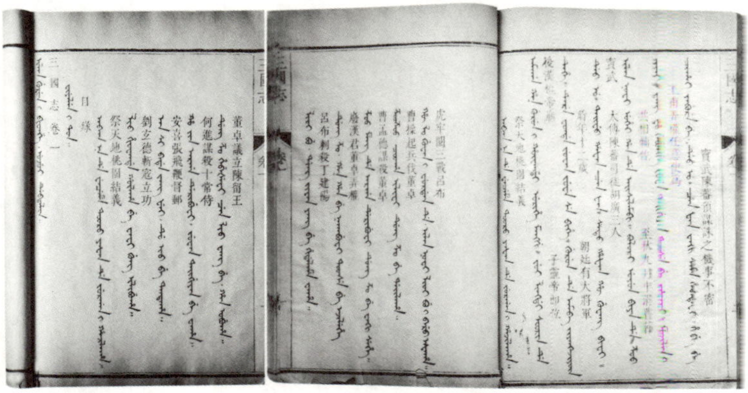

馆藏满汉合璧《三国志》，清顺治刻本

（日）小山爱司编著，日汉满合璧，二册，线装，昭和九年（1934）东京中央学会油印本。筒子叶，无边栏，半叶9行，行字不等，版心依次为汉文中国朝代（从三皇、五帝至清代）、汉文页码。钤“南满洲铁道株式会社大连图书馆 昭.10.7.26”朱文椭圆印、“南满洲铁道株式会社图书印”朱文方印及大连图书馆藏书印。书名页题日汉满文“小山爱司编著”、“上卷 人名之部”、“正训东洋史地人名日汉满同文辞林”、“东京”、“中央学会版藏有”。卷前有昭和七年（1932）“官房总务课长、书记官”横沟光晖序、昭和九年“内阁官房记录课长、内阁书记官”川岛孝彦序，昭和九年著者序文。卷末版权页题“昭和九年七月一日发行”，钤“中央学会”朱文方印；下卷为“地名之部”。正文每行以日、汉、满的顺序行文，按中国朝代顺序编写，正文后是附录和字表。

八、《满和辞典》

（日）羽田亨编，满日合璧，一册，精装，昭和十二年（1937）京都帝国大学满蒙调查会铅印本。封面印满文书名“满和辞典”、“文学博士”、“昭和十二年十二月”、“京都帝国大学满蒙调查会刊”，钤“南满洲铁道株式会社大连图书馆 昭.13.2.1”朱文椭圆印、“南满洲铁道株式会社图书印”朱文方印及大连图书馆藏书印。卷前有昭和十二年“京都帝国大学东洋史研究室羽田亨”序。

羽田亨（1882～1955），日本历史学家。曾从事调查研究中国敦煌文献，被称为日本研究西域文化史“权威”。著有《西域文明史概论》、《西域文化史》、《羽田博士史学论文集》。

九、《满蒙言语の系统》

（日）石滨纯太郎著，日文，一册，精装，昭和九年岩波书店铅印本。封面题“岩波讲座 东洋思潮（东洋言语の系统）”、“满蒙言语の系统”、“石滨纯太郎”、“岩波书店”，钤“南满洲铁道株式会社大连图书馆 昭.9.11.22”蓝文椭圆印，“南满洲铁道株式会社图书印”朱文方印及大连图书馆藏书印。封底版权页题“昭和九年十月十五日发行”、“岩波讲座 东洋思潮 第五回本”，“发行所 （东京）岩波书店”。全书分四个部分：“满蒙言语”、“アルタイ语”、“蒙古语”、“满洲语”。

石滨纯太郎（1888～1968），日本东方学会会员，中国古代史、西域史和中国少数民族语学研究家。曾随内藤湖南往欧洲调查敦煌文献及东方学研究状况，后主要从事回鹘、西夏等民族语言佛典的研究工作。上世纪五六十年，组织西域文化研究会，整理以“大谷文书”为中心的敦煌吐鲁番资料，完成《西域文化研究》全六册的编辑和部分撰稿工作，著有《东洋学之话》、《支那学论考》等。近年来，我国又有学者提出“敦煌学”一词首先由石滨纯太郎创用。

十、《满洲语のほなし》（《满洲语的传说》）两部

（日）今西龙著，日文，一册，精装，昭和六年（1931）双色打印本。卷端题“青邱说丛卷二 昭和六年一月”、“满洲语のほなし”、“今西龙”，钤“南满洲铁道株式会社大连图书馆 假受 昭.18.12.21”朱文椭圆印、“南满洲铁道株式会社图书印”朱文方印及大连图书馆藏书印。书中论述了满语的发展历史。

十一、《满洲语史》四部

（俄）イ·ザハノロヮ（伊·扎哈罗夫——音译，作者注）著，（日）布村一夫译，日文，一册，昭和十八年（1943）满铁调查部铅印本。封面题“满铁调查月报别刷第八十三号”、“昭和十八年二月号（第二十三卷第二号）拔刷”、“满洲语史”、“满铁调查部”，钤“南满洲铁道株式会社大连图书馆 假受 昭.18.5.11”朱文椭圆印、“南满洲铁道株式会社图书印”朱文方印、“编纂殿寄赠”朱文方印及大连图书馆藏书印。卷端题“イ·ザハノロヮ”、“布村

一夫译”。

十二、《满洲语と汉语を混用したる歌本“吃螃蟹”》（《满汉合璧的歌本“吃螃蟹”》）两部

（朝鲜）金九经编著，汉满日合璧，一册，满铁奉天图书馆铅印本。封面题“奉天图书馆丛刊第二十一册”、“满洲语と汉语を混用したる歌本‘吃螃蟹’”、“金九经”；钤“南满洲铁道株式会社大连图书馆 假受 昭.10.11.12”朱文椭圆印，“南满洲铁道株式会社图书印”朱文方印及大连图书馆藏书印。此文曾在《满蒙》第十六卷第九号第222–242页（大连，1935）上发表（大连馆有藏），单行本则较为少见。

金九经，字明常，朝鲜鸡林人。毕业于日本京都帝国大学，曾在创立之初的京城（今韩国首都首尔）帝国大学图书馆工作。民国十九年、二十年曾在北大国文系讲授“中日韩字音沿革比较研究”课。与魏建功交善，与鲁迅、胡适等中国学者、文人有交往。后客居沈阳，刊印古籍史料。

关于“歌本吃螃蟹”，郑振铎先生曾以“二酉”署名，在1947年9月26日的《华北日报》副刊《俗文学》发表《“螃蟹段”满汉兼子弟书跋》一文，对此进行了考证和研究。

“满汉歌本吃螃蟹”的研究，至今对中国俗文学研究仍具有一定的意义，对满族文学和满语研究也具有一定的价值。

（2006年11月）

馆藏类书管窥

王连君

我馆馆藏中文社科文献检索参考书，洋洋大观，初步统计已达一千三百余部。内容丰富，门类齐全，为从事文献检索、解答咨询、学术研究，提供了可能和保证。在这些参考书中，尤以馆藏类书别具一格，成为馆藏大花园里的一朵奇葩。

系统完整，版刻年代早

由于类书或辑典故史实、名物制度，或征文章词赋、骈词俪句，材料丰富，旁征博引，包括一至数个领域，这一独特性，导致类书内容的繁芜，也给馆藏增加了难度。任何遗失、缺藏现象，都会使馆藏价值黯然失色。在我馆馆藏的近二百种类书中，有国善四十余种，馆善三十余种，普通古籍一百余种。这些藏书，除由于历史原因缺藏外（如《永乐大典》、《新编群书类要事林广记》等），虽经历了“文革”洗劫，仍大多保存完好，这是极为难得的。这些类书中，四十余种国善本璀璨夺目；明刻本《客窗余录诗林玉屑二十二卷》系明代王光裕辑，孙履恒、罗秀士注，是一部咏诗、著文的明代文人学士案头必备书，我馆所藏乃全国唯一的孤本，连北图那样的大馆也不见藏；《册符元龟一二卷》系宋景德二年（1005）王钦若奉真宗之命撰修的，其辑上古至五代君臣事迹，言简意赅，文笔甚佳，更是全国仅存的明抄本；明抄本《古今事类四十九种》为明穆胤辑；明抄本《喻林五十卷》

为明保元太辑自《永乐大典》六百八十三、六百八十四两卷，皆系全国孤本，价值连城，是国之瑰宝。复值赘述的是《永乐大典》，这部先后动用两千余人、总字数约二亿七千多字的巨书，成书在明永乐年间，世称“永乐本”；明世宗时，为方便检阅，复重录一套，人称“嘉靖副本”；共分装一万一千零九十五册，可谓“毋厌浩繁”。这样一部“前无古人”的珍宝，1900年八国联军入侵北京时，竟被充作堡垒、马槽，损失殆尽。幸存者多流落外人之手。我馆原藏五十五册，后流入苏联，20世纪50年代始归还中国。其他类书《原始秘书十卷》，明朱权辑，明万卷楼刻本；《刘氏类山十卷》，明刘胤张辑，万历三十年刻本；《海录碎事二十二卷》，宋叶廷圭辑，明卓显卿刻本；这些类书在国内的藏本也是寥若晨星。刻工精致的《刘氏鸿书一百八卷》、《经济类编目一百卷》、《图书编一百二十卷》、图文并茂的《三才图会一百六卷》实为难能可贵之珍藏。

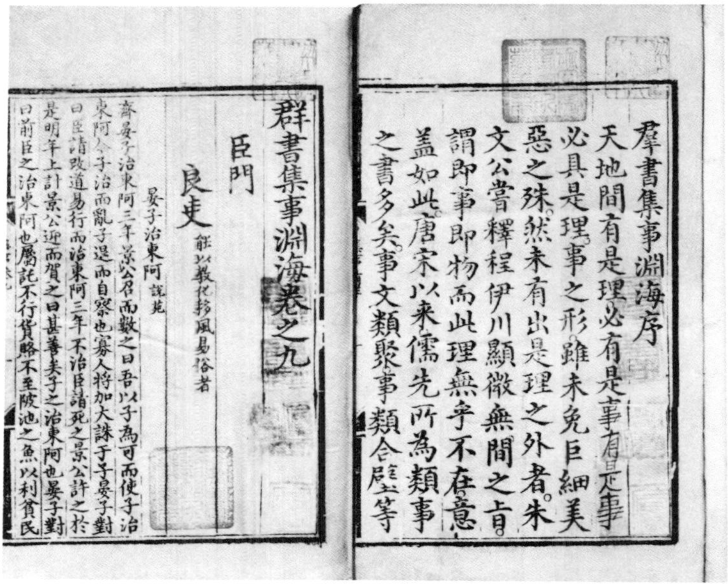
羣書集事淵海序
天地間有是理必有是事有是事
必具是理事之形雖未免巨細美
惡之殊然未有出是理之外者朱
文公嘗釋程伊川顯微無間之旨
謂即事即物而此理無乎不在意
蓋如此唐宋以來儒先所為類事
之書多矣事文類聚事類合璧等

群書集事淵海卷之九
臣門
良吏 能以教化移風易俗者
晏子治東阿 說苑
齊晏子治東阿三年景公召而數之曰吾以子為可而使子治
東阿今子治而亂子退而自察也寡人將加大誅于子晏子對
曰臣請改道易行而治東阿三年不治臣請死之景公許之於
是明年上計景公迎而賀之曰甚善矣子之治東阿也晏子對
曰前臣之治東阿也屬託不行貨賂不至陂池之魚以利貧民

馆藏《群书集事渊海》，明弘治十八年刻本

功用齐全，纵跨历史年代久远

唐虞世南编撰的《北堂书抄》，是我国现存的最早一部类书，全书分帝王、后妃、政术、刑法等十九部，八百五十二类。我馆的光绪十四年（1888）藏本，虽然算不得什么珍本，但它载记的隋以前的一些可贵资料，对我们今天辑佚古书、校勘史籍、研究历史，具有相当重要的作用。纵观我馆馆藏类书全貌，既保存了唐、宋、元、明、清各个历史时期类书的代表作和鸿篇巨制，又有一些中、小型类书。被称为唐代“四大类书”之一的《初学记三十卷》系浙江长兴人徐坚奉唐玄宗之命，于开元十三年（725）编成，其编辑体系采取先事后文法，即在岁时、地、州郡等二十三部下，分若干子目。前面是叙事，如地部“淮”目下，引《释名》、《水经注》、《山海经》等古籍中有关记述，佐以其事。然后“事对”，如“二山”对“三洲”，“奥府”对“都市”等，下标出处，末接诗文。我馆的明嘉靖晋府虚益堂刻本，不仅反映出其编辑体例上比《北唐书抄》的不标出处有长足的进步，而且可依此校阅今本。加之我馆收藏的中华书局影印本《艺文类聚》，这样，唐“四大类书”，我馆就藏有三部，可谓美哉。可惜的是《唐宋白孔六帖一百卷》仅存其日两卷，实为憾事。我馆存藏的宋代类书代表作有皇朝类苑七十八卷，系宋代江少虞编撰，清宣统三年（1911）武进董氏刻本。此书上至祖宗圣训，下至占相医药、书画艺伎，北宋的社会各阶层遗文佚事，阅此可知大概。《山堂群书考索》前集六十六卷、后集六十五卷、别集二十五卷，系宋章如愚辑，明刻本，杂撰经、史、子、集为一门，既长于汉治制度叙述，考据又颇有所得。《新编古今事文类聚》前集六十卷、后集五十卷、续集二十八卷、别集三十二卷，系祝穆等辑，明万历刻本，依唐类书体例，自上古至宋代，各循世次，分

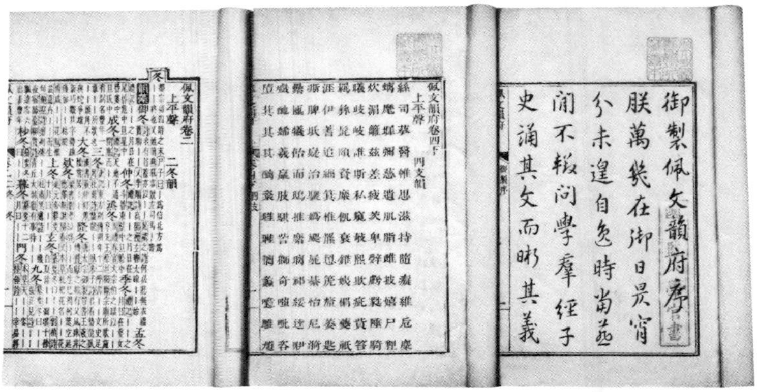

馆藏《佩文韵府》，清康熙五十年内府刻本

门编例，共计七十部，八百八十五目，恢弘巨大。凡此还有《册府元龟一千卷》、《玉海二百卷》、《太平御览一千卷》、《海录碎事二十二卷》、《新編簪缨必用增补秘籍新书十三卷》、别集三卷，令人咋舌。明清二代类书代表作及次代表作有：《唐类函二百卷》、《骈字类编》、《佩文韵府》、《天中记六十卷》、《潜确居类书一百二十卷》、《群书集事渊海四十七卷》、《读书纪数略五十四卷》、《类林新咏三十六卷》、《增定雅俗稽言四十卷》等四十余部。而卷帙累万、巨细无遗的集大成者《古今图书集成一万卷》令人叹为观止。此书分六汇编，三十二典，六千六百零九部。每部按材料分“汇考”、“总论”、“纪事”、“列传”、“艺文”、“造句”、“杂录”、“外编”等项，功能多，查找十分方便。且加收以往类书不见经传的人物传记资料，使资料性、实用性更强。其丰富的花草树木、鸟虫鱼兽、器物用具、楼台亭阁、名山大川、省府县治附图十分珍贵。如果说《永乐大典》是“前无古人”的，那么可以说《古今图书集成一万卷》其辑录的资料无论在质量上还是时空跨度上将是空前的。由此可观，我馆馆藏类书既内在地演进出自身发展的脉络，又外在地支撑起中国文化的框架，是研究书史的直接参照物。它们的功用类型可归纳如下：

一、专科性的。这一类类书用途单一，一般以诗、词、赋为主，如《骈字类编二百四十卷》、《冯山阁辑纂诗林切玉八卷》、《应试唐诗类释十九卷》、《佩文韵府》、《客窗录余诗林玉屑二十二卷》等。

二、综合性的。这一部分类书包罗万象，融天文、地理、人文为一炉，如《太平御览》、《三才图会》、《古今图书集成》、《广博物志》、《八编类纂》、《北堂书抄》等。

三、史实性的。侧重以历史事实为收罗范畴，如《山堂考索》、《册府元龟》、《二十四史九通汉典类要合编》、《玉海》、《新编事文类聚翰墨大全》等。这些功用殊异、体系不一、纵横交织的类书，是我们研究汉典、社会、民情、乡俗的基础，是开启中国文化的钥匙。

在馆藏类书中，还有两个值得重视的现象。一是存有近二十种满汉合璧对照本，它们的部头虽然不大，但可以说又为馆藏增色一笔。如《大清全书十四卷》、《清文典要四卷》、《三合便览》、《清文汇书十三卷》等。二是出现了由日本学人辑、总、刻的类书，如《蒙求详说十六卷》，系遁庵宇辑，日本天和三年（1683）刻本、《十七史蒙求十六卷》系由冈崎元轨训点，其他还有《蒙求三卷》、《续蒙求校本三卷》等。它们或承继中国类书分类体系，或在此基础上进一步标注加工，但都反映中国类书对日本学人的影响及中日文化的血缘嬗递关系，引人注目。

馆藏类书，从上面的文字介绍可窥一斑见全豹。在存藏的数量上，只有北图可与之媲美，但现在仍存在开放度和使用率问题，这是要我们努力的，也是笔者的本意。

（2002年）

另一种目光的回望

——西方人眼中的清朝映像

翟艳芳

大连市从建市开始，很长时间一直是一个遭受殖民统治的城市。1895年的甲午战争中国战败，最初的割地赔款条约就割让了旅顺、大连。后来三国干涉还辽，大连又落入沙俄手中。1905年日俄战争中沙俄战败，日本人又开始占领旅顺、大连。一直到1945年日本战败、大连解放，日本人前后统治大连长达四十年。

为了实现对日俄战争中攫取的既得利益的经营，1906年，日本政府成立了南满洲铁道株式会社（以下简称“满铁”），以行使对长春到大连铁路及铁路沿线所谓附属地的行政权力。满铁名义上是经营铁路，实质上涉及诸多领域，如煤矿、化工、炼油、港口等，是日本推行其大陆政策的桥头堡。满铁成立后，出于为殖民统治提供参考文献的目的，1907年设立了满铁调查部资料室——今天大连图书馆的前身，1918年正式命名为“满铁图书馆”，1922年改称“满铁大连图书馆”，经费由会社直接拨款。主要任务是用所藏图书配合当时的形势，“广泛搜集古今中外的图书资料，供给会社业务的参考”。因此，日本人把从中国各地搜集的有关“东西关系”的贵重西文图书都集中到满铁大连图书馆。

正是由于大连这座城市的特殊经历，使得在特殊环境下建立起来的大连图书馆具有一些特殊馆藏，形成了几个系统完整、特点明显的特色文库，如犹太文库、满蒙文库、远东文库等。其中“远东文库”是原满铁大连图书馆收集的由外国人撰写的、以描述中国为主、包括其他远东地区（朝鲜、韩国、日本以及俄罗斯的太平洋沿岸地区）的书籍。

根据满铁大连图书馆馆刊《书香》的记载和原满铁馆员大谷武男的回忆，1932年国际联盟曾派员来东北调查“九一八”事件，为做好接待工作，满铁大连图书馆举办了为期三天的书展，展出的主要就是明末清初欧洲传教士所著的关于中国的书籍二百余种。由此可见满铁大连图书馆对于这些藏书是颇为自豪的。尤其是在1943年初，满铁根据当时的形势将满铁所属的东北三大图书馆即哈尔滨图书馆、奉天图书馆、大连图书馆的馆藏进行了调整。大连图书馆被定为“东西关系、学术综合专门图书馆”。可以说，16世纪以来西方人关于中国的政治、宗教、军事及社会等重要出版文献，日本人都尽可能地搜罗并存放在满铁大连图书馆了。但随着日本人在亚洲战场上节节败退，在满铁大连图书馆工作的日本人也没有心思整理分编这些图书，只留下了两千余张著录不甚完整的目录卡片。这些图书也就一直沉睡在满铁大连图书馆的书库中，几乎无人利用。

远东文库收书五千余种，共七千余册，包含二十七个文种。其中英文书籍数量最多，约占四分之三，其余为法、德、俄、日、荷兰、拉丁、意大利、西班牙等文种书籍。

盛世修史。2002年8月启动的清史纂修工程是我国新世纪标志性的文化工程，初步定于2012年完成。完成后的清史的主体部分将分九十二卷，三千多万字，以通纪、典志、传记、史表、图录五大部分构成总体框架。2005年，大连图书馆通过国家清史编纂委员会的考核，参加了国家清史纂修工程图片征集项目工作，《图录·大连图书馆藏清代图录集》获得立项（项目编号：20051032050312）。笔者有幸成为项目组成员，并主要承担大连图书馆藏“满铁远东文库”

西文藏书中反映清代历史的图片资料的整理及著录等工作。

的确，编纂清史除了要利用我们自身的中文文献资料外，还要利用西方人撰写的大量的有关中国的书籍。清史编委会委员、北京大学教授任继愈认为：“编清史有比前人难度大的地方。我们不仅要搜集中国史料，也要搜集外国史料。这是有别于过去二十四史的。要达到世界水平，不是关起门来写自己。”自17世纪以来，尤其是1840年鸦片战争清朝国门被西方的坚船利炮强行打开后，西方的传教士、商人、外交家、探险家、科学考察队、军队便逐渐开始渗入中国的内地，东方古国的一切使他们感到惊奇。这些来华的外国人士回国后，或者就在中国（特别是香港和澳门），大都会将他们在华所见所闻写成书籍（出使报告、信件、游记、考察记、考古报告等）。这些书籍的内容涉及中国的政治、经济、历史、文化、教育、宗教、民俗以及各个社会阶层的方方面面，书中的图片资料极其庞大。这些书数量浩瀚，目前积存在世界各国的图书馆、档案馆、博物馆或私人手中，成为了解清代尤其是清朝末年珍贵的历史资料。但许多这样的书至今仍被束之高阁，难得有人问津，笔者有幸借此图录项目之机翻阅了大连图书馆藏“远东文库”的书籍，它们从不同的角度生动而直观地记录了中国清朝尤其是鸦片战争后的那段历史。现试举几例：

George Earnest Morrison，An Australian in China

澳大利亚籍记者乔治·厄内斯特·莫理循（1862～1920）所著的《一个澳大利亚人在中国》，作为游记，主要描述作者从上海启程沿长江经汉口穿过四川、云南两省到缅甸的所见所闻。该书1895年在英国伦敦出版，共299页，配有31张照片和1张作者在中国的游历路线图。

莫理循曾经就学于墨尔本大学和爱丁堡大学，1887年获得医学博士学位和正式医师资格，到过亚洲、欧洲、非洲、南北美洲、大洋洲的许多国家和地区。1894年，他以一个旅游爱好者和探险家的身份初次游历中国南方。在书的封二即是作者和他雇佣的中国仆人在云南的合影。照片上的莫理循入乡随俗，按照中国人的装束，穿长袍着马褂，头上拖着一条假发辫，戴着瓜皮帽。“莫理循”这几个汉字是1894年他在自己的中国护照上使用的中文名字（在书的第八页即配有护照照片）。这是因为凡是来中国的西方旅行者无论他们是传教士、商人或其他人，来到中国后都必须从他们本国设在中国开放口岸的领事馆里获取一个登记证明以及允许他们到内地旅行的护照，以便在旅行时能受到当地中国官员的保护。我们可以从护照上清楚地看到这样的字眼：“应请大清各处地方文武员弁验照放行务须随时保卫以礼相待经过关津局卡幸勿留难拦阻”。由于这种护照是给中国人看的，所以要求西方人最好能起一个跟自己名字发音相近的中文名字。“莫理循”这个名字以后一直沿用着，中国政府对他的称谓也以这三个字为准。

莫理循在书中记述了大量人物，既有官僚阶层洋务派代表人之一张之洞，亦有市井乡民及在华传教士和商人。同时还以文配图，为我们展示了清末社会的生动场景和那些街头巷尾里传统的市井风情，如普通中国女子的装束打扮（第十四页照片）、

莫理循的护照

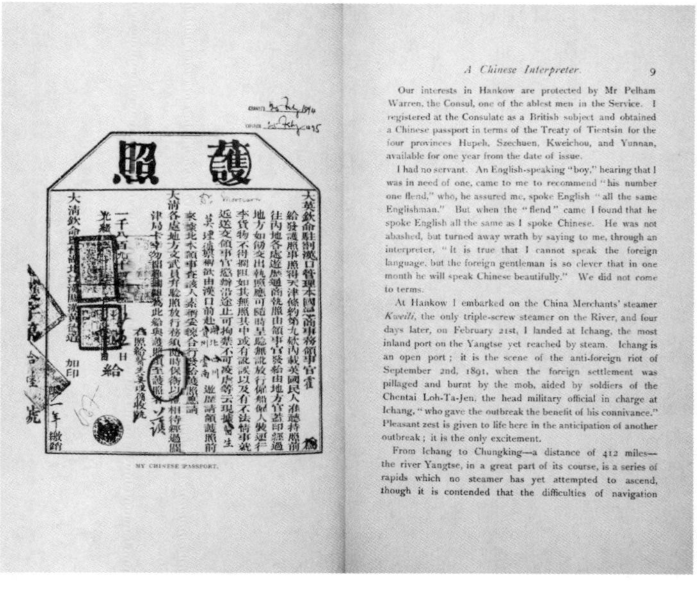
護照

MY CHINESE PASSPORT.

A Chinese Interpreter. 9

Our interests in Hankow are protected by Mr Pelham Warren, the Consul, one of the ablest men in the Service. I registered at the Consulate as a British subject and obtained a Chinese passport in terms of the Treaty of Tientsin for the four provinces Hupeh, Szechuen, Kweichou, and Yunnan, available for one year from the date of issue.

I had no servant. An English-speaking "boy," hearing that I was in need of one, came to me to recommend "his number one flend," who, he assured me, spoke English "all the same Englishman." But when the "flend" came I found that he spoke English all the same as I spoke Chinese. He was not abashed, but turned away wrath by saying to me, through an interpreter, "It is true that I cannot speak the foreign language, but the foreign gentleman is so clever that in one month he will speak Chinese beautifully." We did not come to terms.

At Hankow I embarked on the China Merchants' steamer *Kweili*, the only triple-screw steamer on the River, and four days later, on February 21st, I landed at Ichang, the most inland port on the Yangtse yet reached by steam. Ichang is an open port; it is the scene of the anti-foreign riot of September 2nd, 1891, when the foreign settlement was pillaged and burnt by the mob, aided by soldiers of the Chentai Loh-Ta-Jen, the head military official in charge at Ichang, "who gave the outbreak the benefit of his connivance." Pleasant zest is given to life here in the anticipation of another outbreak; it is the only excitement.

From Ichang to Chungking—a distance of 412 miles—the river Yangtse, in a great part of its course, is a series of rapids which no steamer has yet attempted to ascend, though it is contended that the difficulties of navigation

昆明唱庙戏的舞台（第四十四页照片）、贞节牌坊（第三十四页照片），这些照片带来的强烈的视觉冲击，让我们仿佛穿越时光隧道回到了一百多年前的中国。此外该书文笔流畅，用词幽默，有声有色地叙述了作者对中国西南地理、风俗、官场和各阶层人民的看法和评价。我们从中可以看出，首先作者以一个外国人较为公正的态度描述了中华民族吃苦耐劳、爱好和平、兢兢业业地工作、善待远方来客等优秀品质。如作者在开篇引言中说："我怀着一种同对我们乡下人一样的对中国人强烈的种族厌恶心情来到中国。但是，此种厌恶心情很快就被一种强烈的同情心和感激所取代。我将以一种愉快的心情回首这段穿越中国四川、云南两省到缅甸的旅行。穿越这两省期间，我不断感受到中国人的热情好客和彬彬有礼。"如作者在描述四川的苦力时说："一捆白布重五十五斤，每个苦力平均负荷三捆。盐像金属一样特别重，可是我仍然看到苦力背着盐包在山路上从容地跋涉着。背负如此沉重的盐包，即使是一个身强力壮的英国人，从地上站起来也很困难。"此外作者在书中也指出了他所看到的清朝之所以落后虚弱的症结：官腐民败、无论官民都沉溺于鸦片（第七十二页照片）。

当然，作为大不列颠帝国澳大利亚人，作者字里行间时时流露出傲慢之情。如在第十八章写到："在旅行中我故意制定一条规则，住旅店时，除了最好的房间外，其他房间我是不住的。如果只有一个房间，我就要占据房间里最好的床位，因为我认为荣誉应该给予我。同样的道理，我坚持认为每家饭店里最好的饭桌应该让给我，如果只有一张饭桌，我理所当然要坐名分最高的位置"。读到这些文字，真是使人欲哭无泪，什么是殖民主义和强权政治已无需注释。

正是因为这本游记，莫理循受到英国《泰晤士报》的赏识并被聘为驻中国首席记者。1897年他来到北京，开始了长达十七年的记者生涯。1912年他还应中国北洋政府之聘担任袁世凯的政治顾问。他在北京的王府井大街置有房产，当时的外交圈称王府井大街为“莫理循大街”，其英文街名牌一直挂到1949年。作为这样一个人物的代表作和他关于中国的第一本书，《一个澳大利亚人在中国》是无论如何不应被忽视的。

Archibald E. Glover A Thousand Miles of Miracle in China

《千里逃难记》，是一位英国传教士讲述他从1900年3月至1901年在中国山西和陕西传教的经历。在这期间，作者经历了中国的义和团运动，并两次被囚，但都幸运逃脱。该书1904年在伦敦第一次出版，引起巨大反响，在1906、1907、1908年又先后三次再版。大连图书馆所藏的是1908年第四版，共572页、36幅照片、4幅插图。

从这本书中我们可以看到这位传教士眼中的义和团运动。他认为义和团的产生有一定的背景，如民族情绪、民生困苦、部分西方传教士欺凌当地百姓；但同时也提到了义和团的种种不理智甚至愚昧的行为，如毁电线、毁学校、拆铁路、烧洋货、杀洋人以及对与外国人、外国文化有关系的凡沾点洋气的物和人必彻底消灭而后快的行为。书中把当时山西巡抚毓贤称为“刽子手”，并配有插图。此外书中还配有作者两次被抓获和关押的监狱、监狱中被关押的其他受辱潦倒的犯人、逃生途中陪伴他的中国教民、一路上所见中国民居、1900年“山西教案”中幸免被杀的传教士、死于“山西教案”的作者的妻子等照片，还有作者从《中国与八国联军》（China and the Allies）选取的描绘义和团在操练的插图：一个义和团员赤裸上身、双手中的大刀高高举起。这些图片以及文字都为我们研究当时的时局和义和团运动提供了另外一种视角。当然，作为另一种文化的代表，书中也不乏通过文字表露出来的作者那高高在上的优越感。

这些特殊的历史记录，对于我们了解19世纪以来中国的历史进程是极具参考价值的文本和图片资料。同时《千里逃难记》可以和“远东文库”中英国人Clive Bigham所著、并于1901年在英国伦敦出版的《我在中国一年间（1899～1900）》（A Year in China——1899～1900）互相对照阅读。后者也是描述1899年至1900年期间义和团运动和八国联军借机兴兵这一历史事件的。该书也延续了西方来华人士著书传统：观察细致且范围广泛。书中配有四十张照片：有广州、汉口、天津等地的民间景象；灌溉用的水车、外国使馆建筑、著名街道；人物包括田间劳作的农民、街头行乞的旅人，有满清贵族家庭的合影、沈阳那些拥有票号的商家合影、府衙中侍从如云的清朝官员、民间乡兵；俄国人在辽东半岛铺设的铁路、架起的大炮等，还真实地记录了八国联军从天津一路打到北京的过程。

Margaret E. Burton, The Education of Women in China, and Notable Women of Modern China

《中国的女子教育》和《现代中国的著名女性》都出自美国人Margaret E. Burton笔下。这两本书分别于1911年和1912年在美国纽约出版，两书各有16张老照片。书中讲述的也都是在鸦片战争后中国被迫融入世界的过程中，中国女子大胆走出家门、国门，飘洋过海留学以及留学归国后学以致用的情况。如学医的在教会医院中救死扶伤、学教育的在教会学校中普及女童教育等。正像作者在《中国的女子教育》前言中所说：“在中国所发生的巨大变化中，没有哪一个变化比对待女子教育态度的变化更重要。”这两本书在美国的出版不仅有助于改变当时外国人对于中国的偏见（李鸿章1896年访美接受《纽约时报》专访时还曾被问道关于中国女童教育的问题），同时对我们今天研究清末女子教育也颇具价值。毕竟在相关的中文近代史资料中涉及于此的并不多见。

西方人所著的关于清朝的书籍给我们提供了回望历史的另一种视角。这次编纂大型清史的重要特点之一，是强调要有“世界眼光”，就是要把清史放到世界历史的范畴中去分析、研究和评价。既要着眼中国历史的发展，又要联系世界历史的发展进程；同时还要放眼世界，博采众长，有选择地汲取世界各国关于清代历史的记述。清朝时期的中国与世界的关系，犹如一位朦胧诗人的诗所云：当你站在窗口看外面的风景时，你也就成为窗外人眼中的风景。当我们放眼看西方时，西方人也站在他们的立场、用他们的眼光来解读古老神秘的中国。随着鸦片战争后一系列不平等条约的签订，中国国门洞开，外国来华人员不仅数量大增，身份也复杂起来。他们中的许多人，特别是那些有学问而又在中国逗留时间较长的人，广泛地与中国各界人士交往，有的与中国各级官府关系甚笃，甚至进入皇宫为朝廷和皇帝本人效力。他们记录下的许多内容，是中国官修史不屑于记载或不敢记载的。他们的所见所闻、所知所感既体现了西风东渐中西方人对于中国的认知，又为我们提供了更多的回望历史的视角，而一个民族只有能坦然地以多元的视角来面对一切，才是真的成熟了。

与中文史料不同，西人所著书中配有大量的图片资料，除了少量插图外，绝大部分是照片。这些图片尤其是照片直观而生动地展现了清朝中国社会的各个历史层面。在西方国家，人们对于照片这样的图片资料非常重视。在许多地方都有专门的图片资料图书馆，在很多大的图书馆中也有专门的图片资料收藏。但在中国，有关老照片的收集和研究还不够深入，由此而造成了一系列尴尬的局面。众所周知，多年来中国慰安妇和其他受过日本军国主义迫害的人士在日本打官司输多赢少，重要原因之一就是缺乏像老照片这样的确凿证据。

如今，清朝离开我们刚刚一个世纪，挖掘和抢救影像资料并不困难，但时不我待。当时的照片主要以两种形式留存于世：一是将原照保留在来华者母国的档案馆、图书馆或各种私家档案中；二是照片的拍摄者当年就发表了自己的作品（或刊登在当时外国和中国的期刊中，或作为即时消息的配图附载于他们个人的著作中作为插页，或提供给为他们写传记的作者，这些照片大多数是很清晰的）。今天，到外国档案馆去寻找晚清照片需要远渡重洋，而寻求第二种形式的照片无需跨出国门，在国内的图书馆就可以找到许多。因为西文资料中这类照片数量颇丰，只是人们对于身边的这些珍贵资料未加重视和关注太少而已。如今，清史图录工程为我们寻找这些照片提供了一个契机。

旧照片是一种历史构图，远比文字形象鲜明，不仅是那些历史事件、历史人物的照片值得我们收藏，那些风土人情、甚至自然风光的照片也是很重要的，它不仅可供欣赏，也可说明历史。看着西文书籍中有关中国各省的自然风光照，旧踪难觅者比比皆是。千年古国的自然和人文景观，近百余年来破坏甚大，丧失极多。

历史照片提供给我们的信息是直观的，但我们对它的理解，却不能仅停留在感性层面上。在这些照片中，不仅有说不完道不尽的故事，对于历史研究而言，也许是除文字记载、地下发掘之外的第三种重要史料。当年那些来华的西方人或用猎奇的眼光、或用欣赏把玩的态度在中国大地上经意或不经意间拍摄的照片，在拂去岁月的尘埃后，因具有较高的研究、认知和欣赏价值，愈发闪烁着独有的光彩。

（2007年12月）

《古今图书集成》之古今

辛欣 薛莲

2006年9月2日，全国各大媒体均报道了雍正版《钦定古今图书集成》经过三年的酝酿，即将由国家图书馆联合齐鲁书社首次原样出版的消息。“原样出版”就是宣纸印刷、古式线装、按照古籍原有的形式再造出版。为什么要花三年的时间、“原汁原味”地影印再造这部古籍呢？原因是此书为清雍正皇帝在位执政期间出版的巨帙大作，是我国古代完整保留下来的最大的类书，也是自印刷术发明以来历朝刻印的最大的一部书。此书为铜活字摆印，印刷工艺空前绝后。

大连图书馆收藏的两部珍稀版本

大连图书馆藏有两部《古今图书集成》，一部为“查美版（扁体本）”，另一部为“光绪版”，均为满铁时期藏书。

“查美版”。共三百二十五函，页面高19.4厘米，宽13.1厘米，版框高14.7厘米，宽11.2厘米，白口，四周单边，单鱼尾，半叶12行，行38字。钤“S.M.R · LIBRARY · S.M.R. 8.8.15”蓝文椭圆印，“南满洲铁道株式会社图书印”朱文方印及大连图书馆藏书印。书名页为朱印，题“钦定古今图书集成”，四周框以龙、云、波浪图案；牌记亦为朱印，题“光绪甲申年夏上海图书集成铅版印书局集股重印”，左下角小字题“此书计共印一千五百部”。与此套书配在一处的是日本明治四十五年（1912）文部省编《古今图书集成分类目录》

（东京凸版印刷株式会社分工场版）一册。从满铁藏书印可知，此套《集成》入藏于大正八年（1919）八月十五日。

“光绪版”。正文五百二十四函，五千零二十册；考证四函，二十四卷二十四册，合计五千零四十四册。页面高28.6厘米，宽18.1厘米，版框高21.3厘米，宽15.1厘米，白口，四周双边，半叶9行，行20字。钤“S.M.R · LIBRARY · S.M.R. 昭.7. 1. 25”蓝文椭圆印，“南满洲铁道株式会社图书印”朱文方印及大连图书馆藏书印。卷前有雍正四年（1726）《御制古今图书集成序》，雍正三年（1725）蒋廷锡等表文。第九十八函的第九零五册始钤“南满洲铁道株式会社大连图书馆　昭.11.12.19”朱文椭圆印，第九十九函后始钤“南满洲铁道株式会社大连图书馆　昭12.1.25”朱文椭圆印，末册钤“南满洲铁道株式会社大连图书馆　昭12.2.3”。从满铁藏书印可知，这套书是分两次入藏的，第一次为昭和七年（1932）一月二十日；第二次为昭和十一年（1936）十二月十九日，而且分编时间从昭和十一年的十二月十九日持续到次年的二月三日。

“查美版”成书于1888年，印了一千五百部，距今已有117年历史。“光绪版”成书于1894年，印了一百套，但面世的只是这一百套中的一部分，距今也有百余年的时间了。因此大连图书馆所藏的这两部《钦定古今图书集成》非常珍贵，当为镇馆之宝。

留存至今的最完整的中国古代类书

《钦定古今图书集成》（以下简称《集成》）与《四库全书》都出自清代“康乾盛世”，世人于《四库全书》大多耳熟能详，而对《集成》却略显生疏。其实，《集成》与《四库全书》一样，都是卷帙浩繁、影响深远的大型古籍荟萃，只不过在性质、内容和功能上有所差别。《四库全书》汇集经、史、子、集四部共三千四百六十二种古籍，因此以“四库”命名，其性质是丛书。而《集成》则是一部类书，把群书拆散后重新编排，分门别类辑录资料，既可供专家学者寻找资料线索，也可供一般读者集中查阅某一事物或某一问题，可谓雅俗共赏。因而它与《四库全书》各有优势，恰成互补。

类书是中国古代工具书的一种，其性质相当于现在的百科全书，最大特点是内容包罗万象，分类编排，以利检索。类书萌于杂家，兴于魏晋，发展于唐宋，发达于明清，至《集成》为顶点。据记载，唐朝的《艺文类聚》有一百卷，四十八部；宋朝的《太平御览》有一千卷，五十五部；《册府元龟》有一千卷，三十一部；《玉海》有二百卷；明朝的《唐类函》有二百卷；《永乐大典》有目录六十卷，正文两万两千余卷，共计一万余册。但由于这些类书年久散失，留存至今的没有一部可与保存完整的《集成》相比，即使《永乐大典》也只存有不足八百卷。而《集成》则共有六编，三十二典、六千一百一十七部，合计一万卷。字数达一亿四千四百万字，比三千八百万字的《大英百科全书》几乎要多四倍，而在体积上，几乎又多五倍。

馆藏光绪版《古今图书集成》

中国有史以来最伟大的一部百科全书

《集成》在体例编排方面，较其他类书更为先进和合理，具体表现为以下两个方面：

一、编排系统性强

《集成》在编排体例上，借鉴和承袭了前代类书“以类聚事”的原则，但有所创新和发展，采用了不同于前代如《太平御览》等书将类目分为两级的作法，将全书分为三级、六个汇编、三十二典、六千一百一十七部。同时，每部又各分十个项目。与前代类书“事”“文”一体、前事后文的简单区分相比，更富系统性，容量更大，达到了古代类书编制的最高境地。

全书依据“天、地、人、事、物”的传统认知方法，设计出汇编、典、部三级类目的分类体系。一级类目是纲，由六个汇编组成，分别为历象、方舆、明伦、博物、理学、经济。“万象”是有关天的内容，下设四典；“方舆”是有关地的内容，亦设四典；“明伦”是有关人与人之间的伦理规范，设八典；“博物”指各种技艺、方术、动植物，设四典；“理学”统摄经籍、学行、文学、字学四典；“经济”指经世济民，分为八典。在卷首《古今图书集成凡例》中，对汇编及下设各典的排列顺序，讲得非常清楚。二级类目三十二典为中介，所统摄的三级类目六千一百一十七部为基础。整个分类体系将自然界和人类社会的万事万物有条不紊地容纳其中，体现了高度概括和准确区分的水平。

书中每部下所辑资料分为十类：

1. 汇考。收录稽考重要事物发展演变的资料。

2. 总论。收录历代评述具体事物的资料。

3. 图。有关具体事物的图像。

4．表。有关事物的表，但不包括史书中的年月表。

5．列传。收录该部中名人传记资料。

6．艺文。收录有关具体事物的诗文歌赋。

7．选句。摘录有关具体事物的丽词偶句。

8．纪事。收录有关具体事物琐细而有可取之处的资料。

9．杂录。收录非专论一事但旁引曲喻偶尔涉及或由于种种原因难入汇考、总论和艺文类的种种资料。

10．外编。收录诸子百家佛道典籍中“所纪有荒唐难信及寄寓譬托之辞”等。

这种编制体例，为人们从浩繁的文献中寻检资料带来了极大的方便。著名学者谢国祯先生评价道：“《古今图书集成》罗列群书，分门别类，供读者翻检之便利，其编纂方法，不但周密详备，实较依韵排列的《永乐大典》为善。”

二、缕析条分，巨细不遗

《集成》浩博宏富，所收资料，上自远古，下迄清初。历代经史子集及至康熙晚年所出的律令、方志等悉数汇纳，内容包罗万象。其中保存明代资料尤为丰富，西学也有所反映。它既按类汇辑材料，又把这些材料再行分清事与论、主与次、轻与重。它所辑录的各种文献，往往把原书整部、整篇或整段地抄入，不加改动，因此，完整地保存了许多古籍。其中的引证，一一详注出处，标明书名、篇目和作者，便于查对原书，缕析条分，巨细不遗。《集成》不仅有山川疆域图，还有禽兽草木器用图，这是其又一个显著特点。

《集成》集我国古代图书之大成，享誉海外，被国外学者誉为获取中国古代知识的宝库。英人翟理斯（Lionel · Giles）在其编制的《中国百科全书字顺索引》即《古今图书集成索引》中说：“十一版之《大英百科全书》为字约四千万，译中国文言百字，约需英文一百五十字，故《图书集成》一书，可谓大于最巨之英文百科全书三四倍。”英国著名学者李约瑟在其所著《中国科学技术史》第一卷的参考文献简述中亦说：“我们经常查阅的最大百科全书是《图书集成》，这真是一件无上珍贵的礼物”。我国著名科学家竺可桢在研究过程中翻阅、引用最多的一种书，就是《钦定古今图书集成》。数百年来《集成》不仅作为知识、资料的宝库，其扑朔迷离的出书过程、富于传奇的作者经历也是人们一直关注的问题。

跨越两朝 见证血腥皇位之争

雍正四年，雍正帝在初版《集成》的《御制古今图书集成序》中，对编纂这部巨著的过程作了一番说明：

> 钦唯我皇考圣祖皇帝聪明睿智，禀生知之质，而又好古敏求，孜孜不倦。万几之暇，置图书于左右，披寻玩味，岁盛暑隆寒，未尝暂旷。积数十载之久，研综古今，搜讨

光绪版《古今图书集成方舆汇编山川典》

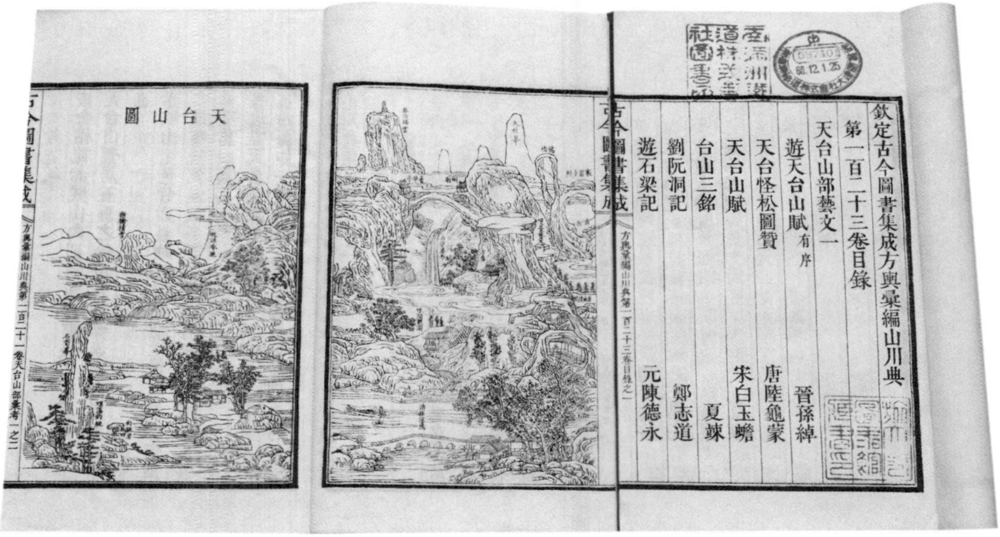

殆遍。屡命儒臣，弘开书局，若周易折中，发四圣之微言；朱子全书，会群儒之奥义，皆禀自睿裁。复躬加校定……皆亲行指授……而又以为未揽其全，乃命广罗群籍，分门别类，统为一书。成册府之巨观，极图书之大备，汇卷帙浩富，任事之臣，弗克祗承，既多讹谬，每有阙遗。经历多时，久而未就。朕绍登大宝，思继先志，特命尚书蒋廷锡等董司其事，督率在馆诸臣，重加编校。穷朝夕之力，阅三载之勤，凡厘定三千余卷，增删数十万言。图绘精审，考定详悉……

从这篇序言中可以发现，《集成》是在雍正执政之前开始编纂的。但由于原编纂者“任事之臣，弗克祗承，既多讹谬，每有阙遗”，“经历多时，久而未就”。后在雍正当朝时命蒋廷锡“重加编校”，才得以完成。

在“御制序”后紧接有蒋廷锡雍正三年呈给皇帝的“表文”，

光绪版《古今图书集成经济汇编礼仪典》

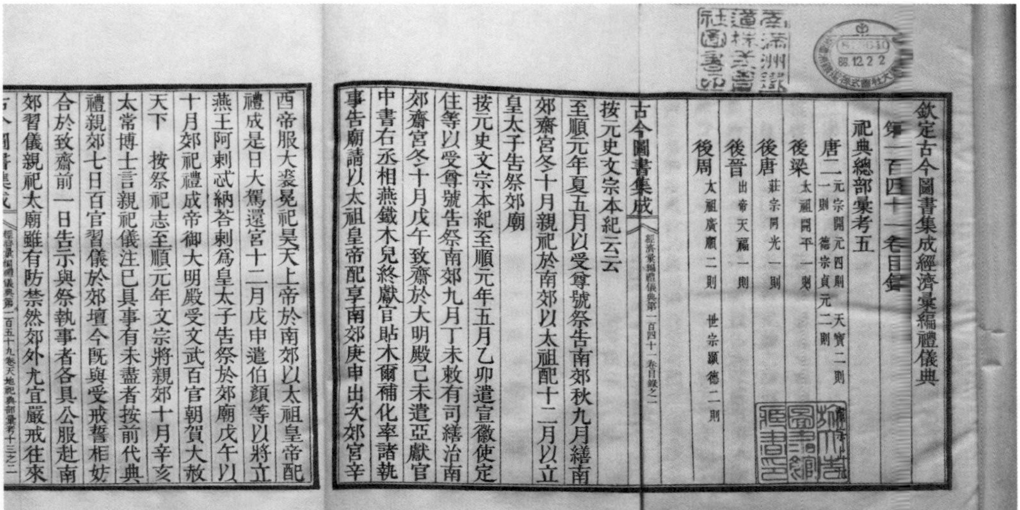
欽定古今圖書集成經濟彙編禮儀典
第一百四十一卷目錄
祀典總部彙考五
唐 元宗開元四則 天寶二則 德宗貞元二則
後梁 太祖開平一則
後唐 莊宗同光一則
後晉 出帝天福一則
後周 太祖廣順二則 世宗顯德二則

古今圖書集成 經濟彙編禮儀典第一百四十一卷目錄之一

按元史文宗本紀云云
至順元年夏五月以受尊號祭告南郊秋九月繕南郊齋宮冬十月親祀於南郊以太祖配十二月以立皇太子告祭郊廟
按元史文宗本紀至順元年五月乙卯遣宣徽使定住等以受尊號告祭南郊九月丁未敕有司繕治南郊齋宮冬十月戊午致齋於大明殿己未遣亞獻官中書右丞相燕鐵木兒終獻官貼木爾補化率諸執事告廟請以太祖皇帝配享南郊庚申出次郊宮辛

酉帝服大裘冕祀昊天上帝於南郊以太祖皇帝配禮成是日大駕還宮十二月戊申遣伯顏等以將立燕王阿剌忒納荅剌為皇太子告祭於郊廟戊午以十月郊祀禮成帝御大明殿受文武百官朝賀大赦天下　按祭祀志至順元年文宗將親郊十月辛亥太常博士言親祀儀注已具事有未盡者按前代典禮親郊七日百官習儀於郊壇今既與受戒誓相妨合於致齋前一日告示與祭執事者各具公服赴南郊習儀親祀太廟雖有防禁然郊外尤宜嚴戒往來

古今圖書集成 經濟彙編禮儀典第一百五十九卷天地祀典部彙考十三之二

云“奉敕恭校圣祖仁皇帝钦定古今图书集成告竣”，坦诚是“校”，而不是辑或编，“校”的情形是：

承诏命以悚惶，沐恩纶而愧励。唯图编之荟萃，重复固多，经传写之再三，鲁鱼时见……唯下竭愚衷，仰遵圣训，幸假三年之久，宽以程期；用殚五夜之勤，继之膏桂，补完残阙，悉令详明……校刊既竣，奉表告成。

一篇“御制序”，一篇“表文”，似乎表明完成鸿篇巨制《集成》的功劳应算在雍正帝和蒋廷锡头上。但事实上，雍正帝和蒋廷锡是掠美者，证据就是雍正帝自己在继位之初、即康熙六十一年（1722）十二月癸亥（十二日）的谕令中留下的。这份完完整整地保存在《清实录·世宗实录》卷二中的谕令记载：

谕内阁九卿等，陈梦雷原系叛附耿精忠之人，皇考宽仁免戮，发往关东。后东巡时，以其平日稍知学问，带回京师交诚亲王处行走。累年以来，招摇无忌，不法甚多，京师断不可留！著将陈梦雷父子发遣边外！或有陈梦雷之门生，平日在外生事者，亦即指名陈奏……尔等毋得徇私隐蔽。陈梦雷处所《古今图书集成》一书，皆皇考指示训诲，钦定条例，费数十年圣心，故能贯穿古今，汇合经史，天文、地理皆有图记。下至山川草木、百工制造、海西秘法、靡不备具，洵为典籍之大观。此书工犹未竣，著九卿公举一二学问渊通之人，令其编辑竣事，原稿内有讹错未当者，即加润色增删，仰副皇考稽古博览至意。

这篇谕令最清楚不过地指明了《集成》的编修者是陈梦雷。

关于成书的过程，其实际编纂者陈梦雷在他的《松鹤山房集》文集卷二《进〈汇编〉启略》中详细陈述：

雷赋命浅薄，气质昏愚。读书五十载，而技能无一可称，涉猎万卷，而记述无一可举，深恐上负慈恩，唯有掇拾简编，以类相从，仰备顾问……雷不揣蚊力负山，遂以一人独肩斯任。谨于康熙四十年十月为始，领银雇人缮写，蒙我王爷殿下，颁发协一堂所藏鸿编，合之雷家经史子集约计一万五千余卷。至此四十五年四月内，书得告成。分为汇编者六，为志三十有二，为部六千有零……以百篇为一卷，可得一千六百余卷，若以古人卷帙较之，可得万余卷。雷三载之内，目营手检，无间辰夕，幸而纲举目张，差有条理，谨先誊目录凡例为一册上呈。

以上陈述表明，康熙四十五年（1706）《集成》被缮写成清本（南开大学藏有残本百余），康熙五十五年（1716）进呈“凡例一册”。其时，康熙帝御览后认为尚需修订增益，并改赐书名《汇编》为《古今图书集成》。结果直至圣祖驾崩，《集成》一书终未获刊印。这其中的原因也许是康熙认为陈才情过高，恐有怀贰之心，因此虽曾赐联“松高枝叶茂，鹤老羽毛新”之类予以慰抚，但终究不愿意看到其太过顺达得意，故拖延此书的刊印。然而正是由于这一漫长的拖延，《集成》一书的归属权及其编纂者的命运发生了根本性的变化。皇四子胤禛即位后，迅即采取措施诛逐诸兄弟，《集成》的后台老板三阿哥胤祉获得的罪名是“与阿其那、塞思黑、胤禵交相党附。其子弘晟凶顽狂纵，助父为恶”，遭革爵禁锢。陈梦雷身为胤祉老师，自然难以幸免，以“招摇无忌”的罪名，在72岁高龄时再次谪戍塞外。于是，康熙赐名的《集成》一书轻松落入雍正掌中，于雍正六年（1728）完成刊布。

编纂者陈梦雷 命运多舛的苦命人

陈梦雷（1651～1741），福建侯官人，字则震，号省斋，晚号松鹤老人。康熙九年（1670）进士，授翰林编修。康熙十二年（1673），陈梦雷与同举进士同官编修的福建同乡李光地（字厚庵）归乡省亲，遇耿精忠附吴三桂反清。陈躲逃到庙里，但因老父被耿抓去，无奈“胁受伪官”。李并未受胁迫，不知何故却来福州先与耿会面，又见陈梦雷，两人密谋三日，将陈在伪朝内探听的兵防情报制成“蜡丸疏”送到北京。康熙遂据此情报，抄漳洲小路出兵，终于大获全胜。然李光地为了贪功，“卖友求荣”，竟在“蜡丸疏”上只署了自己的名字，而置陈梦雷于附逆论斩之地，后又百般诬陷，说陈的附逆出于主动，等等。陈梦雷悲愤之极，几经周折，终将《与李厚庵绝交书》四处散发，叙述了事情真相，造成士林公愤。后得李光地政敌徐乾学为陈出头，在奏章中委婉将陈提供情报的事实说明。康熙见后宽大处理，将陈梦雷的死罪改为戍边。这便是清初有名的“安溪卖友”一案。陈梦雷学识渊博，在辽宁开原尚陈堡戍所的数年间，关外达官贵胄的子弟多从他就学，声誉日隆。康熙十八年（1679）玄烨东巡盛京，陈梦雷进献歌功颂德诗作，博得康熙赏识，被特赦召回京城，教皇三子诚亲王胤祉读书。陈梦雷讲学之余，潜心编纂《汇编》，书成由诚亲王代进。雍正登位后，残酷打击异己，诚亲王胤祉被革爵禁锢，陈梦雷遭牵连，再度被远谪塞外，九十岁终老于戍所。除编纂了《古今图书集成》外，陈梦雷还有《闲止书堂集钞》、《周易浅述》、《松鹤山房诗文集》等存世。

版本流传 各有演绎

《集成》于康熙四十五年完成初稿，康熙五十五年进呈钦定，历经十六年，得名《钦定古今图书集成》。雍正六年（1728）成书后，雍正亲自题序颁布。迄今为止，由于印制成本昂贵，后来虽有过几次重印，但非原样，一般人难以见到。三百余年来历经沧桑，时事变迁，其流传版本也各有演绎。

一、解放前的四个版本

中华人民共和国成立之前，除母版——雍正版之外，另外还有三个版本：分别为光绪十年（1884）的“扁字本”、光绪十六年（1890）的“同文本”和1934年的“中华本”缩印版。

雍正版（武英殿铜活字版）。雍正三年由武英殿铜字排印，书中插图仍用雕版，雍正六年印制完成。用白、黄两种纸共印刷六十五部（连同样书六十六部），每部正书一万卷，目录四十卷，分装五千零二十册（正书五千册，目录二十册），五百二十二函（正书五百二十函，目录两函）。选用开化纸和太史连纸，印刷精美、校勘称善、装璜讲究。但因流失严重，完好者凤毛麟角。据有关学者考证，现存世（包括残缺者）约二十四部，保存在北京故宫博物院和国家图书馆。

扁体本，又称查美版。同治十一年（1872），英国人安·美查（ErnestMajor）和其兄弗·美查（FedericMajor）来上海创办《申报》。光绪十年，二人集股设立“图书集成印书局”，用机器连史纸十开、三号扁体铅字排印《古今图书集成》，绘图部分则用宣纸石印，1888年竣工，共印一千五百部。每部一万卷，目录三十二卷，一千六百二十册，目录八册。此版校勘粗疏，讹脱颇多，但由于书品缩小，册数也减少，存放和携带比较方便，因而流传较广。国外许多学者据此检索资料，名之为 Kiang Hs Imperial Encyclopedia，即《康熙百科全书》。

光绪版。光绪十六年，光绪下令再印《古今图书集成》，由两江总督饬由上海道道台聂缉规就近跟同文书局商洽，照雍正版原式影印一百部。同文书局由徐裕子、徐润等于光绪七年（18[illegible]）集股成立于上海，是中国人自办的、较早专事翻印古籍善本的近代石印图书出版机构。这部石印本《集成》费时三年完成（所以现在多以1894年作为此版《集成》的出版时间），每部一万卷，目录四十卷，考证二十四卷二十四册，分装五千零四十四册。用料半纸三开尺寸，图书装帙亦与第一版相同。共耗银四十八万两，质量精美，规模巨大，堪为当时印刷界一大盛事。令人遗憾的是，这次影印的数量本来就不多，印成后除一部分运京外，留存上海栈房的又遭火灾烧毁，所以传本之稀，亦不亚于铜活字殿本。此版的可贵之处还在于增刊了《考证》二十四卷，并核对原书、订正了引文的错误及脱阙，费力颇勤。

中华书局版。1934年上海中华书局依康有为所藏的铜活字原印本，用橡皮版影印，采用江南造纸厂机制连史纸三开大本，以原书九页合为一页，缩小印刷。版式为三节版，缩印后字的大小如现在的五号铅字，版面清晰而篇幅大减，极利查阅及庋藏。此本共计五万余页，分订八百册。一到六册为目录，七至八百册为正书。又将《考证》以六页合为一页影印，版式为两层楼，共计八册。故总数为八百零八册。这一版勘印精细，同时也是最切合实用的一个本子。

二、解放后的版本盘点

由于战乱损毁和保存不善，完整保存下来的《集成》极为少见，尤其雍正版《集成》更是弥足珍贵。即便是本研究领域的学者，平常也难以窥见此书，更不用谈及对此书的引用、校对和深入研究了。因此，解放后我国海峡两岸不断推出《集成》的各种版本，以飨读者。

大陆方面出了两个版本：1985年到1987年，中华书局、巴蜀书社联合缩印1934年中华书局版，增加索引，为十六开精装本八十二册，其中《考证》一册，《索引》一册。

1999年，广西金海湾电子音像出版社推出电子版《集成》，使这部卷帙浩繁的典籍打上了现代化的烙印。仅28张光盘，就将原文收容完毕，其中索引包含36个数据库、36万条辑录，共约1200万字，其检索效率是印刷版所不可比拟的，为人们进一步利用《集成》提供了最大的方便。

台湾出版的几个版本是：1964年文星书局本，缩版影印铜活字本，精装一百零一册，最后一册为索引。1985年台湾文星再次缩印铜活字本。1964年艺文书局本，精装为七十九册。1977年鼎文书局本，精装七十九册。现在又由鼎文提供图书版权，根据文星版的索引，出版了《集成》标点本全文检索电子版，具备书目和全文检索功能，并支持全文影像阅读。

三、多种版本的索引

《集成》尽管分类精细，编次有序，但因其规模宏大，查检资料比较困难。因此，古今中外不断有其索引出版，主要的有：《古今图书集成方舆汇编索引》，（俄国）瓦伯尔，1907年圣彼得堡版；《钦定古今图书集成索引》，（英国）翟理斯，1911年伦敦The British Museum版；《古今图书集成分类目录》，（日本）文部省，1912年东京凸版印刷株式会社分工场版；《古今图书集成分类索引》，（日本）泷泽俊亮，1933年大连右文阁版；《古今图书集成中明人传记索引》，牟润孙等，1963年香港明代传记编纂委员会版；《古今图书集成索引》，文星书局，1964年台北版；《古今图书集成引用书目录稿》，（日本）枥尾武，1972至1977年日本汲古书院版（编按：该书只编了乾象典的引用书目索引）；《古今图书集成类目索引》，复旦大学图书馆，1982年油印本；《古今图书集成各部列传综合索引》，杨家骆编，台北鼎文书局1988年版；《古今图书集成索引》，林仲湘等编，中华书局、巴蜀书社1986年版。

（2006年9月）

馆报《书香》刊行始末

蔚文

满铁图书馆在馆舍建设二期工程完工并投入使用后，更名为满铁大连图书馆。《书香》在试刊一期之后，于1925年（大正十四年）4月1日以“满铁大连图书馆报”的名义正式刊行。该刊为月刊，32开本，每月1日出版。

刊名《书香》二字，是满铁大连图书馆嘱托、日本著名汉学家松崎鹤雄煞费苦心从中国典故中采撷而来的。在中国，“书香”一词自古以来即被广泛使用。例如，明代诗人徐渤在赠其子徐陆的诗中便有“继书香，尔当勗”之句。以“书香”为馆刊命名，当自有深意。

创刊后，馆报《书香》内容比较丰富，有图书馆业务建设的指导性文章，有新书推介、评论，还有大连市区各图书馆的活动情况介绍等，它成了大连市区各图书馆的指导性刊物。1926年3月，受人欢迎的《书香》出版到第12号（期）时，却因故停刊。馆长柿沼介称“（《书香》）出到十几号就夭折了”。原因何在呢？日本学者在《日本殖民地图书馆》一书中，称有两个理由：其一是满铁会社对《书香》有看法，没有把它（指《书香》）真正放在“满铁图书馆报”的地位，第二年停止对《书香》提供经费；其二是1926年度降低收费标准，造成馆内经费困难，因此而停刊。但一个主要原因，是《书香》没有领会上司的思想，“引导读者关心时局”，配合日本侵华政策，进行军国主义宣传教育。

停刊三年后的《书香》，于1929年（日昭和四年）4 月1日，以“满铁各图书馆报”的名义再度出版。版本改为16开本，仍为月刊，每月1日出版，由《书香》编委会编辑，大连图书馆负责出版发行。复刊的《书香》，在编后记中称此刊为“更生的《书香》，从外观到内容，都有很大的变化”。作为满铁各图书馆的指导刊物，它的服务面涵盖满铁沿线二十余个图书馆，内容有了新的拓展，开辟了“图书馆议论”、“书评辑览”、“典籍杂考”、“纸鱼耳语”、“图书与图书馆”、“图书馆风景”、“读者俱乐部”和“新刊图书目录”、“增加图书目录”等栏目。但是，1931年日本帝国主义发动“九一八”事变以后，该刊的面貌大变，积极宣传支援“圣战”、介绍组织“阵中文库”和参加慰问侵华日军的图书流动活动，成了它的一大特色。如复刊后的第一号（期）就刊载了《中国经济史文献》、《已故后藤新平的著作》、《貉子窝贝冢篇》、《爱川村的小文献》和《满蒙与北京的几位作家的作品》等。差不多每一篇文章都与时局相关连，充满了“战时”色彩，由此可见编者是从关注满洲、蒙古、中国和苏联这一中心出发来选择文章的。他们认为“引导读者关心时局”正是图书馆民众化的一个体现。

满铁大连图书馆馆报《书香》

满鐵大連圖書館報
書香
支那人名檢索法

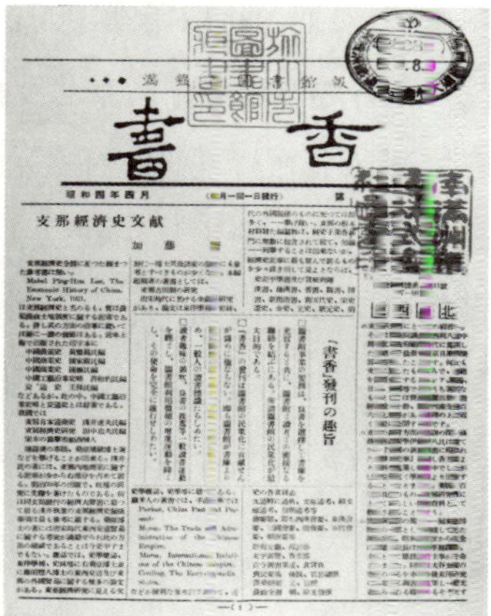
書香
支那經濟史文献
「書香」發刊の趣旨

1935年，日本政府废除在伪满洲国的治外法权，并确定了将满铁附属地行政权移让给伪满洲国政府的方针。1937年11月5日，“日满条约”签订。条约规定除满铁大连图书馆、满铁奉天图书馆、满铁哈尔滨图书馆和大连市区内七所图书馆仍归满铁管辖外，满铁管辖的沿线其他图书馆于12月1日起相继交给伪满洲国政府管理。至此，“满铁各图书馆报”《书香》出版到101期时就停刊了。

1938年2月，《书香》改以“满铁大连图书馆报”的名义继续出版，成为满铁尚存的几所图书馆的馆刊。“一向对图书馆事业有远大抱负而遭到反对的柿沼介馆长”决定在内容上进行改革，不再报道图书馆为“时局”服务情况，指出“今后必须采用各种有效方法，宣传介绍本馆的藏书……”版本初为16开本，1943年后改为32开本；期号延续，仍为月刊，每月1日出版。但《书香》的内容却发生了重大变化，各馆活动一字不予刊载，只登载学术研究之类的较大块文章，成了一本学术专刊杂志。

日本投降的前一年，因侵华战争已陷入四面楚歌的困境，1944年12月，馆刊《书香》出版至158号（期），被迫停刊。

馆刊《书香》，出版年限累计为16年零7个月，分为三个阶段，共出版了171期。每期印刷1000多份，1935年起每期印刷4500份。主要发行到日本本土和中国东北及关内各大城市公立、私立图书馆。

馆刊《书香》是研究日本殖民统治时期大连和东北地区文化史特别是图书馆史的重要文献，具有较高的史料价值。近年来，日本学者发表了多篇研究《书香》的论著，还把《书香》杂志作为“日本殖民地文化丛书”之一，全刊影印重新出版。满铁大连图书馆原藏有《书香》三套，后因1939年至1942年度搬迁散失缺藏，现已通过我驻日学者的帮助，复印补齐。

（2007年7月）

《永乐大典》与大连图书馆

蔚 文

明代写本《永乐大典》，是中国一部规模最宏伟、卷帙最庞大、“载籍浩瀚”的大类书，可称为是中国古代的一部大型百科全书。全书有22937卷11095册3.7亿多字。其编纂的经过是：永乐元年（1403）七月，刚即位的明成祖朱棣为了巩固新政权，笼络全国知识分子，以“天下古今事物，散载诸书，篇帙浩繁，不易检阅，欲采名书所载事物，类聚之经之以韵，以便考索”。命翰林学士解缙等将“凡书契以来，经史子集百家之书，至于天文、地志、阴阳、医卜、僧道、技艺之言，备编辑为一书，毋厌浩繁”。次年十一月该书编成，赐名《文献大成》。但朱棣觉得不满意，认为“所纂尚多未备”，永乐三年（1405）正月，再命解缙等在原书的基础上重修。增派太子少师姚广孝和礼部尚书郑赐为监修、刑部左侍郎李季篪为副监修，开馆于文渊阁，召集中外官员及四方宿学老儒有文学者充纂修，简国子监及在外郡县学能书生学缮写，并叫光禄寺给朝暮酒馔。参加编纂的官员前后多达三千余人。永乐五年（1407）十一月，全书编纂完成，朱棣便赐名为《永乐大典》，并亲撰序言以记其事。

该书是按明初官修韵书《洪武正韵》的韵目编排，以韵统字，以字系事。举凡天文、地理、人伦、国统、道德、政治制度、名物、奇闻异见以及日、月、星、雨、风、云、霜、露和山海、江河等均逐字收载。全书分门别类，辑录上自先秦，下迄明初的八千余种古书资料，加以汇聚群分，甚为详备。凡入辑之书，不许任意删节涂改，必须按原书一字不差地整部、整编、整集分类统入。名物器件、山川地形等皆绘有图形，精丽工致，是古代书籍插图中的佳品。本书用极为端正的楷书抄成，十分精美。

馆藏《永乐大典》

《永乐大典》是在南京完成的。1421年，北京新皇宫筑成，随着迁都北京，南京文渊阁藏书的大部分和《永乐大典》全书，即在此后数年内运至北京，藏于故宫内的文楼（即文昭阁）里。但因卷帙过多，始终未能刊版。明世宗嘉靖四十一年（1562），宫中三殿和文武两楼被焚，《永乐大典》因抢救得法未毁，世宗朱厚熜乃命徐阶、高拱等摹录副本一部，以免再罹不测。当时写生一百零八人，每人日抄三页，前后六年，明穆宗隆庆元年（1567），始将副本写成。正副本两部分别藏于文渊阁和皇史宬。明清易代之际，《永乐大典》正本毁于大火。清雍正年间，副本由皇史宬移藏于东交民巷翰林院。其后，由于保护不严，不断散失。乾

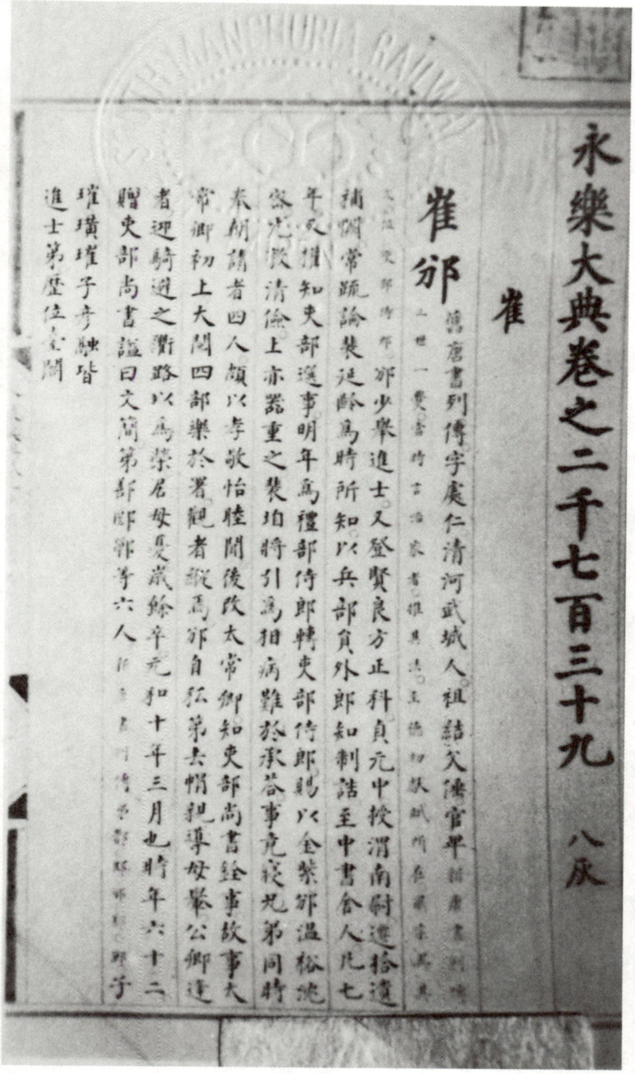
永樂大典卷之二千七百三十九　八灰

崔

崔邠

馆藏《永乐大典》

隆三十八年（1773），清政府纂修《四库全书》时，已散失二千多册，但仍然从中辑出佚书四百九十二种。咸丰十年（1860）英法联军和光绪二十六年（1900）八国联军入侵北京，英军又征用了翰林院之建军营，《永乐大典》遭洗劫，部分被毁，部分被抢去，仅存三百册。民国成立后，国立北京图书馆接管时，仅剩下六十册了。

1929年，国立北京图书馆馆长袁同礼先生，对于《永乐大典》散失的去向问题，进行了一次调查，并在北京图书馆刊第七卷第一号上刊载《永乐大典现存卷目表》。据统计，当时散落在国内外图书馆和私人手中的有六百六十三卷三百四十九册。1939年，日本“东洋文库”主事岩井大惠调查统计，尚存世有六百八十二卷三百五十九册。据1942年统计，收藏较多的有国立北京图书馆八十五册，满铁大连图书馆五十册，美国国会图书馆三十九册，日本“东洋文库”三十二册。大连图书馆排在第二位。

1945年8月日本投降之前，满铁大连图书馆收藏的《永乐大典》，共有一百一十四卷五十五册。这批藏品是先后四次从我国关内、外城市搜罗购买的。第一次是1929年月1月，携十万日元在京、津、沪购得了一批中国古籍图书，其中有《永乐大典》二册。第二次是1940年，满铁会社得悉浙江南浔私家藏书楼嘉业堂，为躲避战火，欲将藏书出卖，立即指令大连图书馆派人前去购买。协议达成后，汪伪政府提出抗议，并通过报纸发表社论称这是“文化威胁”，迫使这次收购中止。但却秘密地将其收藏的四十八册《永乐大典》买进本馆。第三次是1943年春秋两次派松崎鹤雄等人，携带满铁副总裁山崎元干御配特别资金去北京，廉价收购了穷困潦倒的“旗人”（满族人）私家藏书，共购得中文古籍图书八百零一种一万余册，其中有《永乐大典》两册。另三册是时任司书系主任的石堂清伦从原北洋舰队参谋、时任伦敦总领事的丁士源手中以两万日元购买的。

1945年8月22日大连解放以后，这批珍贵图书仍保存完好。9月，被苏军接管的满铁大连图书馆移交给中苏合营的中长铁路管理，定名为中长铁路中央图书馆。11月，苏联经济学家波波夫率三十多人的调查团来大连，他指出：“这些珍贵图书，不宜放在殖民地城市”，并以“保护珍贵图书”为名，从本馆挑选掠夺去中国古籍图书八百零一种四千九百六一册，其中有《永乐大典》五十五册，运往西伯利亚，后藏于苏联列宁格勒大学（今圣彼得堡大学）东方系图书馆。1951年和1954年6月，作为“最真挚的友谊”和“苏联伟大的国际主义精神”的具体表现，苏联方面将藏于苏联的《永乐大典》五十二册，送还我中央外交部，后移送北京图书馆庋藏。但仍有属于原藏大连图书馆的十一册没有送还我国。

（2007年12月）

馆藏革命进步书刊介绍

叶　勇

革命进步书刊是指民国初期至抗日战争时期、解放战争时期出版的宣传新文化、宣传革命与进步思想的图书、报刊等。具体的时间跨度是从1911年辛亥革命到1949年10月中华人民共和国成立。本文就大连图书馆的这部分馆藏做一介绍。

革命进步书刊主要包括以毛泽东同志为代表的中国共产党人在不同革命时期的著作及会议文件，以鲁迅为代表的左翼进步作家群的文学作品以及以斯诺为代表的国外进步作家声援和记录中国革命的作品。它们是中国无产阶级革命思想载体的滥觞，是当时中国革命的精神文化食粮，为中国革命的胜利指明了方向，在中国乃至世界革命文献中都具有划时代的意义。如今，馆藏革命进步书刊已经成为研究中国革命史和中国共产党党史十分珍贵的历史文献，有的版本已成为革命文物。

一、革命进步书刊的来源

1．接收满铁大连图书馆的藏书

满铁调查部为了配合日本的侵华政策，大肆搜罗对其政策有用的政治、经济、地理、历史、文化、风俗方面的书刊，包括中国共产党及其所领导的红军、八路军、新四军与抗日根据地以及国民党军队出版的进步书刊和相关资料，并作为一种参考情报保存在大连图书馆里。1945年8月15日，日本裕仁天皇宣布无条件投降，这批珍贵的革命文献被苏联接收后，于1950年12月移交给旅大地方政府，由旅大文化宫保管，1951年8月交给新组建的旅大图书馆。

2．旅大地区出版的各解放区以及国统区出版的革命进步书刊

解放战争时期，旅大地区是一块特殊解放区，利用大连的优越的出版条件和安定的社会环境，各解放区的编辑出版人云集大连，建立了大众、光华、友谊三大出版机构，为包括旅大在内的东北、华北、华东和西北等解放区提供革命文化食粮。据不完全统计，大连的三大书店在1945年9月至1949年9月间，共出版图书2500余种、850万册，除旅大以外，60%发行到东北、华北、华东、西北等解放区以及上海、重庆、香港等地，为支援全国的解放战争作出了重大贡献。同时其他解放区和沪、渝、港等地区出版的进步书刊也在旅大地区销售。新中国成立后，这些出版社或撤消或合并，其所属资料室收藏的革命进步书刊全部移交给旅大图书馆。

3．旅大文化宫图书室的藏书

旅大文化宫图书室，身处旅大这个特殊的解放区内，大连三大书店出版的及旅大地区出售的各解放区革命进步书刊都是它的采购对象。这部分新文化图书，极大地满足了当时要求进步的解放区人民的阅读需求，教育了广大干部群众，为迎接全国的解放奠定了思想基础。这批进步书刊大约有两万余册。1951年8月15日，旅大文化宫图书室与接收的中长铁路大连图书馆合并组建旅大图书馆，开馆时其馆藏合二为一。

4．新中国成立以来，大连图书馆陆续搜购的书刊

旅大图书馆于1951年8月组建开馆后，在办馆条件差、资金短缺的情况下，为了更好地服务于读者、填补馆藏空白，每年都派人到全国各大城市搜购本馆缺藏的古旧籍图书，特别是1960、1961两年，先后两次利用馆藏复本，从北京、上海、南京等城市，有针对性地

换购了38000册古旧籍图书，其中不乏大量的民国、抗战及解放战争时期各大解放区和国统区出版的革命进步书刊。

综上所述，多渠道的来源以及广泛的搜集，使大连图书馆革命进步书刊的藏书规模和质量在全国的图书馆界名列前茅。据粗略统计有数千种，两万余册（件）。但是新中国成立后到上个世纪60年代中期，本馆所藏的革命进步书刊（含图书、报刊、照片、传单等）的精品几乎都被中共中央宣传部、国家文化部和国家、省级博物馆、档案馆以及中国社会科学院征调走了，约计有10余批次18700余（件）。其中中共中央宣传部两次调走革命文献图书432册（件），中国革命博物馆两次调走革命文献资料713册（件），中共中央马列编译局一次调走中、日、西文马列主义著作15257册（件）。令人痛惜的是，在以后的工作中，本馆未能将馆藏1949年10月前出版的革命进步书刊，定为古旧籍永久保存收藏，致使大量的革命进步书刊被剔旧处理或在图书馆搬迁中不被重视而遭遗弃。至今，本馆收藏的革命进步书刊仅剩数百种、几千册。

二、革命进步书刊的分期、作者、版本、印记

1．民国和抗日战争时期

（1）革命文献图书

原满铁大连图书馆的这部分藏书多盖有“秘”、“极秘”字印记，其中包括毛泽东同志红军时期的著作《只有苏维埃才能救中国》（1934年）、论述抗战的《抗日游击战争的一般问题》（1938年11月）、毛泽东与陈绍禹的《最近言论的总检讨》（1940年），美国作家斯诺介绍红军长征的《二万五千里长征》、介绍中国全民抗战的《中国见闻录》，朱德同志的《抗日游击战争》（1938年7月）、《抗战回忆录》（1938年4月），周恩来同志的《论苏德战争及其他》（1941年8月），彭德怀同志的《三年来》，哲非译的《红色的延安》

（1939年5月），茅盾的《中国的一日》（1936年9月），刘白羽的《八路军七将领》（1938年3月），陈继真的《朱德传》（1937年12月），潘汉年的《全民抗战记》（1938年），周立波的《战地日记》（1938年6月），林语堂的《日本必败论》（1939年10月），辛克莱的《干部人物剪影》（1938年12月），王逸的《打东洋》（1938年）；等等。除满铁图书馆的原馆藏外，本馆于20世纪60年代换购的一批进步图书约有千种。如毛泽东的《新民主主义论》（1940年1月），四川出版的《甲级抗战必读》（1937年），黎明出版社出版的《二万五千里长征》（1938年1月），汕头益利出版社出版的《国防戏剧》（马翎编，1938年6月），《民族之血》（1938年），上海中华书局出版的《四十七天衡阳保卫战》（1940年），大众书店出版的《列宁我们的太阳》（1940），前锋社出版的《统一战线》（1941年）；等等。还有活跃在当时文坛的鲁迅、郭沫若、沈从文、张恨水、巴金、老舍、茅盾、徐志摩、李健吾、萧红、萧军、郁达夫、叶圣陶、邹韬奋等人的作品。这些作品的版本价值较高，有的作品收有四、五个版本，这些版本为研究这一时期的进步作家群的活动提供了较为翔实的史料。

（2）革命进步报刊

本馆收藏的革命进步报刊有1939年出版的盖有“极秘”印记的满铁大连图书馆搜集的《八路军军政杂志》和陈独秀主编的《新青年》、大连中华青年会出版的《青年翼》、《新文化》。还有《新创造》、《语丝》、《芒种》、《中国农村》、《读书生活》、《抗战》、《文学季刊》、《文艺春秋》等六十余种。

报纸有《民主报》、《大汉报》、《共和》、《越铎日报》、《申报》、《讨报》、《汉民时报》、《中华》、《晨报》、《盛京时报》、《民声晚报》及俄文版的《布尔什维克》等百余种。

2. 解放战争时期

（1）毛泽东的著作与写毛泽东的书

本馆收藏国内发行出版最早的《毛泽东选集》（五卷本）是1945年7月由苏中出版社出版的。本馆还收藏1946年大连大众书店出版的《毛泽东选集》五卷单行本和五卷合订本；1948年东北书店出版的《毛泽东选集》五卷合订本。本馆还收藏毛泽东的著作有《农村调查》（1946年7月）、《文艺政策》（1946年11月）、《中国革命与中国共产党》（1946年4月）、《中国革命战争的战略问题》（1948年7月）、《目前形势和我们的任务》（1948年）、《论持久战》（1948年5月）、《湖南农民运动考察报告》（1947年6月）、《在晋绥干部会议上的讲话》（1949年4月）、《论联合政府》（1949年6月）、《新民主主义论》（1949年5月）、《改造我们的学习》（1949年7月)等二十余种。论述毛泽东生平的有萧三的《毛泽东青少年时代》、斯诺的《毛泽东自传》、爱泼斯坦的《毛泽东印象》等。这一类书本馆收藏百余种，有的一种收藏四、五个版本。

（2）革命进步报刊

本馆收藏旅大和东北解放区出版的报刊有《人民呼声》（中共旅大地委机关报，以工会名义出版，后改称《大连日报》）、《新生时报》（大连政府机关报）、《关东日报》（关东公署机关报）、《实话报》（旅大中苏友协主办）、《农民报》、《人民文艺》、《民主青年》、《文林》、《知识》、《友谊》和东北解放区出版的《东北文艺》、《白山》等，还有冀鲁豫解放区出版的《平原》等。

（3）鲁迅著作与纪念鲁迅的著作（含民国时期）

本馆收藏的鲁迅著作的版本，最早的是1927年上海未名社版的《坟》、还有1927～1932年上海北新书局出版的《华盖集》、《而已集》、《三闲集》、《彷徨》、《呐喊》、《热风》，1933年上海

馆藏1938年4月出版的《抗战回忆录》、1939年5月出版的《红色的延安》

晋光书局版《伪自由书》和《两地书》、群众图书公司出版的《集外集》，1937年上海时代文化社出版的《鲁迅杂感集》，1939年鲁迅先生纪念委员会编的《集外集(拾遗)》，上海市现代书局版《果树园》（译文），上海良友版《竖琴》（译文），1946年大连大众书店版《表》（译文）、《一天的工作》（译文），上海文化生活出版的《夜记》，1947年鲁迅全集出版社版《三闲集》、《二心集》、《南腔北调集》、《伪自由书》、《准风月谈》、《花边文学》、《两地书》等。

本馆收藏1948年大连光华书店采用鲁迅全集出版社出版《鲁迅三十年集》即《鲁迅全集》共三十册和东北书店出版的《鲁迅全集》共十五卷，还收藏1941年上海激流书店版和1946年上海联合出版社版的《鲁迅语录》。

本馆收藏的纪念鲁迅的著作有日本小田狱夫的《鲁迅传》（1943年，艺文书坊），胡绳等的《鲁迅的道路》（1948年，上海文艺出版社），张望的《鲁迅论美术》（1948年4月，大连大众书店），卢正义的《鲁迅论》（一、二册，1946年10月，大连文协）和1949年上海出版社出版的倪海曙的《鲁迅论语文改革》、罗果夫的《鲁迅论俄罗斯文学》。还有1946年5月大连大众书店出版的《鲁迅论文集》，1947年峨眉出版社出版的《民国前的鲁迅先生》，心声阁的《人民文豪鲁迅》和1948年8月吉林书店出版的《鲁迅社会论文集》等。本馆收藏这一时期出版的鲁迅的著作和写鲁迅的书有百余种数百册。有不少钤有“旅大文化宫图书室”的朱红方印。

（4）中外著名进步作家作品

本馆收藏的中外著名进步作家作品共有三百余种，其中中国著名进步作家的作品有：郭沫若的《十批判书》（1945年，大连光华书店）、《孔雀胆》（1946年1月，群益书店）、《虎符》（1949年8月，群益出版社），赵树理的《李有才板话》（1946年3月，大连大众书店）、《福》（1947年7月，东北书店），茅盾的《清明前后》（1949年，韬奋书店）、《腐蚀》（1949年4月，辽东建国社）、《霜叶红似二月花》（1947年6月，上海华光书店）、《虹》（1949

馆藏八路军政治部出版的《八路军军政杂志》、1938年出版的《民族之血》

年4月，上海开明书店）、《动摇》（1947年，火线出版社），巴金的《新生》（1949年3月，上海开明书店），沙汀的《困兽记》（1946年10月，新天地出版社）、《播种者》（1946年，华夏书店），陈白尘的《结婚进行曲》（1945年12月，作家书屋）、《升官图》（1949年9月，大连光华书店）、《大渡河》（1949年7月，群益出版社），瞿秋白的《乱弹及其他》（1949年，东北书店），胡乔木的《从战争到和平》（1946年，大连日报社），陶行之的《行之教育论文选集》（1949年4月，大连大众书店），翦伯赞的《历史哲学教程》（1946年2月，大连新知书店），冯至的《歌德论述》（1948年8月，正中书局），张恨水的《到农村去》（1946年，联华出版公司）、《八十一梦》（1946年，南京新民报社），吴祖光的《牛郎织女》（1946年，星群出版社），陈伯达的《中国四大家族》（1946年12月，东北书店）、《窃国大盗袁世凯》（1945年，大连大众书店），钱钟书的《围城》（1947年，上海晨光公司），叶圣陶的《开明少年》（1946年，开明书局），胡绳的《辩证唯物论入门》（1948年，新华书店），丁玲的《英雄传》（1947年，大连大众书店）等。外国著名进步作家作品有：斯诺的《西行漫记》（1948年，大连光华书店），《长征25000里》（1949年6月，启明书店），斯坦因的《新中国的长成》（1945年，希望书店），史沫特莱的《中国之战歌》（1946年，展望出版社）等。

三、革命进步书刊的历史价值与学术研究价值

1．历史价值

在馆藏革命进步书刊中，存有大量的历史价值极高的版本，如毛泽东在红军长征时期所著的《只有苏维埃才能救中国》(1934年)，是在当时艰苦卓绝的斗争环境中写就的，由于国民党反动派的经济文化封锁，此书不得不由苏联真理社出版。本馆还收藏国内发现出

版最早的《毛泽东选集》（五卷本），是1945年7月苏中出版社出版的。还收藏全国第二个《毛泽东选集》五卷合订本，该本是在柳青带来的晋察冀出版的全国第一个五卷本的基础上，增加了两篇文章后于1946年在大连大众书店出版的版本。本馆收藏历史价值较高的报刊有陈独秀主编的、标志着新文化运动开始的《新青年》创刊号（1915年9月），有八路军的机关刊物《八路军军政杂志》以及1912年元月鲁迅等人在绍兴创办的《越铎日报》，这是最早加入中国报界俱乐部的报纸，其宗旨："尺政治之得失，发社会之蒙覆，振勇毅之精神。灌输真知，扬表万物。"1916年8月，孙中山赠该报两个字"博爱"。还有旅大解放区的《人民呼声》、《大连日报》（前身）、《实话报》（旅大中苏友协创办的）等，都是见证中国革命的弥足珍贵的历史文献。

2．学术研究价值

馆藏革命进步书刊在中国现代史研究方面有其重要的学术价值，他们的革命创作历程就是中国现代一部完整的发展史。如馆藏鲁迅、郭沫若、茅盾、巴金、老舍、叶圣陶、刘白羽、周立波、林语堂、沈从文、郁达夫、张恨水等作家的作品，已经成为当代学者研究中国现代文学最具学术价值的史料。尤其是鲁迅的作品、写鲁迅的书以及纪念鲁迅的文集，是本馆收藏最系统、最完整、最丰富的藏书，对从事鲁迅研究的学者具有极高的学术研究价值。

（2007年12月）

白云追思

松柏长青

怀念我们第一任馆长杨东昉同志

乔　良

杨东昉同志于今年一月离开了我们。在建馆三十五周年的日子里，我想应该写点回忆文章，以此作为对老馆长的怀念。1948年暑假前的一个星期天，《新少年》杂志负责同志在儿童文化馆召开撰稿人座谈会，在这次会上我结识了杨馆长。会上我谈了一些关于如何办好《少年报》的看法，引起他的兴趣。会后他详细询问我所在学校、文化程度等，我一一做了回答。他立刻说："那你和乔传珏是本家了。"我说："他是我爷爷辈。"他风趣地说："那你也是诗书门第。"我回答说："才二十多岁，比起长辈还差得远呢。"他是解放区来的老干部，那平易近人的长者风度至今还留在记忆里，久久不能忘怀。

1951年3月旅大人民出版社成立，《新少年》杂志（半月刊）也合并到该社。还是杨馆长提名把我调到出版社，做《新少年》的通联工作。报到时，他鼓励我好好学习，充实学识，不断提高业务水平。我聚精会神地聆听，话锋一转，他风趣地说："瀛元，我给你送个别名叫乔良吧。你用杂志辅导学生学习，你就起个桥梁作用嘛。"从那时起，我就启用了现在这个名字。

他对工作极端负责，对年轻人要求严格，他总是鼓励我们大胆创新，善于独立思考。为提高刊物水平，他同我们多次深入农村学校，参加教师和儿童座谈会，听取意见。他讲话深入浅出，幽默风趣，列举古今中外自学成才的人物来勉励青少年。

杨东昉

旅大人民出版社成立时，他担任社长，旅大图书馆建馆时，他是第一任馆长。

1952年旅大市改为省辖市，出版社撤销，干部另行分配。当时市图书馆开馆不久，缺少干部，特别是缺少年轻的男同志。杨馆长首先动员邹本顺和我到图书馆工作。当时我对图书馆很陌生，觉得自己年轻，水平低，不能胜任工作。还是杨馆长做我的思想工作说：“你们乔家是出念书人的，乔德秀（字芝三）清末做过贡生，写出《南金乡土志》，很有价值，应该继承下来。趁还年轻，好好学习，‘功夫不负有心人’，何况在图书馆可以接触各种书刊呢。”于是，1952年6月我来到市图书馆工作。记得他在一次大会上谈到为大众服务时，强调要千方百计满足读者对图书资料的需求。他列举了清朝光绪、宣统年间，有的省维新派创建了一些图书馆，为士大夫服务的气息还很浓，个别图书馆还有“不穿长衫不得进馆”之类的规定，这实际上还是“没有完全甩掉藏书楼的面纱”，“今天的公共图书馆要向各阶层读者开门”这些话，教育了我，使我在工作中，取得了一定的成绩。1953、1954年我被评为市文化局“积极工作者”，以后又多次评为馆“先进工作者”，这都是和杨馆长的培育和教诲分不开的。

大连市市长陈云涛调离旅大后，杨馆长搬进陈市长住的那幢楼。他处处关心干部的生活，动员王士修、谷乐和我住进楼下的三间，这样接触的机会更多了。有时晚间和星期天，我们常常在王士鉁房里交谈，从图书馆的业务，谈到“四书五经”、“二十四史”以及书法、美术、篆刻……

1952年，他调离大连，任东北图书馆馆长；1957年又调到鞍山市任文化局局长。不久，他便历经坎坷，开始步入长达二十年的艰苦岁月！

1983年，他在大连干部疗养院疗养时，仍关心大连图书馆的事业，并接见了一些老同志。当他知道我参加古籍整理工作时，高兴地说：“你已能整理古旧籍啦。”我说：“多亏学过北大图书馆学专业，不敢说胜任，和同志们一起总算能应付下来。”当他知道正在整理罗家（罗振玉）和王家（王永江）的藏书时，他赞不绝口地说：“这可是一批珍贵资料啊！”

今天，祖国四化建设波澜壮阔，图书馆事业也蒸蒸日上，我馆2.5万平方米的新馆舍已破土动工，这是可以告慰杨馆长的。

杨馆长虽然离开了我们，但他对图书馆事业的关心和贡献却长留人间。作为一个过去曾经受他言传身教的人，仅以此片断回忆，聊表对杨馆长难以忘却的怀念。

（1988年）

难以忘却的纪念

茅恒

亲爱的母亲离开我们已整整四十年了。每到7月22日我都会感到悲伤，感到心痛，因为那是我失去母亲的日子。母亲未能熬过“文革”中最黑暗的时期，带着不解的疑问含冤而去。党的三中全会以后父亲和母亲相继被平反，他们的不白之冤终于得到昭雪，他们的一生得到了全面、公正的评价。但我们却失去了我们最亲爱的父亲和母亲。

在怀念母亲的此时此刻，她那为真理、为革命奋斗不息的一生，她那可敬可亲的音容和对我们子女的谆谆教导，又浮现在我的眼前，就像昨天一样。

母亲出生于黑暗旧中国的一个地主家庭。在中学求学时就是一个追求真理、向往革命的青年。中学毕业后，20岁的她就当了常熟日报的记者，由于发表抨击国民党腐败的文章，两次被捕入狱，出狱后加入了共产党的外围进步组织，从此开始了她的革命生涯。和我父亲结婚后，母亲伴随着父亲转战南北，经历了抗日战争和解放战争残酷的考验，把自己的一切倾注在党的解放事业上。我和我的三个哥哥相继在抗日战争和解放战争中出生，但为了不影响革命工作，我们出生后都被寄养在亲戚或老乡家中，直至全国解放后，才回到父母身边。

解放后，我和三哥得以生活在父母的身边，虽然只有短短几年，但亲眼看到母亲忘我的工作精神，使我们受到深刻的教育。

母亲在大连海运学院工作时我还很小，没有太多的印象，只知道她很忙，从来没有时间陪我们。1957年4月，母亲调到大连图书馆工作。她到大连图书馆担任馆长后，比在海运学院时更忙。那时我小学三年级了，喜欢到图书馆看连环画，所以经常去图书馆，看到了母亲的工作。那时的图书馆很简陋，管理比较困难，需要大量的人力去整理修补图书，母亲经常带头和大家一起利用业余时间整理图书，我也有好几次帮助贴图书的标签。母亲的另一项工作就是推广科学文化工作。当时我国的文化水平比较低，如何把图书馆办成推广科学文化的载体是一项重要工作，母亲把大量的时间和工作放在读者身上，经常召开读者座谈会，了解读者的需求，做读者的知心朋友。有一年的三八妇女节，图书馆举办诗歌朗诵会，在三八广场（或是中山广场）的一个会场，母亲特意写了一首歌颂妇女解放的诗，由图书馆一位同志朗诵，朗诵会很成功，我还记得母亲那天特别高兴。

1959年由于父亲在上海治病，母亲也调上海音乐家协会任办公室主任。母亲平时非常朴素，从不张扬，刚到音协时，大家都以为她是一个没有文化的工农干部，有几分看不起她，而音协工作又是她所陌生的，这是她工作十分艰难的阶段。但是她凭着勤奋工作、诚恳待人，工作终于得到了大家的认同和好评。她在音协的工作更为繁忙，为了熟悉音协工作，她坚持刻苦学习，经常工作到深夜。她不懂音乐，但每次音乐会她都到现场了解音乐会的组织情况和效果。除了日常工作，音协的大量工作是联络音乐界人士，了解他们的想法，发挥他们的作用。当时正值“三年自然灾害”和反右倾机会主义时期，要让音乐家们相信党的政策，需要做大量的工作。母亲把所有的业余时间都放在走访上，并和许多音乐家如周小燕、夏白等成了好朋友。繁忙的工作严重损害了她的身体，她的体重从100斤降到不足80斤。

宗小薇

1962年6月，母亲再度出任大连图书馆馆长。在我的记忆中，母亲永远把工作放在第一位。母亲从来没有溺爱过我们，而且常常对我们有些疏忽。到上海后我考入寄宿中学，学校在郊区，蚊子多，需要用蚊帐。别的同学都挂了蚊帐，而我在周末回到家，发现母亲还没帮我买蚊帐，我一气之下大哭了一场，甩门就走了。第二天我收到母亲的信，母亲在信中向我道歉，表示对我关心不够，希望我能谅解她。看了母亲的信我流下了眼泪，在信中我体会到了母亲的爱、母亲的温暖。

三哥初中毕业被解放军外语学院录取，远去河北张家口报到，走的时候，很多家长都到车站送行，可是母亲正好有会议，不能去送行。16岁的三哥很懂事，理解母亲的心情，没有埋怨母亲，临行前在母亲的书桌上留下字条："妈妈，我走了，以后你一个人在家，工作忙，身体又不好，要自己保重。"并告诉母亲粮票、油票放在哪里。母亲回家后看到三哥的字条，不禁流下了眼泪，她也有颗慈母的心，孩子的远别，怎能不牵动她的心。

母亲从投身革命的那一刻起，就是党最忠实的战士。她不仅把自己无私奉献给了革命事业，也以这样的信念教育我们。

大哥在南京建筑学院毕业后完全可以分配在北京、上海，可是父母却支持他到最艰苦的山西，而且再也没有把他调回来。二哥在中学是品学兼优的好学生，毕业时被选派留苏，可是在体检时空军选中了他。当他犹豫不定时，父母对他说“个人的理想要服从祖国的需要”，就这样二哥放弃了留苏当了飞行员。三哥16岁时被军事外语学院选中，母亲还是坚决支持他去了部队。母亲从来没有想过要把子女留在身边，从来没有把子女当作个人的私有财产。

1964年，在极“左”路线下，父亲受到无故的迫害，母亲也受到牵连，由大连图书馆调到大连市文联工作，实际上是接受审查。这个时期我们和母亲的书信来往很多，特别是母亲给我们4个子女的信特别多。父亲是一个从青年学生时期就投身于革命、为无产阶级解放事业奋斗了一生的共产党员，一个曾经历了北伐战争、抗日战争、解放战争各个历史时期残酷斗争的革命者，母亲对他最为了解，坚信父亲不会损害党的事业。但是母亲却不希望我们由于父亲的事怀疑党和组织，她在给我们的信中反复嘱咐我们要相信党、相信毛主席，要努力工作和学习，坚决走革命道路。至于父亲的问题，她会通过组织向陈丕显、韩念龙等同志反映。没有想到的是，她写给领导的这些材料在“文革”中成了为父亲翻案的证据。

那一年二哥从航校即将毕业，他是那一届最优秀的空军领航员，是全军学毛选积极分子，是大练兵中的技术尖子。毕业分配到北京运输大队（专门护送中央领导人），中尉军衔（学员中最高）。父亲出事时，离二哥到北京报到仅相差几天，当时父亲的问题还没有定论，为了二哥的前途，完全可以不马上向航校反映这个问题，可是母亲还是主动去信航校组织，二哥不久就离开了部队回到上海，在工厂当了一名翻砂工人。三哥在军外院也是一名技术尖子，母亲也给军外院写了信，由于工作性质，三哥不能回地方，在贫困的安徽六安军分区当了十年参谋，回上海后在工厂当了一名车工。当时二哥、三哥都非常不理解，为什么母亲不为他们着想，觉得十分委屈。随着对母亲那一代人的了解，我们明白了她就代表了那一代共产党员的忠诚和赤子之心，我们还有什么不能理解呢！

在“文化大革命”那动乱的年代，母亲受到了残酷的迫害，海运学院、图书馆的造反派轮番批斗她。当时母亲一个人在大连，为了不连累我们，母亲不许我们到大连看她，也不给我们写信。那时我们在大连已没有了家，母亲住在图书馆的地下室里。1967年我以串连的名义到了大连，找到图书馆，看到了母亲居住的那间阴冷的地下室。图书馆到处都是批判她的大字报，包括地下室的门外。因为没有地方可去，我和母亲去了老虎滩，在那儿我们促膝长谈。母亲询问家里亲人的情况，询问那些老战友、老同志的现状。我记得最清楚的是母亲的这样一句话“那么多老同志都受到了批判，我相信党中央一定会妥善解决这些问题的”。她一点也没讲她被批斗的情况（她被批斗的情况还是母亲被平反时听几位图书馆同志讲的），也没向我诉说她的痛苦，她还是教导我要听党的话、跟党走。为了不影响我，母亲催我回上海，我不知道这竟是我和母亲的最后一次

鲁迅路分馆阅览厅

见面，母亲终究没有等到“文革”结束的那一天。回上海后不久就接到母亲去世的噩耗，我曾经无数次地责备自己没有留在母亲的身边，没有勇气和母亲一起去面对血雨腥风，没有在母亲最艰难的时刻给母亲以亲人的安慰。可是后悔永远挽回不了母亲的生命。

1978年底母亲被平反时我们又回到大连——这个我曾经非常热爱的城市，我在这里度过了幸福的童年和少年时代。在星海公园我凝望那吞没了母亲生命的碧海波涛；在老虎滩抚摸着我和母亲最后一次见面时坐过的石凳。往事像奔腾的海涛在我心中涌动，我大声呼唤着：“妈妈，我亲爱的妈妈，离开这里，和我们一起回去吧！”之后我又去过几次大连，许多次我在海运学院、图书馆和我们住过的星海公园、南山的寓所外徘徊，追寻着和父母亲一起生活过的痕迹，那里有永远不能忘怀的纪念。

母亲爱好文学，曾写过一些短篇小说和新诗，出过名为《泪里的花叶》的诗集；她已完稿的长诗“母亲”是以我的祖母为原型，可是尚未出版“文革”就开始了，诗稿也销毁了。母亲曾有过离休后搞文学创作的愿望，永远无法实现了。母亲的一生如诗如歌，虽没有轰轰烈烈，但平凡而伟大。

母亲，我们永远永远爱你！

（2007年7月）

[茅恒为宗小薇之女]

回忆孙效章同志

乔世国

我和效章同志相识，是在1945年的12月份。那时我是大连师范讲习所的一名学员，他是大连市政府教育局学校教育科科长，经常到我们的大课堂上给学员们布置一些事情。

1953年我被调到图书馆工作，1959年效章同志也被调到图书馆工作。就这样，我们在一起工作的时间长达八年之久。在“文化大革命”中，我们一块儿写检讨，一块儿挨批斗，一块儿蹲“牛棚”，又一块儿被下放。粉碎“四人帮”以后，当我们怀着极大的喜悦心情，重新回到自己怀念的原来的工作岗位时，他却已经和我们永别了。

效章同志是大连解放后最早入党的党员之一。他在我们中间可以说是一位革命先驱。效章同志在图书馆工作期间，作为我们大连地区解放以后最早觉醒、最早决定要跟着共产党走并且要把自己的终生交给党来安排的知识分子，他的身上的确存在着一些令人敬佩的优良政治品质。回首往事，他在图书馆工作期间所表现出来的那些对党、对人民和对我们图书馆事业有利的种种言行，如今还那样清晰地留在我们的记忆中，就好像是昨天发生的事情。

一、他在政治上不随风摇摆，更不投机取巧；办事也比较能够坚持从实际出发，实事求是。在社会上出现弄虚作假，搞浮夸风的时候，他对此表示深恶痛绝。他对上级汇报工作，从来不“报喜不报忧”，也不隐瞒自已的观点。对于工作问

孙效章

题，一就是一，二就是二。他对自己不会吹，对别人不会捧。在“文化大革命”中，对于所谓“古、旧、黄”的东西是要“狠打猛批”的。当时在图书馆内效章同志是首当其冲的，对他的压力是很大的。但是，他并没有表现出慌乱和妥协，没有真正“认真”地进行检讨。在蹲“牛棚子”的时候，他也没怎么在乎。可以说，在这个问题上他是至死也没有“觉悟”、没有“投降”。说他是“走资派”，他始终没有真正“低头认罪”。他的心里是真有马列主义，他对党的政策的理解，是准确和深刻的。他不愧是一位受党多年教育和培养的老党员，也表现出了一个老党员、老干部应有的革命坚定性和敢于坚持真理的英雄本色。

二、他在工作上能信任别人，放手让别人工作，不论对党内同志还是对党外同志，都是如此。他参加革命工作时间较早，资格较老，但他从不认为自己是高人一等的。他在同志关系上是平易近人的，同志之间是能够坦诚相见的。所以，他有时在批评同志的时候说出一两句过火的话，大家也都能够谅解。工作中如果有了什么毛病，他也总是肯于承担责任的。

三、效章同志有较高的文化水平和分析认识事物的能力，有相当丰富的工作经验。他曾担任过较高的工作职务，但是在图书馆工作期间，他从没有计较过自己的职位高低问题。像他那样毫不计较、能上能下，是难能可贵的。

（1986年）

年轮——忆王士修先生

王多闻

王士修先生大我十五岁，倘若活着，当是七十六岁了。他是1972年被迫害，在自己的家乡——山东黄县去世的。

我们第一次会面是三十年前。他当时主持参考研究部的工作。士修先生是参加筹备大连图书馆开馆工作的元老之一，1951年开馆时，他便担任研究部主任。

1957年春节，我应邀到研究部阎家仁同志家中作客。离开饭时间尚早，我说我去看看士修，“去去就来”。然而一谈就是三个小时，竟忘记那么多同志在等我吃饭了。

士修先生博闻广识，早年毕业于辅仁大学。他英语极好，并通法语、德语，这是因为他具备了良好的拉丁语的修养。解放后他自学俄语，并可以熟练地查阅资料。当时不少单位、不少学外语的同志，经常来向他求救，他总是有求必应，有问必答。遇到疑难问题，他通过工具书，直到获得满意的解答为止。士修先生以精通外语见称，所以很少有人知道他是学历史的。他和他的老校长、著名历史学家陈垣有很深的感情，他协助陈垣整理过“中西交通史”，深得器重，就是在他被“刺配”的年月，还不时与陈垣书信往还。

我和士修、还有周之风先生曾在一个办公室。士修大我十五岁，而周先生又长他十五岁，真是无巧不成书，似乎也可以说老、中、青三结合吧。

我当时常翻看的几本书是：宋王应麟的《困学纪闻》和

王士修

清顾炎武的《日知录》，还有赵瓯北的《陔余丛考》和钱竹汀的《十驾斋养新录》。士修看后对我说，清人有一幅联你可知晓？随后他自吟道：

《困学》昔为王伯厚

《日知》今有顾亭林

伯厚是王应麟的字，亭林是顾炎武的字，比喻贴切，对仗工整，这确是一幅绝妙的联对。士修针对此情景脱口而出，其于此道造诣之深，使我赞佩。这一件小事，我至今念念不忘。每当我和自己的学生读笔记文时，都要谈这幅联对。这大概也算做“文物前贤启后生”了。

我和士修先生都是被错划的“右派”，从1958年9月至1961年底，在一起劳动。他有高血压症，还因痔疮常常脱肛，春种夏锄对他是十分犯难的；而一入秋，他的病就加重，必得戴上大口罩。即使这样，大凡有点空闲，他仍是“手不释卷”。

士修先生还称得上是书法家。他的“八分”极整齐，落笔皆有所本。“从来书道重笔遒，逆入平出回作收”，虽不能说“无一字不飞动”，但却能做到“无一字不规矩”。他为人谦虚，从不卖弄。他常说，点画一定要规范，切不可“鼓弩束薪”。他还爱好篆刻，古朴大方，非一般刻家所能学。

人们更难想象，士修当年还是一位足球场上的健将。他是辅仁大学足球队的后卫，有名的“王大头”就是他。可惜无缘看到他驰骋绿茵场上的雄姿了。

在几起几落的风吹雨打中，共同的遭遇增加了我们的进一层的了解。他敏于学，但在人多的场合又讷于言，遇事不善表白，受诬也不争辩。我们一块在农场劳动时，他常常因为完不成规定的数量而遭批评，他也不还腔。我当时是个组长，总给他轻活干，从不拿他的缺点向上邀宠，所以我们相互取得了信任。

1966年的夏天，已经是“山雨欲来风满楼”的时刻了。他请我吃老边饺子，饭后，我们坐在站前的小花园里，他谈烹调技术，又扯起一辈古人和中外名著，还说起京华的戏楼和梨园弟子。满天星斗，微风徐来，不知人间尚有悲凉事。

这是我和士修的最后一面。

（1986年）

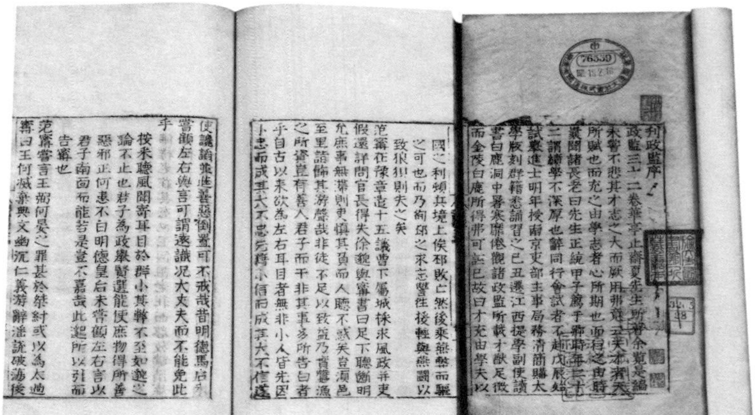

馆藏《政监》，明正德十六年刻本

回忆周之风先生工作片断

乔 良

33年前的1953年初，周之风先生从旅顺博物馆调来本馆参考研究部工作。不久，我也被调到参考研究部，和周先生在一起两年多。他对工作细致认真，在同罗继祖、盛清溪等老先生整理古旧籍时，认真考证版刻年代、编撰者的朝代，这对后来全面整理古旧籍，起到了很好的参考作用。

周先生编制了不少书目，特别是他编的《东北地方文献及有关资料目录》、《各类丛书提要目录》和《全国地方志目录及物产提要》。为了配合经济建设，在地方志目录中增加物产一栏，是非常有价值的。他翻阅许多资料，反复核实，不查清楚，不肯罢休。由于这一专题目录具有很大的实用价值，周先生被评为市文化局的年度先进工作者。

20世纪50年代的前期，各个业务部门的同志都是以自学为主，并由几位老先生和业务骨干予以辅导。我记得周先生讲过“甲骨文的发明与研究”和“古代的文字书写避讳”等专题，对我后来参加古旧籍整理工作帮助很大。

周先生对来自各方面的咨询工作，既认真又细致，他以史料为依据，绝不马虎从事。对有的咨询他一时拿不准，总是留下咨询者的单位和姓名，通过各种史料核对清楚后再作答复。1956年周先生虽已年逾花甲，但仍然利用业余时间，参阅有关资料，深入群众进行访问和调查，编写了《旅大史地丛谈》，在旅大日报连载三十四篇，深受广大读者的欢迎。

而后，为满足读者的要求，周先生又拿起笔来重新进行编写，使内容更加充实、确切。从古生代的旅大地质情况谈起，直写到旅大解放为止，共分七十回，约五万字。他还写了《旅大小史》和《旅大编年史》，可惜都未能出版。

周之风先生逝世已经九年了。往事如烟，有些已记不太清，仅凭印象，草成小文，以资纪念。据说，周先生身后留下一批手稿，也不知流散何处，诚可憾也。

（1986年）

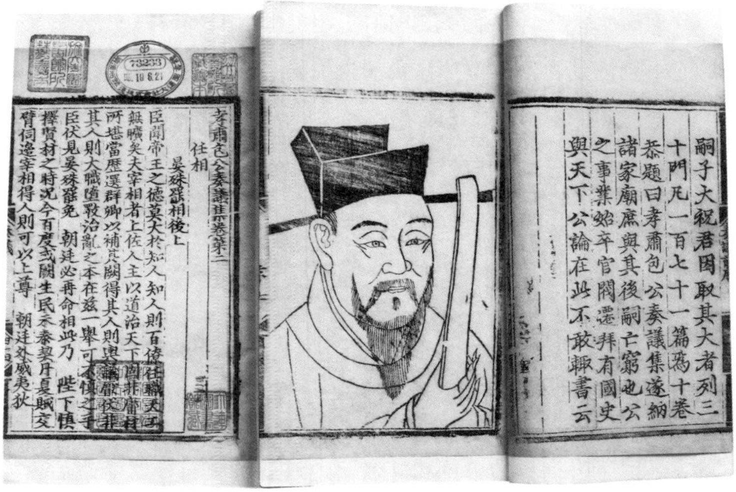

馆藏《孝肃包公奏议集》，明弘治五年刻本

罗继庵先生与大连图书馆

萧文立

引言

我师罗继庵先生名继祖，初字奉高，改字甘孺，晚号继庵。中国中古史学家，古文献学家，书法家，社会与文化批评家。浙江上虞人，1913年出生于日本京都，2002年谢世于辽宁大连。

继翁与大连图书馆渊源深厚。他是罗雪堂先生（振玉）长孙，旅大光复之际，整理雪堂大云书库藏书捐献大连图书馆，并入馆工作。晚年从吉林大学离休后，退居大连，恰逢张本义先生任馆长，关心大连图书馆建设。谢世后，平日所读书经家属公决，又捐献入馆，馆在白云书院为辟罗继祖文库以储之。两代藏书相隔六十年，归于一地，洵国内图书馆界之佳话。

文立侍继翁十载，沃闻绪论，值此大连图书馆百年建馆纪念，特钩稽史料，草成此文，既为纪念，并备史乘他日之采撷。

罗雪堂在满铁大连图书馆演讲

罗家两代与大连图书馆都有学术关联，兹先略述雪堂先生史事。

1903年，经馆员松崎鹤雄（号柔甫）托宪真（字春之）及王季烈（号螾庐）斡旋，寓居旅顺的罗雪堂先生，先后到南满洲铁道株式会社大连图书馆（馆址即今大连图书馆日本文献分馆），作一场连续学术讲演及两场普及讲演。松崎鹤雄早年游学中国，与老辈学者多有交游，与雪堂亦为旧识；宪真是清朝末代肃亲王善耆之子，寓居旅顺；王季烈则为雪堂清学部旧同寅，此时寓居大连。

罗继祖

连续学术讲演题目为《本朝学术源流概略》，5月第三个周日（18日）起至8月第一个周日（3日）止，每月第一和第三个周日，分七次演讲，一般从下午一时起。大连中日文化协会6月30日即预先出版汉文原稿，后为雪堂收入自编刊之《辽居杂著乙编》。

普及讲演第一次，7月某日讲《殷墟文字之发现及研究之经过》，第二次8月30日讲《近三十年西陲发现之古文物》。

三次讲演均由松崎鹤雄日文纪录。《本朝学术源流概略》题《清朝学术源流概略》，并详加注释，次年1月由大连中日文化协会出版。两次普及讲演纪录分别发表在大连日文刊物《辽东诗坛》第五十七八两期特设之《学海丛谈》中。另当时，《东亚》杂志逐期刊登《本朝学术源流概略》日文稿，未知何人翻译纪录。

据记载，当时已65岁之罗雪堂，每次讲演三四小时，毫无倦意，并有一时左右提问交流。听者三四十人，均旅顺大连中日两国研究者，甚至有远从奉天搭乘火车十小时来的。即时翻译者为宪真和雪堂四子福葆。

鲠庵先生捐赠大云书库藏书

鲠翁与大连图书馆的关系，从整理捐赠大云书库藏书始。其时鲠翁在图书馆外。

大云书库藏书

罗雪堂虽为近代大收藏家，但不以藏书名，其大云书库藏书以常用为主，善本不足与四大藏家并称。藏书来源，大抵南海孔氏岳雪楼、京师厂肆、四库底本、北平黄氏、大兴朱氏、怡邸、日本藏旧钞旧刻、敦煌遗书、大库档案、唐风楼钞本。藏书目，避地日本时，王国维初编。后在旅顺重编。

大云藏书遭劫

1945年8月22日，苏联红军在旅顺土城子机场下地，旅大光复。某日，苏军下令征用旅顺罗家房产，限三日搬家。其时罗家主政者承重孙罗承祖，先已奉祖母移居，鲠翁时尚在长春，一家由夫人陈文珍作主，仓皇搬到旧市区上沟东华街二十五号已歇业的绸缎庄东瑞祥暂住。旅顺市人民政府紧急动员学生，将书装满几千条麻袋，用汽车搬到仓库，堆垛直接屋顶。藏书经抢运，零落不堪，一路失落撕毁，更难悉数。鲠翁日后以为，祖父一生心血所萃，扫地尽矣，“子孙不能尽保护责任，是做子孙的罪过，同时也是对中国传统文化不知尊重保护的罪过”。

廖华邀请鲠翁

1946年10月某日，旅顺市人民政府派员通知，有负责同志廖华约鲠翁谈话。廖华原名陈继周，厦门大学毕业，中共党员，时从延安来东北工作，此刻养病大连，顺便考察苏军管制下之原满铁大连图书馆，听闻雪堂藏书之劫，又得见鲠翁赠馆员植野武雄的《辽史校勘记》，知其能继家学，遂邀请整理。言，藏书堆积仓库，日久必霉烂，且难免盗窃流失。延安毛主席非常关心文化，已知此事，非急切整理不可。你是否愿意？这也是革命工作一部分。鲠翁喜出望外，答应下来。廖且说，藏书仍归你家所有，党只是抢救代管而已。次日，廖即派旅顺市人民政府教育局委任鲠翁为一等科员，专司整理雪堂藏书事。

其时，关东公署教育厅厅长江清风曾与吴仲超、李亚农等来罗宅察看，江亦表示，书仍归罗家所有云云。

鲠翁整理藏书

鲠翁司整理后，政府雇工将大云藏书一麻袋一麻袋背到旅顺市内天后宫里，鲠翁即在庙内整理。庙里太逼仄，书摆放不开。随即于1947年转移到大连市内南山日本大庙中。庙有两座，已为社教团所用，特让出一座，后来即为大连图书馆书库，现为大连京剧团。

鲠翁整理藏书，先有助手两人，一张世明，一孙正逵，后又加一陈星南。张山东人，三十岁左右；孙不知何地人，五十岁余；陈则潍县陈氏，曾任大连公学堂教员，四五十岁，有江湖气。1947年成立关东行政公署，鲠翁隶属教育厅，派中共党员周化南领导整理工作。周为江苏宿迁人。

当鲠翁在天后宫时，庙内住有旅顺市政府秘书长王华凯，胶东干部，对鲠翁态度友好，惟无文化。随同藏书一道运来的，尚有雪堂自刻书书板若干种，完好无损，若《面城精舍杂文》、《读碑小笺》、《眼学偶得》、《续汇刻书目》、《永丰乡人稿》、《宸翰楼丛书》、《玉简斋丛书》、《元人选元诗》，以及雪堂得自他人的书板《纂喜庐丛书》、《金石续编》等。王秘书长以为无用，时值冬天，都取来烧火。枣木坚硬，劈开费力，又不容易起火，秘书长一边烧一边骂，鲠翁亦不敢言说。后来烧得几乎没有了，有人看见，惊诧以为宋板，都运到大连图书馆珍藏起来。今天尚残存孑馀。

罗家捐赠藏书

藏书整理，从1946年10月起，到1948年为止。整理完毕，雪堂两孙继祖（长房长孙）、承祖（承重孙）具名，以雪堂夫人名义，捐赠给人民政府。

大云藏书当日经整理后，共有若干，鲠翁未有统计。辽宁图书馆研究人员赵成山、王清原先后有研究。赵说，为雪堂藏书九万五千册、家刊本四万册，共十三万五千册，不包括拓片及档案。其中辽宁图书馆调拨藏书一万六千零一册、自刊书复本三万多册，合计四万六千至五万册，大连馆留九万册（包括藏书及自刊书）。王说，合计十三万至十五万册。

大云藏书为辽宁图书馆古籍收藏仅次于伪满洲国溥仪取携自北京故宫和沈阳故宫者。亦为大连图书馆重要馆藏来源。

当日捐赠图书，多有罗家墨缘堂未售出者，故复本极多。接收者旅大图书馆1957年2月编刊《馆藏图书复本目录》第一册，虽不注来源，审知悉为罗家所刊所售书。表中详细标明所存复本数，并以红铅笔及铅笔另标注1960年代售出或交换数目。封二有批语一，曰“红圈内数（为）要处理实数，63-10-30”，可知雪堂所编著刊刻图书，国内现存，颇有为连馆1960年代所出售及赠与交换者，至1980年代又出售残余给北京中国书店，则未有目录，不知其都数。

今但举其存书百部以上者，以见一斑。前数为当日接收数，后数为1960年代售出或交换数。

罗雪堂著述

唐代海东藩阀志存　石印本　175部175册　167

金薤琳琅二集　石印本　141部142册　134

昭代经师手简二编　石印本　138部138册　83

楚州金石录 石印本 137部137册 132

唐风楼砖录四种 石印本 129部516册 120

两浙佚金佚石集存 玻璃板本 121部121册 117

辽居杂著乙编 石印本 114部456册 111

汉熹平石经残字集录 石印本 114部456册 104

辽居乙稿 石印本 113部113册 110

增订碑别字 石印本 106部212册 97

雪堂所藏古器物图 玻璃板本 100部100册 48

罗雪堂编述

重校纪元编 铅印本 271部813册 200

敦煌石室遗书三种 玻璃板本 187部187册 181

雪堂丛刻 铅印本 166部3320册 162

毛诗草木鸟兽虫鱼疏新校正 铅印本 163部163册 140

明季三孝廉集 铅印本 157部1570册 142

纪元以来朔闰考 铅印本 115部345册 109

吉石庵丛书二集 玻璃板本 100部700册 68

12 昭和五年九月一日發行（每月一回一日） 書香 第十八號 （第三種郵便物認可）

羅振玉翁の講演概況

大連圖書館に於て催された、羅振玉翁の講演は次の首題。『本朝學術源流概略』を五月第三日曜から八月第一日曜迄七回に分つて炎天酷暑に拘はらず、六十五歳の羅翁は凛々として說き去り說き來りて毎回三時間乃至四時間の講演にも、毫も懈怠の氣なく、聽者も青年壯年側には熱心に研究慾を滿たされたやうであつた。毎回寡き時は三十餘名衆きは四十名を超へた篤志な研究會は盛會を以て終つた、毎回講演の際に終りの一時を以て、考古學上經史の研究に資する、古文字の考釋や、古兵器の考證や、敦煌古寫本の發掘の始末や殷墟發掘の經過及研究法や、漢の熹平石經に關する說話は初學者に益する所多かつた。

清朝の學術史の要領を此の如く組織的に纏めたものは、從來の刊行物にはなかつた。今回の講演原稿は、中日文化協會から出版して一冊三十錢で配本されて居る、此は漢文の原稿であるが、『東[illegible]』にも毎號譯載されて居るが、屢々に誤譯があるやうである。中日文化協會でも更に和譯し注解を加へて刊行するときいた。支那學に關して現今中國學界で唯一無二の老學者が而かも義俠的に吾人の要求に應じて滿腹の造詣を傾け諄々として各種の質問を受け解說を與へられ、互に享けた懇情ある研究は恐らく今回の如きは空前であつたらう。

尚此種の講演は機を見て續行するつもりである。

满铁大连图书馆馆报《书香》报道举办罗振玉演讲概况

罗雪堂刊刻

敦煌本古文尚书 玻璃板本 222部222册 157

原本玉篇残卷 梁顾野王 石印本 206部296册 96

空际格致 明高一志 铅印本 188部188册 183

净土三部经音义 宋释信端 铅印本 160部160册 155

古写本史记残卷 汉司马迁 石印本 151部151册 115

番汉合时掌中珠 西夏骨勒茂才 石印本 150部150册 145

群经字类 清王念孙 石印本 134部134册 130

唐写本文选集注 石印本 130部2080册 122

制钱通考 清唐与昆 铅印本 119部119册 113

集古官印考证 清瞿中溶 铅印本 118部472册 112

国朝金文著录表 王国维 石印本 115部345册 119

金石萃编未刻稿 清王昶 石印本 114部342册 109

涅般经悉谈章 石印本 113部113册 112

唐写本世说新书 刘宋刘义庆 石印本 113部113册 20

浣花词 清查容 石印本 110部110册 102

礼记子本疏义残卷 陈郑灼 石印本 108部108册 104

古兵符考略残稿 清翁大年 石印本 103部103册 95

墨缘堂寄售

许学四书 石印本 167部1002册 160

游历秘鲁图经 清傅云龙 石印本 174部348册 165

游历巴西图经 清傅云龙 石印本 165部330册 160

游历加拿大图经 清傅云龙 石印本 152部304册 162

西藏纪游 清周蔼联 石印本 107部214册 101

大云遗藏精品举隅

大云藏书虽不以善本著称，而以雪堂及精鉴博闻，铭心绝品，亦复不少。赵王两氏均有举例。以稿本（包括雪堂）钞本最突出。近年辽宁图书馆从其二百部稿本钞本中选择三十八部，经全国图书馆文献缩微复制中心影印为《罗氏雪堂藏书遗珍》。

附记大云文物之劫难

大云书库更藏有诸多文物，王国维曾有《库书楼记》，略谓有殷时甲骨数万枚，古器物数千品，魏晋以降碑志数十石，金石拓本及经籍各数万种，实三古文化学术之渊薮，今又得此大库之书云云。

勒令搬迁时，书画无法装入麻袋，被随手撕碎，或扔到楼下，被人哄抢，碑帖拓本被揉皱，无一完整。铜器也从楼上扔下，残缺不全。被乡人拾取的字画文物，画幅阔大的当成帘障，破裂的则烧火，也有识货的卖给商贩。甦翁日后回忆，云幸存者，百之四五耳。直至1990年代，旅顺民间仍有大云珍品出卖给旅顺博物馆。

大云书库本来尚有雪堂所搜集的两件铭心绝品，一是甲骨，一是熹平石经。前者即《殷虚书契前编》所录原片，雪堂特制十木柜以储；后者为来旅顺后新得并著录于《汉熹平石经残字集录》者，包括原石与精拓本。因雪堂在日，已经承祖手偷偷抵押给银行，因祸得福，幸免于难。

甦翁整理藏书时，尚有部分书画，甦翁一来无暇兼顾，二来损失惨重，睹物伤情，故并未整理，都由适在大连的阿英（钱杏邨）整理，后交给辽宁博物馆。

甦庵先生中年在大连图书馆

甦翁在大连图书馆工作，首尾五年头，惟一成绩，即最后一年所编之馆藏善本书卡片。

入馆前后

大云藏书整理完毕，时廖华任关东公署（旅大市人民政府）文物保管委员会主任委员，在市内劳动公园设劳动人民文物陈列所，调鲠翁及助手去，以翁主其事。1950年冬，鲠翁奉调到沈阳，入东北人民政府文化部文物处，任辽宁博物馆研究员，鉴定古瓷。

1951年春，苏军接管之满铁大连图书馆交还新中国政府，成立旅大市图书馆，鲠翁与杨仁恺、王士修等奉命来大连图书馆协助接收。时馆内但三四人，包括日本遗留旧馆员大谷武男。恐抗美援朝战火蔓延中国东北，乃一面点收一面装箱，准备疏散。整理月余告竣，而战争缓解，需就地开馆，又开箱重新上架。鲠翁与王士修两位研究员遂留在馆之参考研究部，一任中文古籍，一任西文图书，以王为主任。

日常工作

整理图书，开箱上架，任务繁重。此时古籍之书名条，均翁毛笔行楷所书，今馆中尚不时可见。馆中已增至三四十人，而仍不敷使用，研究员亦须承担杂务，从事体力劳动，又备外来咨询。鲠翁从小体质不佳，又端坐读书，今骤如此，难免疲劳。且解放初期，群众运动频繁，牵扯精力更甚。

然鲠翁工作态度，仍本其一贯，认真踏实。故1954年评选先进，以王士修坚持，经馆员评议，报市文化局批准，得积极工作者奖励。斯时得奖者，类多劳动人民，鲠翁以如此家庭出身，荣膺此奖，殊为不易。

作善本卡片

1954年起，鲠翁得闲，乃取馆旧藏善本与所捐大云藏书善本，作详细善本卡片若干，为五年研究员任内惟一成绩。次年4月，即丞中央人民政府教育部令，任教东北人民大学，北迁长春矣。

满铁馆曾藏《皇佑新乐图说》钞本，有名家递增藏印章。此书自《宋史·艺文志》著录后即无著录，《四库全书》亦未收，满铁以高价买进，以为珍本。此次经鲠翁审查，实为旧书商从朱载堉《乐律全书》杂钞而成。又《回匪叛乱奏稿》，亦是胡乱钞撮而成。凡此类鲠翁都剔除，不使鱼目混珠。

大连图书馆司古籍整理者，自满铁时以讫今日，文献学家但鲠翁一人，故善本书目之编纂，根底全为鲠翁1954至1965年所为，后之人但萧规曹随，有所增补，大率为翁所弃而不取者。此中容有翁旧学眼光之局限，更多则时移势易，古籍亦同乎人，年高俗漫尊耳。且有当去不去之滥收与当取不取之无识。而1986年5月馆方编印《大连图书馆古籍善本书目》，竟于鲠翁之工作，不置一辞。

在馆心境

解放初期，群众运动频繁。鲠翁参加革命以来，所遇到干部，但廖华最关心，其馀文化水平不说，即革命觉悟，去廖华亦甚远，故相处不能融洽。廖华回福建前夕，特与翁细谈，谆嘱以二事，一服从领导，二少说话。翁遂在连馆三反运动中，自请作重点对象，改造思想。当时馆中诸人，以翁态度老实，工作尚积极，又洁身自好，故未横生枝节。

此时，鲠翁携妻带子，在大连市内高尔基路55号，以住所湫窄，父母留在旅顺东华街。

在馆交游

在连馆5年，相交可言者惟对案工作之王士修一人。王本山东黄县人，为清王懿荣族人，毕业辅仁大学，从陈垣治中西交通史。不善处人事，家事公事均不谐，成为右派后退职回原籍，抑郁以终。王亦以为在东北惟与鲠翁可谈。

新中国成立后首任馆长为辽阳干部杨东昉，鲠翁以为人质直不欺，与翁尚合，后去省馆，翁遂叹馆中领导无知我者，但以众人报之可也。

另，满铁留用馆员大谷武男，鲠翁许为醇厚，能稍知我心者。1953年左右大谷辗转回国，翁赋诗二绝送之，一云：三年同典石渠书，马列精研我不如。今日送君上三峡，啼猿声里雨疏疏。又云：诗人爱国仰先型，众庶翻身七载经。指日浣花溪畔路，烦君寄语慰幽冥。

鲠庵先生晚年与大连图书馆

鲠翁离馆后，与连馆遂无关系。晚年退居大连后，关系可分为两期。前期亦了无往来，但于1980年代，听闻馆方将大云书库藏丰复本，扫数卖给北京中国书店，痛心疾首，文中多次提及。后期张本义先生主政，经文立居间联络，鲠翁于图书馆建设有所献替。

张本义先生为弘扬乡邦文化，筹措经费，相继在华宝斋书社为鲠翁影印出版所著《永丰乡人行年录》手稿本，翁原编文立补编并考释之《永丰乡人家书手简留真》，影印雪堂先生最后编选著作之一《贞松堂所藏历代名人法书》诸书，均宣纸线装，精美异常；介绍大连出版社出版文立所编鲠翁读书笔记合编《枫窗三录》。翁谢世后，并资助文立编印缅怀文集《白云追思集》。

鲠庵先生所读书入藏大连图书馆

鲠翁身后所遗部分藏书，在逝世四年后，经家属一致同意，捐赠大连图书馆，馆方在白云书院开辟罗继祖文库专室收藏。这批藏书并不是鲠翁一生所读书全部，更不是所藏书全部，只是1949年以后，特别是定居长春、执教吉林大学历史系，及晚年回归大连后，所藏所读常见常备的平装书，没有罕见秘本，线装书也寥寥无几，更都是普通本，没有版本价值。但是鲠翁一生辛勤治学的功夫所在，可以为史学研究者提供治学镜鉴。

此分藏书，可分书籍和期刊两分。期刊几乎都是中国历史学专业刊物，都从创刊第一期一直保持到晚年不能再看书时为止的全部，几乎占三分之一。书籍约五千五百册，广博与专精并重，基本史料占突出位置。专精是指几乎全部是中国历史学、文献学著作和文集。以时代论，宋辽金史、晚清史和东北史、文献学最为大宗。以体裁论，正史、编年史、人物传记、笔记野史日记书信年谱及各种史料汇编为最多。广博是指在所关注领域，有许多文学书画著作；历史学从上古到明清，乃至近现代史基本史料论著都有，既重视政治史，也不忽视经济社会文化思想文学艺术史。

（2007年）

白云书院罗继祖文库藏书

一瓣心花祭故人

董　皓

我来馆工作也晚，因职务所在，忝为领导之列，但我总觉得我与多闻先生的关系更多的是朋友之谊。在我馆建馆一百周年之际，念及多闻先生对我馆的贡献，难以忘怀，何况他在全国的图书馆事业中也是殚精竭虑，多有奉献。因此，使我更加怀念故友。

在与多闻先生的接触中，总觉得他有一种学者风度，谦虚处事，和蔼待人。在当时的参考研究部里，无论是谁，只要提出有关业务的问题，他都是有问必答，帮助解决疑难。而在休息时间，他又是另一种风采，或与棋友“将上一军”，或是开上一句玩笑。在馆里的晚会上都少不了他一段“打渔杀家”的清唱。多闻先生的书法也颇有造诣，但是他认为他的书法是“学专家”，而非书法家的字，从不张扬。但遇到需要也义不容辞。记得大连明清小说研究中心需印发信息，中心秘书长请他题写《大连明清小说研究信息》的报头，他非常看重，并没有因其为非正式出版的报刊、无报酬而有丝毫的推诿，认真地写完一张，就征求大家意见。一张一张，直到他本人感到满意、大家也一致称好为止。这令中心秘书长深为感动，由衷地表示感谢。其实，馆领导也好，馆员也好，乃至装订工也好，谁向他求字，他都一视同仁，欣然命笔，得到大家对其人品的一致称赞。无论是民盟的成员，还是社会上文字之交的老友，到馆里和家中拜访，他都心怀坦荡，谈笑风生。讲历史，讲现实，以其亲身经历倾诉对党的深厚感情。

王多闻

多闻先生是大连早期的中国民主同盟的盟员，历经坎坷之后，在新时期任民盟市委委员，文化局委员会及图书馆支部主任委员、市政协常委。

他曾先后多次参与编目工作，编写了大量的馆藏参考目录。其中头一件大事，就是1958年3月完成了《馆藏古典文学参考书目》。此书目从规划、通稿、编排、补撰到书写前言均由多闻先生担任。先印了第二辑词曲、戏曲，第三辑小说；后印的第一辑论文、第四辑杂考及其他；每辑均为两部分，一是作品，二是参考书目。这套目录有五个特点：一是类分细致，便于查找。比如小说部分就分为总录、笔记小说、短篇小说、长篇小说、弹词宝卷五类，类下又分若干子目，并且除在书名前注索书号外，还在每辑目录设附书名笔画索引，为查找提供了方便。二是编排有序，一目了然。除讲史以朝代为序外，皆以作者生卒年先后排次。演义同一故事或故事繁衍不可分开者，则不论作者生卒年之先后皆附于初著书之后。三是覆盖广泛，内涵丰富。除收录独立成卷、单行本外，还向丛书中寻珍觅宝。这是件极为耗神耗时耗力而又难以讨好之事。但他却认真地进行辑录。比如在公认的辑录小说的丛书中，并不尽是小说。像《说郛》、《说铃》、《说库》等书，都包括“笔记”，还夹杂着“辩订”、“箴规”等内容，但确含有大量小说，需经考证分辨予以收录。如此一来，使小说部分的书目更加丰富。在参考书目中，他既注重广泛性，却也并非良莠不分，对《戏瑕》、《子亭杂录》则不收，而对《东京梦华录》、《城都纪胜》、《梦梁录》等书因最早对“说话”加以分类，有重要参考价值，则均予收录。四是认真考证，力求准确。就连作者姓名也不例外。绝不道听途说照抄照录，宁可存疑而不妄下结论。作者姓名可考而原书用别号题署者，则遵书真名实姓，不录原题署。姓名不可考，则书某朝佚名并录原题署。如《词品》原题“元·涵虚子”就改为“明·朱权”。至于作者朝代既不可考又不能以版本认证其大致年代者，悉附录于同类书之后，足见其治学之严谨。五是视善本为国宝，倍加珍惜。对所辑诸书，首先考察出版年代、版本质量、题署真伪，凡确定列善之书，均在册次后题“善”字，还在“前言”中明示：“善本书”除专供研究版本参考外，概不外借、内阅。这种对国家文物认真保护的负责态度，实在值得赞扬。由于“目录”的编写科学严谨、方便适用，颇得使用者和领导好评。

在馆业务领导向省出版局建议对明末清初小说有选择地予以刊行时，多闻先生积极支持。他认为优秀的才子佳人小说有益无害，是宝贵的文化遗产。出版明清小说能填补从《金瓶梅》至《红楼梦》一百四十余年小说新版的空白，是一大好事。才子佳人小说对揭露当时的社会阴暗和丑恶世态，提倡自主恋爱、对爱情忠贞不渝是有积极意义的。并且，他还指出明清小说的出版，对研究中国小说史乃至中国文学史提供了充足的资料，是十分有益的事。后来在春风文艺出版社林辰同志来我馆选书时，多闻先生更是不遗余力，与参考部的同志一道提供了研究明清小说的参考资料。由于在编写《馆藏古典文学参考书目》时，他已阅读了大量原著和参考资料，对有关情况了如指掌，起到了主导作用。为了提示馆藏明清小说的特点、方便研究者检索，从1981年起参考部着手编辑了《明清小说序跋选》，

1983年正式出版。此书收录了馆藏104部明清小说中的83部的序、跋及弁语、凡例等110余篇，又对49种孤本、罕见本作了较详细的简介。通过这本书，不但可以了解一些孤本、善本小说的概貌，还可以了解古代小说的创作理论及发展史料，对考证作者生庚及版本也颇多启示。由于原书序跋多为单体，既不规范又多疏漏，有的书版印刷，很难辨认，工作十分艰难。多闻先生不但参与了编写，并与另一同志负责最后的核定，功不可没。

新中国成立后不到十年，便在国家科学规划委员会辖下设立了古籍整理出版规划小组。对约十万种古籍（按国务院规定为1911年辛亥革命之前的书籍）进行整理规划。“文革”后又成立了全国古籍善本总目编辑筹备组，下发文件并在全国分南北两片多次召开会议，统一收录范围及鉴定原则，多闻先生和有关同志先后多次与会。1977年他参加了国务院古籍善本总目编辑委员会在济南召开的会议，之后又参加了辽宁、哈尔滨、江西等地的会议，参加了辽宁省上报全国善本总目卡片的总审工作；随后又主持了我馆的善本普查、鉴定和编目工作，并在我市举办了善本书编目学习班，来自各地的23个馆30人参加。多闻先生在多次会议上发言，语惊四座，颇有见地，因而被聘为《全国善本总目》的史部总编。对此，他深感责任重大。他仔细领会国务院有关文件精神和体例要求，组织史部参编人员认真学习文件、收录范围、鉴定原则，还讨论了工作纪律和生活制度，安排得井井有条，还强调大家要治学严谨。不仅自己以身作则，他还经常检查本部的工作质量，随时与编委会领导交流工作意见，因此得到了领导和同仁的大力支持，使速度和质量得到了保证，善始善终地完成了任务。工作结束后，编委会致函大连市图书馆表示感谢，盛赞多闻先生业绩卓著。

多闻先生还曾应邀为河北人民出版社编纂的《中国古典文学大

辞典》撰写了《新世鸿勋》、《两交婚》、《凤凰池》等词条，这些词条写得详实准确，等于是高水平的论文。

同时，多闻先生还是文学专家。他撰写的《红楼梦图咏及其他》的论文，虽然是以图书专业为切入点，可是除了表现出他在图书的史、论两方面的博学之外，还折射出他对“红学”研究的素养。此文令人惊奇的是他独具慧眼，把目光瞄向了红楼梦各种版本的图咏，从对这些图咏的评说中揭示出《红楼梦》的思想性和艺术性。他特别赞赏改琦的《红楼梦图咏》，并将其与吴友如、王墀等人的绘图和孙坤、周绮、沈耀铃等人的题咏进行比较分析，予以评说，肯定了改琦作品为代表的绘图和孙坤等人的题咏，评说了王墀等人绘图和沈耀铃等人题咏之不足。通过这些分析评说，我们可以得出他对《红楼梦》的版本及各种插图、画册、条屏、题咏等艺术品见多识广，对它们的优劣成竹于胸，故能分析得辟经析理而见解独到。如对“黛玉”一幅，他认为改琦的画情景交融，图中萧索冷寂的配景加上巧舌头的鹦鹉，黛玉弱不禁风、愁眉滴泪的神态，入木三分地勾勒出黛玉悲苦的内心世界，而孙坤的题词“一生尽是含愁日，每憎鹦舌唤断肠”更为绘图增添了悲剧色彩；而又妙在改琦没有忘掉黛玉眉宇间的傲然神态与翠竹相呼应，体现了黛玉的孤高性格与叛逆精神。难能可贵的是，他对赞扬的作品不是说得天花乱坠，对不满的作品不是全盘否定，而是评说中肯，对改琦的作品也能指出其不足，对沈耀铃的题词也是一分为二。该论文获得一致好评，并获省社科联科研论文优秀论文奖。

岁月悠悠，转瞬间，多闻先生辞世已有八年之久，他留给我们的不仅是心血结晶的专业成果，还有对党的热爱和对事业的赤诚。如今斯人已去，只能以这篇追忆的文字遥祭多闻先生了。

（2007年12月）

回忆杨力生

董　皓　孙克力　乔世国

杨力生同志是山东省莱阳县人，1944年肄业于西北大学之后，曾在陕西省的宝鸡中学、南京句容中学任教员；1949年来辽宁，考入辽宁教师进修班，结业之后，任辽阳师范学校教员；1951年来大连，就职于大连图书馆（当时称旅大图书馆），任采编组（后改部）组长、部主任。

“文化大革命”中，杨力生同志被下放农村插队落户；1978年调回图书馆，1979年开始主持阅览部的工作，1981年开始任参考部主任，1983年被借调到市文化局，负责大连市图书馆职称的评定工作。1984年退休后，杨力生同志参加大连市文化志的编纂工作，1987年开始任市文化志编纂办公室副主任。

杨力生同志工作上积极肯干，认真负责，勤勤恳恳，兢兢业业，不拖拉，不敷衍，不潦草，而且能坚持从实际出发，实事求是，不保守也不虚夸。1951年到馆伊始，担任图书采编工作，为了构建一个适合旅大地区特点的藏书新体系，力生同志根据当时的办馆方针，通过制订工作计划、建立规章制度、规范业务规程和工作流程等，为本馆的藏书建设和目录组织，打下了良好基础。在阅览部工作期间，因该部工作成绩优异，受到文化局的表奖，力生同志个人也被评为市内文化系统先进工作者。在力生同志任参考部主任时期，根据文化部下达的任务，编纂本馆馆藏善本书目，在他的主持和实

杨力生

际参与下，按照规定的日期，提前完成任务，受到文化部表扬。在参与大连文化志编纂工作当中，他所撰写的《以马克思主义历史观为指导，搞好志书总纂工作——兼论大连文化的多重性》论文，获得全国城市志东北地区学术研讨会一等奖；又由于参与修志工作成绩突出，被评为市和省的史志先进工作者，1988年被省文化厅评为优秀编纂者，1989年被评为优秀共产党员。1995年，因为在革命文化史料征集工作方面做出了优异成绩，文化部向全国通报了他的先进事迹，并获得文化部颁发的荣誉证书。1998年，因编纂《十大文艺集成与志书》，获得省文化厅颁发的个人优秀成果二等奖。1999年出版的《长夜·曙光——殖民地统治时期大连的文化艺术》的主要撰稿人和副主编是杨力生同志，该书也获得文化部颁发的全国革命文化史料征编工作优秀成果奖。

杨力生同志为人襟怀坦荡，光明磊落，谦虚谨慎，严以律已，模范地遵守党的纪律。工作作风扎实、细致，生活作风纯朴。他不论在哪一个部（组）工作，都能把一班人团结起来，同心合力地完成各时期的各项任务。他在馆内工作多年，上下级同志之间的关系，一直处得比较融洽。由于他的工作能力较强、作风正派，时常得到馆领导和局领导的称赞。

在学术研究方面，力生同志也做出了不少贡献。他所编纂的或在他主持下编纂的专题书目和他撰写的论文以及他参与编纂的志书、文集，除了前面已经提到的以外，现在留存下来的有下列几种：《旅大地区史料索引》、《日寇侵略东北时期的满铁大连图书馆史料》、《中国近代史参考书目》、《旅大解放前革命斗争史料索引》、《大连图书馆藏古籍善本书目》、《大连图书馆藏明清小说叙录》、《大连市戏曲志》、《大连市志·文化志》、《大连文化艺术史料》、《大连文化艺术活动大事记》、《大连百科全书》、《大连40年》、《大连50年》、《简明大连辞典》。

从杨力生同志参加革命工作以来，根据他的政治觉悟、思想品德、工作表现和实际业绩来说，评为先进共产党员，是当之无愧的。

（2007年12月）

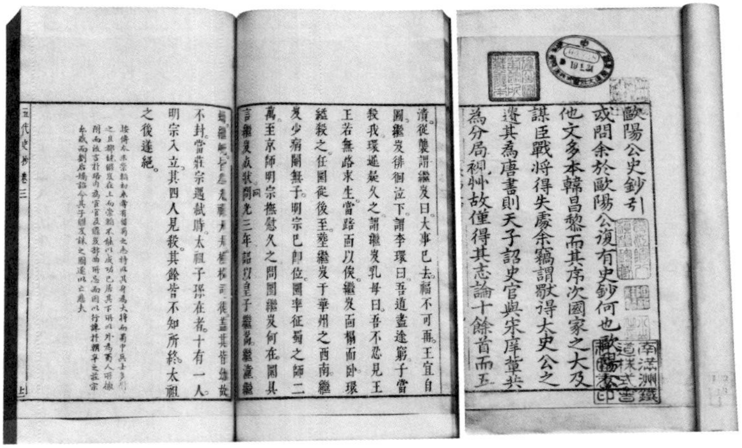

馆藏《欧阳文忠公五代史抄》，明闵刻套印本

静水流深

靳明春　高月起

1981年1月，在料峭的寒风中，赵廷璧同志走进了大连图书馆。此后十年，大连图书馆迎来了蓬勃发展的春天，完成了传统的图书馆向现代图书馆的历史性转变，而带领全馆员工开拓创新、艰苦奋斗、创造辉煌的带头人就是赵廷璧馆长。

当时的大连图书馆利用的是1918年建设的满铁大连图书馆馆舍和东本愿寺庙宇（俗称“大庙”，日本占领时期建设）。馆舍陈旧狭小，总共只有4000多平方米，150万册藏书到处充塞。新中国成立初期接收的近60万册古籍、满铁资料一直堆放在庙里，没有经费去整理，许多珍贵资料得不到开发和利用。职工除享有国家规定发给的医疗费、取暖补助、通勤补助之外，没有其他福利待遇和设施，没有职工食堂、没有托儿所、也没有奖金，还有一部分职工住在简易房里。

那是一个渴望知识改变命运的时代，学习热、信息热盛况空前。无论是寒冬还是酷暑，寻求知识的读者络绎不绝。每天早晨，为了能够抢到一个阅览座位，多少人早早等候在图书馆大门外，开馆的铃声一响，蜂拥而入，后来不得不发号排队。由于工作人员紧张，每到晚上五点钟，赵廷璧馆长会带领一些管理干部准时来到图书外借处，接待那些下了班匆匆忙忙赶来还书、借书的读者。寒冷的冬天，钢板、钢架结构的书库没有取暖设备，冷如冰窖，大家披着厚厚的黑色大棉被，拿着索书条，穿梭于狭窄的书架之间，为读者寻找他们急需的图书，那种寒冷是刺骨的，但我们内心却燃着热情和希望。

赵廷璧

那是一个拨乱反正的时代，图书馆栖身于63年前就凝固的空间里，书架、桌椅和办公用具大多是日本人在1918年前后购置的，馆长室、采编部、文献历史研究部等均设在地下室。城市财力有限，图书馆经费拮据，采购员购书要用自行车去驮，馆员和读者用的圆珠笔是用笔芯卷上牛皮纸而成，馆员们记忆中最令人激动的福利待遇是曾经每个人发了一部缩印本《辞海》。一切似乎都很沉重，一切都期待着变革。

建设一座具有一定现代化水平的图书馆是赵廷璧馆长带领全馆员工为之奋斗的首要目标，新馆建设是一个漫长曲折的过程，从1983年提出《大连市图书馆新馆舍设计任务书》到1986年8月2日新馆奠基典礼，再到1990年10月25日开馆试运行，历时8年，其中甘苦，不可尽言。从新馆建设规划到新馆工程设计原则，从新馆功能布局到新馆现代化设施选择配备，无不凝聚了赵廷璧馆长的智慧和心血。在新馆建设的过程中，他提出新馆建设应该是一个系统工程，各项工作都要与其同步建设的战略举措，即管理手段的自动化、现代化，干部队伍的年轻化、专业化，业务工作的规范化、标准化；读者服务的现代化、网络化。为了使新馆建设更符合日后的使用功能和服务功能，无论是藏书组织管理，还是读者服务工作，无论是人才培养，还是内部机制改革，他一项一项狠抓落实。当一座设计新颖、开放程度高、设备先进的新馆舍拔地而起，所有的业务工作、管理工作井然到位，形式与内容的结合是那样顺理成章时，我们不得不佩服他的远见卓识。

新馆开馆后，当时在国内居领先水平，吸引了国内外许多同行、学者前来参观学习，他们感叹大连市能有这样一座具有城市标志性的文化设施，而受益最多的是众多的读者。藏书布局的合理和开放、服务内容的拓宽和深化、服务手段的快捷和便利，满足了不同层次读者的需求，使图书馆真正从知识的宝库变为知识的喷泉。

开源节流、治穷致富、促进图书馆事业发展，是赵廷璧馆长带领全馆员工为之奋斗的第二个目标。面对着经费的捉襟见肘和工作人员待遇的菲薄，赵廷璧馆长审时度势，决心带领全馆员工更新观念、大胆改革、振兴事业。从1981年开始，在原有图书代销部的基础上，建立了复印室；建立了大连市第一家日本佳能复印机技术服务部，经销佳能复印机及售后服务；建设了接待外地读者的招待所。由于不断加强经营管理，经济效益逐年提高，年收入从最初的几万元到后来的近百万元。十年间，创收收入达到五百余万元，维修了书库，建设了查阅楼，购置了办公家具。汽车有了，食堂有了，托儿所有了，还为30名员工解决了住房困难。更重要的是创收收入还为实施激励机制和实施人事分配制度和改革提供了财力支持。

为了提高图书馆的服务水平和办馆效益，1984年初，赵廷璧馆长对图书馆管理进行了一系列的改革。当时企业管理体制改革正在全国进行试点，文化管理体制的改革还没有提到日程。受企业管理体制改革的启发，赵廷璧馆长决心带领班子成员积极探索改革的新路，为图书馆事业的发展开辟更广阔的空间。经请示文化局党委同意，图书馆先后进行了管理体制、人事制度、分配制度的改革：实行了馆长负责制、中层干部任期制、馆员聘任制；强化了岗位责任制；

实行了计量管理和目标管理；建立了考勤考绩制度和奖金分配制度，按劳取酬，奖勤罚懒；引进了竞争机制，实行全员培训制，选拔尖子人才进行重点培养，极大地调动了员工工作的积极性、创造性。在此基础上图书馆又进行了业务工作的改革，建立和完善了各项业务规章制度，变封闭型服务为开放型服务；报刊、工具书、保存本图书实行开架、半开架阅览，外借图书全部实行开架借阅，对重点读者陪同入库找书，实行预约借书、邮寄借书、送书上门及馆际互借等服务方式，提高了书刊的利用率；挖掘馆藏、深化服务，积极开发科技信息服务，为大连市的经济建设提供国内外技术及标准；开发珍贵的古籍、满铁资料，为全国编史修志服务；同时整理出版了馆藏古籍善本书目，并努力使一些馆藏善本、孤本得以出版，弘扬优秀的民族文化遗产；变个体服务为群体服务，与各县区馆合作建立了科技咨询网，与各区图书馆共同制定实行读者证联借的办法，实现资源共享，充分发挥了市馆在本地区的协调协作与业务研究等方面的中心作用。

在赵廷璧馆长的带领下，大连图书馆被市委市政府命名为“先进单位”、“文明图书馆”，被省文化厅评为文化系统先进单位，被省委省政府命名为省级文明单位，被文化部命名为全国文化工作先进集体。1985年赵廷璧被评为大连市劳动模范，1986年被评为辽宁省劳动模范。

赵廷璧馆长1946年参加革命，先后任旅大市委党校办公室主任、旅大市商业局革委会副主任、旅大日报社党委副书记、革委会副主任。也许是命运之神选择了他，作为大连日报社党委副书记的他被安排到图书馆，在这块既贫穷又富饶的土地上施展了睿智和才华。刚到馆时他是副馆长，而当时图书馆已有4位馆领导，他在大庙院中的简易房里开始了新馆的筹备工作。面对新的使命和挑战，面对艰苦和落寞，他没有一句怨言，也决不消沉，儒雅的外表下有一颗刚强的心、一腔报国的情。他终于赢得了全体员工的尊敬和拥护，也将他最后的勤奋和创造奉献给了图书馆事业。

作为一个阅历颇深的智者和文化战士，赵廷璧馆长从不张扬，也不崇尚说教，他从不告诉你应该怎样怎样，他会用行动让你领悟和自省。无论碰到什么样的矛盾，他说话的节奏和语调不会改变，只是话说得更深刻、更到位，让你无法辩解和不服。当你理不清工作思路或在千头万绪中找不到问题的症结所在时，他会用简洁深刻的语言帮你辨析、归纳与提升，使你霎时顿感清晰透彻。他沉稳的性格、深刻的思考、良好的修养、务实的作风，使每个与他共事的人都能感受到他的品格和魅力：静水流深！

赵廷璧馆长深知建设一支高水平的干部队伍，是长期保持大连图书馆先进工作水平和服务水平之关键。他在任上，在积极招集人才的同时，鼓励中青年人学习上进，并创造了许多机会，送他们上大学、参加国内外各种专业培训、组织业务竞赛等。他在馆十余年间，全馆有几十人先后学习了专业，提高了学历，许多人成为业务骨干，还有的走上了不同的领导岗位。这些人的成长无不深深得益于赵馆长的远见卓识，得益于他的培养、教诲和指导。不夸张地说，赵廷璧同志是大连市公共图书馆事业现代化的奠基者，他的名字应该写在大连市图书馆事业发展史上，写进我们这座城市的文化史上。虽然我们已经没有机会再聆听他教诲，但是他的音容笑貌犹在眼前。我们只有像他那样，正正派派地做人，踏踏实实地做事，以明朗的心善待每个人、每件事、每一天，才是对他最好的纪念。

（2007年12月）

缅怀蔡作民同志

王向忱

在我馆百年大庆来临前夕，多少往事浮于脑际。自上世纪60年代初我进入大连市图书馆，至今已45年了，可以说经历了大连市图书馆的风风雨雨。多少往事历历在目，多少人和事整天在心中环绕，特别是一些老同志的身影和他们勤恳工作的样子，令人久久不能忘怀。

我想的最多的是蔡作民同志，大家都尊敬他，称他老蔡。说起老蔡，图书馆的老同志没有不知道的，真是个个竖起拇指交口称赞。他的工作，他的为人没的挑。当年我与老蔡在一个部门工作，虽然几十年过去了，但还清晰记得一些事。老蔡调来市馆时在科技阅览室工作，他平时不苟言笑，整天埋头工作。从来看不见老蔡坐着和人唠闲嗑、说笑话。他除给读者找资料，就是为特定课题读者查找资料线索或原文，《CA》（美国化学文摘）、《外文专利》也不知他查了多少本、翻了多少遍，把查到的与课题对口的索引、文摘或原文资料源源不断地送给读者。那些科研人员、工程师、专家在最短时间内得到了急需资料，他们高兴、感谢也很信赖老蔡。每当他们来图书馆科技部查阅资料，总是点名找老蔡，老蔡不但热情地接待他们，而且总是想方设法满足他们的要求。有些课题在我馆只能查到线索，而资料原文往往在国家馆或科学院图书馆，甚至在国外，老蔡就通过馆际互借把原文借来或复制原文。有一份资料，是通过国家馆由罗马尼亚复制

蔡作民

获得的，老蔡把这些资料及时送到读者手中。科技人员利用我们提供的资料，解决了一个又一个难题，研制出一项又一项新成果、新产品。我们科技部几年来收集了上百项服务成果，其中老蔡的成果最多。爆炸大王陈火金差不多天天到图书馆查阅资料，火箭上用的高氯酸锶的研制也凝结着老蔡的服务汗水。他做的工作很多，但从来不计较个人得失。由于课题交叉服务，成果收在别人名下是常有的事，老蔡他不计较成果在谁名下，他对名利很淡薄。即使有人在他面前谈论短长，他总是说："说这些没意思，谁收都一样。"往往年终总结，老蔡成果数量并不多，可是读者的留言、读者的表扬最多才是最好的总结。同志们心里也有一杆秤，总是一致推选老蔡为先进工作者。领导也很了解老蔡的为人和工作，任命老蔡为科技部主任。他当部主任后，对自己工作未做一丝调整，仍担负日常接待工作，这无形中加大了他自己的工作量。他对部里同志向来不指手画脚，部务会时间也很短，没见他批评过谁，可同志们从心底尊敬他，服他。

老蔡待人坦诚大方，他从不说笑话，也不说假话，如果在他面前说假话，他会发火的。不管是领导，还是一般同志他都一视同仁，直言不讳，有啥说啥。他待人热情乐于助人。我馆有一个烈性精神病患者王玉珊，发病时随时可能攻击周围人。每次护送王玉珊去医院，着实叫领导费些周折。老蔡挺身而出去护送，遇上中午回不来，老蔡就自已掏钱给大家买点心充饥。有一次老蔡还真让王玉珊给打了，眼镜都打碎了，可下次老蔡照样去护送。

当年由于家庭负担重，我的生活很拮据，真是捉襟见肘。老蔡知道后，主动借给我四十元钱，我不敢要，怕没法还，他诚恳地说：“我就是为了帮帮你，不用着急还，将来有了钱再说。”这笔钱我一借就是四五年，直到走“五·七”道路下农村后，才分期分批还清。有人可能说，四十元钱算什么，可是当时四十元钱几乎是我一个月的工资，是我全家人一个月的生活费。老蔡看到我有病很关心，叫他爱人大夏天利用星期天带我去找专家治病。这些事虽过去多年，我还是铭记在心。

老蔡当时经济条件很好，可是他吃、穿、用很一般，生活很简朴。老蔡是浙大本科毕业，当时在图书馆他的学历最高，他的英语顶呱呱，但他从不表露。也是事有凑巧，在一次午后闲谈中，无意间我发现了老蔡知识面很广，有水平。事情是这样，当时我们三个人正谈论世界风物和各国名城，老蔡坐在一边喝茶。我顺口点名问一个同志：“你知道‘布宜诺斯艾利斯’在哪国？”这个同志答不出来，有点发窘，坐在一边的老蔡大概为了解围，漫不经心地顺口说：“是阿根廷的首都嘛！”我当时很惊异，老蔡都快六十的人了，还能记住南美名城，可见老蔡知识渊博、水平高。

老蔡的工作、为人、博得全馆一致好评。记得20世纪80年代初，有一次给3%的人涨工资，图书馆只给两个指标，全馆一致公推蔡作民，另一人就众说纷纭了。老蔡的事迹文化局早已知道。当中山区召开人代会，给文化局两名代表，文化局把老蔡作为候选人提出，通过文化局几十个单位、千余人的三次差额海选，老蔡正式选为中山区人大代表，这对老蔡来说是大事，对图书馆来说也是前所未有的光耀门楣的大好事，同志们都很高兴。老蔡接到正式开会通知后，他一边坚持工作，一边征求同志们的意见，就是到了正式开会前一天，老蔡还是照常上班，照常接待读者，并抓紧时间找同志们了解情况征取意见，下班后还找人谈话，直到七点多钟才回家。就是在这天晚上，老蔡心脏病两次复发，永远离开了人世。老蔡走得太突然了，我们无法相信这是真事，到底是什么原因？其实老蔡由于常年积劳，心脏早已得了重病。他在几年前，就在书库里昏倒过，在办公室也昏倒过，大家劝他去医院，他总是不在乎，不断加重工作负荷，最终导致悲剧发生。

老蔡离开我们已二十多年了，对我来说，他是益友也是良师，在这里缅怀他，就是因为他有很多值得追忆的地方。他的人生有很多闪光点，当然他留给我们的不只是追忆，更多的是反思。他的敬业精神，是他一生中无形的宝贵财富，对我们也具有鞭策、激励的作用。记得有位省级图书馆馆长说过："有的人把图书馆工作当做事业干；有的人把图书馆工作当做职业干；有的人把图书馆工作当做副业干……"他诠释的是：第一种人是兢兢业业想方设法干好工作，第二种人是当和尚撞钟，第三种人是混日子。老蔡无疑是第一种人。他的敬业精神时时激励着我；他的谦和，他的宽以待人，为我处事做人树立了标杆。老蔡值得追忆的太多了，我只能写点皮毛，挂一漏万，藉以抒发情怀，缅怀故人。

（2007年12月）

流年忆往

大连图书馆藏书楼

回忆满铁图书馆事业的奠基人佐竹先生

衛藤利夫

今天的大连图书馆，在当时只是被人们简称作“图书馆”，其正式称呼是“南满洲铁道株式会社”图书馆，是满铁沿线公费图书馆的本部，即所谓“本馆”。

那时，图书馆二楼的办公室里，有一张庶务主任的办公桌。似乎直到今天，那里仍然摆放着一张桌子。当时，庶务主任佐竹义继先生总是驼着背，俯在桌前，还往往用右手托着下巴；在他的右边，外山先生作为佐竹主任的助手也在忙碌着。现在外山先生已经调到本社去了，也可能都已经谢顶了，而当时他还是一个小青年。那时的佐竹先生，总是在与沿线各地的图书馆负责人或地方事务所进行书信联系，或是在起草文件。这就是大正八年（1919）夏天我刚进入满铁会社工作时的情景。

当时，正是第一次世界大战之后经济空前繁荣的时期。各种公司犹如雨后春笋，一夜之间就破土而出，在各地泛滥开来；而且势不可挡，无论哪一家企业都在盈利。一觉醒来，公司的股份就会噌噌上涨。所以一些自命不凡、热血冲动的年轻人就纷纷从满铁那样身份和收入都较为固定的大公司退出，而争相投身到城镇商铺或小公司里去。一时，这种选择竟蔚然成风。当时的满铁，以中西先生为副社长，以正友会的势力为背景，几乎是由个人操纵。当时的社长好像是第二届社长野村先生，实行的是部长制。印象深刻的是，当时的地方部长就是后来出任台湾总督的中川健藏先生。

乘着经济景气的东风，满铁的所有事业也一路攀升。当时的图书馆馆长是岛村孝三郎先生，手下有庶务主任佐竹先生、司书主任神田城太郎先生。这位岛村馆长为了大力扩张图书馆阵容、取得划时代的进展，而特地到东京去，从各界招聘图书专业的人才。现在的大连图书馆馆长柿沼先生、鞍山图书馆馆长盐谷先生、安东图书馆馆长岩田先生及其他十几个人都是由他招聘来的。我当时正在东京帝大图书馆工作，岛村先生几次前来和帝大图书馆馆长和田先生商谈，约定无论如何也要我在当年四月启程前往满铁大连图书馆。但直到那年七月，我才好不容易把一切办理妥当。七月末，我带着家属和一堆破旧家什，拖泥带水地从东京转道朝鲜、抵达大连火车站。作为满铁方面的人，第一个给予我关照的便是佐竹先生。我对佐竹先生的最初印象是：温文尔雅的，细声细语的，一笑起来眼角皱纹里就溢出一种难以形容的和蔼—— 一种地地道道的“色迷迷”的感觉。我主动地、面对面地与佐竹先生搭话则是很久以后的事了。那天，我羞羞答答地、像个小姑娘似地跟在佐竹身后，到马路对面的满铁本社的人事课，去聆听那番“任命为职员，月薪四十六元”之类的任免辞令。虽然这是走过场，但对于新招聘来的满铁社员来说，则是“必修课”。那时的满铁社员，精神头挺冲，不讲究礼节，态度较粗犷。而这位佐竹前辈，给人的印象却是品性谦和高尚、举止彬彬有礼。这种做派是有渊源的。佐竹先生是京都人，地道的大都市人。其家族历代均为京都江户时代大寺院中主事的武士。佐竹的父亲尚以高龄健在，据说当时正在西本愿寺派的有来头的一座大寺院府邸做事。当时该寺院的住持是一位男爵，其夫人似乎出自九条家族。这些都是很久以后佐竹先生告诉我的。

佐竹先生对我说：“你从朝鲜走陆路来的时候，聘你来这里的岛村馆长已经退职了。他是走海路回东京的。你俩恰好从陆海两路交错而过。”原来，我从东京前往大连时，正值图书馆馆长更迭。现任馆长唯根先生是以前的调查课长，而今却“降”为人人敬而远之的大连图书馆馆长——我本人和周围的人都是这么认为的。虽然前任岛村馆长退职了，但总觉得图书馆馆长这个位置不应该是由一个被满铁会社“淘汰”出来的人驻足的地方。如此快速地补缺，使人觉得有点异常。这位唯根先生任馆长时间也不长。继任者是法贵先生，他是由学务课长转任图书馆馆长的，任职时间亦很短。更迭如此频繁，后果会怎样呢？我认为：图书馆不是工厂和事务所一类的部门，它是一个积年累月甚至代代延续的地方。在这种走马灯式的人事变动下，始终如一地为满铁图书馆事业做出贡献的，不是那些被公开任命的馆长，而是甘居人下、从事庶务工作、为呵护满铁图书馆世代相传的生命之火而献身的我们的佐竹义继先生。

佐竹先生的满铁生涯很长——据说当时就已有十年之久。所以，他进入满铁最迟也得是明治四十三年（1910）的事。正因如此，他在各要害部门都有很多交心的知己好友。他对满铁本社的事务性机构和各关键部门了如指掌，并提出了一套与之相适应的合理的方案，即逐渐地、坚持不懈地创立新的图书馆，而建立后的图书馆则不断地完善各自的机能，不显山不露水地将人员、建筑、设备和藏书逐步地、稳妥地扩展。这是佐竹先生悟出的一套秘诀。满铁会社着手经营图书馆是自明治四十三年开始的。确切地说，佐竹先生从京都帝大附属图书馆转职满铁，当是该年的五月。据说，当年七月，他就已经提出了图书阅览场和巡回书库的计划。当然，最初还称不上是图书馆，只是在小学校的一间空教室里开设了简易图书阅览场而已。这些，最初都是由佐竹先生亲手打造的，由此而逐步建成了图书馆。其做法是，利用满铁会社特有的铁路便利条件，使巡回书库蓬勃发展；无论在铁路沿线还是在大连，只要满铁社员的住宅区和居住中心一落成，立刻就会顺理成章地在那里建立巡回书库，然后设立图书馆。现在仅大连一地就有日本桥图书馆（原设在北公园内）、埠头图书馆、沙河口图书馆、南沙河口图书馆、近江町图书馆、伏见台图书馆（设在电气游园内），等等。在图书馆事业已经步入正轨的今天，你会觉得这一切是微不足道的。但在当时，无论档次高低、质量优劣，毕竟是有了图书馆。仅此一点，就足以彰显佐竹先生扩展图书馆事业的手笔：如水浸润、见缝插针，同时佐以一流的灵活和耐心确保成功。今天看来，这一切不足为奇，但对当时的满铁会社来说，这是发展和推广图书馆的惟一行之有效的方式。

大连图书馆、奉天图书馆及满铁沿线近三十座本馆、分馆，几乎全是按佐竹先生的方式建立，又日益发展到现在这种盛大规模的。

我在本社图书馆任职半年左右，其工作任务是勤勤恳恳地为会社所属各部门配供所谓的专业图书。在此期间，本社图书馆已经发展成为今天这样的对外开放图书馆，并举行了盛大的开馆仪式。藏书目录也终于向读者开放。那年，第四季度的一天，我正默默地处理着手边工作，佐竹先生来到我的座椅后面。大连图书馆一楼办公室左侧有一间小屋，我的办公桌背对着小屋门口。

“无论如何，你也不打算去奉天（图书馆）吗？”

佐竹先生说着拿起桌子上的笔记本，用铅笔边走边写，随后又横涂竖抹地画掉了。当时我是怎样回答的，现在已经记不清了。但可以确定的是，那就是我与奉天（图书馆）结缘的契机。最终，当我拿到调令紧三火四地启程、前往冰天雪地的奉天时，已经是大正九年（1920）一月了。从此，我就扎根在奉天，一呆就是十八年，用一生最好的时光，守护着奉天图书馆，直至今日。人生何处是归程，真是难以预料啊。

即使是在我管理奉天图书馆期间，我遇事与之相商的人、我的合作者、我的指导者，仍然是佐竹先生。虽然我俩是长年深交、又是合作者，但在一些事情的看法或感情上也往往会有不同和冲突。其中最突出的分歧，就是我认为：在体制上，大连图书馆馆长在人事和管理方面限制了奉天图书馆的发展。本来，由同行的一个部门来控制另一个部门的经营和人事，就是一桩咄咄怪事。我的意见遭到大连图书馆馆长的反对，最初也曾遭到佐竹先生的反对。后来发生过几次纠纷、有过迂回曲折。最终，对各图书馆的统领不是由现有的某一个图书馆而是由学务课来主掌了。作为当事人的佐竹先生也离开了大连图书馆，转职到学务课了。现在图书馆由学务课主管，正是由于有过这样一段历史过程。当时由我提出那样一种意见，从个人之间的关系来说，也许有些对不住佐竹先生。但为了奉天图书馆的发展，万般无奈，我只好横下心来与佐竹先生一争高低。

大正、昭和相交之际，佐竹先生时常向我流露出要离开满铁的念头。留在京都的高龄双亲，一直就盼望着将他们的惟一儿子召到膝下。这是佐竹先生萌生去意的主要原因。据说，为了筹得一笔资金作为即将结婚的大姐的嫁妆，也是他想退出满铁的原因。当时，的确是有身份保证金的，但这是借给你的，而不是无偿发给你的。由于事先毫无准备，只能筹到很少的钱，所以除了辞职，没有别的办法。

即使这样，最后他还是打消了辞职的念头。但昭和五年（1930）春，或许更早些时候，他却接到了告知老父去世的电报，让他取道朝鲜回京都。

我追上了那辆列车，从奉天陪坐到本溪湖。在列车上，我暗自自责，由于我的强行挽留，使一位老父亲在这个世上的最后的希望——与爱子一道在京都生活——成为了泡影。当我说到“无论做什么，公私很难两全”时，佐竹先生握着我的手，潸然泪下。当时，正是决定下一年度预算的非常重要的关口。若是佐竹先生不坚持留下，来年的工作将会一塌糊涂。其父故去是在昭和五年二月。是年五月，佐竹先生才如愿以偿地退出了满铁。那年夏天，闲居的佐竹一家、我的一家、还有双方的亲属，多次到夏家河子的海边游泳，好不惬意！到了十月，佐竹一家终于离开满州，回到了京都。

从大正八年到昭和五年，在我的长达十二年的满州生涯中，佐竹先生公开地、背地里鼓励我、抚慰我。我与生活的艰辛孤独、事业的曲折困惑相抗争时，其力量的源泉来自佐竹先生。我们两人之间就工作、私事、闲谈等方面的相互通信，若按日期排列起来，将会是一部原原本本的我们图书馆发展的苦难史。遗憾的是，由于我的轻率，没有将那时的很多信件保留到今天。而佐竹先生却说，直到最后他都把我给他的信保存着，即使有的信只是只言片语。这令我无地自容。佐竹先生在返回京都后来信说：“在我搬家迁居的行李中，有两大袋子是你的来信。日后在廊檐下，一边晒着太阳，一边信手拈来，一封一封地咀嚼着这些信，回忆着往昔的满州，将会其乐无穷。”

实际上回到京都之后，先生只渡过一段短暂的赋闲时光。但这段日子对佐竹来说，无疑是非常快乐的。在生计、工作和事业的层层重压之下，的的确确被压弯了腰、成为驼背的佐竹先生终于从压力下解放出来，回到了山青水秀的故乡旧都。虽然父亲已经辞世，但得以亲自侍奉老母达数月之久，实在是佐竹先生生涯中的一块绿洲。昭和五年岁末，他一连两次寄来长信，叙述这些事情，披沥自己的心境，并羡慕我在寒冷的奉天一如继往、日复一日地忙碌于那些“微不足道”的“要务”。但佐竹先生是不会这样悠闲下去的。仅仅过了一年，他就看出京都市内图书馆有很多地方应该改进，并打算写出提案呈交市役所，再与市议会联络，自我推荐来完成此事。

然而，转年年初，昭和六年（1931）一月二日午后，我在奉天接到了佐竹先生逝世的电报。最初，我以为是什么地方搞错了，但不幸这是一个确凿的事实。从那以后，不过十天，佐竹先生的老母亲也故去了。我接到佐竹先生的遗孀和其长子给我的来信，得知在葬礼上，佐竹先生母子二人的棺木是一道发送的。

自那一天起，已过去七个年头了。

事实上，我也曾向往过，佐竹先生若是生活在京都，我会找机会从满洲到京都去，两个人在一起愉快地渡过余生，就像那山茶花盛开的小阳春一般。但是没有先生的京都，对于我来说，再也没有那种吸引力了。

佐竹先生一生留给我们的财富是图书馆事业。图书馆移交给满铁地方部这样一个划时代的时期，正值佐竹先生逝世七周年忌日，也许这就是一种缘分。近日，我打算找一个合适的机会去京都拜祭佐竹先生。

（1938年）

［王子平译自《满铁教育回顾三十年》］

图书馆的创设

岛村孝三郎

离开满铁已十多年了，听说计划要编纂图书馆史，我便萌生了一丝记述些往事的希冀。

大约是进入满铁的第二年，我刚刚担任调查课的第二把手，就立刻接到负责分管调查事业的理事、法学博士冈松参太郎先生的命令，让我负责有关图书方面的工作。当时，满铁本社玄关左侧的一间阴暗的房间就是图书室。工作人员只有一人，后来又来了一位法学学士掌管日常事务，只进行极为简单的卡片著录。照这种状态，图书工作是不会发展的。所以我提出了建造新图书馆的建议，冈松理事非常赞成，而其他上层人士似乎持反对态度。由于冈松理事的坚持，才在现在这个馆址上建起了馆舍和书库，并且配备了价值十万元的美国制造的钢铁书架。这一切，完全仰仗冈松理事的力量，他不愧为后藤新平先生所信任的人。

后来，前面提到的那位法学学士离职，由文学学士神田接任图书系主任、长期掌管图书工作，成为我的得力助手。我们认为，满铁既然经营图书馆，就有向大连市民开放这一社会义务。同时，根据满铁自身的需要，广泛搜集参考资料亦是至关重要的。因此，在建造图书馆时，我们的方针是必须创立一个具有普通图书馆和参考图书馆双重特征的图书馆。据说，最初将建馆地址选定在现址时，大连市市长中野（有光）曾提出过要在大广场的一角建馆，这一建议遭到满铁社员的抗议。他们认为，好不容易争取到手的图书馆馆舍建设不能拱手让给地方政府。总之，以营利为本的满铁人看问题往往具有独到的眼光。

满铁也难能摆脱日本国内政变的影响，因而上层领导几度变更。在一次会社内部改革中，我被任命为图书馆馆长。我忝任馆长之职，想在任职期间努力打好图书馆的基础，为此而需要聘请相关人才。根据上述办馆方针，我决定以东京市的日比谷图书馆和东大图书馆为模式，所以就同日比谷图书馆馆长今泽慈海交涉，把励精图治的柿沼介文学学士请到满铁来，又和东大图书馆馆长和田万吉博士进行交涉，把人们认为当时有点桀骜不驯的衛藤利夫先生也请到满铁。满铁沿线地区的其他图书馆也从日比谷方面聘请了专家进入满铁，担当图书馆馆员。这一切为死气沉沉的满铁图书馆界注入了新的活力。现在，满铁图书馆界以大连图书馆和奉天图书馆为重镇，上面又有松冈洋右那样精明强干的首脑人物对图书馆事业倾力扶植，这对东亚文化开发来说是一件幸事。

其后，我在从事古文化研究以及包括日本民族在内的东亚民族研究时，经常到大连、奉天等地视察，常与图书馆界的老友叙叙旧情，其乐融融；同时，又由衷地感谢那些在极为平凡的岗位上日夜操劳、甘为配角的图书馆馆员。

（193[illegible]年）

[王子平译自《满铁教育回顾三十年》]

流年忆往

神田城太郎

“满铁图书馆”对我来说，的确是一个值得怀念的名称。因为我的职业生涯的一半是从事图书馆事业的，而我的图书馆生涯的大部分时间又是在“满铁图书馆”这一名称下度过的。缘份之深，令我一日也不曾忘怀。

回想起来，已经是二十五年前的事了。我是大正二年（1913）进入满铁会社的，自始至终一直与图书馆业务打交道，从事图书馆经营管理。工作虽然平凡，但我却干得非常愉快。因为这项工作适合自己的性格，而会社方面又肯于投入经费，使我能够充分发挥自己的才能。为此，我心怀感激。

下面附上几段往事的回忆，以飨读者。

进入满铁

最初，设立满铁图书馆的动议源自已故满铁理事冈松先生。这一议案的提出，正值满铁创立之际，已近明治末年。确切地说，应该是明治四十二年（1909）前后。

据说，理事的提议是计划建立一座附属于满铁的东洋一流的理想图书馆，所以连书架也得要是从美国定做的钢铁书架。

当时，我正奉职于京都大学图书馆。冈村理事把上述图书馆建设计划告诉了我，并邀请我务必进入满铁并任职图书馆。而我自己也正打算前往中国东北，并希望跻身到一个有发展前途的图书馆去从事经营管理工作，所以对此事甚为动心。但囿于家事而未能如愿。这一位置由法学学士栗村先生取而代之了。

后来，听说栗村先生改做其他工作了。大正二年（1913）刈松理事又再续旧约，邀请我到满铁从事图书馆的经营管理。恰好我已辞去京都大学的职务，正赋闲中，便立即应邀前往满铁赴任。从此，便与满铁结缘。

到任之后，才得知所谓的图书馆事业只是徒有虚名，不过是调查科的附属业务而已。仅有狭窄的一间小屋，角落里竖着两个木质书架，寥寥数十部日文、汉文图书以及报告之类的资料，总共不过数十册。工作人员不过三四人。主要的业务就是按照满铁各课、所等部门提出的订购数目办理采购手续。

自己的愿望是尽早地经营管理一座理想的图书馆，但从会社的角度来说，这还算不上什么当务之急，所以尚未予以重视。

开建之前

不久，就听说在美国订购的钢铁书架已运到满铁会社来了，但是因为摆放它的书库还没有建成，所以就被塞到一个仓库的角落里去了。关于这个书架，还有一段插曲。我的畏友、原大阪府立图书馆馆长金井贯一先生告诉我，前年他去欧美视察时，回国途中顺便在美国参观了一家钢铁公司，可能也是为了与书架有关的一项要务。当时，他看见那里正在按照日本订单制作一种很漂亮的钢铁书架，感到很惊讶：日本哪一家图书馆使用这么漂亮的书架？那些钢铁书架正是现在满铁图书馆的书架。我就职满铁之初，现在的图书馆建筑用地还是一片开阔地。这里荒草茫茫，成了力工们休息的最佳场所，低洼处瓦砾垃圾成堆。每天上下班路过此地时，这种场景让人有一种说不出的感受。我未尝一日不祈念新馆建筑早日开工。

大正元年（1912），经过冈松理事的极力斡旋，图书馆建设方案终于获得批准。脚手架搭建起来了，工人的施工正在进展，希望正在一步一步地实现。每日午休，我都一天不落地去施工现场走一走。看到砖墙楼体日益增高，心中感到无比快乐，恨不得新馆即刻竣工。

馆舍建设

工程在逐步进展，大正二年（1913）冬外廓工程已基本竣工，馆舍以宏伟壮观的姿态矗立在满铁本社前面。直到决定在翌年阳春三月开馆时，我那颗悬着的心才渐渐地平静下来。虽然作为当事人，我按照自己的理想提出了种种建议，但因为图书馆毕竟是一个营利公司中的非营利事业，所以能建成现在这样的馆舍也无可厚非。不过，按照我的愿望，图书馆本来是一个公众场所，而现在却像座监狱似的，四周砌着红砖墙，我对此表示不满。据说这是出于区域划分的角度不得已而为之。至今只有这件事仍令我遗憾。

馆舍的外廓和基础工程竣工之后，施工逐步转向内部的装修和设备。但这方面的工程却是一桩大难题。不论什么样的建议都会因经费问题而遭到拒绝，使人心烦意躁。实际上，即使是书架一事也是如此。本来费尽周折订购了东洋屈指可数的钢铁书架，可安装之后一看，并不是想象中的那样。在美国那里，为了书架的防尘，各层底板上都铺上一层磨砂玻璃。但是在满铁，即使你提出申请、强调必须使用磨砂玻璃底板，也会因费用太高而不被采纳。不得已，就只好像现在这样，用粗糙的美国松木来凑合，可谓好马未能配好鞍，极不协调。

充实馆藏

如上所述，满铁图书馆建筑终于竣工了。之后便开始进行内部整理。在足能容纳十七八万册图书的书架上，现有的两千多册馆藏蜷缩在上面，一点书库的感觉都没有。必须想方设法充实馆藏了。

幸运的是，此时正值满铁创立十五周年之际。作为纪念活动经费，图书馆争取到了二万元左右的基础图书采购费用。用这笔经费可以使书库稍稍得到充实。但是仅以这点儿资金去募集日文、中文、西文等诸方面的基础藏书，那还得东拉西借、七拼八凑。所以充实馆藏一事也只好暂且如此，待慢慢寻机行事。

崭新气派的满铁图书馆在竣工之后就日益走向独立，摆脱了原调查科图书系的束缚，成为地方部的直属机构。这也正是我多年的宿愿。没过多久，就进行了图书馆的阵容调整，由唯根伊与先生出任图书馆馆长，取代第一任馆长岛村孝三郎先生。不言而喻，事情发展到这一步，图书馆方面是付出了不同寻常的忍耐和心血的。

对外开放

大正七年（1918）满铁图书馆举行了盛大的开馆仪式，大连朝野知名人士均受邀参加了这次大会，满铁图书馆的知名度得到提升。这意味着满铁图书馆虽然名义上还是参考图书馆，但却必须同时履行公众图书馆的职能。而在新建的图书馆中，却没有设置与公众图书馆相应的阅览室，有时只好腾出办公室的一部分当作阅览室使用，由于屋子太小，既妨碍内部工作又令读者不愉快、不方便。既然是对外开放，就应尽早建立一个阅览室。幸运的是，这一愿望未费周折就得到了批准，在书库前面扩建了一幢建筑。本馆开放不久，人气就盛况空前。也许是这个阅览室有些狭小，反正每天都是满员，后面来馆的读者不得不被拒之门外。

“Far East”

从会社的立场出发，设在大连的满铁图书馆，其功能历来是以会社业务上的参考图书馆为主，而以向社会开放图书馆的功能为辅，这是理所当然的。而且在市内几处地方已设立了纯粹意义的公众图书馆。所以，既然是参考图书馆，满铁图书馆在图书分类方面也有必要全面创新，具有特色。满铁图书馆的图书分类法特地在Dewey（杜威）十进法分类表中增加了一个其他图书馆所没有的类目，设立了“Far East”（远东）这一大类。该类目主要收集外国人所写的有关东洋的图书，以了解外国人如何看东洋。属于这个部类的图书大多为珍稀本。当然，募集这类图书需要付出巨大的努力和高昂的经费。令人欣慰的是，这类藏书正在被广为搜寻、逐渐积累。而且直到今日，此方针仍在继续。

中国地方志

其次，作为参考图书馆的任务之一是募集中国书籍。目前，仅有调查课图书系时期作为调查资料而购入的一些书籍。其中有所侧重的是出于调查资料的需要而购入的十几部地方志。这些地方志版本很粗糙，一经发现，就能以极其便宜的价格到手。也许正是因为不值钱，这些书籍在民间几乎被当成废纸处理，常常被捣碎，用来做糊墙的纸浆或裱糊底纸。在这种状况下，如果不着手搜集，则这部分图书就必然会散失。正是意识到这一点，便决定首先搜集地方志书。中国任何一座图书馆都没有将这部分志书搜集齐全，只有山东图书馆所藏的该省所属的地方志比较齐备。经过调查发现，现存的中国地方志约有一千余种，全部搜集绝非易事。满铁图书馆尽其全力进行搜集，使得约有七百部地方志摆上了书架。搜集到如此规模的方志藏书，恐怕只有满铁图书馆才能做到。这绝非是溢美之辞。

至于其他中国书籍，由于后来仍不惜经费继续搜集，所以目前其数量自然是相当可观。对于中国图书的搜集，如果满铁之类的机

构不着手抢救、以防止其佚亡的话，贵重图书的散佚是难以避免的。

图书馆大会

图书馆在经费允许的范围内不断地充实着馆藏，阅览室也争取提前竣工并以此为会场举行了开馆仪式。此后，读者踊跃来馆。值得庆贺的是，前一年召开的日本图书馆协会大会做出决定：1919年由满铁图书馆举办、在中国东北召开日本图书馆协会大会。根据这一决议所提出的申请得到了会社的批准。因为这样既能宣传满铁、又能推广满铁图书馆。会社方面也决定不惜巨额经费，尽可能提高接待水平。不久，大会召开之际，来自日本国内图书界的人士逾百人。其中有市岛春城、坪谷水哉、喜田贞吉博士、已故和田万吉博士等。这是图书馆协会规模空前的一次盛会。由于地域关系，中国图书界人士也千里迢迢来到东北，俨然一派东亚图书馆界盛大聚会的景象。

大连的盛会结束后，奉天也召开集会，然后宣告闭会。这次大会，向日本国内宣传满铁及满铁图书馆的效果十分显著。

地方图书馆

就满铁沿线地方图书馆而言，在满铁图书馆作为地方部直属机构独立之前，会社的图书业务是由调查课图书系掌管的，会社沿线的图书阅览场以及巡回书库方面的事务是专门由地方课学务系分担的。在此期间，曾在京都大学任职的已故佐竹义继先生，以其特有的渊博的学识和老道的手段掌管着这方面的业务，所以取得了很大成就。与日本国内一些图书馆那种小规模的做法不能相提并论的是，满铁沿线图书馆培养了居住在铁路沿线的日本人的读书能力。这实在是一件了不起的事情。图书馆独立之后，满铁沿线的图书馆业务和巡回书库就由大连图书馆统一管理。在满铁，与图书相关的业务能够被统一管理，这也为工作的顺利进展创造了良好条件。

然而，铁路沿线枢纽地带所设立的图书馆阅览场，尚处于草创时期，由于经费问题，也不可能去奢望有那种理想的图书阅览场，这是不得已的事情。阅览场地基本上是租用的，或是学校之一室，或是旅馆之一隅，不成体统。不过无论如何，规模再小，至少也应该有一个像图书馆样子的独立的房屋，用来阅览。我一直为此焦虑。好在大连的图书馆已逐步建成，今后已准备把力量向沿线地区倾斜。首先着手的是奉天图书馆的新馆建设方案。由于大连图书馆的新馆建设是历经曲折、逐步获准而实现的，所以自然是无力顾及沿线图书馆的建设。而奉天图书馆的新馆建设进行的相对来说就较为顺利，但即使是这样，也花费了两年的时间。今天，从已建立起“满洲帝国”这一恢宏伟业的角度来看，当时的图书馆设施也许是过于简陋了。但此一时彼一时，当时的条件只能做到这种程度了。

在我退职之后，抚顺和新京都建起了新图书馆。我确信，在不久的将来，满铁所有的图书馆都将拥有新馆舍，我将拭目以待。

国内外留学生

文部省采纳了日本图书馆协会的建议，为在日本全国普及图书馆事业并与之相应地培养图书馆工作人员，文部省内设立了图书馆从业人员培训所。文部省之所以着眼于此，当是时局使然。

在满铁从事图书馆工作的人当中，具有工作经验的寥寥无几，其余均为生手，工作效率常常受到影响。正要设法解决这一问题时，我们得知了文部省的上述计划。所以，便决定每年轮流派出一两个人，作为留学生回到国内。就这样满铁图书馆的第一届留学生被送进了图书馆从业人员培训所。从此，平均每年派出两人，至今是否还在继续派遣，则不得而知。也许专业人员已经得到充实，此计划已经终止了。在任期间，时刻都想做的一件事便是向外国派遣留学生。此事也适时地实施了。现任馆长柿沼氏被派往欧美留学两年，现任司书主任大佐氏被派往美国留学一年多。他们学习考察了当地最新的图书馆学和实践经营方法，回来后，多次为满铁图书馆事业的发展和设施的建设献计献策，实施了一些日本国内图书馆未曾有过的新的经营方式。这令我不胜欣喜。

出版物

图书馆采购或接受社会赠与的期刊杂志数量很多，但被利用的范围却很小，这实在令人遗憾。我切盼能够编制出有关这些期刊杂志的索引来，以便更多的人能够利用。不用说，让那些整天忙于会社业务的满铁职员，去仔细阅读这些国内外大量杂志的内容，再加以利用，这实在是强人所难。但是，如果有一个篇名索引，那么至少有索引的那部分内容就可以得到利用了。基于这一点，我们决定刊印《国内外期刊杂志篇名索引》。这在其他图书馆是没有先例的。值得称道的是在进行这项艰苦的工作时，并没有格外增加人力，而是馆员们利用业余时间完成的。《索引》作为一种刊物，能够每月不落地在会社内部分发，正是对这一辛勤劳动的回报。

此后，为了进一步密切图书馆与公众读者的关系，我们以发布图书消息并通报图书馆内部情况为主旨，刊行了名为《书香》的小册子。虽然只是一种仅有8页或16页的32开本小册子，但却使读者受益匪浅。《书香》每月发行一次，连续刊行至今，已届百期了。到馆新书目录，以前是作为“满铁社报”的附录刊行的。但自《书香》刊行以来，它便附载在《书香》里了。因经费的原因，馆藏图书目录只是完成了原稿，未能够出版，我退任以后，才陆续付梓刊行。

莫里森文库

记得在大正八年（1919）前后，为视察中国的图书出版业并顺便采购图书，我曾前往北京、济南一带旅行。在燕京逗留期间，无意中得知，著名的伦敦泰晤士报社特派员莫里森因退职闲居而打算离开他所向往的中国，归隐英国伦敦。该博士是多年旅居北京的“中国通”，有名的藏书家，所有外国人所著的关于东洋问题的图书的最早版本，几乎被他网罗无遗。以这些藏书为主体的莫里森文库，令图书界莫不垂涎。据说，莫里森返乡之际将卖掉全部藏书。依博士之意，希望尽量完整地留在东洋，而不希望分散卖掉。因此，只要能找到永久保存的途径，他愿意出卖给日本。这是一批特殊的藏书，按我的估算，其价值应在三四万元左右。我希望满铁务必把它买下，以充实“Far East”（远东文库）。出于这种想法，我立刻向当时正在北京驻在的满铁理事川上提出此事，经过事前磋商，基本上达成了意向。一日，在北京公使馆，见到了中国问题专家小村欣三郎，遂说起此事。他也只是稍有耳闻，但知之不详，便立刻打电话询问，得知博士的爱妻（博士常常把与自己年龄相差悬殊的妻子称为爱妻）正在打印全部藏书目录，一旦完成就可以送来审阅。当时，芳泽书记官（后来成为犬养内阁外相的芳泽谦吉）刚好进来，于是我们又拜托他务必为此事尽力。

后来，正如传说的那样，莫里森博士真想大赚一笔而抬高了卖价，并放出风来，声称：英国国内有人肯出10万元购买，而美国政府也通过其他途径提出想以18万元争取到手。结果到头来，都是一场空谈。总而言之，后来由正金银行支店长小田切从中斡旋，再加上莫里森博士本人也希望把这些藏书出让给日本，所以最终由岩崎家族以23万元左右将其购入。现在莫里森文库与东京的岩崎家族的静嘉堂文库一道被保藏在东洋文库名下，直到今天仍被称为“莫里森文库”。

在我看来，莫里森文库的价格是高得有些离谱了。但岩崎家族不惜重金将其买下，也算得上是图书界人士的福音。文库中的英国外交部蓝皮书，从初版起至今全部收藏齐全，成为外交方面的贵重资料。不过，与东洋问题有关的初刊本才是我最想得到的。如今，只好断了这个念头。

四库全书的复制

早川社长上任了。社长是一个爱书的人，尤其在汉文古籍方面造诣颇深。他曾多次把我叫到满洲馆（社长宅邸），为其解答有关图书方面的种种咨询，也有时亲自拟出今后满铁图书馆应采购的汉文古籍之类的书目，并批准购入。正因为如此，我就曾经提出了一项宠大的计划，并企图游说社长。这一计划的具体方案是：在社会上由大谷光瑞、丘襄二等人作后盾，誊写北京的《四库全书》，将其制作成正本、副本。其方法是聘请北京的缮写高手，按照《四库全书》原本，一模一样地抄写；完成后的正本由满铁社长作为珍贵纪念品献给日本皇室，副本则由满铁图书馆收藏。要完成这项工作，至少要耗费十年时间，需要近百万元的经费。毕竟是一项大型工程，所以连我自已对此也没有把握。没想到早川社长对此事竟大加赞赏，认为这是一个极其有趣的计划，说再考虑一下，如果要运作的话，还要和北京方面进行交涉。而社会上对此事呼声很高，时机已经成熟。但就在这时，早川社长突然去世了。随之，这一计划也被稀里糊涂地葬送了，实在令人惋惜。

今天，日本的友邦“满洲帝国”已经建立。“满洲帝国”文教部那里也对东洋文化的发展倾其全力，所以染指此类计划、复制《四库全书》等是迟早的事情。现在看来，当时所筹谋的这个计划也许是过于轻率。

结束语

此次回忆姑且就以付诸东流的《四库全书》复制一事告一段落。

现在满铁图书馆正不断发展，仅大连图书馆的藏书数量就超过了20万部，只凭这一数据就足以与日本国内大图书馆比肩，而且在其设备等方面也毫不逊色。这一切虽说是经过二十五年的积累，但不可否认，也是现在全体馆员努力的结果。毋庸置疑，在今后的岁月里，满铁图书馆会得到更大的发展。我身在故乡，仰望“满洲”的天空，遥致满腔敬意。

满铁创立图书馆，我等有幸担当经营管理图书馆的职务，这一切都是已故理事、法学博士冈松参太郎做出的贡献，同时也是那些已故图书馆同仁们努力的结果。我缅怀和感念他们，并以此为拙作画上句号。

（1937年）

[王子平译自《满铁教育回顾三十年》]

追忆满铁图书馆

法贵庆次郎

设立在满铁铁路沿线的一些小型图书馆，其创立的年代都比较早，只比创建小学学校稍晚一些。而大连的中心图书馆则是在满铁本社成立十多年以后，于大正中期建设的。它的基础藏书是由大谷（光瑞）伯爵搜集、后来赠与满铁的中文古籍以及满铁创立后为调查事业所需而采购的参考资料构成的。现在的大连图书馆馆舍就是当时建造的。举行开馆仪式时，关东长官以及很多官员和民众都莅临会场，规模盛大。满铁本社以此为发端，日益扩大本馆的规模和机能。当然，这是希望它能够担负起满铁作为国策机关而承担的“满洲开发”的重大使命。

回顾本馆的历史，觉得第一个遗憾就是在中村（雄次郎）任满铁总裁时期关于莫里森文库的收购。当时，这件事已进行到双方商谈阶段，但最终却付诸东流。莫里森文库现已成为岩崎东洋文库的前身。后来，在早川（千吉）任满铁社长期间，社长本人曾以浓厚的兴趣和满腔的热情支持广泛搜集中国文献，并为之配给特别资金。但这项工作却由于社长本人的突然辞世而中止了。是为第二个遗憾。第三个遗憾是，本馆开设不久，馆长便屡屡更迭。我就任馆长以前，本馆正式开放才仅仅几年，但馆长却已更换了三位。众所周知，图书馆发挥其职能的基本条件在于所藏文献的选购与分编整理的方式要相辅而行。并且，要保证这一基本条件，首先在开馆之初就必须明确该馆的使命所在，并依此为准则开展工作。不幸的是，本人就任当时，本馆的馆藏规模和工作状态在以上几方面都缺乏明确的标的。我深切地感到，这一切都是由于馆长频繁更换而引发的不良后果。

图书馆的工作，其特点是要处理多达几十万册的图书，而且册数和种类每年都在递增。正是因为图书馆具有这种特性，所以一旦采取了某种工作模式，如果中途感到不太合适而想突然改变的话，几乎是不可能的。这意味着，开始第一步走错了，会给后来埋下长久的隐患。尽管日本国内图书馆创立以来，已经经历过相当长的岁月，但往往也是沉滞不振、沿袭陈规。究其原因，就是由于当初稀里糊涂地仿效旧有模式开始运作，而若干年后仍被这种旧有模式所束缚。我们馆如果在创始之初就意识到不必去墨守陈规，而是着手重新明确其目的、钻研其方法、立足于全面发展、提出新的方案，那么我相信，本馆的面貌会为之一新的。

我任馆长期间，那些馆员包括本馆及地方图书馆的人，对工作都兴趣十足且热心努力。对此，我心存感激。不过，我认为由于图书馆的核心目标不明确，因而其资料的选定及分编整理的方式也就趋于平庸，没有新意。这些都是本馆存在的缺陷所致，令人惋惜。

当时，本馆所使用的图书分类法，大体上还是在沿用日本国内图书馆原有的分类法。但我认为，关于日文图书、中文图书和西文图书的分类编目，关于丛书、全集或同一书名的复本的处理，关于专用标志或符号的选定及其编目等诸多方面，尚有不少环节需要进一步探索。

按照书名分类编目，是那些已知资料的题目名称而指名要求阅览的读者所必需的。但是社会上有很多人在从事调查研究时，并不知道所需的资料在哪里能够找到。现代图书馆的任务，就是为这些读者快速而敏捷地检索并提供其所需资料。满足那些指名借阅的读者是比较容易的，而对那些不知道所需资料在哪里的读者来说，完全满足他们的需要则是一个不小的难题。并且只要这一难题解决不了，千辛万苦设立的图书馆的功效就会大打折扣。要完成这个任务，在按照书名进行分类编目的同时，必须完成按照内容性质的分类编目。换而言之，就是要了解平常人们想要调查研究的项目，并据此选定书目进行分类，再把适应每一项目的资料分别进行编目。当时在本馆，只完成了一部关于定期刊物的索引目录，除此之外，这方面的工作几乎是空白。但至少，也应该制定出这方面的计划来。

在过去的封建时代，有关资料的出处被看作是由专家垄断、匿不示人、秘而不宣的“学问”；想得到指教，需要付出很高的代价。即使在今天，也仍然有相当多的因图书馆不发达而造成的不便被引为恨事。

本人在学生时期，曾接受过一位当时被称为饱学之士的某大学教授的施教，其课程的内容通篇是研究调查题目及与之相应的资料，即文献名称的罗列。这就是当时高等学府的研究指导法的要点。而直到今天，其遗风尚存。本来，作为学者指导学生的手段，在于以其透彻犀利的思维方法去纠正和熏陶学生，以改变其固有的粗疏的思维方式。只重视资料的罗列，必然要成为学府内的笑柄。而资料的提供，当然要有待于图书馆来完成。

我曾奉会社之命，巡视考察欧美地区。视察巴黎、伦敦、纽约的某些图书馆设施时，在资料的提供方面得到了亲切周到的服务，对此我非常感激。尤其是在巴黎的一个图书馆，一经查询，原地不动，我就得到了所提供的长达数页的详细资料目录，而且是免费的。我认为，实际上有了如此高效率的图书馆，人们不必迈进高等学府的门坎就可以通过自修成为大学者的。现代图书馆的理念不正是如此吗？现在的公共图书馆，已经不是过去那些由贵族富豪和捐赠者搞成的古董文库的模仿。它是以大众日常生活为基础的资料搜集场所；同时对大众来说，又应该是一个自由、平等地提供均等研究指导机会的机构。当然，图书馆要达到这个目的，需要大量的有才能的馆员，也需要相当的时间和费用。不仅如此，还需要许多图书馆共同协作并制定年度计划。但是一旦这种基础分类编目取得成功，就可以将其应用到各个图书馆，尔后按照各馆的情况每年加以补正。当然，在进行之初，必须要对项目内容的详略类别、分类系列的顺序方法等先期进行周到的研究。我虽然切实感觉到这项工作的必要性，但由于在任日期太短，结果无法启动。真是遗憾至极。

本馆的藏书有的虽然价值连城，但不过是一些特殊的偏爱古籍的人才需要的古董式珍籍；与此相反，那些对实干家来说必不可少的文献资料却多有缺藏。还有一些藏书是应当剔除的、毫无价值的，而且其中不乏类同的复本。或许本馆在某一方面的藏书，尤其是关于东洋古籍方面的文献资料稍为丰富些，但与新兴的理科、工艺技术等方面有关的资料却极度贫乏。毋庸讳言，仍然未摆脱崇古怀旧的古董式图书馆的旧章。依靠日新月异的科学文明来开发东洋，这是我满铁会社的宗旨，而作为满铁所属的图书馆却与宗旨毫无共通之处，仍停留在19世纪的水平上。概而言之，本馆开设之初并未确定发展目标，只是无益地扩大其门面，流于涣散，缺乏实质；又偏于怀古，缺乏新意。本来每年购书经费就不多，却仍去不切实际地仿效日本国内大型图书馆基础藏书选购的规模和方针。进而言之，从图书馆所在地的角度出发，它更应当与殖民图书馆的目的相适应，同时兼有为本社服务的业务参考图书馆的性质。一言以蔽之，本馆在藏书建设方面进退维谷，任何目的也未达到。

我任职期间，总是感到原有的书库过于狭窄，希望满铁本社能拨出经费建造一个比现在大出一倍、具有防火功能的书库，尽管当时正逢紧缩经费开支时期，困难重重，但是经过反复申请，终于获得批准。由于扩建防火书库所需费用巨大，所以其他有关改善馆藏与设施等所需费用就不得不暂时缓批。因此，也就无力去补充资料的缺藏、纠正馆藏方面的不足了。

另外，本馆和地方馆的资料流通的方式一直是采取以本馆为中心进行图书循环的方法。按理说，每个地方馆都应配备充足的文献资料，但实际上受经费所限，往往达不到这一点。所以一方面要按照各馆所需配备相应的文献资料，另一方面也要进一步密切中心馆和地方馆，即主干与枝蔓之间的关系，精心筹划资金的利用和资料的更新。

通过本馆与分馆构成巧妙的连锁结构，来发挥城市图书馆事业应有的职能，这方面不乏其例。如果把满铁本社附属地各城市看成是一座以铁路贯通的大城市，那么就可以用适当的方式将各城市图书馆的优势集中起来，利用铁路这一便利条件，取得令人满意的成果。同时要改变原有的“列车文库”的方式，进一步与铁道部联系，

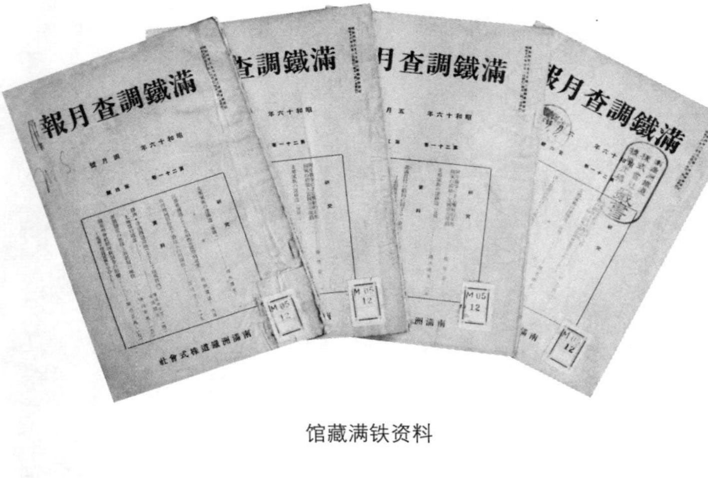

馆藏满铁资料

在每一辆列车及每一个火车站配备一些更为适用的实际业务资料，为那些以参观调查为目的的旅客服务。

图书馆馆员在会谈中总会提到：学校经常诉苦，自称图书不足，要求拨发经费，但学校却很少去利用目前现有的图书馆；应该与图书馆最有缘分的教师实际上却离图书馆最远，这是令人惋惜的。总而言之，不仅经费上不允许每个学校都为教师配备充足的资料，而且在图书馆如此发达的今天也没有必要去这样做。所以，我们就尽可能地为学校配备所需资料，使之去利用图书馆馆藏，并努力地去密切学校和图书馆的联系。但可惜这一切尚未取得明显的效果。

本人在职期间是大正十三年（1924）至大正十四年（1925），仅仅一年。本人不才，作为中心地区图书馆的领头人，有辱使命。任期如此短暂，连一项工程都未来得及完成，我便卸任了。至今仍然感到十分愧疚。此后，又过去十多年了。虽然由于改制，图书馆的归属尚未确定，但是可以推断图书馆必定是发生了巨大的变化。最后，我祝愿图书馆其规模逐年扩大、其馆藏日新月异。

（1937年）

[王子平译自《满铁教育回顾三十年》]

回忆购书二三事

柿沼介

在近二十年的图书馆生涯中，有许多往事值得回念。但最令人难以忘怀的，还是得到珍藏时的喜悦。以下是购书往事的回忆。

现在满铁大连图书馆作为特藏来炫耀的约三万册俄文藏书，是于大正十一年（1922）六月购入的。这批藏书原是哈尔滨“后黑龙军管图书馆”的主体馆藏。收购这座图书馆，是当时哈尔滨公所所长古泽幸吉向满铁社长室主事提出的建议。当时，俄罗斯国内已建立了革命政府，对沙俄时期的驻外军队不再提供任何供给，所以派往远东各地的军队都陷入了极度贫困之中。因此，驻哈尔滨的后黑龙军管司令官沙莫伊洛夫将军就打算将该军所属的图书馆卖掉，以所得资金解救官兵的窘境。这桩买卖，先是由后黑龙军方面委托日俄协会学校校长井田孝平为之斡旋的，希望满铁收购，于是由满铁大连图书馆来对后黑龙军管图书馆这批馆藏的价值进行评估。当时，图书馆馆长是神田城太郎，我是司书系主任。神田馆长立刻派调查课课员中村及文书课嘱托、俄国人高曼纽克，赴哈尔滨进行调查。结果，调查报告认为：这批藏书中含有极为丰富的远东研究资料，会社应该购入。6月23日，会社决定按对方的申报价格15000卢布（折合14250日元）收购。随后，后黑龙军管图书馆被满铁收购的消息传开，在侨居哈尔滨的俄国人中间引起了一场很大的轰动。红色革命派的新闻报纸纷纷谴责这种“将贵重文献拱手让给外国人”的行为。过激者则上访沙莫伊洛夫将军，强烈要求将这些图书收回。因为这场轩然大波，一时间，图书的交接运作不得不中止。为了处理上述事务而留在哈尔滨的高曼纽克与哈尔滨公所的大泽隼共同协作，策动了各方面人士，努力使局势得到缓和；同时，又以六名后黑龙军军官为助手，对照目录清点藏书，进行打包装箱。7月6日，交接工作全部结束。这批藏书被装入166个啤酒箱，运到了哈尔滨公所。然而，将这些图书运往大连，必定要在哈尔滨与长春路段经由俄属东支铁路。据悉，反对出售这批藏书的势力必定会嗾使铁路工人进行阻挠。出于谨慎，哈尔滨公所特请日本陆军进行援助。这样，才使得大连图书馆顺利地收到了这些藏书。藏书运到图书馆后，仍然由高曼纽克担当整理。他用几名流亡中国的白俄人作助手，完成了登记、分类、编制目录等工作。六个月以后，这批图书就对外开放了。

这次俄文图书收集，在我国是最具规模的一次。这批书中，有俄国人对满洲、蒙古、西伯利亚、中国等远东研究图书约四千册，其主要内容已由调查课以“俄文翻译调查资料”为题翻译出版了。另外，因为是军队附属图书馆的藏书，所以与军事有关的图书更为丰富。其中包括俄国出版发行的有关日俄战争的资料以及军政、战术等相关参考书。此外，艺术类图书中，网罗了托尔斯泰、陀思妥耶夫斯基及其他著名作家的全集。作为沙皇时代的出版物，今天已实属难得了。在满铁，除此而外，在调查课俄罗斯系和满铁哈尔滨事务所也存有相当丰富的俄文图书。满铁于昭和五年（1930），将这些图书合并编纂出版了综合目录。这项工作，主要由高曼纽克担任。

伊万·高曼纽克是俄国沙皇时代为建设大连而被从俄国国内派遣来的。日俄战争爆发之初，他作为义勇军，参加了旅顺战役。停战后他曾一度返回俄国首都，进入彼得堡大学东洋语专科，攻修汉语言，毕业后留学北京。第一次世界大战时，他再度服兵役；后在哥萨克独裁统治时期，担任了外交事务秘书长，参与对东洋方面的外交活动。哥萨克政府倒闭后，他流亡大连，成为满铁嘱托。高曼纽克是一个经历坎坷的人，他颇懂典籍，并以典籍为重。在收购后黑龙军管图书馆时，他担任了交接及后期整理、目录编纂等一系列工作。昭和十年（1935），他不幸病殁。高曼纽克的名字当与大连图书馆所藏俄文图书一道被永远铭记。

今天，在大连图书馆引以为豪的珍藏中有中国地图一类。这批地图是昭和四年（1929）一月，在北京从意大利人洛斯手中收购来的。当时，现满铁总裁松冈洋右正是满铁副社长，鉴于中国政局不稳定而担忧中国古籍散佚，所以满铁临时拨出十万元购书经费，由大连图书馆收集中国古籍并存藏，我与松崎鹤雄一道，火速赴北京购书。

到京后，我们直接与“对支文化事业委员会”的桥川时雄、杉村勇造一道去会见“对支文化事业委员会”的干事濑川浅之进，希望濑川能去探听并劝说他的朋友、意大利公使馆一等书记官洛斯转让自己的藏书。濑川任汉口领事时，洛斯也正在该地任意大利驻汉口领事，两人关系密切。洛斯是一个不寻常的藏书家。他在中国三十年间所收集的典籍、舆图具有相当高的收藏价值。这次，因为已内定洛斯不再任现职，而是被聘为中华民国政府的顾问，欲迁往南京居住，所以要卖掉这些藏书。经濑川介绍，翌日我与松崎一道赴意大利公使馆洛斯官邸拜访。在洛斯的指引下，我们参观了他的书斋，果然是一些出类拔萃的藏书。尤其是中国舆图，相当丰富。弥足珍贵的是，约有六百幅清朝初期的写图，其多数在今天是很难到手的。更有许多是未经裱装、卷束而藏的舆图，故不能一一查看。双方商定，总计以3000日元成交。翌日，这些藏书被装入十只大木箱内，运抵“对支文化事业委员会”，委托其代为保管。恰在此时，也是以购书为目的，燕京大学教授一行访问了洛斯并参观了书库。也许再迟一天，这些舆图就会落入他们之手。说起来，这批藏书到手真是幸运至极。

除了上述舆图之外，我们从洛斯手中还购入了中国回教方面的图书、图画等约三百六十余件，以及其他各种贵重资料。

届时，在北京购入的古汉籍已有约三万册，其中不乏以海源阁旧藏宋刻本为主的珍稀本。其购书经纬可详见松崎先生的《购书谭》。当时，正是中国严格取缔古书外流之际。这次购书时曾到手两册《永乐大典》，但因国会北京图书馆得知此事后提出了抗议。无奈之下，只好将其转让与该馆。能将这些到手的图书运抵大连是煞费苦心的。由于北京公所的足立长三、押川一郎的多方斡旋，4月2日，全部图书安抵大连码头。至此，我们一直悬着的心才算踏实了。

整理这些大部头典籍所付出的苦心和努力，并不亚于购入时的艰辛。尤其是那些中国舆图，其大部分是用薄纸描摹下来的，为了挂背、装裱而聘用了中国的专业工匠，经过一年才完成此项工作。

翌年，昭和五年（1930）秋，舆图整理完成之后，举办了展览会，向公众开放。这些舆图中有不少贵重的古舆地图。如被鉴定为铜板的南怀仁的《坤舆全图》、乾隆帝敕撰的《标注战迹舆图》等等。另外在新籍中，由中国陆军测量局制作的1∶50000至1∶100000的地图涵盖了中国各省区，达两千件以上。这些地图在这次事变（七七事变——译者注）中发挥了作用。

提及购书往事，真是不胜枚举，这里只是略表一二。这些图书脱离了个人的“死藏”而归于图书馆，将永远被学者“活用”，对于我们图书馆人来说，幸莫大焉。

（1937年）

［王子平译自《满铁教育回顾三十年》］

历任大连图书馆馆长众生相

桥本八五郎

大连图书馆第一代馆长是岛村先生。我是在其就任后不久进入满铁的。我到满铁是担任当时的《读书会杂志》（现在的《协和》杂志的前身）的编辑。所谓读书会是与运动会相对而言的，是社员自发地进行训练的一个组织。岛村先生是这个读书会的委员之一。

当时，岛村先生是满铁课长、所长级干部中的一位老前辈，是我们这些年轻人所尊敬的人物。但是乍一看，他就是一个朴朴实实的平常人，絮絮叨叨，但并不讨厌。这种性格令我感到亲切，所以与他交谈起来，我总是毫无顾忌。

岛村先生在当时除了担任图书馆馆长一职，还兼任参考品陈列所（相当于考古博物馆）所长。在某些方面，他对参考品陈列所或许比对图书馆更感兴趣，也更为热心。当时，文部省正在致力于通过参观的方式来对大众进行教育。作为社会教育机构，博物馆首当其冲。当时，我作为杂志编辑，曾笔录了岛村先生的一段谈话，并加上《面向民众的观览设施的必要性》这一标题。这篇文章在《读书会杂志》上发表时，我还曾犹豫过，使用“观览设施”一词是否妥当？所以对此事有印象。

我曾参观过大连海滨的贝冢照片和石斧一类的文物展览。这种展览在当时的满洲是没有先例的。而这些文物的采集者就是岛村先生。在满洲竟然会有这种文物，而在满铁竟然就有岛村先生这样的专家。对于这种机缘，我从内心深处感到难能可贵。

离开满铁后，岛村先生就出任东亚考古学会干事一职。这样一来更是“英雄有用武之地”了。

岛村先生之后便是唯根先生。唯根先生同岛村先生一样，也是由调查课课长转任大连图书馆馆长的。任职期间，唯根先生有两件事给人印象深刻。一是他对大连图书馆馆员的薪水之低感到惊讶。于是在任职期间，每逢满铁内部提薪时，他都采取相当强硬的态度，为馆员争取利益，并获得了成功。另一件事是唯根先生曾亲自赴北京购入了《芥子园画传》的初刻本。据说，这是一种数以千计的高价图书。为此而招致了某些方面的质疑：这种书跟会社的业务有什么关系？针对这一质疑，唯根先生曾在经理部大发牢骚。当时，我还不是馆员，但对这些事也有耳闻。

唯根先生曾多次谈到大连图书馆的性质问题。这些并非传闻，而是我亲自听到唯根先生说的。具体而言，就是关于大连图书馆是作为纯粹的会社参考图书馆还是向市民开放的大众图书馆的问题。这既是作为一馆之长的唯根先生的自身问题，也是满铁会社的问题。

后来，当我也成为图书馆馆员时，关于这一问题的解决已经有了些眉目。但是，历代馆长基于其本身的立场所提出的意见，与满铁会社的意向往往很难一致。例如，像《芥子园画传》那样的问题，直到近几年，仍未得到解决，长期以来一直使图书馆界感到苦恼。回想起来，这种状况是不正常的。这是由于会社和图书馆双方的意见沟通不畅而导致的。总之，由唯根先生提出的关于图书馆的重要问题有三个，至今我仍记忆犹新。第一是图书馆员的待遇，第二是图书搜集方针，最后是关于图书馆是否开放的问题。后来有关方面——地方部与图书馆双方是否把这些作为问题提到议事日程上来，是否努力使之解决了呢？不得而知。

最近一两年，由岩松堂出版了几种唯根先生的著作和译作。对此，作为一名图书馆员，我是不会错过欣赏的机会的。但唯根先生曾以文士白雨为笔名的一些文墨活动，我却无从知晓。

神田先生任馆长时，我刚刚成为大连图书馆馆员。当时，南满洲铁道株式会社图书馆的招牌已改换为满铁大连图书馆了。一天，神田先生说："正因为这样，在决定使用大连图书馆这个名称时，我就说过，我是反对的。"当时的前言后语已经记不得了。神田先生是一个性格敦厚而平和的人，绝不使用过激的言辞。这句话是从会社下班后，他和我，还有佐竹先生一道，在回南山宿舍的路上边走边聊时说的，语气极其平静。但这句话却不可思议地烙在我的脑海里。

本社图书馆改称为大连图书馆，不言而喻，意味着奉天图书馆升格了，而相形之下，本社图书馆降格了。奉天馆的升格在图书馆界是一件幸事，但大连馆的降格对于满铁会社图书馆界整体来说，未必是一个令人满意的调整。性质相似的双方朝着同一个领域开始行动时，容易产生不必要的矛盾。且不说具体执行的人如何操作，其制度本身就已经隐藏着矛盾的萌芽了。这在理论上也是说得通的。此后，我又在图书馆界任职十年有余，每当遇到什么问题，总会在心里觉得神田先生的那句话真是先见之明。

黄昏后的神田先生，总少不了要在浪速町散步。记得那些简陋的无法与现在相比的店铺几乎是一家挨着一家。当时那些店铺还都是中国人的。在那些又小又脏、人们不愿光顾的店门口，往往也能看到神田先生身着和服的影子，在那久久地伫立着，静静地凝视着。也许对于先生来说，浪速町街道橱窗里的商品与那些堆积在图书馆各楼层书架上的图书一样，在他的脑海里挥之不去。

每天晚上的这种散步是有目的的、还是无目的的呢？是通过散步来了解物品的价格、考察流动的趋势，还是欣赏商品的质量、比较日中两国人们的喜好呢？关于这一切，我无从知晓。对这一不可思议的举动，人们倒习以为常。正如日常的喝茶吃饭一样，人们不感到奇怪，神田先生的散步是很自然的事情。

先生独身一人，没有成家。

法贵先生最初是教育研究所的负责人，是学务课课长，从西方归来之后，就任大连图书馆馆长。如前所述，我曾任杂志编辑，在法贵先生任负责人、课长时期，曾几次求教于先生。他学识渊博，有自成体系的世界观，在会社之内我所认识的人当中，先生是最具高尚人格的一个人。平时看起来，先生冷静、沉着，但当谈话达到高潮时，往往言语中带有一种愤世嫉俗的气概。先生愤愤不平、慷慨陈词的时候，也恰恰是先生显现自己最真实的价值的时候，这实在是不可思议。当时的教育研究所俊才云集，许多当时的讲师后来都成了博士或教授。连他们都说："你如果听到法贵先生的高论，那一定是在他发怒的时候。"我笑着说："当然，我就是老早在他手下被'训'出来的。"

在完成"满洲建国大业"的今天，有人把矛头指向了张（作霖）氏一派，称其为旧军阀。但当时日本朝野上下是支持张氏的。另一方面，张氏不得民心也是事实，连我这样的人都有所耳闻。对此法贵先生的看法是：

"早就听说张作霖不得民心，似乎确有其事。这样，满洲的民心就会背离了张氏。现在日本要在满洲发展，却去援助失掉民心的张氏，这怎么能成功呢？军部援助张作霖时，调查过张氏与民众的关系吗？”

这番话，指出了一个一反常态的问题。其答案是从法贵先生的一次笑谈中悟出来的。有一次在大广场散步，法贵先生指着广场中央矗立的大岛义昌的铜像说：“满洲方面的势力一旦发展起来，这个铜像不就被推倒了吗？”其后，直到“满洲事变”（九一八事变——译者注）爆发，从日本与中国双方势力的消长来看，时局正在向着不幸的方向发展。

法贵先生很久以来，一直是《丁酉伦理》杂志的撰稿人，其有关时事政策的论文内容丰富，涉及领域广泛。他在满铁任职期间，就曾在《满洲日日新闻》上就大连市平民金融问题发表过意见。由此看来，他后来就东京市电力问题发表策论是顺理成章的。

作为馆长的法贵先生对馆务工作锐意兴革、励精图治。时至今日，馆内仍旧执行由他修订的《会社图书使用规程》等规章制度。但是他在任仅仅一年，而他本人及其部下是在极其繁忙中度过了这一年。

第五代馆长正是真正的图书馆人、现任馆长柿沼介先生。柿沼先生大学毕业以后，目标专一，全心全意地献身于图书馆界。这样的人不正是日本人当中最值得钦佩和学习的人么？

（1937年）

［王子平译自《满铁教育回顾三十年》］

柿沼介与大连图书馆

青木实

古籍目录《爱书》三月号的最后一页，登载了大正年间刊印的一张《满铁图书馆一览》表。全表对折，为满铁所属29个图书馆（含分馆）的简易要览。《爱书》所载的这张“一览表”使我想起，大连图书馆曾长期编辑发行月刊《书香》，以此兼作满铁各图书馆馆报；在编辑《书香》的同时，我也曾制作过一份折叠印刷的昭和版的“一览表”。

昭和五年（1930），东京火车站前面有一座称作“丸”的大厦，南满洲铁道株式会社东京支社就设在这座大厦的四楼，占用了该楼层一多半的房间。当时，我是一个会计员，负责开传票、跑银行。同时，我还在某大学夜校学习日语和汉文。那时，在工作部门里发行一种32开、16页的月刊，刊名“书香”。内容有书评、各馆增加图书月报、会社出版物一览以及关于图书的考证研究、随笔等，是当时少见的横排、六号字的印刷品。

我喜欢读书，好几次投稿都被《书香》采用了。当时，沼津的渡边太郎先生还发行了一个《图书周报》。这两种刊物每个月都给我带来乐趣。由于我经常投稿，所以《图书周报》对我免费赠阅。后来我留意到，大连图书馆馆长柿沼介先生每年都回东京两三次，与会计接洽业务。他是一个风度翩翩的绅士。我早就想辞掉现在的财会职务，去做自己喜欢的工作。于是，便写信给柿沼介馆长，希望调到图书馆工作。

对于会社内部的人来说，好像没人愿意到图书馆系统工作。经柿沼先生帮忙，我得以于昭和五年十二月调到大连图书馆工作。从收入上来说，我到图书馆后工资增加了50%，还能够抚养因经济不景气而失业的父母双亲。

柿沼先生毕业于东京帝大哲学系，大正三年（1914）进入东京市立日比谷图书馆工作，师从该馆负责人今泽慈海。先生祖籍舞鹤牧野藩，父亲是牧野家族的副管家。先生在体育方面曾是划艇选手，也是游泳高手，而他又很喜欢净琉璃（以三弦琴伴唱的日本说唱曲艺），据说在学生时代是一个追在年轻女艺人车后的追星族。

大正八年（1919），大连图书馆作为一个满铁会社内部的业务参考中心的封闭型图书馆，与奉天满铁附属地的奉天简易图书馆一道升格为向市民开放的真正图书馆。为此，大连图书馆从日比谷图书馆把柿沼介先生聘来，奉天图书馆从东京帝大附属图书馆把衛藤利夫聘来，两馆分别迎来了柿沼介时代和衛藤利夫时代。柿沼先生奉会社指派，于大正十三年（1924）赴欧美进行图书馆考察，主要是向美国议会图书馆、大英博物馆学习。大正十五年（1926）柿沼先生被任命为大连图书馆馆长。

大连图书馆的卡片目录和藏书目录都是以书名为主要内容的分类目录。阅览目录和本式目录都备有书名目录。其最大的特色是无论卡片目录还是藏书目录，都将丛书和全集的篇名目录析出，并将其子目卡片按照其分类著录排列。据《大连图书馆和汉书分类藏书目录》记载，截止昭和十三年（1938）二月末，收录约十七万册。该目录全套共十七卷，无论是收录的册数还是内容的详尽，都成为日本代表性的图书目录而驰名海外。

该目录每一页是单面印刷，然后将其分别剪贴在卡片上，以取代原有的手写阅览卡片。我当初就是从事这项工作的，即剪贴阅览用分类目录、书名用卡片目录，来替换原有的手写卡片。后来，我担任入馆新籍的著录分编，并以月为单位，以《和汉书增加图书月报》的形式发行。同时，也制成单面粘贴的印刷卡片，把新籍增补编入到阅览卡片中去。

大连图书馆在著录与满洲、蒙古有关的文献时，以“M”为标志，在M后面再按十进分类法分类，单独存藏、排列，发行单册本式目录。而作为全满洲图书馆藏书的联合目录则编纂出版了《满洲和汉书分类目录》。

随着“满洲事变”（九一八事变——译者注）的长期化，图书馆界开始着手“日本移民”村落的慰问图书的接收和配给事务。大连图书馆独立完成的工作有：随着华北地区战火的蔓延而举办“华北文献展览会”；编制《北支文献综览》；同时编制与热河、华中、华南、新疆有关的《文献综览》。所辑入的文献都是柿沼先生引以为荣的藏书。除了这些文献展示之外，柿沼先生还时常在当时并未普及的广播中举办讲座，讲解和介绍馆藏文献；或为《书香》撰稿，介绍那些与当时的战争进展无关的文献，如寄存在大连图书馆内的大谷探险队的藏书。在介绍这些文献时，柿沼先生往往不署名。

以前，老馆员竹内先生在文章中曾提到过，当时馆内的西文图书整理告一段落之后，有一天，他跟随柿沼先生到五楼书库。在书库的角落里，一些大部头西文古旧籍堆得像座小山似的，约有一千来册。先生指着这些书对他说：“这项工作有点棘手，拜托了。”那些西文古旧籍就是大谷探险队的成果。这种指派工作的方式的确是先生特有的风格。我也曾有过同样的经历。当时由藏书家西卷（透三）先生所收集的演剧文献以及由大连诗书俱乐部收集的诗集长期沉睡在地下室书库里。要对这些文献进行整理时，先生也是这样给我下达任务的。

在满铁，每年的财务年度审查十分严格。但是古籍善本的采购有时需要“先斩后奏”，以至于柿沼先生曾因超出经费规定而订购的书籍过多，触犯了“社员惩罚规程”，好几个月受到扣罚工资的处分。此事还被登载在满铁社报上。

昭和十五年（1940），柿沼先生辞去满铁职务，出任满洲国立图书馆筹备处顾问一职，参与创立该图书馆的策划工作。昭和十八年（1943），先生再一次任大连图书馆顾问，从事书志的编纂工作。日本战败后，先生作为国立国会图书馆馆员完成了议事录索引的初稿，后来又为图书馆学资料室收集整理资料。

昭和四十六年（1971）九月，我正打算在这一年的老人节（九月十五日）前去看望柿沼先生。未料想，九月十三日先生在去大田区立图书馆还书的归途中，遭遇意外事故而去世，享年87岁。原来前一段时间，之所以很久未见先生到国会图书馆来，就是因为那次他在还书之后顺便来国会图书馆，不料因该馆所在地的交通信号故障而发生车祸，被送进了某外科医院。由于担心会给馆方带来麻烦，所以一切对外保密。另外，先生去世一事也只通知了两三个人，在我的请求下，先生的家属才勉强同意将此事公开。

（1988年）

[王子平译自《彷书月刊》第六号]

回顾

松崎鹤雄

我到大连图书馆任职，是在大正九年（1920）。此前，我曾参观过北平、武昌、南京、上海、广东、浙江等地的图书馆，对主宰满洲文化的满铁图书馆，我素来抱有莫大的期望。但其后十多年的任职感受却令我等孤陋寡闻之辈疑惑重重：当时的满铁上层对图书馆事业即文化的培养究竟是否关心？

早川（千吉郎）社长莅任之后，形势大为改观。该社长对文化十分内行，曾下令制定一项大刀阔斧的购书计划。为此，那年年末，我一个人躲进金州的一家旅馆里，花费了约一周的时间,起草了一份购书方案，并立即呈交给社长。然而，不幸至极，早川社长却突然辞世，购书计划遂成画饼。

安广（伴一郎）社长时期，馆内曾入藏一部价值五千元的宋版珍籍，此可谓善本收藏之嚆矢。其后，善本搜集的经费则很难得到满铁上层的批准。随着岁月变迁，珍稀古籍日益减少，价格愈发昂贵，善本珍籍价格每年飞涨一至两倍。但是，无论你如何强调善本搜集的重要性，也总是会遭到拒绝。其理由是：“那是古董，不急于购买！”显而易见，将来一旦兴起真正意义上的“中国研究”，就会因资料匮乏而手足无措。那时，再想搜集藏书已是痛失良机了。凡此种种，我认为，图书馆当局对满铁会社上层缺乏一种积极的引导和执着的坚持也是原因之一。

现任满铁总裁松冈（洋右）曾于1929年出任满铁副总裁。

当时文运昌盛，外有社会声援，内有副总裁撑腰，十万元购书巨款犹如从天而降，大连图书馆迎来了采购的金秋。一时，宋版珍籍及舆图类珍品等相继入藏，令学术界为之瞠目。松冈副总裁和满铁会社也因之受到中外各界的歆羡和敬慕。而我却得陇望蜀，希望能再增拨十万元购书经费。随后，松冈副总裁来图书馆时曾对我许诺："再稍稍缓一缓，我会投入一百万元的。"此时，我感到图书馆的前途真是无可限量。但是，事物无常，此长彼消，松冈副总裁竟离开了满铁。对此，我惟有叹息。

其后，我辞去了大连图书馆职务，但仍然享受着图书的恩泽。虽然松冈总裁再度来满铁任职时，我已置身局外，但却满怀敬仰而有所期待，相信不久的将来，"中国研究"将付诸实践，走向深刻。果然，风闻在大连图书馆又有一批世所仅存、价值连城的孤本、珍稀本入藏。真是"天不灭斯文"，我为之雀跃。

回首往事，直至大正中期，中国各地图书馆尚维持旧式图书馆的现状。北平图书馆现任馆长袁同礼先生曾千里迢迢来满铁大连图书馆参观考察。他态度谦恭，虚心求教。今日的北平图书馆已有了长足的进步，可谓三日不见，当刮目相看。由于得到美国方面的文化事业经费的赞助，北平图书馆为雄伟的馆舍充实了中外新旧藏书，增添了朝气蓬勃的年轻专业人才，出版了馆藏珍品，刊行了数种杂志；同时又成立了全国图书馆协会和研究机构，与其他机构相互联络与合作，大有超越当年满铁图书馆的势头。

一切事物皆有规律，当文化的真谛和"中国研究"的必要性均得到重视之时，也正是图书馆摆脱旧制、获得新生、蓬勃发展之日。抚今追昔，我坚信不疑。

（1937年）

[王子平译自《满铁教育回顾三十年》]

满铁大连图书馆的终结及其以后

大谷武男

“图书馆应肩负起提高该地区文化素质的使命，即使是某企业所属的图书馆亦是如此 ，其服务对象不能仅限于该企业。”我以此为宗旨，写出了《图书馆论》，并进入满铁大连图书馆工作。当我看到那些丰富的藏书、尤其是涉猎广泛的汉文古籍、以西域为主的与东洋有关的西文图书以及装帧精美豪华的珍稀本时，便已感受到这座图书馆具有一种超乎满铁会社业务范围的博大雄姿。同时我认为，以满铁在东方的文化使命（这是当时的想法）和巨大的财力，建立一座更为理想的大型图书馆并非梦想。时值昭和二年（1927）夏季。

当时的大连图书馆，已购入了曾侨居北京的著名藏书家、意大利人洛斯的全部藏书；同时也已入藏含有宋元版本的大量汉文古籍，馆藏体系正是一派生机勃发。曾宣布“自己的藏书不出中国”的洛斯本人也同意其藏书在大陆之一隅——大连落户。而且，由于这里离北京很近，那些当初曾指责满铁为文物掠夺者的北京学者们，后来亦一改初衷，甚至有要脱手的贵重文物时，便以提供给图书馆利用为借口，委托大连图书馆购买。据说，受大连图书馆委托、查访与西域有关的西文书籍的羽田亨博士，一旦发现大学图书馆经费难以承受的高价图书，也转而让大连图书馆购入。综合上述种种优势，使位于大陆与日本连接点上的大连图书馆成为东洋文化的殿堂，是我们梦寐以求的。锐意充实大连图书馆馆藏、且精通与东洋有关的西文图书的柿沼介馆长，对汉籍造诣颇深的大学者松崎鹤雄先生，也都在心中勾画着这幅宏伟蓝图。

满铁事变（九一八事变——译者注）以后，满铁同日本军部携手共事，图书馆也被卷进其漩涡之中。原本有望成为日中两国文化媒体的大连图书馆，其未来也由此被蒙上一抹阴影。这是大连图书馆事业遭受的第一次挫折。

但是，此后图书馆也曾先后数次购进大量的汉文书籍和档案（由官厅保管的文献）。值得一提的是，由南浔嘉业堂藏书楼获得的五十册永乐大典（这是稀世之珍，加上大连图书馆原来存藏的数册，其藏量仅次于北京图书馆，而远远超过美国议会图书馆和日本东洋文库）。此举，又给我们带来了创建大型图书馆的自信以及对未来的一线希望。

大连图书馆由地方部移交给调查部主管后，一部分馆员调离了本馆。当时，在调查部有清水盛光、天野元之助、大上末广等许多人与我是至交，因而对移交一事，我也就释然而就。调查部汇聚了一批文化、经济、自然科学方面的专家。虽然当初我曾为之神往的“大连图书馆能够建成超乎满铁会社业务范围的东洋文化殿堂”的梦想破灭了，但能够为调查部这些优秀人才的调查研究服务，可以说大连图书馆还是发挥了更高层次的会社业务图书馆的作用。然而，由于调查部事件，大量的调查部成员遭到逮捕，大连图书馆的功能瘫痪了。这是大连图书馆事业遭受的第二次挫折。

战争结束了，苏军进驻大连并接收了满铁。与此同时，“大日本帝国南满州铁道株式会社大连图书馆”也降下了帷幕。而一些享誉海内外的珍贵藏书则被波波夫调查团运到莫斯科去了。波波夫说：“如此贵重的藏书不应该放在殖民地。”

此后，大连图书馆被改称为中长铁路大连图书馆，在苏联人管理期间一直闭馆。留下来的少数日本馆员，每天除了整理前几年从北京购入后就一直放置未动的汉文古籍，就是进行图书卡片的日俄对译，以此度日，等待着撤回日本。

后来，日本馆员只剩下我一人，兼管资料室工作。朝鲜战争爆发后的昭和二十五年（1950）秋，我突然被转移到甘肃省天水市。翌年春天，我又回到了大连图书馆工作。这期间，大连图书馆已交给中国方面管理，正在作为市立图书馆而重整旗鼓。在几十名中国馆员中，有三分之二是女性，其籍贯遍及各省（以南方人为主）。开馆之后，被利用的仅仅是新中国成立后出版的新籍，汉文古籍则由古籍研究室（我任室长，工作人员有著名学者罗振玉先生之孙、历史学家罗继祖等七人）管理，不对外开放。

在这种状况下，昭和二十八年（1953）春，田汉（中央要员、郭沫若盟友、剧作家）由北京抵连，目标是大谷文库藏书（大谷光瑞委托大连图书馆保管、后归满铁所有。其中含元、明、清小说戏曲类等稀见孤本）。离开大连时，田汉说：“‘大谷本’不应放在大

原满铁大连图书馆馆员大谷武男（前排左一）、林宗元（前排右一）与部分满铁图书馆老馆员合影（1984年）

连这样一个商工业城市。”所见与波波夫如出一辙。至此，我有一种预感，无论“大谷本”或其他汉文古籍都与那些被波波夫掠走的珍贵藏书一样，将在劫难逃。

同年年末，我又转职重庆图书馆。自翌年夏天起，我在该馆的古籍整理室编制善本目录，翻着手中一页页散发着书香的古籍，思绪却一次次飞向大连图书馆所藏的那些珍本。

昭和三十年（1955），我回到了东京。听说后来大连图书馆那些珍贵藏书已由莫斯科送还北京图书馆了。可是，关于大连图书馆却一直杳无音信。原大连图书馆馆员、回国后入国会图书馆任职的林宗元君，近年曾作为缩微技术指导应邀前往北京工作。原大连图书馆馆员水谷龙男最近也访问了大连。根据他们回来后的谈话以及随身带回来的反映图书馆现状的小册子，我才得知，除了沙皇时代的“奥佐文库”被转让苏联而外，其他原有藏书几乎全部在藏。尤其是“大谷本”藏书，经大连图书馆研究室整理，正以铅字本陆续付梓。

今非昔比，现在的大连图书馆，正以一种超越市立图书馆和大连地区图书馆的姿态向文化学术型图书馆发展。这一趋势令我由衷地高兴。

（1988年）

[王子平译自《彷书月刊》第六号]

我在大连图书馆工作五年的回顾

罗继祖

1949年新中国成立以后，我在大连文保会工作，那时，我家藏书的整理已告完成，唯有一个小小劳动人民文物陈列所在文保会的领导下，我没有更多的工作可做。廖华主任又已内调，我遂要求组织把我也调出去。蒙批准赴沈阳，因这时沈阳的图博两馆正在创建整顿中。到沈蒙文物处长王修派我在博物馆工作，任命为研究员。时已迫近岁末，不数月，大连市原有的满铁图书馆于解放初期被苏军占据后，至是才移交我国。大连文化局长方冰电请文物处派员来帮同接收。于是我和金景芳、宋荫谷、王士修、杨仁恺、胡文效、金德宣均被派来连。这时正是抗美援朝的中期，形势非常紧张，考虑万一战火绵延，旅大沿海也不是安全地带，遂一面按籍点收，一面装箱，打算转移，因之工作是在抢时间进行。等装箱完毕，战局又缓和下去，箱子装好而未外运。

馆既归市，为了满足市民对于文化的强烈要求，计划克期开馆。方局长因人少，特把我和士修留下，因我全家在大连，去沈毕竟心悬两地，还是回连好，况且现在连馆开办，正需人；王则因系北京辅仁大学毕业，精通西文，留馆整理西文图书。第二年秋天开馆，馆设有参考研究部，我和王都在部里，王任部主任。馆长杨东昉、副馆长林端正，下设采编、阅览等几个部，阅览部主任田余年是馆里旧人留用的，还有一位日籍馆员大谷武男，苏军在馆时期就被留下，现在仍留用，以资熟手。

开馆前后做准备，忙了一阵，第一步是将装箱的书打开，照样上架；第二步是按照原来部次重整，由大谷指导。满铁当时藏书情况，中文、西文、日文各占一部分，当然日文最多，中文次之，此外还有一部分中文古籍善本属于特藏，其中最名贵的是几十本《永乐大典》，苏军驻馆时把它和其他善本统统弄走，后来仅归还了《永乐大典》。

解放后，人们有一种“盲目乐观”和“坐享太平”的想法，以为今后国内战争没有了，人们所需要的只有精神食粮，所以图书馆事业要大大地兴旺起来，有这样想法的人，看不见社会上阶级斗争还隐然存在，又不理解社会主义国家的建设并不是如他想象的那样简单和容易。同时图书馆事业今后肯定要发达，但也要看具体条件来决定的。果然开馆不多久，一系列的政治运动跟着来了。“三反”、“五反”和“思想改造”，但运动的规模不算大，时间也不过长。“三反”、“五反”我沾不上边，只有“思想改造”我有份。当时馆领导并没有把我当重点来考虑，我自己觉得我出身封建家庭，旧思想的包袱比一般人要重些，虽然在党的领导下工作了几年，改造得还很不彻底，便主动向领导申请把我列入重点，领导同意了，结果，我检查得不深刻，人家帮助不少，但由于对我的家庭和我个人都了解得不够，仍像隔靴搔痒，搔不到痛处，收获不大。

提起参考研究部来，实际这五年里没能开展什么研究，倒是参考工作做了一些，主要是当地和外地来查找材料。凡有来的，都是我和士修去应付，忙的时候，有点应接不暇。当时我的想法是这样，图书馆是给人民大众服务的，人家来查找资料，如果我们有的话，一定要满足人家的要求，不叫人家失望。旧社会那套搪塞推诿和不肯尽力的坏作风，我们不能干。工作尽管忙一些，还是做出一些成绩。1954年，我获得“积极工作者”奖，这是我参加党的工作以来第一次受奖。

如果说在研究上还做过点什么，那就是把馆里所藏中文古籍和我家藏书归馆的，经我手从中选取若干善本，把它一一写成卡片（馆中原藏善本虽被苏军弄走，下剩的够称善本的还不少），成为馆里藏书的一笔重要财富。作为一个图书馆，其工作不仅是保藏旧有的，还应该再搜罗新的来补充，这方面也做了一些，就是到旅大各地旧家去访求，加以市上私人所开设的书铺，经常从南方各省贩来许多旧书，可以披沙拣金，但收获太小。一来，旅大这个地方开辟为半殖民地海港还不到一百年，文化缺乏基础，旧家几乎看不到有什么珍贵藏书；二来，一个省辖市的图书馆，省里拨给的经费太少，仅是支付开馆需要，无力再去购置旧书充实馆藏。一直到今天，该馆经济情况没有多大提高。我对图书馆工作完全外行。在馆所做的工作只限于参考研究的部分，其他我没有插手过。大凡市内公家所得的旧书，一概拨归馆储藏，由我们去验收，西文、日文我不懂，似乎数量虽多，精华很少，馆内无处存放，都堆积在分馆南山大庙里。中文书，如金县王永江家的书就不见有什么珍本。

在参考研究部我和士修对案工作了五年，他的专长是西文，和我不对口，但彼此情感相投，谈得来。我觉得他为人朴厚，工作踏实，缺点是胆小怕事，又不善应付人。他本患有高血压病，当主任疲于开会和事务。他的专业，我在馆时，做得不多，后来如何不得知。1957年他被划为右派，是我没有料到的。

我离馆来长春东北人民大学（现改为吉林大学），是沈阳同事金景芳、宋荫若向东北人民大学介绍的。东北人大的前身是东北行政学院，既改大学，需人甚亟。1954年，金、宋从沈图调去，金在历史系，宋在中文系。东北人大托他们荐人，我们只是短期同事，并无深交。先来信探问，我答复说可以考虑。第二年四月，遂由高教部正式下调令。到长春后，因我从图书馆来，要叫我去帮校图工作，历史系教“中国史学史”课正缺人，遂留在历史系，直到今天。我自1981年得脑血管病后，课不能上，研究生也不敢带，只和几位同志从事编辑我祖父罗振玉的《雪堂学术论著集》工作。去年九月，学校颁发给我“人民教师荣誉证书”，说我自1949年从事教育以来，忠诚党的教育事业，为培养一代新人作出了贡献。我不敢当。

来长春后，全家仍留住大连。所以未搬来长春，一因我老母年高，怕长春天冷；二因儿女们都在大连上学，转学麻烦。只好我一人住校中集体宿舍，每年寒暑假回连探亲。一晃二十几年过去，直到1979年冬天，老母以95岁高龄逝世，老伴才搬来长春，而儿女也都已就业在大连，现在在长春的只有我们老俩口。

我每年回连和馆中同仁接触不多，但每一到馆，觉得当日开馆的同仁已少了一半，不免有举目沧桑之感。图书馆事业正在日新月异地发展，特别感到馆址狭小，已不适合今天市内群众的需要，随着大连市辟为开放港口，更觉另建新馆的呼声已迫在眉睫了。

顷接馆里通知，拟编印《大连图书馆开馆三十五周年纪念专集》要我写点具体材料。事过境迁已多年，我当日在馆，不过是一个普通馆员，有些场面大事，我从未参予，有些事又已回忆不起，所以这份答卷难于得到满分。搜索枯肠，只能写出上面这一点点回顾，尚乞鉴谅。

（1986年）

回忆我在图书馆工作的三十六年

孙克力

与图书馆结缘

1951年6月，我被调到市政府文教局，一年后文、教分家，我来到文化局。在局里分管的工作中，我接触图书馆比较多，经常向馆长、部主任及主要业务人员请教，调查了解和学习了一些初浅的业务知识，就这样我开始涉足图书馆业务。

大连图书馆（当时称旅大图书馆）为了工农业生产、配合农业合作化、开展扫盲识字运动、普及科学文化、巩固国防建设，决定要成立推广组（后来改为推广部），开展城乡群众性的图书馆文化普及工作。当时我被图书馆林端正馆长提名来馆负责这一工作。

图书馆生涯

1953年“八一”建军节这一天，我来馆报到后即动手组建推广组，第二年改为推广部，当时编制七人。推广部这项工作，对我们来说是一项全新的工作。在一没现成经验可供借鉴、二没有任何设备提供使用、三没有基层的情况供参考的情况下，就凭着我们的满腔热情和一种吃苦耐劳的拼博精神去独闯天下，一切从零开始。当时的农村是最缺少文化活动、对图书最需要、工作最困难、条件最艰苦的地方。没有钱买图书，没有人管理，没有时间来馆取书，简直就是一个“三无世界”。于是我们就手提肩扛，乘车走路，一年四季，顶风冒雪去登门送书。有时找不到合适的人员管理，就通过村领导，找会计或请青年团组织、委托爱读书的青年人来管理。当时的农村能有小学四年级文化的人就算是“知识分子”了。下乡初期，吃派饭、住宿找不到村领导，遇上供销社关门买不到东西，吃不上饭，饿肚皮，安排不了住宿时就不得不住文化站、村办公室，睡板凳是常有的事。

农村图书流通站建立起来了，没有书箱装书、运书，馆里为他们制作了流动图书箱，既可代替书箱运书，又可代替书架借阅，还便于管理员日常管理。

1950年抗美援朝，处于国防前哨的旅大地区，修建了多个军用机场。我们在市委宣传部门指导下到工地民工棚去流动送书，和民工同吃同住同劳动，开展图书流动活动，完成一地再到一地，跟踪服务。在工程竣工典礼时，施工领导作为答谢，请有关服务人员乘坐苏军飞机绕大连市上空一周。我馆乔良同志就有幸得到这种优待，这在当时那个年代是件很荣耀、很令人羡慕的事。

1955年根据中央文化部《关于加强与改进图书馆的指示》精神，逐步减少和收缩了图书流动站，将馆藏通俗读物和连环画、画册及流动书箱赠送给基层县、区馆和部分农村图书室。此后大连地区各县、区普遍建立了各级群众文化馆（站），并在此基础上陆续独立成立了县、区图书馆，逐步形成了公共系统图书馆网。根据有关资料统计，截止1957年末共建立了149处各类图书流动站。

随着图书馆（室）事业的发展，我们不失时机地举办了各基层图书馆管理员培训班、各种业务讲座、读书报告会及经验交流会等一系列业务辅导活动。其中，影响面比较大的一次经验交流活动，是在海港俱乐部首次举办的“厂矿图书馆（室）工作现场经验交流会”，由海港俱乐部图书管理员杨荷亭同志做了生动的经验介绍，然后观摩现场参观交流，下午座谈讨论，当场问答。会议为期一天，生动活泼，会后每个人发一册由我们整理印刷的经验交流材料。当时我市各基层的图书馆（室）管理员踊跃参加会议，影响很大。来我馆调研的北京图书馆研究人员李仲履先生参加了此会，给予好评和赞赏。

1957年我被调到采编部工作。当时图书馆包括书库在内仅有3600平方米馆舍面积，要扩大服务，开辟各种借书处、阅览室，每天要接待3000名读者，无奈只好把采编部、推广辅导部迁到馆外办公。1960年书库经过调整后又搬回地下室。室内又潮又暗，白天都得点灯工作，上、下午分别让馆员休息15分钟，出来晒晒太阳，透透风。

我调到采编部时，编制只有10个人，除了我和采购人员外，其余全是女同志，担负着中外文书刊采购、统计、验收、图书分编、加工及各种目录组织工作，整天点着灯刻写蜡板、油印、糊贴。当时馆内没有车，为了节约经费而不雇车，大批书刊从书店、邮局运回要靠我们手提肩扛，用自行车载，用拖车推，自己搬运到采编部，再靠大家一本本书刊、一张张卡片、一道道程序分编加工出来供给读者服务部门，然后再编排成各种目录反映给读者使用。成年累月，天天如此。

那个年代，政治运动接连不断；中心任务、突击工作抽调人员特多；定期不定期频繁地学习、开会；再加上有时全馆大协作——整顿书库、清点藏书、支援读者借书、参加基层图书馆办班讲课及个别专业辅导需要抽调采编部人员参加，能安心做本部门业务的时间就更少了。在这种情况下，别的部门可以闭馆，读者不来就可以停止工作没有任务，而采编部却是不管闭不闭馆，书刊照样天天来，不搬回馆内也是在书店、邮局积压着。事后采编部各项工作还得自己动手干，由于业务工作的特殊性、复杂性，初来的人谁也插不上手、帮不了忙。只有靠自己，抓紧时间，见缝插针乃至加班加点突击，总是处于常年忙乱之中。好在当年在采编部工作的大部分都是些富有经验又有事业心的老同志，日常工作仍可照常进行。

我刚到采编部，一切都不熟悉，还需要从头学起。这时，中央文化部社会文化管理局在南京图书馆举办了“省市图书馆工作人员进修班”，我有幸被宗小薇馆长派去参加学习。在两个月的学习中聆听了苏联图书馆专家雷达娅及国内有名的图书馆专家刘国钧、杜定有先生及其他学者讲授的图书馆学基本理论、目录学和现代文学、古典文学以及马列主义基本知识。1960年，根据中央“调整、巩固、充实、提高”的八字方针，我馆闭馆清点藏书（包括整理古、旧籍）、调整书库，各项业务也都做了相应的调整和变革。随着藏书品种、中外文书刊数量的增加，1960年以后采编部人员编制已达16人，为了使各项业务后继有人，来了不少新成员。

我们大胆地进行了一些业务改革：

1958年改革了图书登记与分编的方法，把编目时每道工序靠由手抄改为刻蜡板，用刻写的蜡纸一次性油印出书、卡、账三位一体的方法。然后再印出《新书通报》，又快又好。这样减化了手续，避免了因手续多头而出错。

1960年，我们建立起一套完整的新闻图片的登记、分编、加工的科学管理办法，解决了过去来了就用、用完就丢的问题。既便于展览使用又便于管理保存。

1964年，我们改革了中、外文期刊登记法。将过去的手抄大流水式登记法，改为按期刊分户头、活页油印的登记法。每种期刊收藏年月、收缺藏情况、数量等均一目了然，手续既简单又清楚。同时改革了期刊排列手法，将过去按《东北分类法》排列改为按刊名拼音缩写排列，方法简便实用又易掌握。

1965年，全面系统地改革了中、外文新书整理加工方法，将过去按人按工序、分兵把口、各自分散的流水作业法改为按图书整理加工流程的特点，工作分轻重缓急，人员按主次分工，互相合理配合，集中人力整理加工图书。将书交给读者部门后，再整理各自善后工作（如：统计、排卡片目录、印新书通报等）。这样，新书进馆从过去最快一周变成两天或当天和读者见面，而且每批书中间还有间隔，可以整理采编善后工作。这样不仅加快了速度，而且也提高了质量。

采编部重要的任务是图书采购（有的馆也叫图书采访）。这项工作在大型图书馆由图书采访部完成。多年来采编部由于种种原因长期配备不上采购人员，即使配备上了也留不住。在采编部工作的大多数时间内，都是由我兼职或亲自审阅订单。即使在当副馆长以后，我也始终参与选订书刊，过问采购工作，解决藏书建设中的诸多问题，以求保持图书馆藏书的政治性（或叫政策性）、系统性、完整性。

1950年开馆时接收的40万册满铁藏书虽有价值，但除少数专家、学者之外几乎无人问津。为给新书让位，不得不逐步将这部分藏书搬到南山大庙（日本东本愿寺）书库内。因购书费寥寥无几，每年买不了多少本新书、报刊，却年年超支，寅吃卯粮。在这种情况下，我们采取：

1．为了解决购书费紧缺问题，全馆上下实行“勤俭办馆”的方针，如：写文件打底稿采用半面废纸，信封翻过来接着再用；办公手册利用装订纸边自制，出差办事能在本市办的就不去外地，能兼办的就不另派，从书店、邮局拉书从来都没有雇车，都是自己搬运。齐心协力，想方设法争取“节约每分钱，为读者多买一本书”。在那个艰苦年代，几十年如一日，就这样把一本本书买进来，送到读者手中去。真是可以套用古诗中的一句话，“谁知手中书，本本皆辛苦”。除此之外，馆领导和财务部门积极去文化局呼吁，逢会必谈经费，争取局领导和财务部门重视图书馆购书经费（因为欠债，新华书店也跟着呼吁）。每年文化局都从节余经费中给我们补一点。文化局领导和财务负责人也总是去财政局反映，为我们争取购书费，年终再为我们增拨一点。就这样层层努力争取，层层都给点钱，为读者多买点书。年年吃点“探头粮”，年年购书经费有增长。在当时像我们这种公共图书馆没出现人吃书费现象，反而争取经费多买书，也是不多见的。

2．在那个计划经济年代，图书馆一方面买书没有钱；另一方面有钱买不到书，特别是那些热门畅销书，还有少数冷门专业书，都要由书店分配和订货。有时你馆书箱里的图书别的馆看好了就给取走了这种事时有发生。所以需要经常跑书店，争取图书计划分配部门的协助和关照。

为了解读者需求，我们图书采购人员定期到借阅部门参加图书借阅出纳站柜台，每天收集读者借书条，特别是借不到书的“缺书条”，召开不同的读者座谈会，发放读者《需要图书调查表》，举办各类书刊展览会，听取读者意见，掌握读者借书规律及其各时期的变化，来指导日常购书，以避免盲目购书乱花钱。

为解决书源不足，除按时报送订单、勤跑书店、勤看来书分配状况外，遇到图书数量不足时我们就跑门市，去区、县书店，甚至每年定期去天津、北京、上海大城市书店购书，来解决书量不足和缺书品种的补充。除了和各大省市或有特色的国家出版社直接联系、直接发订单、邮购所需要的图书外，还和一些省市图书馆交换有地方特色而又各自需要的地方出版物。

3．1960年整顿清理藏书期间，考虑到满铁旧藏书与建国后新馆藏之间的“断代”问题，我们提出应当将整理出的“罗振玉藏书”中的多余复本与各大古籍书店用“等价交换，各取所需”的办法充实馆藏。这一建议得到孙效章馆长的赞许和支持。我们编成复本目录，分头发给几大古旧书店，划价寄回。最后看谁给的价高，我们就与谁交换。

1962年，馆里派我和田余年同志去天津、北京古籍书店，挑选了一批弹词宝卷、金石拓片和碑帖等线装古籍。

1963年，馆里又派我去南京、上海等地，收集交换了一批20世纪30年代及抗战时期的作品和资料，前后两次共有两万多册，及时补充了馆内缺藏。“文革”中这件事被批判为“购买古、旧、黄，腐蚀工农兵读者”，受到了责难。无私无畏的孙馆长，没有丝毫推卸，一人为我们承担了全部责任，使我们得以幸免。

1964年9月，大连成立日语专科学校（大连外国语学院前身），市人事局抽调我去考试。我应试被录取后，要调我去当日语老师。当时，第二次调回馆内的宗小薇馆长征求我的意见，我还是那句老话：“服从组织分配。”宗馆长说：“馆内业务需要，不希望你走。”于是，我再一次被留在采编部。

原满铁藏书中有一些与五四运动、五卅惨案有关的标语口号、传单小报等宣传品，解放后成为宝贵的革命文献，均调给革命博物馆。受此启示我认为“文化大革命”中的各种资料和宣传品，也应当有人去搜集，作为这一阶段的重大历史研究史料，供后人使用。“过了这个村，就没有那个店”，应当不失时机地去征集。我自发地和李波（当时的图书采购员）、薛维祥（当时的照相复制员）两名同志，研究组成“文革”资料征集组，由我坐镇保管和街头报摊征集，其余两人分头负责去某个“群众组织”宣传、征集。由于各派都在争当“革命左派”，又有专人、专门登门拜访，当然都乐意捐赠。成立市军管会后，各派解散“倒旗”时，我们又去军管会把各派自己保存的资料，全部完整地接收过来。

这项工作，在我下乡后由图书馆革委会组织部分大学生整理成册。后来，根据市有关领导的批示，将三大卡车合订本完整地调拨给市档案馆。

1966年末的“文革”初期，由于当时中苏关系恶化，俄文期刊订价暴涨，大连工学院（现大连理工大学）图书馆蔡达明馆长来找我商量对策。我俩主动去市军管会政工组汇报，组织全市各订刊图书馆开会协调订刊，既保证了品种，又节省了订费，圆满地解决了这一问题。

1968年秋到1969年春，文化艺术界全体人员集中举办“毛泽东思想学习班”，长达4个月。但是图书报刊订单照样来，图书报刊还要按期订，特别是外文书刊。在这种情况下，当我向班里请假去报订单时，得到的回答是：这是什么时候了？还订“洋奴哲学”的东西！我说：“谁不让我订，谁给我写个条、签个字，将来好对这段历史负责！”结果是谁也不敢写这个条、签这个字。于是我照常去书店、邮局报订单。

“文革”后期，1969年末，大批干部作为“五·七”战士都下乡插队落户当“农民”。开始时，我整天当“搬运工”，帮他们搬家。该下去的都下去了，连那些党员、部主任也不例外。只剩下我留在书库内挑选“战备书”，准备战时运二线。这一工作由当时图书馆革委会委员李淑英同志负责，她让我安心好好选书。我没有丝毫幻想，只想抓紧时间完成，早日下乡，走“五·七”道路。

1970年3月6日是我永远难忘的日子。我带着全家老小（有我66岁老母亲）告别了解放前就住在一起的老邻居，坐着三辆大卡车，到达边远山区——庄河县立新公社（现在的仙人洞镇）万河生产队。

我调回图书馆后，负责组织图书馆各项业务的重建工作。

首先从整顿藏书、整顿各项业务秩序开始，恢复读者借书处、阅览室，又把采编部及非借书部门重新搬回地下室。随着下放干部陆续调回，各部室业务也逐步开始了正常工作。于是我又回到了采编部，做起了我的“老本行”。

首先，我向上海外文书店发信补订了我下乡时被砍掉的经过各大院校、科研图书馆协调的重要外文期刊（如：各国文摘、索引）。我一一进行核对，虽然大部分补上了，但仍有少数重要期刊，没有补上（如1972年美国化学文摘），造成断缺，非常遗憾。

1975年，我联系各主要出版社、各地方一些市图书馆采编部门，恢复了图书邮购、代购和地方版图书交换的业务，还主动为一些购书难的县图书馆代购一些难买的书。

1976年，为了宣传利用国外原版书刊，还联合市内各大图书馆举办了《国外原版科技书刊展览会》，有90多个单位395人参观。

粉碎“四人帮”以后，拨乱反正，我们的思想从各种禁锢中解放了。馆内再一次整顿各项业务秩序，清理多年积压的各种书刊，清理、审查多年被禁锢的图书，恢复全市各大图书馆之间的外文期刊协调活动等，所有工作都在有计划、有步骤地进行着。这期间，我在完成新书分编任务之余，支持王多闻先生抓紧时间整理了“三年自然灾害”中，两次去外地采购的、积压多年的古旧书，将其一一登记上账，分编加工，完成了全部整理任务。1979年，组织全市各大图书馆“外文期刊预订协调会”，编制了《外文期刊预订联合目录》，发给各馆，互通情报，资源共享。

1981年7月，我被任命为副馆长。对此，我没有一点思想准备。那时候，我还不是党员。没有邓小平的改革开放政策，这个职位也许还轮不到我。

任职期间，我主要负责馆内各项业务工作。由于赵廷璧馆长的信任和支持并放手让我去工作，所以，这一段工作有许多进展，也很活跃。具体工作主要有如下几方面：

1. 根据上级文件，落实政策时将“文革”中查抄并移交给我馆的这部分书无条件地返还。我和铁军同志接手做这件复杂而艰苦的工作。首先，将这批杂乱无章的查抄书集中整理上架，制定出返还的根据和有关材料，确定返还对象，一一走访进行核对返还。这项工作因铁军同志非常认真负责，做到了有根有据，有始有终，被抄者或其家属比较满意，最后由我写出报告给有关领导，圆满地完成了任务。

2. 根据省文化厅（82）6号关于藏书整顿的要求，不断解决整顿中出现的各种业务问题，排除干扰，组织馆内外的人力（包括退休教师和会日语的退休人员）坚定不移地完成了“三起三落”的馆藏新、旧书的清点和整顿。1985年完成了新书清点和多余复本、陈旧书

孙克力(左一)作为中国图书馆代表团成员访问非洲

的剔除。1986年在完成了古旧书加工整理的基础上，调整书库，合理布局，做到了“书、卡、账”相符，保证了读者查阅的需要。特别是在各地资源调查、各地编史修志的高潮中，每天读者盈门，在保证查阅方面起了相当大的作用。

3．在抓本馆藏书整顿的同时，又和业务辅导部一道积极推动、指导县、区馆的藏书整顿，并在新金县（现普兰店市）图书馆召开了现场会议，组织县、区馆长进行了各图书馆的藏书整顿验收，向省文化厅呈交《大连市各县、区图书馆藏书整顿报告》。这些活动，对推动各馆藏书整顿进度和提高质量、改善管理都起了积极作用。在参加省文化厅组织的省内各市的县、区馆藏书整顿验书工作中，我还担当了沈阳、抚顺、辽阳地区的验收组长，认真完成了分担的验收任务。1982年11月中央文化部图书馆在北京图书馆举办“省市图书馆藏书建设研讨班”。研讨班为期一个月，由有关专家、教授讲课。我在大会上做了《关于大连图书馆藏书与发展情况及其做法与想法》的发言。

4．我积极投身于图书馆业务改革，毫不保留地提出各项业务改革的设想和措施，并身体力行去积极推动和实现。1984年11月，在安徽省芜湖市图书馆召开的中国图书馆学会“全国公共图书馆改革学术座谈会”上，我的发言稿《在改革中找出路，在改革中求进步》，被省学会评为1982～1985年度优秀论文，并在省《图书馆学刊》（1984年第4期）发表。《转变观念，坚持改革，为实现联合服务，资源共享而努力——关于公共图书馆改革的几点设想》，曾在1987年8月哈尔滨“东北地区图书馆学第二次讨论会”上入选，并在1989年10月获中国图书馆学会颁发的国庆40周年、中国图书馆学会成立10周年特别奖。

5．经常和辅导部一起深入基层，推动县、区图书馆开展各项业务活动，逐渐建立起公共系统图书馆网络，扩大图书馆覆盖面，开展馆际互借，实现资源共享，为此，我每年都安排时间下基层，特别是农村。有的县、乡我几乎走遍了。根据1987年《考勤手册》记录，全年下基层有40天（其中大部分是在农村）。1985年3月，在市文化局的赞同和支持下，组织了一次有各县、区馆长参加的“乡镇、街道图书馆的王牌比赛”。事后，由市委宣传部、市文化局出面，召开了县、区公共图书馆先进集体和个人表彰会。由我在这次会上做了评比活动的总结发言。1985年8月，实行了市、县、区公共图书馆联合供书，由我起草了借书规则和办法，发放了“通用借书证”。1986年又实行了在市、县馆之间，联合办理农村邮寄借书，为农村知识分子、农业科技人员和专业户服务，发放了“邮寄借书证”。1987年，市、县区图书馆联合举办了“科技书刊信息发布会”和国外进口原版科技书刊展览大型巡回信息发布会，受到各县领导的重视和农业科技人员和各专业户的欢迎。

6．我分管市图书馆学会和中心图书馆委员会的工作，1985年11月，主持召开了“沿海开放城市图书馆事业研究会”，我在会上宣读了自己的《谈谈开放城市图书馆工作的注重点》的文章，此文刊登在省《图书馆学刊》1986年第1期上。

7．为积极开发利用文献资源、推动地区馆际互借、实现资源共享，我组织并参与编制各种联合目录、新书通报、专题书目资料。1984年在编制《东北地方文献联合目录》（第2辑日文部分）中，我除了主持这项工作外，还利用每天午休时间做日文编目的审核工作。我和范钦贤同志编制的《大连地区1988年国外和港台原版期刊联合目录》还荣获了中华人民共和国成立40周年、中国图书馆学会成立10周年授予的二次文献成果奖。

8．1986年11月，根据文化部的文件要求，我被推举为中国图书馆代表团成员，访问了非洲尼日利亚、肯尼亚、坦桑尼亚和南斯拉夫四国，完成出国访问考察业务并担当记录。回国后，奉命写了一份《考察报告》（草稿）报文化部，并在省、市学会做了几场“访问”报告。

岁月不留情，年龄不饶人。我于1988年4月退居“二线”，当了调研员。因为图书馆学会和中心馆委员会工作不到换届选举不能变动，所以我还做我的省、市图书馆学会副理事长。这是我的最后一班岗。1988年8月19日～9月29日，省文化厅图书馆处对我省13个市图书馆（不包括鞍山、盘锦馆）的各项业务，进行了全面检查和评估，我担任藏书评估组组长。之后省文化厅图书馆处领导又把大连地区10个县、区图书馆的评估任务交给了我。国庆节后，经过一番准备，于1988年11月24日开始对长海县、庄河县、瓦房店、新金县（普兰店市）图书馆评估。1988年12月7日，在中山图书馆评估结束后，我突然眼前一黑，就倒地不省人事了。

我患脑血栓住院治疗并疗养一年，于1989年6月1日办理了离休，结束了我的图书馆生涯。

结语

在纪念我馆成立一百周年的时候，做为耄耋之年的过来人，感触至深。如果我们现在还年轻，那该有多好！在羡慕之余，我捧出这坛百味陈酒，祝愿我们的国家兴旺发达，国泰民安，祝愿我们祖国的图书馆事业蒸蒸日上，祝愿我们的图书馆工作者生活更加美好！

（2007年8月）

我们的馆员和读者心连心

乔世国

1953年的夏季，我被调到大连市图书馆（当时称为旅大图书馆）工作，1983年离休（1969年12月至1978年3月，下放农村在县城工作）。对于在馆内工作的那段日子，如今留在我的记忆中印象最深刻的，就是我们的馆员同志在工作中表现出的那种和读者心连心的高尚情操与勤俭办馆的艰苦奋斗精神。以这种精神状态为动力，随着我们事业的不断发展，同志们做出不少令人感动的事情。

从上个世纪50年代初期开始，我国图书馆事业发展很快，特别是在党中央提出向科学进军的伟大号召之后，我馆读者人数激增，我们的工作任务大大加重。这时，馆内阅览室显得非常紧张。每天开馆前，读者已在门外排起长长的队伍，由于座位不够用，每天都有一部分读者被拒绝入馆。面对这种情况，馆员同志们提出建议："要把方便让给读者，把困难留给自己。"于是，在一楼、二楼工作的采编部、参考研究部和办公室的同志们积极主动、雷厉风行地都转入地下室办公，腾出房间给读者使用，这样就增加了四五十个阅览座位。对于这一行动，没有哪一个馆员提出反对意见。由于地下室既阴暗又潮湿，后来有些同志患了风湿症或患了眼病。尽管如此，也没有听见过有谁对此发出怨言。

为了使馆藏旧籍资料能更好地应用于国家的社会主义建设事业，1983年，市政府拨给12万元资金，加上馆内一部分自筹资金（为读者复印资料和装订图书赚的钱），在昆明街南山大庙书库的南侧，新建了628平方米新书库。1985年又自筹资金28万元，在南山大庙书库的东侧建起552平方米的文献查阅楼兼读者招待所。

为了给读者创造一个幽雅的学习环境，办公室的同志们亲自动手（其他部、室的同志有时也参加），在馆的院内（围绕大阅览室的前面、东面、西面）开辟了一个小花园。花木的种子、苗子，是馆员通过私人关系无代价地从花木公司弄来的。春夏两季，大阅览室外花木葱茏，室内花香四溢，为读者创造了一个优美的学习环境，对于提高读者的学习情绪和学习效果，起到了良好的作用。

为了节约行政开支，把钱用在为读者多买一本书上，全馆各个部日常办公使用的纸张，除了上报的统计表报（这是有一定规格的）以外，不论写什么计划、总结、报告或馆务日志、部务日志等，一律用粗糙、便宜的纸张或废旧纸张。发给读者的催书信的信封都是馆员自已糊的。馆员们使用的工作记事本由装订室制作、由办公室统一分发，不到外面去买。

根据要为读者多做奉献的这种意愿，各个部的工作人员都有各自的实际表现。

采编部的同志们为了使新书尽早地与读者见面，几乎每星期都有一半以上的工作日自动延长工作时间（半小时或1小时左右）。部主任还经常到图书外借出纳台参加图书出纳工作，了解读者对于图书的需求，同时用收集拒借图书索书条的方法，考虑应该尽快补充哪些图书。

根据为科学研究服务的需要，为了推动全市几个较大的图书馆开展协作、扩大服务能力，采编部以中心图书馆委员会的名义，主动地定期召开会议，与各委员馆协商有关图书采购协调、编制联合目录和开展馆际互借问题。由于我馆采编部积极主动和兄弟馆之间

20世纪50年代乔世国（后排左五）与部分馆员合影

的通力合作，促使全市图书收藏品种多样化，减少重复，适用性也提高了，并且节省了大量购书经费。其中，最主要的受益者是广大读者。

阅览部工作人员经常在来馆读者多的时候，推迟闭馆时间，尽量让来馆晚一些的读者都能借到自己需要的书。有些馆员还常在业余时间给生病或其他原因不能来馆借书的读者送书到家。对于破损的图书，不在开馆时间糊补，也不花钱雇人来糊补，而是牺牲午休时间，大家一起动手糊，使一批批“死书”很快变成“活书”。

为了对读者进行读书辅导，我们举办了讲座、报告会、讲演会、故事会等。本馆没有场地，租场子也没有这笔经费。但是同志们并没有因为条件限制知难而退。负责图书宣传工作的同志，主动和工人文化宫图书室、铁路文化宫图书室、军人俱乐部图书室等单位联系，取得兄弟馆的支持，几个馆联合起来举办读书辅导活动。于是，场地问题、请讲师和支付讲课费问题、组织听众问题等，都迎刃而解了。这种联合行动，增强了图书馆的辅导能力，扩大了辅导工作的规模，使更多的读者提高了读书收获。

科技咨询服务部的同志不是被动地在馆内“坐门等客”，而是经常深入科研、生产第一线收集研究课题，实行“定点定题跟踪服务”。该部的蔡作民同志在这项工作上做出了非凡的成绩，受到了众多读者的赞扬。他连续几年被评为大连市的劳动模范。他逝世的时候，参加追悼会的读者有两千多人。

参考研究部的工作人员都是年岁较大的老同志，他们也不避艰苦。为了加快旧籍整理速度，大部分时间是在库内工作（书是可以拿到工作室进行整理的，但这要多费手续，影响工作进度）。库内冬天温度低，夏天又特别闷热，为了防止灰尘侵入体内，还需穿罩衣，戴口罩，头上绑毛巾。在这种情况下，老同志仍然坚持大部分时间在库内工作。在日常工作当中，为了使每张卡片和本式目录上的字迹都能让读者看得清楚，卡片上的每个字都写得极为工整。这主要的不是为了表现个人的高超工作技能，而是为了读者的方便。

业务辅导部的同志有一个时期还兼搞图书流动工作，往农村、工厂、部队送书。本馆没有任何运送工具，下了火车、汽车之后，有些地方，要由馆员自己手提、肩扛，走很远的路，才能把书送到目的地。那时通讯条件差，无法事先通知下面的图书管理员前来接应。下面的食宿条件也比较差。但是，同志们按期下乡下厂下部队，没有哪一位同志叫苦或怠工。他们说：“看见下面的读者见到我们送去的图书时的那种高兴劲儿，我们就不觉得苦，不觉得累了。”

今天，我们事业的发展规模、设备的完善、工作内容的丰富、工作方法的科学性和先进性等，是我们当年所想像不到的。和广大读者心连心的思想、作风，也在不断发扬广大。展望我们事业的发展前景，令人欢欣鼓舞！

（2007年12月）

记忆拾零

丁在香

解放初期，为响应国家号召支援东北建设，我们全家从南京来到大连。我于1951年被旅大文教局分配到旅大市图书馆（即现在的大连图书馆）工作。旅大市图书馆旧址在世纪街，日本占领时叫满铁图书馆，主要是专供日本人使用的。馆舍建筑面积不大，但阅览室、书库挺大，设备保持完整，藏书量多，全国有名。由于我有一定的文化底子，字写得好，就由领导安排在技术性较强的采编部，搞图书分类编目工作。

建国后我们刚接手图书馆，一切工作要重新开始，馆里工作人员少，又都不是学习图书馆专业的，所以感到工作头绪纷杂、任务繁重。在50年代初的几年里，为了馆内工作早日正规化，馆里领导组织了多次图书馆业务学习班，让工作人员在不断学习中提高业务水平，连市区图书馆的工作人员也来学习，馆里还多次组织人员外出参观学习别馆经验。在1957年就派我和一名采购图书的同志到北京图书馆、北京市图书馆、天津市图书馆参观，学习他们的工作方法及经验，收获很大。不久馆里建立了图书目录室供读者使用，有三套中文目录，还有外文目录。另外采编部还编排了供工作参考的完整目录。三套中文目录：分类目录，以分类法的体系编排；书名目录，以书名按笔画编排；作者目录，以作者姓名按笔划编排。我不但完成了各种图书目录的编排工作，而且有时还去目录室辅导读者按目录查找图书。读者反映目录整理严谨，导卡卡片书写正规、使用方便容易查找，图书也流通得好。

当时国家推行使用简化字，但写法不一致。国家规划出一套正规的简化字后，采编部专门组织学习，我们学习得很认真。以后的图书编目等一律用简化字不写繁体字，这说明当时我们对工作态度认真严谨。大家对新中国的热爱都体现在积极努力工作上。

五、六十年代全国工作热情高，政治运动很多。我们白天工作，晚上开会学习，压力很大，有时晚上九十点钟才能回家。但是大家照样努力工作，认真学习，毫无怨言。馆内阅览室很大，桌椅安排整齐，在每张桌上都放着写有毛主席语录的小牌子，是我用毛笔小楷书写的，凸显了那个年代的政治氛围和全国对毛主席的崇拜。

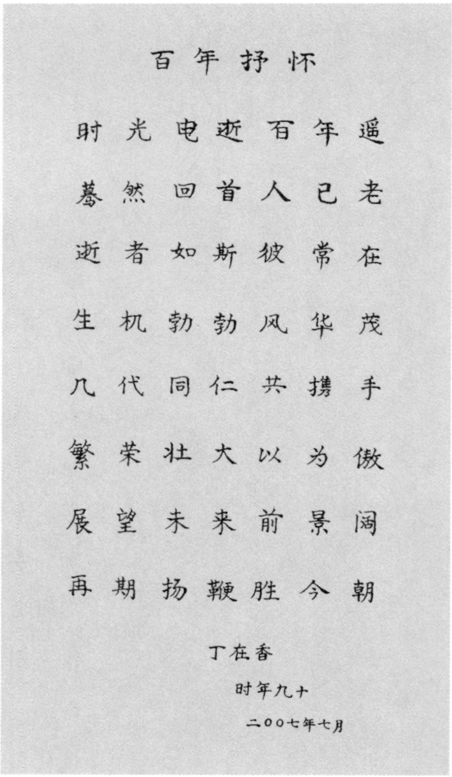

丁在香作并书

1954年，图书馆推荐了五位同志参加中国民主同盟组织，只有我一个是女同志。后来整风反右中，我爱人是中学老师，被错划为右派，在强制劳动教养时去世。当时我一人带着年迈老母及四个儿女苦苦支撑了几十年，多亏图书馆领导及民盟领导关心照顾。20世纪60年代初每逢到了春节都给我补助钱，让我给孩子交学费和过春节用。由于我体弱多病，为了照顾我，一些重体力劳动不让我参加。另外为了照顾困难家庭，馆里还在寒暑假组织勤工俭学活动，让我的大女儿、儿子及其他家庭孩子参加图书馆旧书整理工作，劳动挣学费。图书馆的很多老同志不仅没有歧视我，还向我伸出援助之手，从精神上、物质上关心帮助我。这一切，直到现在回想起来还感动万分。

“文化大革命”期间图书馆老同志大部分被下放，我们全家也被下放到农村。艰辛困苦，一言难尽。儿子十六岁到国营农场，两个小女儿在农村安家。“文化大革命”后我办理了退休手续。1980年我在台湾的弟弟辗转联系上我，1987年两岸通航，他第一批回大连探亲。这期间市委统战部、图书馆及民盟三方面给予我大量帮助，把两个女儿调回大连安排了工作，使我们一家亲人团聚。现在我年已九旬，四世同堂，常在心中感念当时的各方面领导、同志对我的照顾，这是永世难忘的。

我退休后，由于工作的需要又回到馆里工作了一段时间。1979年图书馆整理善本书籍。这些是国内各图书馆少有的古籍，藏量很大，非常珍贵。善本以经、史、子、集分类，我编目书写卡片，编排了善本书目录。善本整理要求严谨，需书写繁体字，书脊书标写贴都有标准，部位高低不能随便。我圆满完成了这项工作。后来有北京专家来馆参观善本书库，称赞我们工作细致规范，听到这些我感到很高兴，不过我一直感到善本书脊应当用毛笔字写才好（书函是重新做的），会更符合古籍的原貌风格。

那时馆内善本书较全，有一部《清史录》（复本）要转让给辽宁省图书馆，但这一套缺少一册，让我以小楷照原样手抄一册补齐。当时允许我拿回家写，我是坐在二女儿（农村回来）家的炕上，在炕桌上一点点书写完成的。由于字迹很小，又要用毛笔书写，而当时条件很差，所以很费一番功夫。写好后，同志们看了有的说像真本一样，这是对我工作的最好肯定。

时光如梭，大连图书馆建馆已届百年。谨以此回忆表示庆贺，希望图书馆越办越好、事业兴旺。

（2007年12月）

民盟大连图书馆支部工作五十年

冷绣锦

我对中国民主同盟（以下简称民盟）的认识，始自1998年6月。当时，我从日本研修回来后调至历史文献部工作。此后，在与民盟大连图书馆支部主委王子平同志以及盟员韩俊英同志的共事交往中，对中国民主同盟的性质和图书馆盟组织的历史有了更加深入的了解。民盟大连市委员会于1952年1月成立，而民盟大连图书馆支部在我市是较早成立的基层组织，至今已经历了五十多个春秋。

开拓发展、努力创业时期（1959～1991）

早在1956年，图书馆馆员王多闻、王泯虬、丁在香等先生就加入了中国民主同盟。1957年1月民盟大连图书馆直属小组成立，田余年先生担任组长。老盟员不论是在工作岗位还是在民盟活动方面都表现得很突出。1958年3月，田余年先生被评为旅大市先进工作者；1960年2月，田余年、丁在香先生被评为旅大市先进工作者。

民盟图书馆支部多年来在王多闻先生的影响下取得许多成绩。王多闻先生为大连图书馆研究员。九一八事变后，他怀着国仇家恨，毅然去重庆参加抗日救亡运动。1945年日本投降后，先生返回东北，1948年毕业于东北大学政治系。1956年因工作的需要，王多闻先生调到大连图书馆工作，从事古籍文献和版本目录学研究，并应邀担任《中国古籍善本目录》

史部主编、《东北三省古籍联合目录》顾问，为我国古籍版本目录学的建设和研究做出了突出成绩。他又是研究《红楼梦》和明清小说的专家，撰有《红楼梦图咏》、《鸳鸯针》、《明清小说序跋》等。

王多闻先生积极参政议政，为大连市民盟的建设做出了许多贡献。他先后当选为大连市第五届、第六届政协委员，1984年2月18日民盟大连市直属文艺支部成立，王多闻担任第一届支部主委，同时任大连市委中心学习组委员；1984年4月出席民盟辽宁省第六次盟员代表大会。1987年6月6日民盟大连市文化局总支委员会（下设6个支部）成立后，他被任命为总支主任委员兼民盟图书馆支部主委；1988、1992年他又连续两年参加民盟辽宁省第七、第八次代表大会。由于王多闻先生在盟务工作中表现优异，多次受到表彰；1992年1月民盟图书馆支部被民盟大连市委评为优秀提案单位。

1986年，沐浴着改革开放的春风，民盟大连图书馆支部工作也朝气蓬勃地开展起来。首先，组织发展工作自20世纪50年代末期以来取得了零的突破，先后发展了杨力生、王子平、林家等三名盟员，不仅为盟组织增添了新鲜血液，而且使民盟的社会影响和政治地位在本单位得到提升。大连图书馆党组织更加重视民盟工作，支持盟员的参政议政和组织发展。

一分耕耘，一分收获。民盟大连图书馆支部的老盟员们在王多闻先生的影响下，为图书馆事业作出了许多贡献。王泯虬先生曾任采访部主任，撰有《普式庚论》、《图书馆不能放弃必须捍卫》、《日寇侵略东北时期伪满铁路大连图书馆史料》、《后西游记的社会主义》、《新发现的圆明园部分档案史料浅释》，并参编《清代内阁大库档案选编》（上、下）；杨力生先生曾任图书馆采编部主任，撰有《旅大地区史料索引》、《旅大解放前革命斗争史料索引》、《大连图书馆古籍善本目录》等，在退休以后担任大连市文化志编撰办公室主任期间参与编写了《大连市志·文化志》、《大连戏曲志》、《长夜·曙光》、《大连文化艺术史料》、《大连文化艺术活动大事记》等；丁在香先生作为采编部骨干，退休之后仍在馆内发挥余热，今天当我们走进图书馆善本书库时，丁先生特有的俊秀小楷书写的善本书目和目录即映入眼帘。林家先生曾任辅导部主任，为大连地区图书馆事业的发展做出很多贡献。1991年1月，民盟大连图书馆支部被民盟大连市委评为“1989～1990年度先进盟支部”。

发扬传统，再创业绩时期（1992～2002年）

1992年～2002年是民盟大连图书馆委员会支部承前启后，发扬传统，再创业绩时期。这一时期盟组织的发展取得了长足的进步，先后有陶传芳、韩俊英、王长海、贾惠萱、孙宪萍、鲁岩等同志入盟，民盟大连图书馆支部队伍空前壮大，共有成员14人。组织机构更加健全，组织生活走上制度化，成为文化局系统惟一坚持每个月都过组织生活的基层支部。图书馆每一个盟员在做好本职工作的基础上，始终遵照一个信念，与基层党组织通力合作，积极参政议政，积极参与民盟大连市委的各项活动，创造了很多佳绩，向盟市委和图书馆领导多次提出富有建设性的提案和建议。因此民盟大连图书馆支部荣获“1993～1994年度先进盟支部”光荣称号、“1995～1996年度先进盟支部”光荣称号。在大连图书馆1996年全国图书馆评估工作中，全体在职盟员都被评为优秀工作者。

1992年，我馆历史文献研究

所的王子平同志承接了王多闻先生的盟内职务，任民盟大连市文化局委员会的副主任委员兼任民盟大连图书馆支部主委，同时任民盟大连市委对外联络委员会副主任委员、民盟大连市委中心学习委员会委员。她以严谨的作风和崭新的方式团结全体盟员，使民盟大连图书馆支部再创业绩。由于她的工作表现，1995年被民盟大连市委评为先进盟务工作者，1993年、1995年两度获大连市委台湾工作办公室、大连市政府台湾事务办公室授予的“大连市对台工作先进个人”称号。她兼任图书馆支部主委期间，多次与市盟机关和图书馆领导联络沟通，为图书馆的老盟员解决工作和生活方面的实际困难，为困难的馆员义务捐献、走访慰问。王子平同志对业务刻苦钻研，参与馆藏满铁资料文献的开发等工作，承担许多研究课题项目和大型咨询活动。编撰有《日本帝国主义侵略大连四十年史》、《中日关系全书》（上、下）、《帝国主义侵略大连史丛书·人物卷（主编）、史卷、图录卷》等著作；撰有《金子平吉其人其事》、《日本侵华战争与中国图书馆》、《日本学者对中国近代史研究的综述》等论文多篇，并翻译满铁文献多种。在研究方面，她开明无私地为我们年轻人指点迷津，培养了许多能担纲文献研究工作的年轻馆员。

大连图书馆民盟支部每个盟员在各自的业务岗位上都可以说是业务的骨干。韩俊英同志（历史文献部主任）在图书馆工作二十五年间积极参与图书馆各项目录编辑和满铁文献研究，她撰有《日俄战争后日本在中国建立的最大的文献情报中心——满铁大连图书馆》、《明清小说提要与版本考证》等论文，并参与编撰《甲午战争研究备要》、《大谷本明清小说叙录》、《中日甲午战争全史》、《中日关系全书》等著作。王子平、韩俊英、鲁岩、冷绣锦（时在历史文献部）等同志参编的《帝国主义侵略大连史丛书》获北方15省市优秀图书奖。孙宪萍同志（时在期刊部）、贾惠萱同志（时在科技部）

都是本部门的业务骨干，她们结合自己的岗位专业撰写了多篇论文、积极参与图书馆评估以及各项大型活动，提出合理化建议，多次受到表彰。

与时俱进，锐意进取时期（2001年至今）

2002年鲁岩同志任民盟大连市文化局基层委员会委员、民盟大连图书馆支部主委。她热心盟务工作，2003年度民盟大连图书馆支部再度荣获先进支部称号。在满铁资料研究和大连经济研究等多项重要课题领域先后发表了《试述日本的对华鸦片政策及毒品贩卖活动》、《桃李不言 下自成溪》、《“大大连”建设人力资源研究》等论文。参与了《帝国主义侵略大连史丛书》的编纂。

2004年冷绣锦同志任民盟大连市文化局基层委员会组织委员、民盟大连图书馆支部主委。在新的形势下，冷绣锦同志带领民盟支部满怀信心地为图书馆和盟务做些力所能及、且有意义的事情。首先，冷绣锦同志积极参政议政，成为民盟参政议政的骨干，多次参与民盟组织的百名专家在大连、旅顺、高新园区、开发区等地的调研活动，撰写了《特色国际都市大连应配备特色文化服务的图书馆》、《适应“大大连”城市文化发展趋势，加快全市图书馆服务设施建设步伐》（2002年）提案，得到大连市文化局的充分肯定，同年12月受到市盟机关的表彰；此外提案《加快全市图书馆服务设施建设步伐》和《推动国际化城市商业布局个性化发展》连续在2005、2006年获大连市统战部、科教基层委员会等十个单位颁发的优秀奖，被收进《协调发展落实科学发展观文集》。冷绣锦于2006年1月被中国民主同盟大连市委员会授予2003～2005年度基层盟务工作积极分子称号。

作为盟组织的带头人，冷绣锦同志不仅在盟务工作上严以律己、

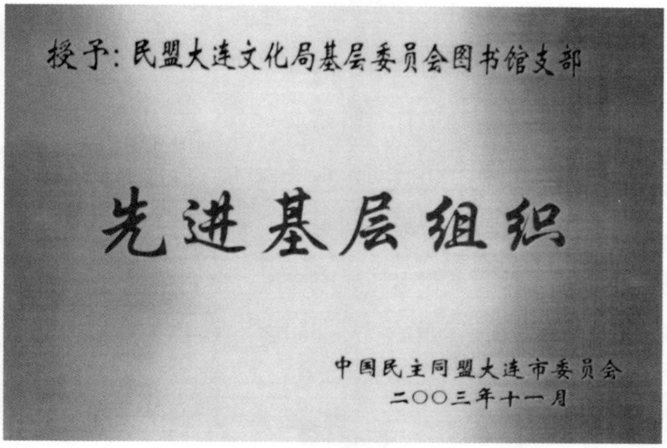

全心投入，而且在业务岗位上不断追求创新，刻苦钻研；2003年初参加“大连图书馆数据库”收集整理等工作；2004～2007年参与“国家清史纂修工程项目”《日本有关清朝历史的档案文献调研与整理》、《清史图录图象数据库》课题工作；2004年又参与编写中国社科院课题《日本殖民统治大连四十年史》；2005年参编《大连西岗区志》；另有《从中日文化的历史渊源看日本女性道德观的形成》、《伪满妇女团体联合会的活动及作用》、《大连顺兴铁工厂探析》、《黄海海战“松岛”舰受击初探——从木村浩吉的回忆分析“松岛”舰被击真相》、《简析“民族协和”与“王道统治”》、《后藤新平的“文装的武备”论与东北殖民政策的形成》、《追溯〈书香〉创刊的始末》、《战时体制下“关东州国家总动员令”的颁布》等十多篇论文发表，并译有《黄海海战“松岛”舰内状况》一书以及日本崎玉大学著名汉学家大塚秀高教授的论文《镇元子和太上老君——齐天大圣为何变作土地庙》等。

其次，为适应共建和谐社会，积极做好盟务工作，每年节假日民盟图书馆支部都与馆领导和盟员走访退休老盟员，并组织各项盟务活动。2007年5月组织民盟大连图书馆支部共同为老盟员丁在香九十寿辰祝寿，邀请了民盟大连市委、大连图书馆的领导参加。为此，丁在香老人十分感动，以俊秀的小楷书写下《九十感怀》诗一首。丁老的事迹也使许多参与者受到教育和鼓舞。当老盟员王泯虬的工资遇到问题时，冷绣锦同志与市盟领导和图书馆领导请示协调，同时与图书馆的盟员一起对其进行慰问，化解他的思想负担。

随着老盟员不断地离开工作岗位，充实民盟大连图书馆支部、增加新生力量已成为盟组织发展工作的当务之急。对于有入盟要求的馆员，盟组织积极吸收他们参加盟支部组织的学习和活动，以便使其了解中国民主同盟的性质和民盟与共产党的关系等基本知识。同时也要求他们不仅仅局限业务知识，还要在人格、知识和能力等多方面全面发展，热心投入图书馆的各项业务活动。2007年3月发展了新盟员叶勇、翟爱玲、赵冬三人。这些同志都是部门的业务骨干。叶勇同志在图书馆编史修志工作和百年馆庆工作中独挡一面；翟爱玲同志在古籍分类编目、古籍图书管理以及文化讲座的策划组织、古籍修复等方面做出很多业绩；赵冬同志发表有《试论图书馆人力资源开发和馆员素质培养》、《文化信息资源共享工程与知识产权保护》等论文。

抚今追昔，五十年来民盟大连图书馆支部之所以取得优异成绩，并多次荣获“先进盟支部”称号，离不开民盟大连市委的关怀，离不开大连图书馆领导和党组织的支持和帮助。是组织和领导对每个盟员倾注心血进行培养，并为其搭起发挥业务优势的平台，才会使每位盟员有着精彩的人生和丰硕的成果。

（2007年12月）

往事随笔

赵香兰

经过多次的变迁和发展，大连市图书馆终于迎来了自己的百年华诞。我有幸为她的发展与建设奉献了绵薄之力，但今天这些都已成为往事。虽然往事如烟，却常在心头萦绕。回首往事，无论是得意还是缺憾，都是一种慰藉。

令我难以忘怀的是来馆不久便被派往由文化部举办的第一期古籍修复培训班学习。这个班学制两年，学员都是由全国省、市级图书馆派送的，辽宁省就我一人，自然十分高兴。培训班主修古籍修复规则和修复技术。同时还参加北京图书馆主办的红专大学学习。课程主要有《中国历史要籍介绍》、《版本知识》、《古书分类编目》等，使我受益良深。我尤其对主修科目更是格外用心，实习期在老师的精心指导下得到了长足进步，以全班第二名的成绩毕业回馆，分配在典藏部工作。当时典藏部由韩明武、孙连环负责，部里有周之风等专家，还有崔家祥、袁德才、王琳等同志。他们都对我寄予了期望，鼓励我把学到的本领运用到实践中去。

但是，馆里却没有开展古籍修复业务。用现在的话说，可能是当时的“大气候”所致吧。我们那一代人年轻时都很单纯，一切服从组织安排。于是在支部副书记兼保管部主任韩明武同志的分配与具体领导下和王琳同志一起管理特藏库，对所藏珍善本古籍，按程序进行清点、排架、补卡、打号……

记得那时对特藏库的管理规定极为严格，尤其对存放贵重古籍的“库中库”更是如此，连门锁都是特殊的，馆员不得随意进库，就是我们进去工作，也需两人同时开锁上锁，同时出入，并要登记进出日期时间。可是不久后，形势突变，保管部撤消了，人员也都分配到其他部门工作，我被调到了科技外借室。随即“十年动乱”开始，业务工作全面停顿，闭馆闹起了“革命”。尽管如此，值得庆幸的是，在社会上“破四旧”、焚烧“封资修”书籍的狂潮中，图书馆的全体同志抛开当时的所谓“派别”、“观点”的隔阂，同心协力保护了馆藏的珍贵图书，就连一般书籍也一本没烧，每每想起那段经历都深感欣慰。

在小山沟里走了三年“五·七”道路后，我又调回图书馆，先后在科技、社科外借室做出纳和收还书工作，这一干又是多年，不仅做好份内工作，还帮带了许多新同志。其间，有一件事，回想起来还挺有意思。当年的世纪街老馆面积小，读者只能在几平方米的走廊上从窗口还书。还书窗口和出纳台前经常是人头攒动，摩肩接踵。有一个星期天，读者特别多，还书的长队都排到了门外台阶下面，加上借书人的出入，确实拥挤不堪。恰巧，市里宣传系统的某位领导来馆，见状极为不满，认为是馆员业务能力太差。气冲冲地把值班的许昭安馆长叫到还书窗口前，与其一起卡着手表测算我收还书的速度。最后不得不承认我的速度之快，又查看了出纳台的工作情况，终于被我们的业务能力所折服。许馆长这才长嘘了一口气。

随着典藏工作的重新开始，保管部恢复了建制，我就又回去做古旧籍典藏工作。当时的大庙书库书架很少，从满铁图书馆和其他来源接收的书籍、报刊绝大部分都堆放在地上，又潮又乱，很难为读者查找资料。所以馆里决定进行清点、整理并制作三百多个铁质通天书架和部分木质书架，派崔家祥同志和我两人先去把堆放在地上的书报分类上架。大约有一年的时间，我们俩当起了“搬运工”，把这些多年未动过的书报一趟趟肩扛手提地搬上高高的二楼书库，逐一按分类顺序排列上架，虽然十分艰苦，但为图书做了一件应该做的有益于事业的工作。有一件事儿也挺有趣，就是按崔家祥同志的设计，我们把书架摆放成回龙形状，有如“迷宫”一般。除了直接管理人明白，别人谁也摸不着头绪，更不用说取书了。但消防部门从防火安全考虑，认为妨碍开启大门，未予批准。只好按常规重新排架，这样，只要是熟悉业务的人都可取书了。之后，在韩明武、朱玲球两位主任的带领下，保管部全员出动，对这批书刊进行全面清点整理。该留存的著录、分编、登记，该剔除的予以注销。由于任务繁重，不仅增派了馆里的同志，还从社会上聘请了部分有专长的人员参加此项工作。经过大家的共同努力，得以善始善终地完成了任务。

在此基础上，馆里开始了对古籍的修复工作。我于二十年前所学的修复技术终于有了发挥作用的机会，令我兴奋不已。在修复过程中，我逐渐发现古籍破损程度严重，数量又很大。由于珍善本与一般古籍的价值大不相同，所以必须彻底查清两类古籍的具体破损情况和破损数量，才能确定修复的顺序和重点。于是，我对善本库和普通库的线装古籍做了一次全面的普查。因为是逐册检查，不仅查清了破损实况和数量，还对这些多年未动的古籍起到了通风和松散书叶的作用。经过普查，发现由于水湿、虫蛀、焦脆等原因已使4555种、39012册古籍严重破损，善本破损率高达总册数的36%。如此说来，仅是修复还不够，同时要加强保养。为此，我写了一篇题为“从馆藏古籍破损情况谈保养与修复工作”的文章（载省图书馆学刊），就破损原因和现状，保养方法与修复原则阐述了自己的看法。

鉴于古籍严重破损的实际情况，馆里决定我不再兼做其他工作，专门进行古籍修复。这项工作，馆、部领导十分重视，尤其是朱玲球同志更是给予了热情关照和极力支持。特别是新馆建成后，由于朱玲球主任的努力争取，赵廷璧馆长专门批准设置了宽敞明亮的修复工作间，添置了设备和工具，特地从北京等地购置了所需的纸张和其他原材料。馆里还分三次派了韩纯盛、王翠霞、于丽君同志跟我学习。三位同志都很努力，学会了修复古籍的基本技术，在指导下均可独立操作，并修复了《新世鸿动》等几部实习作品。计算一下，截至退休时，我共修复了448种、3729册古籍。其中包括以“善本为主”的原则修复的195种、1426册善本，国善本的小说部分已基本修完。修复后的古籍均按不同朝代的装裱形式和版本特征，保持原书风格，做到“整旧如旧”，达到了国家标准的要求。尤其是国善本《后水浒传》的修复，此书系海内孤本，弥足珍贵，可是虫蛀、焦脆严重，破损不堪，且天头地脚窄、书品小，只得先加衬纸托镶，但厚度就增加了。为解决这一问题，便把原来的一函十册改为二函二十册，然后用高难度的“金镶玉”方法修复，效果颇佳，十分美观。于是对《月露音》、《金云翘传》、《后西游记》、《鼓掌绝尘》等善本，用“金镶玉”或其他方法按照“整旧如旧”原则进行了修复，均符合标准。再是，对普通库的古籍的修复也绝非易事。如《尔雅音图》虽是一般古籍，但其损坏程度却令人瞠目结舌。此书的粉连纸大开本不易揭开且已结为方砖形状。只好先用水喷润，边喷润边揭启，再把有两版晚报大小摊开的书叶用粉连纸托裱后，用毛笔画好栏线，鱼尾，托装成册。其难度之大，费力之多可想而知。还有一部《陶谈》虽是普通古籍，但为“竹节栏”，这种栏线虽在有关版本的书籍中有记载，却极为罕见，颇有版本价值，因此也就克服困难进行修复，保持了原貌。

这些修复后的古籍如何避免或减少再次破损是一个需要认真思考的问题。在修复古籍的同时我通过查找资料和对比研究，觉得函套对古籍的保护有着重要作用。于是我在本馆年刊上发表了《浅谈函套及其利弊》一文，针对界内对函套的争议，通过各种函套的分析，提出了“利大于弊”的观点，得到了专家认可、馆里的奖励。函套中的樟木盒函套多为珍贵古籍所用，而我馆藏书中珍品丰富，应使用樟木盒。本馆努力争取了专项拨款，指示我和保管部的同志一道进行测量，确定了一般盒的尺寸，对特殊的由“金镶玉”等方法修复的古籍则予以加长、加宽、加高。我还利用所学知识，在王多闻老师指导下，与姜桐华一起对字数多的书名进行了缩写，以方便书名的刻写。做好准备工作后，在省图书馆领导的大力支持下，我馆开始了樟木盒的制作。制作过程中得到了省馆古籍部郭家骥老师的热情帮助，顺利地制作完毕。由姜桐华同志带领大家把甲善和乙善古籍全部装入盒中，完成了任务。

还有一件事，就是1993年馆里接到南京大学图书馆举办用新型纸浆修复古籍学习班的通知，刘镇伟馆长立即派我按要求带了一部《汉武内传 · 飞燕外传》普通古籍前去研修。我感觉此法虽尚待改进，但总体上说效果尚佳，并用此法把带去的书修好。回来后也依照其方法修了一部书。这件事使我觉得今后的修复工作，充分利用和研究新的科技成果是十分必要的。

至此，还想说一句多余的话。就是对书籍的保护工作千万不要掉以轻心。图书损坏是一个全球性的问题，我国亦不例外。我曾也写过一篇《并非杞人忧天——也谈贵重古书刊的保护问题》的文章，提出保护古籍的呼吁，载于省图书馆学刊。现在依然呼吁：问题尚未解决，同志仍须努力。

本人只是一名普通馆员，只能以自己的亲身经历，从个人角度来追溯过去。就算是在往事如烟中去寻觅如烟的往事吧。

（2007年12月）

藏书搬迁记事

蒋 明

刚刚完成了馆藏图书大规模的搬迁工作，深深地松了一口气，凝望着书架上一排排整齐的图书，思绪万千、颇有感慨。大连图书馆成立以来，不同时期入藏的图书，经历过各种大大小小的藏书调整，被移动了许许多多个地方，倒换过无数个书架，而当年曾搬迁这些藏书的图书馆人有的已经离退休或调离，真是岁月变迁，书是人非啊！历史不会忘记那些为图书馆事业曾经付出心血和汗水的图书馆人。

我自1985年到大连图书馆工作后，经历且亲身参与了三次大规模的藏书搬迁工作，搬迁往事的点点滴滴至今仍记忆犹新，每当回忆起来，总有苦尽甘来的味道。

旧馆迁新馆

1990年，人们期盼已久的新馆（现大连图书馆）落成在大连白云山麓。旧馆（现鲁迅路分馆及原南山大庙书库）开始向新馆异地搬迁，共计搬运图书140万册。藏书搬迁不同于其他物品搬迁，不仅要求不丢不损，而且要保持搬运的图书索取号不乱，“井然有序”是关键所在。聪明的图书馆人想出了一个好办法，向厂家订做了一批尺寸合适、结实耐用的塑料箱。将每个箱子外面编写上号码，箱子装满书后，五六个箱子扣合在一起为一组，推动一组书箱，可在光滑的地面上滑动，这样做可使图书不散不损，又能使图书有序排列，而且节省了运输工具。

图书下架、上架工作主要靠人的臂力、腕力及双手夹书的巧劲儿。从事这项工作的人时而要仰头高高举起双手，时而要弯腰或蹲下，是非常消耗体力的活儿。年轻力壮的男同志主动承担了这一重任，干起活儿来又快又好。那时，机械化程度较差，没有电梯可用，二楼以上的藏书全靠人力搬运。人在楼道之间拉开距离，对面而立，采取人端着书箱相互传上传下的运输方式。为了节省搬迁时间，加快运输车辆的周转次数，都是一鼓作气地干，不歇工。每当装、卸完一车图书，干活儿的人都是气喘吁吁，胸口好像压着千斤重担，透不过气来。

那时，全馆男女老弱齐上阵，一天天干下来，坚持下去。顽强的意志、敬业的精神支撑起图书馆人疲惫的身躯，迸发出超人的力量去完成了如此繁重的藏书搬迁工作。

值得一提的是，这次藏书搬迁后，大连图书馆实现了两个历史性的突破，一是读者借阅图书由“闭架”变为“开架”，二是图书流通管理由手工操作变为使用计算机操作。

新馆改扩建

1999年，新馆改扩建，阅览室要重新改造装修扩大面积，因此室内所藏图书需要搬迁，但是又没有空书架可放置这些图书，只能先将图书打捆，编号后，送到基藏书库暂时存放起来。图书打捆也算是个技术活儿，不会干的，事倍功半，捆书时不停地翻转书体，又慢又累；会干的，事半功倍，将一摞书放置在桌角边，一端悬空，一边不停地绕绳，一边稍微平移书体，一会儿工夫，就结结实实地捆好了。打捆工作是很需要耐心的，刚开始干的时候，看看干完的几个空书架，犹如“冰山一角”，不免有些心烦气馁的感觉。当完成了一半工作量以后，心情渐渐开朗起来，充满了希望与信心。捆书也是一项很辛苦的工作，先将图书下架，排列整齐后，再打捆，然后提下放在地面。瞅着一捆捆拔地而起的图书，干活儿人的心里充满着成就感与自豪感，收获着喜悦与快乐。

这次搬迁，培养出一批既快又好的图书打捆能手。之后，他们又将这一技能传给了新入馆的图书馆人。

此次藏书搬迁后，大连图书馆阅览区建筑格局通透开阔，大幅度提高了图书开架率，大量增加了阅览座席，实现了借阅一体化，这是传统服务理念向现代服务理念的一次重大转变。

藏书新布局

2007年，为了进一步增加馆藏图书的开架面积，原有阅览室增添了很多新书架，又开辟了三个新阅览室。这样，读者服务中心藏

馆员搬家大军

书布局要重新调整，两个阅览区、五层基藏书库都要进行大规模的图书搬迁。“凡事预则立，不预则废。”面对着这次环环相连的图书搬迁，需要科学、周密地计划、估算、组织、协调及实施。图书合并收藏是基本原则，即自然科学图书合并集中收藏、东北法图书合并集中收藏、社科期刊与科技期刊合并集中收藏。无法合并收藏的，采取独立收藏，如社会科学不外借图书独立收藏、社会科学保存本图书依时间段独立收藏。

这次藏书搬迁工作是在正常开馆的条件下进行的，现有工作人员在完成本职工作的同时，增加搬迁倒架工作任务，而且要加班加点。特殊时期，领导干部、党团员起到了带头示范作用，从而出现了全员参与、没有任务要任务、有了任务当先锋、连续作战、保质高效的工作状态。这是一个团结互助、具有亲和力的集体；这是一支充满热情与活力、勇于挑重担的团队。

有人说，图书馆事业是叶的事业，它没有花的芳香、果的甜蜜、树的伟岸，不惹人注目，无声无息地奉献自己，朴实无华。图书馆事业不断地向前发展，馆藏图书每天都在增长，搬迁工作也会继续下去。图书馆人依靠非凡的智慧、坚强的意志及高尚的品德克服了各种困难，完成了历次平凡而艰苦的藏书搬迁工作，它所体现出的精神是感人的。吃苦耐劳、勇于奉献、不怕困难、奋发有为是图书馆人的精神财富，将伴随着图书馆事业永存。

（2007年12月）

蜀
百年抒怀

常想一二　感悟人生

雷　云

七月炎夏，大连开发区图书馆举办了隆重的开馆庆典；九月金秋，大连图书馆百年纪念也在紧锣密鼓地进行。双喜临门，喜上加喜，让我欢欣不已、激动不已。回想往事，大连图书馆是我事业的起点，成长的摇篮。近二十年的努力，我在这里学习硕果累累，事业起步腾飞。大连开发区图书馆为我搭建了一个施展个人才能的宽大舞台，我的思想、智慧在这里跳跃、驰骋；我的理想、夙愿在这里放飞、实现。一新一老两座图书馆都与我有不解之缘，说是图书馆情结使然，不如说我爱屋及乌，我本性爱书，当然爱读书环境，爱与读书有关的图书馆事业了。

于丹论语心得中引用了台湾著名散文家林清玄先生的一篇散文，说一个朋友和他要一幅字，对他说，要写简单的，看了就有用的一句话。他想了半天，就写了四个字“常想一二”，并解释说：“大家都说这个世上不如意事常八九，可与言者无二三，我们就算认可这种说法吧，但是起码还有一二如意事啊。”好一个“常想一二”，精辟、经典、充满哲理，作为开篇之题，是最恰如其分了。

常想一二，感悟人生，忘却痛苦，留下美好，我觉得我的一生无所缺憾。因为最辉煌、最荣耀、最快乐，也是从业时间最长的黄金时段，我都是在图书馆度过。

我是1985年调入大连图书馆，那时的图书馆坐落在中山区鲁迅路20号，是20世纪初建造的日式小楼，地上一、二层为外借、阅览、自习；地下一层为办公室、采编部、历史文献室和食堂，面积约3000平方米。从外观上看，红砖灰瓦，院落里树影婆娑，挺幽雅别致。

报到的第一天，我见到了赵廷璧馆长。他语重心长地对我说："现在的馆员几乎都是文科专业，除图书馆专业外，不是中文就是外语，还有一些剧团改行的人员，你学的是工业电气自动化专业，就分配你到自然科学部做参考咨询工作，发挥你的专业特长，好好为读者服务。"20世纪80年代中期，正处于"文化大革命"结束后经济恢复期，重知识、重技术，科研人员纷纷到图书馆检索资料，课题应接不暇。我接触的第一位部主任是罗本固老师，他有着河南人朴实忠厚的性格，虽不善言表，但为人正直，工作严谨，受到大家尊重。对我们新同志，他不厌其烦教我们各种工具书的使用方法，除中文工具书外，还有比较难掌握的国外工具书，如《EI》（美国工程索引）、《CA》（化学文摘）、《DWT》（世界专利索引）、《昭和39年以来的日本特许公报》。学会了多种检索途径，做课题咨询就游刃有余。几年间，我通过刻苦学习和掌握图书馆专业知识，1990～1991年，在大连地区、东北三省图书馆综合专业知识竞赛中分别获得第一名的好成绩；1988年参加辽宁省文化厅首次评选，我又获得优秀服务成果特等奖。

1991年我从自然科学部调入社会科学部任副主任。经常做参考咨询课题，对企业的信息需求情况就能有所了解。下半年，大连市企业管理协会找到我，要求联办《企业信息》刊物，我们编辑信息，他们出钱印刷。

1992年，赵馆长退休，刘镇伟接任馆长。那年，邓小平南方谈话后，市场经济进入了人们的视野，经济信息需求逐渐升温。有偿服务接到的第一个课题是，韩国浦项制铁集团委托我检索大连市经济数据，对我们来说这只是一个小课题，我马上在当年三月的大连日报中找到大连市政府公报，为其查到有关数据。他很满意，递给我们200元作为咨询费。当时我们大家都愣了，不知如何是好，正想拒绝时，他非常惊讶，说你们的付出应该有回报，因为企业也要用信息来创造利润，这就是市场经济。市场经济使信息变成商品，有了使用价值，也使我从中悟到了商机，并逐步摸索出一条为市场经济信息服务之路。

1992年3月，为了取得更高的经济效益，我首先进行了市场调查，经过研究论证，写出策划方案，成立大连也是东北第一家剪报公司，成为第一个“下海”经营者。我亲自设计专题剪报信息样本，根据用户要求，编辑内容包括政策信息、行业动态信息、新经验、新做法，营销策略方法、手段等，带领部内同志，深入到全市乃至乡镇企业销售信息，面向社会有偿服务。就在全国还在为图书馆有偿服务争论不休时，我们已经挖到了第一桶金，当年获纯利10万元。这期间，我还不时地利用信息时间差，搞短平快项目，获取经济效益。

剪报业的兴旺，使图书馆知名度大大提高，不少用户电话或登门订购信息资料，我们的复印机变成了印刷机，整天轰隆隆转，乐此不疲。每天上班，我们的工作程序从剪报开始，然后编辑、制版、印刷、分拣、装订，忙得不亦乐乎。快乐的忙，快乐的工作，大家快乐地说：“图书馆已经成为信息加工的大工厂，信息产业就在图书馆里崛起。”为了求得更大发展，刘馆长让我起草了《关于成立大连图书馆信息开发总公司的可行性报告》，采取选举方式，我当选为信息开发总公司总经理。之后，馆里给予了大力支持，同意奖金与效益挂钩等激励机制，研究出优惠政策予以扶持。1993年初，大连信息开发总公司正式挂牌营业，我们编辑的专题资料根据用户需求已经开发出20多种，如：证券、金融、房地产、商业、广告、保险等，特别是房地产专题，订阅量达到了150份。几年累计下来，取得经济效益近百万。在辽宁省图书馆信息服务研讨会上，我的总结发言在全省造成“轰动效应”，参观学习者络绎不绝，名声大震。全国图书馆交流中，同行纷纷赞扬南深圳、北大连两大剪报公司并驾齐驱的大好势头。

1993年，我在北大信息管理系图书馆专业（函授）毕业后，把学到的图书馆专业知识，用在信息服务工作中，促使信息产业快速发展。

1994年文化部组织全国图书馆评估，由于信息开发总公司经营业绩显著，当时的文化部图书馆司杜克司长为剪报服务追加了15分提高分（满分），文化部刘德有副部长也对我们进行了提名表扬，大连图书馆荣获全国计划单列市公共图书馆第一名。

1995年，在制定大连图书馆“九五”信息产业发展规划时，我产生了一个新思路，即组建“大连地区公共图书馆信息服务网络”，对信息实行连锁经营。具体操作是：我们编辑《借鉴与参考》信息刊物，各区市县馆作为会员单位，将刊物送到各自所属的区市县党政领导班子，通过网络统一发布与反馈信息，避免了各馆信息资源重复建设。此方案一经抛出，各馆非常欢迎，各区市县政府反映很好，给予许多鼓励和赞誉。

1996年，大连海事大学信息工程研究所邀请我参加软科学研究项目《大连经济信息资源网建设的研究》，承担企业调研和技术报告中的有关章节的撰写。并提供了部分科研经费。我组织部内同志，对我们发展的三百多名客户发放了调查表，撰写了第二章“城市信息化的参考模式”、第三章“大连市信息网络与信息服务业”，该技术报告顺利通过了市科委软科学研究成果评审，评审意见中称：“……关于城市信息资源网建设的专题研究报告在国内尚属首份，其成果居国内领先水平。”

1992年～1997年，是剪报业发展的迅猛时期，也是我论文的多产期。《图书馆信息营销策略初探》在《情报杂志》上头版头条发表，人大复印报刊转载。自1991年起，我连年获得辽宁省文化厅服务成果一等奖，两次获得应用科研成果二等奖，1996年被破格评为副研究馆员。那几年，真是事业的黄金期啊，虽然事隔十多年，仍然记忆犹新、历历在目。

1997年张本义任大连图书馆馆长。这段时期，电子信息业、互联网发展速度快得惊人，人们利用网上收集信息更方便快捷，传统剪报受到严重冲击，这时我们把注意力集中到为政府决策参考服务。现在的戴玉林副市长那时在大连市政府领导咨询小组工作。记得我到市政府联系课题时，戴市长提出，为碧流河改造工程，我市准备向世界银行贷款，希望我能帮助查找贷款合同条款规定及注意事项等。我利用经济类书籍，为他复印了全套资料。几个月后，当我再见到他时，他非常高兴，说按照贷款条款格式，向世界银行申请，已经获得1.6亿美元的贷款额度，这样一来，大连很快就能解决吃水难的问题。他不仅为我填写了服务效果表，还鼓励我，用图书馆专业知识，为政府决策服务。

在为政府服务取得成果后，市政府信息处主动把我们列入到信息采集单位，让我们提供外地人看大连、外地各方面政策信息、外地好经验、好做法等内容。每一期《政府动态信息》都摘录有我们提供的1至2条内容，且不时有市长、副市长批注，让我们备受鼓舞。每年政府信息评比列表中，我们都远远超于各大局，以最高得分位于榜首。

1999年，张馆长找我谈话，让我担任馆长助理。张馆长说：“薄熙来市长在参观香港贸发局时，对中小企业服务中心提供信息服务非常重视，他说，图书馆信息资源丰厚，就以图书馆为中心，联合信息产业局、乡镇企业局一起成立中小企业商贸咨询中心。你先牵个头，做一个可行性方案，然后咱们一起研究。”我听了后，感觉很兴奋，马上上网查询香港贸发局中小企业信息服务项目，并以此为依据，结合图书馆馆藏资源，写出《中小企业商贸资讯中心规划报告》。图书馆主要以编辑信息刊物、信息中介服务、举行企业商洽会为主；信息产业局提供硬件、技术支持；乡镇企业局负责发展中小企业入会等事项。其间，孙广田副市长召集三家开会，就可行性方案进行探讨，几次磨合后，方案越来越完善，可操作性较强。但终因资金问题及各种原因而流产。计划最终没能实施，现在想来，仍觉遗憾。如果项目能合作成功，对促进本市中小企业发展，特别是对图书馆信息服务功能的发挥，将会有相当大的推动作用。

当馆长助理期间，我从单纯的信息服务转变成了多面手，各项工作得到了全面锻炼。这期间配合馆长主要做了筹备会议、文字材料、学会工作、培训工作、读者活动、社区图书馆、数字图书馆等工作。

还有一件事特别值得一提。1999年7月，中国图书馆学会年会定在大连图书馆召开，这对我们来说是一个重大利好。为了迎接会议，我们进行了简单装修，也就是墙面刮大白，房屋破损处小修小补而已。会议即将召开时，国图报来了最新消息，参会人数已经激增至1200余人，那时，大连还没有一次性接待过上千人会议呢。因此引起了市政府高度重视，薄熙来市长亲自参加会议，对图书馆的会务接待工作非常满意。会议日程结束后进行参观时，当时的国图馆长周和平建议我们，借中图大会之机，向政府打报告，对大连图书馆进行改扩建。然后由他出面邀请参会的图书馆知名专家，有国图副馆长孙蓓欣、上海图书馆馆长马远良、天津图书馆馆长陆行素等，专家考察图书馆整体建筑后，提出大连图书馆向东延伸至科技馆，利用两馆之间的空地进行扩建。专家论证上报后，薄市长马上拨付了5000万资金，定于10月15日工程启动。张馆长让我带领工程指挥部十余人，到国内新建的上海、浙江、深圳图书馆考察。考察过程中大开眼界，我跟着工程技术人员学到了不少建筑方面的知识，以至于到了一个图书馆，先看天，后看地，即先看大厅的穹顶，后看地面装饰材料。2004年我到开发区建设新馆时，这些知识有了用武之地，最好的例证就是用在地面装饰材料选择上，有了一定的装修基础，就有了“毋庸置疑”的发言权。

馆长助理一干四年，接触的新事物多了，身上的担子重了，更加感觉到自己的知识已极度匮乏。因此，我抓紧了图书馆业务理论研究，经常翻阅图书馆期刊，浏览图书馆领域前沿科学，也经常将工作体会与同行交流。这几年发表的论文较多，既有学术价值，又有分量。2002年，我评上了研究馆员职称。2003年，经过民主选举，我被任命为大连图书馆副馆长。我觉得，这是对我业务能力、管理能力的一种认可和评定。

孔子曰：五十而知天命。“天命之年”是我人生的又一个驿站。我非但未激流勇退，而是选择了二次创业：离开大连图书馆，应聘到离家很远的大连开发区图书馆当馆长，为开发区创建第一座2.7万平方米的大型公共图书馆。经过几年的筹备，我从一无所有，到捡回来几张别人不要的旧桌、在一个小学校里临时落脚，完成了组建机构、图书招标、馆舍规划、人员招聘、家具配置、网站建设等工作。每一项工作我都亲历亲为，希望能在这张白纸上画最新最美的图画，为开发区营造一片知识的绿洲。历经千辛万苦，克服重重困难，终于在我职业生涯即将画上句号的时候，图书馆建成开馆了。2007年7月27日举办了隆重的开馆庆典仪式，读者如潮，好评如潮，惊叹、赞美之声不绝于耳。面对着这博大恢弘、卓尔不群、美轮美奂的建筑，听着鼓乐声声、慷慨激昂的献词，看着鲜花映红了人们热情洋溢的笑脸，我不禁感慨万千……

百年老人，步履蹒跚；而百年老馆，历久留香。人的生命是有限的，图书馆的生命是无限的。大连图书馆保存了百年弥足珍贵的古籍善本、国内稀有孤本、世界罕见珍本，镇馆之宝世人瞩目。这些厚重的历史，这些文化之瑰宝，积淀出一座城市的永久记忆。

城以盛民，书以载城，城市给人们提供了一个最起码的生存空间，而由一个个图书馆组成的文化空间，则成为人们理想的精神家园。我真诚地祝愿大连图书馆在第一个百年大业后，以此作为新起点，创造出第二个百年的辉煌。

（2007年12月）

大连图书馆与韩国春川市立图书馆签订馆际交流协议书

我在大连图书馆工作三十年

王淑兰

今年大连图书馆将迎来百年华诞，而我也在这里工作了整整三十年。大约每一个人，对逝去的岁月都偶有怀念，而我亦不能免俗，尤其是在图书馆的这个节日里，写下这篇文字，记录自己在图书馆工作的三十年——虽不轰轰烈烈、却真真切切的三十年，是回忆，是纪念。

我是1977年7月5日到大连图书馆工作的，三十年间岁月更迭，我的工作岗位及工作内容也因工作需要而发生着变化：1977～1980年在采编部工作；1980～1990年在报刊阅览室工作，并任该阅览室组长；1990年～1994年在中文社科保存本阅览室工作；1994～1998年在馆办公室任党务干事兼档案管理工作；1999年任服装信息中心副主任（主持工作）；2002年任青少部副主任；2004年至今在古籍部负责参考咨询工作。

三十年间，我在图书馆的角色不断变化，其实不独我在变，图书馆的变化更是巨大：我刚到馆时，图书馆还只是位于中山广场的一座二层小楼，如今已是位于白云山麓下面积达4万多平米的颇具艺术气息的现代化建筑；手工写卡片、查目录、分类现在全都由电脑来完成；部门的设置也随着服务方式、服务内容的创新而发生变化，变得更合理、更有效率……

在第一天到图书馆报到时，我对自己将从事的工作是怀着很多浪漫想法的，想象着坐拥书城该是一件很美妙的事。

可是随之而来的枯燥乏味让我很是郁闷了一段时间。比如在采编部时要对每一种新书分类、查重（那时可没有什么电脑可以让你进行网上、数据库的搜索，全要靠在那一排排的目录柜里一张张卡片地查，需要足够的细致或者靠自己的记性回忆之前馆里是否已来过这种书）、给号、后加工等。在读者部门工作时，每天的工作内容都是将新到馆的图书上架，将还回的图书归架，整理乱架的图书；书架满了，一层层地倒架、搬书……这些工作同样需要足够的细致，同时又是颇费体力的，而且也并不容易马上看出成效。

按理说，我们的工作是很繁琐、枯燥的。但当我行走在书架间，闻着新书的墨香甚至旧书的霉气，看着书架上那排列整齐的书，心里还是升起了许多的成就感，尤其是当读者凭借索书号轻松地在书架上找到自己需要的书时，那一刻的满足仿佛可以抵消身体的劳累，会不自禁地想“瞧，我并不是在做无用功，我们图书馆员是很平凡的人，学问也说不上有多大，但我们的工作，却能够帮助那些学生、学者，为他们走向成功架起一座桥梁，这就是我们的乐趣”。其中有一件事令我至今记忆犹新。那是1998年，我一位多年未见的同学打电话找到我，因他当时正在从事一个项目研究工作，研究如何利用地下水资源取代传统的锅炉送暖方式，急需查找有关“泵”的原理和数据，而市面上相关书籍很少，他抱着一线希望找到我。当他利用我为他找到的书查找到相关知识时，那份喜悦和兴奋真是难以用语言去形容。后来他对我说他的项目最终取得成功，研制出利用地下水的原理解决居民楼冬天取暖、夏天送凉的问题并获得了国家专利，那本书可谓居功至伟。其实类似的事例每天都在图书馆上演，实在不算什么了不起的大事，但我们得到的却是读者由衷的谢意。

在图书馆工作，终日与书打交道，不仅有“书缘”，还有许多“人缘”，与同事结下的不解“情缘”，这不仅体现在工作上老同志对新同志“传、帮、带”，也体现在生活上同事之间的相互关心。

我初到图书馆工作时，压根没有想到一本新书从采购到馆直至摆放到书架上与读者见面还要经过许多繁杂的加工程序。当时桑秀兰老师将自己多年积累的工作经验毫无保留地倾囊相授，非常耐心地给我讲解什么是分类号、版次号、卷次号、地区号、国别号等，还鼓励我要多读书拓展自己的知识面，因为图书分类工作看似简单，但需要非常广博的知识，知识面越广，图书分类工作就做得越准确。接待读者工作也是这样，只有对书的了解越多，才越能准确地回答读者的提问，快速有效地帮助读者找到所需书籍。

在桑老师及其他老同志的鼓励和帮助下，我尽可能利用一切可以利用的时间苦练业务、多读书、熟悉馆藏；还与读者多交流，掌握读者需求动向以备为读者更好地服务，而我也因此成长为当时读者部门的业务骨干，连续十年担任报刊阅览室组长并经常得到读者的表扬。因工作成绩突出，我曾多次获得“馆先进工作者”、“优秀服务标兵”、“优秀阅览组组长”等荣誉称号，并于1991年实现自己多年的宿愿，光荣地成为一名中国共产党党员，这一切都离不开那些老同志对我无私的帮助。

其实，从我到大连图书馆的第一天起，就不仅仅是在工作中得到老同志的帮助，在生活中她们对我也非常关心和爱护。因我父母过世比较早，兄姐也不在身边，凡事都要靠自己，那种无助的感觉经常围绕着我。尤其是儿子刚出生时，体弱多病，经常发烧，严重时烧成肺炎，我成了医院的常客，三天两头带儿子去看病。那时我先生工作也比较忙，无暇顾及我和儿子。当时我真是感到身心俱疲，许多次抱着幼小多病的儿子哭，甚至还产生过轻生的念头。每每此时，都有老同志关心我、安慰我，向我传授带小孩的经验，帮我出主意。最让我感动的是修葆芳老师、王玉英老师和年轻的孙宪萍、周晓莉等。尤其修老师当时几乎是每周都到我家来，帮我照看小孩，料理家事，这对于当时的我真是雪中送炭，每次看到修老师感觉真是像看到救星一样，绷紧的神经可以松弛下来，仿佛一切都有了主心骨。现在虽事隔多年，我的儿子也早已长大成人，但当时的情景仍深印脑海，每每想起都感到很温暖。在此，我想再一次真诚地对修老师说一声："谢谢您，修老师。"

在图书馆工作的三十年间，我何其幸运得到了馆领导和许多同事的关心和爱护，而我能回报的就是努力工作，无论是在哪一个部门、哪一个工作岗位，我始终认真对待工作、诚心对待同事、热心对待读者，同事们都亲切地称呼我为"淑兰"，好多人都说："淑兰，和你在一起工作真快乐。"久而久之，"淑兰"好像成了我名字的全称。记得80年代，我在办证处负责给读者办证，一位五十开外的老同志，非常认真地询问，哪位同志姓苏？苏兰同志！我听后忍俊不禁，的确，我就是这样一个人，愿意给同事、给读者带去欢乐。

2001年馆里成立了以吟诵古诗词为主调的白云吟唱团，我荣幸地成为该吟唱团成员之一。吟唱团成立伊始，千头万绪都要从头做起：从自身来说，不仅要进行各声部的练习，还要逐字逐句地学习、体会吟唱的感觉；此外还要负责团里的诸多事务如演出服装、化妆用品等，此时的我又以饱满的工作热情投入到各项事务中去，圆满地完成了馆长给我的各项工作任务，因而多次得到馆长的表扬。如今看到吟唱团的成员换了一茬又一茬，社会影响越来越大，作为吟唱团最初成员之一，心里真是有一种由衷的自豪感。

最近馆里读者服务中心在进行书库的倒架、顺架工作，看到那些年轻的馆员们穿着工作服、戴着套袖和手套在那搬运图书，劲头十足、飒爽英姿的样子，我仿佛突然间回到了过去，那不就是当年的自己么？那是1990年图书馆搬迁，我36岁。没有经历过图书馆搬家的人可能体会不到图书堆成了山的“书山”的感觉，图书下架、打捆、装箱、搬运、到了新馆再搬运、重新将书上架，真不是一个“累”字了得，可是我和同事们的干劲都很足，那一排排的书架好像是我们的战场，看着那一册册图书在我和同事们的手中穿梭，只觉浑身有使不完的劲。那时我好像不知疲倦，老同志都忍不住劝我说：“轻点，别累大了。”可我每次都不觉得什么，忙完一天，回家简单冲个凉，吃完饭倒头就睡。第二天依旧是精神十足地来到图书馆。

“子在川上曰：逝者如斯夫！”三十年的岁月，让我与图书馆结下了今生难解的情缘，这里有我一生最美好的青春年华，在这里我为人妻、为人母；在这里我送走了一位位可亲可敬的老同事，又迎来了一张张新面孔。

今借建馆百年之机，叙忆三十年间点滴琐事，千言万语汇成一句肺腑之言：感谢生活给了我在大连图书馆工作的经历！

（2007年12月）

谢谢你——无言的老师

谷明

我与图书馆结缘很早。从馆史上得知，1971年“九一三”事件前后，本馆恢复开馆，第二年我才开始上学。大约从二、三年级开始，节假日就跟着父亲上世纪街市图书馆借书。当时图书证还很紧俏，父亲因为在市文化局系统工作，才有一个书证。记得当时借过的“大部头”有《闪闪的红星》、《渔岛怒潮》等。

“文革”结束，拨乱反正，各方面工作走向正轨，我也上了中学，以学业为主，除了寒、暑假，平日就不能上图书馆了。

中学毕业，考上电视大学，又与市图书馆结缘。因为每周周二、周五下午没课，我就上市图书馆，在一楼大阅览室看一下午影视杂志、文学杂志，临走再上借书处借两本书。当时主要看通俗小说，没有查过目录借书，只是在借书处的大书柜前浏览。大书柜里的书书脊朝外，可以看到书名，对感兴趣的书可以从书柜每一层的空当（每一层有上下两块玻璃，中间有一个空当）拃进去，由馆员从里面取出，交读者翻看，满意了就借，不满意就再浏览。在大门口旁边还有一个小书店，每次也都进去看看有没有新书。

大学三年，加上自己买的书、同学之间串看的书，基本上一天一本书，三年时间凫整数，就是1000本书，其中有一半是市图书馆的书。

大学毕业前，和市图书馆打了一次很重要的交道。因为毕业要写论文，论文题目定下来，参考资料在哪里？老师说，回校部开介绍信，到图书馆大庙书库查过期杂志。遂到校部（当时在南山下的65中）开了介绍信，到南山山麓的大庙书库，交上导师给的期刊篇名目录，查到所要的材料，完成了毕业论文。（如果没有以后的变故，这很可能是我与图书馆打的最后一次交道，因为很多人都是因为写毕业论文而与图书馆打“一生一次”的交道。）

大学毕业，参加工作，工作单位离图书馆很近（港湾街），坐车只有一站地（港湾街至斯大林路），走着去只用十几分钟，但我却绝迹于图书馆。因为8小时上班，不像上学时，有那么多空余时间上图书馆。

毕业、工作六年后，我又走进市图书馆。这一次，不是作为读者，而是成为图书馆的一员，进入图书馆工作。我的身份与过去不同，图书馆也与过去不同，不仅馆址变了（鲁迅路至白云山），馆舍面积增加了，服务方式也变了（从闭架、半开架到全开架，读者也不用填写借书卡，而是实行计算机管理），读者证也敞开办了。作为图书馆的一员，对图书馆有了全面、系统的了解，才知道图书馆除了借书还书、查过刊写论文，竟然还藏有明清小说、清代内府档案、满铁资料。（这些情况我在进馆工作以前，都是不知道的。由此可见图书馆宣传、广告的重要性。）

刚进馆，我在一楼社科期刊室工作，发现了一件有趣的事。部主任经常从门玻璃上望一眼就走，望一眼就走；次数逐渐减少，后来就不来了。一开始不明白，后来想想，主任是在观察我。因为来了一个新人，主任也不知道这人坐不坐得住、适不适合干图书馆工作。经过观察发现这人坐得住，主任也就放心了。

这一坐，就是十多年，一楼（期刊）、二楼（社科）、三楼（科技）、四楼（馆史办）都干过。我也没辜负图书馆这座知识的宝库，从完全的门外汉变成专业上的小行家，每年都有论文发表、获奖，利用馆内文献参编的书已有多部出版。

回首四十多年的人生历程，我觉得学校教育只是给你从事某项专业工作打下了一个基础。如果不从事所学的专业工作，在生活和工作中，你所用到的知识和技能，有90%甚至百分之95%以上是你在课外学到的。比如我现在为建馆百年纪念文集校稿，就不是运用我在学校学到的专业知识，而是运用我在课外学的东西，包括从图书馆借、阅的书上学到的知识和技能。

谢谢你，无言的老师——图书。

谢谢你，无言的老师——图书馆。

（2007年12月）

白云美术馆展厅举办《邓小平光辉业绩》大型图片展

亲历有感

王秀珍

今年是大连图书馆建馆百年，我在这里工作了二十七年。作为大连图书馆的一名馆员，我勤勤恳恳、默默耕耘，把自己的青春年华奉献给了我热爱的图书馆事业。为此，我感到无比的自豪和光荣。

重新学习

1977年，尚在农村插队的我参加了全国高考，以几分之差意外落榜。1981年3月，二十多岁的我怀着对知识的渴望、怀着继续学习的满腔热忱从大连艺术馆调入大连图书馆。火一样的热情让我很快进入了角色，感觉到在这里有好多东西需要学习，需要亲自体验；踏入大连图书馆大门那天起，我就立志利用业余时间，参加各种专业学习。1985年在图书馆专业中专班学习，取得辽宁省文化艺术学校的中专毕业证，荣获优秀学员称号；1993年在辽师大进修了图书情报学专业。

为了适应图书馆计算机系统的程序管理，我在没有参加正规培训的情况下，坚持自学，不懂就问，反复练习，不到三天就学会了五笔字型输入法，图书著录就能应用和实际操作。部门主任李晓菲很是惊讶，她说："秀珍，没想到你掌握五笔字型输入法如此神速。"我不仅学会了基本输入法，而且对采编各个系统程序的应用，也很快就熟练掌握，因此中文著录的准确性很高，随后我被安排做采编检查工作。这是领导的信任，也是对我工作成绩的肯定。功夫不负有心人，1996年我参加了辽宁省文化厅举办的首次分类编目业务培训，经过严格考试，取得了优秀的成绩，获得了省文化厅颁发的证书。1985、1986年又获得图书馆优秀服务成果奖。1991年～1993年我在图书馆学刊上连续发表了两篇论文；参与编写的一部综合目录由沈阳出版社出版；1995年有一篇论文获东北三省优秀论文二等奖；1996年有两篇论文获辽宁省图书馆学会优秀论文一、二等奖；1997年～2004年有四篇论文获得辽南四市图书馆研讨会一、二等优秀奖和交流奖；1998年撰写的关于图书馆职业道德的论文获大连市图书馆学会一等奖，并在大会演讲。这其间我又多次参加了国家图书馆举办的图书分编、期刊分编、机读目录学习班和培训班的学习，经考试获结业和合格证书。

多年的辛勤工作和努力学习，使我得到领导和大家的肯定、赞同。1993年～1994年度我被辽宁省文化厅评为基础业务建设工作先进个人，并获省文化厅业务工作二等奖荣誉证书；同年被评为馆先进个人；1991年评为馆先进工作者；1999年～2001年连续两年被评为先进工作者，连续五年被评为优秀。

亲身经历

夜深人静，我翻着年轻时在图书馆拍的照片和几十年的学习笔记，不由地浮想联翩。

从到图书馆那天起，我的命运就与图书馆连在了一起，虽然近三十年的图书馆职业生涯中，我遇到过不少曲折和困难，但是在图书馆这个大家庭中，我也感受到了太多的温暖和亲情，也得到了无私的教诲和帮助，使我从一个不谙世事、不懂业务的小姑娘逐渐成熟长大，成为馆里的业务骨干。

从1981年至1986年我一直在读者服务部门工作。老馆员的吃苦耐劳、甘为人梯的奉献精神使我受益良多，进步很快。在自然科学服务窗口，我任科技组组长。因为当时是闭架借阅，一天要跑六个书库——前库、后库、地下书库等，每人每天几乎要接待近百名读者，要熟练地把握不同类别图书及外文原版书的编号和所在位置，并迅速查出。上架、下架剔旧、补旧糊图书、专题服务等样样都干，特别是在书库里倒架、串架、借阅，冬天比室外还冷，夏天比室外还热。年复一年，我带着科技组的同事们克服了一个又一个的困难。这种环境造就了我吃苦耐劳的精神和不厌其烦的工作态度，赢得了读者的好评，收到了丰富的服务成果。有时休息日别人有事不能上班，我毫不犹豫地替班（当时一星期只有一天休息日）；有时星期天托儿所休息，我带着孩子坚持上班；有的同志家里有困难或亲人去世，我都能主动去帮助他们，体贴他们。

1987年我调到采编部工作，期间经历过几次评估检查，每一次的业务抽查我都能顺利通过，这和平时过硬的业务技能是分不开的。经历过一次次评估的考验，我积累了不少的经验，在一次评估中专家小组抽了300种书的著录目录，一一核对，一点都没有出现差错，我想这正是对我工作的一次检验，几年的辛苦我没有白费，因为我是搞著录检查的。1997年期刊部组建，我接手不到两年就遇到评估工作。由于有了采编工作经验的积累，当查到期刊归类、集中等问题时，我一一做了准确解答，并用计算机演示，受到评估组的好评。期刊的收藏量和计算机当时录入程序的部分著录都达到了标准。现在期刊订购已近四千种，约六万余册，工作量是过去的几倍，但我仍能独力承担下来，丝毫没有怨言。

工作上得到认可的同时，我本着正直做人、用心做事、诚实可信的做人标准，无论别人说什么，我总是默默无闻地干好每项工作，一辈子不图名不图利，真真切切展现一个真实的我。同事们都叫我“哈哈”，我觉得这也是对我性格的一个肯定，我每天都很快乐，在同事中总有笑声。无论多苦多累，我都无怨无悔，勇敢面对。尽管我的学历不高，但我有忘我的斗志、不服输的勇气、对图书馆事业不懈的追求，这就足够了。有时任务紧，我时常把目录（著录）卡、登记账拿回家干。一天，我用打号机打登记账，干着干着竟忘了已是半夜三更，打号机的响声使邻居找上门来，我只好道歉。

1999年因图书馆搬迁改造，期刊积压了约3万册，满屋子的刊报堆在办公室，馆员大部分都休假，但老馆继续开馆，报纸、期刊每天都要及时上架。我放弃了所有的休息时间，包括午休，每天一个人完成了整个部门期刊的验收，录入计算机，记到分配。记得有一次连续三天高烧，我利用中午时间打点滴，丈夫接我回去，我没有答应，仍坚持在岗位上，只是为了使读者能看到近期的新闻、最新的信息。有的馆员关心地说：“回去吧，别这样不要命地干。”我说“这是我的工作，早晚都得干，我还是早些把积压的清理干净，心里也舒服。”在老馆期间这样的事常常发生，直到值班人员敲我办公室窗户，我才意识到下班时间已过一个小时了。我所付出的，我觉得值得。正因为我的努力，读者到馆率每天上升，查阅期刊的读者也最多，我很欣慰。工作中我从不计较个人得失，从不向领导提任何要求。

在非典期间，由于环境所迫，我馆全部闭馆，而我每天坚持到岗，面对紧张的气氛和沉重的思想负担和工作压力，我没有退缩，而是战胜自我，坚持工作，为开馆做好了充足的准备，得到领导的表扬。

记得一年冬天，大雪下有半尺厚，尽管我提前一小时抱着孩子出门了，但公共汽车由于故障已不通行，又冻又冷，路又滑。从早晨6点20分，一直到中午11点10分，我一步一步从辽师大一直走到世纪街，又累又饿也全然不顾。我把孩子往托儿所一放，就跑到图书馆站到了工作岗位上。

我成长的历程中，记录着我的努力和拼搏，也镌刻着图书馆大家庭对我的关怀和扶持，我在这里体会到人间的真情，并心生感激。正是这一次次的感激，使我领悟到人生的真谛。有一次图书馆倒库，忙碌中我竟忘了接孩子。叶勇放弃自己的休息时间，大热天主动帮我把孩子接到图书馆，送到我面前，笑着说："我这也是体验一下做爸爸的滋味。"一句玩笑，含着浓浓的同志之间的深情。在采编工作期间，我母亲突发心脏病去世，这一噩耗如晴天霹雳，重重地击在我的心上。在我最痛苦的时候，同志们来到我身边，帮助我安慰我，温暖的关怀，使我从痛苦中走了出来。他们带来了让我久久不能忘怀的感动，给了我重新振作起来的信心和勇气。

感悟人生

物换星移，秋逝春来，从上个世纪80年代到今天，我感悟最深的一段人生是在图书馆度过的。几十年里，我的这段人生见证了从老馆舍到建新馆及新馆改造的全部过程，亲历了图书馆的巨大变化，给了我丰富的人生阅历和实践过程。我的这段图书馆生涯，没有大奖的喜悦，没有辉煌的业绩，平平凡凡，点点滴滴。但我却感到满足和充实。

如果说，每个人的一生中都会有一些故事令你终生难忘，那么，图书馆的经历已经让我的心灵储满了人生无价的财富。我会永远记得同我同甘共苦、默默奉献、爱岗敬业、勤勤恳恳的同事们，记住那种服务于读者、不辞辛劳、帮助读者完成一个又一个课题、作出贡献、取得重大成果的那份执著的职业精神。我会追忆：一栋旧式的图书馆楼舍，一个小小的阅览室，一条普通的通往地下室采编工作间的狭窄走廊，一个小小的打字机，一台陈旧的手工油印机，油印出的一张张卡片。因为那里积存了我的收获和感悟。

曾经的苦涩，在回忆里已酿成芬芳。曾经的努力，都化为幸福被我收藏。在建馆百年的喜庆日子里，我感到幸运，因为我已经以奉献真心和牺牲自我书写了自己人生的篇章；我更为之骄傲，因为图书馆事业在图书馆人手中将更加辉煌。

（2007年12月）

张本义馆长书赠日本伊万里市访问团条幅

岁月如歌 青春无悔

林 波

时光如白驹过隙，转瞬即逝，不知不觉从走出校园到大连图书馆工作已经二十个年头了。蓦然回首，心中充满了感慨：这其中既有酸甜与苦辣，也有成功和喜悦，但更多的是平平凡凡的工作带给我生活的充实、快乐和事业上的进步。二十年来，我这样奉献我的青春，这样度过我的岁月……

一、读者工作部，学习基础业务，体会工作辛苦

1987年7月，对我来说，那是一个令我终生难忘的年份。经过三年图书馆学专业知识的学习，我从大连市文科职业高中毕业，与同班的九名同学一起成为大连图书馆首批合同制录用的员工。我们全部被分配在读者工作部（后改为流通部）。当时图书馆实行的是闭架借阅制度，读者必须先查卡式目录、填写索书单，再交由工作人员跑库为其提书。读者常常是比肩接踵，蜂拥而至。有时遇到一些挑剔的读者让你在书库里奔波几个来回他还是一本也不借，一天下来腰酸腿痛。要想在短时间内接待好读者，对馆藏没有一定的熟悉是不可能应对了的，为了尽快熟悉馆藏，我常常是早来晚走，通过读者的索书单，通过不断的归架、倒架、整架来熟悉馆藏。功夫不负有心人，经过半个多月的努力，我对书库的图书就能如数家珍：哪些书最多、流通最快、最受读者欢迎，我都能一一道来。读者要借的图书我馆并非都有，大多数读者只是想找某一方面内容的书。这时，我就能向读者推荐同

类的图书，有时读者对我推荐的图书甚至比原本想借的书还满意。工作是辛苦的，当我不厌其烦、千方百计为读者推荐到他们满意的书，望着他们满意而去的笑脸，听到他们由衷的谢意，我感到很欣慰。我看到了一个图书馆工作者存在的价值，我的付出最终得到了肯定。

在读者工作部，除借书处外，我还在还书处和阅览室工作过。在工作中，我善于将图书馆学知识与实践相结合，先后写了《如何处理超期罚款》、《“热”门书为什么热》、《谈谈我对职业道德修养的初浅体会》等文章。

1990年，我馆迁入新址，我被调入社会科学部。根据新馆舍需要，增设中文图书阅览室。我配合部主任有选择地从典藏库中提取中文图书四万余种，并主持了字顺目录改为分类目录的改排工作。将开架期刊按分类排列，贴不同色标以示区别。在中文报纸阅览室，针对当时报架非常混乱、无报纸目录的情况，我提出首先将报纸分类排列，再建立一套报纸目录，得到部主任的批准。我参照期刊目录标准，独自组建了报纸字顺目录，这套目录使用了五年时间。

在社会科学部工作期间，我代表大连图书馆参加了两次重大的业务知识竞赛：一次是1990年9月在“大连地区图书馆业务知识、技能竞赛”中，我荣获了业务知识“七项全能”第三名；一次是在1991年1月，文化部图书馆司举办东北地区省、计划单列市图书馆“图新杯”业务知识竞赛中，我和雷云、王连君同志一起赢得“图书馆业务基础知识集体项目”第一名，为我馆赢得了荣誉。

二、信息工作，朝阳业务，锻炼与考验同在

1992年，大连图书馆信息部正式成立。当时，大连的信息市场还未启动，人们的信息意识十分淡薄。为了使我们的剪报信息刊物闯出去，能得到社会的认可，我采用“多跑路、细解说、讲信誉、重反馈”的办法，对症下药，迅速打开局面。“多跑路”：为了宣传我们的剪报信息，我的足迹遍布大连市内四区、开发区、金州区和旅顺口区，拜访的客户不计其数；“细解说”：针对人们信息观念薄弱的特点，我加大了宣传力度，每到一处总是不厌其烦地向用户讲解信息的来源、可信度、用途及信息价值；“讲信誉”：当用户与我签订了合同后，我一定会按合同准时将信息送到或邮寄到客户手中，守时守信，风雨无阻；“重反馈”：定期向客户征求意见和建议，索取反馈材料，及时改进工作。凭借这些办法，我累积联系用户八十余个，为馆里创收十多万元。我不但为图书馆创造了经济效益，同时也获得很多荣誉：1992年～1993年度获得辽宁省公共图书馆信息报刊展评二等奖；1993年～1994年度获得辽宁省公共图书馆服务成果（个人）一等奖，1998年获辽宁省文化厅1995～1997年度服务成果一等奖，1999年获辽宁省图书馆1998年会论文一等奖。

2001年6月，大连图书馆信息中心成立，其宗旨是为市委、市政府等首脑决策机关的重大课题提供信息咨询，为企业的决策者提供决策参考。作为中心的负责人，我深知这是馆领导对我的信任。面对陌生的工作，我知难而进，勇于探索，边实践边学习，在熟悉网络检索功能之后，我带领部内同志主动去市委、市政府的办公厅、市政府经济研究中心等十几个部门进行课题调研，建立起了业务联系，迅速打开了工作局面：为市委、市政府提供大量的建设学习型城市的信息资料；与市委办公厅信息处合办两种仅提供给市长、市委书记及几位副书记作参考用的内部刊物，即《网上大连》、《网上大连评论》；参与市委、市政府的“农业现代化”、“海上大连”、“民营经济”等重大经济课题的研究工作；主持完成了《大连旧影》、《大连新貌》两个数据库的建设工作，这两个数据库现链接在大连图书馆的网站上。2001年我荣获大连市委办公厅党委系统信息先进个人，我馆荣获先进单位。

这期间，我参加了辽宁省图书馆学会组织的“辽宁省图书馆学会2001年学术研讨会”，我撰写的论文《论学习型城市中的公共图书馆建设》获一等奖，并作大会发言，还获得大连市党委系统2001年度“双兴杯”优秀调研成果三等奖；此文发表在《图书馆学刊》2003年第3期。

三、迎接改革，重返读者服务一线，着重抓数据库建设和课题服务质量

2002年下半年，我馆进行人事制度改革，我离开了心爱的信息工作岗位。我舍不得自己辛辛苦苦开创的局面，舍不得那摊工作，伤感、失落，很长一段时间，我夜不能寐。委屈也罢，伤心也罢，我还是来到了我馆最大的业务部门——读者服务中心，成为其三位副主任之一，主管三楼自然科学文献的读者工作。

此时，我馆早已实行借阅一体的自动化管理制度多年，通透的大开间设计给读者提供了安静、舒适的阅读环境，读者找书方便了，工作人员也早已告别了忙忙碌碌的跑库提书时代。图书外借不再是主要工作，而合理开发馆藏、为读者提供深层次文献服务成为工作的重心。国家标准是三楼自然科学文献的特色之一，利用率高，读者检索量大，将其数字化后将更方便读者使用。根据这种情况，部主任委派我负责《国家标准数据库》的建设工作。在建库过程中，我严抓字段的标准化、检索词的规范与选取、互见功能的设计等工序，以确保其检索的精确度。此外，我还带动楼层的工作人员提高定题服务质量。我认为作为读者服务一线的馆员，除了完成浅层次的借借还还外，还应把深层次的定题服务作为工作重点。定题服务工作做得好，既能使读者充分利用馆藏，又能提升馆员的业务素质。所以，在我的带领下，三楼的同志们年年超额完成馆里下达的任务。

这期间，我参加了大连地区图书馆知识竞赛，与曾强、邱菊两位同志一起夺得了“综合业务”项第一名；完成了高等教育自学考试汉语言文学专业的全部课程并取得学士学位；《试论图书馆网络信息服务模式》一文获辽宁图书馆学会2002年年会优秀论文一等奖，并作大会发言；与于洁同志合写的《人力资源开发理论的导入与新世纪的图书馆员》一文发表在《图书馆学刊》2003年第6期上；《大力发展文化产业 推动“大大连”文化建设》一文在“大大连”文化建设征文中获三等奖，并被录入《大大连文化论集》一书中；论文《论大连的文化建设与公共图书馆的参与途径》一文获2003年度辽宁图书馆学会年会论文一等奖；演讲稿《假如我是读者》参加“中国图书馆员职业准则”征文活动，被辽宁省图书馆学会学术委员会评审为“优秀征文一等奖”。

2005年7月，我被调到鲁迅路分馆工作。分馆的业务规模虽不能与大馆相提并论，却也“五脏俱全”，门类齐全。任职期间，作为业务工作的负责人，我发挥分馆地处市中心的特点，开动脑筋，创新思维，在做好图书流通、剔旧、参考咨询等日常工作外，在橱窗宣传、读者活动、社区流通站建设等工作上加大了力度。大连图书馆的满铁资料大部分藏于分馆，我利用自己懂英文和日文的优势，积极为读者提供服务。同时，我还承担了国家清史编纂委员会课题“大连图书馆藏珍稀本整理”、“图录 · 大连图书馆藏清代图录集”两个课题的著录及点校等工作。

此间，我完成了高等教育自学考试英语本科段的学习，并取得学士学位；2006年8月，我考取了国家劳动和社会保障部颁发的心理咨询师职业三级证书。利用所学到的心理学知识，结合二十年的图书馆工作实践，我撰写了论文《论社会转型期馆员的心理问题与自我心理建设》一文，发表在《图书馆学刊》2007年第5期；在开发满铁文献过程中，我撰写了《日本殖民统治时期的大连华商组织》一文，发表在2007年第4期《辽宁师范大学学报·社会科学版》；《大连图书馆满铁资料述略》辑录在《白云论坛》中；《“北方明珠”的文化大讲堂——大连图书馆白云书院传统文化系列讲座》一文获辽宁省图书馆学年会2006年年会优秀论文一等奖。

四、几点感悟

二十年是人生一段短暂而漫长的岁月。岁月中我走过，就像小鸟飞跃过天空留下了翅膀的痕迹。每个十年、每个五年、每一年、每一天的坚守，连接起来就是我的青春，其实我没有白白度过。如今，当我经历了事业、生活上的磨难，当青春的伤痛渐渐散去，成熟的清凉拂过痊愈的伤口，我渐渐地明白：生命是一种需要反复琢磨、反复锤炼的原生质，只有经过雕刀反复无情镂刻、风雨的严酷吹打后才会绽放出异彩，才可能达到尽善尽美的境界。伤痕是生命的勋章，是灵魂不息求索、成长的印记。我始终坚信人类不断追求文化知识，不仅仅是为了更加优越的物质生活，还有更高层次的精神享受，而图书馆是实现人类理想的阶梯。

回首在与图书馆相伴的七千多个日子里，有激情也有过平庸和无助，有理想也有过犹豫和徘徊，有快乐也有过厌烦和困顿，有勤奋也有过懒惰和蹉跎。最终是前辈的精神鼓舞着我，同辈的榜样激励着我，图书馆的环境改变了我，使我不断努力，不断进取，使我爱上了图书馆和图书馆事业。

有人问我，如果时光倒流，你还选择图书馆吗？我说，如果让我重新出发，我还会选择图书馆，我不会为这样的选择而忐忑不安，不会为这样的选择而心有余悸，不会为这样的选择而留有遗憾。在图书馆工作，我无怨无悔。

（2007年12月）

由此上路

王雪

夜半，忽地被雨打窗户的沥沥声惊醒，把被子裹得更紧些，还是有些寒意。这才想起，已经入秋了。脑子里散散的，七零八落地回放着去年、前年、那年亦或不知是哪年秋天的画面。辗转反侧，再也不能入睡。

曾经模糊的往事又清晰地浮现在眼前。

刚入馆的那个秋天，干干净净的天空，简简单单的心情。懵懵懂懂的我，对馆里的一切都充满着好奇和憧憬。看着满架的图书，欣喜若狂，那是第一次看到那么多的书。打那时起就下定决心，要认认真真写好自己的每一天。

我被分到了计算机中心工作。一进门，就被这里的蓬勃朝气感染着。同事们忙得不亦乐乎，可我却插不上手。“实践是检验真理的唯一标准”，没有半点实践的我，只有傻愣愣地看着。于是，赶紧找来一堆参考资料，在老同事的指导和帮助下，我很快便进入了状态。

1997年初，图书馆进行系统升级，将原有的MINIS自动化系统换为深圳的ILAS5.0系统。在此期间，我和其他同事一起做了大量的准备工作：自学UNIX操作系统、分析系统说明、进行数据转换、系统调试以及馆员的培训。新旧系统的转换带来了“兼容性”问题。读者证条码需由原来的8位升级到14位，而新系统又不提供这一转换接口。针对这一问题，结合省里的标准，我编写了一套条码打印程序。利用相关算法，完成了读者条码打印工作，保证了新系统的如期运转。期间，也出现过种种问题，仔细分析、调试后，所有问题都一一解决。其实，解决问题的过程，是学习的过程，也是积累经验的过程，更是个人成长的过程。

同年7月，我们馆引进“中国学术期刊光盘版”。该系列光盘将各个学科归为八大类，能够满足不同研究领域读者的需求。由我负责该系统的安装、调试以及读者接待工作。

学会“换位思考”，这是我努力想做到的。只有这样，才能体会读者的真切感受。尽管查询的读者不多，可每一次用自己的真诚服务换来一句简短的“谢谢”，已令我大感满足。其实，生活中的我们亦会充当各种各样的角色，也体会过受众者的各种滋味。如能时常收获那些小事、小人物的小温暖，整个社会岂不“其乐也融融”？

1998年10月，我们馆安装了64KDDN专线，由此展开了网站建设工作。我和同事们协作完成了大连图书馆主页的编写，开通了网上查询系统。通过网络，读者足不出户便能访问图书馆，及时了解馆内动态。这也使得图书馆的服务内容更加丰富；服务手段与方式更加自动化、电子化、网络化；服务范围更加广泛化。主页的开放，架起了图书馆与读者间的桥梁，也真正体现了我们馆一惯秉承的“读者至上，服务第一”的宗旨。

1999年，我们馆进行了馆舍改扩建。为了不影响读者的正常借阅，我们搬到了鲁迅路分馆继续为读者服务。由于以前的馆舍陈旧，未铺设网络线路，我和同事们一起架起了馆内局域网，调通各个结点，保证了图书馆的正常开放。

一年的改扩建后，翌年9月我们搬进新馆。原有的硬件设备已不适于现代化发展的需求，馆里引进了Sun3500小型机，原有的自动化系统也由ILAS5.0升级到ILASII1.0、2.0。

对于我们，一切又要从头开始，查资料，学技术。计算机及网络技术日新月异的今天，稍有停歇，便会落下一大截儿。朱熹的那句“为学正如撑上水船，一篙不可缓”，正是每个计算机从业者所面临的真实境况。

2001年10月，辽宁省举办了“公共图书馆计算机知识应用”大赛。馆里只派了我一人参加。初赛、复赛几轮下来，我闯进了决赛。赛后的颁奖仪式上，当主持人宣布“一等奖，大连图书馆……”的那一刻，我心潮澎湃。因为赛场上，我已不仅仅代表自己这个小小的个体。

图书馆是个传播文化、交流知识的殿堂，馆里经常组织一些学术活动。2002～2006年间，我写的《浅析E时代图书馆——数字图书馆》等几篇论文分获省学会论文一、二等奖。“路漫漫其修远兮”，求知之路没有终点，十余载的工作经历让我深知其中意义。记得卢梭说过这样一句话，“生活得最有意义的人，并不就是年岁活得最大的人，而是对生活最有感受的人”。我亲历着图书馆几年间的飞速变化，从软件到硬件、从读者到馆员，也欣喜着和她一起成长。喜欢看阅览室里读者陶醉的神情、听书院里孩子们朗朗的颂读声，心底会有一种暖暖的感觉。庆幸自己能在这么幽雅的环境中工作，也享受着这种氛围的儒雅和恬淡。

青春是从这条路上开始的，尽管若干年后脚步会放慢，可相信那印记会更加坚实……

（2007年12月）

与电脑同行十年间

于晓凌

不知不觉大学毕业后来到大连图书馆工作已经十五个年头了，而从事与计算机相关的工作也近十年了。曾经花费了很多年寻找自己的兴趣所在和发展方向，现在我要说我最喜欢的还是电脑。

1998年刚调到计算机部时，（虽然在大学时也选修过计算机课程，但那时是DOS操作系统，也没有联网）面对着windows的界面，感觉一切都陌生而新鲜，又有些无从下手和请教，于是天天守着一台电脑，抱着一本本操作指南猛啃，因为几年的与图书打交道的工作经验告诉我：书本是最好的老师。功夫不负有心人，一段时间下来，我对电脑从开始的谨小慎微、邯郸学步，到后来的收放自如、游刃有余。逐渐可以解决一些操作系统和软件的故障，也能放开胆子拿着螺丝刀对硬件拆拆卸卸。在单位的计算机连上因特网之后，更是在面前展开一片新奇多彩的世界，在网上追着“大虾们”讨教如何申请电子信箱、如何下载、如何制作网页……

电脑的谜题一个接着一个，而我攻克的方向也从一个转向另一个，每一天都有令我兴奋的成就感：领导可以放心地交付给我独立承担的任务了；同事们非常信任地找我去解决电脑的问题了；我从购买元器件到亲自动手拧牢主板上的第一个螺钉，DIY成功我的第一台电脑；我创意设计插入flash动画的最后一帧；我把家中的电脑电视音响相互连接体验着更广阔的视听感觉；我鼓弄了MP3，接着是DC、DV，然后是PDA，MP4……每一个即使最微小的成功和收获都让我欢喜雀跃，万分满足。回首那时的自己，就像一个幼童，虽然幼稚朴拙，但却充满了对无限未知的学习、探索的活力和热情，心头的障碍一个个轰然倒塌，每天都有一片新天地在眼前豁然开朗，那种学习和进取所带来的亢奋与充实是无法言表的。在这过程中，时间过得格外快，往往几个小时就如日影的一瞬偏斜，吃午饭或下班都恍然不觉。

与电脑为伴也就是选择了终身学习，虽然这个词对每个人都耳熟能详，但我觉得没有任何一门知识像电脑更新得如此快速、信息量如此庞大，而且应用的领域拓展得如此广泛，需要时常关注它的发展，了解其新的产品和资讯，稍有怠惰就会有落伍和淘汰之虞。我们计算机部是一个充满了学习和进取氛围的整体，同事之间互相讨教、互相促进，你追我赶，不甘落后。我们互相比拼着软件、硬件、网络等各方面的知识，甚至包括英语，托福、GRE单词量也是那时互相赶超的对象。那种经历和精神状态一直激励鼓舞着我，让我在这一路上不断地前进并向高处攀登上去，让若干年后的我从不感叹年华的逝去，而只是感谢并自豪自己的逐渐成熟和积淀。

后来我又到了信息网络中心从事信息服务工作，如果说在计算机部时的工作是对电脑等各方面知识的吸取和累积，现在就是对所学的知识的融合和运用。说来也巧，在图书馆工作的最初五年我就是从事科技参考咨询工作，现在又回到了老本行，只是检索的途径由书籍和连续出版物变换成了网络和电子数据库，似乎是终点又回到了起点，但却是一种螺旋的上升，就像整个人类社会的前进和发展一样，图书馆事业的发展也是其中的一个有代表性的缩影。在工作过程中，我更深地体验到了网络的包罗万象。虽然也有许多人沉迷网络游戏甚至网络犯罪，但我们更应该善加利用网络这把双刃剑积极有益的一面，成为我们生活、学习和工作的更便利、更快捷、更渊博的助手和朋友。我们接手的课题涉及方方面面，有化工、医药、建筑、冶金、教育等，几乎生产、生活的各个学科门类无所不包，而基本都能在网络和电子媒介中找到适当的答案，真是不怕你想不到，只怕你找不到呀。

白云书院美术馆画展

在信息检索工作中，也给了我许多人生的启示：每接到一个课题，就像人生又面临一个挑战；一次次地改变、确定检索词，就像人生途中不断调整、校正方向；检索到有用的信息并进行拣选，就像人生时常的得与失，甚至要学会放弃；最终完成课题，交付用户最后得到肯定、满意的回馈，就像人生取得的一次成绩，虽然不知道这是否就是最好，这都是自己现在最努力的成果，而且最好也永远都在下一次。完成了一个又一个课题，就像人生总在不断的挑战中进步，获得成就与满足感，而我们每次出色的工作，又促进用户们产生可观的社会和经济效益，就更是双重的收获了。

我喜爱我的工作，人们都说能够从事着自己感兴趣的工作是一种幸运和幸福，而我就正是拥有了这种幸运，并且时刻感觉到幸福！

（2007年12月）

生命依恋之地

——写在大连图书馆建馆百年之日

马石利

在大连市图书馆迎来建馆一百周年的时刻，我的心难以平静。四十多年前，一个年轻的学子，怀着如饥似渴的求学之心，奔走图书馆，借书、阅览的情景，又在我的脑海中浮雕般地清晰起来。这是我心中珍藏的生命中美丽的风景。

大连市图书馆是我一生中最先接触的图书馆。那是上世纪的60年代初，我念初中和高中的时候。当时大连市名为旅大市，图书馆叫旅大市图书馆。它坐落在中山区鲁迅路与世纪街的交汇处，不大的院落，花木扶疏，优雅洁净；不高的楼宇，式样别致，风味独具。我初中就读的第九中学，高中就读的二十高，都离图书馆很近。我来图书馆，主要是到它的一楼阅览室借阅各种书籍以及报刊杂志。阅览室大约有三间教室大吧，高高的屋顶，长长的窗户，宽敞明亮；阅览桌宽宽的大大的，中间有挡板将坐在对面的人隔开，以方便读者能够聚精会神；座椅是沙发式的带有扶手的皮椅。阅览室经常座无虚席，但人尽管多，却总是静静的，静得能听到书页翻动与笔在纸上书写的沙沙声。在嘈杂、闹嚷而又拥挤的教室待得久了，我对这里优雅的阅读气氛真是十分惊异，这气氛令我沉迷。因此每当下午放学的时候，我总是急急忙忙地奔向这里，我怕来晚了没有座位。但来得早也时常没有座位，只有待在一个角落里等。在那个年代，人们普遍读书好学进取向上，这几乎成为一种社会风气，人们的心劲儿就像年轻的共和国一样年轻。在那间阅览室里，我读了许多书。唐诗、宋词、《水浒传》、《西游记》、《红楼梦》，我是在那里开始读的；鲁迅的小说、散文，茅盾、巴金、老舍的小说，郭沫若、闻一多、田间、袁水拍的诗，我是在那里读的；而当代许多作家的作品刚一发表，我便在那里接触了。我至今仍深切地记得读贺敬之刚发表的诗《桂林山水歌》时那种激动难抑的心情。那奇幻的意象、美妙的修辞、澎湃的激情，让我在感受着诗的动人的同时，对桂林也心向往之。二十年后我到广州出差完毕，竟然撇开同伴只身飞赴桂林。当代另一位不十分著名的女作家刘真的一篇散文《大雁飞来了》，在人民日报发表后，我在图书馆的报栏上读到了，心情也是十分兴奋。我喜欢那散文优美的文笔、婉转的一唱三叹的语调和深挚的情意，我立刻买了一份人民日报，将那篇文章规规矩矩地剪下来，至今仍然保留着。因为喜欢刘真的这篇文章，我还在图书馆借了刘真的书。多年后我到天津求学，见书店有刘真的《长长的流水》，此时的我虽已明知它并非上乘一流之作，但少年时的情结促使我还是买了一本，虽经几次搬家如今仍竖立在我的书架上。读书多了，我心中竟也萌生了文学创作的欲望。这欲望的产生也缘于一次在图书馆里读书。那次我在阅览室里，身旁是一位二十多岁的眉目俊朗的青年人。他没有读书而是在写着什么。刚开始我并未在意，后来被他那沉迷的时写时吟的举动吸引了，便不禁扭脸看去。原来他是在写诗，仔细瞧瞧，是在写一首歌吟松花江的诗。他写了松花江的流水、浪花，写了江畔的树木、沙滩，也写了飞鸟、渔舟。我觉得他写得很美，我的心中也鼓荡起了一种写作的欲望，一种当诗人、作家的欲望。当然要成为诗人、作家并不容易，成为一位有大成就大影响的作家更非易事。一次我来图书馆，因为和阅览室的管理员混得熟了，管理员指了指满室座无虚席的读者低声对我说："学者如牛毛，成者如麟角。”这话让我心中一震，立刻有了一种沉甸甸的感觉。我感到了任重而道远。若要不做多得数不尽的牛毛，而成为珍稀的麟角，就必须刻苦读书。图书馆我来得更勤了。

1965年我考入辽宁师范学院中文系后，辽师图书馆又成为我生命之舟所依恋的第二个港湾。在那里，我学习必修的课程，更多的时间还是读我所喜欢的书，特别是中国古典文学中的先秦文学，我想从中国文学的源头学起。然而好景不长。1966年春，全国范围内的大批判已经开始，不只是文艺界，整个思想政治战线、意识形态领域都风声鹤唳、草木皆兵。辽宁师范学院像全国所有的高校一样，动荡了，不安宁了。人们感受着山雨即来的凛凛寒风，谁还有心思认真读书钻研学问？阅览室里的人明显减少了，人们关心的是眼前这场爆发在即的政治运动。在这种情势下，放着报刊上铺天盖地的大批判文章不读，放着一本本政治小册子不看，却天天钻图书馆去借那些发黄积灰的古旧书籍，自然是不合时宜。可是我却欲罢不能，因为我在钻研古籍的过程中发现了中国古代的剑与龙之间的一种微妙的关系，我想收集资料写一篇关于剑的传说的考证文章。因为感觉到了时间紧迫，我比以前更加用功了。当时辽师图书馆有一位管理员名叫马世富（我本名马世利，按宗谱排，他应是我同辈兄长），1957年被划为右派，也许是一朝被蛇咬、十年怕井绳，他曾不无担心地告诫我：现在都什么时候了，你还总借这些东西，不怕出事吗？可是我如初生牛犊，没有教训自然不知害怕，依然我行我素，终于在五月份将资料收集到可成文的程度，写出了平生第一篇学术文章《剑的传说考》（此文后来发表，受到有关专家的好评）。我记得我此文落笔未几日，北京大学那一张轰动全国的大字报便张贴出来了，“文化大革命”的烈焰被点燃了。于是停课闹革命，成立“红卫兵”，炮轰“走资派”，全国大串联。课不上了，书不念了，图书馆也被封了。我仿佛一下子失去了栖息生养之地，落寞而又难奈。

我是在上世纪的70年代末考入天津师范大学中文系元明清文学研究生专业的。我当时最感兴趣的，一是到导师家去上专业课，再就是钻图书馆。学校为我们研究生安排的住宿、学习条件不错，两个人一间宿舍，又有教研室的钥匙，无论在宿舍还是教研室里，学习环境都是极好的。可是我却怪，安静宽敞的地方不用，偏要去钻那拥挤得没有空位的图书馆阅览室。在当时刚刚粉碎“四人帮”恢复高考制度的年月里，大学校园里的气氛可不似如今，考入大学的人，脸孔兴奋激动，内心里不知鼓了多少劲儿，走路仿佛在飞，一副发愤读书力争上游的架势。因此阅览室里绝无闲位。而我仿佛只有在那人虽多但却安静、人人都比着劲儿读书的环境里，才能铆着劲儿读得进书去。我知道这都是年轻时在旅大市图书馆和辽师图书馆养成的读书习惯使然。坐在那样的环境里读书，我感受到的是美好，是充实。就是在天津师大那并不宽敞的图书馆阅览室里，在那人总是挤得满满的，学习气氛却又是浓浓的环境里，我学习着我的研究生课程，研读着元明清的小说与戏曲，构思着我要写作的论文。为了写好《中国古代短篇白话小说情节的艺术特色》的毕业论文，我又去南开大学图书馆与天津市图书馆查阅资料。我借阅了天津市这三家藏有古典文学图书最多的图书馆里所有的宋、元、明乃至清的短篇话本、拟话本小说。我至今难忘我怀揣着介绍信在南开大学图书馆和天津市图书馆古籍借阅室阅读、摘抄的情景。那样的专业借阅室里人都不多，特别是天津市图书馆更是空荡冷清，常常孤寂得只有我翻书、抄写的声音。我形单影只，一坐就是多日，早去晚归，中午出外吃口饭，有时连饭也忘了吃，确实有些清苦。可是清苦中又有每天收获的喜悦，也有今日念想时心中朦胧难言的温馨。那时我收集了很多资料，颇有心写一本《中国古代短篇白话小说艺术论》

的书，但随着毕业离校，随着生活环境的改变，这个想法最终落空了。然而我的毕业论文以及蹲图书馆所写的其余八篇论文却得以产生。这些文章有的当时便发表了，后来又收集成册由黑龙江人民出版社出版，书名为《触摸经典》。

2006年我退休后回到了故乡大连。还没有去探望我工作多年结交的大连的朋友，也没有去走访与我有工作联系的大连的单位，我最先来到了大连市图书馆。图书馆不在鲁迅路了，坐落到西岗区白云山路幽静的山谷垭口。米黄而又略微带点粉色的建筑，比起以前那座图书馆来，要显得阔大、气派而富有现代气息。踏入大门，更见出了堂皇，大厅宽阔、深邃，我深感兴趣的阅览室也很敞亮、宽大，且分出杂志阅览区与报纸阅览区，杂志、报纸一目了然，随手可取，很是方便。二楼的借书处对外开放，读者可以进内自行选书，又可以通过电脑查阅在书架上找不到的书籍。所有这一切都与昔日的旅大市图书馆不可同日而语。我看到二楼的借书处人流接踵，一楼的阅报厅人也不少，图书馆如以往一样发挥着它传播知识、服务读者的职能。虽然杂志阅览厅不似老旅大图书馆那般座无虚席，但时代不同了，当金钱、消费冲击着人们的头脑，读书学习已不再成为社会时尚的时候，你还能指望人们都涌到图书馆里来吗？更何况如今的图书馆又远离了热闹的市区，阅览厅又比以往大出许多呢。我走到电脑前查了查，我所写的书，图书馆里收藏有四种（一种用的是笔名）。不论我的书价值如何，能够让家乡的图书馆收藏，我还是很高兴的。这与家乡图书馆在我甫踏入自学之路时便给我营养、给我教益分不开的，我今日终于有以回报了，尽管这回报十分的菲薄。因为我如今居住得离图书馆远，我已不能总到图书馆来阅报读书了，但我还是离不开图书馆，不但经常来借书，隔一段时间便要来看看杂志读读报，了解文艺界的各种信息，以便使自己不至于太落伍。

一年来我写作发表了几篇文章，有些资料也是在图书馆查到的。2006年底当我萌生了要写一部新作的时候，我更是要仰仗图书馆丰赡的资料，希望得到图书馆的支持。我把我的想法表明之后，立即得到图书馆郭巍先生与王宏伟女士等人的热诚帮助，为我办理了特殊读者证，使我一次可以借到8本书，还书日期由30天延长至50天。这使我可以较充分地利用图书资料，免于奔波，免于因借书时间短而不得不还书却难以再借到的麻烦。如今我资料收集已近尾声，不日即可动笔写作。我的心中充满了感激。

今生今世，图书馆是我的生命依恋之地。大连市图书馆是我多处依恋之地的最初一块，大概也将是最后一块。

（2007年12月）

《白云论坛》与《大连图书馆百年学术论文集》

图书馆是文化的殿堂

邓刚

三十年前，我还是个年轻的焊工。上班时我手持焊枪，在工厂的铁塔和钢架上忙碌；下班的铃声一响，我就拼命地蹬着自行车，从甘井子工地向中山区世纪街的大连图书馆飞驰。记得当时图书馆是晚上八点闭馆，我下班后不吃不喝，奔波将近三十华里，直接冲进图书馆的阅览室，也只能有两个小时的看书学习时间。所以，我几乎发了疯，路上所有骑车的人全被我“刷”到后面。

阅览室安静得掉根针也能听得见，一排排暖色的木制桌椅让你倍感温馨，报刊架上摆满了全国各省市的报纸和杂志，负责借阅的老师态度亲切和蔼，耐心而详尽地回答读者提的问题。坐在那里，你会觉得你既是小学生又是大学生，既是在学校课堂里上课，又是在知识的海洋里冲浪。我这个浑身焊火铁味的工人，沐浴在这飘溢书香的地方，情不自禁地感到升华。我那时爱好文学，并认定只有在这样的文化宝地，才能飞翔到文学的殿堂。为此，我蹬了近一个小时车子，累得气喘吁吁之时，只要看到图书馆的灯光，立即就精神抖擞，通体轻松。

那时我们全家八口挤在不足三十平方米的小房子里，睡觉都困难，哪有学习的条件。因此，每天除了白天上班，晚上我都是在图书馆里埋头苦干，往往是在急促的闭馆铃声中，才恋恋不舍地离开。星期天我干脆就在图书馆“过日子”了，一大早就带着稿纸和饭盒，跑到图书馆门前排队，在开馆的铃声中，朝阅览室“冲锋陷阵”抢占座位。那时，正是改革开放的初期，渴求知识的学子蜂拥而来，都挤到图书馆来吸吮知识的营养。在图书馆里看书学习，不仅资料丰富，环境安静，还能产生一种你追我赶的激情。因为到图书馆里来的人，绝大多数是积极向上的学子，大家同坐一室，彼此之间的相映相照，就是无声的鼓励和激励。我深信，那时坐在我周围的学子，有许多已经是当今文化和经济战线上的名人。

世纪街的图书馆设备老化，空间狭小，每天都人满为患。有时，你费九牛二虎之力占领一个座位，在上厕所的一刹那间就被别人“侵占”。我只要做到椅子上，就严守“岗位”，饿了嚼几口冷饭，渴了喝自备的凉白开，并且练就了尽量不去厕所的功夫，有时憋得要命，也咬牙坚持再看几页书。图书馆里的工作人员很细心，他们很快就注意到我，并对我这个读书如命的年轻人多加关照。他们看到我最爱读当代作家的新作。为此，一个头发有些花白的女工作人员，还有一个头发有点钩、戴着眼镜的年轻工作人员（可惜我不记得他们的姓名），对我很关心，只要有新作发表的杂志上架，他们总是在第一时间告知我。我的处女作短篇小说《心里的鲜花》，就是在世纪街图书馆的阅览室里写出来的。后来的许多作品发表，其构思也是来自图书馆那温馨的学习环境。图书馆的工作人员看到我的新作发表，和我一样兴奋，纷纷对我热情表扬并更热情地鼓励，这对我这个刚刚踏上文学之路的工人，太重要了。

后来我的生活条件好起来，也就不再去排队挤阅览室的座位了；再后来我到北京大学学习，就更远离大连图书馆了。再再后来，我看到新建的大连图书馆，那豪华而现代的文化环境，远比当年老图书馆更上一层甚至两三层楼了。这令我感到无比的欣慰，因为这会为更多积极向上的读者和学子创造学习条件，他们再也不用像我当年那样排队抢占座位了。我更为美丽的滨海城市有如此规模的文化胜地而感到骄傲。有时，我在创作的空闲时间，特意来到大连图书馆，找一个安静的座位坐下，让图书馆里圣洁的文化空气，淘洗我燥热的心灵，回想大连图书馆给我带来的成长和进步，我像一个千里游子回家，并真切地悟道，我一生苦苦寻觅的文学艺术殿堂和文化知识圣殿，其实就在这里，就在图书馆成千上万的书海里。

（2007年12月）

《大连图书馆概览》

我与图书馆的情缘

赵增江

我是大连图书馆的老读者了。从弱冠过半之年到如今已是近耄耋老翁的五十多年间，可以说我与图书馆结下了不解的情缘，回首往昔，在我走过的大半辈的人生旅途中，它给了我不少的帮助与惠泽。

我从小爱读书，但是家境不允许。记得小时放学后，常蹲在别人家的孩子后面偷看小人书，年节老人给几个压岁线，大部分也是花在看小人书上了。有时也与邻居借几本小说偷着看，有一次我在看《岳飞全传》，被母亲发现了。她骂我不用功学习、看闲书，还打了我一顿，并且伤心地哭了。从那以后，我再不敢读课外书了。但是，精忠报国、侠肝义胆的英雄豪杰形象，却驻留我心中。

以后参军到部队，南征北战，戎马倥偬，无时不在紧张的行军战斗和整训中，很少接触到书籍和报刊。但是我认为知识有两大类，一是书本上的，一是实践中的，而且书本的知识是从实践中的知识总结提炼出来的。我在八年部队生涯中，经历了战斗烽火的岁月，懂得了许多革命道理，这些实践与道理都在后来的读书中得到很好的验证和诠释。

1956年抗美援朝取得胜利，我回到地方工作，平日常去的地方就是新华书店和市图书馆。那时虽然有了工资收入，但要经常买书看经济条件仍不允许。于是我办了市图书馆的第一张图书证，有了这张证，便把业余时间泡在图书馆内。

那时借书，只有先检索图书目录，记下书号，到二楼服务台借书，根本进不了书库。一楼阅读大厅可供阅览的杂志报刊也不太多，可是对我来说已是很满足了。许多苏联优秀小说《复活》、《安娜·卡列琳娜》、《钢铁是怎样炼成的》、《静静的顿河》和《牛虻》、《简爱》等外国小说，都是在那个年代读到的。值得一提的是，那时图书馆一楼报刊大厅西侧的一间很不起眼的小屋，是图书馆第一代老馆员们设立的一处资料阅览室，她（他）们把报刊中一些有价值、有见地的资料剪下来，分门别类，粘贴成册，供读者参阅。这些资料成了我工作、学习上须臾不可离的良师益友，真是帮了我的大忙。

十年“文革”，使我中断了与图书馆的书缘，只有整日捧读老三篇和去看那铺天盖地的大字报。

我的青年与中年时期，虽然借助图书馆读了不少书，可以说获益颇丰，但归结起来基本上还是处于“书要读”的阶段，也就是说是为了应付或应急，为了兴趣或消遣，被动地去读书。直到上个世纪的90年代，我离休了，时间丰裕了，无羁无绊了，才进入了“要读书”的主动读书阶段。从而使读书上了一个新台阶，步入了一个新境界。其表征有三：

首先，读书的重点目标明确，这就是我所喜爱的“文、史、哲”和书法史论。我在市老干部大学，历时五年选学了《论语》、《大学》、《中庸》、《孟子》和《周易》、《古文观止》等儒家经典，选学了颜真卿、王羲之的楷书、行书和东汉时期的隶书碑帖。在图书馆我围绕课堂所学，参阅大量有关书籍报刊和历代书史与书法理论，这对于提高学识与修养，提高书法技艺水平，帮助很大。有重点地读书，并不排斥其他，而是在重点精读研究基础上的广泛涉猎。如选学儒家经典的同时，兼学了老子的《道德经》和庄子的《南华经》，明白了中国儒道两家各自不同的人生哲学和处世智慧。

其次，几十年读书积累了一些读书窍门，归结起来有：格物法、摘记法、反刍法。格物法为儒家基本思想框架的“八条目”之一，即：“格物、致知、正心、诚意、修身、齐家、治国、平天下。”格，推究；物，事物；读书最要紧的是从书中推究事物之理，此乃做学问的本始。要弄清书中每一个论点、掌故……必须顺藤摸瓜，穷究下去。这样虽然需化费一些时间，需再翻阅不少有关书籍，但它却拓展了知识领域，又弄清了事物原委，加深了对问题的理解，益处多多。摘记法：这也是补拙的一种方法，读那么多书，精彩启人之处，多不胜数，这都是先哲与名家思维精华之所在，弥足珍贵。唯有随时把这些珍如珠玑之言分门别类摘记下来，才不虚一读。有时，受这些精明思维与精美言辞的启迪，思想受到触动，心灵受到冲击，也会产生一闪即逝的火花，则更应记录下来，它会成为以后拓展思维的钥匙、撰写文章的论据。反刍法：反刍是牛嚼食草料时的一种倒食行为。初读书，一般都会对书中某些章句，停留在比较粗浅领会的地步上。过一段时间，很有必要把笔记再拿出来研读，就像牛把食物从胃里倒出来，再咀嚼一遍，细细品味一番。这时往往会比刚接触某一问题时有不同的感觉，而且，随着岁月的变迁、阅历的丰富，对某一问题的领会会有不断的新启悟、新提高。

再次，在离休十七年来的读书生涯中，越读兴味越高。1994年1月27日《中华老年报》头版的“品味人生”栏目里，发表了我写的一篇《何处是归程》的文章，表达了我离休以来与图书馆割不断的情缘。当时的心境，可步苏轼《江城子 · 密州出猎》之韵，戏用“老夫聊发少年狂，执笔簿，带干粮，白云书馆，再做读书郎”之句以名实状。大连图书馆对我坚持读书学习提供了很好的服务和便利条件，我不知用什么方式表达谢意，图书馆却给了我很多荣誉：1994年获得优秀读者二等奖；2001年又荣获1999～2001年优秀读者暨学术成果一等奖；2002年和2005先后两次被评为“学有所成”一等奖，这更加激励我求知信心和坚定读书志向了。

一分耕耘，一分收获。离休十七年来，我刻苦学习，辛勤读书，不负时光，终有成果，突出收获有三点：

一、读书愉悦，追寻价值

读书是一种享受，是一种快乐。特别是大连图书馆迁至白云山后，在那环境幽静、宽敞明亮的大厅里阅览书籍，真是如沐春风，如饮甘露。老年人退休回家，千万不能无所事事，自甘隐退，处于孤寂失落的境地；要自寻自我价值所在，其中最基本的就是要学习、要读书。历经沧桑的老年人们的潜能在某些方面是胜过中青年人的。只要用更多的时间投入到无限的追求知识中，老年人的潜能就会更好地发挥出来，仍会不同程度地提升老年人的人生价值。我体会到当求知成为一种强烈欲望并在读书后获得某些解惑和启迪时，那种愉悦心情真是难以言喻。特别是在当今市场经济的大潮中，越发需要抛弃浮躁、贪欲的心态，静下来多读一些书，多观察事物，多做些思考，是会产生一种人生智慧来的。我并不拥有多少物质财富，但常为拥有的精神财富而自豪，因为这些精神上的财富使我的人生更充实，更有意义。

二、读书养生，澄怀净心

宋代大文豪苏轼有“因病得闲殊不恶，安心是药更无方”诗句，说的就是一种“书疗”。病榻上一卷在手，可将你引入书中与作者对话，忘却病痛，忘却孤寂，在精神上构筑起一道免疫抗体。既然病人都可以书疗疾病，我们更可以读书养生。中国优秀传统文化中，包含着丰富的养生意蕴，如儒家的“中和为用”观、“修身行仁”观。“中和为用”就是让人们保持一种平和心态、把握处事的合理尺度、遏制过度的功利私欲、和谐地处理人际关系。“修身行仁”则是通过自省，达到自身的内心和谐，解决好精神世界与物质世界的矛盾，从而趋向主体人格与社会的总体完善。习练书法，更是一种肢体和气功的锻炼。当你专心致志，创作一件书法作品时，会聚精凝神地沉浸在作品的意境中，挥毫的手臂（指与腕）会随着笔锋的提按而有节奏地起伏，书者的呼吸也会随着笔锋的疾缓，而有韵律地吐纳。心态平和，澄怀净心，肢体与精神完美地融合在一起，会使人的植物神经和内分泌腺体保持均衡，促进免疫力的增强。

三、读书益智，学研有成

我离休前，是一名卫生行政干部，对社会上出现的青少年染有吸烟恶习的倾向，曾投入极大关注。但是因事务繁忙，无暇顾及。离休的当年，我做的第一件事，就是在翻阅大量的资料基础上，编写了有说服力的宣传提纲，联络部分热心公益事业的离退休卫生工作者到学校进行“吸烟有害身体健康”的讲座。同时，设计了调查问卷，对西岗区十多所中小学校的学生进行了问卷调查，并协同学校施行一系列的行政干预措施，取得了很好的效果。由这一行动写出的《中小学生吸烟状况和初步干预的调查报告》，入选东北四市健康教育学术会议，并在全国第三届“吸烟与健康”学术会议上进行交流，获得国内外学者的好评。我的书法作品历年屡获奖项或入编有关专集。从1991年开始，我每年结合社会上的一些热点问题，或进行专题调研，或进行学术探讨，平均每年撰写一两篇较有价值的不同命题的论文。如：《创造和谐氛围，实现人心凝聚》、《略论加强青少年教育是老干部应尽职责》、《城市社区健康教育之我见》、《浅论老干部对青少年教育的双向性理解》、《注重住宅小区的环境建设》、《关于当前中学生思想状况的调查与思考》、《浅谈书外功》、《关于农村改水问题》、《养浩然正气，塑凛然人格——

浅议孟子养气说》、《浅论知识经济时代创新人才的培养》、《当前小学生视力低下状况调查报告》、《构建长寿三角论实现健康老龄化》、《中国传统文化中养生义蕴之我见》、《弘扬孝道文化，强固人伦之本》、《关于中小学生孝亲敬老的调研报告》、《关注精神赡养，优化老年权益》。以上论文都分别获得不同奖项或在全国、省、市有关刊物、会议上发表与交流。今年撰写的《孝文化在构建和谐社会中的功用》已被评为优秀论文，将于今年10月在北京举行的第八届亚洲、大洋洲老年学和老年医学大会上交流。

（2007年12月）

大连市图书馆学会编
辑出版的学术论文集

锦程华章

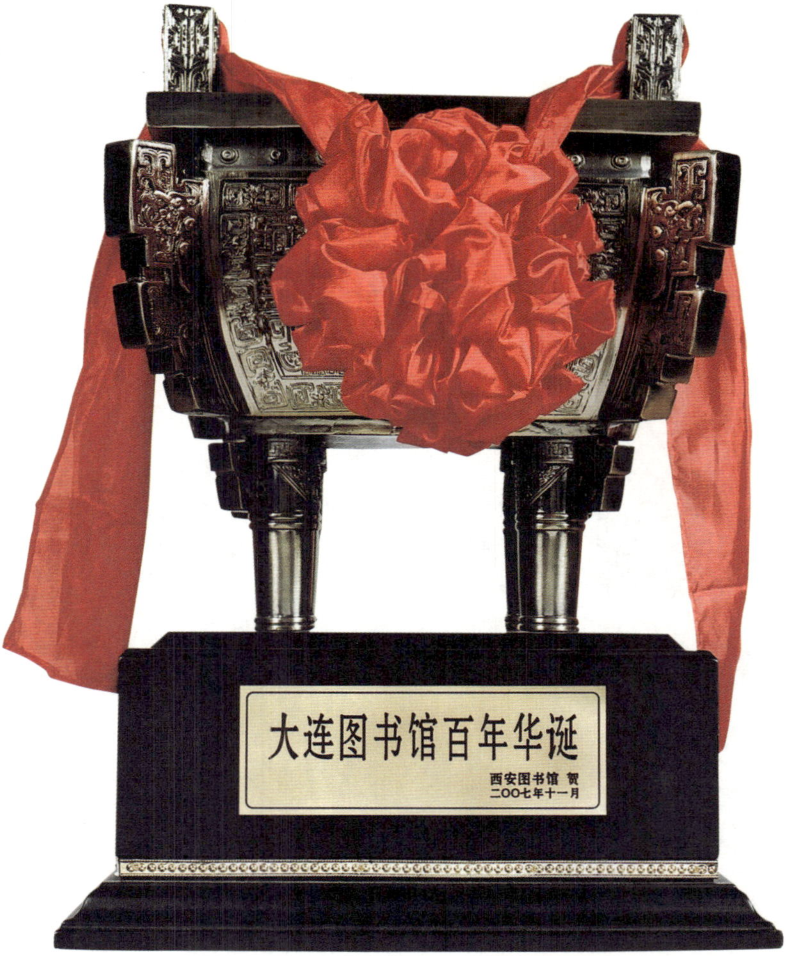

在建馆百年纪念大会上的致辞

张本义

尊敬的各位领导、各位嘉宾、各位同仁、各位朋友：

今天，我们在这里隆重纪念大连图书馆建馆一百周年。首先让我代表大连图书馆，对各位在百忙之中光临今天的大会表示热烈的欢迎和衷心的感谢！

大连图书馆一百年来历尽沧桑。1907年，当时占据大连地区的日本帝国主义者为了侵略中国的需要，成立了南满洲铁道株式会社。同年在满铁内部成立了图书资料室，是为大连图书馆历史的开始。1922年，满铁图书馆又改称满铁大连图书馆。1945年日本投降，满铁大连图书馆由苏联红军接管，后移交给中苏合营的中长铁路局，先后更名为中长铁路中央图书馆、中长铁路大连图书馆。1950年中长铁路大连图书馆交旅大市政府管理，改称旅大市图书馆，后改称大连图书馆至今。1990年本馆在白云山风景区南麓建设3万平方米的新馆舍。1999年本馆进行了改扩建并在鲁迅路大连图书馆的原址设立了分馆，使大连图书馆的馆舍面积达4万平方米。

多年以来，特别是近几年，大连市的领导高度重视图书馆事业的建设。在各方的努力下，如今的大连图书馆已经成为一个集文献借阅、信息咨询、社会教育、学术研究于一体的大型综合性的现代化综合公共图书馆，在文化部组织的三次公共图书馆评估中都以优异的成绩荣获“国家一级图书馆”的称号。

建馆百年纪念大会会场

在基础业务方面，目前本馆引进了美国sirsidynix公司的UNICORN（优内卡母）图书馆自动化管理系统。该系统以丰富的系统模块对本馆的日常业务如采访、编目、流通、期刊控制和报表等进行全面细致的管理，能更好地满足广大读者对文献信息及图书馆网络服务的需求。作为副省级城市的分中心，大连图书馆加入全国信息资源共享工程，本市已建成三个基层中心。在市领导的亲自关怀和支持下，具有超大规模和先进水平的大连数字图书馆工程正在实施中，目前第一期工程即将完成。

截至目前，本馆共有藏书287万余册，尤其以55万册古旧籍最具特色和影响。其中，有满铁资料、明清小说、各种地方志、古代舆图、清内府档案、西文古籍、清代碑刻拓本等，不一而足。收藏的明清小说因数量多、质量好而闻名世界。满铁资料的收藏量占海内外的80%。近年来，本馆以丰富的馆藏为基础，参与了多项国家级课题，编辑出版了《大连图书馆藏明清小说丛刊》、《罗雪堂合集》、《大连图书馆藏满铁资料目录》、《白云论坛》等四十余种学术出版物，并成立了古籍修复中心，下气力对馆藏古籍进行保护修复。今年本馆被文化部确定为全国古籍保护试点单位之一。

为了更好地履行社会教育和文化传播的功能。本馆还打造了"白云系列"文化品牌，创办了以继承和弘扬中华优秀传统文化、提高城市文化品味、培养国学人才为宗旨的公益教育机构——白云书院。白云书院举办了国学义塾，开办了传统文化系列讲座，成立了专门吟咏古典诗词的白云吟唱团，设立了白云美术馆。至今，"国学义塾"已结业三千余人；传统文化系列讲座已邀请一百五十余位海内外名家莅临讲学，听众近五万人次；白云吟唱团至今已深入高校、部队、社区、机关团体演出近六十场，观众两万余人，并应邀东渡日本演出，受到了热烈的欢迎；白云美术馆几乎不间断地举办从国家级展览到小型个展的展事。白云书院对于提高市民文化素养、丰富城市文化生活起到了重要的作用，同时也大幅度地提升了读者对图书馆的利用。2006年，读者到馆率已达一百六十万人次。

百年风雨洗礼，今日豪情更添。一百年是一个里程碑，更是新的辉煌事业的开始。我们决心沿着十七大所指引的正确道路，在各级领导和社会各界的关心支持下，以更加昂扬的斗志，为建设有中国特色的社会主义、为实现我们民族的伟大复兴而努力奋斗。

（2007年11月17日）

在建馆百年纪念大会上的致辞

夏德仁

尊敬的葛院长，尊敬的詹馆长，尊敬的各位领导，女士们，先生们：

大家上午好。

今天，这里群贤毕至、高朋满座，大家聚集一堂，共同庆祝大连图书馆建馆一百周年。这不仅是图书馆界的一件大事，也是我们大连市经济社会发展尤其是文化建设的一件大事，确实可喜可贺。我谨代表市委市政府、代表正在开会的张成寅书记、代表我们今天到会的各位领导同志对图书馆百年华诞表示热烈的祝贺，对今天到会的文化部的领导、省文化厅的领导、各兄弟单位的领导、各位来宾表示欢迎。同时，这些年来大连图书馆的工作人员也作出了巨大的贡献，借此机会，我也向他们表示亲切的慰问和衷心的感谢。

大连图书馆走过了一百年的历程，正如刚才张馆长所说，大连图书馆是我们国家历史最为悠久的图书馆之一，按照年代来进行排序，位列前五甲。这是我们大连的光荣。图书馆事业是城市文明的标志，是文化的窗口。一百年来，大连图书馆见证了大连的历史，凝聚着大连的信息，折射出大连发展的轨迹。在现代化的都市里拥有一座百年历史的图书馆，对大连人来说，应该感到非常荣幸、非常欣慰。

文化是“软实力”，文化建设是社会和谐建设的核心。近年来，在国家文化部、省文化厅等各级领导的大力支持和

大连市市长夏德仁致辞

关怀下，大连图书馆依靠丰富的馆藏资源优势，充分发挥知识信息和文化教育基地的作用，不断改善服务手段，扩大服务范围，满足社会各界多元化的文化需求，如图书馆分馆、流通站的设立与推广，数字图书馆的开发与建设，社会教育的实践与创新。大连图书馆为我们这个城市打造了传承文化、信息共享的空间，为市民提供了终身教育的课堂，是城市文化交流的窗口和平台。

这几年，我们感到图书馆的发展和建设，在大连文化建设中发挥了不可替代的作用，确实提升了城市的综合竞争力。每年，我们国家统计局都对全国一百个城市进行综合竞争实力的排名。就经济实力来说，在计划单列市和直辖市中，我们一般是排在第十一位或第十二位。但就综合实力来说，包括北京、上海在内，大连一般是排在第六位或第七位。大连的综合实力排名靠前，是因为大连的教育、文化、环境和城市的基础设施以及它的战略地位占了很大比重，大连的文化设施也得了一定的分数，同时大连图书馆的发展也推进了我们大连市社会的全面发展。

胡锦涛总书记在十七大报告中指出，我们“要不断推动社会主义文化的大发展、大繁荣，兴起文化建设的新高潮”。我认为报告中这句话非常重要，因此文化工作者责任重大，图书馆工作者责任重大。希望你们在今后的工作中，再接再厉，发扬优良传统，进一步增强责任心和使命感，通过不断的努力创新，为大连的文化建设和图书馆事业的发展作出更大的贡献。

坦白地讲，这些年来，我们忙于东北老工业基地的振兴，忙于经济发展和解决民生问题，将大量的精力投入到解决吃饭问题、建设问题和发展问题上。应该检讨的是，我们没有拿出太多的时间在市政府常务会议上认认真真地来讨论文化和图书馆事业的发展问题。但是请大家放心，市政府对此是有心的，对图书馆的发展是高度重视的。我相信，在十七大报告精神的指引下，下一轮大连市的文化事业发展一定会进入一个新时期，市委、市政府会更加重视我们图书馆的发展。尽管比较忙，我们也坚持每年为图书馆做一件实事。比如前一段时间，我们把数字图书馆这件事做起来了。下一步，我们通过规划，把科技馆异地重建，把图书馆进一步向东扩展，把我们的硬件发展得更好。有大连图书馆百年的丰富馆藏，再加上我们的硬件建设和图书馆本身的队伍建设，我相信，大连图书馆一定会打造成为中国一流的图书馆。

谢谢大家。

（2007年11月17日）

在建馆百年纪念大会上的致辞

詹福瑞

尊敬的夏市长、尊敬的张馆长、各位领导、各位来宾：

在推动文化建设大发展、大繁荣的新时期和新的形势下，大连图书馆迎来了她的百年华诞。这是图书馆界的一件大事，也是一件盛事。在此，我代表中国图书馆学会、代表国家图书馆向大连市政府和大连图书馆表示热烈的祝贺！

由于历史的原因，中国近现代图书馆发展的起步比较晚。最早的一个公共图书馆是浙江省图书馆，诞生于上个世纪初，随后是湖南、湖北、齐齐哈尔，大连位于前五甲，是少数几个具有百年历史的图书馆。这是大连图书馆的骄傲，也是大连这座城市的骄傲。图书馆既是一个城市文明的承载者，又是城市文明的生长点，是城市人精神的栖息地，在城市的发展中发挥着十分重要的作用。

历史悠久的大连图书馆，不仅以其丰富珍贵的馆藏令世人瞩目，同时还以弘扬传统、传播知识、以文化众的出色服务为世人所称道。在当前全球图书馆都面临着传统服务方式与现代信息手段和大众需求相矛盾、相冲突时，大连图书馆审时度势、与时俱进，发挥自身的优势，以弘扬传统文化为特色，将现代与历史有机结合起来，将社会教育放在重要地位，打造系列活动品牌，将图书馆由传统的文献提供场所转化为文化学习的课堂，创办了白云书院、白云美术馆、白云吟唱团，开展了国学义塾、书春大赛、传统文化讲座、古典诗词吟咏等活动，深受市民喜爱。大连图书馆的做法，成功地践行了十七大所倡导的精神，在世界文化多样化发展的过程中，不断增强中华文化的生命力，提高中华文化的影响。

国家图书馆馆长詹福瑞致辞

我走过了很多图书馆，大连图书馆给我的印象很深，一草一木，一砖一石，从建筑到结构，从色调到装饰，到处都充满了文化的气息。这体现了图书馆的管理水平，传达出百年老馆的涵养和厚重。阿根廷著名学者、作家、原国家图书馆馆长博尔赫斯曾经说过：天堂应该是图书馆的模样。在大连图书馆，我们会感受到：这里的确是离灵魂最近、最美好的地方。

祝愿你们明天更加美好！

谢谢。

（2007年11月17日）

弘一法师墨迹展开幕式致辞

张本义

尊敬的各位领导、各位嘉宾、各位同仁、各位朋友：

值此大连图书馆建馆百年之际，我们在这里举办了“无上清凉——弘一大师墨迹展”，在此我谨代表大连图书馆对各位在百忙之中光临展览开幕式，表示热烈的欢迎和衷心的感谢！

大家知道，弘一法师是中国近代文化史上的一位不可多得的艺术全才，在书画、诗文、戏剧、音乐、艺术、金石、教育各个领域都有极深的造诣。大师出家后精修律宗，又成为佛门一代高僧。他为世人留下了咀嚼不尽的精神财富。他的一生充满了传奇色彩，是中国绚丽至极归于平淡的典型人物。

弘一法师在出家之后，俱艺皆精，唯一割舍不掉的是他的书法情结。在法师六十余年的生命历程中，至少有五十多年的翰墨活动。为僧之前，大师的书法有绚烂之致，遁入空门之后，书风突变，弃之峥嵘圭角，行之以藏锋稚拙，转入禅境的雅逸恬淡，枯寂孤清，清净似水，恬淡自如，成为淡雅美的极致。因此，弘一法师的书法，在中国近现代书法史上有着极高的地位。

此次展出法师的六十件书作中，可谓件件皆精品，特别是绝笔“悲欣交集”和“血书佛号”等更是难得一睹的名迹。这三件作品此前从未对外展示过。

为了纪念大连图书馆一百周年、给大连人民提供一份高雅的精神大餐，这些墨迹的收藏者——上海龙华古寺的方丈照诚法师，慨然应允将这批书作运至大连展出。在此，让我们对照诚法师表示衷心的感谢！

这次活动，还得到了大连蟠龙山正觉讲寺、特别是上海天安保险公司的大力支持，在此也表示深深的敬意和衷心的感谢！

十七大报告号召弘扬中华优秀文化，此次展事的举办，也是落实十七大报告精神的实际行动。相信大家参观后一定会受到中华文化的教育和启发。

预祝展览圆满成功。再一次感谢各位的光临。谢谢！

（2007年11月17日）

弘一法师墨迹展开幕式

百年盛会 共襄成功

孙 甜

历经一个世纪的风雨洗礼，大连图书馆迎来了建馆百年纪念日。

2007年 11月17日，大连图书馆百年庆典活动隆重举行，来自海内外的嘉宾与大连市人民一道见证了大连图书馆一百年的历史时刻，展望图书馆事业充满希望的明天。庆典活动盛况空前，获得成功。

上午9时，纪念大会在大连图书馆二楼多功能厅举行，大连市文化局党委书记、局长王星航主持会议，首先由馆长张本义向莅临大会的领导和嘉宾作大连图书馆的历史和馆情介绍。随后，国家图书馆馆长詹福瑞、大连市市长夏德仁、辽宁省文化厅副厅长刘文雁、文化部社图司副司长刘小琴先后致辞，向大连图书馆百年华诞表示祝贺，并充分肯定了大连图书馆的工作，高度赞扬大连图书馆对文化事业和社会发展作出的贡献。

刘文雁在致辞中说：

伴随着历史车轮的脚步，大连图书馆走过了百年的发展历程。这中间有艰辛，有曲折，更有进步，有辉煌。数十年来，大连图书馆作为大连城市文化的象征与载体，在国家和大连市政府的大力支持下，突出特色、打造品牌、锐意进取，在城市文化建设中发挥了重要作用。特别是近几年来，大连图书馆始终以建设“学习型大连”为己任，坚持公益办馆、开放办馆、人文办馆，不断地提高服务质量和水平，坚持以传播传统文化为切入点，大力弘扬中华民族的优秀文化。在这里，文化讲座进行得有声有色；国学义塾举办得红红火火；古典文化演绎得淋漓尽致。大连图书馆坚持以开展白云系列活动为手段，全方位、多形式地发挥公共图书馆的教育功能，从而成为一座深受市民喜爱的有活力、有特色、享誉全国的优秀公共图书馆。在这里，传统与现代有机融合，服务与教育浑然一体；这里既是文化的殿堂，又是休憩的场所，更是精神的家园。如今，历经百年洗礼的大连图书馆在传统与现代之间、在约束与开放之间、在东方与西方之间、在融入与独立之间，一身承载着历史的沧桑与时代的重托，迂回展步，走向未来。在此，借大连图书馆建馆百年庆典之际，我们衷心地祝愿大连图书馆在现代文明的传播中走得更远，在民族文化的传承中与传统贴得更近，为社会主义和谐文化的建设发挥更加突出的作用，为推动文化的大发展、大繁荣作出新的贡献、铸就新的辉煌。

刘晓琴在贺词中指出：

大连图书馆风雨一百年，与我们国家的命运紧密相连，与中华民族的历史进程相随相从。它既承载着近代文化发展的沧桑岁月和历史记忆，也见证了现代中国的社会发展和文明进步。这一厚重的历史蕴涵成为大连图书馆与时俱进、开创未来的重要基础和良好条件。在建设有中国特色的社会主义的进程中，大连图书馆深化改革、开拓进取，各项业务全面发展，取得了显著的社会效益，为推动大连市经济和社会协调发展，为提升大连市的软实力，作出了

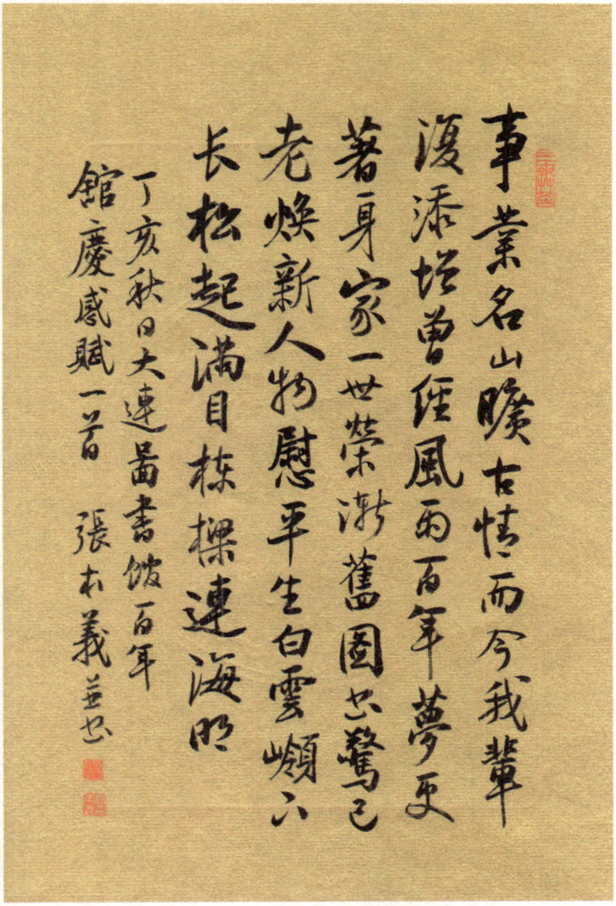

事业名山旷古情，而今我辈复添增。
曾经风雨百年梦，更著身家一世荣。
渐旧图书惊已老，焕新人物慰平生。
白云岭下长松起，满目栋梁连海明。

丁亥秋日，大连图书馆百年馆庆感赋一首。张本义并书

积极的贡献。这与大连市委、市政府对图书馆事业的高度重视和大力支持密不可分。改扩建后的大连图书馆以先进的设施、齐全的功能充分展示了现代文化的理念。在图书馆自动化、网络化、数字化建设、深化读者服务工作等方面取得了长足的发展。

大连图书馆副馆长辛欣宣读了文化部副部长周和平发来的贺信。周部长的贺信对大连图书馆的工作成绩给予肯定，他说：

大连市图书馆建立一百年来，在几代图书馆人的共同努力下，取得了令人瞩目的成绩。其悠久的历史、颇具特色的藏书、先进的管理水平、丰富的科研成果和创新的社会教育理念，受到社会的广泛关注，吸引了大批海内外学者进行学术研究和交流。近几年来，大连市图书馆深化改革，开拓进取，各项业务全面发展，取得了显著的社会效益，为推动大连市经济和社会协调发展作出了积极的贡献。这与大连市委、市政府对图书馆事业的高度重视和大力支持密不可分。政府专项资金的投入，使改扩建后的大连图书馆面积达到四万多平方米，先进的设施、齐全的功能，充分展示了现代图书馆文化的理念，在自动化建设、深化读者服务方面取得了长足发展。

大连市领导林庆民、怀忠民、魏小鹏、刘长德、贺旻、李信忠、田树军、董长海、市政府副秘书长柳振万等出席了纪念大会。出席会议的领导和嘉宾还有：中国军事科学院副院长葛东升中将，中国孙子兵法研究会会长姚有志少将，中国图书馆协会秘书长汤更生，辽宁省作家协会名誉主席、辽宁省人大常委会原副主任王充闾，全国十五个副省级城市的图书馆馆长，辽宁省各市图书馆馆长，大连市各区市县图书馆馆长以及日本龙谷大学图书馆馆长木田

辛欣副馆长宣读文化部副部长周和平的贺信

知生，韩国春川市图书馆馆长玄泰洙，中国佛教协会副秘书长、上海龙华古寺方丈照诚，大连市各新闻单位的领导，各相关企业家二百余人出席了纪念活动。

上午10时，“大连图书馆百年林揭碑仪式”在馆前举行。张本义馆长在揭碑仪式的致辞中说：

为了纪念大连图书馆建馆一百周年，我们在大连图书馆馆舍前，在著名的白云山麓下，栽植了一百棵松树，取名‘百年纪念林’并刻石以记之。中国古代思想家管子曾说：‘一年之计，莫如树谷，十年之计，莫如树木，百年之计，莫如树人。’即俗话所说的‘十年树木，百年树人’。人才的培养关乎国家民族的盛衰，其中的‘树’字，包含着主动性和责任感。图书馆担负着重要的社会教育功能，应该是一个大学堂。而且‘树人’的过程是一个长时期的过程，不能期望一朝一夕即可成就。由此，我们将‘百年树人’四个字刻于石上，以激励人们对人材培养和教育的重视。‘百年树人’还有一层意思，由于今年是大连图书馆建馆一百周年，因此含有‘百年的树’、‘百年的人’

的含义，以此增强我们图书馆人的使命感和自豪感。

市长夏德仁与国家图书馆馆长詹福瑞兴致勃勃地为百年林刻石揭碑。

揭碑式后，各级领导、嘉宾与各界朋友、馆员、市民一道在图书馆前合影留念。

上午10时15分，《无上清凉——弘一法师墨迹展》在图书馆展厅举行隆重的开幕式。这是百年纪念活动的又一大亮点，同时是迄今为止大连图书馆举办的最高级别的展览盛会。开幕式由大连图书馆副馆长苏盛清主持。馆长张本义在致辞中介绍了弘一法师的生平、书法艺术成就和这次办展的经过，并对相关单位的大力支持表示衷心地感谢。

开幕仪式上，上海龙华古寺方丈照诚、上海天安保险公司董事长陈剖建先后作了热情洋溢的讲话。

开幕式后，领导与来宾一同瞻仰佛学大师墨宝。此次展览极为轰动，展厅外等待参观的观众排起长龙，很多人将心灵感受与美好祝愿书写在留言簿上。

下午13时30分，第十九届全国十五城市公共图书馆工作研讨会开幕式在二楼多功能厅举行。国家图书馆馆长、中国图书馆学会理事长詹福瑞，中国图书馆学会秘书长汤更生，国家图书馆办公室主任张彦，辽宁省图书馆副馆长、辽宁省图书馆学会秘书长高贤，上海图书馆、上海科技情报所党委副书记王世伟，大连市文化局党委书记、局长王星航，以及哈尔滨、长春、沈阳、大连、青岛、南京金陵、宁波、厦门、武汉、成都、广州、深圳、杭州、济南、西安等十五城市公共图书馆的六十余名代表出席了开幕式。开幕式由大连图书馆副馆长辛欣主持，大连图书馆馆长张本义、大连市文化局书记王星航、国家图书馆馆长詹福瑞先后为大会致辞。开幕式后，

苏盛清副馆长主持研讨会

上海图书馆、上海科技情报所党委副书记王世伟做了题为《当代全球城市图书馆发展的理念、路径与空间》的主题报告。

报告会后，大连图书馆白云吟唱团为参会领导、嘉宾与图书馆界同仁们做了专场演出，表演了《念奴娇·赤壁怀古》、《关山月》、《蒹葭》等曲目，将辽南地区传统的吟诗方法同现代音乐有机结合，其新颖的表演形式让人耳目一新。演出圆满成功，展示了“白云系列”社会教育活动成果以及馆员的风采与魅力。

詹福瑞馆长在观看演出后做了重要讲话。他说：

> 今天，当听到你们吟诵的《游子吟》、《静夜思》时，我确实深受感动，饱含热泪。古代诗词是有着它永恒的魅力，这个魅力关键是在于它和我们心灵是相通的，这种情感是永恒的。所以我想，只要这种感情在，古典诗词的吟诵就有它永恒的魅力。我希望这个团能够再排练新的诗词，能够影响我们图书馆界，也影响到我们所有的读者。

晚上，在富丽华饭店举行了盛大的欢迎晚宴。大连市人民政府副秘书长、市政府办公厅主任柳振万到会并讲话。

11月18日上午，由中国图书馆学会主办、大连图书馆承办的第十九届全国十五城市公共图书馆论文研讨交流会在嘉信酒店会议室举行。张本义馆长主持研讨会，会议的主题是“公共图书馆的社会教育”。来自十五个城市图书馆的六十余位代表畅所欲言，会议气氛浓重热烈。成都、金陵、青岛、深圳、大连等五家图书馆代表在会上精彩发言。辽宁省图书馆副馆长、辽宁省图书馆学会秘书长高贤对论文进行了点评，对会议论文集《公共图书馆教育职能研究——第十九届全国十五城市公共图书馆研讨会论文集》给予了充分的肯定。大连图书馆副馆长苏盛清宣读了论文获奖名单。11时，举行研讨会闭幕式。在闭幕式上，中国图书馆学会汤更生秘书长作了总结。她对本届会议的研讨议题——“公共图书馆的社会教育职能”给予充分肯 定，认为题目定的切合实际，具有时效性和共研性。同时还指出图书馆应注重自我宣传，要面向世界、面向社会，促进“全民阅读”氛围的形成。在热烈的气氛中，第十九届全国十五城市公共图书馆工作研讨会拉上了帷幕。

至此，大连图书馆建馆百年纪念系列活动内容全部结束。本次活动的成功举办得到了社会各界的一致好评。其宏大、热烈的场景，周密、细致的计划，热情 周到的接待、服务，向社会充分展示了大连图书馆综合文化形象和影响力，引起了社会的广泛关注。有来自世界各地的八十余位嘉宾、四百余名代表以及万余名读者参加了纪念活动。

长期以来，大连图书馆以其重要的文化地位和突出的业绩贡献受到社会各界的关心和支持，各级领导对此次纪念活动非常重视，市主要领导参加活动并讲话。

此次纪念活动得到中外图书馆界的鼎力相助，各图书馆纷纷致辞或馈赠礼品以示祝贺。发来贺信、贺词、贺电的有：文化部副部长周和平、中国图书馆学会、国家图书馆、首都图书馆、北京大学图书馆、上海图书馆、湖北图书馆、湖南图书馆、浙江图书馆、哈尔滨图书馆、长春市图书馆、沈阳图书馆、青岛市图书馆、金陵图书馆、武汉图书馆、广州图书馆、成都图书馆、厦门图书馆、深圳图书馆、济南市图书馆、西安图书馆、宁波市图书馆、中国人民解放军军事科学院图书馆、近现代史史料学学会满铁资料研究分会、大连理工大学图书馆、大连海事大学图书馆、东北财经大学图书馆、大连医科大学图书馆、大连外国语大学图书馆、辽宁师范大学图书馆、大连工业大学图书馆、海军大连舰艇学院图书馆、中国科学院大连化学物理研究所图书馆、辽宁税务高等专科学校图书馆、大连沙河口区图书馆、大连开发区图书馆等。

此次纪念活动也得到了众多媒体的密切关注。《光明日报》、《大连日报》、《大连晚报》、《半岛晨报》、《新商报》、《中国文化报》等多家媒体争相报道图书馆的活动。其中，《光明日报》、《大连晚报》还不惜版面，详细记录了大连图书馆百年的发展历史和现状，扩大了大连图书馆在社会上的影响。《光明日报》2007年11月15日发表“纪念大连图书馆建馆一百周年”专版，有中共大连市委办公厅、大连市人民政府办公厅、大连电视台、大连日报、大连晚报、新商报、北方体育报、中国孙子兵法研究会、云南大友普洱茶博物馆、辽宁天鸿集团、大连韩伟集团、上海龙华古寺、中铁渤海铁路轮渡有限公司、浙江杭州华宝斋富翰文化有限公司、大连雨生集团、浙江杭州鸿宝斋文化发展有限公司、江苏金坛古籍印刷厂、大连明清家具有限公司、大连绿宝新型燃料有限公司、大连市邮电局、大连市新华书店、大连老撒园林设计公司、盘锦红海滩旅游风景区开发有限公司、国家发改委大连培训中心、东北大学大连艺术学院、万卷出版社等26家单位，同贺大连图书馆百年。其中云南大友普洱茶博物馆和上海龙华寺尤为慷慨，分别赞助二十多万元茶饼和近九万元的弘一法师作品集，为图书馆百年纪念增光添彩。

2007年是个文化大年，是大连图书馆历史的里程碑。在这一具有历史意义的时刻，大连图书馆步入了新的百年。希望大连图书馆以成功举办百年纪念活动为契机，以保护、继承和发扬中华民族传统文化为己任，团结进取，开拓创新，用更加饱满的激情和热忱投入到深化改革、为社会服务、为读者服务的工作中去，为发展建设大连的文化事业书写新的篇章。

（2007年12月）

十五城市公共图书馆工作研讨会会场

在全国十五城市公共图书馆工作研讨会上的讲话

张本义

尊敬的各位领导、各位专家、十五城市图书馆的各位参会代表：

大家下午好！

在大连图书馆迎来百年馆庆之际，全国十五城市公共图书馆工作研讨会同时在我们美丽的大连召开，这是全国十五城市图书馆界的一件盛事！也是我们大连图书馆的一件幸事！我谨代表大连图书馆对来自全国十五城市的各位领导、各位专家及与会同仁的光临表示热烈的欢迎和衷心的感谢！

全国十五城市图书馆大部分处于省会所在地或沿海地区，使得十五城市图书馆在发展过程中具有许多共性。作为城市发展的文化基地，我们十五城市图书馆对本地区的经济、文化各方面的发展起到了积极的促进作用。十五城市公共图书馆工作研讨会为各成员馆提供了极好的工作研讨和学术交流平台，加强了各成员馆之间的协调与合作，在深化改革、加强管理、搞好服务、提高办馆效益等方面起到了相互借鉴、相互促进的作用，有效地推动了图书馆事业的发展。它不仅是十五城市图书馆的工作研讨会，也是各成员馆之间加深了解、增进友谊的联谊会。同时，更是我们大连图书馆向兄弟馆学习、借鉴的一次难得的机会。因此，作为本次研讨会的东道主，我们将尽全力办好此会，希望带给大家宾至如归的感受！

张本义馆长主持十五城市公共图书馆工作研讨会

随着时代的发展、社会的进步，图书馆事业也在不断创新。我们希望通过这次会议，加强各成员馆之间的资源共享和联合服务，充分发挥十五城市图书馆在引领学术方向、丰富读者活动、繁荣学科研究、鼓励学术创新等方面的核心作用，搭建广阔的工作研究平台，营造和谐浓郁的学术氛围，密切关注、研究图书馆事业发展中的重点、难点和热点问题，为事业发展提供有利的理论和技术支撑，促进图书馆事业的持续、健康、协调发展，开创十五城市图书馆工作的新局面，推动十五城市图书馆事业走向新的繁荣。

再次感谢各位光临大连图书馆！祝全体同仁身体健康，事业蓬勃！祝十五城市图书馆工作研讨会圆满成功！

谢谢大家！

（2007年11月18日）

在全国十五城市公共图书馆工作研讨会上的讲话

王星航

尊敬的詹福瑞馆长，尊敬的图书馆界各位专家、朋友们：

大家好！

首先，我代表大连市文化局对研讨会的成功举办表示热烈的祝贺，对图书馆界各位领导和各位专家的光临表示热烈的欢迎！

参加研讨会的十五个城市都是经济比较发达、图书馆事业比较先进的城市，这些城市的图书馆馆长聚集在这里，共同探讨城市图书馆的发展，这必定会对大连市的公共图书馆事业的发展起到积极的促进作用，产生深远的影响。

大连三面环海，是中国北方最重要的港口，历来被称为京津的门户和东北的窗口。在由中国、日本、韩国、朝鲜、俄罗斯远东地区所构成的东北亚经济圈中，大连居于中心位置，因而具有重要的地理优势。大连市有6个辖区、3个县级市、1个海岛县，总面积1.25万平方公里，总人口590万，综合经济实力在国内位居前十位。在刚刚过去的2006年，大连市实现地区 生产总值2569亿元，比上年增长16.5%，财政收入增长29.5%，固定资产投资增长32%，利用外资增长124%。大连目前正呈现经济快速发展的强劲势头。

“中国夏季达沃斯”成功地在大连举办，不仅进一步提高了我国的国际地位和国际声望，为我国在新世纪的发展创造良好的国际环境；同时，更让大连又向世界迈出了新的一步。大连经济连续十多年保持两位数增长，生态环境、市容整治等基础设施建设投入增加、成效显著、发展迅速。这一切都为成功举办2007“中国夏季达沃斯”创造了十分有利的宏观条件。2007“中国夏季达沃斯”在大连举办，世界的目光再次聚焦大连，无限商机伴随八方宾朋云集大连，无疑为提升大连经济国际化水平、建设东北亚重要的国际城市，创造了前所未有的机会，提供了强劲的推动力。

大连在打造“城市品牌”的同时，也着力打造“文化名城”、“和谐大连”，因此公共图书馆事业蓬勃发展。为落实文化部“全国共享工程”工作，我市自2003年以来，已在大连市图书馆和10个区市县图书馆建立了市县支中心，共制作完成共享工程资源551GB。庄河市被确定为我省三个国家试点县之一，现在已完成了国家扶持设备16套的安装使用及队伍的培训，服务点已开通服务。目前，大连市文化局按照国家、省文件要求和领导的指示精神，经过与市财政局反复沟通，已初步形成了一个工程实施意见。主要目标是，力争在2008年，全市农村共享工程服务网络覆盖率不低于86%，2009年达到100% 全覆盖，提前完成国家要求的建设目标。

大连市图书馆作为共享工程市级支中心，具备数字资源的存储能力、传输能力和服务能力。市支中心建设要与图书馆自动化、网络化建设紧密结合，负责全市文化信息资源共享工程服务网络建设、共享工程资源的开发、存储及服务。同时，担负起全市共享工程工作人员的人员培训和绩效考核等职责。

作为县级支中心的各县区图书馆，要同市图书馆一起担负着全市共享工程资源的加工整理工作，并同当地农村党员远程教育和中小学远程教育网络基层站点合作，使之成为共享工程基层服务站点，同时还要负责基层服务点的管理、资源更新、技术维护、人员培训和绩效考核等职责。

2004年的第三次全国公共图书馆评估中，我市共有11个图书馆参评。获得了8个一级馆、3个二级馆的优异成绩，其中大连图书馆和少儿图书馆连续三次获得了计划单列市的第一名。

明年，将迎来全国第四次公共图书馆评估。我希望，大连图书馆能抓住这次会议的契机，汲取众家之长，与十五城市公共图书馆一起做全国图书馆事业的领航者，引领全国公共图书馆事业之风骚！

最后，祝全体与会代表在连期间心情愉快！祝十五城市图书馆工作研讨会取得圆满成功！祝十五城市的公共图书馆事业蓬勃发展！

（2007年11月18日）

白云吟唱团演出现场

在全国十五城市公共图书馆工作研讨会上的讲话

詹福瑞

尊敬的各位领导、各位专家、全国图书馆界的同志们：

大家下午好！

在党的十七大胜利闭幕之际，在喜庆大连图书馆百年庆典之际，由中国图书馆学会主办、大连图书馆承办的第十九届全国十五城市公共图书馆工作研讨会在大连隆重召开。我谨代表中国国家图书馆、中国图书馆学会对此表示热烈的祝贺！向与会的各位馆长、与会代表并通过你们向十五城市图书馆工作者们致以真诚的问候和崇高的敬意！

今天参会的十五城市图书馆大多位于省会或沿海地区，不仅在馆舍面积、藏书数量、工作人员、补助经费与设备配置等办馆条件方面具有一定规模，而且在办馆理念、开放与服务意识、现代技术应用运行机制以及图书馆事业改革等方面曾开风气之先。十五城市图书馆以灵活、充沛的活力成为我国公共图书馆界的一支中坚力量，占有十分重要的地位。

全国十五城市公共图书馆工作研讨会是1987年由广州图书馆和武汉图书馆倡议召开、一直延续至今的我国公共图书馆界的重要工作例会之一。今年已是第十九届。我曾参加过其中的几届。每届研讨会的主题都结合当时的形势、任务以及图书馆界关注的问题而定。每次会议均邀请图书馆界的著名专家、学者做学术报告，将工作研讨与学术交流有机结合在一起，取得了很好的效果，不仅加强了各成员馆之间的交流与协作，起到了相互借鉴、相互促进的作用，而且通过对大家共同关注的问题的研究、探讨，提高认识，启迪思路，对改进各成员馆的工作、推动我国图书馆事业的发展均起到了积极的促进作用。

本届研讨会针对公共图书馆在社会教育功能方面的重要作用，以公共图书馆的社会教育职能、社会教育在图书馆发展中的定位等内容为主题，体现出公共图书馆工作者在新世纪新阶段、社会转型期新形势下对如何发挥社会教育功能的深入思考，具有现实意义。

随着经济社会的快速发展，社会整体文明程度的提高，我国图书馆事业近年来呈现出欣欣向荣的发展趋势，公共图书馆社会教育功能在延伸服务中得到有效提升。

——事业规模不断扩大，基础设施条件日益改善。2005年，我国公共图书馆的数量达2762个，总藏量4.8亿册（件），书架总长度1320万米，阅览座位48万个，分别比“九五”期末的2000年增长3%、20%、35%和15%。“十五”期间，通过实施“两馆建设项目”，基本实现了“六五”期间提出的“县县有图书馆、文化馆”的目标，新建或改扩建县级图书馆一千多个。大多数省级图书馆也新建或改扩建了新馆。全国图书馆的馆舍条件大为改善。

——经费投入逐年增加。近年来，各地图书馆购书经费、事业经费都有明显增长。2005年，各级图书馆的财政拨款达27.78亿元，比2000年增长了近一倍；人均购书费0.457元，比2000年增长59%。

——内部机制改革稳步推进。各级图书馆结合当地实际，积极开展干部人事制度、分配制度和管理制度改革，良好的运行机制正在形成，队伍素质明显提高，内部活力明显增强。

——现代信息技术为深化服务提供了良好的技术保障。随着计算机网络技术的发展，很多图书馆采用了计算机管理，实现了业务流程自动化，引入了互联网，建立了电子阅览室，开设了门户网站。

计算机网络条件下图书馆与传统图书馆并行的局面已经基本形成。同时，全国文化信息资源共享工程和国家数字图书馆工程的实施，在图书馆界建立了一个数字资源共建共享平台，也为各地图书馆搞好服务创造了很大的空间。

——服务能力不断增强。2005年共发放借书证1062万个，接待读者2.33亿人次，图书流通2.03亿册次，分别比2000年增长70%、24%和20%。2005年，为读者举办讲座、培训等各类活动24.6万次，参加人数为2557万人次，分别比2000年增长5倍和42%。

——国家重大文化建设工程的实施为图书馆事业的发展提供了新的契机。近年来，为加快推进公共文化服务体系建设，国家已陆续实施了全国文化信息资源共享工程、国家数字图书馆工程、中华再造善本工程、中华古籍保护计划、送书下乡工程，今年还将展开全国乡镇综合文化站项目试点工作。这些重大文化建设工程的实施，必将极大地推进建立覆盖城乡的公共图书馆服务网络体系。

同志们，这次研讨会选在大连市召开，一定会给大家留下美好而深刻的印象。大连坐落在中国的东北地区，依山傍海，是中国北方最重要的旅游城市，曾先后被联合国授予世界人居奖和全球环境500佳城市奖。大连有着极好的自然气候条件，冬暖夏凉，是中国著名的避暑胜地；气候宜人，空气清新，有秀丽的海滨风光，是中国著名的旅游胜地；大连的城市建设在国内具有较高水平，被誉为“北方名城”、“浪漫之都”。今年年初，大连市被联合国旅游组织授予“中国最佳旅游城市”称号。大连优美的城市环境大大促进了旅游业及会展业的发展，曾先后承办了亚欧经济部长会议、APEC高官会、WTO小型部长会议等重要的国际会议。今年9月6日，全球最大的非官方论坛——世界经济论坛“中国夏季达沃斯”会议在大连成功举办，为大连走向世界创造了一个新的平台。相信这样一个城市会给各位代表留下美好的回忆。

最后，我代表中国国家图书馆、中国图书馆学会向给予这次会议大力支持的大连市委、市政府、大连市文化局以及具体承办会议的大连图书馆的各位领导和同志们表示衷心的感谢！

预祝研讨会取得圆满成功！

祝愿我国的图书馆事业蒸蒸日上！

谢谢大家！

（2007年11月18日）

图书馆界同仁合影

莅临大连图书馆建馆百年庆典仪式的贵宾合影

建馆一百周年
开馆时间
东区

百年贺仪 · 吉祥如意

百年贺仪 · 万紫千红总是春

百年贺仪 · 水调歌头满江红

百年贺仪 · 荣华富贵

大连图书馆机构设置与职员名录（截至二〇〇七年十二月）

馆　　长：张本义

党总支书记：张本义（兼）

副 馆 长：苏盛清

副 馆 长：辛　欣

办公室

孙　甜　王国胜　丁　蕾　于　春
王集祥　王　莉　白永卫　丛　熹
纪淑俊　张兆东　宋　明　姜福杰
姜瑞起　聂春兰　韩清梅

计划财务科

陈　琛　马莹颖　姜红霞

行政管理科

王风琦　王巨山　冯宝重　李连春

保卫科

刘占江

业务办公室

王连君　周　栩　于　丹

古籍修复中心

于海英　丛日升　孙晓丽　汤印华
张　芳　翟爱玲

辅导培训部

赵喜红　刘淑清　张　宏　曲　芳
罗淑琴

信息网络中心

曹树新　万　宁　于　洁　于晓凌
王　雪　史昱璐　刘　丹　刘大令
吕星星　孙红霞　张　雷　陈　茗
俞志杨　唐　铭　梁　琦　蒋　明
窦硕明

古籍部（历史文献研究所）

陈艳军　王淑兰　王小川　王雨霖

王秋丽　范旭仑　邵学玲　董迎娣
翟艳芳　葛维娜　薛　莲

采访编目中心

孔庆德　吕　健　于丽军　王宏伟
王秀珍　王海燕　刘亚君　朴景岩
李锦霞　赵晓妹　管大庆

青少部

陈渊斐　刘　佳　贺　忱　董惠惠
魏　滨

总服务台

宋培发　林　波　刘　韧　刘海洋
陈志英　金　磊　魏　力

白云书院

孙海鹏　邱　菊　马　迪　王　莉
吴玉璋　林　军

读者服务中心

林红宣　范丽君　郭　巍　史霄男
于学广　于　滢　于爱珍　王玉娟
王　刚　王建华　王凌雁　王　健
王　娟　包志强　叶　勇　江　力
刘卫新　刘晓华　刘慧悦　纪良成
闫健民　孙淑莲　宋文晶　谷　明
何连清　张贺南　张莹滢　李凌霜
汪　淼　吴新民　邹玉香　周　岩
周　游　杨献忠　杲慧明　赵　冬
陈大为　杨明红　郑本伟　郑　和
郑显平　高庆民　姚淑梅　姜传毅
姜桐华　姜妍妍　程莉莉　贾惠萱

鲁迅路分馆

田丽华　程宪宇　于航海　马　明
马菁芳　王　涓　王　璐　毕美荣
张育青　冷秀锦　郑　权　赵　丹
赵　兵　徐桂君　徐世宽　韩纯盛

大连图书馆历任馆长、负责人名录

满铁大连图书馆时期（1907年4月至1945年8月）

馆　长	任职时间	备　　注
冈松参太郎（负责人）	1907年4月～1914年1月	满铁理事、满铁调查部图书系主任兼任图书室负责人。
佐竹义继（负责人）	1914年1月～1918年1月	满铁调查部图书系主任兼任图书室负责人。
岛村孝三郎（第一任）	1918年1月～1919年7月	图书室脱离调查部后被任命为满铁图书馆馆长，时称主事。
唯根伊与（第二任）	1919年7月～1920年2月	曾任调查课长。时称主事。
神田城太郎（第三任）	1920年2月～1925年3月	原图书系主任。时称主事。任中满铁图书馆更名为满铁大连图书馆。1924年10月以后称为馆长。
法贵庆次郎（第四任）	1925年3月～1926年3月	
佐竹义继（代理）	1926年3月～1926年5月	时任地方部学务课图书系主任，代理本馆馆长。
柿沼　介（第五任）	1926年5月～1940年3月	
水谷国一（第六任）	1940年3月～1941年3月	调查部资料课长兼本馆馆长。
菊地　清（第七任）	1941年3月～1942年2月	调查部资料课长兼本馆馆长。
北川胜夫（第八任）	1942年2月～1942年9月	调查部资料课长、第二编纂系主任兼本馆馆长。
押川一郎（第九任）	1942年9月～1945年8月	调查部次长兼本馆馆长。

中长铁路中央图书馆时期（1945年9月～1950年12月）

馆　长	任职时间	备　　注
耶果罗夫	1945年8月末 ～1945年10月	白俄地质学家。
柿沼　介	1945年10月 ～1946年6月	留用日籍馆员。原满铁大连图书馆第五任馆长。
王　修	1946年6月 ～1946年秋	原晋绥革命根据地图书馆（后改称《关向应图书馆》）馆长。
斯克利普卡	1946年秋 ～1949年4月	女，苏联人。
布罗尼亚	1949年4月 ～1950年5月	女，苏联人。1949年4月，本馆易名中长铁路大连图书馆。
李菊坡 （负责人）	1950年5月 ～1950年12月	1950年12月本馆移交给中国政府管理。

中长铁路中央图书馆时期（1945年9月～1950年12月）

馆　长	副馆长	任职时间	备　　注
林端正 （负责人）		1950年5月 ～1951年6月	1950年4月旅大文化宫图书室成立任负责人。
杨东昉		1951年6月 ～1952年3月	时任文化宫副主任、旅大人民出版社社长兼图书馆馆长。
	林端正	1951年6月 ～1953年10月	1952年3月起主持工作。
	乔世国	1953年6月 ～1966年	

续表1

馆　长	副馆长	任职时间	备　　注
宗小薇		1957年4月 ～1959年6月	
	孙效章	1959年5月 ～1977年3月	1964年12月起主持工作至“文化大革命”。
宗小薇		1962年6月 ～1964年12月	
唐英俊		1969年3月 ～1973年2月	军代表。旅大市图书馆革命委员会主任。
	明富贵	1969年3月 ～1973年2月	干部代表。革委会副主任。
	于明书	1969年3月 ～1973年2月	干部代表。革委会副主任。
于桂琴		1973年3月 ～1975年10月	革委会主任。
	刘安石	1973年3月 ～1975年10月	革委会副主任。
王云生		1975年11月 ～1979年5月	革委会主任。
	许昭安	1975年1月 ～1979年11月	革委会副主任。
	董　皓	1977年11月 ～1984年10月	革委会副主任，后任副馆长。
	乔世国	1978年3月 ～1981年7月	
	朱文财	1979年10月 ～1982年1月	
	赵廷璧	1981年1月 ～1985年1月	
乔世国		1981年7月 ～1983年12月	

续表2

馆　长	副馆长	任职时间	备　　注
	孙克力	1981年7月 ～1988年10月	
	靳明春	1984年1月 ～1985年1月	
赵廷璧		1985年2月 ～1992年7月	
	汪孝海	1985年11月 ～1996年8月	
	靳明春	1988年4月 ～1994年4月	
刘镇伟		1992年7月 ～1997年3月	
	荣　梅	1995年11月 ～1998年6月	
张　超		1997年3月 ～1997年11月	市文化局文化处处长，代理馆长。
	虞海明	1997年3月 ～2001年10月	
张本义		1997年11月 ～至今	
	王　若	1998年5月 ～2005年7月	
	宋延平	2000年8月 ～2000年11月	
	雷　云	2003年9月 ～2004年4月	
	辛　欣	2004年5月 ～至今	
	苏盛清	2006年1月 ～至今	

中共大连市图书馆党组织负责人名录

书　记	副书记	任　期	备　　注
乔世国		1956.7～1966.5	1956年7月，中共旅大图书馆支部成立。
	韩明武	1956～1959.5 1961.1～1962.5 1964～1966.5	曾代理党支部书记。
唐英俊		1969.3～1972.3	革委会主任兼书记。
于桂琴		1972.3～1995.10	革委会主任兼书记。
	刘安石	1972.5～1975.10	革委会副主任兼副书记。
王云生		1975.11～1979.5	革委会主任兼书记。
	许绍安	1976.1～1979.11	革委会副主任兼副书记。
乔世国		1979.12～1981.8	副馆长兼书记。
	李玉英	1981.5～1982.7	
由智仁		1981.8～1986.4	
赵廷璧		1987.9	馆长兼总支书记。
	殷淑珍	1987.9	总支副书记。
王福生		1987.10～1997.3	
李永昌		1997.3～2007.2	
张本义		2007.6～至今	馆长兼总支书记。

大连市图书馆离退休职工名录

离休人员名单

序号	姓名	性别	出生年月	到馆时间	离休时间	籍贯	职称或职务
1	高春龄	女	1923.12	1978.7	1980.10	山东文登	正科
2	王孟辉	女	1924.12	1953.1	1983.3	山东蓬莱	正科
3	乔世国	男	1925.11	1950.10	1983.12	大连营城子	馆长（正局）
4	张　清	女	1928.11	1958.3	1984.3	辽宁盖县	副处
5	王泯虬	男	1925.3	1950.9	1986.2	大连	馆员（副处）
6	王述经	男	1928.12	1960.8	1986.4	辽宁金县	副处
7	由智仁	男	1930.12	1970.1	1986.5	大连	书记（正处）
8	桑秀兰	女	1932.1	1951.9	1987.1	山东寿光	馆员
9	范钦贤	男	1924.12	1951.8	1987.2	辽宁海城	副处
10	张秀云	女	1932.3	1973.4	1987.4	山东掖县	正科
11	孙顺达	男	1932.10	1979.12	1987.5	江苏赣榆	副处
12	董　晧	男	1928.6	1977.11	1988.6	辽宁营口	副处
13	孙克力	男	1928.11	1953.8	1989.6	辽宁复县	副研究员
14	薛莱纹	男	1929.9	1962.9	1989.9	大连周水子	副处
15	于秋艳	女	1934.10	1970.1	1989.11	哈尔滨	馆员
16	张　申	男	1930.5	1954.9	1990.5	河北临榆	馆员（副处）
17	于文藻	男	1930.12	1961.4	1991.1	沈阳市	副研究馆员

退休人员名单

序号	姓名	性别	出生年月	到馆时间	退休时间	籍贯	职称或职务
1	丁在香	女	1918.5	1951.8	1976.6	安徽宿县	馆员
2	罗榕英	女	1924.6	1951.8	1979.10	福建福州	馆员
3	桑长瀛	女	1924.7	1953.3	1980.10	大连	馆员
4	于春凤	女	1927.1	1973.1	1983.9	辽宁金县	馆员
5	范宝贞	女	1927.4	1972.7	1984.10	大连	馆员
6	朱美兰	女	1927.10	1973.1	1984.10	广东新会	馆员

续表1

序号	姓名	性别	出生年月	到馆时间	退休时间	籍贯	职称或职务
7	潘素生	女	1927.12	1951.1	1984.10	江苏常熟	馆员
8	蓝静萍	女	1928.2	1978.7	1984.10	四川江津	馆员
9	贾清梅	女	1926.11	1971.9	1984.11	山西洪洞	馆员
10	阎玉香	女	1930.1	1973.1	1986.3	辽宁复县	会计师
11	王树英	女	1927.8	1972.7	1986.4	山东蓬莱	馆员
12	王玉英	女	1931.11	1954.1	1986.12	沈阳市	馆员
13	王　云	女	1932.12	1972.1	1988.3	辽宁海城	馆员
14	崔家祥	男	1929.2	1957.1	1988.6	辽宁金县	馆员
15	姚淑梅	女	1934.1	1975.11	1989.2	辽宁铁岭	馆员
16	冷淑香	女	1945.1	1981.1	1990.10	辽宁金县	馆员
17	罗本固	男	1931.1	1971.1	1991.1	河南长葛	副研究馆员
18	薛维祥	男	1931.3	1964.7	1991.4	辽宁金县	馆员
19	谷源海	男	1932.1	1986.1	1992.2	山东威海	高级政工师
20	顾文坚	女	1937.7	1990.1	1992.7	上海川沙	馆员
21	郭恒启	男	1933.4	1972.1	1993.5	大连营城子	馆员
22	修葆芳	女	1939.9	1979.1	1994.10	山东黄县	馆员
23	袁德才	男	1935.4	1963.9	1995.5	辽宁金县	馆员
24	王向忱	男	1935.7	1965.1	1995.7	辽宁阜新	副研究馆员
25	韩建发	男	1936.1	1983.12	1996.1	大连营城子	经济师
26	邹传英	男	1937.3	1986.6	1997.3	辽宁金县	副研究馆员
27	张璐玎	女	1942.7	1975.1	1997.7	辽宁金县	馆员
28	朱玲球	女	1942.7	1970.1	1997.7	浙江平湖	副研究馆员
29	李树昌	男	1938.9	1991.12	1998.9	山东牟平	副研究馆员
30	侯佩英	女	1943.11	1958.9	1998.10	山东濮阳	政工师
31	陈　萍	女	1943.10	1963.3	1998.10	山东福山	馆员
32	赵香兰	女	1943.11	1958.9	1998.11	山东福山	馆员
33	李淑华	女	1943.11	1984.7	1998.11	旅顺口区	馆员

续表2

序号	姓名	性别	出生年月	到馆时间	退休时间	籍贯	职称或职务
34	黄灿鹃	女	1934.12	1986.1	1998.12	湖南衡阳	馆员
35	付家启	男	1938.12	1986.1	1998.12	山东莒县	科级
36	王炳成	男	1939.8	1986.9	1999.11	山东文登	馆员
37	崔德华	女	1951.2	1996.11	2001.2	辽宁金县	馆员
38	宋凤傧	女	1951.7	1986.4	2001.4	山东蓬莱	馆员
39	冯兰花	女	1946.9	1976.11	2001.9	山东章邱	科级
40	韩义成	男	1941.11	1988.10	2001.11	天津	政工师
41	王振善	男	1941.12	1986.1	2001.12	山东掖县	副研究馆员
42	栾亚琴	女	1947.1	1991.1	2002.1	辽宁营口	馆员
43	韩俊英	女	1947.4	1978.9	2002.5	大连市	副研究馆员
44	宋凤俐	女	1952.12	1989.10	2003.1	山东蓬莱	馆员
45	单凤卿	女	1948.1	1983.1	2003.1	旅顺口区	馆员
46	杨春艳	女	1954.1	1971.3	2004.2	辽宁海城	馆员
47	高明燕	女	1949.5	1992.2	2004.5	辽宁	馆员
48	李　燕	女	1949.7	1994.8	2004.7	辽宁法库	副研究馆员
49	孙宪萍	女	1950.3	1976.10	2005.3	山东牟平	馆员
50	王新萍	女	1955.2	1991.6	2005.3	大连	馆员
51	邢惠俊	女	1955.2	1992.6	2005.3	山西代县	馆员
52	童美荣	女	1950.8	1971.8	2005.8	山东郓城	馆员
53	赵爱敏	女	1955.11	1988.6	2005.11	山东蓬莱	馆员
54	王秀娜	女	1956.1	1988.6	2006.2	山东牟平	馆员
55	刘新华	女	1951.5	1996.5	2006.6	吉林怀得	馆员
56	祝　丽	女	1951.10	1978.9	2006.10	山东诸城	馆员
57	王子平	女	1952.1	1986.12	2007.2	山东沂水	副研究馆员
58	李永昌	男	1947.2	1997.3	2007.2	河北省	书记（正处）
59	曲　玲	女	1957.5	1995.2	2007.6	辽宁海城	馆员
60	靳仁丽	女	1957.7	1992.3	2007.8	山东福山	馆员

注：本表截至2007年8月末，按离退休时间排序

编辑后记

一座走过百年的图书馆，它的沉浮与跌宕，它的繁荣与辉煌，不仅会融入史的意味，也必然会直接作用于人的心灵，并在那里激起回响。适逢大连图书馆建馆百年，人们不愿错过这一良机，于是举凡沧海桑田、一事之微、民族大义、个人细故、一段阅历、一丝感悟都被移于笔端，于是便有了这部纪念文集。

以一部纪念文集来展示百年经纬，我们所追求的内涵就不仅仅停留在画面和文字上，而是要通过感性的心和写实的笔，告诉人们在那些年代里发生了什么，让人们通过那些活着的往事与历史对话，并把感触交给对现实的关注。这是我们编辑这部文集的起点和终点。

在这部文集中，我们使用了大量的图像。这一选择是意味深长的。因为这些图像直接地刻录着大连图书馆的百年风云。当记忆需要证据的时候，这些图像能更清晰、更敏锐、更富有色彩、更富有历史感地将那些实物和经历逐一放大和深化成大连图书馆的一个个历史瞬间，为我们留下可被感知的历史痕迹。这也符合我们以真实为底线、以直接为特征的编辑主旨。

需要说明的是，这部文集收入了几篇原满铁图书馆馆员于上个世纪三十年代所写的回忆文章。虽然有个别内容是站在当时的满铁图书馆的立场上来阐述的，但我们还是未加删节、全文译出。我们的初衷是，作为特定时代的产物，应当把满铁图书馆的存在看成是一段历史，一段能从中看出历史演变和历史积淀的过程；我们要完成的则是对这段历史的追问。

由于篇幅所限，本书不能将所收集到的图像和稿件悉数刊载，但我们还是力求通过这一百篇文字和二百幅图片反映出这么多年、这么多人为大连图书馆奔波、奉献或为此而耗尽一生的一种情结，并以此讴歌他们的品格与担当、感谢他们的坚守与原创。虽然终极目的有时不是靠这些人当时或短时间内就能够实现的，但这就是历史，这就是一种文化的传承，是文化发展到今天的一种不可或缺的途径。

作为编者，我们深知这部文集在结构和手法上尚显粗糙和稚拙。然而，我们还是执意要把它奉献出来，不为炫示，只为真实。因为我们相信：历史自有浓情，历史自有深意。

编者

2008年5月